法研教科书

侵权责任法

（第二版）

Tort Law

(2nd Edition)

杨立新 著

北京大学出版社
PEKING UNIVERSITY PRESS

图书在版编目(CIP)数据

侵权责任法/杨立新著. —2 版. —北京：北京大学出版社，2017.8
（法研教科书）

ISBN 978-7-301-28388-2

I ①侵…　Ⅱ ①杨…　Ⅲ. ①侵权行为—民法—中国—研究生—教材　Ⅳ. ①D923

中国版本图书馆 CIP 数据核字（2017）第 121269 号

书　　　　名	侵权责任法（第二版）
	Qinquan Zerenfa
著作责任者	杨立新　著
责任编辑	周　菲
标准书号	ISBN 978-7-301-28388-2
出版发行	北京大学出版社
地　　址	北京市海淀区成府路 205 号　100871
网　　址	http://www.pup.cn
电子信箱	law@pup.pku.edu.cn
新浪微博	@北京大学出版社　@北大出版社法律图书
电　　话	邮购部 62752015　发行部 62750672　编辑部 62752027
印刷者	北京鑫海金澳胶印有限公司
经销者	新华书店
	730 毫米×1020 毫米　16 开本　30.75 印张　625 千字
	2014 年 5 月第 1 版
	2017 年 8 月第 2 版　2018 年 12 月第 2 次印刷
定　　价	65.00 元

第二版修订说明

本书于 2014 年 5 月出版发行之后，社会反映很好，特别是法学院校民法学专业的博士研究生和硕士研究生认为，本书特别适合他们阅读使用，因为研究的问题比较前沿，比较准确地反映了《侵权责任法》的立法精神，对于重要的理论和实践问题，都有较好的探讨和说明，有助于指导研究生进一步研究侵权责任法的新问题。

我作为本书的作者，对读者的肯定和赞许，致以特别的感谢。

在已经过去的两年中，我进一步研究《侵权责任法》的有关理论和实践问题，又有了一些新的体会和研究成果。因此，根据编辑的要求，我对本书进行修订，出版第二版。

本次修订，对于原书的内容没有进行改动，增加了以下内容：一是增加了对分别侵权行为及责任的探讨，形成了多数人侵权行为及责任的完整体系；二是对于《侵权责任法》中不确定并列责任主体的责任承担规则进行了探讨，提出了自己的意见；三是对于《侵权责任法》第 36 条规定的网络服务提供者责任和《消费者权益保护法》第 44 条规定的网络交易平台提供者责任的规则进行了比较研究；四是对于当前交易中，特别是网络交易中的消费欺诈行为和信用欺诈行为的侵权责任问题，进行了深入研究，研究成果放在本书之中。

本书修订后，仍然是不全面的，也还存在不足之处。继续恳请读者提出批评和改进的意见。

中国人民大学民商事法律科学研究中心　杨立新

2016 年 8 月 8 日

前　　言

　　一年前,我在欧洲考察,接到北大出版社刘雪编辑发给我的邮件。她说希望我能够给民商法学专业硕士研究生写一本侵权责任法的参考教材。我犹豫很久,不敢答应,原因是已经出版的侵权法教材较多,不敢再写了。回到北京之后,跟刘雪商量能不能不写,也说明了我的想法。刘雪跟我说,法学硕士研究生参考教材跟一般教科书不同,可以把侵权责任法的前沿问题研究成果按照专题整理出来,适当加工,适合民商法学硕士研究生进一步深入研究侵权责任法理论即可。这样的设想我比较赞同,因为我们在给研究生上课的时候,也是按照专题讲授,使用的也是这些研究成果。因此,我就答应下来,签了合同,并且开始履约。

　　《中华人民共和国侵权责任法》(以下简称《侵权责任法》)公布实施的前后,即在该法的立法过程以及通过实施之后的研究中,我写作了二十余篇相关的文章,都是研究侵权责任法理论和实践的前沿问题,比之以前的研究,提出了较多的新看法。把这些文章搜集起来,进行整理,自认为不错,因此信心大增,遂集中精力进行整理,终至编成本书。

　　编入本书的基本内容,是最近五年间发表的侵权责任法研究的论文,题目比较广泛,涵盖了侵权责任法的基本内容。这些题目和研究成果,对于进一步理解和研究《侵权责任法》具有较好的参考价值。例如,关于大小搭配的侵权责任一般条款、法规竞合与侵权损害赔偿请求权的优先权保障、大规模侵权行为、多数人侵权行为与责任、竞合侵权行为、不真正连带责任、第三人侵权行为及责任、媒体侵权的通知与反通知、医疗损害责任一般条款的理解与适用等,都有创新观点,是研究侵权责任法的创新之作,具有参考意义。另外,为了体系的完整,也编进了几篇较早的作品,以供参考。

　　本书在每章之后,都结合该章的内容,选择一两个典型案例,提出可以深入讨论的问题,供教师和同学们使用本书时参考。这些案例多数是真实的,部分根据某些案例提供的素材进行过整理,有的内容直至目前并没有实际诉讼案例发生,所以选择了相近的案例进行讨论。

　　《侵权责任法》给侵权责任法理论研究提供了广阔的研究前景,侵权法理论的深入研究又会给《侵权责任法》发挥更广泛的法律调整作用提供巨大支持。民商法学以及其他法学专业的硕士研究生,应当认真深入研究侵权责任法理论,掌握好这一更好地为保护民事主体民事权益服务的武器。本教材如果能够对深入研究侵权责任法理论提供借鉴和参考,作者将十分欣慰。

任何学者的理论研究都有自己的特点,也都可能存在自己的偏见。特别是作为一个既做理论研究,又做实务研究,同时又追求与众不同、学说创新的学者,理论观点和具体意见难免存在偏颇甚至谬误之处。不当之处,敬请法学院的教师和同学们以及各位读者指正。

中国人民大学民商事法律科学研究中心　杨立新

2014 年 3 月 18 日·中国人民大学明德楼

目 录
CONTENTS

上编　侵权责任法总则研究

下编　侵权责任法分则研究

上 编
侵权责任法总则研究

【体系导读】

《中华人民共和国侵权责任法》(以下简称《侵权责任法》)虽然没有标明总则和分则的区别,但实际上是存在总则性规定和分则性规定的:第一章至第三章,是有关侵权责任的一般性规定,属于总则性质的规定;第四章至第十一章,是有关侵权责任类型的具体规定,属于不完整的分则性质的规定。围绕《侵权责任法》的全部内容,本书设计了二十五章,总则部分十三章,分则部分十二章,分布比较均匀。

《侵权责任法》的总则性规定,分为一般规定(包括立法目的、保护范围、侵权请求权、责任竞合、特别法效力)和归责原则、构成要件、责任形态、责任方式、损害赔偿、免责事由等基本内容。在大陆法系,侵权法主要规定的就是这些内容;在英美法系,侵权法不解决这些问题,没有总则性的规定,而是规定具体侵权行为的类型及其规则,属于分则的内容。

学习和研究《侵权责任法》的总则部分,应当围绕上述内容,深入理解和掌握。本书上编围绕这些内容,主要研究的问题在总则体系中的地位和作用是:

一、研究我国《侵权责任法》对外国立法经验的借鉴

本编的第一部分内容即第一章,专门研究我国《侵权责任法》对域外立法经验的成功借鉴。我国《侵权责任法》在世界侵权法之林中独树一帜,既有大陆法系侵权法的传统,又有英美法系侵权法的经验借鉴,融合了大陆法系和英美法系侵权法的优势,又具有中国特色。研究这一部分,对于掌握《侵权责任法》的立法背景和体系源流有重要意义。

二、研究《侵权责任法》一般规定中的几个问题

针对《侵权责任法》第一章的一般规定,这一部分选择了几个问题进行研究:一是第二章关于侵权责任一般条款的研究。我国《侵权责任法》规定一般条款的模式比较特殊,是大小搭配的双重侵权责任一般条款,重点研究其作用和调整范围。二是第三章对争议较大的《侵权责任法》保护的民事利益的范围进行研究。笔者特别结合实际案例,说明《侵权责任法》保护的民事利益包括五个方面,比较具体。三是第四章,针对《侵权责任法》第4条,专门研究《侵权责任法》与其他法律构成的法规竞合以及侵

权损害赔偿请求权的优先权保障问题,这个问题受到很多外国专家的重视。

三、研究《侵权责任法》的归责原则体系和大规模侵权行为

《侵权责任法》的归责原则体系和大规模侵权行为属于侵权责任法理论核心部分的内容,但这一部分的大多数问题都有法学专著和教科书的说明,没有必要重复。我在这一部分仅对这两个问题进行研究。第五章全面研究归责原则体系,对此学界有很大的争论,在实践中更具有重要意义。第六章研究大规模侵权行为及责任。最近几年,大规模侵权行为越来越受到各国以及各界人士的重视,《侵权责任法》从应对大规模侵权行为的对策出发,给出了肯定性的答案,对于保护众多受害人的权益有重大意义。

四、研究侵权责任形态和多数人侵权责任

对侵权责任形态进行研究,是我最近十多年重点研究的问题,属于创新性研究。在第七章揭示侵权责任形态理论的一般性内容及不同的侵权责任形态类型之后,特别对多数人侵权行为及其责任进行了深入研究,这也是最近几年各国侵权法理论研究的重点问题。第八章介绍了多数人侵权行为和责任理论的新进展,对其进行概括的说明,作出研究结论。之后,分别阐释对多数人侵权行为的具体研究成果。第九章是关于共同侵权行为的研究,学者对《侵权责任法》第8条规定的理解不同,争论很大,我提出了自己的观点。第十章是关于单向连带责任的研究,教唆、帮助无民事行为能力人或者限制民事行为能力人实施侵权行为的,本应当承担连带责任,但《侵权责任法》第9条第2款规定又有新的规则,如何理解和适用,我提出了自己的看法。第十一章研究的是竞合侵权行为,在侵权责任法理论中,长期以来对不真正连带责任究竟对应何种侵权行为形态,没有一个结论,我提出了竞合侵权行为的概念,证明其法律后果就是不真正连带责任。第十二章研究了《侵权责任法》第11条和第12条规定的分别侵权行为,以及对不同类型的分别侵权行为的责任形态进行了说明。第十三章对不真正连带责任的具体规则进行了详细说明,与第十一章研究的竞合侵权行为相衔接。第十四章研究的是一个新问题,即《侵权责任法》中规定了两个以上的责任主体,但又未规定这些主体如何承担责任,承担的是何种责任形态的情形,提出了确定并列责任主体的具体方法。第十五章研究的是第三人侵权行为及责任,针对的是《侵权责任法》大量使用"第三人"概念的情况,将一般的第三人与免责事由中的第三人的概念进行区分,说明第三人侵权行为也是一种多数人侵权行为的类型,其责任后果,是免除实际加害人的责任,由第三人承担侵权责任。

第一章 侵权责任法对国外立法经验的成功借鉴

《侵权责任法》在借鉴国外侵权法立法经验上，特别体现了"大陆法系为体，英美法系为用"的立法指导思想[①]，成功地借鉴了大陆法系和英美法系侵权法的立法经验，融合了两大法系侵权法的立法优势，把大陆法系和英美法系的立法经验结合在一起，创设了很多好的侵权责任法规则。本章对此进行探讨，认为《侵权责任法》在借鉴大陆法系和英美法系立法经验方面的成果主要表现在以下四个方面。

一、《侵权责任法》在立法形式上对大陆法系和英美法系侵权法的借鉴

侵权责任法在立法形式上，既有大陆法系侵权法的成文法特点，又有英美法系侵权法相对独立性的特点，是一个具有相对独立性的成文侵权法。

首先，《侵权责任法》是成文法，这是保持大陆法系侵权法的传统。它用 92 个条文规定了侵权法的全部内容，其条文数量和容量仅次于《埃塞俄比亚民法典》的侵权法部分。《埃塞俄比亚民法典》侵权法部分有 135 个条文，其他国家的侵权法一般都是三四十个条文，甚至是十几个条文，原来的《法国民法典》侵权法部分只有 5 个条文。相比之下，《侵权责任法》是篇幅、容量都很大的成文法侵权法。

其次，《侵权责任法》是作为一个独立的法律规定的，这是借鉴英美侵权法的立法特点。大陆法系民法典的侵权法都是债法的组成部分，最典型的是我国台湾地区"民法"，仅仅把侵权行为法作为债的发生原因之一进行规定[②]，与合同之债、代理权授予之债、无因管理之债和不当得利之债并列，并不占有很大的立法空间。英美侵权法却不是这样，英美法系的侵权法与财产法、合同法等处于同等地位，具有相当的独立性，地位非常显要。我国《侵权责任法》借鉴了英美侵权法的这个立法特点，单独作为一部法律规定，使之成为民法典的一个相对独立的组成部分，这完全像英美侵权法的立法形式。

再次，《侵权责任法》保持了《民法通则》的传统。实际上，确定侵权责任法在民法

---

① 笔者把我国侵权责任法的立法指导思想归纳为"大陆法系为体，英美法系为用，广泛吸纳我国司法经验"。参见杨立新：《侵权法论》，人民法院出版社 2005 年版，第 309 页。

② 参见我国台湾地区"民法"第二编"债"第一章"通则"第一节"债之发生"中有关"侵权行为"的规定。

中的相对独立地位这一点,并不是从《侵权责任法》开始的。《民法通则》就把民事责任单独作为一章规定,其中规定了侵权责任。《民法通则》在规定了主体、民事法律行为、民事权利等之后,单独规定"民事责任"。1986 年《民法通则》通过之后,各界曾经特别赞赏这种做法,认为这是一个民法立法的创举。① 经过二十多年的实践检验,这样的做法并不正确,因为在民法典中,各种民事责任通常都要跟随相应的部分直接规定,例如,违反合同的责任要规定在《合同法》中,即使在《合同法》中规定,也不能把不同的合同责任规定在一起,须分别规定在合同成立、合同生效以及违约责任等相关部分。② 尽管如此,《民法通则》把侵权法与债法相分离,在民事责任部分单独作出规定,也是完全正确的,经过实践证明是成功的。这就是借鉴了英美侵权法的立法经验,让侵权法单独作为民法的相对独立部分,就能够使它占有更大的立法空间,发挥更广泛的法律调整作用。

正是有了《民法通则》民事责任单独规定的立法经验,所以在起草民法典草案时,立法机关和法律专家一致认为,应当继续保持《民法通则》的传统,借鉴英美侵权法的立法经验,把《侵权责任法》先作为单独立法形式通过,在编纂民法典时再将其作为民法典的单独一编。这样就打破了大陆法系民法规定侵权法的一般做法,使《侵权责任法》别具一格。在这一点上,《侵权责任法》完全是在借鉴英美侵权法立法形式的优势基础上,与《民法通则》的传统相结合,形成了鲜明的中国特色,成为在世界范围内第一部以侵权法命名的成文法。③ 其意义在于最大限度地扩展《侵权责任法》的容量,使其能够更大地发挥法律的调整作用,作为民事权利保护法,更好地保护民事主体的合法民事权益,制裁民事违法,保障民事主体的行为自由。

二、《侵权责任法》在立法模式上对大陆法系和英美法系侵权法的借鉴

《侵权责任法》在立法模式上对大陆法系和英美法系侵权法立法经验的借鉴也是成功的,既借鉴了大陆法系侵权法的一般化立法模式,又给侵权行为类型化留下了巨大的空间,借鉴了英美侵权法的类型化立法经验。

(一)大陆法系侵权法与英美侵权法的不同立法模式

大陆法系侵权法的立法模式是一般化方法。侵权法一般化立法模式的基本特点,就是首先确立一个侵权行为一般条款,这个一般条款或者概括大部分侵权行为即一般侵权行为,例如《法国民法典》第 1382 条和《德国民法典》第 823 条;或者概括全部

---

① 魏振瀛等:《民事责任之立法模式》,载北大法律信息网,http://www.dyjlawyer.com/news/2007-7-19/2007719212227-1.htm,2012 年 1 月 1 日访问。

② 以上观点,参见杨立新:《合同法》,高等教育出版社 2006 年版,第 289—291 页。

③ 至于侵权责任法的这种独立法律形式是否会保持下去,要看将来的民法典是何种形式。如果采取统一的民法典的形式,则侵权责任法将归入民法典体系,成为其中一编;如果采取松散民法典的方式,则侵权责任法单独立法的形式就会保留下来。不过,后一种其实更有意义。

侵权行为,例如《埃塞俄比亚民法典》第 2027 条。侵权法规定了侵权行为一般条款,就会使侵权法的内容特别简明,具有高度的概括性,可以充分发挥法官适用法律的创造性。

如上所述,大陆法系侵权法的侵权行为一般条款有两种方式。第一种是德国、法国式的一般条款,只概括一般侵权行为,而不是概括全部侵权行为。我国《民法通则》第 106 条第 2 款也是这样,概括的是一般侵权行为而不包括特殊侵权行为,特殊侵权行为另作具体规定。这种方式在习惯上叫作小的一般条款。第二种是埃塞俄比亚式的一般条款,《埃塞俄比亚民法典》第 2027 条尽管也是在债法中规定的,但它概括的不是一般侵权行为,而是全部侵权行为,包括过错责任的侵权行为、无过错责任的侵权行为以及替代责任的侵权行为,在这三个分类的下面,再对每一个具体侵权行为作出具体规定。①《埃塞俄比亚民法典》的这种方法既有大陆法系的特点,也有英美法系的特点,是把大陆法系和英美法系侵权法的立法模式结合到一起的做法。这种侵权行为一般条款通常叫作大的一般条款,是能够概括全部侵权行为的一般条款。

英美侵权法的立法模式是类型化方法。英美侵权法对侵权行为实行类型化,没有抽象规定,更没有一般化的规定。《美国侵权法重述·第二次》把侵权行为分为 13 类侵权行为:故意侵权行为、过失侵权行为、严格责任、虚假陈述、诽谤、侵害的虚伪不实、侵害隐私权、无正当理由的诉讼、干扰家庭关系、对优越经济关系的干扰、侵犯土地利益、干扰不同的保护利益和产品责任。② 英国侵权法将侵权行为分为 8 类:非法侵入、恶意告发、欺诈加害性欺骗和冒充、其他经济侵权、私人侵扰、公共侵扰、对名誉和各种人格权的侵害以及无名侵权。③ 这些都是对侵权行为类型进行的具体规定,立法模式是完全类型化,根本没有一般性规定。

制定我国《侵权责任法》,专家的设想是要把两大法系侵权法的立法模式结合起来,既要有一般性规定即侵权行为一般条款的规定,还要有具体规定即侵权行为类型化的规定,融汇大陆法系和英美法系立法模式的特点,形成一部新型的侵权法。④《埃塞俄比亚民法典》规定的侵权行为法就是这种融合的典范,是专家起草《侵权责任法》建议稿所仿效的立法蓝本。

(二)实现大陆法系和英美法系侵权法立法模式融合的关键

在大陆法系侵权法一般化立法模式的框架下,怎样才能融合英美法系侵权法的类型化内容呢? 依我所见,在小的侵权行为一般条款的立法模式下,侵权法无法完成这个任务。因为在小的侵权行为一般条款之下,侵权法对侵权行为采取了一般侵

---

① 参见薛军译:《埃塞俄比亚民法典》,中国法制出版社 2002 年版,第 370 页以下。
② 参见美国法学会:《美国法律整编·侵权行为法》,刘兴善译,台湾司法周刊杂志社 1986 年版。
③ 参见〔德〕克雷斯蒂安·冯·巴尔:《欧洲比较侵权行为法》(上卷),张新宝译,法律出版社 2002 年版,第 337—335 页。
④ 参见杨立新主编:《中华人民共和国侵权责任法建议稿及说明》,法律出版社 2007 年版,第 5 页。

行为和特殊侵权行为的类型切割,形成对立的两个部分,前者不用特别规定,后者才需要特别规定,因此,对侵权行为的类型化只能局限在特殊侵权行为的范围,无法对一般侵权行为进行类型化规定,不存在进行侵权行为全面类型化的空间。

埃塞俄比亚侵权法的立法经验告诉我们,只有在侵权法中规定一个大的侵权行为一般条款,即规定一个能够概括全部侵权行为的侵权行为一般条款,才有可能对侵权行为进行类型化预留出充分的空间,创造侵权行为类型化的必要条件,才能够对侵权行为实行全面类型化。

因此,我国《侵权责任法》实现大陆法系与英美法系侵权法立法模式的融合,关键之处是要确立一个能够展开侵权行为类型化的大的侵权行为一般条款。有了这样的一个侵权行为一般条款,才能够在侵权行为一般条款的规制下,实现侵权行为类型化。而实现大陆法系和英美法系侵权法立法模式融合的基本目的,正是要使《侵权责任法》既有一般化的规定,又有类型化的规定,因而使《侵权责任法》具有更大的弹性和包容性,具有更好的可操作性,使之成为既便于法官操作,也便于人民群众理解和掌握的一部亲民的法律。[1]

(三)《侵权责任法》规定侵权行为一般条款的做法值得肯定

《侵权责任法》在立法模式上已经基本上实现了上述设想,采纳了大的侵权行为一般条款的模式,为实现侵权行为类型化奠定了基础,现在的问题仅仅是在类型化方面做得还不够而已。

1.《侵权责任法》第 2 条规定是大的侵权行为一般条款

《侵权责任法》的哪一条规定是侵权行为一般条款,学界理解并不一致,很多人认为现在的第 2 条并不是一般条款,第 6 条才是侵权行为一般条款。笔者持相反态度,认为第 2 条规定的就是侵权行为一般条款,并且是大的一般条款。对此作出正确理解的基础,就在于正确理解《侵权责任法》第 2 条与第 6 条、第 7 条以及第 15 条的关系。

大陆法系侵权法规定侵权行为一般条款多数采用小的一般条款,也就是对过错责任的一般性规定。《侵权责任法》第 6 条第 1 款规定的是过错侵害他人人身、财产,造成损害的,应当承担侵权责任,这一条文是《民法通则》第 106 条第 2 款的传承和发展。如果《侵权责任法》没有其他更加概括性的规定,那么将这个条文作为侵权行为一般条款,概括的仍然是一般侵权行为,是完全没有问题的。另外,在第 6 条第 1 款以后,第 2 款规定了过错推定责任,第 7 条又规定了无过错责任,如果把这两个条文当成一个大的一般条款,大概也说得通。

不过,《侵权责任法》第 2 条明确规定:"侵害民事权益,应当承担侵权责任。"这一条文显然是一个对全部侵权行为具有最高程度的概括性的条款,相当于甚至超过《埃

---

① 参见杨立新主编:《类型侵权行为法研究》,人民法院出版社 2006 年版,第 26—28 页。

塞俄比亚民法典》第2027条大的侵权行为一般条款的概括范围。之所以说"超过"，是因为《埃塞俄比亚民法典》第2027条规定的仅仅是承担赔偿责任的侵权行为一般条款，并没有概括《侵权责任法》第15条规定的除了损害赔偿责任之外的其他7种责任方式。对此，笔者的理解和大多数学者的理解都不太一样，笔者认为第2条是一个非常好的规定，它就是我国《侵权责任法》的侵权行为一般条款。

《侵权责任法》第2条确实是确定侵权责任的一般规则。侵害民事权益应该承担侵权责任，就把所有的侵害民事权利和依法受保护利益的行为都认定为侵权行为，把全部侵权行为都概括到这个条文里面来了。首先，它包括全部的承担损害赔偿责任的侵权行为，因为我国《侵权责任法》与其他国家侵权法都不一样，其他国家的侵权法都是侵权损害赔偿法，规定侵权责任就是损害赔偿责任，因此侵权产生的损害赔偿责任才是债，才在债法中规定侵权法，诸如停止侵害、排除妨碍、恢复原状以及赔礼道歉、恢复名誉等民事责任方式都是物权请求权或者人格权请求权的内容。其次，《侵权责任法》把损害赔偿以及其他应当由物权法、人格权法等法律规定的物权请求权、人格权请求权，全部都规定在第15条中，都是侵权责任方式，体现的完全是《民法通则》第134条的立法传统。因此，把第2条和第15条结合起来就会看到，在第2条规定中，包含的不仅仅是应当承担损害赔偿责任的侵权行为，还包括承担其他民事责任方式的侵权行为，概括的是所有的侵权行为。

2.《侵权责任法》第6条和第7条规定的是侵权损害赔偿责任的归责原则体系

按照这样的考虑，《侵权责任法》第6条和第7条仅仅是规定侵权损害赔偿责任方式的归责原则。通常说，过错责任原则等是侵权责任的归责原则[1]，但事实并非如此，侵权归责原则仅仅是确定侵权损害赔偿责任的归责原则。[2] 法官在民事审判实践中确定侵权责任，主要是在确定损害赔偿责任，并且在确定损害赔偿责任中才考虑加害人是否有过错或者在法律有特别规定情况下不论有无过错。讲过错责任，坚持加害人有过错才承担责任，其实是在确定侵权人要不要承担损害赔偿责任，确定侵权人要承担停止侵害、排除妨害、消除影响、恢复名誉等侵权责任方式根本无须考察行为人是否有过错。难道侵占了别人的物，侵占人没有过错就不要返还原物了吗？侵害他人名誉权，没有过错就不用赔礼道歉了吗？所以，侵权法的归责原则所解决的都是损害赔偿责任，归责原则是损害赔偿责任的归责原则，不是全部侵权责任方式的归责原则。《侵权责任法》第15条规定的除了损害赔偿责任之外的其他侵权责任方式，都不是上述归责原则的调整范围，而是第2条的调整范围。

3. 必须理顺第2条与第6条、第7条以及第15条之间的逻辑关系

没有理顺《侵权责任法》第2条与第6条、第7条以及第15条之间的逻辑联系，就

---

[1] 参见程啸：《侵权行为法总论》，中国人民大学出版社2008年版，第102页。

[2] 参见杨立新：《侵权损害赔偿》（第2版），吉林人民出版社1990年版，第113页。

没有办法厘清《侵权责任法》的基本逻辑关系,也就不能正确认识第 2 条规定的真实含义。所以这是理解《侵权责任法》的关键。

我认为,这个逻辑关系是:第 2 条所规定的侵权行为范围是全部侵权行为,包括第 6 条和第 7 条规定的所有的承担损害赔偿责任的侵权行为,也包括第 15 条规定的除了损害赔偿责任之外的其他侵权责任方式的侵权行为。在第 2 条规定的侵权行为一般条款统一调整之下,确定损害赔偿责任的侵权行为适用第 6 条和第 7 条规定,分为过错责任、过错推定责任和无过错责任;不承担损害赔偿责任而只适用其他侵权责任方式的侵权行为,则适用第 15 条;当然,所有的侵权行为都在第 2 条的统一调整之下。按照这样的思路观察就可以发现,《侵权责任法》第 2 条规定的侵权行为一般条款采纳的是埃塞俄比亚模式,是概括全部侵权行为的一般条款,是大的侵权行为一般条款,它的最大特点就是把全部侵权行为都概括进来。在这样的立法模式下,《侵权责任法》关于具体侵权行为类型的规定,不管规定得是多是少,是全面还是不全面,都不存在立法不足的缺陷。那就是,《侵权责任法》已经规定的特殊侵权责任,就按照特殊侵权责任的规定去办;没有规定的,就按照大的侵权行为一般条款的规定去办,永远不会出现立法不足的问题。

这种逻辑关系可以用下表表示:

表 1-1

		过错责任原则(第 6 条第 1 款)	一般侵权责任	
第 2 条侵权行为一般条款的调整范围	第 6 条和第 7 条 侵权损害赔偿责任	过错责任原则(第 6 条第 1 款)	特殊侵权责任(第四章至第十一章)	少数适用过错责任原则的侵权责任
		过错推定原则(第 6 条第 2 款)		适用过错推定原则的侵权责任
		无过错责任原则(第 7 条)		适用无过错责任原则的侵权责任
	第 15 条 其他侵权责任	无须具备损害要件的侵权责任(第 15 条规定的排除妨害、消除危险等)		
		双方当事人均无过错分担的侵权责任(第 24 条)		
		其他应当适用第 2 条的侵权责任		

(四)不完善的侵权行为类型化

《侵权责任法》在规定了侵权行为一般条款之外,又借鉴英美侵权法的类型化立法模式,规定了很多具体的侵权责任类型,特别是规定了很多特殊侵权责任,从第四章到第十一章全部都是在规定侵权责任类型。

尽管《侵权责任法》第四章的题目是"关于责任主体的特殊规定",看起来是关于责任主体的规定,但实际上规定的是需要特殊规定的侵权责任,是责任主体特殊的侵权责任。例如,第 32 条规定的是无行为能力人和限制行为能力人造成他人损害的监护人责任,第 33 条规定的是暂时丧失心智的损害责任,第 34 条和第 35 条规定的是用人者责任,概括的是用人单位责任、劳务派遣责任和个人劳务责任,第 36 条特别规定了网络侵权责任,第 37 条规定的是违反安全保障义务的侵权行为,第 38 条至第 40 条规定了学生伤害事故责任。这些侵权责任的责任主体特殊,主要是替代责任。

从第五章开始,分别规定产品责任、机动车交通事故责任、医疗损害责任、环境污染责任、高度危险责任、饲养动物损害责任和物件损害责任,每一章都规定一种侵权责任类型。

可以看到,《侵权责任法》尽管对侵权行为没有实现全部类型化,但类型化的程度很高,内容非常丰富。《侵权责任法》采用的这种"小的一般条款＋大部分类型化"的立法模式,融汇了大陆法系侵权法和英美法系侵权法的立法模式优势,形成了中国侵权法的鲜明特色。不过,《侵权责任法》确实存在类型化程度不够的问题,应当进行改进,尽可能增加侵权责任类型的规定,例如规定债权侵权责任、定作人指示过失责任以及帮工责任等。[①]

三、《侵权责任法》在立法结构上对大陆法系和英美法系的借鉴

从立法结构上观察,大陆法系侵权法的条文并不多,一般有 30 个条文左右,立法结构都比较简单,通常都是一般性规定,除了特殊侵权行为的规定之外,实际上是一个总则性的规定。从某种意义上说,大陆法系侵权法只有总则没有分则。而英美侵权法都是对侵权行为类型的具体规定,很少有抽象性规定,当然在《美国侵权法重述·第二次》和美国统一州法委员会的侵权行为法示范法中,也有关于赔偿[②]、责任的分担[③]等一般性规定。因此,英美侵权法更像一个侵权法分则,基本内容属于分则性规定。也可以说,英美侵权法是只有分则没有总则的侵权法。

我国《侵权责任法》在结构体例上,对两大法系侵权法的立法结构都有借鉴,采用的是比较新型的方法即为总则、分则的结构,总则采用大陆法系侵权法的一般性规定,分则采用英美侵权法的类型化规定。《侵权责任法》一共有十二章,分成两部分:第一部分为第一章到第三章,是侵权法的总则部分,规定了侵权责任的一般规定、责任构成、责任方式以及不承担责任和减轻责任的免责事由。从第四章开始属于分则规定,第四章"关于责任主体的特殊规定"中规定的是责任主体特殊的侵权行为类型;第五章到第十一章规定的是特殊侵权责任类型,相当于一个不完善的侵权法分则。

《侵权责任法》这种结构安排,既借鉴了大陆法系侵权法的立法结构,又借鉴了英

---

① 以上请参见《法制日报》开设的"侵权责任法立法疑难问题研究"专栏,该报 2009 年 4 月 1 日、4 月 8 日第 12 版。

② 例如《美国侵权法重述·第二次》的第十三编"救济"的规定,见〔美〕肯尼斯·S.亚伯拉罕等选编:《侵权法重述——纲要》,许传玺等译,法律出版社 2006 年版,第 270 页以下。

③ 同上书,第 321 页以下。

美侵权法的立法结构,是两大法系侵权法立法结构的综合。其适用的规则是,一般侵权责任适用总则的规定,分则作出特殊规定的适用分则的特殊规定;特殊侵权责任适用分则规定,同时适用总则的相应规定。这两个部分结合起来,就构成了《侵权责任法》的完整体系,用起来也非常明确,很容易掌握。

四、《侵权责任法》在立法内容上对大陆法系和英美法系的借鉴

《侵权责任法》的立法内容比较丰富,既有一般规定,也有具体规定。在这些规定中,既有大陆法系侵权法的内容,又有英美法系侵权法的内容,结合得比较协调,具有鲜明特色。笔者举三个方面的事例作出说明。

（一）对大陆法系多数人之债规则和英美法系侵权责任分担规则的借鉴

大陆法系侵权法比较忽视侵权责任形态的研究。笔者在总结侵权责任分担规则中,整理了全部侵权责任承担的不同形式,进行类型化研究,提出了侵权责任形态的自己责任与替代责任、单方责任与双方责任以及单独责任与共同责任三个不同的侵权责任形态体系,构成完整的侵权责任形态系统。[①] 它要解决的是侵权责任已经构成,侵权行为类型确定之后,侵权责任应该由哪些人来承担,是原告承担还是被告承担,原告和被告如果是多数人,他们之间应当如何分担的问题。

大陆法系的债法对侵权责任形态只有具体规定,没有抽象性的规定和总结。只有多数人之债有抽象性规定可以适用于侵权法,例如连带之债、不真正连带之债、补充之债和按份之债等。这些债的形式表现在侵权法中,就是侵权责任形态:共同侵权行为和共同危险行为都要承担连带责任,没有分别侵权行为应当承担按份责任等。因此,大陆法系侵权法的侵权责任形态的特点是"散装"的,没有对侵权责任形态作出完整概括,没有进行"打包"研究。英美侵权法有责任分担的抽象规则,对侵权责任的分担作了非常详细的研究,这一部分体现在《侵权法重述·第三次》中,统一州法委员会对此也作了专门的整理,使之系统化、科学化。[②] 大陆法系的多数人之债的规定,与美国法的责任分担规则相比,美国的做法具有优势,更具有借鉴意义。

例如,产品责任的侵权责任形态是不真正连带责任,对此,大陆法系侵权法都是作具体规定,缺少概括性的规定,在理论上也缺少研究。美国侵权法的"责任的分担"将产品责任的侵权责任形态分为两种,一种是风险责任(即中间责任),一种是最终责任。原告向法院起诉时,是起诉生产者还是销售者,让原告自己决定,这时承担的责任就是风险责任。承担风险责任,属于无过错责任,例如原告直接起诉销售者,则不管销售者对缺陷产品的产生是否有过错,只要是确定产品有缺陷就应该承担赔偿责

[①] 杨立新:《侵权责任形态研究》,载《中国人民大学复印报刊资料·民商法学》2004 年第 2 期。

[②] 美国统一州法委员会:《统一侵权责任分担法》(中英文对照参考译本),王竹译,中国民商法律网,http://www.civillaw.com.cn/qqf/weizhang.asp? id＝35852,2012 年 3 月 5 日访问。

任。销售者承担了这个责任以后,如果他对产品缺陷的产生没有过错,就可以向生产者追偿,请求其最终承担侵权责任,产品只要有缺陷,生产者就要承担责任,这时生产者承担的就是最终责任。反之,如果受害人请求的是生产者承担风险责任,在生产者承担了风险责任之后,有权向有过错的销售者请求追偿,由销售者承担最终责任。在连带责任和不真正连带责任中,也都存在这样两个层次的责任,即风险责任和最终责任。连带责任不分份额的整体承担责任,是风险责任;连带责任人之一承担了超出自己责任份额的那部分责任,可以向没有承担责任的连带责任人追偿,所追偿的就是最终责任。这是连带责任中风险责任和最终责任的关系。①

《侵权责任法》要规定侵权责任形态,思路是清楚的,就是借鉴英美法系侵权责任分担的理论,更好地规定侵权责任的不同形态。我们在《侵权责任法》立法的讨论过程中也提出应该体现侵权法立法的最新动向,对侵权责任形态要作特别规定,笔者和许传玺是这个意见的积极倡导者。②

《侵权责任法》现在对侵权责任形态的规定尽管还不理想,但基本上体现了这个精神,规定得很有特点。其中,第 8 条规定的是连带责任;第 9 条规定的是教唆人和帮助人的连带责任;第 10 条规定了共同危险行为的连带责任;第 11 条规定了两人以上分别实施侵权行为造成同一损害,每个人的侵权行为都足以造成全部损害的,行为人承担的连带责任;第 12 条规定了二人以上实施的分别侵权行为承担按份责任。这些规定把多数人之债基本上都作了规定。此外,《侵权责任法》第 4 章主要规定了替代责任、补充责任等侵权责任形态,以及特殊侵权责任中的责任形态的规定。作了这样的整理以后,就可以看到《侵权责任法》关于侵权责任形态的规定非常丰富,具有鲜明的特点,有美国法责任分担立法经验的影子。存在的问题是,关于侵权责任形态的抽象规则不多,写得也不够系统。不过可以说,《侵权责任法》的这些规定更多地借鉴了英美法系的责任分担规则,也参考大陆法系多数人之债的规则,形成了比较有特色的侵权责任形态制度体系。

(二) 对大陆法系损害赔偿填补损害原则与英美法系惩罚性赔偿责任的借鉴

在侵权损害赔偿原则上,《侵权责任法》借鉴大陆法系和英美法系侵权法的立法经验也是成功的,一方面坚持了大陆法系侵权损害赔偿的填补损害原则,另一方面也有条件地吸收英美侵权法的惩罚性赔偿责任制度,形成了有特色的中国侵权法的损害赔偿责任制度。

《侵权责任法》第 16 条和第 17 条规定的是人身损害赔偿的填补损害原则,第 19 条规定的是财产损害赔偿规则,都实行全部赔偿。而第 47 条则是关于惩罚性赔偿责

---

① 笔者在侵权责任形态研究中表述连带责任和不真正连带责任中的风险责任,使用中间责任的概念,以与德国法将无过错责任原则叫作风险责任的概念相区别,同时也更形象一些。

② 笔者对这个问题的意见,请参见杨立新:《中华人民共和国侵权责任法建议稿及说明》,法律出版社 2007 年版,第 6—8 页。

任的规定,明知产品存在缺陷仍然生产、销售,造成他人损害的,受害人可以要求惩罚性赔偿。但怎样实行惩罚,没有规定具体规则,学者的意见倾向是不超过实际损失的3倍。对此,应该规定一个具体方法。《食品安全法》第一次规定了食品侵权的惩罚性赔偿,即以产品价格的10倍作为惩罚性赔偿。这种惩罚性赔偿计算方法的威慑力还不够,美国的惩罚性赔偿有威慑力,可以有效地威慑侵权人。美国新墨西哥州法院判的麦当劳案件,79岁的老太太Stela Liebeck买了一杯热咖啡,当打开杯盖饮用时,不慎将一些咖啡泼在了腿上,造成大面积的三度烫伤。美国热咖啡的饮用标准温度是华氏140度左右,因为超过华氏155度就有烫伤的危险。而当时麦当劳提供的咖啡温度在华氏180度至190度之间。在被麦当劳的热咖啡烫伤后,老太太将麦当劳告上法庭,称麦当劳没有提示热咖啡的温度,造成对自己的伤害。一审法院认为,承担服务职责的大公司应当善待每一个顾客,不能因为自己的过失使顾客受到损害,因此判决麦当劳公司承担270万美元的惩罚性赔偿金。[①] 上诉之后,二审法院认为判得太多,改判赔偿48万美元。我国的惩罚性赔偿金当然不能这样重,但也不能过轻,否则起不到惩罚作用。《消费者权益保护法》修订草案拟定惩罚性赔偿金的计算方法为实际损失的3倍以下,是可取的。

在起草《侵权责任法》时,有人提出应当建立一般性的惩罚性赔偿责任的意见,如社科院法学所起草的《中国民法典草案建议稿》侵权行为编,建议规定故意侵害他人生命、身体、人身自由、健康或具有感情意义财物的,应当承担惩罚性赔偿责任。[②] 立法机关没有采纳一般性惩罚性赔偿的意见,而是建立个别场合具体规定惩罚性赔偿金制度。

当然,现在的惩罚性赔偿仅仅适用在产品侵权中的恶意产品侵权领域,适用范围还不够,应当有所扩大,例如对恶意环境污染也可以适用惩罚性赔偿。由此建立的我国的损害赔偿制度,是以填补损害为基本原则,以惩罚性赔偿为个别适用的损害赔偿责任规则,具有鲜明特色。

(三) 在特殊侵权责任的规定中大量借鉴英美法特别是美国侵权法的规则

《侵权责任法》在借鉴大陆法系和英美法系侵权法的具体内容方面,更明显地表现在特殊侵权责任的规则中,它更多地借鉴了美国侵权法的规则。

大陆法系侵权法在规定特殊侵权行为时,一般的做法是一种侵权行为就规定适用一种归责原则。《民法通则》也是这样规定的,例如第126条规定建筑物等地上物致害责任都适用过错推定责任;第127条规定动物致人损害统一适用无过错责任,而不区分什么样的动物;第123条规定高度危险作业统一适用无过错责任,也不区分不同的高度危险行为和高度危险物。[③]

---

① 参见李响:《美国侵权法原理及案例研究》,中国政法大学出版社2004年版,第3页。
② 参见该建议稿第1633条。梁慧星主编:《中国民法典草案建议稿附理由·侵权行为编·继承编》,法律出版社2004年版,第127页。
③ 以上分析请参见杨立新:《侵权行为法专论》,高等教育出版社2005年版,第211、229、237页。

英美侵权法并不是这样,他们认为在每一种侵权责任类型中都有不同情况,应该分别适用不同的归责原则才公平。因此,在每一种侵权行为类型中通常都适用不同的归责原则确定责任,比如在产品侵权责任当中,确定产品缺陷要根据不同的缺陷适用不同的归责原则:制造缺陷和设计缺陷适用无过错原则,警示说明缺陷则适用过错责任原则。[①] 同样的动物致人损害,《美国侵权法重述·第二次》第 507 条规定:"野兽占有人就野兽致他人身体、土地或其他动产之伤害,纵然已尽最大注意监禁该野兽或预防其伤害,仍应负责;"而第 518 条则规定:"家禽、家畜之未具有不寻常危险者所致伤害之责任,除动物有侵权行为外,占有家禽、家畜或提供家禽、家畜栖息场所之人,不知悉或无理由知悉该动物有不寻常危险,下列情形但也仅于下列情形,就动物伤害负责:(a) 占有或提供家禽、家畜栖息场所之人,故意致动物造成伤害;或(b) 占有或提供家禽、家畜栖息场所之人,过失怠于避免伤害。"[②] 美国侵权法认为,如此确定的侵权损害赔偿责任才是公平的、合理的,无论是对受害人还是对应该承担赔偿责任的加害人来说。

《侵权责任法》在这个问题上改变了《民法通则》的做法,对特殊侵权行为作类型化规定,从第五章到第十一章规定了七种特殊侵权责任,对每一种不同的特殊侵权责任分别规定不同的确定责任规则,不再是每一种特殊侵权责任只适用一种归责原则确定侵权责任。例如第十章关于饲养动物致人损害责任,在归责原则上规定了三个层次:(1)第 78 条规定:"饲养的动物造成他人损害的,动物饲养人或者管理人应当承担侵权责任,但能够证明损害是因被侵权人故意或者重大过失造成的,可以不承担或者减轻责任。"这是规定饲养动物损害责任的一般条款。(2)第 79 条规定:"违反管理规定,未对动物采取安全措施造成他人损害的,动物饲养人或者管理人应当承担侵权责任。"这是较低层次的无过错责任原则。(3)第 80 条规定:"禁止饲养的烈性犬等危险动物造成他人损害的,动物饲养人或者管理人应当承担侵权责任。"这里没有规定免责条件,被称作绝对责任条款,是最高层次的无过错责任。与第 79 条相比较,尽管都适用无过错责任原则,但分属两个不同的层次。(4)第 81 条规定:"动物园的动物造成他人损害的,动物园应当承担侵权责任,但能够证明尽到管理职责的,不承担责任。"这是典型的过错推定责任。可见,《侵权责任法》把动物致人损害责任分成三个不同的层次,分别适用不同的归责原则。这种做法显然是借鉴美国侵权法的经验,将饲养动物致害责任分成三种不同情况,分别适用不同的归责原则确定赔偿责任。

在第七章规定"医疗损害责任"中,《侵权责任法》借鉴了法国医疗损害责任法,把

---

① 参见〔美〕肯尼斯·S.亚伯拉罕等选编:《侵权法重述——纲要》,许传玺等译,法律出版社 2006 年版,第 283 页。

② 美国法学会:《美国法律整编·侵权行为法》,刘兴善译,台湾司法周刊杂志社 1986 年版,第 414、421 页。

医疗过失行为分为医疗科学过失和医疗伦理过失的经验[1]，以及美国侵权法医疗产品责任的经验[2]，将医疗损害责任分成三个类型：第一种类型是医疗技术损害责任，违反医学原理，违反医疗常规、规程造成受害患者损害，适用过错责任原则[3]；第二种类型是医疗伦理损害责任，违反告知义务、保密义务等医疗伦理、良知等造成受害患者损害，适用过错推定原则[4]；第三种类型是医疗产品损害责任，药品、医疗器械、消毒制剂以及血液和血液制品致人损害，适用产品侵权责任规则，即无过错责任原则。[5] 对三种不同的医疗损害适用三种不同的归责原则，这种规定也是非常合理且合乎逻辑的。

《侵权责任法》第九章"高度危险责任"规定改变了《民法通则》第123条统一适用无过错责任原则的做法，将高度危险责任分为：第一，民用核设施致人损害，适用严厉的无过错责任原则，只有损害是因战争等情形或者受害人故意造成的才可以不承担责任。第二，民用航空器造成他人损害，也是用比较严厉的无过错责任原则，能够证明损害是因受害人故意造成的，不承担责任。第三，占有或者使用易燃、易爆、剧毒、放射性等高度危险物，适用比较严厉的无过错责任原则确定责任，除了能够证明损害是因受害人故意或者不可抗力造成从而不承担责任之外，被侵权人对损害发生具有重大过失的，就可以减轻占有人或者使用人的责任。第四，从事高空、高压、地下挖掘活动或者使用高速轨道运输工具造成他人损害的，适用最低层次的无过错责任原则。不仅能够证明损害是因受害人故意或者不可抗力造成的可以免除责任，而且被侵权人对损害的发生有过失的，就可以减轻经营者的责任。这显然是将高度危险责任分为四个不同的层次，尽管都是适用无过错责任原则，责任轻重并不相同。

在上述立法内容中，《侵权责任法》更多地借鉴了各国和地区的立法经验，制定的规则更加合理、更加公平，是成功的做法，应当予以充分肯定。

【案例讨论】 〉〉〉〉 〉

案情：

案例一：广西13名网友在网上约好一起去野外自助探险游，晚上在野外露营时发生山洪，均被洪水冲走，其中1人死亡，12人获救。死者家属起诉，要求其他参与人承担赔偿责任，一审法院判决"驴头"承担60%的责任，其他"驴友"共同分担10%的责任，受害人自己承担30%的责任。上诉后，二审法院依据《民法通则》第132条改

---

① 参见陈忠五：《法国法上医疗过错的举证责任》，载朱柏松等：《医疗过失举证责任之研究》，台湾元照出版公司2008年版，第124页。
② 参见杨立新：《医疗损害责任改革研究》，法律出版社2009年版，第35页。
③ 见《侵权责任法》第54条。
④ 见《侵权责任法》第55条第2款、第64条。
⑤ 见《侵权责任法》第64条。

判,"驴头"承担 3000 元,其他"驴友"分别承担 2000 元,以示公平。①

案例二:2007 年 3 月 6 日,郝某在绿野公司经营的网站发布"3 月 10 日下马威——灵山——灵山古道——洪水口一日游计划"。孙某报名参加了这次活动。当天,因所租车辆晚点及天气恶劣等原因,经参加活动的"驴友"们协商改变活动路线,行走的时间超出了原计划。当晚 10 点 30 分,孙某突然出现虚脱症状无法行走。同行者为孙进行救护,郝某拨打 110 报警求助。次日凌晨 1 时许,同行人员和救援人员先后为孙进行人工呼吸和心肺复苏,送至斋堂医院后死亡。孙的父母起诉。本案终审法院判决认为,"驴友"们的活动是 AA 制,组织者没有营利,已经尽到合理限度范围内的安全保障义务,孙某当天身体状况较差,并且未注意保暖,其自冒风险的行为最终造成损害后果的发生。故郝某、绿野网站均不承担赔偿责任。②

讨论问题:

1. 上述两个案例是否构成自甘风险?组织者应否承担赔偿责任?哪一个判决的理由更充分?

2. 在立法过程中,专家建议在第三章应当借鉴美国侵权法的自甘风险的免责规则,但立法没有接受。我国侵权法借鉴自甘风险规则是否有必要?

【参考文献】 >>>>

〔德〕克雷斯蒂安·冯·巴尔:《欧洲比较侵权行为法》(上卷),张新宝译,法律出版社 2002 年版。

〔美〕肯尼斯·S.亚伯拉罕等选编:《侵权法重述——纲要》,许传玺等译,法律出版社 2006 年版。

〔日〕潮见佳男:《不法行为法》(第一、二册)(第 2 版),日本信山社 2009 年版。

〔德〕彼得·凯恩:《阿蒂亚论事故、赔偿及法律》,王仰光等译,中国人民大学出版社 2008 年版。

朱柏松等:《医疗过失举证责任之研究》,台湾元照出版公司 2008 年版。

李响:《美国侵权法原理及案例研究》,中国政法大学出版社 2004 年版。

王军:《侵权损害赔偿制度比较研究》,法律出版社 2011 年版。

---

① 参见《二审改判"驴头驴友"均无过错》,http://news.163.com/09/0321/02/54T5SHVB0001124J.html,2009 年 3 月 21 日访问。

② 《央视 24 岁女编辑参加户外活动遇难 驴友被判无责》,http://cxbbs.net/bbs/t-30296,2008 年 1 月 10 日访问。

第二章 大小搭配的双重侵权责任一般条款

《侵权责任法》有很多独具特色的侵权责任制度都特别值得研究。《侵权责任法》第2条规定："侵害民事权益,应当依照本法承担侵权责任。""本法所称民事权益,包括生命权、健康权、姓名权、名誉权、肖像权、隐私权、荣誉权、婚姻自主权、监护权、所有权、用益物权、担保物权、著作权、专利权、商标专用权、发现权、股权、继承权等人身、财产权益。"第6条第1款规定："行为人因过错侵害他人民事权益造成损害的,应当承担侵权责任。"这两个条文就是本章所要研究的,《侵权责任法》独具特色的大小搭配、双重的侵权责任一般条款。

一、各国成文侵权法规定侵权责任一般条款的两种立法模式

世界各国侵权法的基本体例分为大陆法系和英美法系。大陆法系侵权法的最基本特点是一般化的立法模式,所有的侵权法都设置侵权责任一般条款。英美法系侵权法与此有重大差别,是完全按照侵权行为类型划分的类型化侵权法。例如英国的侵权法是把侵权行为分成8种基本类型[1],美国侵权法则把侵权行为分成13种基本类型。[2] 英美法侵权法都不存在侵权责任一般条款。

成文法国家的侵权法都设置侵权责任一般条款。对于侵权责任一般条款(也叫作侵权行为一般条款,本书对此不加区分),学者界定不同。有人认为,侵权行为一般条款就是在成文法中居于核心地位的,作为一切侵权请求之基础的法律规范。[3] 所有的基于侵权行为的请求权都要符合这一条文的要求,也就是说,侵权行为一般条款就是一个国家民法典调整的侵权行为的全部请求权的基础。在这个条文之外,不存在任何侵权行为请求权的基础,这个条文一统天下。[4] 而笔者认为,侵权行为一般条款是指概括一般侵权行为的特点和构成要件的侵权行为法条款,它将一般侵权行为的基本构成要件和基本特征进行概括,作为一般侵权行为请求权的基础的条款。[5] 事实

---

① 〔德〕克雷斯蒂安·冯·巴尔:《欧洲比较侵权行为法》(上卷),张新宝译,法律出版社2002年版,第337—355页。

② 参见美国法学会:《美国法律整编·侵权行为法》,刘兴善译,台湾司法周刊杂志社1986年版。

③ 张新宝:《侵权行为法的一般条款》,载《法学研究》2001年第4期。

④ 参见张新宝:《侵权行为法的一般条款》,http://www.civillaw.com.cn/article/default.asp? id=8102,2012年4月5日访问。

⑤ 杨立新:《杨立新民法讲义·侵权法总则》,人民法院出版社2009年版,第76—77页。

上,前者界定的是大的侵权责任一般条款,后者界定的是小的侵权责任一般条款。

大陆法系各国侵权法在规定侵权责任一般条款时,分别采取上述两种不同的立法模式。

法国侵权法规定的是小的侵权责任一般条款,即《法国民法典》第1382条。法国侵权法的侵权责任一般条款来源于罗马法的私犯,是在私犯的基础上概括而成的。这种小的侵权责任一般条款仅仅概括一般侵权行为,不包括特殊侵权行为。《法国民法典》在规定了侵权责任一般条款的第1382条之后,在第1384条、第1385条和第1386条规定准侵权行为。德国侵权法规定侵权责任一般条款的是第823条,调整范围也是一般侵权行为,不包括特殊侵权行为。这种立法模式的特点,是在侵权法中规定小的侵权责任一般条款,此外,再另外规定特殊侵权行为的特别条款,对准侵权行为或者特殊侵权责任作特别规定。我国《民法通则》采取的就是这种立法模式,其第106条第2款是侵权责任一般条款,其他特殊侵权责任则规定在第121条至第127条以及第133条共计8种特殊侵权责任。这种立法模式的特点,实际上是把侵权责任分为两大基本类型,一种是一般侵权责任,一种是特殊侵权责任,一般侵权责任由侵权责任一般条款调整,对特殊侵权责任由特别规定的法律规范调整。

另一种侵权责任一般条款的立法模式是埃塞俄比亚模式。《埃塞俄比亚民法典》第2027条是大的侵权责任一般条款,这一条款规定:第一,任何人应对因过犯给他人造成的损害承担责任,而不论他为自己设定的责任如何。第二,在法律有规定的情形,一个人应对因其从事的活动或所占有的物给他人造成的损害承担责任。第三,如果某人根据法律应对第三人负责,他应对该第三人因过犯或依法律规定发生的责任负责。这个条文所概括的,是全部侵权责任,其基础在于借鉴英美侵权法的立法经验,在其立法中规定了全面的侵权行为类型化,用大的侵权责任一般条款覆盖全部的侵权责任类型。同样,《欧洲统一侵权法》第1条规定的就是基本规则(一般条款):"(1)任何人遭受具有法律相关性的损害,有权依据本法之规定请求故意造成损害的人、因违反义务而造成损害的人或者对损害依法负有责任的其他人赔偿。(2)损害的发生处于紧急情势时,将遭受损害的人享有本法赋予的防止损害发生的权利。(3)为了本法的目的:具有法律相关性的损害指的是本法第二章所规定的具有法律相关性的损害;故意和违反义务的判定以本法第三章第一节;以及第四章所规定的特殊情形下所造成的具有法律相关性的损害为依据。(4)本条所指权利由本法其他条款予以规定。"这个条文也是概括全部侵权行为的侵权责任一般条款。

在前述侵权责任一般条款的概念界定上,前者所概括的,是后面这种埃塞俄比亚式的侵权责任一般条款,即大的侵权责任一般条款;后者所概括的,是前面这种法德式的侵权责任一般条款,是小的侵权责任一般条款。

各国成文侵权法在规定侵权责任一般条款上,要么采取法德式即小的侵权责任一般条款,要么采取埃塞俄比亚式即大的侵权责任一般条款,二者必居其一。

二、中国《侵权责任法》应当采纳哪种侵权责任一般条款

在制定《侵权责任法》的过程中,究竟应当采取哪一种侵权责任一般条款,有很大争论。最主要的表现是:在理论上,学者基本上主张采取大的侵权责任一般条款;在立法上,立法机关原来主张采取小的侵权责任一般条款。

学者的主张典型地表现在笔者主持起草的《侵权责任法草案建议稿》第1条:"行为人违反法定义务、违反保护他人的法律或者故意违背善良风俗,由于过错侵害他人人身、财产,造成损害的,应当承担侵权责任。""依照法律规定,推定行为人有过错的,受害人不必证明行为人的过错;行为人能够证明自己没有过错的,不承担侵权责任。""法律规定行为人应当承担无过错责任的,行为人即使无过错也应当承担侵权责任。但受害人能够证明行为人有过错的,应依照本条第1款规定承担侵权责任。"[①]这个条文显然借鉴了《埃塞俄比亚民法典》第2027条,并且加入了中国的特色。在王利明、梁慧星两位教授分别主持起草的《侵权行为法草案建议稿》中,也是采取这种做法。例如,王利明教授的草案第1823条规定:"民事主体因过错侵害他人人身、财产权利的,应当承担侵权责任。没有过错,但法律规定应当承担侵权责任的,应当承担侵权责任。""民事主体因故意或重大过失侵害他人合法利益的,应当承担侵权责任。"[②]

立法机关原来一直坚持采取小的侵权责任一般条款立法模式。例如,2002年12月《民法(草案)》"侵权责任法编"第1条第1款规定:"由于过错侵害他人人身、财产的,应当承担侵权责任。"2008年9月23日《侵权责任法(草案)》(修改稿)第2条规定:"因故意或者过失侵害他人生命、健康、人格尊严、人身自由、名誉、肖像、隐私、物权、知识产权以及其他权益的,应当承担侵权责任。"这个关于过错责任原则的规定,显然规定的是小的侵权责任一般条款,而不是大的侵权责任一般条款。这两个规定,显然还是采取《民法通则》第106条第2款的传统,没有采纳学者的建议。

《侵权责任法》规定侵权责任一般条款究竟采取哪一种模式,必须进行利益衡量。法德式的小的侵权责任一般条款只规定一般侵权行为,在法律适用上,一般侵权行为适用侵权责任一般条款,特殊侵权责任适用特别规定,优点在于立法简洁、精炼,使立法的篇幅不大;缺点在于法律适用的概括性,需要有高素质的法官队伍,且需要法官在法律适用上发挥创造性。而埃塞俄比亚式的侵权责任一般条款在概括全部侵权行为的情况下,对全部侵权行为进行类型化的规定,既有立法的概括性和弹性,又具有可操作性,便于法官适用。相比较而言,大的侵权责任一般条款具有更大的优势。因此,无论是法官还是学者都认为大的侵权责任一般条款更便于操作,《侵权责任法》应当设定大的侵权责任一般条款,同时实行侵权行为的全面类型化。

---

① 杨立新主编:《中华人民共和国侵权责任法草案建议稿及说明》,法律出版社2008年版,第3页。
② 王利明主编:《中国民法典草案建议稿及说明》,中国法制出版社2004年版,第237页。

在梁慧星教授主持起草的《侵权行为法草案建议稿》中，在侵权责任一般条款的指导下，将侵权责任分为三大类，即过错责任的侵权行为、无过错责任的侵权行为和替代责任的侵权责任，与埃塞俄比亚侵权法对侵权行为类型的划分基本一致。① 王利明教授主持起草的《侵权行为法草案建议稿》，则在侵权责任一般条款的指导下，将侵权行为的类型规定为特殊的自己责任、替代责任、危险责任与环境污染责任、物件致害责任、事故责任以及商业侵权与证券侵权。② 在这个规定中包括笔者的意见。当初的想法是用一个大的一般条款规定，再进行类型的详细划分，不过，这种类型划分并不是笔者的意见。2007 年，笔者接受中国法学会的研究课题，主持起草《侵权责任法草案建议稿》，是在大的侵权责任一般条款的指导下，分别规定了过错责任的侵权行为、过错推定的侵权行为、无过错责任的侵权行为以及事故责任四个基本类型。③

对于立法机关在《侵权责任法（草案）》的初期不采纳大的侵权责任一般条款的立法建议，学者并不采取支持的态度。

三、大小搭配的双重侵权责任一般条款的形成

（一）《侵权责任法》设置的是大小搭配的双重侵权责任一般条款

变化发生在 2008 年 12 月 4 日的《侵权责任法（草案）》法律委员会审议稿。该草案对《侵权责任法》的结构作了调整，在第 2 条规定了一个新的条文，即："实施侵权行为，应当承担侵权责任。"2008 年 12 月全国人大常委会第二次审议稿，又将该条改为"侵害民事权益，应当承担侵权责任"。对此，专家予以赞同并建议该条应当增加谴责性的要素④，因此，第三次审议稿将该条改为"侵害民事权益，应当依照本法承担侵权责任"。同时增加第 2 款关于《侵权责任法》保护范围的规定。直至《侵权责任法》正式通过，确立了第 2 条为侵权责任一般条款，尽管内容与《埃塞俄比亚民法典》第 2027 条以及《欧洲统一侵权法草案》第 1 条规定的侵权责任一般条款并不相同，但其性质确实是大的侵权责任一般条款。

但是，《侵权责任法》在规定了大的侵权责任一般条款之后，又在第 6 条第 1 款规定了过错责任原则的条文，这个条文，就是小的侵权责任一般条款，是对《民法通则》第 106 条第 2 款的继承和发展。

那么，中国《侵权责任法》岂不是有了两个侵权责任一般条款吗？

确实是这样。中国《侵权责任法》与众不同的特色之一，就在于设置了大小搭配的双重侵权责任一般条款。

---

① 梁慧星主编：《中国民法典草案建议稿》，法律出版社 2003 年版，第 305 页以下。
② 王利明主编：《中国民法典草案建议稿及说明》，中国法制出版社 2004 年版，第 236 页。
③ 杨立新主编：《中华人民共和国侵权责任法草案建议稿及说明》，法律出版社 2008 年版，第 10 页以下。
④ 杨立新：《论侵权责任法草案第二次审议稿的侵权行为一般条款》，载《法学论坛》2009 年第 3 期。

（二）《侵权责任法》何以采纳大小搭配、双重的侵权责任一般条款立法模式

对此,应当对各国成文法侵权法规定不同模式的侵权责任一般条款的必要条件进行研究,因为一个成文法的侵权法究竟采取何种侵权责任一般条款,是与该国侵权法的这个必要条件相适应的。

德法式的侵权责任一般条款即小的侵权责任一般条款,其立法的必要条件是立法的抽象化和概括式,加之对特殊侵权责任的特别规定。这个传统来源于罗马法的侵权法传统。罗马法对侵权行为进行了初步整理,改变了侵权法对侵权行为都作具体规定的做法,将侵权行为分为私犯和准私犯两大类进行规定。法国侵权法在此基础上,把全部侵权行为分为侵权行为和准侵权行为,分别规定在第1382条和第1384条,对两种侵权行为作出概括性规定,抽象出了侵权行为和准侵权行为的一般性规则,并且在第1385条和第1386条对准侵权行为作出具体规定,从而开创了侵权法的新时代。小的侵权责任一般条款的立法条件,就是对一般侵权行为不作具体规定,而仅对特殊侵权行为作具体规定。因此,小的侵权责任一般条款就为不需作出具体规定的一般侵权行为提供请求权的法律基础;而对特殊侵权责任,侵权责任一般条款并不过问,由特殊规范提供请求权的法律基础。

《埃塞俄比亚民法典》规定的大的侵权责任一般条款概括的是全部侵权行为,它的必要立法条件,就必须是对侵权行为作出全面的类型化规定。可以说,没有侵权行为的全面类型化,就没有大的侵权责任一般条款的存在,也没有必要规定大的侵权责任一般条款。只有全面实行了侵权行为的类型化,才有必要采取大的侵权责任一般条款。《埃塞俄比亚民法典》采取大的侵权责任一般条款的基础,正是借鉴了英美法系侵权法的类型化方法,全面规定了侵权行为的类型。因此,《埃塞俄比亚民法典》关于侵权行为的规定,是融汇了大陆法系侵权法和英美法系侵权法的优势,将一般化立法和类型化立法结合起来,大的侵权责任一般条款采纳的是大陆法系侵权法的传统,而全面侵权行为的类型化则是学习了英美法系侵权法的优势。因此,可以说全面的侵权行为类型化是大的侵权责任一般条款的必要立法条件。

我国《侵权责任法》既没有对侵权责任进行全面的类型化,又在侵权责任类型化的规定中超出了特殊侵权责任的范围,既不符合德法式侵权法的立法惯例,也不符合埃塞俄比亚式侵权法的全面类型化的立法做法,是一个独特的、不全面的、不完善的侵权责任类型化。

依据这样一些情况观察,我国《侵权责任法》既然规定大的侵权责任一般条款,那么是不是实行了侵权责任的全面类型化呢？如果不是全面的类型化,又为什么规定大的侵权责任一般条款呢？既然规定了大的侵权责任一般条款,为什么又规定小的侵权责任一般条款呢？

我们分析一下《侵权责任法》的立法结构。《侵权责任法》大体上采取的是总则、分则的总分结构。从《侵权责任法》全部十二章的章名上研究,第一章到第三章规定

的是总则的内容,是关于侵权责任的一般性规则规定;第四章到第十一章规定的是侵权责任类型,是对侵权责任类型化的规定,属于分则的内容。

问题是,这些关于侵权责任的类型的规定,既不是对特殊侵权责任的一般规定,也不是对侵权责任全面类型化的规定,即中国《侵权责任法》所谓的"分则"是一个不完善的分则,是对侵权责任进行的不完善、不全面的类型化规定。因此出现了一个问题是,只规定小的侵权责任一般条款,则无法概括特殊侵权责任的具体规定;只规定大的侵权责任一般条款,又会使一般侵权责任缺乏侵权请求权的法律基础。立法者采纳学者设置大的侵权责任一般条款的立法建议,但又没有办法直接规定全面的侵权责任类型化;如果继续坚持《民法通则》第106条第2款的传统只规定小的侵权责任一般条款,在侵权责任类型化的规定上,又超出了特殊侵权责任所应当规定的范围。因此,大小搭配的双重的侵权责任一般条款立法模式应运而生,成为立法的现实。

正是在这种情况下,我国《侵权责任法》规定了第2条作为大的侵权责任一般条款,以确定侵权责任的范围和《侵权责任法》保护的民事权益范围,再规定第6条第1款,作为小的侵权责任一般条款,为《侵权责任法》分则没有具体规定的一般侵权责任设置法律适用规则,提供请求权的法律基础。因此,形成了大小搭配、双重的侵权责任一般条款。《侵权责任法》的这一特色就是如此产生的。

(三)对大小搭配的双重侵权责任一般条款的评价

特色通常是说特点,即与众不同之处,是指事物所表现的独特的色彩、风格等。[①]当一部法律与他国法律确有不同之处,即可称之为法律特色。当然,特色并非都是优点或者优势,有时候特色也可能是不足。中国《侵权责任法》设置大小搭配的双重侵权责任一般条款确实独具特色,究竟是好的特色,还是不好的特色,须予以评价。

德国法学家萨维尼曾经说过,法律就像语言、风俗、政制一样,具有"民族特性",是"民族的共同意识","随着民族的成长而成长、民族的壮大而壮大",因此,"民族的共同意识乃是法律的特定居所"。[②]制定中国《侵权责任法》,既要借鉴外国侵权法的立法经验和理论学说,又要坚持中国的特点,符合中国的具体国情,体现法律的民族性和本土性;既尊重法律传统,又要反对单纯的"拿来主义"。这应该是立法的最基本原则。回顾中国侵权法的发展历史,可以看到中国侵权法的发展以及中国特色的形成:

——中国古代的侵权法,是独具特色的中华法系侵权法。在唐前,可供查询的法律史籍不多,但并非不存在侵权法的传统[③];自唐以来,中国侵权法留下的法律资料极

---

① 中国社会科学院语言研究所词典编辑室编:《现代汉语词典》,商务印书馆2005年版,第1335页。

② 〔德〕冯·萨维尼:《论立法与法学的当代使命》,许章润译,中国法制出版社2001年版,第9页。

③ 参见程树德:《九朝律考》,中华书局2006年版。该书详细考证了在唐前遗存的法律典籍,有些侵权法的史料考证。

为丰富,展现了中华法系侵权法的风采。这种以财产损害的制度(即全部赔偿)、人身损害的赔偿埋葬银制度为基本制度内容的中华法系的侵权法,独具中华特色,与罗马法以及后世的欧洲侵权法完全不同,尽管都是侵权赔偿责任,但基本理念和各项制度没有相似之处,形成了自己的完善体系和基本理念,是中华法系的宝贵历史遗产。①在清朝末期改律为法,大规模引进欧陆和日本民法立法传统之时,并非没有人反对破坏中华法系博大精深的法律体系,只可惜西学东渐成为主流,中华法系自废武功,中国古代侵权法随之土崩瓦解,不复存在。直至今日,中国古代侵权法规定的十几种侵权责任制度,踪迹皆无。

——中国近代侵权法以及新中国改革开放之前的侵权法,基本上是对外国经验的借鉴,谈不上中国特色,更谈不上民族性。在此期间的前期,废除《大清律例》,完全参照法、德、日立法制定《大清民律草案》《中华民国民律草案》以及中华民国民法,在债法中规定侵权法。在两部草案、一部民法中规定的侵权法,基本体例和具体内容都是移植自欧陆侵权法,除了语言是中国的以外,其他几乎没有中国自己的传统和民族特点。在这个时期的后期,新中国废除国民政府的《六法全书》,也废除了在前期制定民法时移植的侵权法,全面学习苏联民法,按照苏联侵权法的制度构建我国的侵权法,尽管在法律虚无主义和"人治"思想的指导下,并没有建立起来一部完整的侵权法,但在理论上和实践中,大体上按照苏联的侵权法构建了我国的侵权法的框架。②事实上,苏联的侵权法理论和立法也借鉴于德国法,不过加进了很多的偏见和误解,而这些不足也一并移植到了我国的侵权法理论之中。可以说,前后两个时期的中国侵权法,都以借鉴为主,缺少中国特色和民族性。

——在改革开放之初,我国推出了《民法通则》,全面规定了新型的侵权责任制度,形成了有一定特点的侵权法。尽管在那个时候,我国的侵权法理论准备还不充分,立法实践经验也不足,但立法者力图体现中国特色。除了内容的特点之外,将侵权责任法脱离债法,独立规定于《民法通则》的最后部分,在成文法国家的侵权法中是独具特点的。更为重要的是,在《民法通则》实施后二十几年的司法实践中,各级人民法院和二十几万民事法官,在审理的将近 2000 万件侵权案件中③,创造性地适用法律,取得了丰富的审判实践经验,推出了一大批鲜活的本土审判经验作为依据的司法解释。毫不夸张地说,我国拥有最为丰富的司法案例,很多精彩的案例,如"荷花女"

---

① 参见杨立新:《侵权法论》,人民法院出版社 2005 年版,第 80—95 页。
② 这一体系和具体内容体现在中央政法干校民法教研室编著的《中华人民共和国民法基本问题》(法律出版社 1958 年版)一书的第二十一章"侵权行为的民事责任"当中,第 322—340 页。
③ 笔者只有自 2003 年至 2007 年 5 年的数据统计,5 年中,全国法院受理一审民事案件 2223 万件,其中侵权责任纠纷案件 450 万件。按此数据推论,二十几年间大约为 2000 万件侵权案件。

案①、"好一朵蔷薇花"案②、"燃气炉爆炸伤害"案③等,都创造性地发展了《民法通则》规定的侵权责任法,在一个不是判例法的国家中,发挥了接近于判例的效力。更为重要的是,最高人民法院总结侵权法的司法经验和相关案例,创造性地制定侵权法司法解释,创造的侵权责任制度在世界范围内都具有创新意义和领先地位,这些最具本土化特点的准侵权法规则,写进了《关于审理人身损害赔偿适用法律若干问题的解释》(以下简称《人身损害赔偿司法解释》)、《关于确定民事侵权精神损害赔偿责任若干问题的解释》等一系列司法解释之中,形成了具有中国特色的侵权法的法官法。在制定《侵权责任法》过程中,本着"大陆法系为体,英美法系为用,广泛吸纳我国立法司法经验"的思想④,坚持我国侵权法的本土化经验,广泛借鉴大陆法系和英美法系侵权法的立法经验和理论研究成果,将美国法、德国法、法国法以及日本法的侵权法立法经验化为中国《侵权责任法》的借鉴元素,服务于中国的侵权法立法实践,创造性地设计侵权责任基本制度和具体规则,形成了《侵权责任法》的现行规定。可以说,中国《侵权责任法》既是本土的,又是借鉴的,是外国立法经验与本国司法经验紧密结合的侵权法。

通过回顾中国侵权法三个阶段的立法发展,可以看出,中国侵权法的立法发展,就是一个"本土→借鉴→(本土+借鉴)"的过程。在这个历史的宏观角度观察中国《侵权责任法》"大小搭配的双重侵权责任一般条款"的立法模式,在各国侵权法的立法之林中确实是独一无二的。从《大清民律草案》第 945 条关于"以故意或过失侵害他人之权利而不法者,于加侵害而生之损害,负赔偿之义务"的规定、《中华民国民律草案》第 246 条关于"因故意或过失不法侵害他人之权利者,负损害赔偿责任"的规定、《中华民国民法》第 184 条关于"因故意或过失,不法侵害他人之权利者,负损害赔偿责任。故意以背于善良风俗之方法,加损害与他人者亦同。""违反保护他人之法律,致生损害于他人者,负赔偿责任。但证明其行为无过失者,不在此限"的规定,到《民法通则》第 106 条第 2 款,以及《侵权责任法》第 2 条和第 6 条第 1 款,中国侵权法经历了否定之否定的发展过程,终于建立了这样一种独具特色、与众不同的侵权责任一般条款的立法例。

对此,笔者的评价是:

第一,大小搭配的双重侵权责任一般条款的立法例,既有德、法、日等国小的侵权责任一般条款的立法经验,又有《埃塞俄比亚民法典》侵权法以及《欧洲统一侵权法草案》侵权责任一般条款的立法经验,结合了两种侵权责任一般条款的立法优势,

---

① 沈德咏主编:《最高人民法院公报案例大全》(上卷),人民法院出版社 2009 年版,第 416 页以下。
② 同上书,第 412 页以下。
③ 同上书,第 779 页以下。
④ 参见杨立新主编:《中华人民共和国侵权责任法草案建议稿及说明》,法律出版社 2007 年版,第 2 页。

合而为一,成为一个完整的体系,是各种侵权责任一般条款立法优势的结合。

第二,大小搭配的双重侵权责任一般条款立法例的创设,更是对英美法系侵权法特别是对美国侵权法立法经验的借鉴。我国《侵权责任法》中的美国侵权法的元素比较丰富,特别是在第四章之后关于特殊侵权责任具体制度的规定上,很多都是借鉴英美侵权法侵权责任类型化的经验制定的。《民法通则》规定特殊侵权责任只有 9 个条文,而《侵权责任法》规定特殊侵权责任有 60 个条文。正因为有了更高程度的侵权责任类型化的基础,《侵权责任法》就必须设置大的侵权责任一般条款。因此,《侵权责任法》规定第 2 条是完全必要的。

第三,根据我国的实际情况,《侵权责任法》还无法实现侵权责任的全面类型化,因此,仍然需要适应这种情况而规定小的侵权责任一般条款。正因为如此,大小搭配的双重侵权责任一般条款就应运而生。可见,这种做法完全适合于我国国情,是由我国具体国情决定的。

第四,《侵权责任法》规定侵权责任一般条款实行大小搭配,各自调整不同的侵权行为,发挥不同的作用,不是叠床架屋,而是各有所长,各有所需,相互配合,构成完整的体系。

因此,我国《侵权责任法》设置大小搭配的双重侵权责任一般条款是必要的,也是必需的,完全适应现在的立法条件,是我国《侵权责任法》的立法优势。

四、两个侵权责任一般条款的不同功能

我国《侵权责任法》既然与众不同,设置两个侵权责任一般条款,那么,它们各自的作用应当如何协调呢?

《侵权责任法》第 2 条作为大的侵权责任一般条款,它的基本作用在于:第一,确定侵权责任的范围,规定凡是侵害民事权益,依照本法应当承担侵权责任的违法行为,都是侵权行为,都应当承担侵权责任。第二,确定《侵权责任法》保护的范围,所有应当依法保护的民事权益,都在《侵权责任法》的保护之下。第三,提示符合过错责任原则、过错推定原则和无过错责任原则要求的侵权行为,都应当承担损害赔偿责任。第四,不具有过错要件,但符合《侵权责任法》第 15 条规定的承担其他民事责任方式的侵权行为,应当承担这些侵权责任方式。第五,对于造成一方损害双方当事人都没有过错适用公平责任分担损失的情形,确定各自承担的责任。第六,对于将来发生、目前没有预料到的特殊侵权责任预留法律适用空间,当出现这种特殊侵权责任而法律没有具体规定、又不符合过错责任原则的一般侵权行为要求的新型侵权行为,可以适用大的侵权责任一般条款适用法律,确定侵权责任。

《侵权责任法》第 6 条第 1 款规定的小的侵权责任一般条款,其调整范围是确定

一般侵权责任的范围和责任构成要件,规定对一般侵权责任适用侵权法的一般规则,确定一般侵权责任的界限,为一般侵权责任提供请求权法律基础。因此,在《侵权责任法》的适用上,应当遵照小的侵权责任一般条款(例如德国法第 823 条、法国法第 1382 条、日本法第 709 条等)的规定,确定具体规则。这些规则是:第一,小的侵权责任一般条款调整的范围是一般侵权责任,对于特殊侵权责任,特别是《侵权责任法》第四章至第十一章规定的适用过错推定原则和无过错责任原则的特殊侵权责任,不适用小的侵权责任一般条款。第二,一般侵权责任的归责原则是过错责任原则。第三,适用小的侵权责任一般条款,侵权责任构成要件是违法行为、损害事实、因果关系和主观过错。第四,适用小的侵权责任一般条款,举证责任由被侵权人承担,被侵权人不承担举证责任。第五,适用小的侵权责任一般条款,侵权人承担侵权责任的责任形态,主要是自己责任,即对自己实施的侵权行为自己承担侵权责任,在法律有特别规定的情况下,方可承担替代责任。

【案例讨论】 >>>>　　>

案情:

某《文摘》报刊登了一篇题为《音乐家某某与李某 38 年婚外婚内情》的文章,披露了在该音乐家与其前妻婚姻关系存续期间,李某与该音乐家的恋情,以及该音乐家与其前妻之间的部分婚姻生活内容,还披露了该音乐家与其前妻离婚、与李某结婚的若干事实。该音乐家的前妻认为,该文对她与该音乐家的婚姻与感情生活加以歪曲和捏造,文中有大量对原告及家庭进行侮辱和诽谤的文字,严重损害了自己及家人的名誉权和隐私权,因而将出版社告上法庭,请求精神损害赔偿 10 万元。受诉法院认为本案不构成侵权,判决驳回了原告的诉讼请求。

讨论问题:

1. 本案是否构成侵权责任? 如果构成侵权,属于何种类型的侵权行为?

2. 本案的侵权损害赔偿请求权的法律基础是什么? 应当适用哪一条文确定侵权责任?

3. 你是怎样理解《侵权责任法》规定的侵权责任一般条款的? 你对第 2 条和第 6 条第 1 款规定之间的关系是怎样理解的?

【参考文献】 >>>>　　>

张新宝:《侵权行为法的一般条款》,载《法学研究》2001 年第 4 期。

杨立新:《论侵权责任法草案第二次审议稿的侵权行为一般条款》,载《法学论坛》

2009 年第 3 期。

〔德〕克雷斯蒂安·冯·巴尔:《欧洲比较侵权行为法》(上卷),张新宝译,法律出版社 2002 年版。

王利明:《侵权责任法研究》(上卷),中国人民大学出版社 2011 年版。

陈聪富:《侵权归责原则与损害赔偿》,台湾元照出版公司 2004 年版。

王成:《侵权责任法》,北京大学出版社 2011 年版。

第三章　侵权责任法保护民事利益范围的实务判断

《侵权责任法》第2条第2款规定了该法保护的范围,除了列举18种民事权利又加上"等"之外,还包括民事利益。对该法保护的民事利益的范围如何界定,没有明确规定,学者仁者见仁,智者见智。本章通过对"黄棣如诉广州市番禺区番泰商行等冒用商品条码侵害民事利益赔偿纠纷案"的分析,说明笔者的看法。

一、保护民事利益的典型案例

(一)简要案情

上诉人(原审原告)黄棣如是中山市火炬开发区永利食品厂的个体经营者。2003年5月21日,黄棣如与被上诉人(原审被告)广州市番禺区番泰商行签订《委托加工协议书》,约定:番泰商行委托黄棣如生产加工"番泰行"牌系列猪油糕产品,加工产品使用的是"番泰行"牌商标,黄棣如提供卫生许可证号、生产许可证号、企业标准、标签认可编号、条码给番泰商行印制包装,部分的包装材料如:猪油糕系列产品的外包装盒由番泰商行提供给黄棣如进行食品生产及包装,质量要求由黄棣如提供实际样板经番泰商行确定认可后,按照确认样板进行生产,但黄棣如要保证其加工的产品卫生安全,符合国家食品卫生标准,产品的成分要足够,不能偷工减料,提供的标准、条码及标签要合法等。合同签订后,黄棣如按协议约定,提供卫生许可证号、生产许可证号、企业标准、标签认可编号、条码给番泰商行的产品进行印制包装,其中黄棣如的厂商识别代码为69270330。2006年年底,番泰商行通过QS认证,而黄棣如至今未能通过QS认证,番泰商行因此终止与黄棣如的食品加工合作关系。2007年1月16日,番泰商行委托被上诉人(原审被告)中山市宝诚食品有限公司生产、加工花生芝麻糖、猪油糕等食品。番泰商行提供旧包装盒的样板给宝诚公司进行印刷,而旧包装盒上仍印有黄棣如的商品条码69270330。2007年7月4日,中山市质量技术监督局根据黄棣如的投诉到宝诚公司进行检查,发现印有黄棣如商品条码的食品花生软糕有6盒,包装盒有150个。2007年7月23日,广州市番禺区质量技术监督局对番泰商行作出(穗番)质监责改字(2007)第1号责令改正决定书,责令番泰商行"2007年7月27日前,按以下要求予以改正:(1)立即停止冒用他人商品条码的行为;(2)使用合法取得且符合《广东省商品条码管理办法》要求的商品条码;(3)在整改日期届满前将整改情况以书面形式报送我局"。2007年12月24日,黄棣如以番泰商行、宝诚公司侵权为由向中山市人民法院提起诉讼。

（二）裁判结果

中山市中级人民法院一审判决认为:商品条码是由一组规则排列的条、空及其对应代码组成,是表示商品特定信息的标识。商品条码不属于民法调整的平等主体之间的财产关系的范畴,且宝诚公司、番泰商行使用黄棣如的商品条码未造成黄棣如名誉、荣誉上的损害,因此,黄棣如诉求于法无据,判决驳回黄棣如的诉讼请求。黄棣如不服一审判决,向中山市中级人民法院提起上诉。

中山市中级人民法院审理认为:《民法通则》第5条规定:"公民、法人的合法的民事权益受法律保护,任何组织和个人不得侵犯。"民事权益是指自然人或者法人在民事活动中享有的权利和利益,民事权益即为民事权利与民事利益。除民事权利外,合法的民事利益也受法律保护。商品条码虽然包含有企业名称等信息,但一般公众不可能知晓其中包含的信息,故商品条码不属于企业名称权的范围。法律也没有规定商品条码是何种民事权利。商品条码有利于商品管理和流通,因此,商品条码是民事利益。《商品条码管理办法》第21条规定:"任何单位和个人未经核准注册不得使用厂商识别代码和相应的条码。任何单位和个人不得在商品包装上使用其他条码冒充商品条码;不得伪造商品条码。"黄棣如经注册取得的商品条码是合法的民事利益,应受法律保护。番泰商行未经黄棣如允许,擅自使用其商品条码,应承担相应的民事责任。宝诚公司系受番泰商行的委托使用黄棣如商品条码,黄棣如无证据证明宝诚公司具有过错,其要求宝诚公司承担责任的诉讼请求不能成立。由于冒用商品条码的行为不会引起消费者对商品误解和商品销售,故冒用商品条码的行为不属于不正当竞争行为,黄棣如主张番泰商行不正当竞争的上诉理由不能成立。因商品条码是财产利益,不是企业人格利益,对黄棣如主张赔礼道歉的诉讼请求不予支持。再因中山市质量技术监督局已责令番泰商行停止侵权,且黄棣如无证据证明番泰商行仍在使用其商品条码,黄棣如要求番泰商行停止侵权的诉讼请求不能成立。黄棣如因调查、制止侵害行为和诉讼所支出的费用属于损失,应由番泰商行赔偿,酌定损失为1万元。原审认定事实清楚,但适用法律不当。故判决撤销中山市人民法院一审民事判决,广州市番禺区番泰商行于本判决生效后3日内赔偿黄棣如损失1万元;驳回黄棣如其他诉讼请求。

二、对《侵权责任法》保护的民事利益范围的基本理论分析

本案终审判决尽管不是适用《侵权责任法》作出的判决,但其适用法律的基本思路是符合《侵权责任法》第2条第2款规定精神的,因此,对于分析《侵权责任法》保护的民事利益范围具有借鉴意义。

（一）对《侵权责任法》保护的民事利益范围的不同看法

对于《侵权责任法》第2条规定的民事利益保护范围,学者有不同理解。

有的学者认为,除了《侵权责任法》第2条第2款列举的民事权利之外,还有其他民事权益也属于《侵权责任法》的保护对象,比如死者名誉、胎儿人格利益。考虑到民事权益多种多样,立法中难以穷尽,而且随着社会、经济的发展,还会不断地有新的民事权益纳入《侵权责任法》的保护范围,因此,《侵权责任法》没有将所有的民事权益都明确列举,但不代表这些民事权益就不属于《侵权责任法》的保护范围。[①] 这个解说比较含糊,也代表了立法者对这个问题的不明确态度。

有的学者认为,侵权法保护的利益应当是私法上的、具有绝对性的合法利益,其特点是,这种利益必须是私法上的利益,具有绝对性,具有合法性,具有侵权责任上的可救济性。具体的范围是,一是一般人格利益,二是死者人格利益,三是财产利益,四是其他合法利益。[②] 这种说法从两个方面对民事利益进行界定,说得比较明确,不过在解释《侵权责任法》保护的民事利益时,仍然使用"其他合法利益"这样的弹性表述,不够妥当。

有的学者认为,民事法益具有类似民事权利的某些属性,但又有不同于民事权利的特征,部分民事法益可能上升为民事权利,而另一部分则只能以受到法律保护的利益形态存在。死者的人身利益如姓名、肖像、名誉、隐私、遗体、遗骨等,属于受到保护的人身利益。债权在一定程度上也属于受到保护的财产利益,但侵权责任之构成往往以侵权人的故意为主观要件。[③] 这种说法的表述不够准确,特别是将债权也归入民事法益的范围,有欠斟酌。

有的学者认为,民事利益是指虽然受到法律一定程度的保护但尚未成为一种民事权利的利益。依内容之不同,《侵权责任法》保护的民事利益可分为:人身利益与财产利益,如死者之名誉、隐私、肖像,具有人格象征意义的特定纪念物品上的人格利益,商业秘密,占有等。至于哪些利益属于民事利益,进而能够受到私法的保护,则应根据是否具备合法性、私人性及可救济性这三项特征。[④] 这个主张对民事利益概念的界定比较可取,但对其外延的表述显然缺乏整理。

在上述分析中,有以下几点是共同的:第一,民事利益是尚未成为民事权利的私法上的利益;第二,民事利益范围相当宽泛,并非所有的民事利益都受《侵权责任法》的保护;第三,受到《侵权责任法》保护的民事利益应当具备一定的属性,例如合法性、绝对性、可救济性。这些意见,应当成为确定《侵权责任法》保护的民事利益范围的基础。

---

① 王胜明主编:《中华人民共和国侵权责任法释义》,法律出版社2010年版,第25—26页。
② 王利明:《侵权责任法研究》(上卷),中国人民大学出版社2010年版,第92—98页。
③ 张新宝:《侵权责任法》,中国人民大学出版社2010年版,第4—5页。
④ 程啸:《侵权责任法》,法律出版社2011年版,第66—67页。

（二）《侵权责任法》保护民事利益的应然范围

《侵权责任法》保护的民事权益范围，第 2 条第 2 款作了规定，即"本法所称民事权益，包括生命权、健康权、姓名权、名誉权、荣誉权、肖像权、隐私权、婚姻自主权、监护权、所有权、用益物权、担保物权、著作权、专利权、商标专用权、发现权、股权、继承权等人身、财产权益"。这种写法的不足之处在于一是列举的民事权利不够，很多重要的权利没有写进来，例如身体权、人身自由权、信用权、债权、配偶权等；二是所列举的 18 种民事权利并非属于同一个逻辑层次上的权利，多数是具体权利，有的却是权利类型；三是已经写进来的权利有些较难得到侵权法的保护，例如继承权、股权等；最重要的是，对《侵权责任法》所保护的民事利益，只界定到人身、财产利益的程度，没有进一步明确界定，在司法实践中很难掌握。

民事利益是指民事主体享有、能够给自己带来一定便利、尚未被法律认可为民事权利的私法上的利益。对民事利益应当采用三分法，即：（1）被民事权利保护的民事利益，成为民事权利客体；（2）法律规定应当予以保护的民事利益，就是法益，即法律虽然保护，但并非设置权利保护，而仅作为法益予以保护；（3）不受法律保护的民事利益。法益就是《侵权责任法》所保护的利益。法益的确定方法是：首先，凡是法律已经明文规定应当保护的合法利益，是《侵权责任法》保护的范围，例如死者的人格利益；其次，故意违反善良风俗致人利益损害的行为，是《侵权责任法》调整的范围；再次，利益应当达到重大程度，轻微的民事利益不应当作为《侵权责任法》保护的范围，以更好地保障民事主体的行为自由。

《侵权责任法》应当保护的民事利益（即法益）范围是以下五种：

1. 其他人格利益

其他人格利益，在学说上叫作一般人格利益，即具体人格权不能涵盖但应当依法予以保护的人格利益。任何人格利益，凡是没有明文规定，但确需依法进行保护的，都可以概括进这个概念里，作为《侵权责任法》保护的范围。对此，最高人民法院《关于确定民事侵权精神损害赔偿责任若干问题的解释》规定为"其他人格利益"。应当按照司法解释的规定确定这个概念。

《侵权责任法》保护的其他人格利益具体分为：第一，有一些在立法上没有规定，但是在理论上认为已经具有具体人格权性质的人格权，可以概括在其他人格利益中。例如，性自主权在其他法律中已经规定为人格权并加以刑法和行政法的保护，《侵权责任法》保护性自主权，可以引用其他人格利益予以保护。第二，对于有可能成为新的具体人格权的人格利益，例如形象权、声音权等，应当概括在其他人格利益中予以保护。第三，对于具体人格权和上述人格利益无法包括的人格利益，概括在其他人格利益之中依法予以司法保护，例如浴池允许人狗同浴，侵害的就是受害人的其他人格利益。

2. 死者人格利益

《民法通则》没有规定保护死者人格利益,而死者的某些人格利益确有保护必要。《民法通则》在实施中遇到了这个问题。在"荷花女"案件的审理中,最高人民法院作出司法解释,规定对死者的名誉应当进行法律保护。这种做法取得了很好的效果,发挥了重要作用,受到各界欢迎,在国外也有很好的影响。最高人民法院《关于确定民事侵权精神损害赔偿责任若干问题的解释》将死者名誉利益保护的经验予以扩展,对死者的姓名、肖像、名誉、荣誉、隐私以及遗体遗骨等人格利益均予以保护,填补了立法缺陷,对于维护死者的人格利益,维护正常的人际关系和市民社会和谐稳定,都有重要意义。

借鉴我国司法实践二十多年来积累的审判经验,《侵权责任法》保护的民事利益应当包括死者人格利益。《侵权责任法》保护的死者人格利益范围,包括死者的姓名、肖像、名誉、荣誉、隐私以及遗体遗骨。对于凡是侵害上述死者人格利益造成损害的,都应当认定为侵权行为,对死者的近亲属承担损害赔偿责任。

3. 胎儿人格利益

关于胎儿人格利益的法律保护,现有的法律和司法解释均无明确规定。在实践中已经出现过这样的案例。成都市贾某怀有四个多月身孕,在乘坐出租汽车时发生交通事故,被撞伤,致右额粉碎性凹陷骨折及颅内血肿。贾某起诉认为,自己为治愈伤害而服药,会对胎儿健康发生影响,要求对胎儿人格利益的损失予以赔偿。法院组织数次鉴定,均无法确定现在即存在损害。法院判决认为胎儿伤害尚不能确定,无法予以支持,待其出生并确定伤害后可以起诉。本案尽管没有形成确定保护胎儿人格利益的判决,但体现了保护胎儿人格利益的思想。

胎儿人格利益应当确定为《侵权责任法》保护的范围。罗马法认为,胎儿从实际的角度上讲不是人,但由于他是一个潜在的人,人们为保存并维护其自出生之时即归其所有的那些权利,而且为对其有利,其权利能力自受孕之时起产生,而不是从其出生之时起计算。近现代的民事立法规定胎儿在其母体中受到侵权行为的侵害,自其出生时始,享有损害赔偿请求权。

《侵权责任法》保护胎儿人格利益的基本规则是:第一,胎儿在母体中受到身体损害或者健康损害,法律确认其产生损害赔偿请求权。第二,胎儿的损害赔偿请求权,在胎儿出生之前是一种潜在的权利,应待其出生后依法行使。第三,由于初生儿具有民事权利能力而不具备民事行为能力,因而行使侵权责任请求权应由其亲权人作为法定代理人代为行使,而不是由母亲行使。第四,如果胎儿出生时为死体,胎儿不能产生损害赔偿请求权,而由受害人即怀孕的母亲享有损害赔偿请求权。

4. 其他身份利益

其他身份利益,是亲属之间基于特定的亲属关系产生的,不能为身份权所概括的利益,属于人身利益的范畴。在实践中,将亲属之间的利益确定为身份利益,并且予以《侵权责任法》的保护,并非没有争议,也较少有人提出。但在事实上,除了配偶权、亲权和亲属权所保护的身份利益之外,其他身份利益大量存在,且经常受到侵权行为的侵害,《侵权责任法》应当提供保护。例如关于亲属祭奠权的争议,实际上就是亲属身份利益的争议,《侵权责任法》应当予以保护。将这些利益损害界定为身份利益损害,是符合《侵权责任法》第2条和第6条第1款过错责任原则的规定的,根据这样的经验,《侵权责任法》所保护的民事利益应当包括身份利益。

5. 其他财产利益

其他财产利益,是物权、债权、知识产权等财产权所保护的财产利益之外的其他财产利益。在社会生活中,很多财产方面的利益是不能概括在上述财产权利当中的,而仅仅是财产利益。例如《国家赔偿法》第36条规定的侵犯公民、法人和其他组织的财产权造成损害的,错误查封、扣押、冻结财产,在解除对财产的查封、扣押、冻结所造成的财产损坏或者灭失,侵害的是权利人的物权;但在错误吊销许可证和执照、责令停产停业的,该行为造成停产、停业期间必要的经常性费用开支,侵害的就是财产利益,而不是物权,也不是债权或者知识产权。占有不是物权,是作为民事利益进行保护的。同样,纯粹经济损失这种新型侵权行为类型所侵害的就是财产利益,而不是财产权利。

上述财产利益尽管不是财产权利,但都应当得到《侵权责任法》的保护,应当概括在《侵权责任法》第2条第2款规定的其他人身、财产权益中,作为《侵权责任法》保护的民事利益。

(三)民事利益受到损害应予《侵权责任法》保护的必要程度

前述五种民事利益都受《侵权责任法》的保护。但并不是上述所有的五种民事利益都应当予以保护,需要损害达到一定程度才能够予以保护。笔者的意见是:

1. 民事利益具有必要的属性

《侵权责任法》保护的民事利益须具备必要的属性。以下是《侵权责任法》保护的民事利益必须具备的三个属性:(1)合法性。只有合法的民事利益才能受到法律的保护,在其受到损害时获得救济。违法获得的民事利益虽然也是民事利益,但《侵权责任法》在其受到损害时并不予以保护。例如,不能认为赌资不是民事利益,但在我国大陆地区其不具有合法性,而不予保护。而在澳门地区,有些赌资是合法的权利,例如政府准许进行的赌博活动形成的赌资;有些赌资是自然债务,诸如个人之间赌博所欠赌资;有些赌资则是非法利益,例如非法设置的赌场所欠赌资。(2)绝对性。《侵权责任法》保护的民事利益,任何第三人都必须予以尊重,负有不可侵犯义务,即具有绝对性。正如《民法通则》第5条规定:"公民、法人的合法的民事权益受法律保护,任何组织和个人不得侵犯。"绝对性的表现,一是民事利益具有公开性,不限于特定当事人之间,能够为第三人所知道和了解;二是这种民事利益能够对抗第三人,在受到侵害时,民事利益享有人能够对实施侵害行为的第三人提出主张或提起诉讼。(3)可救济性。《侵权责任法》保护的民事利益在受到侵害时，能够通过侵权责任方式的适用而对受害人予以救济，如果《侵权责任法》对某种民事利益的损害无法予以救济，就不具有可救济性，当然也就不是《侵权责任法》所保护的民事利益。

2. 民事利益须达到重大程度

《侵权责任法》保护的民事利益应当达到重大程度，较为轻微的民事利益不能作为《侵权责任法》保护的客体，因此，违反保护他人的法律，或者故意违背善良风俗，造成前述五种民事利益受到损害的，构成侵权行为，行为人应当承担侵权责任。具体方法是：

第一，《侵权责任法》保护的民事利益必须是前述五种民事利益中的一种。超出这五种民事利益之外的，不属于民事利益，不受《侵权责任法》的保护。

第二，民事利益受到损害，行为人的行为须具备违反保护他人的法律或者故意违背善良风俗的违法性。按照王泽鉴教授的解释，仿照《德国民法典》第823条和第826条规定制定的我国台湾地区现行"民法"第184条规定，继受德国法上传统不法性的理论，构建侵权行为体系，第184条第1项前段的不法侵害，受保护的权益是权利；第184条第1项后段的故意背于善良风俗，受到保护的权益既包括权利也包括利益；第184条第2项规定的违反保护他人的法律，保护的权益既包括权利也包括利益。[①] 将违法性和保护范围结合起来，《侵权责任法》保护的民事利益，须具备违反保护他人的法律或故意违背善良风俗的违法性要件，即可做到比较准确地界定侵权法保护的民事利益范围，发挥《侵权责任法》的法律调整作用。

第三，民事利益受到损害应当达到较严重后果，而非轻微损害。例如，某人乘坐出租车发生交通事故，造成了嘴唇撕裂的后果，医院缝合，但出院后回家跟自己的丈夫接吻时没有感觉了，亲吻自己的孩子也没有感觉了，就向法院起诉，除了要肇事一方承担人身损害赔偿责任之外，还起诉了亲吻权受到侵害的损害赔偿。亲吻以及亲吻所带来的愉悦也是一种人格利益，但这种利益并不是民法所保护的利益，因为嘴唇损伤就是侵害了健康权，人身损害赔偿已经起到救济这种损害的作用了，不可能对亲吻受到的损害再进行赔偿。《侵权责任法》无法保护这样的利益。如果亲吻这种利益也受到侵权法保护，那么，侵权行为造成受害人手的损伤，不能挠痒痒了，难道说还有个挠痒痒权应当进行保护吗？挠痒痒的利益是通过健康权保护的，不能直接受到《侵权责任法》的保护。

三、本案争议的商品条码属于《侵权责任法》保护的民事利益范围

本案争议的焦点问题是：冒用商品条码的性质及其法律责任。在司法实践中，注意区分以下易混淆的问题，有助于准确把握冒用商品条码的民事责任：一是商品条码

[①] 王泽鉴：《侵权行为》，北京大学出版社2009年版，第217页。

的性质及法律特征;二是冒用商品条码行为与侵犯商标使用权的关系;三是冒用商品条码与不正当竞争行为的关系;四是商品条码的法律保护问题。

(一)正确认定商品条码的性质

商品条码是由一组按一定规则排列的条、空及对应字符(阿拉伯数字)所组成的,用于表示商店自动销售管理系统的信息标记或者对商品进行分类编码的标记。商品条码就是商品"身份证"的统一编号。商品条码虽然包含有企业名称等信息,但必须用仪器扫描才能获取,一般公众不可能知晓其中包含的信息,具有一定的隐蔽性和不易获取性,与企业名称的意义和作用并非一致,故商品条码不属于企业名称权的范围。但是,商品条码属于民事主体的民事利益,系统成员对其注册厂商识别代码和相应商品条码享有专用权,经注册取得的商品条码是合法的民事利益,应受法律保护。未经允许擅自使用其商品条码,应承担相应的民事责任。本案的终审判决正确认识到了商品条码属于民事利益范畴,对于研究《侵权责任法》保护的民事利益范围具有借鉴意义。

不过,有一个问题需要研究,这就是既然商品条码属于民事利益中的财产利益,为什么仅仅判决对商品条码被侵权的调查、制止侵害行为和诉讼所支出的费用属于损失进行赔偿,而对商品条码被侵害的本身损失未进行赔偿呢?笔者认为,这种判决值得斟酌,原因在于,既然商品条码是一种财产利益,受到侵害必然造成利益所有人的财产利益损失。当然,调查、制止侵权行为和为诉讼所支出的费用属于损失,但商品条码被侵害的本身,也必定存在财产的损失,只不过这个损失与其他财产利益相比,具有更大的隐蔽性而已。对此,也应当进行估算,确定实际损失,并且予以赔偿。

(二)正确认定商品条码与商标权、名称权的不同

虽然商品条码在现代商品销售自动化管理上应用十分广泛,而且还常常与商标同时出现在商品的包装或附着物上,与商标有紧密联系,很容易与商标相混淆,但两者之间的功能作用不同,不仅表现形式和标记的内容不同,而且使用的目的不同,法律特性不同。由于法律没有规定商品条码为何种权利,商品条码虽然包含有企业名称、商标等信息,但必须是商品的管理者使用专用仪器进行扫描才能获取,该企业名称和商标具有一定隐蔽性和不易获取性。为此,一般公众或消费者不可能知晓其中包含的信息。当商品条码被人冒用时,相对于公众和消费者而言,冒用者并未直接使用企业名称与商标,故冒用商品条码不构成侵犯企业名称权、商标权。对商品条码不能适用商标权和名称权的保护方法进行保护,更不能直接认定商品条码就是商标权和名称权的内容,以商标权或者名称权受到侵害为由来确定侵权责任。

(三)正确认定冒用商品条码不构成不正当竞争

判决认为,冒用商品条码和不正当竞争行为中所涉及的企业名称有质的区别。商品条码虽然包含有企业名称等信息,但与一般意义的企业名称存在差异,不属于企业名称权的范围,冒用他人商品条码不会导致他人产品销量减少,也不会增加冒用产

品的销量。所以,冒用商品条码的行为不符合《反不正当竞争法》有关"擅自使用企业名称"侵权责任的构成要件,不构成不正当竞争行为。

(四) 正确确定商品条码的法律保护方法

商品条码是合法的、受法律保护的民事利益。商品条码经登记后使用,有利于商品管理和流通,能够给使用人带来一定的便利,因此,商品条码是民事利益而不是权利。商品条码专用权并非法定权利,而具财产利益属性,《侵权责任法》应当予以保护。本案终审判决认为,番泰商行未经黄棣如允许,擅自使用其商品条码,其主观上具有故意,行为具有违法性。因冒用商品条码造成商场、超市企业对原告商品的识别困难或因冒用商品条码造成原告商品和企业信用降低而产生的财产损失,均可认定为侵害利益造成损失。黄棣如因调查、制止侵害行为和为诉讼所支出的费用与侵害行为具有因果关系,属于损失。因此,黄棣如的请求符合利益损害赔偿责任的构成要件,终审法院酌定侵害人赔偿利益所有人调查、制止侵害行为和诉讼所支出的费用损失是正确的。笔者的评论是:第一,判决确定对调查、制止侵权行为和诉讼所支出的费用为侵权行为造成的损失,予以赔偿,是值得称道的。对于这种赔偿,很多法院不支持受害人的赔偿请求,是不对的。对此,予以特别肯定。第二,既然判决确认"因冒用商品条码造成商场、超市企业对原告商品的识别困难或因冒用商品条码造成原告商品和企业信用降低而产生的财产损失,均可认定为侵害利益造成损失",为什么对这样的损失不予赔偿呢?这种做法反映了法院审判侵权案件中的一个偏见,即对受害人也就是民事权利人关于赔偿范围的确定,总是格外谨慎,甚至过于谨慎。这种做法对侵权人有利而对受害人不利,难以实现《侵权责任法》矫正正义功能。对此,建议民事法官对此有所警觉,以便更好地保护民事权利人的权利和利益,救济受害人受到的损害。

【案例讨论】 >>>>

案情:

贵阳市某对夫妻共同生活近二十年,育有一个 16 岁的儿子。2010 年双方感情破裂离婚,但对儿子跟谁共同生活发生争议,最后查明该子不是男方的婚生子女。男方起诉女方,追究女方侵害其生育权的责任。法院认为,女方对丈夫隐瞒与他人生育子女的客观事实,并非为侵害生育权的客观依据,而是造成男方延误生育子女的身份利益的损失,因此是侵害身份利益的侵权行为,构成侵权责任,并据此判决女方承担侵权责任。

讨论问题:

1. 本案被告隐瞒与他人生育子女的行为,是否构成侵权行为?

2. 该种侵权行为侵害的客体是什么?认定是侵害身份利益的理由是否准确?

3. 应当如何判断《侵权责任法》第 2 条第 2 款规定的民事利益范围？你赞同本书的上述观点吗？理由是什么？

【参考文献】 >>>>>　　　>

王泽鉴:《侵权行为》,北京大学出版社 2009 年版。

王利明:《侵权责任法研究》(上卷),中国人民大学出版社 2010 年版。

张新宝:《侵权责任法》(第 2 版),中国人民大学出版社 2010 年版。

杨立新:《侵权责任法》(第 2 版),法律出版社 2012 年版。

程啸:《侵权责任法》,法律出版社 2011 年版。

周友军:《侵权法学》,中国人民大学出版社 2011 年版。

第四章　侵权请求权的优先权保障

《侵权责任法》第 4 条第 2 款规定了侵权请求权的优先权保障制度，即"因同一行为应当承担侵权责任和行政责任、刑事责任，侵权人的财产不足以支付的，先承担侵权责任"。这里规定的就是侵权请求权的优先权保障问题。这种优先权保障制度的规定需要进行探讨。本章作出以下说明，以期引起讨论，进而保证《侵权责任法》规定的这一制度的贯彻实施，更好地保护被侵权人的合法权益。

一、侵权请求权优先权的产生基础和理由

（一）《侵权责任法》第 4 条第 2 款规定的内容应当怎样概括

《侵权责任法》第 4 条第 2 款规定的内容应当怎样概括，尚未见深入讨论，仅在有关《侵权责任法》的释义和解释的书中有所涉及，且说明亦不充分。

1. 优先原则说

这种意见认为，这里规定的是侵权请求权优先原则。认为民事责任优先原则就是解决责任竞合时的法律原则，即一责任主体的财产不足以同时满足民事责任、行政责任或者刑事责任时，优先承担民事责任。[①]

2. 优先性说

这种意见认为，这里规定的是侵权责任的优先性。认为对同一违法行为，当行为人同时要承担侵权责任与行政责任、刑事责任，并且这些责任都是财产性质的责任，责任人的财产不足以支付时，责任人应当以其财产支付侵权赔偿，填补受害人所遭受到的损害。[②]

3. 优先承担说

这种意见认为，当侵权人的责任财产不足以承担全部的侵权责任、行政责任和刑事责任时，应优先承担侵权责任，即民事责任。[③]

这些解释都有道理，但笔者认为，把第 4 条第 2 款规定的内容解释为优先原则、优先性或者优先承担，都存在缺陷：优先原则是说赔偿的一个原则，针对性并不强；优

[①] 王胜明主编：《中华人民共和国侵权责任法释义》，法律出版社 2010 年版，第 32 页。

[②] 奚晓明主编：《中华人民共和国侵权责任法条文理解与适用》，人民法院出版社 2010 年版，第 37 页。

[③] 王利明主编：《中华人民共和国侵权责任法释义》，中国法制出版社 2010 年版，第 19 页。

先性,仅仅说明侵权请求权之于刑事责任或者行政责任具有优先性而已;至于优先承担说,并没有作出理论性的概括。

将该条款规定的内容解释为侵权请求权的优先权,就会大大提高侵权责任请求权的地位,使其作为一个担保物权性质的优先权予以保障,不仅确定侵权请求权的优先性、优先原则或者优先承担,而且对该请求权有了担保物权性质的保障,具有物权法上的意义。不仅如此,如果这样解释,就可以将《刑法》第 36 条第 2 款、《公司法》第215 条、《证券法》第 232 条、《食品安全法》第 97 条、《合伙企业法》第 106 条、《产品质量法》第 64 条、《证券投资基金法》第 99 条以及《个人独资企业法》第 43 条中规定的这些内容,进行整合,统一解释为侵权请求权的优先权,以该优先权作为侵权请求权的保障,对抗侵权人应当承担的刑事责任或者行政责任,更好地保护被侵权人的利益,救济其损害,就有更为重要的意义。

(二)侵权请求权优先权的产生基础

法规竞合的发生,产生了民事主体侵权请求权的优先权保障。由于侵权行为有可能由刑法、行政法、侵权法等不同部门法进行规范,因此,形成了刑法、行政法、民法的法律规范竞合,侵权人可能由于同一个违法行为,同时要承担民事责任、刑事责任或者行政责任。由于不同部门法律规范的竞合属于非冲突性竞合,因此存在同时适用的可能。这样,侵权人因同一个违法行为,既要承担罚金、没收财产的刑事责任,或者罚款、没收违法所得的行政责任,又要承担损害赔偿等侵权责任,发生财产性的行政责任、刑事责任与侵权责任的竞合,并且应当同时承担。如果赋予被侵权人以侵权请求权的优先权,则该请求权的地位就优先于罚款、没收财产的刑事责任或者罚款和没收违法所得的行政责任,使民事主体的权利救济得到更有力的保障。这就是损害赔偿请求权优先于行政责任或者刑事责任的优先权保障赖以产生的法理基础。正因为如此,《侵权责任法》才作出上述规定。

(三)规定侵权请求权优先权的理由

侵权请求权应当得到优先权保障的理由是:

第一,在我国,私人权利应当优先得到保障。我国《宪法》第 33 条第 2-4 款规定:"中华人民共和国公民在法律面前一律平等。""国家尊重和保障人权。""任何公民享有宪法和法律规定的权利,同时必须履行宪法和法律规定的义务。"受害人作为被侵权人之一,是共和国公民,国家应当保障其基本的民事权利。民事权利是基本人权之一,被侵权人享有的生命权、健康权、身体权以及其他民事权利都是私人权利,都是人权的基本范畴。[①] 因这些权利受到侵害而产生的侵权请求权,保护的是民事权利,它本身也是民事权利,国家应当依法提供保障。

---

① 参见〔英〕克莱尔·奥维、罗宾·怀特:《欧洲人权法原则与判例》(第三版),何志鹏、孙璐译,北京大学出版社 2006 年版,第 57、137、297 页。

第二,侵权请求权是私人权利受到损害的救济权,担负着恢复私人权利、填补被侵权人损害的职责。同时,在侵权请求权中,大部分或者绝大部分都关涉被侵权人的生存权问题,特别是对生命权、健康权、身体权损害的救济更是关系到平复伤害、恢复健康的重要利益,必须予以优先保障。设立侵权请求权优先权,就能够保障被侵权人的合法权益不受侵害,受到侵害能够及时得到救济,使之尽早恢复。

第三,关涉对被侵权人合法权益受到侵害的救济问题,国家利益应当退到第二位,实行私权优先,优先保障侵权请求权的实现。在我国,长期存在一个错误观念,即无论在何种情况下都要"先国家,后集体,再个人",赔偿也同样如此。"舍小家为大家""个人利益服从集体利益""局部利益服从全局利益"仍然是调整公权与私权关系的金科玉律,因此,为公权而无条件牺牲私权是受到赞许和鼓励的,那些为了私权实现而不依不饶的人通常受到鄙视。这些观念都是错误的。国家作为保护人民的政治实体,首要任务是保障人权,国家增加财政收入的目的也是如此。如果首先保证罚款和罚金责任的实现,当受害的被侵权人无法得到损害赔偿救济时,也还是需要由国家予以救济。既然如此,国家何必要与民争利呢?因此,设立侵权请求权优先权,确立私权优先的原则,也是实现国家宗旨,保护人民利益的必要措施。①

正因为如此,侵权请求权的优先权在保障被侵权人的合法权益及救济损害方面具有极为重要的意义,因此,设立这个优先权"就代表着人们在这方面的希望和努力,从而使其成为一项极具社会使命和人道主义精神的法律制度"。②

二、优先权的一般概念和性质

在研究侵权请求权的优先权之前,先要对优先权的一般性问题作一个说明,并且说明作者的观点。

(一)优先权的概念和沿革

优先权也称先取特权,是指特定的债权人依据法律的规定而享有的就债务人的总财产或特定财产优先于其他债权人而受清偿的权利。③ 在优先权中,在债务人不特定的总财产上成立的优先权叫作一般优先权,而就债务人特定动产或不动产上成立的优先权叫作特别优先权。④

优先权起源于罗马法中的优先索取权,后期具有担保物权性质。⑤ 法国民法在继受罗马法优先权的基础上,逐渐出现了把财产划归清偿某些债权的概念,从而使优先

---

① 刘曙光:《二论私权优先原则》,载中国改革论坛网,http://www.chinareform.org.cn/cirdbbs/dis-pbbs.asp?boardid=2&id=50068,2012年1月20日访问。
② 崔建远主编:《我国物权法立法难点问题研究》,清华大学出版社2005年版,第242页。
③ 谢怀栻:《外国民商法精要》,法律出版社2002年版,第158页。
④ 申卫星:《物权立法应设立优先权制度》,载王利明主编:《物权法专题研究》(下册),吉林人民出版社2001年版,第414页。
⑤ 刘保玉:《物权体系论》,人民法院出版社2004年版,第336—337页。

权从原来的债权人之间的分类变成为物的担保制度①,优先权从此具有了担保物权的性质,并且将其与抵押权并列规定,明确规定优先权与抵押权为优先受偿的合法原因。② 日本民法继受了法国民法的优先权制度,称之为先取特权,在民法典第二编第八章第303条至第341条作出专门规定。③

《德国民法典》不规定优先权,只是将优先作为特定债权所具有的一种特殊效力,即优先受偿效力,认为某些特种债权被赋予优先效力的实质,在于打破债权平等原则,赋予该等债权人以优先受偿的效力,但该特种债权不过是推行社会政策和基于社会公益的结果,并不改变其债权性质。因此,优先受偿的权利只是特种债权的效力之一,并非一种独立的担保物权。《瑞士民法典》、我国台湾地区"民法"也都没有明确的将优先权作为担保物权的规定。④

(二)优先权的法律性质

我国民法理论对优先权的性质认识并不相同。主要观点:一是特种债权说,认为优先权并非一种独立的担保物权,它不过是立法政策对特种债权的特殊保护,而特种债权主要是指工资、生活费、司法费用、抚养费等支付关系,它们是基于公法关系、劳动法关系、婚姻家庭法关系产生的,并非民法上的债权关系。⑤ 这种观点显然来源于德国法。二是担保物权说,认为优先权是独立的法定担保物权,它既不是优先受偿效力或特殊债权的清偿顺序,同时也与抵押权等担保物权具有明显的区别。⑥ 这种观点基本上来自于法国法。在制定《物权法》过程中,多数学者持这种观点,主张在《物权法》中规定优先权为担保物权。⑦ 当然反对的意见也存在,但并不是反对优先权是担保物权性质,而是不一定要在《物权法》中作出规定。⑧

笔者认为,优先权是独立的法定担保物权,理由是:第一,优先权基于社会生活实际需要而产生,其意义在于对社会政策、公平观念等进行各种考虑,通过明确某些需要特殊保护的债权优先于其他债权受清偿,而对债权平等原则加以突破。第二,我国现行法中也已经将某些优先权规定为法定担保物权。如《海商法》第22条、第25条第1款中规定的船舶优先权,《民用航空法》第19条、第22条规定的民用航空器优先权,《税收征收管理法》第45条第1款规定的税收优先权,《合同法》第286条规定的建筑工程承包人的建设工程价款优先权等。第三,优先权的性质、产生、内容以及消灭的原因等都决定了其为独立的法定担保物权,而非单纯的优先受偿效力或者债权清

① 沈达明:《法国·德国担保法》,中国法制出版社2000年版,第91页。
② 于海涌:《法国不动产担保物权研究》,法律出版社2004年版,第2页。
③ 《最新日本民法》,渠涛译,法律出版社2006年版,第65—72页。
④ 参见崔建远主编:《我国物权法立法难点问题研究》,清华大学出版社2005年版,第232页。
⑤ 董开军:《担保物权的基本分类及我国的立法选择》,载《法律科学》1992年第1期。
⑥ 王利明:《物权法论》(修订本),中国政法大学出版社2004年版,第720页。
⑦ 王利明主编:《中国民法典学者建议稿及立法理由·物权编》,法律出版社2005年版,第541页。
⑧ 刘保玉:《物权体系论》,人民法院出版社2004年版,第345—346页。

偿顺序。第四,我国法定担保物权只有留置权一种,体系不完整,增加优先权作为法定担保物权可以完善法定担保物权体系。[①]

三、侵权请求权优先权的概念、特征和类型

（一）侵权请求权优先权的概念

侵权请求权优先权是指被侵权人依法享有的,就造成其损害的侵权人的总财产,优先于侵权人应当承担的财产性质的行政责任或者刑事责任受清偿的担保物权。

《侵权责任法》第4条第2款规定的侵权请求权优先权,是我国现行法规定的职工工资债权和劳动保险费用优先权、建筑工程承包人的建设工程价款债权的优先权[②]、船舶优先权、民用航空器优先权、税收优先权之外的第六种优先权。

（二）侵权请求权优先权的特征

依笔者之见,侵权请求权优先权作为一种权利保障的权利,具有以下四个基本特征:

第一,侵权请求权优先权是他物权。优先权具有优先受偿性、支配性、排他性以及追及性,这些性质说明它是一种物权而不是债权。[③] 侵权请求权优先权同样如此,它存在的基础是侵权人的总财产,是被侵权人就侵权人的财产所设立的物权,具有优先受偿性、支配性、排他性以及追及性,因此其性质是他物权,不是自物权。

第二,侵权请求权优先权是担保物权。用益物权和担保物权都是他物权,其最基本的区别在于,用益物权的基本属性在于它对他人财产的用益性,而担保物权的基本属性在于对他人财产的代位性和保证性。[④] 侵权请求权优先权作为一种他物权,是从属于其所担保的侵权请求权而存在,其目的就在于保证该侵权请求权的实现。因此这种他物权的性质是担保物权,而不是用益物权。

第三,侵权请求权优先权是一种法定担保物权。优先权与留置权一样都是一种法定担保物权,但是优先权的法定性更为强烈:首先,优先权的产生要依据法律的明确规定,债权的权利人能够享有优先权必须依据法律的明确规定,否则当事人不得约定设立优先权;其次,优先权的效力要依据法律的明确规定,即优先权所担保的债权范围、优先权效力所及的标的物范围以及优先权之间、优先权与其他担保物权之间的顺位都必须依据法律的明确规定,当事人也不能自由约定。[⑤] 侵权请求权优先权是要由法律明确规定的,所担保的侵权请求权范围、效力所及的标的物等,也都必须由法律规定,因此,它是法定担保物权。

① 杨立新:《物权法》,高等教育出版社2007年版,第318页。
② 参见最高人民法院《关于建设工程价款优先受偿权问题的批复》第1条的规定。
③ 王利明主编:《中国民法典学者建议稿及立法理由·物权编》,法律出版社2005年版,第542页。
④ 杨立新:《物权法》,高等教育出版社2007年版,第152、157页。
⑤ 王利明主编:《中国民法典学者建议稿及立法理由·物权编》,法律出版社2005年版,第542页。

第四，侵权请求权优先权是无须公示而产生的担保物权。与其他优先权一样，侵权请求权优先权属于无须公示仅因法律规定就能够产生的担保物权，无须交付，也无须登记。

（三）侵权请求权优先权的类型

在优先权的类型上，可以分为民法上的优先权与特别法上的优先权、一般优先权和特殊优先权、优先于所有债权的优先权与优先于特定权利的优先权。侵权请求权优先权的类型特点是：

第一，侵权请求权优先权是民法上的优先权。民法上的优先权是指由民法加以规定的优先权[①]，如《合同法》第286条规定的建设工程价款的优先权。侵权请求权优先权就是这种优先权，是通过《侵权责任法》规定的优先权，因为《侵权责任法》就是民法的组成部分，因而属于民法优先权，而不是由民法之外的法律规定的特别法优先权。

第二，侵权请求权优先权是一般优先权。一般优先权是指就债务人的总财产或者一般财产而优先受偿的优先权[②]，如受雇人的工资债权就债务人的总资产优先受偿。侵权请求权优先权是为了保护被侵权人合法权益而设立的优先权，其作为保证的资产不是侵权人的特定财产，而是全部总资产，包括侵权人所拥有的全部动产和不动产，因此是一般优先权。

第三，侵权请求权优先权是优先于特定权利的优先权。侵权请求权优先权并不优先于所有权利的优先权，而是仅优先于行政责任及刑事责任中的财产责任，对于其他债权，侵权请求权优先权并不处于优先地位，应当受债权平等原则约束，更不能对抗有其他担保物权担保的债权。

四、侵权请求权优先权的成立要件和效力

（一）侵权请求权优先权的成立要件

侵权请求权优先权是法定担保物权，其成立应当具备法律规定的必备要件。其应当具备的要件是：

（1）承担侵权责任与罚款、罚金等责任的须为同一侵权人。侵权请求权的权利人是被侵权人，相对应的责任人是造成其合法权益受到损害的侵权人。不论应当承担刑事责任、行政责任还是承担侵权责任，都必须是同一个侵权人应当承担的法律责任。只有在同一侵权人应当承担上述不同责任时，优先权才是有意义的，也是该优先权成立的要件，否则不发生优先权。

（2）侵权人须同时承担侵权责任和刑事罚金、行政罚款等责任。同时承担，就是

---

① 杨立新：《物权法》，高等教育出版社2007年版，第318页。
② 刘保玉：《物权体系论》，人民法院出版社2004年版，第338页。

在侵权人在对被侵权人承担侵权责任的同时,又要承担刑事罚金或者行政罚款等责任。因此,有侵权人承担对被侵权人的侵权责任作为前提,同时又要承担罚金或者罚款的刑事责任或者行政责任时,才能构成侵权请求权优先权。前文所谓"等责任",是说还包括其他财产性的行政、刑事责任,例如没收财产、收缴违反所得等也在其内。

(3)侵权人须因同一行为而承担不同法律责任。构成侵权请求权优先权,必须是侵权人因同一个违法行为,既要承担对被侵权人的侵权责任,又要承担对国家的罚款或者罚金等责任。在这种情况下,侵权人对被侵权人承担的侵权责任就优先于罚款或罚金等责任。《侵权责任法》第4条第2款规定的"因同一行为",特别强调的就是因同一个违法行为应当承担民事责任或者刑事责任。不具备这个要件,不构成侵权请求权优先权。

(二)侵权请求权优先权的效力

1. 侵权请求权优先权的担保范围

在一般情况下,确定优先权所担保的债权范围,原则上应当适用《物权法》第173条规定的担保物权所担保的一般范围的规定,主要包括:主债权、利息、违约金、损害赔偿金以及优先权人因保全和实现优先权所支出的费用。① 不过,由于优先权是一种法定性非常强的担保物权,因此不同的优先权所担保的债权范围必须依据法律的明确规定。对不同性质的优先权所担保的债权范围作不同的规定,是因为优先权是无须公示而产生的物权,如果不对其担保的债权范围予以限制,将会对交易安全造成很大威胁;同时,优先权的立法目的就在于基于社会政策以及公平考量而对某种利益予以优先保护,对利益保护的程度不同,决定了不同的优先权所担保的债权范围的不同。

侵权请求权优先权的担保范围是:

(1)损害赔偿金。

侵权请求权优先权担保的主要部分,是损害赔偿金请求权,即损害赔偿金之债,被侵权人的合法权益受到侵害造成损失,不论是财产损害赔偿金还是人身损害赔偿金,不论是救济性损害赔偿金还是惩罚性赔偿金,作为损害赔偿请求权都一律受到优先权的保护。即使确定的是精神损害赔偿金,其请求权也受到优先权的保护。

其他财产性侵权责任请求权,也在主要担保的部分之内。例如,判决恢复原状、返还原物等侵权请求权,同样受到优先权的保障。

(2)损害赔偿金迟延给付的利息。

在侵权请求权优先权中,利息之债也受到优先权保护。不过,在通常情况下,侵权责任在判决确定之前是不计算利息的,如果判决已经确定了损害赔偿金,并且规定

---

① 参见王利明主编:《中国民法典学者建议稿及立法理由·物权编》,法律出版社2005年版,第546页。

了给付赔偿金的期限,那么,超出该期限而为给付者,应当承担利息之债,该利息之债才受优先权的保护,否则,不存在利息的赔偿问题。

(3) 保全和实现优先权所支付的费用。

被侵权人作为优先权人,为了保全和实现优先权所支出的费用,也应当在优先权担保的范围之内。在侵权人侵害了被侵权人的合法权益之后,被侵权人作为受害者,其为了救济权利而支出的费用,并不是保全和实现优先权所支出的费用,而是为了救济受到侵害的权利而支出的必要费用,这是在损害赔偿的范围之内的费用,为侵权责任的内容。仅仅是为了保全优先权、实现优先权因而支出的费用,才是该笔费用。不过,由此可见,不论是救济损害而支出的费用,还是保全、实现优先权而支出的费用,其实都在优先权的担保范围之内,只不过是分别计算而已。

实现优先权、保全优先权的费用中,是否包括律师费,是很多人都在讨论的问题。笔者认为合理的律师费应当属于实现优先权和保全优先权的费用,按照法律规定的计算标准确定的律师代理费,属于侵权请求权优先权的担保范围。

2. 侵权请求权优先权的标的

侵权请求权优先权的标的,应当以承担侵权责任的侵权人的所有物和财产权利为限。对于优先权的标的是否具有特定性,有不同看法,有的认为应当有特定性的限制,有的认为没有特定性的限制。[①] 依笔者所见,该标的的范围原则上不受特定性限制,而仅受善意取得的限制。侵权人的一般财产即物和财产权利都为优先权的标的,如果在优先权保障期间转让该财产且构成善意取得的时候,则优先权人不得主张权利,其他财产均在优先权标的之内。

3. 侵权请求权优先权对抗的对象

侵权请求权优先权所对抗的对象,法律必须明确规定。侵权请求权优先权所对抗的,是同一侵权人同时承担的缴纳行政罚款和刑事罚金等财产性责任。不具备侵权请求权优先权的成立要件,不能对抗先前成立或者非因同一行为而成立的罚款和罚金等责任。至于后来就同一侵权人成立的罚款或者罚金,则因为不处于同时发生的地位,侵权请求权也不存在优先承担的效力。不过,基于私权优先原则,后发生的罚款或者罚金等责任,如果并不存在其他同时存在的民事优先权的,应以侵权请求权有优先权保障为妥。

对于其他债权,侵权请求权优先权不产生对抗的效力。例如,对侵权人自己负担的其他债务,即侵权人的其他债权人所享有的债权,与侵权请求权具有同样的债权性质,依据债权平等原则,被侵权人不能主张优先权以排斥其他债权人主张债权的效力。

---

① 参见王利明主编:《中国民法典学者建议稿及立法理由·物权编》,法律出版社 2005 年版,第 545—546 页。

4. 侵权请求权优先权的顺位

在同一动产或不动产上能够同时产生数个优先权,因此存在数个优先权的顺位问题。侵权请求权优先权与其他优先权之间的顺位有以下两种情形:

第一,侵权请求权优先权与税收优先权之间的顺位。

侵权请求权优先权与税收优先权都是一般优先权,对于一般优先权之间的顺位,通常要由法律作出明确规定,因而不需要法官进行判断。[①] 通常认为,在一般优先权中,税收优先权优先于民法优先权,我国《税收征收管理法》第 45 条第 1 款规定,只要纳税人欠缴的税款发生在其他担保物权产生之前,税收权就优先于抵押权等担保物权。这种规定是不正确的,违背了国家不与人民争利的私权优先原则,公法性的债权并不必然优先于私法性的债权;纳税人是否在抵押权等担保物权设定或产生之前欠缴税款无法为担保物权人所知悉,这种规定对于交易安全极为不利。就侵权请求权优先权而言,能否对抗税收优先权呢? 对此,《税收征收管理法》第 45 条规定:"税务机关征收税款,税收优先于无担保债权,法律另有规定的除外……"侵权请求权属于无其他担保的债权,但有优先权的担保,因此,应当认为侵权请求权是有担保的请求权,因此,应当优先于税收优先权。反对者的意见认为,如果要规定侵权请求权优先权优先于税收优先权,则必须明确规定,没有明确规定就是不能对抗税收优先权。我认为,国家不与民争利的私权优先是确定的原则,在税收和被侵权人权利损害救济发生冲突时,国家税收的权利应当让位于救济私权利的权利。因此,侵权请求权优先权应当优先于税收优先权。[②]

有人会说税收优先权属于公共利益范畴,因此,属于私权利救济的侵权请求权优先权应当置于第二位,不具有对抗效力。但是,实现公共利益的最终目的,仍然是保障和促进个人利益。假如在实现公共利益的过程中可能伤害个人利益,那么第一原则是避让,第二原则才是补偿。[③] 因此,这个理由其实并不成立。

第二,侵权请求权优先权与特殊优先权之间的顺位。

侵权请求权优先权属于一般优先权。按照优先权的规则,一般优先权应当优先于特殊优先权而受偿,因为一般优先权所实现的价值大于特殊优先权所实现的价值,一般优先权通常维护的都是公共利益以及债权人的共同利益,或者债权人的生存权,或者是保护劳动者的合法权益这一社会政策,而特殊优先权主要维护的是债权人或债务人的个人利益,从价值衡量的角度上自然应当得出一般优先权优先于特殊优先权的结论。[④] 侵权请求权优先权关涉被侵权人的生存权,意义重大,因此,在与其他特

---

① 参见崔建远主编:《我国物权法立法难点问题研究》,清华大学出版社 2005 年版,第 252 页。
② 同上。
③ 刘曙光:《什么样的公共利益才是合法的? ——三论私权优先原则》,http://www.studa.net/zhengzhi/060110/15470822-3.html,2006 年 1 月 10 日访问。
④ 参见崔建远主编:《我国物权法立法难点问题研究》,清华大学出版社 2005 年版,第 254 页。

殊优先权发生冲突的时候,应当处于优先的顺位,优先得到赔偿。但是,法律有特别规定的,应当依照法律规定。[①] 应当注意的是,侵权请求权优先权不具有对抗其他债权的效力,也不具有对抗其他担保物权以及保证的效力,而仅对抗行政罚款、刑事罚金、没收财产、收缴违法所得以及税收等公权力性质的权利。

【案例讨论】 >>>>> >

案情:

某食品店出售变质肉食品,造成消费者人身损害,A、B、C 三名消费者向法院起诉,要求赔偿实际损失,并要求赔偿价款 10 倍的惩罚性赔偿金。诉讼中没有进行财产保全。在该民事诉讼进行过程中,该地工商行政管理部门对该食品店的违法行为作出行政处罚决定,罚款 10 万元,已经实际执行。法院判决时,该食品店老板因交罚款无力承担全部赔偿责任,请求减免责任。

讨论问题:

1. 本案是否符合《侵权责任法》第 4 条规定要求,被侵权人的损害赔偿请求权是否享受了优先权?

2. 在侵权损害赔偿请求权与行政责任或者刑事责任中的经济责任发生竞合,行政责任或者刑事责任已经执行的情形下,应当如何保障被侵权人的优先权?

【参考文献】 >>>>> >

王利明主编:《中国民法典学者建议稿及立法理由·物权编》,法律出版社 2005 年版。

崔建远主编:《我国物权法立法难点问题研究》,清华大学出版社 2005 年版。

刘保玉:《物权体系论》,人民法院出版社 2004 年版。

杨立新:《物权法》,高等教育出版社 2007 年版。

申卫星:《物权立法应设立优先权制度》,载王利明主编:《物权法专题研究》(下册),吉林人民出版社 2001 年版。

沈达明:《法国·德国担保法》,中国法制出版社 2000 年版。

于海涌:《法国不动产担保物权研究》,法律出版社 2004 年版。

[①] 参见刘保玉:《物权体系论》,人民法院出版社 2004 年版,第 341 页。

第五章　侵权损害赔偿责任归责原则

《侵权责任法》第 6 条和第 7 条规定了侵权损害赔偿责任的归责原则体系，分别规定了过错责任原则、过错推定原则和无过错责任原则，即："行为人因过错侵害他人民事权益造成损害的，应当承担侵权责任。""根据法律规定推定行为人有过错，行为人不能证明自己没有过错的，应当承担侵权责任。""行为人侵害他人民事权益造成损害，不论行为人有无过错，法律规定应当承担侵权责任的，依照其规定。"本章研究侵权损害赔偿责任的归责原则体系及内容。

一、归责原则及其体系

（一）归责的概念和意义

归责，是指行为人因其行为和物件致他人损害的事实发生以后，应依何种根据使其承担责任。此种根据体现了法律的价值判断，即法律应以行为人的过错还是应以已发生的损害结果为价值判断标准，而使行为人承担侵权责任。[①]

《侵权责任法》研究归责概念，应当包含以下三层意义：

第一，归责的根本含义是确定责任的归属。归责的根本含义，是决定侵权行为造成损害的赔偿责任的归属，即决定何人对侵权行为的损害结果负担赔偿责任。归责，就是将侵权行为所造成的损害后果归于对此损害后果负有责任的人来承担。如果没有归责的过程，侵权行为所造成的损害后果就没有人来承担，被侵权人的损害就没有办法得到救济，侵权人的民事违法行为就不能得到民法的制裁。

第二，归责的核心是标准问题。归责的核心，是决定何人对侵权行为的结果负担责任时应依据何种标准。这种标准，是某种特定的法律价值判断因素。侵权责任归属的标准和依据，就是法律所确认的法律价值判断因素。这种法律价值判断因素，在立法者看来有两个，这就是：过错因素和损害结果的因素。侵权行为的归责，就是针对侵权行为的不同情况，分别依据这样不同的法律价值判断因素，将赔偿的责任归属于对此损害负有责任的人来承担。

第三，归责与责任不同。归责是一个过程，而责任是归责的结果。如果将侵权行为的损害事实作为起点，将责任作为终点，归责就是连接这两个点的过程。因此说归

[①] 王利明：《侵权行为法归责原则研究》，中国政法大学出版社 1992 年版，第 17—18 页。

责是一个复杂的责任判断过程。归责只是为责任是否成立寻求根据,并不以责任的成立为最终目的。①

(二)归责原则的概念

归责原则,是确定侵权人承担侵权损害赔偿责任的一般准则,它是在损害事实已经发生的情况下,为确定侵权人对自己的行为所造成的损害,以及对自己所管领下的人或者物所造成的损害,是否应当承担赔偿责任的原则。"侵权法的归责原则,实际上是归责的规则,它是确定行为人的侵权民事责任的根据和标准,也是贯彻于整个侵权行为法之中、并对各个侵权法规范起着统率作用的立法指导方针。一定的归责原则直接体现了统治阶级的侵权立法政策,同时又集中表现了侵权法的规范功能。"②

(三)归责原则体系

1. 对我国侵权责任归责原则体系的不同主张

在确认我国侵权行为法究竟由几个归责原则构成的问题上,学界有不同的看法,理论上有很大的争论。主要的意见是:一是一元论观点,认为侵权行为法只有一个归责原则,即过错责任原则;单一的过错责任原则体系,构造主观式的民事责任制度的和谐体系。③王卫国教授在《过错责任原则——第三次勃兴》一书中,详细地阐述了他的观点。二是二元论观点,认为"在相当的历史时期内,侵权行为法的归责原则将是二元制,即过失责任原则与无过失责任原则并存"。而公平责任"多半是赔偿标准问题而不是责任依据问题。所以,它能否作为一种独立的归责原则还大有探讨余地"。④三是三元论—A观点,认为我国民事法律制度中同时存在三个归责原则:一般侵权损害适用过错责任原则,特殊侵权损害适用无过失责任原则,无行为能力人致人损害而监护人不能赔偿的特别案件适用公平责任原则。⑤刘淑珍在《试论侵权损害的归责原则》一文提出这种观点,为多数学者所采纳。⑥四是三元论—B观点,认为侵权法归责原则为过错责任原则、过错推定原则和公平责任原则,无过错责任不是一种独立的归责原则。⑦五是三元论—C观点,认为侵权责任归责原则体系是由过错责任原则、过错推定责任原则和无过错责任原则三个归责原则构成的,将过错推定责任原则作为一种单独的归责原则,不再把公平责任作为一种独立的归责原则,只是将其作为一种侵权责任形态。⑧

---

① 王利明:《侵权行为法归责原则研究》,中国政法大学出版社1992年版,第18页。
② 同上。
③ 张佩霖:《也论侵权损害的归责原则》,载《政法论坛》1990年第2期。
④ 米健:《现代侵权行为法归责原则探索》,载《法学研究》1985年第5期。
⑤ 刘淑珍:《试论侵权损害的归责原则》,载《法学研究》1984年第4期。
⑥ 笔者原来也持这种意见,但是做了区别,认为我国的侵权责任归责原则为三种归责原则四种表现形式,即:(1)过错责任原则有两种表现形式,一般的过错责任原则和推定的过错责任原则;(2)无过错责任原则;(3)公平责任原则。
⑦ 王利明:《侵权行为法归责原则研究》,中国政法大学出版社1991年版,第30页。
⑧ 杨立新:《简明类型侵权法讲座》,高等教育出版社2003年版,第95页。

《侵权责任法》规定侵权责任归责原则是在第 6 条和第 7 条,显然采用的是第五种主张,即三元论—C 的观点。[1] 第 6 条第 1 款规定的是过错责任原则,第 2 款规定的是过错推定原则,第 7 条规定的是无过错责任原则。因此,我国《侵权责任法》的归责原则体系是由这三个归责原则构成的。

2. 主张"三元论—C 观点"的理由

(1) 关于过错责任原则。

过错责任原则是我国侵权法的基本归责原则,是主要的归责原则。它调整一般侵权行为的责任归属问题。对此,没有任何反对意见。

(2) 关于过错推定原则。

过错推定原则从本质上说也是过错责任原则,其价值判断标准和责任构成要件也都与一般的过错责任原则的要求一致。王利明教授在他的《侵权行为法归责原则研究》一书中第一次将过错推定责任作为一个独立的归责原则进行论述。[2] 赞成这种意见,其主要理由是:第一,过错责任原则和过错推定原则的调整范围是完全不同的。过错责任原则调整的侵权行为范围是一般侵权行为,而过错推定责任原则调整的不是一般侵权行为,而是一部分特殊侵权行为。第二,过错责任原则和过错推定原则的举证责任不同。过错责任原则的举证责任由原告承担,而过错推定原则在证明主观过错要件上实行举证责任倒置,原告不承担举证责任,而是由被告承担举证责任。第三,过错责任原则与过错推定原则适用法律并不相同。依据过错责任原则处理侵权案件,适用侵权行为一般条款;而审理过错推定原则的侵权案件适用关于特殊侵权责任的特别条款,并不适用侵权行为一般条款的规定。第四,适用过错责任原则和适用过错推定原则的侵权责任形态不同。适用过错责任原则的侵权行为是一般侵权行为,其侵权责任形态是自己责任。而适用过错推定原则的侵权行为是特殊侵权行为,其责任形态是替代责任。第五,从历史的角度观察,这两个侵权归责原则也是不同的。在过错责任原则诞生之时,就分为两种不同形式,作出不同的规定,调整不同的侵权案件。这就是《法国民法典》第 1382 条和第 1384 条的规定。因此可以确定,过错推定原则与过错责任原则是有区别的。将过错推定原则独立起来,作为一个单独的归责原则,具有积极的意义。

(3) 关于无过错责任原则。

无过错责任原则是一个独立的归责原则,它调整的范围也与过错责任原则、过错推定原则不同,独立地调整着部分特殊侵权行为的责任归属,具有独立存在的价值。尽管有反对的意见,但通说并不否认它是一个独立的归责原则。无过错责任原则是

---

[1]　在 2008 年 9 月的《侵权责任法(草案)》中,这个意见体现得更为明显,直接用三个条文规定了三个归责原则。

[2]　王利明:《侵权行为法归责原则研究》,中国政法大学出版社 1991 年版,第 30 页。

一个独立的归责原则。它调整的范围也与过错责任原则和过错推定原则不同,独立地调整着产品责任、高度危险责任等特殊侵权责任的归属。如果不认为它是一个独立的归责原则,高度危险责任、产品责任、动物损害责任等责任的确定将由什么归责原则调整呢?认为无过错责任原则不是一个独立的归责原则的论据,一是它与过错责任原则相对立,二是它只是过错责任原则的补充性规定。这种观点的不当之处,就在于对这两个归责原则关系认识不正确。这种观点认为,确定一个行为人应否承担民事责任,首先应依照过错责任原则衡量,如果确认行为人无过错,再考虑法律是否规定无过错也应赔偿;如果有明文规定,就按无过错责任来确定其应承担侵权责任。笔者认为,法律确定无过错也应当承担民事责任,在这一个范围内的侵权行为就不再由过错责任原则调整,而由无过错责任原则调整,只要符合这一法律规定,则行为人无论有无过错都应承担民事责任。这样,无过错责任原则不仅不与过错责任原则相对立,而且也有了独立的地位,而不只是作为过错责任原则的补充。《侵权责任法》第7条坚持规定无过错责任原则,就是坚持这样的主张,确立其独立的归责原则的地位。

（4）关于公平责任原则。

公平责任原则不能作为一个独立的归责原则。理由是:第一,《民法通则》并没有规定公平责任原则是一个归责原则。从立法上说,过去《民法通则》对其作出规定的位置,以及今天《侵权责任法》对其规定的位置,都不是规定归责原则的地方。《侵权责任法》第24条规定公平责任,这样的立法方法说明,法律并不意味着它是一个归责原则。第二,调整的范围过于狭小且不属于严格的侵权行为。所谓的公平责任原则在实际中适用的范围有限,是对于损害的发生,侵权人没有过错,被侵权人也没有过错的情形,这种情形并不是严格意义上的侵权行为,而仅仅是在侵权法中视为侵权纠纷处理的一种特殊情况。一个"归责原则"调整这样狭小的范围,并且调整的并不是严格意义上的侵权行为,这个归责原则的地位还不值得怀疑吗?第三,在实践中双方都无过错的损害纠纷并非一律适用这个规则。在司法实践中,也并不是所有的侵权纠纷案件中,凡是双方当事人均无过错的,就一定要由"公平责任原则"调整,由双方当事人公平分担责任。

因此,我国《侵权责任法》规定的归责原则体系,就是由过错责任原则、过错推定原则和无过错责任原则三个归责原则构成,各自调整着不同的侵权行为。

（四）研究侵权责任归责原则的意义

侵权责任归责原则,是《侵权责任法》的统帅和灵魂,是侵权法理论的核心。

侵权责任归责原则的重要意义在于:第一,在《侵权责任法》中,归责原则是核心规则,是《侵权责任法》的灵魂,《侵权责任法》的一切规则都建筑在归责原则的基础之上。第二,在理论上,研究侵权行为法,首先必须研究归责原则,在此基础上,才能够进一步展开全面研究。没有搞清楚侵权责任归责原则,就没有掌握《侵权责任法》理论的钥匙,就不能打开侵权法理论的大门。第三,司法实务工作者正确处理侵权纠纷案件,也必须准确掌握侵权法的归责原则,不然就无法确认各类侵权损害赔偿纠纷责任的性质,无法给侵权纠纷案件予以定性,也就无法正确适用法律。第四,对于广大人民群众而言,掌握侵权责任归责原则,有助于保护自己的合法权益,在受到损害时能够保证及时得到救济。

之所以这样来提出问题和认识问题,就是因为,归责原则除了在理论研究上的重要意义之外,在司法实务上更是处理侵权纠纷的基本准则,尤其是在侵权立法不甚完备的情况下,充分发挥侵权法归责原则的功能,具有更为重要的意义。在审理一个侵权行为案件时,归责原则确定正确,案件的法律适用就有了基本的保障。如果归责原则适用错误,这个案件就存在根本性的错误,无法保护被侵权人的合法权益。

二、过错责任原则

(一)过错责任原则的概念

过错责任原则是以过错作为价值判断标准,判断行为人对其造成的损害应否承担侵权责任的归责原则。《侵权责任法》第 6 条第 1 款规定的正是这样的含义:"行为人因过错侵害他人民事权益造成损害的,应当承担侵权责任。"

一般侵权行为引起的损害赔偿案件,应当由主观上有过错的一方承担赔偿责任。过错是损害赔偿责任构成的必备要件之一。缺少这一要件,即使侵权人的行为造成了损害事实,并且侵权人的行为与损害结果之间有因果关系,也不承担赔偿责任。

(二)过错责任原则的历史沿革

早期的成文法采取加害原则,也叫作结果责任原则,即行为人致他人损害,无论其有无过错,只要有损害结果的存在,就都应负赔偿责任。这一原则的不合理性,就在于对造成的损害不加区分,使正当行使权利造成他人损害的人也须承担民事责任。

在历史上出现过错责任原则的萌芽,是罗马法时代。在《十二铜表法》有关私犯的条文中,就有多处使用了过失的概念。到 12 世纪,罗马法学者正式提出了应把过失作为赔偿责任的标准,使过错责任原则开始萌芽。

过错责任原则作为一般的归责原则,最早出现在 1804 年资产阶级的第一部民法典《法国民法典》中。九十多年后的《德国民法典》也接受并采用了过错责任原则。在以后的时间里,各国资产阶级民法都陆续确认了这一归责原则。在英美侵权法,初期采取程序诉讼制度,具体的侵权行为的赔偿要进行具体的诉讼程序,没有过失的概念。直至晚近,英美法才在法院的判例中创设出来过失的概念,接受了过错责任原则。[①]

(三)《侵权责任法》确定过错责任原则的意义

传统民法采用过错责任原则的原因是,在资本主义自由竞争时期,民事主体需要

---

① 参见王泽鉴:《侵权行为法》(第一册),台湾三民书局 1999 年版,第 13 页。

保持行使权利的绝对性,不能受到任何限制;而行使权利就不可避免地会损害他人的利益,所以要用过错这个价值判断标准作为侵权损害赔偿责任构成的必要条件。实行过错责任原则,能够保障行为自由,只要行为人尽到"注意"义务,即使造成损害也可不必负责,因而鼓励资产阶级大胆地放手搞改革创新,有利于生产力和社会的发展。

王泽鉴先生在总结过错责任原则的历史意义时指出:第一,过错责任原则在道德观念上,确认个人就自己的过失行为所肇致的损害,应负赔偿责任,乃正义的要求;反之,如果行为非出于过失,行为人已尽注意之能事时,在道德上无可非难,应不负侵权责任。第二,过错责任原则在社会价值上,任何法律必须调和"个人自由"与"社会安全"两个基本价值,过失责任被认为最能达成此项任务,因为个人如果已尽其注意,即得免负侵权责任,则自由不受束缚,聪明才智可得发挥。人人尽其注意,一般损害亦可避免,社会安全亦足维护。第三,过错责任体现人的尊严,过失责任肯定人的自由,承认个人抉择、区别是非的能力,个人基于自由意思决定,从事某种行为,造成损害,因其具有过失,法律予以制裁,使其负赔偿责任,最足表现对个人尊严的尊重。①

我国《侵权责任法》也把过错责任原则作为侵权法最基本的归责原则,其根本目的,就是保护民事主体的人身权利和财产权利不受侵犯,保护民事主体的权利能够平等、自由地行使。把过错责任原则作为侵权法的基本归责原则,是通过对因自己的过错而致自然人或者法人的民事权益以损害的不法行为人,强加包括赔偿损失在内的民事责任,以保护自然人和法人的人身权利和财产权利,教育公民遵纪守法,促进精神文明建设和物质文明建设,并预防和减少侵权行为的发生。

(四)过错责任原则的含义

我国《侵权责任法》过错责任原则的含义是:

第一,过错责任原则的性质是主观归责原则。过错责任原则要求在确定侵权人的责任时,要依行为人的主观意思状态来确定,而不是依行为的客观方面来确定,依此,就使过错责任原则与加害责任以及其他客观责任区别开来。加害原则是以被侵权人所受损害作为归责的价值判断标准,已经被历史淘汰。在现代侵权法中,无过错责任原则仍然是依客观损害事实与违法行为之间的因果关系作为归责的价值判断标准。过错责任原则与它们都不相同,是以行为人在主观上有无过错作为归责的绝对标准。行为人在主观上没有可非难性,就不能承担赔偿责任,除此没有其他标准。

第二,以过错作为侵权责任的必备构成要件。构成法律上的责任,必须具备法律所规定的一切要件。在侵权法中适用过错责任原则的场合,行为人的主观过错是必备要件之一。如果行为人在主观上没有过错,就缺少必备的构成要件,就不能构成侵权责任。在侵权行为法的归责原则体系中,只有过错责任原则才有这样的要求。

---

① 王泽鉴:《侵权行为法》(第一册),台湾三民书局1999年版,第14页。

第三,以过错为责任构成的最终要件。德国学者耶林指出:"使人负损害赔偿的,不是因为有损害,而是因为有过失,其道理就如同化学上之原则,使蜡烛燃烧的,不是光,而是氧,一般的浅显明白。"[①]这一论述精彩地描绘了过错要件在侵权责任构成上的最终决定地位。过错责任原则以过错作为法律价值判断标准,就不仅仅要求将过错作为侵权责任构成的一般要件,而且要求将过错作为决定侵权责任构成最终的、决定的要件。只有这样,才能彻底贯彻"无过失即无责任"的精神,将过错作为最后的和最基本的构成要件加以考查,最终确定侵权责任应当由谁来承担。

（五）过错责任原则的适用规则

在实践中适用过错责任原则的规则是:

第一,适用范围。过错责任原则适用于一般侵权行为。确定的标准是,只有在法律有特别规定的情况下,才不适用过错责任原则,即特殊侵权行为不适用过错责任原则。

第二,责任构成要件。适用过错责任原则确定赔偿责任,其构成要件是四个,即违法行为、损害事实、违法行为与损害事实之间的因果关系和过错。这四个要件缺一不可。

第三,举证责任。适用过错责任原则,在举证责任上按照民事诉讼的基本规则进行,即原告举证。原告要对自己的主张承担全部的举证责任,举证不足或者举证不能,应当承担败诉的结果。

第四,责任形态。适用过错责任原则的侵权行为是一般侵权行为,其责任形态一般都是自己责任,行为人对自己的行为承担责任,不实行替代责任。

（六）过错责任原则作为侵权责任一般条款

《侵权责任法》第6条第1款是规定过错责任原则的条文,同时也是一般侵权责任法律适用的侵权责任一般条款,即小的侵权责任一般条款。

与各国侵权法规定侵权责任一般条款的做法不同,我国侵权责任一般条款采取大小搭配的双重一般条款模式,即《侵权责任法》第2条规定的是大的侵权责任一般条款,第6条第1款规定的是小的侵权责任一般条款。

在《侵权责任法》规定了第2条为侵权责任一般条款的基础上,《侵权责任法》第四章至第十一章规定了侵权责任的类型化,即规定了大部分侵权责任的类型,但对于一般侵权责任并没有特别规定,仅仅规定了几种适用过错责任原则的一般侵权责任。因此,大部分的一般侵权责任没有明确规定,在法律适用上就缺少请求权的法律基础。因此,规定过错责任原则的第6条第1款就必须作为一般侵权责任请求权法律基础的小的侵权责任一般条款,否则,法律是残缺的,一般侵权责任没有法律适用根据。

---

① 转引自王泽鉴:《民法学说与判例研究》(第2册),中国政法大学出版社1998年版,第144—145页。

三、过错推定原则

（一）过错推定原则的概念

过错推定原则是指在法律有特别规定的场合，从损害事实的本身推定侵权人有过错，并据此确定造成他人损害的行为人赔偿责任的归责原则。《侵权责任法》第6条第2款规定："根据法律规定推定行为人有过错，行为人不能证明自己没有过错的，应当承担侵权责任。"这是我国《侵权责任法》第一次明确规定过错推定原则的一般规则。

所谓推定，是指法律或法官从已知的事实推论未知事实而得出的结果，实际上就是根据已知的事实对未知的事实进行推断和认定。① 过错推定也叫失推定，在侵权法，就是被侵权人在诉讼中，能够举证证明损害事实、违法行为和因果关系三个要件的情况下，如果侵权人不能证明自己对于损害的发生没有过错，就从损害事实的本身推定侵权人在致人损害的行为中有过错，并就此承担赔偿责任。

（二）过错推定原则的历史沿革

过错推定原则的发展历史可以上溯到罗马法时期。早在古罗马法的根本训条"对偶然事件谁也不负责任""偶然事件应落在被击中者的身上"当中，就已经包含着过错推定的萌芽。② 在罗马法的一些条文中确实有过错推定的内容。

17世纪，法国法官多马特（Domat）创造了过错推定理论。他在《自然秩序中的民主》一书中详细论述了代理人的责任、动物致害责任和建筑物致害责任，提出对这些责任都应当采取推定的方式来确定侵权责任。在他的理论影响下，《法国民法典》首先在第1384条确认过错推定原则。20世纪初期，过错推定原则有了新的发展。在1925年让德尔诉卡勒里·拜尔福戴斯案的判决中，最高法院明确指出，民法典第1384条第1款确定了过错推定制度。③ 在德国的普通法时代，德国法院在实务上就采取过错推定原则。在制定民法典时，立法者反对将无过错责任原则写进条文之中，将雇用人责任、动物致人损害、地上工作物致害等责任都规定为适用过错推定原则。在同一时期，英国的判例法也已经形成了比较系统的过错推定制度，如事故损害，只需证明事故发生的原因是处于被告操纵之下，便足以推定被告的过失责任。

在当代，过错推定原则已被各国立法所确认。有的国家立法将过错推定原则称之为过错责任与严格责任之间的中间责任。

（三）过错推定原则的意义

适用过错推定原则的意义，在于在坚持过错责任原则的情形，使被侵权人处于有

---

① 参见《法国民法典》第1349条。
② 王卫国：《试论民事责任的过错推定》，载《法学研究》1982年第5期。
③ 转引自王利明：《侵权行为法归责原则研究》，中国政法大学出版社1991年版，第60—61页。

利的诉讼地位,加重侵权人的责任,切实地保护被侵权人的合法权益,有效地制裁民事违法行为,促进社会和谐。

适用过错推定原则,从损害事实中推定行为人有过错,就使被侵权人免除了举证责任而处于有利的地位,而行为人则因担负举证责任而加重了责任,因而更有利于保护被侵权人的合法权益。正因为过错推定原则具有这些优越性,因此它才随着侵权法理论的发展而发展,经久不衰,日臻完善,成为侵权法的归责原则之一。

（四）适用过错推定原则的规则

1. 适用范围

过错推定原则适用范围是一部分特殊侵权行为。按照《侵权责任法》的规定,下述情况适用过错推定原则:(1) 监护人责任;(2) 暂时丧失心智致人损害责任;(3) 无民事行为能力人在教育机构受到损害的责任,适用过错推定原则;(4) 在机动车交通事故责任中,机动车造成非机动车驾驶人或者行人人身损害的,适用过错推定原则;(5) 在医疗损害责任中,医疗伦理损害责任适用过错推定原则;(6) 在动物损害责任中,动物园的动物造成损害的,适用过错推定原则;(7) 在物件损害责任中,建筑物构筑物或者其他设施及其搁置物悬挂物损害责任、建筑物构筑物以及其他设施倒塌损害责任、堆放物损害责任、妨碍通行物损害责任、林木损害责任、公共场所施工损害责任等,都适用过错推定原则。其他侵权责任不适用过错推定原则。

2. 责任构成要件

在适用过错推定原则确定侵权责任时,其侵权责任的构成与适用过错责任原则没有变化,仍须具备损害事实、违法行为、因果关系和过错这四个要件。

3. 过错

在过错推定原则适用的场合,举证责任有特殊规则:(1) 原告起诉应当举证证明三个要件,一是违法行为,二是损害事实,三是因果关系。原告承担这三个要件的证明责任。(2) 这三个要件的举证责任完成之后,法官直接推定被告具有主观过错,不要求原告去寻求被告在主观上存在过错的证明,不必举证,而是从损害事实的客观要件以及它与违法行为之间的因果关系中,推定被告主观上有过错。(3) 在过错的要件上,实行举证责任倒置。如果被告认为自己在主观上没有过错,则须自己举证,证明成立者,推翻过错推定,否认被告的侵权责任;被告如果证明不足或者不能证明者,则推定过错成立,被告应当承担侵权民事责任。

4. 侵权责任形态

在适用过错推定原则的侵权行为中,行为人承担的责任形态基本上是替代责任,包括对人的替代责任和对物的替代责任,一般不适用自己责任的侵权责任形态。

四、无过错责任原则

(一) 无过错责任原则的真实含义

《侵权责任法》第 7 条规定:"行为人侵害他人民事权益造成损害,不论行为人有无过错,法律规定应当承担侵权责任的,依照其规定。"这一规定与《民法通则》第 106 条第 3 款关于"无过错,但法律规定应当承担民事责任的,应当承担民事责任"的规定相比较,显然有很大改变。最主要的,就是第 106 条第 3 款首先强调的是"无过错",这是不正确的。理由是,无过错责任仅仅是不考虑过错的责任,而不是没有过错的责任。至于责任人是不是有过错,是不一定的。而这个条文的写法则是宣称行为人"没有过错的时候才承担责任"的原则。① 这个批评意见是正确的。现在的第 7 条规定要求是"无论行为人有无过错",只要法律规定适用无过错责任原则,就依照其规定。这样的规定是正确的。无过错责任原则还称为严格责任、危险责任或者风险责任。其真实含义,就是不问过错,只要是法律规定的场合,行为人的行为造成了被侵权人的损害,具备了法律规定的要件,不论行为人是否有过错,都应当承担侵权责任。

事实上,无过错责任原则就是严格责任。严格责任的"严格",就是不考虑行为人过错的因素,而是就行为的后果论责任。那种将严格责任和无过错责任原则对立起来的观点,既无法律依据,也无客观基础。

因此,无过错责任原则是指在法律有特别规定的情况下,以已经发生的损害结果为价值判断标准,与该损害结果有因果关系的行为人,不问其有无过错,都应承担侵权赔偿责任的归责原则。

(二) 无过错责任原则的发展历史

无过错责任原则是伴随着社会化大生产的迅速发展,尤其是大型危险性工业的兴起而产生和发展起来的。

在资本主义初期,实行过错责任原则,行为人对造成的损害结果,只有在自己的主观上有过错的情况下,才负侵权赔偿责任。因此,在自由资本主义时期,具有高度危险性的工业企业大规模兴建,在事故造成的损害面前,被侵权人必须证明事故的责任者即工厂主在主观上有过错后才能获得赔偿。而拘泥于过错责任原则的后果,在事实上剥夺了对工人的一切保护,不仅被侵权人无法证明工厂主造成工业事故的"过错",而且工厂主也会利用过错责任原则,借口"无过失"而拒绝赔偿被侵权人的损失,使工厂主几乎不可能败诉。在这种情况下,侵权法一方面坚持过错责任原则,另一方面例外地就特殊损害事故承认无过错责任,在立法上出现了无过错责任或者严格责任的规定,即在特定的情况下,即使致人损害的一方没有过错,也应承担赔偿责任。

---

① 参见杨立新:《民法判解研究与适用》(第七集),人民法院出版社 2004 年版,第 181 页。刘士国教授在云南丽江民法典国际研讨会上发表的这个意见,大家都是赞成的。

首先确认无过错责任原则的是普鲁士王国。该国在 1838 年的《铁路企业法》中承认了这一原则；翌年又制定《矿业法》，把这一原则从铁路企业扩大到矿害方面。德国于 1872 年曾制定《国家责任法》，规定经营矿山、采石场及工厂者，对其所雇用的监督者和工头的过失致劳工损害者，在一定范围内负损害赔偿责任而不管雇主有无过失。严格地说，这种无过失责任并不彻底，因为还要被侵权人证明监督者和工头的过失。1884 年，德国制定了《劳工伤害赔偿法》，规定了工业事故社会保险制度，真正确立了事故责任的无过失责任制度。法国在 1898 年制定《劳工赔偿法》，规定了工业事故的无过失责任。英国政府在 1880 年制定了《雇主责任法》，多次修改《工厂法》，逐渐加重了雇主的责任。1897 年制定《劳工补偿法》，规定在即使存在"共同过失"的情况下，即受害的雇员及其同伴或者第三人对损害的发生有过失，而雇主无过失，雇主仍应对雇员在受雇期间所受的损害承担赔偿责任。在美国，也都先后用特别立法或者判例等方法，确认了这一原则，使之成为一个通行的归责原则。

我国《侵权责任法》确立无过错责任原则的根本目的，在于切实地保护人民群众人身、财产的安全，更好地保护民事主体的合法权益，促使从事高度危险活动和接触危险物的人、产品生产者和销售者、环境污染的污染者以及动物的饲养人、管理人等行为人，对自己的工作予以高度负责，谨慎小心从事，不断改进技术安全措施，提高工作质量，尽力保障周围人员、环境的安全；一旦造成损害，能迅速、及时地查清事实，尽快赔偿人们的人身损害和财产损失。适用这一原则的基本思想，在于使无辜的损害尽快由行为人合理负担，切实保护被侵权人的民事权益。

（三）无过错责任原则的意义

适用无过错责任原则的意义在于加重行为人的责任，使被侵权人的损害赔偿请求权更容易实现，受到损害的权利及时得到救济。在这一点上，可以在无过错责任原则与过错推定原则的比较中，得到证实。

在适用过错推定原则的情况下，被侵权人可以不必举证证明侵权人的主观过错，而是在已经证明的损害事实中，推定侵权人的过错。这样，被侵权人就免除了证明侵权人过错的举证责任，转而由侵权人承担举证证明自己无过错的责任，对被侵权人的保护因此而比实行过错责任原则为优。在适用无过错责任原则的情况下，被侵权人当然更不用证实侵权人的过错，在这一点上，无过错责任原则与过错推定原则相比，并没有不同；但是，在举证责任倒置的内容上，情况却大不一样：实行过错推定，举证责任在侵权人，证明的内容是侵权人自己没有过错；实行无过错责任原则，举证责任在侵权人，证明的内容是损害系由被侵权人的故意或者重大过失所引起；侵权人证明自己无过错，在实践中尚属可能；侵权人证明损害是由被侵权人的故意或者重大过失所引起者，实属不易。这样相比，无过错责任原则对于被侵权人的保护来说，当然要比过错推定更为有利。在实行无过错责任原则的时候，并不是所有的行为人都没有过错。在很多情况下，被侵权人都能够证明或者从损害事实中推定出他们的故意或者过失。法律确认无过错责任原则，是说明过错不是责任构成要件，行为人无论有无过错，都应当承担赔偿责任。这样，就将行为人置于严格的侵权责任的监督之下，把被侵权人置于更为妥善的保护之中。

（四）适用无过错责任原则的规则

1. 适用范围

无过错责任原则适用于一部分特殊侵权行为。具体的范围是：(1) 产品责任；(2) 高度危险责任；(3) 环境污染责任；(4) 动物损害责任中的部分责任。应当注意的是，确定无过错责任原则的范围，应当特别注意"法律特别规定"。《侵权责任法》第7条规定，只有在"法律规定"时才能适用无过错责任原则。其含义是，无过错责任原则得以损害事实为根据，必须是在有法律规定的情况下适用，没有法律的特别规定不得以损害事实作为侵权责任归责的标准。

2. 责任构成要件

适用无过错责任原则的侵权责任构成要件为三个，即违法行为、损害事实和因果关系。在适用无过错责任原则的情况下，一方面由于决定责任构成的基本要件是谁造成了损害结果，另一方面由于过错不再是侵权责任的构成要件，因而决定责任构成的基本要件是因果关系。当损害结果和违法行为之间具有因果关系时，侵权责任即为构成。

3. 举证责任

适用无过错责任原则的举证责任，也存在由被告承担，实行举证责任倒置的规则。具体的规则是：(1) 被侵权人即原告应当举证证明违法行为、损害事实和因果关系三个要件。对此，侵权人不承担举证责任。(2) 在被侵权人完成上述证明责任以后，如果侵权人即被告主张不构成侵权责任或者免责，自己应当承担举证责任，实行举证责任倒置。被告所要证明的不是自己无过错，而是被侵权人的故意或者重大过失是致害的原因，这也是无过错责任原则与推定过错原则的一个重要区别。(3) 行为人能够证明损害是由于被侵权人的故意或者重大过失所引起的，即免除赔偿责任。(4) 侵权人对上述举证责任举证不足或者举证不能，侵权责任即告成立，被告应承担侵权责任。

4. 侵权责任形态

适用无过错责任原则的侵权行为，其责任形态一般是替代责任，包括对人的替代责任和对物的替代责任。

5. 侵权人过错的问题

在适用无过错责任原则的侵权行为中，法律只是不问侵权人的过错。在现实中，大多数的无过错责任的侵权人在行为时是有过错的，被侵权人可以提供证据加以证明。对此，可以实行以下规则：(1) 侵权人的过错对于侵权责任的构成没有意义。因为凡是在无过错责任原则适用的场合,在研究构成侵权责任时都是不问过错的。即使侵权人有过错,被侵权人已经证明,在这一环节也不加考虑。(2)侵权人的过错对于侵权责任的赔偿范围具有较大的决定作用。如果侵权人确实没有过错,或者没有证明侵权人的过错,侵权人的赔偿责任按照法律的一般规定确定,承担法律所要其承担的限额赔偿责任。(3)如果侵权人对于损害的发生或者扩大具有过错,对于损害赔偿责任范围的确定,应当按照过错责任原则的要求进行,凡是与其过错行为有因果关系的损害结果,都应当予以赔偿。例如高度危险责任,法律规定为无过错责任,并且规定为限额赔偿,应当依照其规定进行限额赔偿。但是,如果被侵权人能够证明侵权人对损害的发生具有过错的,则应当全额赔偿。不过,《侵权责任法》第77条对此没有规定,按照法理是应当这样的。

【案例讨论】 ≫≫≫≫ ＞

案情:

某甲驾驶进口吉普车在从厦门到福州的高速公路上行驶,时速110公里。快到福州时,汽车的前右侧风挡玻璃突然爆裂,高压气流从裂口处冲至坐在副驾驶员座位上的某乙胸口,致其昏迷。某甲截住其他车辆将某乙送往医院抢救。某乙因抢救无效而死亡,死因为内脏爆震伤。交通管理部门勘查事故现场,未发现任何外力致风挡玻璃爆裂的原因,初步鉴定意见为风挡玻璃因自身原因发生爆裂。经与该吉普车生产厂家的代表协商,厂家代表认为没有外力原因汽车风挡玻璃不会爆裂,拒绝承担责任,与某乙的近亲属发生争执。经协商,双方签署协议,物证先由厂家代表保存,待双方共同委托鉴定机构进行玻璃质量鉴定。厂家代表将该风挡玻璃空运回国,经过本厂技术部门鉴定,认为该风挡玻璃没有质量问题,遂拒绝任何赔偿请求。原告起诉,认为厂家撕毁协议,自行进行鉴定,致使风挡玻璃质量问题无法继续鉴定,请求被告厂家承担侵权责任。一审法院判决认为,原告在起诉和诉讼过程中,没有举出证据证明被告在该事故中有过错,因此无法认定被告的行为构成侵权责任,故判决驳回原告的诉讼请求。原告上诉,终审法院判决认为,本案的性质是产品侵权责任,应当适用无过错责任原则,原告不负有证明被告过错的举证责任,原审驳回原告的诉讼请求不当;本案的因果关系要件,由于被告破坏协议自行进行物证鉴定,致使无法确认证据的真实性,推定原告的死亡与被告的风挡玻璃缺陷有因果关系,被告没有举出证据证明自己的玻璃质量没有缺陷,与死者的死亡后果没有因果关系,因此因果关系推定成立,判决被告应当承担侵权责任。

讨论问题:

1. 在处理侵权责任纠纷案件时,确定适用何种归责原则有何重要意义?
2. 本案侵权行为的性质是什么? 应当适用何种归责原则确定侵权责任?

3. 你赞成本案终审判决的做法吗？对本案的因果关系要件作这样的处理是否符合法律规定呢？

【参考文献】 》》》》

王利明：《侵权行为法归责原则研究》，中国政法大学出版社 1991 年版。

陈聪富：《侵权归责原则与损害赔偿》，台湾元照出版公司 2004 年版。

张新宝：《侵权责任法》，中国人民大学出版社 2010 年版。

杨立新：《侵权责任法》（第 2 版），法律出版社 2012 年版。

张佩霖：《也论侵权损害的归责原则》，载《政法论坛》1990 年第 2 期。

米健：《现代侵权行为法归责原则探索》，载《法学研究》1985 年第 5 期。

刘淑珍：《试论侵权损害的归责原则》，载《法学研究》1984 年第 4 期。

王卫国：《试论民事责任的过错推定》，载《法学研究》1982 年第 5 期。

第六章 《侵权责任法》应对
大规模侵权的举措

《侵权责任法》颁布实施之后,对于大规模侵权应当如何适用该法,有各种不同意见,基于这一点而对《侵权责任法》赞美者有之①,批评者亦有之②。笔者作为立法的亲历者,不赞成后者的批评意见,而认为《侵权责任法》应对大规模侵权其实早已运筹帷幄,成竹在胸,制定了全面应对大规模侵权的必要举措。在制定《侵权责任法》的过程中,国内出现了影响巨大、损害后果极为严重的"三鹿奶粉"事件、"大头娃娃毒奶粉"事件、"齐二药"事件等,这些都是典型的大规模侵权。立法机关在当代工业社会所带来的大规模侵权风险的社会背景之下,在为划定行为自由范围和增进社会福祉,降低社会危险程度而制定的一部现代化的《侵权责任法》时,当然不会抛开大规模侵权不顾,而是积极努力,确定全面应对大规模侵权的法律举措。在我国《侵权责任法》规定的范围内,对于可能出现的大规模侵权行为足以提供实体法的法律适用依据。本章对此进行分析,并借此厘清大规模侵权的有关理论问题。至于救济大规模侵权的程序问题,不是《侵权责任法》所要解决的,不在本章的讨论范围之中。

一、《侵权责任法》第 2 条第 1 款规定的侵权责任范围包含大规模侵权

(一) 大规模侵权包括在《侵权责任法》大的侵权责任一般条款之中

依前文可知,《侵权责任法》第 2 条第 1 款规定的是我国大的侵权责任一般条款。③ 它概括的是我国《侵权责任法》所调整的侵权行为的范围,这就是"侵害民事权益,应当依照本法承担侵权责任"的规定,其中包括大规模侵权。

近几年来,我国学者对于大规模侵权进行了深入研究。对大规模侵权概念的界定,都认同大规模侵权即美国侵权法中的"Mass Torts",是指基于一个不法行为或者多个具有同质性的产品服务,给大量的受害者造成人身、财产损害或者同时造成上述

---

① 认为大规模侵权案件的发生"为侵权法的功能和对大规模侵权事故进行法律规范提供了检讨机会,为《侵权责任法》相关条文的起草制定提供了社会基础"。见王成:《大规模侵权事故综合救济体系的构建》,载《社会科学战线》2010 年第 9 期。

② 例如认为"我国目前关于大规模侵权的法律规范并不健全"。见柯劲衡:《惩罚性赔偿制度在大规模侵权中的适用分析》,载《商业时代》2010 年第 31 期。

③ 关于"大的侵权责任一般条款"的说法,请参见杨立新:《侵权责任法》,法律出版社 2010 年版,第14—15 页。

两种损害。例如美国的"石棉案件"。① 因此,大规模侵权通常发生在恶意产品侵权领域,具有受害人数众多、赔偿数额巨大的特征,对大规模侵权的定义需要从侵权案件的数量、受害人多数性、损害赔偿惩罚性等方面来考虑。

对大规模侵权概念的具体界定有不同说法。有的认为,大规模侵权是指造成多人损害的民事不法行为,如工厂排放毒气、商业客机相撞以及工业废物处理造成的污染等。② 这种行为可以是单个行为,如大楼坍塌,也可以由一段时间内的一系列相关行为组成。有的认为,大规模侵权是加害人实施了一个侵权行为而同时造成多人人身或财产损害,强调的是受害主体具有多数性。三鹿奶粉事件属于典型的大规模侵权事件。③ 有的认为,大规模侵权作为一种特殊侵权行为,其重要特征应当同时包括侵权案件的数量、损害赔偿的累积性、各单个侵权行为之间的"同质性"等。但是构成大规模侵权并不要求这些特征同时存在。据此,应当将大规模侵权定义为基于一个或多个相同性质的法律行为,使得大量的法益受到侵害并产生相应的损害。④

上述对大规模侵权概念的界定都是有道理的,但均需进行斟酌。界定大规模侵权,还需要回到美国法对大规模侵权的概念界定的基础上,应当突出四个基本特征:第一,基于一个不法行为或者多个具有同质性的产品或者服务致人损害的侵权行为,而不是仅仅指恶意产品侵权;第二,这种侵权行为给大量的、为数众多的受害者造成损害;第三,造成的损害包括人身损害和财产损害,或者同时造成上述两种损害,需要进行批量的赔偿救济;第四,在大规模侵权的救济损害中,必须注意对大规模侵权进行预防和惩罚。基于这样的考虑,笔者认为,大规模侵权是指基于同一个侵权行为或者多个具有同质性的侵权行为,给为数众多的受害者造成人身、财产损害或者同时造成上述两种损害,须提供数额巨大的损害赔偿救济,以及更好地进行预防和惩罚,以保障社会安全的特殊侵权行为。

对于这种特殊侵权行为类型,《侵权责任法》确实没有明文规定。不过,在《侵权责任法》第 2 条第 1 款的规定中就包含了这种特殊侵权行为类型,"侵害民事权益,应当依照本法承担侵权责任"的表述,直接表达的是《侵权责任法》所调整的侵权责任的范围;如果从另一个角度上看,它也是对侵权行为的界定,可以理解为"凡是侵害民事权益"、依照《侵权责任法》的规定应当"承担侵权责任"的行为,就是侵权行为。

在这样一个侵权行为概念的界定中,当然包括大规模侵权行为。首先,大规模侵权就是规模大的侵权行为。不论规模大小,凡是侵权行为,当然都在侵权行为的一般概念之中,换言之,规模大的侵权行为是侵权行为,规模小的侵权行为也是侵权行为,都包含在这个概念之中。其次,所谓大规模侵权,并不是侵权行为质的规定性发生了

① 朱岩:《大规模侵权的实体法问题初探》,载《法律适用》2006 年第 10 期。
② 陈年冰:《大规模侵权与惩罚性赔偿——以风险社会为背景》,载《西北大学学报》2010 年第 6 期。
③ 赵庆鸣、孟妍:《从三鹿奶粉事件看大规模侵权案之救济》,载《曲靖师范学院学报》2010 年第 5 期。
④ 郭璐璐:《大规模侵权行为及其归责原则初探》,载《科技情报开发与经济》2009 年第 10 期。

变化,而是在侵权行为质的规定性不变的情况下,主要是侵权行为造成损害的量的变化,即"大规模"化,是为数众多的受害人受到损害,且受到损害的原因是同一个侵权行为或者同质性的若干个侵权行为。这样的损害与通常的侵权行为相比,仅仅是损害数量的变化、损害规模的变化以及需要进行大面积的救济,并且需要进行有效的预防和惩罚。既然大规模侵权的特殊性不是侵权行为的质的改变,而仅仅是侵权行为造成后果的量的变化,那就是说,大规模侵权仍然是侵权,仍然在侵权行为的一般定义之中。因此,凡是"侵害民事权益""依照本法应当承担侵权责任"的大规模侵权行为,都是侵权行为,因而大规模侵权当然就包括在《侵权责任法》第 2 条第 1 款的规定之中。在《侵权责任法》调整侵权行为的法律适用范围中,仍然认为"我国目前关于大规模侵权的法律规范并不健全"[①],显然并不正确。

(二)大规模侵权的性质界定

大规模侵权的性质是什么,也是一个值得讨论的问题。有很多人提出,应当将大规模侵权界定为一种特殊侵权行为类型或者侵权责任类型,规定具体的侵权对策。[②]也有的学者反对这种意见,认为将一类侵权责任形态(应当是类型——笔者注)划归为一种特殊侵权责任,则其归责原则必须是一以贯之的,大规模侵权无非是一类单独的侵权责任形态,无法将其归类于某项特殊侵权行为。[③] 对于后一种意见,其结论笔者是赞同的,但其论据笔者并不赞同,因为同一种特殊侵权行为并非都适用同一种归责原则,例如机动车交通事故责任、产品责任、医疗损害责任、饲养动物损害责任等,都不适用同一个归责原则,机动车交通事故责任根据不同情况适用过错推定原则和过错责任原则;产品责任在基本适用无过错责任原则的情况下,销售者承担最终责任适用过错责任原则;医疗损害责任的技术损害责任适用过错责任原则,医疗产品损害责任则适用无过错责任原则;饲养动物损害责任基本上适用无过错责任原则,但动物园动物损害责任适用过错推定原则。

大规模侵权确实不属于《侵权责任法》规定的特殊侵权责任类型中的任何一类,而是在《侵权责任法》规定的各种侵权责任类型中都有可能存在。在《侵权责任法》第四章至第十一章规定的特殊侵权责任类型中,都有存在大规模侵权的可能性;即使在第 6 条第 1 款规定的一般侵权责任中,也有可能存在大规模侵权。因此,大规模侵权不能在特殊侵权责任和一般侵权责任的分类中找到自己的位置。

在很多学者的论述中,都将大规模侵权与单一侵权相对应,认为它们是对应的概念。这也是不正确的。一是单一侵权这个概念并不是侵权法常用的概念;二是单一侵权容易理解为侵权责任主体是单一,是一个主体实施的侵权行为,对应的概念应当

---

① 柯劲衡:《惩罚性赔偿制度在大规模侵权中的适用分析》,载《商业时代》2010 年第 31 期。
② 朱岩:《大规模侵权的实体法问题初探》,载《法律适用》2006 年第 10 期。
③ 张红:《大规模侵权救济问题研究》,载《大规模侵权法律对策国际研讨会会议资料》2011 年 4 月,第 32 页。

是共同侵权行为或者是多数人侵权行为,但非大规模侵权中也有主体为二人以上共同侵权行为、竞合侵权行为、分别侵权行为等。因此,单一侵权无法与大规模侵权相对应。

如果从逻辑上说,大规模侵权概念最准确对应的概念应当是"小规模侵权",但这不是法律概念,也不具有法律上的意义。

界定大规模侵权的性质,应当抛开这些不同的侵权行为类型的分类方法,采取另外的标准进行划分。因此,笔者建议,以侵权规模的大小为标准,将侵权行为分为普通侵权行为和大规模侵权行为,普通侵权行为是适用《侵权责任法》的通常规则确定责任的侵权行为,大规模侵权行为则是基于同一个侵权行为或者多个具有同质性的侵权行为,给为数众多的受害者造成人身、财产损害或者同时造成上述两种损害,须提供数额巨大的损害赔偿救济,以及更好地进行预防和惩罚,以保障社会安全的侵权行为。这样的分类,对于适用法律具有积极意义。任何试图将大规模侵权作为《侵权责任法》第四章至第十一章规定的特殊侵权行为类型之外、并与这些特殊侵权行为类型相并列的特殊侵权行为的主张,都难以成立。

二、《侵权责任法》规定侵权责任归责原则考虑了大规模侵权对归责基础的要求

侵权责任归责原则是侵权法的统帅和灵魂,是侵权法理论的核心。[1] 正因为如此,研究大规模侵权也必须首先解决其归责原则问题。

在研究大规模侵权的问题上,一般认为,既然社会基础结构已经发生了变化,侵权法的体系也必须随之变化。这就是,工业化社会的来临直接改变了整个民法的市民社会基础,就侵权法而言,社会共同生活的危险来源由单个人之间的个人侵权,逐步过渡到以企业活动为中心的危险活动,过错责任对此无能为力,因此,现代企业危险责任仍然是大规模侵权的最主要责任形态。[2] 在笔者看来,所谓的危险责任不过是对无过错责任原则的另外一种表述(即德国法的表述)而已[3],指企业经营活动、具有特殊危险性的装置、物品、设备的所有人或持有人,在一定条件下,不问其有无过失,对于因企业经营活动、物品、设备本身风险而引发的损害,承担侵权责任。[4] 这一概念的界定,与我们对无过错责任原则(无过错责任原则是指在法律有特别规定的情况下,以已经发生的损害结果为价值判断标准,由与该损害结果有因果关系的行为人,不问其有无过错,都要承担侵权赔偿责任的归责原则)的界定[5]没有实质差别,与《侵权责任法》第 7 条关于"行为人损害他人民事权益,不论行为人有无过错,法律规定应

---

① 杨立新:《侵权法论》,人民法院出版社 2005 年版,第 115 页。
② 朱岩:《从大规模侵权看侵权责任法的体系变迁》,载《中国人民大学学报》2009 年第 3 期。
③ 参见王泽鉴:《侵权行为法》(第一册),台湾三民书局 1999 年版,第 17 页。
④ 朱岩:《从大规模侵权看侵权责任法的体系变迁》,载《中国人民大学学报》2009 年第 3 期。
⑤ 杨立新:《侵权法论》,人民法院出版社 2005 年版,第 143 页。

当承担侵权责任的,依照其规定"的无过错责任原则的规定完全一致。可以说,大规模侵权的归责基础完全在《侵权责任法》的视野之中,其归责原则早已在立法规范的范围之中。

无过错责任原则产生于19世纪这一被称为"机器和事故的年代"。对于工业事故责任,在工业社会初期也实行过错责任原则:在工业事故造成的损害面前,受害人必须证明事故的责任者即工厂主在主观上有过错后才能获得赔偿。工业事故中,为数众多的受害人因无法证明工厂主的过错而无法得到侵权法的保护。当时的侵权法拘泥于过错责任原则的后果是在事实上剥夺了工人的一切保护,不仅受害人无法证明工厂主造成工业事故的"过错",而且工厂主也会利用过错责任原则,借口"无过失"而拒绝赔偿受害人的损失,使工厂主几乎不可能败诉。为了更好地保护工业事故的为数众多的受害人,侵权法一方面坚持实行过错责任原则,另一方面就特殊损害事故承认无过错责任,在立法上出现了无过错责任的规定,即在特定的情况下,即使致人损害的一方没有过错也应承担赔偿责任。可见,无过错责任的产生其实就是为了救济工业事故的大规模侵权造成的损害。

我国民事立法确立无过错责任原则的根本目的,在于切实保护民事主体的人身、财产安全,更好地保护民事主体的民事权益,促使从事高度危险活动和持有高度危险物的人、产品生产者和销售者、环境污染者以及动物的饲养人、管理人等经营者,对自己的工作予以高度负责,谨慎小心从事,不断改进技术安全措施,提高工作质量,尽力保障周围人员、环境的安全;一旦造成损害,能迅速、及时地查清事实,尽快赔偿受害人的人身损害和财产损失。适用这一原则的基本思想,在于使无辜的损害由行为人合理负担,切实保护受害人的利益。这就是《侵权责任法》第7条规定无过错责任原则的立法宗旨,这里显然包括大规模侵权的归责基础。因此,按照《侵权责任法》的规定,产品责任适用无过错责任原则,只有在确定销售者承担最终责任、运输者仓储者等第三人是产品存在缺陷应当承担最终责任的适用过错责任原则例外;环境污染责任适用无过错责任原则;高度危险责任适用无过错责任原则;除动物园动物损害责任之外的大多数动物损害责任都适用无过错责任原则。多数大规模侵权都是发生在这个范围之中,《侵权责任法》明确规定适用无过错责任原则,对于这种特殊类型的侵权行为对众多受害人的权益损害的救济,都有重要作用,都能够对受害人给予最好的保护,不会存在法律调整不够的问题。

大规模侵权并不仅仅适用无过错责任原则,而且还要在很大的范围内适用过错推定原则,以保护好众多受害人的合法权益。尽管《侵权责任法》第6条第2款规定的究竟是不是过错推定原则存有争议,但其适用于特殊侵权责任时过错要件实行推定原则却是一致的理解。在大规模侵权领域,除了有的要适用无过错责任原则之外,还有较多的大规模侵权须适用过错推定原则。例如,依照《侵权责任法》第48条和《道路交通安全法》第76条的规定,机动车与非机动车驾驶人或者行人之间造成的机动车交通事故损害责任适用过错推定原则;依照《侵权责任法》第 81 条的规定,动物园的动物损害责任的归责基础是过错推定原则;依照《侵权责任法》第十一章的规定,绝大多数物件损害责任适用过错推定原则。在这些领域中发生的大规模侵权,其归责基础是过错推定原则。

甚至在有些大规模侵权场合还要适用过错责任原则。例如,网络侵权中的大规模侵权依照《侵权责任法》第 36 条的规定应当适用过错责任原则;证券侵权的大规模侵权应当依照《侵权责任法》第 6 条第 1 款的规定适用过错责任原则;违反安全保障义务的大规模侵权应当依照《侵权责任法》第 37 条的规定适用过错责任原则;机动车与机动车之间造成损害的,依照《侵权责任法》第 48 条和《道路交通安全法》第 76 条的规定适用过错责任原则;在医疗机构因医疗过失造成大规模侵权的,除了医疗产品损害责任适用无过错责任原则之外,按照《侵权责任法》第 54 条的规定,都适用过错责任原则。这些大规模侵权都以过错责任原则为归责基础,"过错责任原则对大规模侵权无能为力"的说法也有不周之处。

因此,可以说,《侵权责任法》第 6 条和第 7 条关于侵权责任归责原则的规定,已经对大规模侵权有了确定的归责基础的对策。至于各种新型风险的层出不穷,很多学者认为,侵权法不能完全通过单纯列举的方法规定危险责任,规定危险责任的一般条款是现代侵权法的一个重要使命的说法①尽管有其道理,但《侵权责任法》现行的规定是没有问题的,特别是《侵权责任法》第 2 条第 1 款关于"侵害民事权益,应当依照本法承担侵权责任"的规定,其职责之一,就是为《侵权责任法》无法预料的将来出现的需要适用过错推定原则或者无过错责任原则的特殊侵权责任类型,提供请求权基础,预留了调整空间②,完全可以概括大规模侵权的特殊侵权行为类型,有把握应对大规模侵权。

三、《侵权责任法》规定侵权责任构成包含了大规模侵权构成要件的要求

(一) 大规模侵权对责任主体的特殊要求

诚然,大规模侵权的责任构成在主体上的要求,主要是加害人的单一性或有限多数性。③ 加害人的所谓单一性,即只有一个加害人,如某个生产商生产的产品导致大量消费者人身损害或财产损失。有限多数性是指加害人多数,他们往往具有某种类似的地位,表现在产品侵权中,多个厂家采用同样的有毒物质、同样的生产流程生产同样的缺陷产品,多个销售商对此类产品进行销售,侵权者为生产或销售侵权产品的多个企业。④ 这样的理解没有错误。

---

① 朱岩:《风险社会下的危险责任地位及其立法模式》,载《法学杂志》2009 年第 1 期。
② 杨立新:《侵权责任法:条文背后的故事与难题》,法律出版社 2010 年版,第 29 页。
③ 朱岩:《大规模侵权的实体法问题初探》,载《法律适用》2006 年第 10 期。
④ 赵庆鸣、孟妍:《从三鹿奶粉事件看大规模侵权案之救济》,载《曲靖师范学院学报》2010 年第 5 期。

但是，大规模侵权责任构成在责任主体的要求上，更重要的不是量的问题，而是质的问题，即大规模侵权的责任构成最主要的特点，大多数在于以企业作为责任主体。大规模侵权产生的社会基础在于现代工业社会，生产、销售与消费都体现出大规模的重复性，人类对科学技术的依赖性以及科学的不确定性，企业对高额利润的单纯追求，都是这个社会基础的特点，因此，研究大规模侵权，就是要特别重视研究企业侵权；确定大规模侵权责任，就是要特别注意确定企业侵权责任；预防大规模侵权，就是重点预防企业在社会安全中未尽责任发生大规模侵权。这就是以单一的侵权模式作为侵权责任制度设计基础的传统侵权法，要向当代侵权法改革的必要性和迫切性。

我国《侵权责任法》在这方面是有足够认识的，已经实现了这种改革。我国《侵权责任法》并不是仅仅规定了普通侵权的侵权行为，也完全考虑了大规模侵权责任主体的特别需要，在设计侵权责任主体中，既包括普通侵权的侵权责任主体，也包括大规模侵权的责任主体。这表现在三个方面：

第一，特别规定了企业作为侵权责任主体的多种情形。在立法目的上，《侵权责任法》就特别强调企业加强管理，提高科学技术水平，理由是我国已经进入比较发达的工业社会，侵权行为大量发生在企业生产经营中，如产品责任、环境污染、工业事故等生产安全事故等。《侵权责任法》通过损害赔偿等方式，促使企业提高产品安全性能，保护人民群众生命财产安全，减少环境污染，加强安全生产管理，减少安全生产事故。[①] 在具体规定上，《侵权责任法》除了规定了产品责任中的生产者、销售者以及运输者、仓储者等第三人（这些责任主体都是企业）之外；还在其他部分规定了用人单位（第34条第1款），劳务派遣单位、接受劳务派遣的单位（第34条第2款），网络服务提供者（第36条），公共场所的管理人或者群众性活动组织者（第37条），机动车的所有人或者使用人（第六章），医疗产品的生产者（第59条），污染者（第八章），经营者（第70条、第71条、第73条），高度危险物的占有人、使用人（第72条），高度危险物或者高度危险区域的所有人、管理人（第74条、第75条），动物饲养人、管理人（第十章），建筑物的所有人、管理人或者使用人（第85条），建设单位和施工单位（第86条），有关单位（第88条），地下工作物的施工人或者管理人（第91条），等等。这些企业作为侵权责任主体的规定，无一不体现了作为复杂组织形式的企业的经营活动成为现代社会重要危险来源的社会基础[②]，因此而侧重围绕企业责任展开侵权责任主体的规定。这些规定都是为应对大规模侵权的责任主体而确定，或者说都能够适应大规模侵权的责任主体主要是企业这个特点的需要的。

第二，特别规定了作为复数主体的责任主体制度。《侵权责任法》规定责任主体，除了规定单一责任主体的情形之外，还规定了复数责任主体制度，以应对大规模侵权

① 王胜明主编：《中华人民共和国侵权责任法释义》，法律出版社2010年版，第20页。
② 朱岩：《从大规模侵权看侵权责任法的体系变迁》，载《中国人民大学学报》2009年第3期。

中的"多个具有同质性的侵权行为"的责任主体的需要。这些规定是：第 8 条规定的共同侵权责任制度，以应对构成共同侵权行为的大规模侵权。第 10 条规定的共同危险行为制度，本身就是产生于侵权责任主体不明的药品致害无法确定真正的侵权人而使所有生产该种药品的企业共同承担责任的大规模侵权行为，完全可以应对更大范围的这类大规模侵权。第 12 条规定的分别侵权行为制度和第 11 条规定的叠加的共同侵权责任制度，也都能够应对大规模侵权对复数责任主体特殊性的要求。这些制度虽然都没有说这就是为大规模侵权所备，但其实质都包括了大规模侵权的内容。除了共同侵权责任、分别侵权行为之外，共同危险行为制度也为大规模侵权的市场份额规则的适用①，确定这种大规模侵权的责任分担提供了法律依据。

第三，特别规定了复杂多样的侵权责任形态。大规模侵权不仅需要在责任主体上有特别的法律规定，而且还需要规定更为多样的侵权责任形态规则，以应对大规模侵权对责任形态的特殊需求，更好地保护为数众多的受害人的合法权益。最为重要的责任形态规则是：《侵权责任法》规定了替代责任形态，为应对企业对其企业行为以及企业员工职务行为造成他人损害的大规模侵权承担替代责任提供规则。对于共同侵权责任、共同危险行为等多数责任主体的大规模侵权，《侵权责任法》第 13 条和第 14 条规定了连带责任规则。为了应对不构成共同侵权责任但属于两个以上的企业构成分别侵权行为、造成为数众多的受害人损害，规定了按份责任规则。《侵权责任法》在产品责任、第三人造成环境污染损害责任、第三人造成饲养动物损害责任等领域，规定了不真正连带责任规则，以便及时救济被侵权人的损害。对第三人未尽安全保障义务造成他人损害而安全保障义务人未尽义务、第三人实施侵权行为造成未成年学生损害而教育机构未尽保护义务等情形，规定了补充责任规则。在运输者、仓储者等第三人因过错致使产品存在缺陷、造成他人损害，建筑物及悬挂物、搁置物损害责任，建筑物等倒塌损害责任中的需其他责任人承担责任的，《侵权责任法》规定了先付责任规则。② 这些责任形态规则的规定，足以应对大规模侵权对侵权责任形态的多样性需求。

因此，应对大规模侵权，无论是在大规模侵权的加害人有限多数性、大规模侵权的责任主体主要是企业以及复杂多样的侵权责任形态的需求上，《侵权责任法》都有足够的准备，足以应对确定大规模侵权法律适用在责任主体上的特殊需求。

（二）大规模侵权对损害事实要件的特殊要求

大规模侵权责任构成的损害事实要件，主要表现在受害人的多数性和复杂性上。这是区别于普通侵权的主要特征之一，也是识别大规模侵权的主要标志。受害人的

---

① 王竹：《试论市场份额责任在多因大规模网络侵权中的运用》，载《政治与法律》2008 年第 4 期。
② 关于上述侵权责任形态规则的说明，参见本书第七章。

多数性表现在其可能涉及几百人、上万人甚至成百上千万人。[①] 受害人的复杂性表现在直接受害人、间接受害人和潜在受害人等多层次上。不过，前者主要体现为救济的诉讼程序的复杂性，涉及的是诉讼法问题，不是实体法问题；后者则给对受害人的救济等带来重要影响，需要界定受害人的范围以及诉权问题。其实这样的问题也不难办，直接受害人当然是赔偿的请求权人；间接受害人如果能够确认为间接受害人，符合侵权责任构成要件要求的，应当是赔偿请求权人；潜在受害人如果能够确定，或者在将来损害发生时予以救济，或者现在予以适当补偿，现有法律也都规定了适当的调整办法。

（三）大规模侵权对因果关系要件的要求

大规模侵权的因果关系的主要特点是：第一，复杂性。较之于普通侵权，大规模侵权案件的因果关系大多涉及技术性问题，因而使企业产品、企业行为与损害后果之间的因果关系较难确定，以及多数原因加之于损害成为共同原因等情形。对此，《侵权责任法》确实没有规定具体办法，但这不是立法问题，而是司法和学理问题。事实上，早在 1960 年前后，德国、日本等国家的侵权司法实务就提出了因果关系举证责任缓和的规则，适当降低原告的证明标准，在原告举证证明因果关系要件达到盖然性标准时，推定存在因果关系，而不是完全实行举证责任倒置。[②] 此外还有疫学因果关系说[③]、表见证据规则、优势证据规则[④]等。第二，同质性。大规模侵权不仅是加害行为具有同质性，损害事实也具有同质性，因而在认定大规模侵权的因果关系上，只要确定了一个加害行为与一种损害事实之间具有因果关系，就可以根据两个同质性的特点直接认定有因果关系，其他同质性的加害行为与同质性的损害事实之间的因果关系就不必再作证明。因此，在大规模侵权责任中认定因果关系，在存在较大的困难之外，又存在较为方便之处，不可将大规模侵权的因果关系认定视为艰难之至、难以认定，其实反而有便利之处。例如，确定了一个案件中三鹿奶粉与造成的儿童损害之间有因果关系，其他有关三鹿奶粉造成的损害案件的因果关系就没有必要证明了。

（四）大规模侵权的过错要件问题

诚然，多数大规模侵权的责任构成由于适用无过错责任原则，都不必确定侵权人的过错要件。但是，在过错推定原则和过错责任原则的适用场合，还必须有过错要件。主要的问题是以下几点：

1. 在无过错责任原则的场合，原告证明被告有过错的责任

在无过错责任原则的适用场合，原告不必证明被告的过错。但是，如果原告能够证明被告在损害中有过错，责任确定的后果是否有变化？《侵权责任法》对此没有规

---

① 赵庆鸣、孟妍：《从三鹿奶粉事件看大规模侵权案之救济》，载《曲靖师范学院学报》2010 年第 5 期。

② 夏芸：《医疗事故赔偿法》，法律出版社 2007 年版，第 181 页。

③ 同上书，第 203—204 页。

④ 〔日〕加藤一郎：《公害法的生成与发展》，日本岩波书店 1968 年版，第 29 页。

定,这是有一定问题的。在大规模侵权中,适用无过错责任原则确定责任的侵权行为,多数设有限额赔偿规则,我国《侵权责任法》第 77 条也作了规定。在国外,在这样的情形下,如果原告能够证明被告的过错要件,则可以不适用限额赔偿的规则,而适用全部赔偿原则。[①] 对此,我们应当借鉴。

2. 在过错推定原则的场合的过错推定规则

适用过错推定原则确定大规模侵权责任,原告不必证明被告的过错,直接根据损害事实、违法行为和因果关系要件推定被告有过错。如果被告认为自己没有过错,则应当举证证明自己没有过错。能够证明自己对损害的发生没有过错的,免除责任;不能证明者,过错推定成立。适用过错推定原则的范围,必须根据《侵权责任法》第四章至第十一章中的规定进行,这就是《侵权责任法》第 6 条第 2 款中"法律规定"的含义。

3. 适用过错责任原则时的过错证明

在网络侵权、违反安全保障义务侵权、证券侵权以及其他有关的大规模侵权中,适用过错责任原则确定侵权责任。对此,必须依照《侵权责任法》第 6 条第 1 款的规定确定侵权责任,应当由原告证明被告过错要件。同时,该条款是这种大规模侵权的请求权基础。

四、《侵权责任法》规定侵权责任类型包含了大规模侵权的类型要求

《侵权责任法》应对大规模侵权,规定了复杂的特殊侵权责任,这就是第四章至第十一章规定的 13 种侵权责任类型。这些特殊侵权责任类型大部分都可以适用于大规模侵权。例如,用人单位责任包括劳务派遣责任、网络侵权责任、违反安全保障义务的侵权责任、产品责任、机动车交通事故责任、医疗产品损害责任、环境污染责任、高度危险责任、饲养动物损害责任和物件损害责任等。

对于上述特殊侵权责任类型之外发生的大规模侵权,如何适用法律,有以下两个办法,《侵权责任法》都有应对措施:

第一,属于适用过错责任原则的大规模侵权,适用《侵权责任法》第 6 条第 1 款规定确定侵权责任。例如,由于大众传播受众的广泛性,虚假广告、虚假新闻、低俗内容和有线广播电视低劣的传播画面和声音以及对媒体资源的滥用,都侵害了受众的合法权益[②],形成媒体的大规模侵权。又如,随着最高人民法院 2003 年出台"虚假陈述"的司法解释,在证券领域引入集团诉讼的建议和争论更趋热烈,也形成了证券的大规

---

① 参见杨立新:《德国和荷兰侵权行为法考察工作日记》,载杨立新主编:《中华人民共和国侵权责任法草案建议稿及说明》,法律出版社 2007 年版,第 398 页。
② 王生智:《论群体性媒体侵权案件的诉讼模式》,载《西华师范大学学报》(哲学社会科学版)2009 年第 2 期。

模侵权问题。① 这些大规模侵权尽管没有在上述侵权责任类型中作出明确规定,但属于适用过错责任原则的侵权行为,因此,应当适用《侵权责任法》第 6 条第 1 款规定确定侵权责任和侵权请求权。

第二,适用《侵权责任法》第 2 条第 1 款大的侵权责任一般条款确定责任。诚然,各种新型风险层出不穷,《侵权责任法》不能完全通过单纯列举的方法规定危险责任。故而规定危险责任的一般条款是现代侵权法的一个重要使命。② 因而有人曾经解释,《侵权责任法》第 69 条不是高度危险责任的一般条款,而是危险责任的一般条款。③ 这种解释比较牵强。笔者认为,如果确实"随着各种新型风险的层出不穷",而在《侵权责任法》第四章至第十一章规定的侵权责任类型中无法涵盖的某种新型"风险责任"的大规模侵权行为出现,则如前文所述,完全可以适用《侵权责任法》第 2 条第 1 款规定即大的侵权责任一般条款,确认其适用过错推定原则或者无过错责任原则确定侵权责任,以应对新型大规模侵权损害救济的需要。④

五、《侵权责任法》的立法目的和具体责任体现了对大规模侵权的救济、预防和惩罚要求

研究大规模侵权的学者通常指出,由于大规模侵权造成损害的广泛性、突发性和严重性,应当对大规模侵权的救济、预防和惩罚予以特别规定,以救济广泛发生的严重损害,惩戒大规模侵权的行为人,防范大规模侵权的发生,以保障社会安全。同时也指出,大规模侵权造成的损害,除人身、财产外,还造成众多受害人精神损害,甚至对社会也造成极大的负面影响,需要突出侵权法的威慑功能,需要借助惩罚性赔偿制度。⑤ 对此,《侵权责任法》都有专门的应对措施。

(一)《侵权责任法》特别强调其救济功能、惩罚功能和预防功能

《侵权责任法》在立法目的的规定中,特别强调《侵权责任法》具有保护民事主体合法权益,预防和制裁侵权行为的功能。《侵权责任法》第 1 条规定:"为保护民事主体的合法权益,明确侵权责任,预防并制裁侵权行为,促进社会和谐稳定,制定本法。"这一规定明确了《侵权责任法》的三大基本功能,即救济功能、制裁功能和预防功能。在大规模侵权中,法律除了对其损害救济的重视之外,特别注意对大规模侵权的惩罚和预防功能的发挥,这些都在《侵权责任法》的立法目的之中。这一条文中规定的"制裁",主要是强调对侵权行为的惩罚,所谓制裁侵权行为实际是惩罚侵权行为的含义。

---

① 郭雳:《美国证券集团诉讼的制度反思》,载《北大法律评论》(第 10 卷·第 2 辑),北京大学出版社 2009 年版,第 426—446 页。

② 朱岩:《从大规模侵权看侵权责任法的体系变迁》,载《中国人民大学学报》2009 年第 3 期。

③ 这是尹飞副教授的观点。参见民商法前沿论坛讲座:《〈侵权责任法〉一般条款和具体规则的适用》,http://www.civillaw.com.cn/article/default.asp? id=48483,2011 年 5 月 14 日访问。

④ 这种理解请参见杨立新:《侵权责任法:条文背后的故事与难题》,法律出版社 2010 年版,第 29 页。

⑤ 赵庆鸣、孟妍:《从三鹿奶粉事件看大规模侵权案之救济》,载《曲靖师范学院学报》2010 年第 5 期。

《侵权责任法》通过对可归责的当事人科以责任，惩罚其过错和不法行为，对社会公众产生教育和威慑作用，从而可以预防侵权行为的发生，抑制侵权行为的蔓延。[①]

（二）《侵权责任法》规定的损害赔偿一般规则包含了对大规模侵权的损害赔偿救济

《侵权责任法》第16条、第17条、第19条和第22条都考虑了大规模侵权的损害赔偿救济措施。《侵权责任法》规定损害赔偿的一般性规则的这四个条文，分别规定了人身损害赔偿、财产损害赔偿和精神损害赔偿责任。在这四个条文中，只有第17条在规定死亡赔偿金时使用了"同一侵权行为造成多人死亡的"用语，表述的就是大规模侵权。不过，尽管其他三个条文没有这样的表述，并不表明它们不适用于大规模侵权，而是大规模侵权必须适用这些条文。在大规模侵权中，对于广泛性、严重性的损害进行救济，最主要的特点是要求及时、普遍、赔偿程序简洁，使受害人能够及时获得赔偿，恢复权利。当然，在救济中还要特别注意对为数众多的受害人给予足额的、充分的赔偿，以及予以精神损害赔偿。对于这些，在这四个条文规定的我国损害赔偿的一般性规则中都已经包含，只是要求法官在运用中充分理解立法精神，准确适用而已，并不需要再对大规模侵权的损害赔偿作出特别规定。

应当特别强调的是，《侵权责任法》第4条第2款"私权优先"规则的适用，对于大规模侵权的救济特别有意义。该条款规定："因同一行为应当承担侵权责任和行政责任、刑事责任，侵权人的财产不足以支付的，先承担侵权责任。"这一规定被学者称为私权优先规则，是指刑事责任、行政责任与侵权责任发生非冲突性法规竞合，侵权责任请求权具有优先权，可以对抗同一违法行为产生的刑事责任、行政责任中的财产性责任。这种规定对大规模侵权的救济特别有价值。在企业作为责任主体而发生的大规模侵权中，企业非常可能基于同一行为而发生刑事责任、行政责任和侵权责任的竞合，而侵权企业的资产有限，无法同时承担这些责任。适用私权优先原则，就可以使为数众多的受害人的损害赔偿请求权对抗政府作为主体的行政责任或者刑事责任的财产要求，优先实现自己的损害赔偿。

（三）《侵权责任法》强调对恶意产品侵权的惩罚性赔偿

《侵权责任法》第47条特别规定了对产品大规模侵权的惩罚性赔偿责任。美国《侵权行为法重述》第908条规定：惩罚性赔偿为损害赔偿及名义上之赔偿以外之赔偿，系为惩罚极端无理行为之人而作之赔偿，且亦为阻遏该人及其他人与未来从事类似之行为而作之赔偿。[②] 惩罚性赔偿制度最主要的两大功能为威慑与惩罚。学者认为，法律在处理大规模侵权时的根本作用应当在于预防，惩罚性赔偿制度的威慑功能

---

① 王胜明：《中华人民共和国侵权责任法释义》，法律出版社2010年版，第20页。
② 美国法学会：《美国法律整编·侵权行为法》，刘兴善译，台湾司法周刊杂志社1986年版，第755页。

则能够很好地满足这一需求。因此,惩罚性赔偿制度是能够适用于大规模侵权的,而且能够发挥遏制大规模侵权的发生以及充分赔偿受害者的作用。[1] 这些意见无疑是正确的。在制定《侵权责任法》的过程中,立法者的注意力集中在恶意产品侵权的惩罚性赔偿上,规定了第47条关于恶意产品侵权造成人身损害的惩罚性赔偿责任规则。实事求是地说,这一规定确实是适用范围过窄,学者对此提出的"惩罚性(赔偿)适用范围过窄,只能适用产品责任,而对恶意排污导致的严重环境侵权、证券市场恶意散布虚假信息造成广大投资人受损等案件类型无法适用"[2]的批评,以及对没有规定惩罚性赔偿责任的具体适用办法的批评[3],都是有道理的。不过,作为受大陆法系立法传统影响的我国《侵权责任法》,其实是很难接受惩罚性赔偿责任制度的,所以在目前情况下,应先规定恶意产品侵权造成人身损害的惩罚性赔偿责任,与《食品安全法》的相似规定相呼应,实行起来后再总结经验,继而扩大适用范围,进一步改进惩罚性赔偿责任制度,以适应在其他领域中发生的大规模侵权的需要。

(四)《侵权责任法》在带有预防性的侵权责任方式规定中包含大规模侵权

《侵权责任法》对侵权行为的预防体现在两个方面,这些都对大规模侵权适用:

第一,通过对侵权行为科以损害赔偿责任以及惩罚性赔偿责任,发挥《侵权责任法》的威慑作用,阻吓其他社会成员,使其畏惧实施侵权行为的法律后果,达到预防侵权行为的目的。对此,立法机关的官员在解释《侵权责任法》第1条中反复强调这一功能。这一点不言而喻,当然适用于大规模侵权。

第二,在具体的侵权责任方式适用上也体现了《侵权责任法》对大规模侵权的预防措施。在《侵权责任法》第15条规定的8种侵权责任方式中,停止侵害、排除妨碍、消除危险等都具有预防损害后果发生或者扩大的功能。除此之外,《侵权责任法》第21条和第45条规定也包含了对大规模侵权的预防措施。第21条规定:"侵权行为危及他人人身、财产安全的,被侵权人可以请求侵权人承担停止侵害、排除妨碍、消除危险等侵权责任。"第45条针对缺陷产品致人损害的侵权责任又特别规定:"因产品缺陷危及他人人身、财产安全的,被侵权人有权请求生产者、销售者承担排除妨碍、消除危险等侵权责任。"据此,大规模侵权如果发生在产品责任领域,可以依据第45条主张采取这些救济措施,预防侵权损害结果的发生或者扩大。大规模侵权如果发生在其他领域,则可以根据第21条或者第45条规定,请求采取这些救济措施。

① 柯劲衡:《惩罚性赔偿制度在大规模侵权中的适用分析》,载《商业时代》2010年第31期。
② 朱岩:《从大规模侵权看侵权责任法的体系变迁》,载《中国人民大学学报》2009年第3期。
③ 杨立新:《侵权责任法:条文背后的故事与难题》,法律出版社2010年版,第175页。

【案例讨论】 »»»

案情：

2010年7月3日，某公路客运公司的一辆双层卧铺客车在运行中，在车内卫生间中违章运载某公司托运的危险化学品。在高速公路河南段运行时，由于高温和颠簸，危险化学品爆燃，引发客车起火，造成30名乘客死亡，另有多人受伤。被侵权人起诉后，法院根据死者城乡身份不同，分别判决客运公司给付死亡的被侵权人近亲属死亡赔偿金40万元和18万元。

讨论问题：

1. 本案是否属于大规模侵权行为？

2. 法院在《侵权责任法》实施之后作出这样的判决，是否符合法律规定的要求？

3. 应当如何理解《侵权责任法》第17条关于"可以以相同数额确定死亡赔偿金"的规定？该条规定对处理大规模侵权行为有何重要作用？

【参考文献】 »»»

朱岩：《风险社会下的危险责任地位及其立法模式》，载《法学杂志》2009年第1期。

朱岩：《从大规模侵权看侵权责任法的体系变迁》，载《中国人民大学学报》2009年第3期。

王生智：《论群体性媒体侵权案件的诉讼模式》，载《西华师范大学学报》(哲学社会科学版)2009年第2期。

郭雳：《美国证券集团诉讼的制度反思》，载《北大法律评论》(第10卷·第2辑)，北京大学出版社2009年版。

赵庆鸣、孟妍：《从三鹿奶粉事件看大规模侵权案之救济》，载《曲靖师范学院学报》2010年第5期。

郭璐璐：《大规模侵权行为及其归责原则初探》，载《科技情报开发与经济》2009年第10期。

王竹：《试论市场份额责任在多因大规模网络侵权中的运用》，载《政治与法律》2008年第4期。

柯劲衡：《惩罚性赔偿制度在大规模侵权中的适用分析》，载《商业时代》2010年第31期。

第七章　侵权责任形态及其基本类型

在侵权法中存在一个重要问题，就是如何确定责任由侵权法律关系的何种主体承担。这就是说，在侵权行为发生之后，侵权责任已经构成，侵权责任究竟应当由谁来承担：是由行为人承担，还是由责任人承担？如果责任人是数人，在多数责任人之间是连带承担还是按份承担？如果行为人和受害人对损害的发生都有责任，双方当事人应当怎样承担？侵权责任形态就是要研究这样的问题。在侵权法研究中，笔者曾经为这个问题长期困惑，经过反复研究，终于解决了这个困惑。在本章中表述的，就是笔者对这个问题的研究体会。

一、构建侵权责任形态体系的基本设想

（一）在侵权法研究中关于侵权责任形态的困惑

在侵权法理论研究中，有一个令人困惑的问题，就是对侵权责任如何确定由侵权法律关系的哪一方当事人承担。

在我国最早的侵权法理论中，就存在对这个问题的困惑，这就是如何表述一般侵权行为与特殊侵权行为之间的关系问题；同时，侵权行为可划分为单独侵权行为和共同侵权行为，而单独侵权行为有时候也被称为一般侵权行为。这样，这三个概念就搅和在一起，很难分清它们之间究竟应当如何进行协调，其逻辑关系究竟是什么。在一些侵权法著作的表述中，甚至认为这就是侵权行为的三种基本形态。因此，侵权行为就分为一般侵权行为、共同侵权行为和特殊侵权行为。[①] 这种意见反映的虽然是侵权法的现实，但是在对侵权行为的划分上却相互交叉，并不是按照同一个标准进行的划分，因此逻辑关系不清楚、不严密，存在难以克服的困难。其中最大的问题，就是一般侵权行为既要与特殊侵权行为相对应，又要与共同侵权行为相对应；而在特殊侵权行为中又存在一般侵权行为和共同侵权行为，在共同侵权行为中也存在一般侵权行为和特殊侵权行为。如果从相对于特殊侵权行为而言，一般侵权行为中存在共同侵权行为；如果相对于共同侵权行为而言，则一般侵权行为中也存在特殊侵权行为。如果仅仅这样理解，并不存在严重的问题；但是将这三个侵权行为的概念并列起来，就产生了这种不可克服的难题。

---

① 参见刘清波：《民法概论》，台湾开明书店 1979 年版，第 226 页。

也有的学者试图从责任关系上寻求解决这个问题的方法,就是把一般侵权行为、共同侵权行为和特殊侵权行为三种概念从责任的角度进行概括。这样,就使侵权法在概括侵权责任时,出现了直接责任、间接责任和连带责任的分类。① 这种意见实际上已经提到了侵权责任形态的问题,但是仅仅研究这三种,并没有揭示全部的侵权责任形态。例如,连带责任仅仅是共同侵权行为的责任形态,而在由多数加害人构成的侵权行为中,不仅存在不真正连带责任和按份责任,还存在单方责任和双方责任的形态。仅仅提到直接责任、间接责任,即替代责任、连带责任,显然是不够的。

近年来,学者试图通过侵权行为形态的概念和体系,来解释侵权法所面临的这个难题,因此提出将普通过错、共同过错、混合过错和受害人过错作为侵权行为的四种基本形态。② 这种对侵权行为划分的基础在于"过错",基于过错表现在不同当事人的身上,因此产生了侵权行为的差别和责任形式的不同,进而揭示侵权责任的不同表现。应当说,在侵权法理论研究中,这样提出问题,已经接近了研究侵权责任形态的内容,但是研究侵权行为形态存在的问题在于,用过错形式区分不同的侵权行为是有道理的,然而,一方面在无过错责任的侵权行为中无法进行这样的划分,另一方面则是在按照过错责任划分侵权行为形态时,又对侵害财产、侵害人身等方面作为侵权行为的形态进行分析,因而使侵权行为形态的概念极为臃肿和混杂,并没有真正揭示出侵权责任形态的意义。

笔者接受了按照过错形式划分侵权行为形态的意见,在笔者所写的《侵权法论》一书中,也按照这样的意见确定了侵权行为形态。③ 笔者在其中按照侵权客体划分的形态清除出去,使其体系简明,解决了后一个问题。但侵权行为形态概念存在的前一个问题,并没有得到解决。

在起草《中国民法典草案·侵权行为法编》的专家建议稿时,学者试图进行侵权行为类型的划分,将共同侵权行为放在侵权行为的"一般规定"中,将侵权行为划分为侵权行为的种类和侵权行为的类型。侵权行为的种类是按照侵权行为所侵害的客体的不同作为划分的标准,侵权行为类型则是按照侵权行为的不同表现所进行的划分。④ 这种对侵权行为类型的探索,应当说是十分必要的,而且对侵权行为类型化的努力也是值得肯定的,但这样处理存在着的一个基本问题,是没有揭示侵权行为在责任形态方面的特点,侵权行为种类和侵权行为类型这两个概念的表述也极为相似,很难从字面上区分清楚。因此,这样的做法也不能说是一个成功的探索。

在这样的困惑面前,似乎看不到解决问题的方向。

---

① 参见董世芳:《民法概要》,台湾三民书局 1978 年版,第二章第六节。
② 参见王利明主编:《民法·侵权行为法》,中国人民大学出版社 1993 年版,第 352 页。
③ 杨立新:《侵权法论》,吉林人民出版社 1998 年版,第 276 页。
④ 参见中国人民大学民商事法律科学研究中心起草的《中国民法典·侵权行为法编》,载杨立新主编:《民商法前沿》(第 1、2 辑),吉林人民出版社 2002 年版,第 9 页。

要理清这个问题,实际上关键还是要观察和解决侵权责任的不同表现形式。在全国人大常委会2002年2月22日审议的《民法典(草案)》"侵权责任法编"中,直接提出了这个问题。这就是草案的第十章"有关侵权责任主体的特殊规定",这个规定几乎涉及了侵权责任形态的所有问题,包括替代责任、连带责任、补充责任、按份责任等。但是,它也存在明显的缺点,例如,将一个连带责任分解,既规定在第一章共同侵权责任中,又规定在第十章"共同危险行为的责任以及教唆人的责任"中。① 而这样的做法从逻辑上考量是不能容忍的。不过,这个思路却给解决侵权法理论研究中的侵权责任形态提供了很好的思路,指出了一个思索的方向。

(二)关于侵权责任形态的历史演进

事实上,侵权法在发展的历史上,始终是在研究和解决侵权行为责任形态的问题。

1. 罗马法

在罗马法以前的侵权法中,无所谓侵权责任形态问题。因为那时候的侵权法的规定,都是规定具体形式的侵权行为,对侵权行为不作概括性的、一般性的规定。至于侵权责任的规定,那就是谁的行为就由谁来负责,谁的物件造成损害就由谁负责,责任主体的问题似乎不是一个重大问题。

但是罗马法认识到了这个问题。罗马法在私犯和准私犯的划分中,极为关注的就是责任的形态问题。在罗马法所规定的六种准私犯中,基本上都是这些侵权行为的责任形态与私犯的有所不同。

笔者在下面进行一些分析。

第一种是承审官故意或过失而为不当判决或违背诉讼程序,致使诉讼当事人的利益遭受损害的行为。在罗马法中,对于这种侵权行为的规定,主要还不是着重于对侵权责任形态的表述,而是说这种侵权行为的特殊性。因为那时还没有国家赔偿制度,因此,法官的责任还是自己的责任,不能说就是替代责任。但是,罗马法的这个规定却与后世的发展不谋而合,为后世的国家赔偿责任打下了基础。在罗马法的准私犯制度中,这种侵权行为在当时不是替代责任。

第二种是从房屋内向公共道路倾泼流体或投掷固体物致害他人的行为,责任人为房屋的居住人。这种侵权行为就是今天的物件致害责任,是为自己管领下的物件所致损害负责,因此是典型的替代责任,是对物的替代责任。

第三种是在公共通道上放置或悬挂物品致害他人的,物主承担责任。这同样是为自己管领下的物件致害负责,是对物的替代责任。

第四种是畜类反其本性而加害于人,其饲养人承担责任。这就是动物致害责任,当然也是为自己管领下的物件致害承担责任,是对物的替代责任。

---

① 参见王利明主编:《民法典·侵权责任法研究》,人民法院出版社2003年版,第10页。

第五种是奴隶加损害于他人的,家主承担责任。从今天的立场上观察,奴隶是人,这种侵权责任形态应当是对人的替代责任。但在罗马法时期,奴隶不是人,不具有人的资格,因此,奴隶加损害于人,家主承担侵权责任,是对物的替代责任。

第六种是旅馆主人、马厩主人、船主对因其雇用的人给旅客、顾客造成的损害负责任。这种侵权责任,是典型的对人的替代责任,是对他人的行为负责的侵权行为。[①]

由以上的分析可以看出,罗马法的准私犯的基本内容,是关于侵权责任形态的表述,是区别于私犯的"为自己的行为负责"的一般侵权行为的特殊侵权责任。尽管其中还有极少数的准私犯在责任形态上不明显,但是罗马法的立法者显然是注意到了私犯和准私犯之间在侵权责任形态上的界限。因此,英国民法学家巴里·尼古拉斯在他的《罗马法概论》中指出,有一种意见认为准私犯的本质是替代性责任,建筑物的主人和客栈老板等类似人员都在对由其他人实施的行为负责。但是,一方面,损害赔偿责任本来也应当属于替代性责任,另一方面,把审判员误判看作是替代性责任只能是一种颇为牵强附会的解释。[②] 这种意见是在反对准私犯就是替代责任的说法,但也恰好说明,在准私犯中,除去法官的责任之外的准私犯,就都是替代性责任的事实。因此,说罗马法中的准私犯的基本性质是替代责任,准私犯和私犯的基本区别在于责任形态的不同,应当是有根据的,并不是"牵强附会"。

2. 法国法

在罗马法复兴中,它的私犯和准私犯的思想在《法国民法典》中得到了继承和发扬。《法国民法典》的简短的侵权法条文,除了实现了人类史上对侵权法的第一次一般化立法、确立过错责任原则为侵权行为法的归责原则之外[③],还沿着罗马法开创的私犯和准私犯侵权责任形态划分的道路,第一次明确提出了侵权行为的两种责任形态,即为自己的行为负责,和为他人的行为负责以及为自己管领下的物件的损害负责,也就是自己责任和替代责任。其第1382条和第1384条所规定侵权行为的基本分野,就在于责任形态的不同。[④] 这既是对罗马法的继受,也是对罗马法的发展。《法国民法典》对人类的贡献,这是其中之一。下面是法国民法典对准侵权行为的最早的表述:

该法典第1384条第1款规定的是准侵权行为的基本规则,这就是:"任何人不仅对其自己行为所致的损害,而且对应由其负责的他人的行为或在其管理之下的物件

---

① 在《法学总论》中,在"准私犯"一节,审判员的责任规定在序言中,随后规定了3种准私犯。因此,一般认为准私犯包括4种。有些学者也认为可以概括为以上6种。

② 〔英〕巴里·尼古拉斯:《罗马法概论》,黄风译,法律出版社2000年版,第235—236页。

③ 参见杨立新:《论侵权行为的一般化和类型化及其我国侵权行为法立法法模式选择》,载《河南省政法管理干部学院学报》2003年第1期。

④ 两个条文在内容中说得很清楚:前者说"任何行为致他人受到损害时,因其过错致行为发生之人,应对该他人负赔偿之责任"。后者说"对应由其负责之人的行为或由其照管之物造成的损害负赔偿责任"。两者的区分实在是不能再清楚了。

所致的损害,均应负赔偿的责任。"这种对替代责任最经典的描写,直到今天也还在发出灿烂的光辉。即使在今天,在表述替代责任时,也不得不使用这个条文。

在其下,该法典通过本条的以下各款,以及第1385条和第1386条,分别规定了如下准侵权行为:(1)父,或父死后,母,对与其共同生活的未成年子女所致的损害应负赔偿的责任。这是典型的法定代理人的替代责任。(2)主人与雇佣人对仆人与受雇人因执行受雇的职务所致的损害,应负赔偿的责任。这里规定的是典型的雇主责任,是替代责任。(3)学校教师与工艺师对学生与学徒在其监督期间所致的损害,应负赔偿的责任。那时候的教师和师傅与学生和学徒具有某种身份关系,教师和工艺师对学生和学徒在其监督期间所致的损害负责,体现的仍然是替代责任。(4)动物的所有人,或使用人在其使用动物的期间,对动物所致损害,不问是否系动物在管束之时或在迷失及逃逸之时所发生,均应负赔偿的责任。这就是典型的动物致害责任,是对物的替代责任。(5)建筑物的所有人对建筑无因保管或建筑不善而损毁时所致的损害,应负赔偿的责任。这就是建筑物致害责任,是对物的替代责任。①

从以上的分析可以看到,《法国民法典》对侵权法的规定,是极为重视侵权责任形态问题的,其对侵权行为的基本划分,就是侵权责任形态的不同。

3. 德国法

值得注意的是,《法国民法典》没有规定共同侵权行为,因而也没有规定连带责任。因此,侵权责任形态在《法国民法典》中有极为清楚的划分,不存在任何问题。可是,在《德国民法典》规定了共同侵权行为之后,在一般侵权行为与共同侵权行为以及特殊侵权行为当中,就出现了本书前面所说的那种逻辑上的问题。《德国民法典》首先规定一般侵权行为,紧接着就规定共同侵权行为,然后再规定特殊侵权行为。这样,关于一般侵权行为、共同侵权行为和特殊侵权行为之间的关系,也就是关于侵权责任形态,出现了表述不清楚的问题。

4. 侵权责任形态的新发展

更为严重的问题是,在侵权行为的不真正连带责任和分别侵权行为的按份责任受到普遍重视之后,侵权责任的形态变得更为扑朔迷离。再加上过失相抵和公平责任的双方责任,侵权责任形态的问题就成了一团雾水,难以厘清其中的逻辑关系了。

这些问题的出现,反映了当代侵权法关于侵权责任形态制度有了更新发展的现实,在侵权责任中,不仅存在自己责任、替代责任和连带责任,同时又出现了新的责任形态。负有保护他人安全法定义务或者约定义务的人,未尽安全保障义务致人损害承担的补充责任,并不是传统意义上的连带责任或者替代责任,而是一种新的侵权责任形态。在共同加害他人而在加害人之间没有过错联系的分别侵权行为中,损害后

---

① 以上5种准侵权行为的表述,是引用的《拿破仑法典》的译文,见《拿破仑法典》,李浩培等译,商务印书馆1983年版,第189—190页。

果只有一个，但是各个加害人的责任显然不是连带责任，因此出现了按份责任。除此之外，过失责任、公平责任也都有新的发展，都在法律中有了规定。这些侵权责任形态究竟与前述的那些侵权责任形态是什么样的逻辑关系，显然需要进行类型化的研究，揭示其中的逻辑关系，为侵权法的适用提供清晰而明确的指导。

看来，在侵权法中，如果不对侵权责任形态进行深入的研究、科学的概括，将很难进行科学的阐释。

5. 英国侵权法以及美国侵权法关于侵权责任分担的最新发展

在英国侵权法的早期，就有原告的自身具有可责难性的行为即失去损害赔偿救济的传统，其衡平法上的"洁手原则"与罗马法的"旁氏原则"极为相似。随后，在1842年创设了"最后清楚机会原则"，如果被告具有能够避免损害事故发生的最后机会，该原告的过失就不是损害的近因，因而尽管原告有过失，但仍能够获得赔偿。从1700年开始，英国法院在海事碰撞中采取了平均分担损失的做法。1945年，英国颁布了《法律改革（助成过失）法令》，明确规定比较过失原则，正式使用了责任分担的概念。对于连带责任，1935年的《法律改革（已婚妇女和侵权行为人）法令》确立连带责任的基本规则。1978年《民事责任（分摊）法令》对连带责任及加害人之间责任分配和分摊请求权进行了详细规定。①

在美国，1979年《统一比较过错法案》标志着侵权责任分担制度的初步形成。1993年，美国法学会开始了责任分担重述的项目，并于2000年正式公布，全面阐释了自《美国侵权法重述·第二次》以来，美国法院在侵权法上几乎全面采纳比较过错理论对责任分担制度带来的巨大影响和变化，提出了以"比较责任"作为侵权责任分担论的基本理论，在受害人过错和数人侵权责任领域适用统一的规则，为在不同责任基础的多个责任人之间基于可责难性进行责任分担提供统一的理论框架。美国统一州法委员会对侵权责任分担始终予以关注，于2002年颁布、2003年修正了该机构第四部侵权责任分担法案，即《统一侵权责任分担法案》，全面取代此前采纳比较过失制度推荐给各州适用的1955年《统一侵权责任分摊法案》，在州法层面全面统一侵权责任分担制度。②

英美侵权法以比较责任为基础理论的责任分担规则的确立，为建立侵权责任形态的规则和理论提供了更为直接的借鉴。但是，侵权责任分担的规则和理论仅仅概括了侵权责任形态中的一个部分，而不是全部。因此，仍然有必要探讨全部侵权责任形态的基本规则和理论体系。

（三）侵权责任形态概念的科学性和合理性

事实上，研究一般侵权行为、特殊侵权行为与共同侵权行为的关系，研究直接责

---

① 以上参见王竹：《侵权责任分担论》，中国人民大学法学院2009年博士论文。

② 参见同上。

任(即自己责任)、间接责任(替代责任)、连带责任的关系,研究普通过错、共同过错、混合过错和受害人过错的关系,都是追求侵权责任的类型化,而不是将侵权行为类型化。在有些学者提出的侵权行为法专家建议稿中,试图用侵权行为的种类和类型区分侵权行为责任的种类与侵权行为的种类,由于在这个问题上没有弄清,所以无法真正搞清楚它们之间的关系。

一般侵权行为、特殊侵权行为和共同侵权行为的划分,除了三个概念相互交叉之外,更重要的是它在文字上不是注重对侵权责任类型化的揭示,而是对侵权行为类型的揭示。因而在说起这三个概念时,人们想到的不是侵权责任的形态,而是侵权行为的类型。尽管提出这种主张的人的本意是在于解释侵权责任的形态,但其实际结果并不如想象的那样。

直接责任、间接责任和连带责任的概念表述,揭示的是侵权责任的形态,表现的就是为自己的行为承担责任的直接责任、为他人或者物件承担责任的替代责任,以及共同侵权行为人所承担的连带责任。但是这种对侵权责任形态的表述,至少存在以下问题:第一,三个概念并非同一逻辑层次上的概念:直接责任与替代责任相对应,而直接责任与连带责任没有直接的对应关系。第二,关于侵权责任形态仅仅规定、研究或者列举这三个概念显然不够,还有其他的侵权责任形态需要说明、研究或规定。第三,没有明确指明这就是在研究侵权责任形态,也没有直接提出侵权责任形态的概念。因此,尽管提出这三个概念来就是在表述侵权责任形态,但是这种主张并不完善。

将侵权行为从过错的角度分为普通过错、共同过错、混合过错和受害人过错三种侵权行为形态,虽然说的是侵权行为形态,但其"醉翁之意不在酒",而是在表述侵权责任的形态。在界定中,将普通过错界定为自己的过错、单一的行为人等要素,说的就是个人承担的直接责任。共同过错当然说的就是连带责任。混合过错表述的,不是其表面上所直接说明的过错在当事人之间的分配,而是在于混合过错的后果,即过失相抵,是侵权责任在双方当事人之间的分配。在受害人过错,则界定为受害人对于损害的发生具有过错,而且是唯一的过错,而加害人对于损害的发生或者扩大没有过错,因此侵权责任实际上就是受害人自己承担。这四种对侵权过错的分类,完全是为了表述侵权责任的形态。它的缺点在于:第一,它不能包含无过错责任的侵权行为的责任形态;第二,这四种侵权责任形态不能穷尽一切侵权责任形态。

在以上的分析中,尽管是在评论三种不同的对侵权行为的划分方法,分别指出了各自的优点和缺点,同时,我们也会发现,在这里最迫切需要的,就是对侵权责任的形态作出科学的分析。

因此,我认为,应当明确以下问题:

第一,明确采用侵权责任形态的概念,不再另作侵权行为形态、侵权行为种类、侵权责任方式、不同侵权行为等表述。如前所述,侵权行为形态、侵权行为种类、侵权责任方式以及不同的侵权行为的说法,其实质还是要说明侵权责任的不同表现形态。既然如此,就使用一个简洁的概念,即侵权责任形态,用它来概括侵权责任在不同当事人之间的变化情况,规定侵权行为责任的承担。这实际上是在近代侵权法形成之初就确定的责任由谁承担的问题。解决了这个问题,就解决了侵权法的一个极为重要的问题。同时,在侵权法中摒弃侵权行为形态、侵权行为种类等不规范的提法,也可以使侵权法的概念更为科学、准确。

第二,建立侵权责任形态体系,对侵权责任的全部形态作出科学的分类,使之成为严密的科学体系。侵权责任形态并不是一个简单的责任形式问题,而是一个复杂的系统。在罗马法时期,人们就注意到了侵权责任承担的不同形式。在法国法时期近代侵权法确立,就规定了侵权责任的两种最一般的形态,即直接责任和替代责任。在德国法,建立了侵权责任的连带责任,以及过失相抵责任。在现代,随着侵权法的发展,扩大了公平分担损失原则的适用,公平责任随之产生,使侵权责任形态更加复杂。现代侵权行为法,在责任形态方面所具有的复杂的责任形态,正是适应现代社会经济、文化、伦理发展的需要,是现代社会现实在法律上的客观反映。既然如此,在这样复杂的侵权责任形态的面前,必须进行严格的、科学的分析、归纳,将这些不同种类的侵权责任形态进行科学的梳理,使它形成科学的、符合逻辑要求的责任形态体系,与整个侵权法理论体系相协调、相一致,构成完整的侵权法的理论体系。

第三,用侵权责任形态的概念与侵权行为类型的概念相对应,对两个概念和体系作出明确的分工,使之相互衔接、相互协调、相互配合,构成严密的侵权法逻辑结构。按照笔者的观点,侵权行为法体系中,侵权责任形态和侵权行为类型是两个相互关联的概念。侵权行为类型概括的是侵权行为的不同的典型表现形式,适用不同的归责原则,就有侵权行为的不同表现形式。而侵权责任形态则是在侵权行为构成之后,确定责任究竟应当由谁承担,也就是侵权责任在侵权法律关系当事人之间分配的不同表现形式。或者由行为人自己承担责任,或者由与行为人具有特定关系的责任人承担以及由物件的管理人、所有人承担;如果行为人或者责任人是数人的,则责任或是由数人连带承担,抑或补充承担或者按份承担;如果责任应当是由双方当事人承担的,究竟是应当公平承担还是按照过错或者原因力的程度承担责任。这就是侵权行为类型与侵权责任形态两个概念的基本区别和相互关系。

二、关于侵权责任形态的基础理论问题

(一)侵权责任形态的概念和特征

在《侵权法论》一书中,笔者对侵权行为形态下过一个定义,就是"侵权行为形态是指侵权行为的不同表现形式,是对各类侵权行为的抽象和概括"。[①] 在王利明教授

[①] 杨立新:《侵权法论》(上册),吉林人民出版社1988年版,第276页。

主编的《民法·侵权行为法》中,对侵权行为形态的界定是:"侵权行为形态是指侵权行为的表现形式,又称侵权行为类型。"[1]这些都是在界定侵权行为类型,但实质上却都是在研究侵权责任的形态。现在,应当界定一个科学、严谨的侵权责任形态的概念了。

侵权责任形态,是指在侵权法律关系中,根据不同的侵权行为类型的要求,侵权责任在不同的当事人之间进行分配的表现形式。换言之,即侵权责任由侵权法律关系中的不同当事人按照侵权责任承担规则承担责任的基本形式。

这一界定,与《美国侵权法重述·第三次》"责任分担"规则的意旨相同,即"本重述讨论在两位或者多位当事人之间分配责任的问题"。[2]

侵权责任形态概念具有以下法律特征:

第一,侵权责任形态关注的是侵权行为的后果。侵权责任形态所关注的不是行为的表现,而是行为的结果,即侵权行为发生并符合侵权责任构成要件之后,由应当承担责任的当事人承担行为的后果。它与侵权行为类型的不同之处就在于侵权行为类型研究的是行为本身,而侵权责任形态研究的是侵权行为的后果,即侵权行为的法律后果由谁承担。同时,它也与侵权责任构成不同。侵权责任构成研究的是依据什么样的准则,符合什么样的条件才能构成侵权责任。侵权责任形态则是研究责任构成之后由谁承担的问题。

第二,侵权责任形态表现的是侵权行为后果由侵权法律关系当事人承担的不同形式。侵权责任形态与侵权责任方式不同。侵权责任方式研究的也是侵权行为的法律后果,但它研究的不是侵权责任在不同的当事人之间的承担形式,而是侵权行为后果的具体表现形式,即损害赔偿、停止侵害、赔礼道歉等责任本身的形式。侵权责任形态研究的不是这些责任的具体形式,而是什么人来承担这些责任形式。因此,侵权责任形态也就是侵权责任方式在不同的当事人之间的分配。尽管"分配"这个概念具有极为主观的色彩,但它基本上准确地表现了侵权责任形态的含义。

第三,侵权责任形态是经过法律所确认的,合乎法律规定的侵权责任基本形式。侵权责任形态必须经过法律的确认,不是随意的、任意的形式。同时,它也是承担侵权责任的基本形式,而不是具体的责任方式。它只规定是当事人自己承担还是他人承担,是连带承担还是按份承担等,至于由当事人具体承担什么样的责任,承担的责任的程度是什么,侵权责任形态都不关心。这些都是侵权责任方式和侵权责任具体内容所要解决的问题。

(二)侵权责任形态在侵权法中的地位和作用

建构现代侵权法的理论构架,笔者设想由五个部分组成:第一是侵权行为和侵权

---

[1] 王利明主编:《民法·侵权行为法》,中国人民大学出版社1993年版,第237页。

[2] 〔美〕肯尼斯·S.亚伯拉罕等选编:《侵权法重述——纲要》,许传玺等译,法律出版社2007年版,第323—324页。

法的概念。研究侵权行为概念和特征,研究侵权法的基本问题,重点揭示侵权行为一般条款的含义、作用和意义。第二是侵权责任的构成。解决的是侵权责任归责原则和侵权责任构成要件,以及侵权责任的抗辩事由、责任竞合和诉讼时效,研究的都是侵权责任是否成立的问题。第三是侵权行为的类型。研究侵权行为的各种表现形式,以侵权责任归责原则为基础,将侵权行为分为不同的表现形式,揭示各种侵权行为的具体内容和法律适用。第四是本章所以研究的侵权责任形态。研究侵权责任构成之后,侵权责任在各个不同的当事人之间的分配,说明各种不同的侵权责任形态的具体内容。第五是侵权责任方式。研究侵权责任的具体方式,研究侵权责任方式的具体承担方法。

在侵权法的这个严密的体系中,最为核心的问题是侵权责任构成,包括侵权责任归责原则和构成要件。但是,侵权责任究竟由谁承担、怎样承担,也是一个重要问题,这都是侵权责任形态概念所包含的内容。因此侵权责任形态是侵权法体系中的重要一环,是确认了侵权责任构成之后确定责任如何承担的关键所在。

如果用一个形象的词来表现,侵权责任形态在侵权法理论中所具有的地位就是"承上启下"。承上,是指它连接的是责任构成和侵权行为。侵权责任构成,表现为具体的侵权行为类型。接下来就要解决侵权责任究竟应当由谁承担的问题。启下,则是指它连接着侵权责任方式,在确定了究竟由谁承担责任之后,要解决的就是用什么样的侵权责任方式来表现对受害人的救济和对侵权行为人的制裁。因此,一个具体的侵权行为实施之后,确定了侵权责任;若没有确定侵权责任形态,即使侵权责任已经构成,由于没有具体落实到应当承担责任的当事人身上,具体的侵权责任方式和内容将无法实现,侵权法的救济、补偿功能也就无法实现。这就是侵权责任形态的重要地位。

由此可见,侵权责任形态的作用和意义是:

第一,连接侵权责任的构成和方式。侵权责任构成和侵权责任方式都是侵权法的基本概念,侵权责任形态是连接这二者的基本概念,侵权责任构成、侵权责任形态和侵权责任方式,是侵权责任法中最基本的责任概念。

第二,实现侵权责任的归属。在侵权法中,侵权责任构成解决的是某一个人的行为是不是构成侵权责任。构成侵权责任之后,将这个责任落到实处,需要落实到人。而侵权责任形态就是将侵权责任落实到具体的责任人身上,由具体的行为人或者责任人承担侵权责任。没有侵权责任构成,就不会将侵权责任落实到责任人,侵权责任就没有落实。

第三,实现补偿和制裁的功能。侵权责任的基本功能就是补偿和制裁。如果没有侵权责任形态,侵权责任无法落实,侵权责任的补偿功能和制裁功能就无法实现。

三、侵权责任形态的基本形式及其相互关系

（一）侵权责任形态的基本形式

简言之,侵权责任形态所研究的内容,就是侵权责任在不同的当事人之间的分配。主要研究的方面,就是侵权责任的自己责任形态和替代责任形态、侵权责任的单方责任形态和双方责任形态以及侵权责任的单独责任形态和共同责任形态。

第一,侵权责任的自己责任(即直接责任)和替代责任形态所表现的是,侵权责任是由行为人承担,还是由与行为人有特定关系的责任人,以及与物件具有管领关系的人来承担。这就是传统的《法国民法典》所确定的直接责任和替代责任形态。这是对侵权责任形态的最一般表现形式,是侵权法规定的侵权责任的最基本的责任形式。如果是行为人自己对自己的行为负责,那就是自己责任。如果是责任人为行为人的行为负责,或者为自己管领下的物件致害负责,则为替代责任,也称为间接责任。

第二,侵权责任的单方责任和双方责任形态,是说侵权责任究竟是由侵权法律关系中的一方负责还是双方负责。一方负责的侵权责任形态,例如加害人一方负责,或者受害人过错引起损害的受害人一方负责;双方责任形态则是加害人和受害人都要承担责任。这种分担形态是指对于侵权行为所发生的后果,侵权行为人应当承担责任,受害人也要承担责任,即一个完整的侵权责任应当由加害人和受害人双方分担,双方当事人所承担的责任的总和,是这个侵权行为所产生的全部的侵权责任。在对于损害的发生双方当事人都无过错的情况下产生的公平分担损失责任,就是双方责任的典型形态。对于损害的发生,侵权人应当承担责任,但是受害人与有过失的,产生的后果是过失相抵,这时的责任形态也是双方责任。

第三,侵权责任如果是由被告方承担,就存在是单独加害人还是多数加害人的问题,侵权责任形态会随着加害人的数量的不同而发生变化。单独的加害人,当然就是自己负责或者替代负责。二人以上的加害人承担侵权责任,就是共同责任形态的侵权责任。侵权责任的共同形态,是在侵权行为的行为人是复数的情况下,侵权责任在数个行为之间的分配或者负担。侵权行为人是复数,也就是数个行为人,其侵权责任总是要在数个行为之间进行分配的,分别由各个行为人负担。具体负担的形式,如果构成共同侵权行为,共同加害人之间要连带承担,责任形态就是连带责任。如果侵权行为的数个行为人构成竞合侵权行为,则应当承担不真正连带责任形态。如果数个行为人构成分别侵权行为,数个行为人要承担的责任形态就是按份责任。

（二）侵权责任形态的相互关系

因此,侵权责任形态具有三种类型,这就是:第一种,自己责任(直接责任)和替代责任。第二种,单方责任和双方责任。第三种,单独责任和共同责任。

现在要研究的是这三种侵权责任形态的关系问题。这三者并不是并列的关系,而是构成相互交叉的关系。

首先,侵权责任的自己责任和替代责任是侵权责任形态的最基本形态,它是任何侵权行为都要面临的责任形态,是必不可免的。无论任何侵权行为,所承担的责任无非是直接责任或者替代责任,舍此没有别的选择。

其次,侵权责任的单方责任和双方责任,也是一种完全划分,是所有的侵权行为都要面临的选择,不是单方责任就是双方责任。与第一种侵权责任形态的关系是:无论是单方责任还是双方责任,都存在自己责任还是替代责任的选择。在单方责任时,单方当事人承担的责任,或者是自己责任,或者是替代责任;在行为人和受害人都应当承担责任的双方责任中,加害人一方的责任有可能是自己责任,也有可能是替代责任。如果行为人一方是复数,则还可能发生侵权责任的共同形态,即连带责任、不真正连带责任或者按份责任。与双方责任相对应的,不是自己责任和替代责任,也不是共同责任,而是单方责任:或者是加害人单方承担侵权责任,或者是受害人单方承担责任,它们才是双方责任相对应的侵权责任形态。

最后,侵权责任的单独责任和共同责任不是完全划分,而是仅仅就侵权人承担侵权责任时的责任形态进行的划分。单独责任是加害人为一人,他自己应当承担责任,或者是自己责任或者是替代责任;共同责任则必须是在行为人是多数人的时候才发生的责任形态。侵权责任的共同形态也必须是自己责任或者替代责任,即自己责任的共同责任形态和替代责任的共同责任形态。共同责任形态直接对应的,不是一般侵权行为的自己责任形态,而是单独责任形态,也就是侵权责任的加害人只有一个人的,由他自己独自承担责任。

【案例讨论】 >>>> >

案情:

原告是 14 岁的中学生。其同学赵某在他家中拨打了一个信息台电话,随后,该信息台即将电话打回来,话务员发现原告是未成年人,便引诱并威胁其把电话打过去。在多次通话中,信息台话务员不断将淫秽信息传递给原告,使原告产生强烈的负罪感,精神变得恍惚,出现幻听和幻觉,学习成绩不断下降,最后休学。原告父母亲代理原告向法院起诉,追究信息台的侵权责任,同时追究电信公司的责任。法院判决,电信公司无责任,信息台承担赔偿 80% 损失的责任,原告和其父母亲也有过错,承担 20% 的责任。

讨论问题:

1. 法院判决信息台承担侵权责任,是何种侵权责任形态? 电信公司是否应当承担责任? 理由是什么?

2. 本案构成过失相抵的双方责任形态吗? 法院判决原告的父母承担 20% 的责任,是否有法律根据?

3. 你如何理解侵权责任形态的概念和体系？有何不同意见？

【参考文献】 >>>>　　>

杨立新：《侵权责任法》（第 2 版），法律出版社 2012 年版。

王利明主编：《民法·侵权行为法》，中国人民大学出版社 1993 年版。

杨立新：《论侵权行为的一般化和类型化及其我国侵权行为法立法模式选择》，载《河南省政法管理干部学院学报》2003 年第 1 期。

〔英〕巴里·尼古拉斯：《罗马法概论》，黄风译，法律出版社 2000 年版。

〔美〕肯尼斯·S.亚伯拉罕等选编：《侵权法重述——纲要》，许传玺等译，法律出版社 2006 年版。

第八章　多数人侵权行为及责任的新发展

进入 21 世纪以来,侵权法的研究热点向两个不同的方向发展。一个方向是重视受害人为多数人的侵权案件,形成了大规模侵权的理论与实践的研究热点[①];另一个方向是重视侵权人为多数人的侵权案件,形成了多数人侵权行为及责任的理论和实践的研究热点。对大规模侵权行为研究的目的,是着重解决对受害人的救济;而对多数人侵权行为及责任的研究目的,则是关注侵权责任在多数侵权人之间的分担。前者重视的是救济的及时、有效,后者注重的是责任分担的科学、公平。当代侵权法发展这两个热点问题越来越热,标志着当代侵权法的发展水平。本章研究多数人侵权行为及责任的新发展,是对后一个问题的研究,期望建立科学、合理、公平的侵权责任分担规则。

一、多数人侵权行为理论和规则发展的背景

当代侵权法对多数人侵权行为及责任的研究,有以下主要的学说作为发展背景。

（一）美国侵权法的责任分担理论

美国侵权法继承英国侵权法的传统,并且不断发展,形成了今天的侵权责任分担理论和规则。

在英联邦侵权法中,形成了受害人过错和数人侵权责任的制度,1978 年制定了《民事责任(分摊)法令》。[②] 美国侵权法早期追随英国法,直到 1975 年才改为采纳按照过失比例进行责任分担的做法。1965 年美国法学会的《侵权法重述·第二次》重点研究与有过失,研究被告和原告均有过失的侵权责任分担[③],同时也在共同侵权责任的研究中研究共同侵权行为人之间的连带责任[④]。对其他多数人侵权行为和责任没有予以特别重视。

美国法学会于 1993 年开始编撰,2000 年发表的《侵权法重述(第三次)·责任分

---

① 见张新宝、葛维宝主编:《大规模侵权法律对策研究》,法律出版社 2011 年版。
② 王竹:《侵权责任分担论——侵权损害赔偿责任数人分担的一般理论》,中国人民大学出版社 2009 年版,第 10 页。
③ 见《美国侵权法重述·第二次》第十七章"与有过失",载美国法学会:《美国法律整编·侵权行为法》,刘兴善译,台湾司法周刊杂志社 1986 年版,第 375 页以下。
④ 见《美国侵权法重述·第二次》第四十四章"共同侵权行为人",载同上书,第 709 页以下。

担编》,全面阐释侵权责任分担的核心问题,包括原告行为的种类(如故意自伤、原告过失和自甘风险)、连带责任、根据原因力分担责任以及分担和补偿请求权。美国统一州法委员会发表《统一侵权责任分担法案》,在州法层面上全面统一侵权责任分担制度。[①]

美国《侵权法重述·第三次·责任分担编》与美国《统一侵权责任分担法案》重点研究的是比较过失和多数人侵权,包括侵权责任在原告与被告之间的分担,以及多数人侵权行为中的数个侵权人之间的分担,它们均制定了详细的责任分担规则,具有特别的借鉴意义。从中可以看到美国侵权法进入 21 世纪以来的发展,对侵权责任分担规则的研究分为比较过失、连带责任(包括不真正连带责任)以及按份责任。这种侵权责任分担规则的范围,比大陆法系多数人侵权行为及责任规则的范围要宽,既涵盖多数人侵权行为及责任规则,也涵盖受害人与侵权人之间的责任分担,即过失相抵规则。

(二) 大陆法系侵权法的多数人之债理论

大陆法系侵权法原本没有多数人侵权行为及责任的规则,而是使用多数人之债的规则,解决多数人侵权行为及责任分担问题。大陆法系多数人之债包括多数人债权和多数人债务。多数人侵权行为产生多数人债务,适用多数人债务的债法规则,包括连带之债、不真正连带之债和按份之债。[②]

大陆法系民法用多数人之债的方法解决多数人侵权行为及责任分担,是顺理成章的,原因在于大陆法系认为侵权行为是发生债的原因之一,既然侵权行为发生的法律后果是债的关系,那么,多数人侵权行为必然发生多数人之债,用多数人之债的规则调整多数人侵权行为的责任分担,是完全没有问题的。因此,在大陆法系侵权法中,专门研究多数人侵权行为及责任的学说并不多见,只有研究共同侵权行为及责任的倒是比较常见。

在研究侵权责任分担的学说中,用多数人之债的方法和规则解决多数人侵权行为及责任分担,与美国侵权法的责任分担学说和规则相比较,范围比较狭窄。同时,用多数人之债的方法研究多数人侵权行为,尽管没有债法与侵权法理论和规则的对接问题,但是就侵权法本身的理论和实践而言,则不够完美。

(三) 本书提出的侵权责任形态理论

笔者在研究侵权法理论和实践的过程中,发现侵权责任在侵权法律关系当事人之间分配问题是一个非常复杂的问题,它不仅仅包括多数人侵权责任的分担问题,也不仅仅包括多数人侵权行为与过失相抵等侵权法律关系中当事人的责任分担问题,

---

① 王竹:《侵权责任分担论——侵权损害赔偿责任数人分担的一般理论》,中国人民大学出版社 2009 年版,第 28—29 页。

② 史尚宽:《债法总论》,中国政法大学出版社 2000 年版,第 636 页以下。

而且还有更多的侵权责任形态的存在。经过长期努力,笔者在 2003 年再版的《侵权法论》中,提出了较为完整的侵权责任形态理论。笔者认为,侵权责任形态理论是最宽泛的研究侵权责任分担规则的理论,既包括大陆法系的多数人之债的理论,也包括美国侵权法的责任分担理论,还包括单方责任和双方责任的形态,即:自己责任和替代责任;单方责任和双方责任(双方责任包括过失相抵、公平分担损失);单独责任和共同责任(共同责任包括连带责任、按份责任和不真正连带责任)。笔者同时发现,侵权行为形态与侵权责任形态是完全对应的关系,将侵权行为形态与侵权责任形态完全对应起来,构成完美的侵权法理论体系,更便于指导法官在司法实务中的法律适用。①

(四) 侵权责任形态理论体系中的多数人侵权行为

无论是大陆法系多数人之债对于多数人侵权行为的适用,还是英美法系特别是美国侵权法关于责任分担的理论,以及笔者提出的侵权责任形态的理论和规则,其着眼点都是对于侵权责任在不同的当事人之间的分配,追求的是侵权责任承担和分配的公平和科学。它们的区别仅仅在于视野的宽窄不同。侵权责任形态理论的视野更为宽阔,着眼于所有的侵权责任分配的领域。责任分担理论着眼于中等的视野,看到的是多数人侵权行为和过失相抵等侵权责任法律关系中的当事人分担侵权责任。而大陆法系侵权法对于这些问题都有涉猎,但是都分别地在债法的范围里进行研究,缺少在侵权法的完整视野中对侵权责任形态问题进行宏观地、整体地、体系化地研究,因而多数人之债的理论和规则不是直接针对侵权责任形态提出的理论和规则,而是对于所有的多数人之债的理论和规则直接适用于多数人侵权行为,范围比较狭小。将多数人之债的理论和规则引入侵权法理论和实践,就形成了多数人侵权行为及责任的理论和规则。

从上述分析中可以看出,侵权责任形态的学说是一个庞大的体系,不仅涵盖多数人侵权行为及责任,而且也包括英美侵权法中的责任分担。侵权责任形态、侵权责任分担和多数人侵权行为及责任,是三个递进的概念,三个概念的相互关系是:

多数人侵权行为及责任＜侵权责任分担＜侵权责任形态

因此可以说,多数人侵权行为及责任既包括在侵权责任分担的规则之中,更包含在侵权责任形态的规则之中。研究多数人侵权行为及责任的理论定位,可以确定多数人侵权行为及责任是侵权责任形态的一种,是侵权责任分担的具体表现形式。按照侵权行为形态与侵权责任形态相对应的侵权法一般规则,多数人侵权行为的责任形态就是多数人侵权责任。即:

多数人侵权行为→多数人侵权责任

我国《侵权责任法》规定了丰富的多数人侵权行为及责任的法律规则,但分散在

---

① 杨立新:《侵权法论》,人民法院出版社 2004 年版,第 477 页。

各个章节之中,需要进行科学的整理和理论的分析。这个任务落在我们侵权法学者的肩上。

二、多数人侵权行为概念界定的新发展

（一）多数人侵权行为及责任概念的来源

多数人侵权行为及责任的概念来源于大陆法系的多数人之债。史尚宽认为:"以同一给付为标的之债之关系,有多数债务人或多数债权人或双方均为多数者,谓之多数主体之债之关系。"①将其应用到侵权法中,称之为多数人侵权或者数名加害人。如有数人以与侵权行为相关的方式出现在案情中时,则会由此产生处于不同规则层面上的问题:各有关人员是否确实要根据侵权行为法承担责任? 如果是,应该在什么范围内承担责任? 如果存在一个应由多人承担的侵权责任,这种责任与被害人构成什么关系? 最后需要解决的,是在加害人的内部关系中损害分担的问题。②

英美法系侵权法也有多数人侵权行为的概念。《美国侵权法重述·第三次》规定多名侵权人对不可分伤害的责任,分别规定连带责任的效力、单独责任的效力等。其中连带责任的效力规定在第 10 节:"当依据适用法律,有多人对一受害人承担连带责任时,该受害人可以起诉任何一名负连带责任者,并从中获得它可以获得的全部赔偿。"第 11 节规定:"当依据适用法律,某人对一受害人的不可分伤害承担单独责任时,该受害人仅可以获得该负单独责任者应得赔偿中所占的比较责任份额。"③在美国侵权法中,连带责任包括不真正连带责任。因而,其多名侵权人对不可分伤害的责任,其实分为连带责任、单独责任以及不真正连带责任。因此,英美侵权法关于多名侵权人对不可分伤害的责任,与大陆法系多数人之债中的多数债务人之债有相通之处,多数债务人之债包含多名侵权人对不可分伤害的责任概念,多名侵权人对不可分伤害的责任与多数人侵权行为及责任是相同的概念。

（二）对多数人侵权行为和多数人侵权责任概念的不同界定

对于多数人侵权行为及责任的概念,学者有不同界定。

王利明教授在他的《侵权责任法研究》一书中,使用了数人侵权的概念,但没有作出定义;使用了数人侵权中的责任的概念,分别对数人侵权中连带责任和按份责任进行了界定。④ 比较可惜的是,他没有对多数人侵权行为及责任作出具体界定。

张新宝教授使用多数人侵权行为的概念,认为多数人侵权行为是由数个行为人实施行为,对同一损害后果承担责任的侵权行为,其行为主体为二人或者二人以上,

① 史尚宽:《债法总论》,中国政法大学出版社 2000 年版,第 634 页。
② 〔德〕马克西米立安·福克斯:《侵权行为法》,齐晓琨译,法律出版社 2006 年版,第 232 页。
③ 〔美〕肯尼斯·S. 亚伯拉罕等选编:《侵权法重述——纲要》,许传玺等译,法律出版社 2006 年版,第 346 页。
④ 王利明:《侵权责任法研究》,中国人民大学出版社 2010 年版,第 507、581 页。

数人对同一损害后果承担侵权责任,数人承担侵权责任的方式即数个责任主体与被侵权人一方的请求权之间的联系具有多样性。[①]

王成教授认为,数人侵权行为,是指二人以上实施的侵权行为。数人侵权行为与单独侵权行为对应,根据承担责任的方式,数人侵权行为可以分为承担连带责任的数人侵权行为和承担按份责任的数人侵权行为。承担连带责任的数人侵权行为也称为共同侵权行为。[②]

程啸副教授在他的《侵权责任法》一书中,使用多数人侵权责任的概念,认为多数人侵权责任指的就是二人以上实施侵权行为时产生的侵权责任。[③] 认为多数人侵权责任并非规范所有的加害人为多人的情形,而仅仅解决那些因果关系比较特殊的、多数加害人造成他人损害时的责任承担问题。[④]

日本的潮见佳男教授使用复数行为者的不法行为的概念,在该概念下,阐释共同不法行为和竞合的不法行为。[⑤] 遗憾的是,他没有对复数行为者的不法行为概念进行界定。不过,复数行为者的不法行为概念其实就是多数人侵权行为的概念。

德国学者使用数名加害人的概念,用以表述多数人侵权行为,其含义是指当侵权行为法意义上相关的人为数人,即民法典第 830 条中所称的"共同行为人和参与人"。[⑥]

综合上述各位学者的意见,多数人侵权行为及责任的概念应当包括的要素是:第一,行为人的数量为多人,即两个人以上。第二,造成的损害后果为一个,因此是一个侵权行为,而不是数个损害后果以及数个侵权行为。第三,数人侵权行为包含共同侵权行为、分别侵权行为以及竞合侵权行为等。第四,数人侵权行为的后果责任多数是由数人分担,也存在不分担责任者。只要符合上述基本特征,就是数人侵权行为及责任。

(三)对多数人侵权行为及责任概念的重新界定

上述对多数人侵权行为及责任概念的界定,有繁有简,繁者如张新宝教授的意见,简者如王成教授的意见。

界定多数人侵权行为及责任的概念,应当能够完整地体现多数人侵权行为及责任的上述四个基本要素。事实上,多数人侵权行为及责任是两个概念,一是多数人侵权行为,二是多数人侵权责任。笔者把它们放在一起表述是为了方便,实际上在界定这个概念的时候,是应当分别进行的。

---

① 张新宝:《侵权责任法》(第二版),中国人民大学出版社 2010 年版,第 44 页。
② 王成:《侵权责任法》,北京大学出版社 2011 年版,第 110 页。
③ 程啸:《侵权责任法》,法律出版社 2011 年版,第 238 页。
④ 同上书,第 237 页。
⑤ 〔日〕潮见佳男:《不法行为法》(第 2 版),日本信山社 2011 年版,第 125、126、196 页。
⑥ 〔德〕马克西米立安·福克斯:《侵权行为法》,齐晓琨译,法律出版社 2006 年版,第 233、232 页。

张新宝教授的意见是比较稳妥的,符合上述要求。笔者认为,在张新宝教授作出这个概念界定的基础上,还可以进一步完善。这就是:多数人侵权行为是由数个行为人实施,造成同一个损害后果,各侵权人对同一损害后果承担不同形态的责任的侵权行为。而多数人侵权责任则是指数个行为人实施的行为,造成了同一个损害后果,数人对该同一损害后果按照行为的不同类型所承担的不同形态的侵权责任。

三、多数人侵权行为类型的新发展

（一）以往的多数人侵权行为类型

在以往的侵权法理论中,对多数人侵权行为的类型有不同见解。有的学者认为多数人侵权行为包括共同侵权行为和分别侵权行为,如王利明教授的前述看法;有的学者认为多数人侵权行为为包括共同侵权行为和竞合侵权行为,如潮见佳男教授的意见;有的学者认为多数人侵权行为包括数人对同一损害后果承担连带的侵权责任,数人对同一损害后果承担按份的侵权责任以及在数个责任主体中部分责任主体承担全部赔偿责任、部分责任主体承担补充的侵权责任的三种类型。[①]

这些意见都从不同的立场理解多数人侵权行为的类型,都有自己的理由,但都不够完整。这表明,以往的侵权法理论对多数人侵权行为类型的理解和整理还是不完全的、不完整的,并没有准确概括多数人侵权行为的类型。特别是在《侵权责任法》以及在司法解释中出现的关于多数人侵权行为的不同规定,展现了多数人侵权行为的多样化,仅仅局限于传统的侵权法理论对多数人侵权行为类型的概括,是无法全面展示多数人侵权行为的类型的。对此,必须予以改进。

（二）新的多数人侵权行为类型体系

经过反复研究,笔者提出了构建多数人侵权行为类型的看法,认为多数人侵权行为包括以下四种类型:

1. 共同侵权行为

共同侵权行为当然是多数人侵权行为,是多数人侵权行为中最为典型的类型,也是最为重要的类型。

2. 分别侵权行为

无过错联系的共同加害行为这个概念比较冗长,不够精练。笔者从《侵权责任法》第 12 条的规定中抽出"分别"的概念,就把它叫作分别侵权行为,表述的就是无过错联系的共同加害行为。这个概念比较简洁,且非常贴切,与《侵权责任法》第 12 条相一致。

3. 竞合侵权行为

在传统的侵权法中,与不真正连带责任相对应的侵权行为形态没有被概括出来,

---

① 张新宝:《侵权责任法》,中国人民大学出版社 2006 年版,第 52 页。

曾经有人使用过原因竞合的概念①,也有人使用竞合侵权行为的概念。笔者借鉴潮见佳男教授的意见,对此使用竞合侵权行为的概念,对应的责任后果是不真正连带责任。

4. 第三人侵权行为

第三人侵权行为是《侵权责任法》第 28 条规定的免责事由,其特点是,作为侵权人的一方存在两个以上的行为人,实际上也是数人侵权,仅仅是一方免责另一方承担责任而已,因此,笔者把它作为广义的多数人侵权行为。

综合起来,四种多数人侵权行为可以分为两种类型:第一种是狭义的多数人侵权行为,包括共同侵权行为、分别侵权行为和竞合侵权行为;第二种是广义的多数人侵权行为,除了前述三种狭义的多数人侵权行为之外,还包括第三人侵权行为。

(三)多数人侵权行为形态与多数人侵权责任形态的对接

在侵权法中,侵权行为形态与侵权责任形态须相互对应。换言之,有什么样的侵权行为形态,就有什么样的侵权责任形态;什么样的侵权责任形态,就必定由什么样的侵权行为形态所决定。因此,多数人侵权行为形态所对应的就是多数人侵权责任形态。

在以往的侵权法中,这样的对应关系出现了残缺,即在多数人侵权行为与多数人侵权责任中,有的对应不起来。诸如:共同侵权行为的侵权行为形态对应的是连带责任形态;分别侵权行为的侵权行为形态对应的是按份责任形态;第三人侵权行为的侵权行为形态对应的是第三人侵权责任形态,即免除实际加害人的责任;而在立法和司法中大量使用的不真正连带责任的侵权责任形态,没有一个能够直接对应的侵权行为形态。其残缺的情形如下:

共同侵权行为　　　→　　　连带责任

分别侵权行为　　　→　　　按份责任

?　　　→　　　不真正连带责任

第三人侵权行为　　　→　　　第三人侵权责任

多数人侵权的侵权行为形态与侵权责任形态的对应中出现这样的残缺,说明以往的多数人侵权行为类型的理论概括是不完整的。按照侵权法的逻辑,必须有一个多数人侵权行为的类型对应不真正连带责任。经过长期研究,笔者认为竞合侵权行为的概念能够填补这一理论残缺,使竞合侵权行为对应不真正连带责任,因而构成了多数人侵权的完整体系。

现在的多数人侵权行为形态与多数人侵权责任形态的对接关系体系如下:

共同侵权行为　　　→　　　连带责任

分别侵权行为　　　→　　　按份责任

竞合侵权行为　　　→　　　不真正连带责任

① 侯国跃:《中国侵权法立法建议稿及理由》,法律出版社 2009 年版,第 50 页。

这样的侵权行为形态和侵权责任形态对接的体系,构成了完整的、完美的多数人侵权行为及责任的理论体系,是非常理想的,也是多数人侵权行为及责任理论的最新发展。

四、多数人侵权行为的责任承担规则的新发展

在以往的侵权法理论中,多数人侵权行为的责任承担规则比较简单,主要就是连带责任、按份责任以及不真正连带责任,不存在比较复杂的责任形态规则。21世纪以来,随着多数人侵权行为及责任理论的不断发展,出现了较多的新型侵权责任形态及规则,我国《侵权责任法》也规定了更多的责任形态规则。可以看到,当代侵权法多数人侵权行为及责任的承担规则向着多样化、系统化的方向发展,在连带责任和不真正连带责任中出现了更多的责任形态。下面概括的就是多数人侵权行为的责任承担规则的体系,里面包含着新发展出来的责任分担规则。

(一)共同侵权行为与连带责任

共同侵权行为是最为重要的多数人侵权行为,在司法实践中,共同侵权责任纠纷出现的频率特别高,是多数人侵权行为中的重点。共同侵权行为及责任在《民法通则》中就有规定(即第130条),在最高人民法院的司法解释中也有较多的规定。《侵权责任法》面对司法实践的不同做法和理论上的不同认识,规定了第8条、第9条、第10条、第11条、第13条和第14条,构成了完整的共同侵权行为及责任的法律规范体系。

对共同侵权行为的类型尽管有多种不同的学说主张,但包括主观的共同侵权行为、客观的共同侵权行为、共同危险行为、叠加的共同侵权行为是基本的意见。在主观的共同侵权行为中,包括教唆人、帮助人责任以及团伙成员责任。[1] 除此之外,《侵权责任法》规定了大量的适用连带责任的侵权行为形态,并不就是当然的共同侵权行为,笔者把它们叫作准共同侵权行为,例如《侵权责任法》第51条规定的非法转让报废车、拼装车致人损害的侵权行为等,并非就是共同侵权行为,但须承担连带责任,将其作为准共同侵权行为,即准用共同侵权行为规则的侵权行为形态,是较为准确的。

共同侵权行为的责任分担规则是连带责任。对此,大陆法系和英美法系有共同的看法和规则。大陆法系的典型代表如《德国民法典》第421条规定:"二人以上以其中每一人都有义务履行全部给付但债权人只有权请求给付一次的方式,负担一项给付的(连带债务人),债权人可以随意向其中任何一个债务人请求全部给付或部分

---

[1] 关于团伙成员的共同侵权责任,为1992年施行的《荷兰民法典》第6:166条所规定,参见张新宝:《侵权责任法》,中国人民大学出版社2006年版,第60页。

给付。到全部给付被履行时为止，全体债务人仍负有义务。"《美国侵权法重述·第三次》"责任分担编"第 10 条规定："当依据适用法律，有多人对一受害人承担连带责任时，该受害人可以起诉任何一名负连带责任者，并从中获得它可以获得的全部赔偿。"这样的规则，与《侵权责任法》第 13 条和第 14 条规定的连带责任规则是完全一致的。

连带责任的新发展，是在连带责任中出现了单向连带责任。单向连带责任也叫作混合责任，是在连带责任中，有的责任人承担连带责任，有的责任人承担按份责任，是连带责任与按份责任混合在一起的连带责任形态。

连带责任的规则分为以下两种不同形式：

（1）典型的连带责任

典型的连带责任的规则就是《侵权责任法》第 13 条和第 14 条规定的规则。连带责任的规则是：

第一，中间责任。《侵权责任法》第 13 条规定的是中间责任规则："法律规定承担连带责任的，被侵权人有权请求部分或者全部连带责任人承担责任。"

第二，最终责任。《侵权责任法》第 14 条第 1 款规定的是最终责任规则："连带责任人根据各自责任大小确定相应的赔偿数额；难以确定责任大小的，平均承担赔偿责任。"

第三，承担了中间责任的连带责任人向最终责任人的追偿权。《侵权责任法》第 14 条第 2 款规定的是追偿规则："支付超过自己赔偿数额的连带责任人，有权向其他连带责任人追偿。"

（2）单向连带责任

《侵权责任法》规定了两个特殊的连带责任规则，即第 9 条第 2 款和第 49 条。这种责任实际上也是连带责任，但特殊性是，在连带责任中，有的责任人承担连带责任，有的责任人承担按份责任，因此，形成了连带责任的一个特殊类型，就是单向连带责任。在第 9 条第 2 款规定的教唆帮助无民事行为能力人或者限制民事行为实施侵权行为的侵权案件中，教唆人和帮助人承担的是"侵权责任"，有过错的监护人承担的是"相应的责任"，这就是在连带责任中，有的责任人承担连带责任，有的承担按份责任，构成单向连带责任。《侵权责任法》第 49 条规定的租车、借车的损害责任，租车人或者借车人承担的责任是连带责任，机动车所有人如果有过错，承担的"相应的责任"就是按份责任，构成单向连带责任。

单向连带责任形态，在大陆法系侵权法中没有提及。美国侵权法连带责任中的单独责任（也叫作混合责任）就是单向连带责任。美国《侵权法重述·第三次》"责任分担编"第 11 节（单独责任的效力）规定："当依据适用法律，某人对一受害人的不可分伤害承担单独责任时，该受害人仅可以获得该负单独责任者在该受害人应得赔偿中所占的比较责任份额。"并且把这种责任形态叫作混合责任。① 这就是在数人侵权的连带责任中,有的责任人承担连带责任,有的责任人承担单独责任(按份责任)。承担单独责任的单独责任人只承担受害人应得赔偿中的自己的份额,就是按份责任;但应承担连带责任的人仍应就全部赔偿责任负责。这就是单向连带责任。②

单向连带责任的规则是:

第一,单向连带责任人中的连带责任人承担中间责任。单向连带责任中的连带责任人就全部赔偿承担责任。如果被侵权人起诉其承担全部责任,连带责任人有义务承担全部赔偿责任,其中不属于他的份额的部分,为中间责任。

第二,单向连带责任人中的按份责任人只承担最终责任。单向连带责任中的按份责任人只承担按照份额确定的最终责任,不承担中间责任。如果被侵权人起诉按份责任人承担中间责任,按份责任人可依《侵权责任法》第9条第2款或者第49条规定其承担"相应的责任"而予以抗辩,法官应当予以支持。

第三,承担了中间责任的连带责任人有权向按份责任人进行追偿。单向连带责任中的连带责任人承担了超出自己责任份额之外的中间责任的,有权向没有承担最终责任的责任人,包括连带责任人和按份责任人进行追偿,实现最终责任的分担。

(二) 分别侵权行为与按份责任

分别侵权行为就是无过错联系的共同加害行为。分别侵权行为按照《侵权责任法》第12条规定,其后果是按份责任,每个行为人只对自己的行为后果承担侵权责任,不存在连带责任的问题。

(三) 竞合侵权行为

1. 竞合侵权行为的概念界定

竞合侵权行为是指两个以上的民事主体作为侵权人,有的实施直接侵权行为,与损害结果具有直接因果关系,有的实施间接侵权行为,与损害结果的发生具有间接因果关系,行为人承担不真正连带责任的侵权行为形态。

竞合侵权行为是新创立的一种多数人侵权行为形态概念。③ 在此之前,我国侵权法理论没有这个概念,只有原因竞合和行为竞合的概念。其中原因竞合的概念,是指构成侵权损害的原因不止一个,而是数个发生竞合而造成同一个损害。有人将分别侵权行为也叫作原因竞合④,不是特别准确,因为行为与事实等结合也可以形成原因竞合。行为竞合的概念接近于竞合侵权行为的概念,但没有将其提高为多数人侵权行为类型的地位。竞合侵权行为是多数人侵权行为类型的新发展。

---

① 〔美〕肯尼斯·S.亚伯拉罕等选编:《侵权法重述——纲要》,许传玺等译,法律出版社2006年版,第346、355页。
② 杨立新:《侵权责任法》,法律出版社2012年版,第121页。
③ 杨立新:《论竞合侵权行为》,载《清华法学》2013年第1期;另见本书第十一章。
④ 侯国跃:《中国侵权法立法建议稿及理由》,法律出版社2009年版,第118—119页。

2. 竞合侵权行为的类型

我国《侵权责任法》以及司法解释规定了较多的竞合侵权行为的类型,规则各不相同。这不仅是竞合侵权行为类型的新发展,更是多数人侵权行为及责任的承担规则的新发展。竞合侵权行为类型分为以下三种:

(1) 必要条件的竞合侵权行为。

必要条件的竞合侵权行为,是指两个行为中的从行为(即间接侵权行为)与主行为(即直接侵权行为)竞合的方式,从行为为主行为的实施提供了必要条件,没有从行为的实施,主行为不能造成损害后果的竞合侵权行为。换言之,间接侵权人的从行为是直接侵权人的主行为完成的必要条件,这种竞合侵权行为就是必要条件的竞合侵权行为。

(2) "必要条件+政策考量"的竞合侵权行为。

"必要条件+政策考量"的竞合侵权行为,是指符合必要条件的竞合侵权行为的要求,但是基于政策考量,规定间接侵权人先承担中间责任,之后向直接侵权人追偿以实现最终责任的竞合侵权行为。

(3) 提供机会的竞合侵权行为。

提供机会的竞合侵权行为,是指两个竞合的行为,从行为为主行为的实施提供了机会,使主行为的实施能够顺利完成的竞合侵权行为。从发挥的作用上考察,提供机会的竞合侵权行为与必要条件的竞合侵权行为有所不同,这就是,间接侵权人的从行为给直接侵权人的主行为造成损害结果提供了机会,但并不是必要条件。

3. 竞合侵权行为的责任承担

竞合侵权行为的后果是不真正连带责任。不真正连带债务的概念源自于德国普通法的连带债务二分论,由埃舍尔(Eisele,也译作阿依舍雷)于1891年在其论文《共同连带和单纯连带》中提出。他认为,宏观上区分共同连带和单纯连带的现实意义并不显著,唯连带债务和不真正连带债务的区分更为重要。由此,学界探究的重点由共同连带债务和单纯连带债务的区分转变为连带债务和不真正连带债务的区分,也就是当今学者所研究的连带债务与不真正连带债务的区分。[①] 侵权法将侵权行为发生的不真正连带债务称为不真正连带责任。

不真正连带责任根据竞合侵权行为的不同类型,责任形态有所变化,形成不同的不真正连带责任类型和规则。三种不同的竞合侵权行为类型,分别对应不同的不真正连带责任类型:

(1) 必要条件的竞合侵权行为→典型的不真正连带责任。

在竞合的侵权行为的数个行为中,其中一个是主要的侵权行为,另一个是为主要的侵权行为的实施或者损害后果的发生提供必要条件。例如,缺陷产品是由生产者

---

① 陈郑权:《论不真正连带债务制度》,载台湾《人文学报》第35期,第25页。

形成的,该产品经过销售者而转移到消费者手中,两个行为竞合,发生同一个损害后果,生产者的行为是主要的侵权行为,销售者的行为就是侵权行为实施的必要条件。两个侵权人承担典型的不真正连带责任。

典型的不真正连带责任的规则是:

第一,中间责任:在两个不同的不真正连带责任人之间,受害人可以选择其中一个提出损害赔偿请求,即可以向任何一个侵权人请求承担赔偿责任。任何一个不真正连带责任人都有义务承担全部赔偿责任,实现形式上的连带。

第二,最终责任:不真正连带责任的最终责任,是不真正连带责任的最终后果一定要由应当承担最终责任的人全部承担,而不是在不真正连带责任人之间实行实质的连带,即分担责任。最终责任必定要由承担最终责任的不真正连带责任人全部承担。不真正连带责任的最终责任只是一个责任,而不是份额的责任,即不分担。

第三,追偿权:在不真正连带责任中,不真正连带责任人中的一人承担中间责任后,有权向最终责任人追偿,实现最终责任。中间责任人承担责任后,对最终责任人的追偿是全额追偿,包括必要的费用。

(2)"必要条件+政策考量"的竞合侵权行为→先付责任。

"必要条件+政策考量"的竞合侵权行为,同样是必要条件的竞合侵权行为,但《侵权责任法》根据政策考量,将这种特定的竞合侵权行为改变责任承担规则,由典型的不真正连带责任改为先付责任。这种竞合侵权行为同样一个是主要的侵权行为,另一个是为主要的侵权行为的实施或者损害后果的发生提供必要条件,构成必要条件的竞合侵权行为,但由于立法者要更好地保护受害人,使受害人的损害能够得到更为及时的救济,因而规定受害人直接向提供必要条件的侵权人请求损害赔偿,而不是直接向主要的侵权行为一方请求赔偿,因此形成了先付责任这种特殊的不真正连带责任的类型,其规则的承担也与典型的不真正连带责任不同,笔者把它命名为先付责任。① 例如《侵权责任法》第44条规定的产品责任中的第三人责任,第85条和第86条规定的建筑物、构筑物及其他设施脱落、坠落、倒塌损害责任,规定被侵权人可以直接向应当承担中间责任的生产者、销售者或者所有人、管理人、使用人以及第三人或者建设单位、施工单位请求赔偿;他们在承担了赔偿责任之后,再向应当承担最终责任的其他责任人追偿。

先付责任是不真正连带责任的一种变形,是特殊的不真正连带责任,其规则是:

第一,承担中间责任的责任人先承担赔偿责任。第三人产品缺陷损害责任中的生产者、销售者不是产品缺陷的制造者,因此不是最终责任人,而是中间责任人。但法律规定,在先付责任中,被侵权人应当直接向生产者或者销售者请求赔偿,而不是直接向产品缺陷的制造者即第三人请求赔偿。在建筑物等损害责任中,适用同样

---

① 杨立新:《侵权责任法》,法律出版社2012年版,第129页。

的规则。

第二,中间责任人承担了赔偿责任之后向最终责任人追偿:中间责任人在承担了赔偿责任之后,有权向最终责任人进行追偿,该追偿权的范围是全额追偿,即最终责任的范围是全部赔偿责任。

第三,索赔僵局及其破解:由于《侵权责任法》对先付责任的规则没有规定被侵权人可以直接向最终责任人索赔,因此存在中间责任人无法承担赔偿责任后,被侵权人又不能向最终责任人索赔的僵局。对此,司法解释应当规定,当出现上述索赔僵局的时候,准许被侵权人直接向最终责任人起诉追究其赔偿责任。

(3) 提供机会的竞合侵权行为→补充责任。

提供机会的竞合侵权行为,是指两个竞合的行为,从行为为主行为的实施提供了机会,使主行为的实施能够顺利完成的竞合侵权行为。《侵权责任法》第 34 条第 2 款规定的劳务派遣的侵权行为,第 37 条第 2 款规定的第三人违反安全保障义务的侵权行为,第 40 条规定的第三人造成学生伤害的侵权行为,都是这种竞合侵权行为。

提供机会的竞合侵权行为的法律后果是承担相应的补充责任,即有限的补充责任。补充责任也是不真正连带责任的一种变形,是特殊的不真正连带责任。其规则是:

第一,直接侵权人即最终责任人首先承担责任。与先付责任不同,补充责任的最终责任人首先承担侵权责任,而不是中间责任人先承担责任。

第二,间接侵权人承担补充责任。如果直接侵权人出现赔偿不足或者赔偿不能的情形,则由承担中间责任的间接侵权人承担相应的补充责任。相应的补充责任的范围,是与其过错和原因力相适应的责任,而不是全额补充。

第三,间接侵权人不享有追偿权。由于在相应的补充责任中,间接侵权人承担的补充责任是有限补充责任,且以其过错为基础,因此,间接侵权人承担了补充责任之后,不享有追偿权。

(四) 第三人侵权行为

1. 第三人侵权行为的概念和性质

第三人侵权行为是指第三人由于过错,通过实际加害人的直接行为或者间接行为,造成被侵权人民事权利损害,应当由第三人承担侵权责任、实际加害人免除责任的多数人侵权行为。

第三人侵权行为的基本性质,法律规定为免责事由,但从加害行为的数量而言,存在两个以上的行为,本质上也属于多数人侵权行为,是多数人侵权行为中的一个特殊类型,与其他多数人侵权行为既有相同之处,也有不同之处。

2. 第三人侵权行为的范围

(1) 适用过错责任原则和过错推定原则的第三人侵权行为。

第三人侵权行为的确定适用过错责任原则和过错推定原则。过错责任原则和过错推定原则同属于过错责任原则,都需要具有过错要件才能构成侵权责任,只是过错要件的证明方法不同,因而《侵权责任法》才把这两个归责原则都写在第 6 条之中。

（2）适用无过错责任原则的第三人侵权行为。

在适用无过错责任原则的情形下,第三人侵权行为具有特别的要求。原因是,在适用无过错责任原则的侵权行为类型中,《侵权责任法》将有些第三人侵权规定为不真正连带责任:环境污染责任的第三人适用第 68 条;饲养动物损害责任的第三人责任适用第 83 条;产品责任的第三人适用第 44 条。

在适用无过错责任原则的侵权领域中,法律没有明确规定第三人免责的,如果法律规定受害人故意造成损害可以免责,则第三人故意造成损害可以免除实际加害人的责任;如果法律规定受害人重大过失或者过失造成损害实行过失相抵,则第三人重大过失或者过失造成损害可以免除实际加害人的责任。

3. 第三人侵权行为的后果

构成第三人侵权行为,其法律后果就是第三人侵权责任,免除实际加害人的赔偿责任。至于第三人承担侵权责任的规则,适用侵权损害赔偿的一般规则即可,并无特别之处。

【案例讨论】 ≫≫≫ 〉

案情：

2004 年某日凌晨 5 时许,某市区有一辆本田轿车撞断立交桥护栏跌落,驾驶室悬空架在下方绿化带的铁栏杆上,汽车后备箱的包裹里装的 60 万元现金散落路面。两名中年夫妇和一名拾荒汉上前抢救受伤的驾驶员,而另外七八名围观者置伤者于不顾,抢走部分钞票。报警后,公安干警追回 6 人抢走的 50 万元,尚有 10 万元没有追回。事主起诉该 6 人,请求被告承担连带责任。

讨论问题：

1. 本案数人抢钱的行为,属于共同侵权行为还是分别侵权行为?

2. 6 名被告应当承担连带责任还是承担按份责任?理由是什么?

3. 多数人侵权行为与多数人侵权责任如何对接?这个理论对侵权法理论发展的意义是什么?

【参考文献】 ≫≫≫ 〉

张新宝、葛维宝主编:《大规模侵权法律对策研究》,法律出版社 2011 年版。

〔美〕肯尼斯·S.亚伯拉罕等选编:《侵权法重述——纲要》,许传玺等译,法律出版社 2006 年版。

王成:《侵权责任法》,北京大学出版社 2011 年版。

〔日〕潮见佳男:《不法行为法》(第 2 版),日本信山社 2011 年版。

〔德〕马克西米立安·福克斯:《侵权行为法》,齐晓琨译,法律出版社 2006 年版。

王竹:《侵权责任分担论——侵权损害赔偿责任数人分担的一般理论》,中国人民大学出版社 2009 年版。

第九章　共同侵权行为与连带责任

我国侵权法关于共同侵权行为及其责任原来规定在《民法通则》第 130 条,《侵权责任法》规定在第 8 条。后者的内容是:"二人以上共同实施侵权行为,造成他人损害的,应当承担连带责任。"与《民法通则》第 130 条"二人以上共同侵权造成他人损害的,应当承担连带责任"的规定相比较,没有太大的变化,只是强调"共同实施"。同时规定了第 13 条和第 14 条的连带责任一般性规则。这些规定既有对以前的司法解释规定的肯定,也有对不正确的司法解释的纠正。本章对此进行详细阐释。

一、共同侵权行为的概念和本质

(一) 共同侵权行为的概念

共同侵权行为这一概念,在我国侵权法理论上又称为共同过错、共同致人损害、共同侵权责任。这几种称谓究竟哪种更为准确、科学,没有一致的意见。《民法通则》实施后的侵权法研究中,将共同侵权行为称为共同致人损害、共同侵权责任的已经不多见了。相比之下,共同过错①的称谓虽也有使用,但其使用频率比共同侵权行为少得多。共同过错这一称谓的着眼点在于过错的形态,与与有过失、受害人过错相对应。从侵权行为的形态上分析,使用共同侵权行为的概念更能够体现这一侵权行为的完整的内涵和外延,是更准确、更科学的称谓。学术界与实务界越来越多地使用共同侵权行为这一称谓,已经证明了这点。学者认为,将共同侵权行为理解为共同过错似有一些理论上的困难,一是侵权法设共同侵权制度,既考虑加害人的过错,也考虑行为方面的特征,更主要的是确定加害人的责任范围及其分担;二是国外文献一般不将共同侵权行为称为共同过错,而英美法上的共同过失,指的却是大陆法上的与有过失。②《侵权责任法》第 8 条规定的共同侵权行为既包括主观的共同侵权,也包括客观的共同侵权,故共同过错的概念已经不能概括共同侵权行为的全部,因此,不应继续使用共同过错的概念,应当统一使用共同侵权行为的概念。

对于共同侵权行为概念的界定,不存在原则分歧,但在具体表述上有不同意见。

---

① 王利明所著的《侵权行为法归责原则研究》(中国人民大学出版社 1992 年版)一书,仍使用这一概念。

② 张新宝:《中国侵权行为法》,中国社会科学出版社 1995 年版,第 284 页。

如王利明教授在他的《侵权法归责原则研究》一书将之界定为："共同过错也叫共同侵权行为或共同致人损害，它是指两个或两个以上的行为人，基于共同的故意和过失致他人损害。"①在新版《侵权责任法研究》(上卷)中，将共同侵权行为界定为："是指数人基于共同过错而侵害他人的合法权益，依法应当承担连带赔偿责任的侵权行为。"②张新宝教授在他的《中国侵权行为法》一书中将其界定为："共同侵权行为是指二人或二人以上共同侵害他人合法民事权益造成损害，应当承担连带责任的侵权行为。"③在张新宝教授最新出版的《侵权责任法》中又界定："共同侵权行为是指二人以上共同故意或者共同过失致人损害，或者虽无共同故意、共同过失，但其侵害行为直接结合发生同一损害后果。"但是，他又有所怀疑，按照《侵权责任法》第8条和第12条规定，共同侵权行为似乎应当仅仅解释为有意思联络的共同侵权行为，而不包括无意思联络的数人实施的侵权行为。④上述对共同侵权行为概念的界定，都在解释《侵权责任法》第8条规定的含义，但似乎都不够准确。王胜明副主任在他主编的《中华人民共和国侵权责任法释义》中，界定非常清楚，即："共同侵权，是指数人不法侵害他人权益造成损害的行为。"清楚地指出，第8条规定的共同侵权行为并非专指主观的共同侵权行为，而是包括主观的共同侵权行为和客观的共同侵权行为。

如何界定共同侵权行为概念，从《民法通则》实施直到2003年，在理论上和实践中都采取共同过错说，即共同故意构成共同侵权，共同过失也构成共同侵权。在2003年12月26日最高人民法院颁布《人身损害赔偿解释》之后，情况发生了变化，第3条在坚持共同故意、共同过失构成共同侵权的基础上，同时认为二人以上既没有共同故意也没有共同过失，行为直接结合造成同一个损害结果的，也构成共同侵权。这样的解释打破了主观说的限制，向客观说迈进了一步。对此，王利明教授坚决反对，张新宝教授特别支持，笔者比较折中。笔者原则上同意把共同侵权的本质从主观立场向客观立场适当扩展，因为扩大共同侵权范围就要扩大连带责任的适用范围，对保护受害人的利益是有利的；但不赞成这种解释方法，因为这种所谓的"直接结合"是很难理解也很难操作的。后来最高人民法院民一庭的法官进一步解释，直接结合就是数人的"行为具有时空的一致性"，则显得更抽象、更不好操作了。在起草《侵权责任法》中，我们曾经主张写一个关于共同侵权行为的准确表述，表达共同侵权行为向客观立场扩大的内容。立法机关没有采用这样的思路，而是规定了第8条，似乎并不明确。不过，《侵权责任法》第8条写得不够明确恰好是它所要表达的内容，即共同侵权行为既包括主观的共同侵权行为也包括客观的共同侵权行为。王胜明副主任在《中华人民共和国侵权责任法释义》一书中所表达的就是这个意思。因此，笔者在界定共同侵

---

① 王利明：《侵权行为法归责原则研究》，中国人民大学出版社1992年版，第284页。
② 王利明：《侵权责任法研究》(上卷)，中国人民大学出版社2010年版，第509页。
③ 张新宝：《中国侵权行为法》，中国社会科学出版社1995年版，第85页。
④ 张新宝：《侵权责任法》(第二版)，中国人民大学出版社2010年版，第48—49页。

权行为的时候,既不同意王利明教授的说法,也不赞成张新宝教授的犹豫态度。

笔者认为,共同侵权行为是指二个以上的行为人基于主观的关联共同或者客观的关联共同,共同实施了对他人民事权益造成损害,依法应当承担连带责任的侵权行为。

在研究共同侵权行为概念时,不能不注意研究共同侵权行为概念是否有广义、狭义之分的问题。对此,并没有引起学者的注意,实际上这种区分是存在的。广义的共同侵权行为除典型的共同侵权行为之外,还包括共同危险行为、团伙成员等非典型的共同侵权行为。将这些加到一起,是广义的共同侵权行为概念。而狭义的共同侵权行为概念则仅指典型的共同侵权行为,只是广义共同侵权行为中的一种类型。

(二)共同侵权行为的本质

共同侵权行为的本质究竟是什么,历来有不同的主张。择其要者如下:一是意思联络说,认为共同加害人之间必须有意思联络始能构成。意思联络即共同故意,它使主体的意志统一为共同意志,使主体的行为统一为共同的行为。反之,如无主体间的意思联络,则各人的行为就无法在实质上统一起来,因而也不构成共同侵权行为。[1] 二是共同过错说,认为共同侵权行为的本质特征在于数个行为人对损害结果具有共同过错,既包括共同故意,也包括共同过失。[2] 三是共同行为说,认为共同行为是共同加害人承担连带责任的基础,共同加害结果的发生,总是同共同加害行为紧密联系,不可分割。[3] 四是关联共同说,认为共同侵权行为以各个侵权行为所引起的结果,有客观的关联共同为已足,各行为人间不必有意思的联络。数人为侵权行为的时间或地点,虽无须为统一,但损害则必须不可分离,始成立关联共同。[4]

上述各种主张可分为两种基本观点。前两种认为共同侵权行为的本质在于主观方面,后两种认为共同侵权行为的本质为客观方面。

从根本上说,确定共同侵权行为的本质问题在于确定连带责任的范围。立法者认为应当将连带责任限制在什么样的范围,就决定采用什么样的共同侵权行为本质的表述。事实上,共同侵权行为的最本质特征就是意思联络,只有存在主观上的共同故意才能够将数个不同行为人的行为结构成一个行为,所以不同的行为人才应当对外承担一个完整责任,就是连带责任。可是,意思联络说确定的连带责任范围毕竟太窄,不能使更多的受害人受到连带责任的保护,因此才确定共同过错是共同侵权行为的本质。而从客观方面界定共同侵权行为的本质,又使连带责任过于宽泛,因此不能采用。

---

[1] 伍再阳:《意思联络是共同侵权行为人的必备要件》,载《法学季刊》1984 年第 2 期。

[2] 王利明、杨立新等:《民法·侵权行为法》,中国人民大学出版社 1993 年版,第 354 页;杨立新:《侵权损害赔偿》,吉林人民出版社 1990 年版,第 135—137 页。

[3] 邓大榜:《共同侵权行为人的民事责任初探》,载《法学季刊》1982 年第 3 期。

[4] 欧阳宇经:《民法债编通则实用》,台湾汉林出版社 1978 年版,第 78 页。

2003 年最高人民法院在《人身损害赔偿司法解释》中对共同侵权行为本质特征的界定有了改变,这就是除了坚持共同侵权行为的共同过错的本质之外,还有条件地承认共同侵权行为的客观标准,认为数人虽无共同故意、共同过失,但其侵害行为直接结合发生同一损害后果的,构成共同侵权,应当承担连带责任。对此应当深入研究。

反对采用客观标准认定共同侵权行为的专家认为,人身损害赔偿司法解释这样规定,是该司法解释的一个"硬伤",是不符合法理的,同时在实践中也不好操作。所谓的"侵害行为直接结合",在理论上专家学者都说不清楚,在司法实践上更无法操作。按照有些人的解释,判断侵害行为的直接结合,就是数人的加害行为具有"时空一致性"。但是"时空一致性"实际上并不能判断加害行为的直接结合或者间接结合。例如,一个人买了一个有缺陷的热水器,恰好买的漏电保护器也有缺陷,烧水洗澡的时候触电死亡。这两个制造或者销售缺陷产品的行为在造成损害的时空上具有一致性,直接结合造成了一个共同的损害结果,但这两个行为是共同侵权行为吗?即使数人的行为具有时空的一致性,也完全不是共同侵权行为,而是一个无过错联系的共同加害行为,不应当承担连带责任,而是要承担按份责任。设计人员设计的建筑图纸有问题,施工人建筑时也有过错,造成了建筑物倒塌致害的后果,这两个行为有"空"的一致性,没有"时"的一致性,但这种情况都认为是共同侵权行为,就是因为两个行为人具有客观的关联共同,构成共同侵权责任。

坚持采用客观标准的学者并不这样认为。他们认为,确认共同侵权行为的客观标准是采用以数人的侵害行为直接结合造成一个共同的损害后果作为判断的基础。行为直接结合和间接结合的说法虽然在理论上比较复杂,但是它很好地说明了共同侵权行为的认定标准。数人的行为对于损害的发生不能分割,是损害发生的必要因素,各个行为均构成共同原因的,就可以解释为行为的直接结合。反之,行为对损害的发生具有独立的作用,原因力能够分割、能够比较的,是非必要的因素,不能认定为直接结合,而是间接结合。因此,确定行为的直接结合和间接结合的主要标准,就是行为是否能够独立对损害结果发生影响。例如,两个互不相识的人对受害人进行攻击,一个打伤了他的腿,一个打伤了他的手,这个原因力是可以分割的,是间接结合。但是受害人没有及时治疗失血过多造成死亡,不能分辨出各个伤口流血的量,这时如果认为这两个行为人的行为没有共同过错,而不认定为共同侵权行为、不承担连带责任,是没有道理的,也不合理,因为这就是侵害行为的直接结合。为了进一步说明观点,学者举例说明不存在共同过错也应当承担连带责任的理由。受害人院子里有一座五角的亭子。第一个小偷偷走瓦;第二个小偷偷走一个柱子,第三个小偷也偷走一个柱子,亭子没有倒塌,因为还有三个柱子在支撑。第四个小偷也来偷柱子,截下柱子后亭子倒塌。受害人起诉四个小偷。第一个小偷不能承担连带责任,只承担偷瓦的责任,是按份责任;第二个、第三个和第四个小偷没有共同过错,如果不承担连带责任而是按份责任。其中一人无力赔偿,受害人就要自己承担这部分损失,就不能很好地保护受害人的利益。因此,第二、三、四个小偷的行为是直接结合,构成共同侵权行为。这种侵害行为直接结合造成同一个损害后果的数人行为,应当认定为共同侵权行为,确定承担连带责任。

笔者的看法是,共同侵权行为的本质特征应当从主观标准向客观标准适当过渡,以更好地保护受害人。对此,可以借鉴我国台湾地区民法关于共同侵权行为的本质特征为关联共同的立场,将共同侵权行为分为主观的关联共同和客观的关联共同。台湾地区"民法"第185条规定共同侵权行为的立法理由认为:"查民律草案第950条理由谓数人共同为侵害行为,致加损害于他人时(即意思及结果均共同),各有赔偿其损害全部之责任。至造意人及帮助人,应视为共同侵权人,始足以保护被害人之利益。其因数人之侵权行为,生共同之损害时(即结果共同)亦然。"其采纳的立场主要是意思联络说,但作为特殊情况,结果共同者也认为是共同侵权行为。立法采取了两个标准,在实务上也是如此,前者为意思联络,后者为关联共同,各行为人的行为既无意思联络,又无关联共同者,非共同侵权行为。[①] 司法解释认为,民法上之共同侵权行为与刑事上之共同正犯,其构成要件并不完全相同,共同侵权人间不以有意思联络为必要,数人因过失不法侵害他人之权利,苟各行为人之过失行为均为其所生损害之共同原因,即所谓行为关联共同,亦足成立共同侵权行为。[②] 1978年台上字第1737号判决书重申了这一立场。[③]

参考上述立场,可以认为,数人共同不法侵害他人权利,对于被害人所受损害之所以应负连带责任,系因数人的侵权行为具有共同关联性。所谓共同关联性即数人的行为共同构成违法行为的原因或条件,因而发生同一损害。关联性分为主观的共同关联性与客观的共同关联性。主观的共同关联性是指数人对于违法行为有通谋或共同认识,对于各行为所致损害均应负连带责任。客观的共同关联性为数人所为违法行为致生同一损害者,纵然行为人相互间无意思联络,仍应构成共同侵权行为。这种类型的共同加害行为的共同关联性乃在于数人所为不法侵害他人权利的行为在客观上为被害人因此所生损害的共同原因。[④]

二、共同侵权行为的类型

(一) 主观的共同侵权行为

1. 主观的共同侵权行为的概念

主观的共同侵权行为,是指二个以上的行为人具有主观的共同故意,共同实施行

---

① 刘清景主编:《民法实务全览》(上),台湾学知出版事业公司2000年版,第370页。
② 台湾地区"司法院"1977年6月1日院台参字第0578号令例变字第1号。
③ 刘清景主编:《民法实务全览》(上),台湾学知出版事业公司2000年版,第372页。
④ 孙森焱:《新版民法债编总论》(上册),台湾三民书局2004年版,第276—278页。

为侵害他人民事权益,造成损害的侵权行为。

主观的共同侵权行为的典型特征是主观,即行为人之间具有意思联络。意思联络就是共同故意。数个行为人基于共同的侵害他人的故意,将数个人的行为联系在一起,构成一个行为,造成了他人民事权益的损害。这种侵权行为具有更大的危害性,被称为"共同正犯",应当课加更为严重的责任,因此,确定承担连带责任。

共同故意,是指数个行为人都具有希望或者放任造成他人民事权益损害的行为后果发生的主观心理状态。数个行为人或者进行通谋,或者对别人实行侵害他人民事权益的故意行为知道而予以参加。二人以上具有如上的共同故意,并且共同实施加害行为,造成他人民事权益损害的同一个损害事实,就构成主观的共同侵权行为。

主观的共同侵权行为分为两种类型:一是简单的共同侵权行为,是指只有实行行为人参加的主观的共同侵权行为。这种主观的共同侵权行为不论几个人为共同加害人,都是实行人,没有教唆人和帮助人参加。二是复杂的共同侵权行为,是指不仅有实行人参加,而且也有教唆人和帮助人参加的主观的共同侵权行为,教唆人或者帮助人参与其中,予以造意或者帮助,形成了复杂的共同侵权行为。

2. 主观的共同侵权行为的行为人

在主观的共同侵权行为中,行为人分为实行人、教唆人和帮助人。

(1)实行人。实行人,是在共同侵权行为中具体实施加害行为,并且造成他人民事权益损害的侵权人。凡是具体实施加害行为的行为人,不论分工如何都是实行行为人。有的行为人实施的行为看起来好像与损害后果无关,例如负责望风、负责联络,但他们由于具有共同故意,他们的行为与其他行为构成一体,共同造成了损害后果,因此,都是造成他人民事权益损害的加害人,都应当对损害后果承担责任。

(2)教唆人和帮助人。教唆人是在主观的共同侵权行为中,给实行人造意,教唆实行人实施侵权行为,自己并不参加实施具体侵权行为的侵权人。帮助人,是在共同侵权行为中以提供工具、进行协助等方式,对实行人进行帮助,自己并不实际参加具体加害行为的侵权人。

教唆人和帮助人只能存在于主观的共同侵权行为之中,其在主观上必须与实行行为人有共同故意。

在教唆行为中,教唆人与实行人的共同故意容易判断,双方有一致的意思表示即可确认,其表示形式明示、默示均可。在帮助行为中,实行人与帮助人的共同故意必须证明。对此,应当参考《美国侵权法重述·第二次》第876条第2项和第3项的规定,即:"行为人知悉该他人之行为构成责任之违反,而给予重大之协助或鼓励该他人之作如此行为;或行为人于该他人之达成侵权行为结果,给予重大协助,且行为人之行为单独考虑时,构成对第三人责任之违反。"①应当强调,教唆人与帮助人均须未直接参与实施具体加害行为,只是由于他们与实行人之间的共同意思联络,使他们之间的行为形成了共同的、不可分割的整体。教唆人与帮助人如果直接参与实施加害行为则为实行人,不再是教唆人或者帮助人。

教唆人和帮助人承担共同侵权的责任,《侵权责任法》第9条第1款规定:"教唆、帮助他人实施侵权行为的,应当与行为人承担连带责任。"这个规则是正确的。理由是教唆人和帮助人也是共同侵权人,尽管教唆人和帮助人没有亲自实施侵权行为,但是通过教唆的方法,或者通过帮助的方法,与其他共同侵权人形成了共同故意,在造成的损害当中当然有他们的责任。所以教唆人和帮助人要承担连带责任。

（二）客观的共同侵权行为

1. 客观的共同侵权行为的概念

客观的共同侵权行为,是指二个或者二个以上的行为人在主观上不具有共同故意,但基于行为的关联共同性,共同实施的行为侵害他人民事权益,造成同一个损害结果的侵权行为。

客观的共同侵权行为与主观的共同侵权行为的基本区别在于,数个行为人在主观上没有共同故意,只是由于数人的行为结合在一起,造成了一个共同的损害结果,才把它确认为共同侵权行为。

2. 客观的共同侵权行为的法理基础

主观的共同侵权行为的本质特征是共同故意,即共同的意思联络。客观的共同侵权行为没有共同故意,将数人的行为结合起来构成一个行为的关键是什么呢?

学者认为,在晚近的侵权法司法实践中,对共同侵权行为的确认开始采用"客观说"或者"行为关联说"作为基础,扩大共同侵权行为的范围,即使多数加害人之间没有意思上的联络,其共同行为造成共同损害的,也认定为共同侵权行为,应当承担连带责任。② 这就是史尚宽先生所说:"民法上之共同侵权行为与刑法上之共犯不同,苟各自之行为,客观上有关联共同,即为足矣。"③

对此,最典型的是台湾"司法院"的会议决议。该院于1977年6月1日召开变更判例会议,认为:民事上的共同侵权行为(狭义的共同侵权行为,即共同加害行为,下同),与刑事上之共同正犯,其构成要件不完全相同,共同侵权行为人间不宜有意思联络为必要,数人因之过失行为不法侵害他人之权利,苟各行为人之过失行为均为其所生损害之共同原因,即所谓行为关联共同,亦足成立共同侵权行为。各行为人既无意

---

① 引自美国法学会:《美国法律整编·侵权行为法》,刘兴善译,台湾司法周刊杂志社1986年版,第709页。

② 张新宝:《侵权责任法原理》,中国人民大学出版社2005年版,第81页。

③ 史尚宽:《债法总论》,中国政法大学出版社2000年版,第166页。

思联络,而其行为亦无关联共同者而言,自当别论。[①]

按照这样的理论确立客观的共同侵权行为为共同侵权行为,确有道理。

3. 客观的共同侵权行为的确定

在实践中,认定客观的共同侵权行为应当把握以下几点:

(1)主体为二人以上。构成客观的共同侵权行为,在主体上,也必须是二人以上。在这一点上,客观的共同侵权行为与典型的共同侵权行为是一样的。

(2)行为具有关联性。客观的共同侵权行为不必具备主观的意思联络,而是要求行为的关联性。具有关联性的数人行为,构成客观的共同侵权行为的要件。

如何确定数人的行为具有关联性,就是司法解释中所说的二人以上的行为的直接结合。学者认为,直接结合,就是指数人的行为具有直接关联性,构成一个整体成为引起损害发生的原因。[②] 事实上,关联性是指:第一,数人的行为共同指向一个共同的侵害目标;第二,每一个人的行为都是损害发生的共同原因。

(3)损害结果的统一性。构成客观的共同侵权行为必须具备损害结果统一性的要件,其含义是:第一,损害结果是统一的,是一个整体的结果,而不是各个不同的损害结果的组合。由于客观的共同侵权行为采用的是客观标准,对此应当要求更严格。第二,该损害结果不可以分割。

具备以上三个要件,可以认定为客观的共同侵权行为。

4. 叠加的共同侵权行为

《侵权责任法》第11条规定的是叠加的共同侵权行为,是客观的共同侵权行为的一种类型。在主观上,这种侵权行为的行为人并没有主观上的意思联络,也没有共同过失,而是分别实施侵权行为,造成了同一个损害,但每一个行为人的行为都足以造成全部损害。例如,前一个肇事司机将行人撞成致命伤后逃逸,后一个肇事司机将被侵权人轧死,两个行为人的行为都足以造成被侵权人死亡的后果。又如,一个人将他人的内脏刺伤,另一个又刺伤其内脏,两处刺伤均为致命伤,造成死亡结果。这两种情形都构成叠加的共同侵权责任。因此,法律规定行为人应当承担连带责任。

叠加的共同侵权行为中的数人的加害行为构成共同侵权行为,主要体现在叠加的因果关系上。从实际情况观察,两个以上的人分别实施侵权行为,已经确定其为各个独立的侵权行为,应当由侵权人各自承担侵权责任。但叠加的共同侵权行为中的每一个行为人对于损害的发生都具有全部的即百分之百的原因力,每个人都应当承担全部赔偿责任。确定数人的单独侵权行为为共同侵权行为,理由之一在于每一个人的加害行为都成为造成全部损害的原因,就这同一个损害而言,数个加害行为就成了共同原因。理由之二,如果每一个加害人的行为都构成侵权行为,都对被侵权人承

---

① 刘清景主编:《民法实务全览》(上),台湾学知出版事业股份有限公司2000年版,第371页。
② 张新宝:《侵权责任法原理》,中国人民大学出版社2005年版,第81页。

担全部赔偿责任,而被侵权人的损害只有一个。每一个侵权人都承担全部责任,将会使受害人得到不当赔偿,这也不符合大陆法系侵权法填补损害的基本规则。只要承担一个全部赔偿责任,就能够保证被侵权人的损害赔偿请求权得到满足。理由之三,数人都应当承担全部责任,而法律只准许判处一个全部责任,就只有按照连带责任确定数个侵权人的责任最为适当。

在叠加的共同侵权行为中的特别问题是:第一,每个行为人的行为的原因力均为百分之百,但责任份额不能都是百分之百,例如两个行为人的行为相加造成同一个损害,每个人的责任份额应当为50%,在此基础上实行连带责任。第二,一方行为人的行为的原因力为100%,另一方行为人的行为原因力为50%,也是造成同一个损害结果,实行连带责任没有问题,问题在于各自承担的责任份额应当如何确定。在此种情况下,应当以单个行为人的行为原因力来除以两个行为的原因力之和,其结果即为每个行为人所应当承担的责任份额,即一方为66.7%,另一方为33.3%。

（三）共同危险行为

1. 共同危险行为的概念和特征

共同危险行为是指二人以上共同实施有侵害他人权利危险的行为,其中一人或者数人的行为造成他人的损害结果,但不能判明其中具体侵权人的共同侵权行为。最高人民法院《人身损害赔偿司法解释》第4条规定:"二人以上共同实施危及他人人身安全的行为并造成损害后果,不能确定实际侵害行为人的,应当依照民法通则第130条规定承担连带责任。共同危险行为人能够证明损害后果不是由其行为造成的,不承担赔偿责任。"这是我国法律文件第一次正式确认共同危险行为的侵权行为形式并确定侵权责任的规则。《侵权责任法》第10条规定:"二人以上实施危及他人人身、财产安全的行为,其中一人或者数人的行为造成他人损害,能够确定具体侵权人的,由侵权人承担责任;不能确定具体侵权人的,行为人承担连带责任。"

例如,数人均有加害行为而致他人损害,如果这一损害的发生是由全体行为人的行为所致,这是共同侵权行为;如果这一损害的发生是由其中一人或数人的行为所致,而且已经判明谁是加害人,这是一般的侵权行为或者共同侵权行为,已经判明与损害没有因果关系的行为人不负侵权责任;如果损害事实已经发生,并可判明损害确系数人的危险行为所致,但不能判明确为何人所致,这就是共同危险行为。

2. 共同危险行为人

共同危险行为人是共同危险行为的行为主体,是实施共同危险行为并造成他人损害的数个行为人。

共同危险行为人一般由自然人构成。数个自然人实施共同危险行为,该数个自然人构成共同危险行为主体。在某些情况下,共同危险行为人也可以由法人构成。例如,数个工厂制造同一种产品,该产品中的一个产品致人损害,不能确认是哪一个工厂制造的产品造成该损害,该数个工厂为共同危险行为人,应承担共同侵权责任。①

共同危险行为人是一个整体,不可分离。这是共同危险行为人与共同加害人之间的明显区别之一。共同加害人可以分为实行人、教唆人和帮助人,即使实行人也可以有不同的分工。共同危险行为人没有实行人、教唆人和帮助人的区别,在实施共同危险行为的时候,也没有分工,没有行为轻重的区别。共同危险行为人的不可分离性产生于共同危险行为人的共同过错。在共同危险行为中,把行为人联结在一起的是共同过错。这种共同过错不是共同故意,也不是单独故意,因为共同故意可以构成共同侵权行为,单独故意构成一般侵权行为,均不可能构成共同危险行为;共同危险行为的共同过错只能表现为共同过失,即共同地疏于对他人权利保护的注意义务。它表现为,共同危险行为人共同实施具有危险性行为时,应当注意避免致人损害,但却由于疏忽或懈怠,违反了这种注意义务,构成了共同过失。这种过失存在于每一个共同危险行为人的观念之中,成为造成损害的主观因素。共同危险行为人参与这种具有危险性行为的本身就证明他们具有这种疏于注意的共同过失。这种共同过失把共同危险行为人联结成为一个共同的、不可分割的整体,成为一个共同的行为主体。

有的学者认为共同危险行为人并无共同过错,而是实际致害人有过错。②这种认识是不正确的。共同危险行为的基本特征之一就是不知谁为加害人。在客观上,实际加害人可能有过错,但在共同危险行为中无法判断真正的加害人及其过错,而只能以共同危险行为人的共同过失作为责任的主观基础。

共同危险行为人的整体性对于确定共同危险行为责任具有决定性的意义。

3. 共同危险行为与共同侵权行为的区别

实施共同危险行为致人损害,共同危险行为人应当承担连带赔偿责任。这种连带赔偿责任与共同侵权行为的连带赔偿责任有很多不同之处。

第一,共同危险行为的责任基础是共同过失。确定共同危险行为赔偿责任的归责原则是过错推定原则。

有人认为,共同危险行为人在实施共同危险行为时不存在意思联络,也不存在共同过失。这种观点值得商榷。可以确定,共同危险行为人在实施共同危险行为时,主观上确实没有故意(意思联络);假如存在共同故意,情节严重的构成共同犯罪,情节较轻的构成共同侵权行为。在共同危险行为中,行为人不仅不存在共同故意,也不存在单独的故意;假如存在单独的故意,就可以追究单独故意行为人的责任而不构成共同危险行为。共同危险行为人的主观过错只能表现为共同过失的形式,即共同地疏于注意义务。它表现为,共同危险行为人共同实施具有危险性行为时,应当注意避免致人损害,但或者由于疏忽大意,或者由于过于自信,致使违反了这种注意义务。这

---

① 参见前文引述的辛德尔诉阿伯特化学厂案例。
② 孔祥俊:《试论共同侵权行为责任》,载《法学研究》1991年第4期。

种过失存在于每一个共同危险行为人的思想中。它们参与这种具有危险性行为的本身，就证明他们具有这种疏于注意的共同过失。因此，共同危险行为适用过错责任原则。

共同危险行为不适用一般的过错责任原则，而是适用过错推定原则，这是与共同侵权行为的显著差别之一。过错推定原则是过错责任原则的一种特殊表现形式，是在特殊的情形时，由损害事实本身推定加害人的过错，而无须受害人加以证明的归责原则。在共同危险行为致人损害的情形下，受害人连谁是加害人都不能搞清，怎么能去证明加害人的过错呢？实行过错推定原则，就可以实行举证责任倒置，即从受害人的损害事实中推定共同危险行为人的共同过失。如果共同危险行为人认为他没有共同过失，可以举证证明，否则不能免责。

在无过错责任原则的场合，是不是也可以存在共同危险行为？笔者认为当然存在。问题是，即使是在无过错责任原则的场合，数个行为人实施有可能危及他人安全的行为，其中一人造成损害，数个行为人也应当承担连带责任。

第二，共同危险行为的责任形式更为紧密。共同危险行为的责任与共同侵权行为一样是一个整体，但它的表现形式更为紧密，不可分割，共同侵权行为的责任对一个损害结果来说，只有一个整体的责任。"但是必须明确，我们这里所说的一个责任，指的是一个总责任，它一定要由若干份责任组成。"[1]共同危险行为责任也只有一个责任，但却不是由若干份责任组成，是不可分割的完整责任，这个完整的责任表现为：第一，对于损害结果来说，这个责任只有一个；第二，责任的主体是一个，即对于共同危险行为人来说，他们是一个整体，分开整体，这个责任就不复存在；第三，这个责任的内容不能分离。因此，共同危险行为人中的一个人或一部分人只能证明自己没有过错，那还不能免除这个人或这些人的赔偿责任；只有证明谁是加害人时，才能免除非加害人的赔偿责任，不过这已经不是共同危险行为了。[2]

4. 共同危险行为与共同侵权行为一样均需承担连带责任

共同危险行为人应当承担连带责任，这与共同侵权行为的责任形态是一致的。在责任份额的确定上，共同危险行为与共同侵权行为却有所不同。共同侵权行为人的个人责任，可以按照各自过错的程度确定，因而共同加害人实际分担的责任份额可能并不平均。但是，由于共同危险行为人在实施共同危险行为中，致人损害的概率相等，过失相当，而且由于共同危险行为的责任的不可分割性，所以共同危险行为人的责任划分一般是平均分担，各人以相等的份额对损害结果负责，在等额的基础上实行

---

[1]　邓大榜：《共同侵权行为的民事责任初探》，载《法学季刊》1982 年第 2 期。

[2]　在这个问题上，最高人民法院司法解释的规定没有采取这个规则，全国人大法工委比较倾向于这个规则。见下文。

连带责任。[①]

5. 能够证明自己的行为与损害没有因果关系的责任问题

共同侵权行为和共同危险行为都应当承担连带责任，但是，《人身损害赔偿司法解释》第 4 条后段还有一个特别的规定，即：共同危险行为人能够证明损害后果不是由其行为造成的，不承担赔偿责任。

对此，立法上有两种立法例，要看采用哪一种。第一种立法例就是现在这样的规定，共同危险行为人之一能够证明自己的行为与损害后果之间没有因果关系的，不承担赔偿责任。第二种立法例则相反，共同危险行为人之一能够证明自己的行为与损害后果没有因果关系的，不能免除责任。

采用后一种规则的理由是，在民事诉讼当中，证据证明的标准是法律真实，不是客观真实，如果共同危险行为人之一有足够的证据证明自己的行为与损害结果没有因果关系，使法官建立确信，法官能够形成心证，证明就完成了，就认定这样的事实。既然民事诉讼是这样的证明标准，就可能所有参加实施共同危险行为的人都能证明自己的行为和损害结果没有因果关系，如果每一个人都能证明自己的行为和损害结果没有因果关系，每个人都可以免除责任，那就会出现一个结果，即损害是客观存在的，也确确实实是共同危险行为人中间的某一个人造成的，由于都证明了自己不是真正的加害人，受害人不就没有办法得到赔偿了吗？同时，致人损害的实际加害人仍然在这些已经证明的自己不是加害人的共同危险行为人之中。故而才采用"能够证明自己的行为和损害结果没有因果关系的不能免除责任，只有证明谁是真正的加害人的才可以免除责任"的规则。对此，全国人大法工委的官员认为只有在确定具体加害人的情况下，其他行为人才可以免除责任[②]，显然是不同意最高人民法院的解释。

笔者是赞成第二种规则的，并且同意法工委官员的解释。不过，一是现有的文献上并没有所有的共同危险行为人都证明自己的行为没有造成损害后果，不是真正的加害人，因而受害人的损害没有得到赔偿的记载；二是在司法实践中也确实没有发现这样的案例。因此，采用第一种规则大概也没有原则性问题。但是，如果真的出现了所有的共同危险行为人都能够证明自己的行为没有造成损害的情形，真正的加害人仍然在其中，当然还是要按照共同危险行为的规则处理。

（四）团伙成员

1. 团伙成员的概念

团伙成员是指某些团伙组织的其他成员实施侵权行为造成他人损害，如果没有

---

① 值得注意的是，在美国加州上诉法院判决的辛德尔诉阿伯特化工厂案中，最终的判决并不是承担连带责任，而是按份责任。其理由是，如果任何一个药商均需为原告的损害负全部责任，原告仅需向一个药商请求就可获得全部赔偿，则真正需负责任的药商极有可能逃避其赔偿责任。这种说法也是有道理的。参见潘维大：《英美侵权法案例解析》（上），台湾瑞兴图书股份有限公司 2002 年版，第 273 页。

② 王胜明主编：《〈中华人民共和国侵权责任法〉释义》，法律出版社 2010 年版，第 67 页。

团伙的集合行为则可以避免造成损害的危险发生,若该集合行为可以归责于该团伙,则该团伙的成员应当承担连带责任的侵权行为。它也是一种特殊的共同侵权行为。某些团伙组织,包括犯罪集团、犯罪团伙、黑势力帮派、邪教组织、违反治安管理团伙以及其他危害治安的组织等。

对此,《荷兰民法典》率先作出规定,其 6:166 条规定:"如果一个团伙成员不法造成损害,如果没有其集合行为,则可以避免造成损害的危险之发生,如果该集合行为可以归责于这一团伙,则这些成员承担连带责任。"这就意味着,非法组织的成员执行团体的命令而实施的行为,其成员要承担连带责任。例如,一个团伙的成员按照首领的命令从事了一定的侵权行为,其他团伙成员不能因为不知道而不承担连带责任。[①]

这种新的共同侵权行为形态,西班牙一家法院作出过判决确认。一名埃塔组织成员制造爆炸事件造成他人损害,但是警方没有抓获肇事者,受害人或其家属无法对加害人提起民事诉讼。但是,原告对并未参与这次爆炸行为的埃塔组织另一个成员提出赔偿诉讼,法院判决其为团伙的集合行为承担连带责任,因而使原告胜诉。[②]

2. 团伙的集合行为

确定团伙成员连带责任,最关键之处就是确定团伙的集合行为。构成团体集合行为,该团伙的成员就要为之承担连带责任;反之则不承担责任。

团伙的集合行为,是指这些组织的集体行为或者惯常行为,不论其行为是整个团伙实施,还是团伙中个人、数个人实施,不论其他成员是否知晓的行为。符合这个要求的,都可以认定为集合行为,该团伙的其他成员都有责任为该集合行为承担连带责任。对此,必须按照侵权连带责任的基本规则处理。

三、共同侵权的连带责任

(一)连带责任的概念和特征

共同侵权连带责任是指受害人有权向共同侵权人或者共同危险行为人中的任何一人或数人请求赔偿全部损失,任何一个共同侵权人或者共同危险行为人都有义务向受害人负全部赔偿责任,其中一人或数人已经全部赔偿了受害人的损失,则免除其他共同加害人应负的赔偿责任的侵权责任形态。这种责任形态具有以下法律特征:

(1)共同侵权连带责任是对受害人的整体责任。连带责任人都对受害人负连带责任,意味着他们都有义务向受害人负全部赔偿责任。无论各连带责任人在实施共同侵权行为、共同危险行为中所起的作用和过错如何不同,都不影响连带责任的整体性。对外,每个连带责任人都对受害人的赔偿请求承担全部责任。

(2)受害人有权请求连带责任人中的任何一人或数人或全体承担全部责任。正

---

① 王利明:《侵权行为法研究》(上卷),中国人民大学出版社 2005 年版,第 716—717 页。
② 参见张新宝:《侵权责任法原理》,中国人民大学出版社 2005 年版,第 83 页。

因为侵权连带责任是对受害人的整体责任,因此,受害人有权在连带责任中选择责任主体,既可以请求连带责任人中的一人或数人或全体赔偿其损失,也可以请求全体连带责任人赔偿其损失。

(3)侵权连带责任的各连带责任人内部分有责任份额。共同加害人和共同危险行为人对外承担整体责任,不分份额;对内,应依其过错程度和行为的原因力不同,对自己的责任份额负责。各行为人各自承担自己的责任份额是连带责任的最终归属,一方面,在确定全体共同行为人的连带责任时须确定各自的责任份额,对外连带负责;另一方面,当部分共同行为人承担了超出了自己责任份额以外的责任后,有权向没有承担应承担的责任份额的其他连带责任人求偿。

(4)连带责任是法定责任不得改变。侵权连带责任是法定责任,不因共同行为人内部责任份额或内部约定而改变其连带责任性质。在共同侵权行为人的连带责任中,共同行为人内部基于共同协议免除或减轻某个或某些行为人的责任,对受害人不产生效力,不影响连带责任的适用,只对其内部发生约束力。

(二)司法解释变更侵权连带责任规则的不正确性

1. 人身损害赔偿司法解释关于连带责任规则的规定及其要点

最高人民法院《人身损害赔偿司法解释》第 5 条规定:"赔偿权利人起诉部分共同侵权人的,人民法院应当追加其他共同侵权人作为共同被告。赔偿权利人在诉讼中放弃对部分共同侵权人的诉讼请求的,其他共同侵权人对被放弃诉讼请求的被告应当承担的赔偿份额不承担连带责任。责任范围难以确定的,推定各共同侵权人承担同等责任。""人民法院应当将放弃诉讼请求的法律后果告知赔偿权利人,并将放弃诉讼请求的情况在法律文书中叙明。"

最高人民法院在这个规定中提出了一个新观点,就是不起诉就追加;不同意追加的就是放弃;放弃对部分共同侵权人的诉讼请求,受害人对放弃的部分就不能够请求赔偿,其他共同侵权加害人也不对放弃的份额再承担连带赔偿责任。侵权连带责任是一个完整的责任,采用这样的方法实行侵权连带责任,其实就已经不再是连带责任了。

《人身损害赔偿司法解释》作出这样规定的理由究竟是什么?该司法解释主要起草人之一的陈现杰法官在他的文章中说得很清楚:"关于对共同侵权行为人提出损害赔偿诉讼的性质,我国传统的民诉法理论认为其属于必要的共同诉讼;因此当受害人仅对部分侵权人提起诉讼时,人民法院应当依照《民事诉讼法》第 119 条规定,通知其他共同侵权人参加诉讼。但民法理论认为,共同侵权人承担的是连带责任;根据民法连带债务的性质,债权人(受害人)有权就一部或者全部债权向全体或者部分债务人请求清偿。必要共同诉讼的理论与实体法上的连带债务理论发生了矛盾。诉讼法学者认为,对共同侵权在程序上按必要的共同诉讼处理,符合共同诉讼原理和诉讼标的理论;判决既判力的主观效力也有利于防止受害人对不同的侵权人分别起诉,获得不当利益。另一方面,共同侵权未经诉讼,事实尚未确定,连带责任与否及债权人的选择权亦无从谈起,共同侵权成立与否经诉讼确定之后,方可言及是否有连带责任之承担。因此,受害人可在执行阶段选择共同侵权人之一、数人或全体承担责任,这与连带债务理论并无不合,只不过将其选择权的实现后置到连带债务经诉讼确定后的执行阶段而已,对债权人有益无害。"①

这里说的道理可以分为三点:第一,实体法关于连带责任以及连带债务规则与《民事诉讼法》的必要的共同诉讼规则之间有矛盾,为了适应《民事诉讼法》的规则应当改变民法实体法的规则;第二,未经法院审理的共同侵权行为不能确认是否构成侵权连带责任;第三,对于原告的选择权后置于执行阶段,只能在执行阶段进行选择,这并不违反实体法的规则。

这些说法是不是正确,要先研究连带责任的基本规则,在此基础上再进行分析和评论。

2. 侵权连带责任的基本规则

侵权连带责任的规则渊源是连带债务规则。按照大陆法系民法的传统,侵权行为的后果也是债,共同侵权行为的连带责任就是连带债务,适用连带债务的规则。

关于连带债务的规则,《民法通则》第87条后段规定:"负有连带义务的每个债务人,都负有清偿全部债务的义务,履行了义务的人,有权要求其他负有连带义务的人偿付他应当承担的份额。"《民法通则》第130条规定的共同侵权行为的连带责任,就适用这一条文规定的规则。《侵权责任法》已经作了规定,应该适用该法第13条和第14条。

侵权连带责任的基本规则必须遵守连带债务的规则,因此,侵权连带责任是指受害人有权向连带责任人中的任何一个人或数个人请求赔偿全部损失,而任何一个连带责任人都有义务向受害人负全部的赔偿责任;连带责任人中的一人或数人已全部赔偿了受害人的损失,则免除其他连带责任人向受害人应负的赔偿责任。

应当注意的是,侵权连带责任的确定有一个特点,这就是损害赔偿的范围不是基于连带责任人的数量决定,而是由侵权行为所造成的损害结果的大小决定,其举证责任在于原告,而不在于被告。因此,连带责任人作为共同被告,是不是都追加作为共同被告,并不是确定连带责任范围的必要条件。哪怕只有一个连带责任人被诉参加诉讼,只要确定了损害结果的范围,让他承担责任都是没有错误的。只是让他自己承担全部责任他会觉得冤屈,他自然会提出向其他连带责任人追偿的请求。因此,共同侵权行为连带责任诉讼并不一定非得把所有的连带责任人都带到诉讼中来,不一定要适用必要的共同诉讼规则。

---

① 陈现杰:《最高人民法院人身损害赔偿司法解释精髓诠释》(下),载《判解研究》2004年第3期,人民法院出版社2004年版,第19页。

上述司法解释规定正是违反了连带责任的基本规则，因此是不正确的。

（三）《侵权责任法》规定的连带责任规则

1. 《侵权责任法》第 13 条和第 14 条的针对性

《侵权责任法》第 13 条和第 14 条规定的是连带责任规则，针对的就是最高人民法院《人身损害赔偿司法解释》第 5 条的规定，纠正了连带责任的错误规则。这个规则自 2004 年 5 月 1 日开始实施至今，已被证明是不对的，是必须改正的，所以在起草《侵权责任法》的时候，笔者坚决主张《侵权责任法》一定要规定正确的连带责任规则。《侵权责任法》第 13 条和第 14 条规定的就是连带责任的正确规则。

2. 连带责任的适用范围

过去在司法实践中有一种理解，认为只有共同侵权行为才承担连带责任。这个观点是不对的。立法机关在起草《侵权责任法》过程中特别强调，共同侵权行为当然要承担连带责任，但法律特别规定的也要承担连带责任。比方说，在《侵权责任法》第四章第 36 条规定网络服务提供者的连带责任，第 51 条规定的非法转让拼装车、报废车要承担连带责任等，都是连带责任。

3. 连带责任的基本规则

《侵权责任法》第 13 条规定的是连带责任的对外关系，第 14 条规定的是连带责任的对内关系。

第 13 条规定连带责任的对外关系，即：凡是法律规定承担连带责任的，被侵权人有权请求部分或者全体连带责任人承担责任。比方说五个共同侵权行为人承担连带责任，原告向法院起诉一个，当然行；起诉部分连带责任人，可以；起诉全部连带责任人也可以。如果起诉全部连带责任人，那就一起确定责任。如果起诉一个或者数个连带责任人，那就判决被起诉的连带责任人承担赔偿责任。因为连带责任是一个完整的责任，每一个连带责任人都有义务承担全部赔偿责任。当然，可以鼓励被侵权人在向法院起诉时最好起诉全部连带责任人，被侵权人不同意的不得追加全部连带责任人。如果法官强制追加被侵权人不愿意起诉的连带责任人，就是侵害了被侵权人的权利。

连带责任的对内关系是第 14 条规定的内容。首先，连带责任人根据各自责任大小，确定相应的赔偿数额。这是说每一个连带责任人的责任份额，尽管连带责任对外是一个整体的责任，但是对内，每个连带责任人是有责任份额的。尽管这个份额对受害人没有作用，但是对连带责任人起作用。在连带责任人的内部，要按照各自责任大小确定相应的赔偿数额。其次，责任大小的确定，第一是过错程度，第二是原因力大小，依此确定每一个连带责任人应当承担的责任份额。如果难以确定责任大小，每一个连带责任人的责任份额就平均分配。第 14 条第 1 款是确定连带责任的每一个连带责任人的责任份额。第 2 款规定如果其中一个或者数个连带责任人支付超出自己赔偿责任份额的，他有权向其他连带责任人追偿。例如，现在就起诉了一个连带责任人,他自己承担了责任,但还有四个连带责任人;承担了全部承担赔偿责任的连带责任人有权向没有承担连带责任的四人去追偿。

《侵权责任法》第13条和第14条关于连带责任的规则写得非常准确,把《人身损害赔偿司法解释》第5条的错误完全改正过来了。

从另一个角度上说,可以把侵权连带责任分为中间责任和最终责任。规则是:第一,第13条规定的是中间责任,就是任何一个连带责任人都应当对受害人承担全部责任,请求一个、数个或者全部连带责任人承担连带责任,都是可以的,这是被侵权人的权利。第二,第14条第1款规定的是最终责任,即每一个连带责任人最终承担的,就是自己应当承担的责任份额。第三,任何一个连带责任人承担了超出自己责任份额的赔偿责任的(即中间责任),可以通过追偿的方法实现最终责任,将连带责任分配给每一个连带责任人。这种学理性的理解,更有利于对侵权连带责任的把握和适用。说得通俗一点,就是:在连带责任中有中间责任和最终责任之分,中间责任是每一个连带责任人承担多少责任份额先不论,被侵权人主张谁承担责任,谁就要承担责任,不是最终性的;而最终责任是落实到每一个人承担的份额。按照这个思路来看,第13条规定的是中间责任,第14条第1款规定的是最终责任,第14条第2款规定的是最终责任实现的方法,通过追偿的方式去实现。对连带责任的规则用这种方法来理解,会把连带责任的规则理解得更清楚、更准确。

【案例讨论】 》》》》 〉

案情:

原告何某在被告水暖卫生洁具公司购买了被告某日用电器卫生厂生产的DL—20型不锈钢淋浴器一台,同时购买了被告某无线电厂生产的多功能漏电保护器一台,安装在家中卫生间。原告之妻当日晚在用该淋浴器洗澡时,因淋浴器漏电和多功能漏电保护器质量不合格,遭电击死亡。[①] 法院审理认为,造成这一损害结果的原因,一是不锈钢淋浴器的产品缺陷,二是多功能漏电保护器的产品缺陷,这两个原因结合在一起,导致了原告之妻的死亡后果;二被告相互之间没有过错联系,是一个典型的分别侵权行为,判决承担按份责任。

讨论问题:

1. 共同侵权行为的本质特征是什么?

2. 本案二被告的行为究竟是客观的共同侵权行为,还是分别侵权行为?理由是什么?

3. 客观的共同侵权行为与分别侵权行为的区别是什么?

---

① 该案例引自王利明:《侵权行为法归责原则研究》,中国政法大学出版社1992年版,第293页。

【参考文献】 >>>>   >

孙森焱:《新版民法债编总论》(上册),台湾三民书局 2004 年版。

张新宝:《侵权责任法》,中国人民大学出版社 2010 年版。

王利明:《侵权责任法研究》(上卷),中国人民大学出版社 2010 年版。

潘维大:《英美侵权法案例解析》(上),台湾瑞兴图书股份有限公司 2002 年版。

杨立新:《试论共同危险行为》,载《法学研究》1987 年第 5 期。

孔祥俊:《试论共同侵权行为责任》,载《法学研究》1991 年第 4 期。

陈现杰:《最高人民法院人身损害赔偿司法解释精髓诠释(下)》,载《判解研究》2004 年第 3 期,人民法院出版社 2004 年版。

张铁薇:《共同侵权制度研究》,法律出版社 2007 年版。

第十章　教唆人、帮助人责任与监护人责任

《侵权责任法》第9条在第1款规定了教唆人和帮助人的责任之后,又在第2款特别规定了教唆、帮助无民事行为能力人或者限制民事行为能力人实施侵权行为造成他人损害的责任,规定教唆人、帮助人承担侵权责任,监护人承担相应的责任(以下简称教唆人、帮助人责任与监护人责任)。对此究竟应当作何理解,学者有不同认识。本章就此阐释笔者的看法。

一、《侵权责任法》第9条第2款规定的法律背景

《侵权责任法》在第9条第2款规定教唆人、帮助人与监护人的责任并非凭空而来,而是针对最高人民法院《关于贯彻执行〈民法通则〉若干问题的意见(试行)》(以下简称《民通意见》)第148条规定,目的在于纠正该条司法解释存在的误差。该条司法解释分为三款,内容分别是:"教唆、帮助他人实施侵权行为的人,为共同侵权人,应当承担连带民事责任。""教唆、帮助无民事行为能力人实施侵权行为的人,为侵权人,应当承担民事责任。""教唆、帮助限制民事行为能力人实施侵权行为的人,为共同侵权人,应当承担主要民事责任。"

这一条司法解释第1款规定当然没有问题,现在亦被《侵权责任法》第9条第1款吸收,成为法律。但第2款和第3款存在一些误差。

该条司法解释的第2款和第3款分别规定了教唆、帮助无民事行为能力人实施侵权行为的人,为侵权人,应当承担侵权责任;教唆、帮助限制民事行为能力人实施侵权行为,为共同侵权人中的主要侵权人,应当承担主要责任。这个解释,乍看起来好像没有什么问题,学者在论述时都是一带而过,并没有指出其中存在的问题。[1] 后来有的学者对此有所发现,说得也不明确。[2] 这个司法解释存在的误差,表现在教唆人和帮助人与监护人之间的利益关系分析不清楚,责任确定不准确。具体表现是:

第一,教唆、帮助无民事行为能力人实施侵权行为的人,都作为侵权人,一定要承担全部侵权责任吗? 不是这样的。例如,一个人想要砸碎宾馆的玻璃,不想自己动

---

[1]　张新宝:《侵权责任法》,中国人民大学出版社 2006 年版,第 59 页;汪渊智:《侵权责任法学》,法律出版社 2008 年版,第 157 页。

[2]　张新宝、唐青林:《共同侵权责任十论——以责任承担为中心重塑共同侵权理论》,载最高人民法院民一庭编:《民事审判指导与参考》2004 年第 4 期。

手,让站在旁边的一个七八岁的未成年人去干,就说:"小朋友,你用石头砸碎这块玻璃,声音非常好听。"小朋友听信,捡起石头就把玻璃砸碎了。这是教唆无民事行为能力人实施侵权行为,教唆人当然要承担全部责任。可是,一个小朋友正在砸宾馆的玻璃,但用的石头太小,砸不碎,成年人看到了,递上一块大石头,说:"你用这个吧。"未成年人把玻璃给砸碎了,这是帮助行为。那么,这个帮助人要承担全部责任吗?如果令其承担全部赔偿责任,显然是不合理的,因为无民事行为能力人在实施损坏他人财产的行为,其监护人未尽监护责任,是有责任的,完全让帮助人承担全部赔偿责任,既不合理,也不公平。可见,教唆无民事行为能力人实施侵权行为,由于被教唆人无识别能力亦无责任能力,只是作为教唆人实施侵权行为的加害工具①,教唆人当然要承担全部赔偿责任,原因在于监护人无过错。帮助无民事行为能力人实施侵权行为,无民事行为能力人的监护人过失在先,帮助人的帮助行为在后,且不是造成损害的全部原因,因此不能承担全部赔偿责任,监护人应当承担未尽监护义务范围内的赔偿责任。

第二,教唆、帮助限制民事行为能力人实施侵权行为,一律都作为共同侵权的主要侵权人,承担主要的侵权责任,也是不适当的。限制民事行为能力人是已经具备了一定的识别能力和责任能力的人,与无民事行为能力人不同。教唆限制民事行为能力人实施侵权行为,教唆人是共同侵权人中的主要侵权人,监护人也有监护过失,但教唆人的过错是故意,监护人的过错是过失,责任轻重自然分明,教唆人承担主要的赔偿责任是毫无问题的。但是,在帮助限制民事行为能力人实施侵权行为而造成他人损害的情况下,限制民事行为能力人本来就是在实施侵权行为,监护人具有重大过失,即没有尽到管教义务的重大过失。帮助人尽管帮助限制民事行为能力人实施侵权行为,具有造成损害的故意,但其帮助行为的原因力较弱,与监护人的重大过失相比较,基本相等或者略低,因此,令帮助限制民事行为能力人实施侵权行为的帮助人承担主要的侵权责任,是不公平的,监护人的责任过轻,帮助人的责任过重。可见,认定教唆限制民事行为能力人实施侵权行为的人为共同侵权人中的主要侵权人,应当承担主要的侵权责任,是正确的;但认定帮助限制民事行为能力人实施侵权行为的人为共同侵权人中的主要侵权人,应当承担主要的侵权责任,显然不当,不符合侵权责任法矫正正义的要求。

笔者历来主张,教唆行为人和帮助行为人在确定内部责任份额时,不以其身份的不同确定责任份额的轻重,同样以过错和行为的原因力确定之。② 上述司法解释存在的这些问题,在侵权责任分配的利益关系上失当的基本原因,在于对教唆人和帮助人的地位、作用及责任分担的基本观念方面出现问题,是以教唆人、帮助人和教唆、帮助

---

① 参见张铁薇:《共同侵权制度研究》,法律出版社 2007 年版,第 196 页。
② 杨立新:《侵权法论》,吉林人民出版社 1998 年版,第 312—313 页。

的对象的身份确定责任,而不是以过错的程度和行为的原因力确定责任。在侵权法理论中,对于教唆人和帮助人的地位、作用及责任分担问题有不同看法,有的认为教唆人和帮助人的基本地位和作用相同,应当承担同等责任;有的认为教唆人和帮助人的基本地位和作用应当根据具体情况判断,不能一概而论。该司法解释在1988年制定时,显然是依据的前者。应当看到的是,在1988年前后,我国的侵权法理论还不成熟,司法实践经验也不够丰富,存在这样的问题是难免的。

无民事行为能力人和限制民事行为能力人没有识别能力和判断能力,或者识别能力和判断能力不足,教唆人、帮助人教唆、帮助他们去实施侵权行为,具有恶意,是必须承担侵权责任的,以惩戒恶意利用无民事行为能力人和限制民事行为能力人实施侵权行为的教唆人、帮助人。但是,确定教唆人、帮助人的地位、作用及责任分担必须科学、合理。如果确定教唆人、帮助人的侵权责任不科学、不合理,法律适用结果就会适得其反。最高人民法院这一司法解释在这一点上有所欠缺。认为"为充分保护受害人,规定(教唆人、帮助人——作者注)承担连带责任是很有必要的,没有必要区别对待。至于内部的追偿,主要是根据各方的过错程度分担责任的,而与具体的教唆、帮助的形态关系不大"①,并不妥当。

二、《侵权责任法》第9条第2款解决这一问题的基本思路

对立法者在制定《侵权责任法》第9条第2款关于教唆人、帮助人与监护人责任关系规范时的基本思路,学者有不同看法。

有的认为,教唆、帮助无民事行为能力人或者限制民事行为能力人实施侵权行为的责任,法院在认定时,可以先认定教唆人、帮助人承担全部责任,在有证据证明监护人"未尽到监护责任"时,再认定监护人承担一定的责任。② 这种说法显然与《侵权责任法》第9条第2款规定的意思不同。

有的认为,《侵权责任法》的规定有所变化,即教唆、帮助无民事行为能力人和限制民事行为能力人实施侵权行为的,由教唆、帮助者承担侵权责任,被教唆、帮助的无民事行为能力人和限制民事行为能力人的监护人未尽到监护责任的,应当承担相应的责任。这种相应的责任取代教唆、帮助者的责任,但可减轻其责任。③ 这个意见基本合理,但取代教唆、帮助者的责任与减轻监护人的责任的说法,有些矛盾。

有的认为,教唆、帮助无民事行为能力人和限制民事行为能力人实施侵权行为,应当承担侵权责任,监护人未尽监护责任,承担相应责任,理由是在存在教唆人和帮

---

① 王利明:《侵权责任法研究》(下卷),中国人民大学出版社2011年版,第533页。
② 奚晓明主编:《〈中华人民共和国侵权责任法〉条文理解与适用》,人民法院出版社2010年版,第80页。
③ 张新宝:《侵权责任法》,中国人民大学出版社2010年版,第51页。

助人的情形下，监护人也要承担连带责任，过于严厉。[1] 这种意见笔者比较赞成，但是说得不够清楚。

有的认为，教唆、帮助无民事行为能力人和限制民事行为能力人实施侵权行为，教唆人和帮助人是第一位的责任人，只有在监护人没有尽到监护责任的情况下，监护人才承担相应的责任。在这一范围内，监护人要与教唆人、帮助人承担连带责任，如果监护人平时对被监护人严加管教，但仍然出现被监护人因他人之教唆、帮助而损害他人的情形，监护人就只需要承担部分的赔偿责任。[2] 这种意见有一定道理，但对连带责任的意见，笔者持不同看法。

有的认为，在监护人承担相应责任的范围内，其与教唆人和帮助人应向受害人共同负责。但教唆人和帮助人是终局责任人，监护人承担了相应责任后，有权就其相应的责任向教唆人和帮助人行使求偿权。[3] 这个意见说得比较糊涂，一是终局责任人并非只有一种，在连带责任和不真正连带责任中都有，不知这里所说的是连带责任还是不真正连带责任；二是监护人向教唆人和帮助人行使追偿权，是追偿多少？全部追偿还是部分追偿？全部追偿就是不真正连带责任，部分追偿就是连带责任。而事实是监护人承担了相应责任之后，对教唆人或者帮助人恰恰没有追偿权。

上述各种意见尽管有所区别，但有一点可以确定，即《侵权责任法》第9条第2款不再采取对教唆、帮助无民事行为能力人或者限制民事行为能力人实施侵权行为的人分别规定固定化责任的方法，而是根据实际情况，实事求是地确定教唆人、帮助人与监护人的责任。这种态度是特别值得赞赏的，也是保障公平地确定教唆人、帮助人和监护人责任的好方法，表达了立法专家和法学专家确定这一规范的基本思路。

根据笔者参加起草《侵权责任法》的亲身体会，《侵权责任法》第9条第2款规定的教唆人、帮助人和监护人责任规范的基本思路是：

第一，不再直接根据被教唆、帮助的无民事行为能力人或者限制民事行为能力人的不同身份确定不同的侵权责任。《民通意见》第148条确定教唆人、帮助人和监护人责任规则的基本思路，是根据被教唆、帮助的无民事行为能力人和限制民事行为能力人的身份不同，确定不同的责任。教唆、帮助无民事行为能力人实施侵权行为，无论是教唆人还是帮助人，都是侵权行为人，都要承担全部的侵权责任；而教唆、帮助限制民事行为能力人实施侵权行为，都一律作为共同侵权的主要侵权人，承担主要的侵权责任。问题正是发生在这里。教唆、帮助行为在共同侵权行为中起到的作用并非完全相同，须在连带责任的基础上，根据教唆人、帮助人的不同行为所起的不同作用，确定不同的责任。司法解释采取统一的、划一的方法，确定教唆、帮助无民事行为能

---

① 王胜明主编：《中华人民共和国侵权责任法释义》，法律出版社2010年版，第62页。
② 程啸：《侵权责任法》，法律出版社2011年版，第267页。
③ 王利明：《侵权责任法研究》（下卷），中国人民大学出版社2011年版，第537页。

力人和限制民事行为能力人实施侵权行为的人的固定化责任,没有体现实事求是的原则,缺少具体问题具体分析的态度,因而难免存在问题。

第二,采取实事求是的方法,强调根据实际情况确定教唆人、帮助人和监护人的责任。《侵权责任法》第9条第2款并没有说教唆人、帮助人教唆、帮助不同的被监护人的不同责任,而是规定教唆人、帮助人承担侵权责任,监护人在未尽监护责任的情况下,承担相应的责任。这样的规定具有很大的灵活性,完全体现了实事求是的要求,应当根据监护人有无监护过失而确定教唆人、帮助人承担全部责任还是部分责任;根据监护人的过失程度承担相应的责任而确定教唆人或者帮助人应当承担责任份额的大小。这样,就可以实事求是地确定教唆人、帮助人以及监护人的责任,合理分配赔偿责任,实现侵权责任法的矫正正义的目的,避免出现责任区分不准确、利益关系处理失衡的问题,纠正了司法解释存在的误差。

三、《侵权责任法》第9条第2款规定的是何种侵权责任形态

(一)是连带责任还是按份责任

《侵权责任法》第9条第2款规定的教唆人、帮助人与监护人之间的责任形态,究竟是连带责任,还是按份责任,或者是其他责任形态,看法并不相同。

1. 连带责任说

这种主张认为,教唆、帮助无民事行为能力人和限制民事行为能力人实施侵权行为,教唆人和帮助人是第一位的责任人,监护人没有尽到监护责任的才承担相应的责任。在这一范围内,监护人要与教唆人承担连带责任。[①] 这种说法是将教唆人、帮助人与监护人的责任分担形式认定为连带责任。

2. 按份责任说

这种主张认为,教唆、帮助无民事行为能力人和限制民事行为能力人实施侵权行为,应当承担侵权责任,监护人未尽监护责任,承担相应责任,理由是在存在教唆人和帮助人的情形下,监护人也要承担连带责任,过于严厉。[②] 既然认为监护人承担连带责任过于严厉,那就是认为应当承担按份责任了。

3. 减轻责任说

这种主张认为,被教唆、帮助的无民事行为能力人和限制民事行为能力人的监护人未尽到监护责任的,应当承担相应的责任。这种相应的责任取代教唆、帮助者的责任,但可减轻其责任。[③] 有疑问的是,减轻责任在侵权责任分担的形态上,属于何种责任形态? 不得而知。

---

① 程啸:《侵权责任法》,法律出版社2011年版,第267页。
② 王胜明主编:《中华人民共和国侵权责任法释义》,法律出版社2010年版,第62页。
③ 张新宝:《侵权责任法》,中国人民大学出版社2010年版,第51页。

4. 求偿责任说

这种主张认为，教唆人和帮助人是终局责任人，监护人承担了相应责任之后，可以就其相应的责任向教唆人和帮助人行使求偿权。[①] 这种说法似乎认为监护人承担的责任属于补充责任，但《侵权责任法》第9条第2款显然没有规定这个求偿权，这个解释超出了法律本身规定的内容。

笔者的看法是，当教唆人教唆无民事行为能力人实施侵权行为时，监护人并无过失，教唆人应当承担的侵权责任就是全部责任，不存在连带责任或者按份责任的争论，是单独责任，即由教唆人自己承担责任。在其他任何场合，例如教唆限制民事行为能力人实施侵权行为，帮助无民事行为能力人或者限制民事行为能力人实施侵权行为，监护人均有过失，因而都不是单独责任，都会存在监护人承担责任的情形。在这种情形下，教唆人、帮助人与监护人都应当承担责任，因而存在是连带责任还是按份责任或者不真正连带责任的性质问题。将这种责任界定为减轻责任，尽管说的是实际情况，监护人未尽监护责任，当然减轻教唆人或者帮助人的侵权责任，但没有说清楚教唆人或者帮助人与监护人之间承担的责任究竟是何种形态。认为教唆人或者帮助人与监护人分担责任的形态是按份责任，根据"相应的责任"的表述，似乎是成立的。但是，相应的责任是监护人一方承担的责任，教唆人或者帮助人承担的责任并不因为监护人的责任为"相应的责任"而使自己的责任也成为"相应的责任"，教唆人或者帮助人的责任不是相应的责任，不是按份责任。笔者的认识是，在这种情况下，教唆人、帮助人与监护人承担的责任具有连带责任的性质，在总体上仍然是连带责任。有人认为，连带责任是有确定的含义的，第9条第2款没有特别写明是连带责任，就是否定这种责任形态是连带责任。理由是，《侵权责任法》第9条第2款虽然没有明确规定，但从体系解释的角度来看，显然是排斥了连带责任。[②] 这种意见并不正确。主张教唆人、帮助人与监护人之间承担的责任为连带责任的根据是：

第一，共同侵权人承担的责任是连带责任，这是《侵权责任法》第8条确定的规则。这个规则是一般性规则，是不能改变的。教唆人、帮助人参加的侵权行为一定是共同侵权行为，共同侵权行为的法律后果一定是连带责任。不能想象，教唆、帮助完全民事行为能力人实施侵权行为的性质是共同侵权行为，须承担连带责任，而教唆、帮助无民事行为能力人或者限制民事行为能力人实施侵权行为，其性质仍属于共同侵权行为，但却不适用连带责任。

第二，《侵权责任法》第9条第1款本身是明确规定了教唆、帮助人的责任是连带责任，第2款尽管没有规定教唆、帮助无民事行为能力人或者限制民事行为能力人实施侵权行为的侵权责任的性质，但应当顺理成章地推论为连带责任。

[①] 王利明：《侵权责任法研究》（下卷），中国人民大学出版社2011年版，第537页。

[②] 同上书，第536页。

第三，如果认为这种侵权行为的法律后果不是连带责任，而是令教唆人、帮助人与监护人承担按份责任，则对保护受害人特别不利，不符合共同侵权责任制度的旨趣，有违《侵权责任法》设置共同侵权行为和连带责任的基本精神。

（二）是典型连带责任还是单向连带责任

应当看到，《侵权责任法》第9条第2款规定的责任形态，不同于典型连带责任的一般规则。笔者在《侵权责任法》刚刚通过不久，就提出了单向连带责任的概念。[①] 教唆人、帮助人与监护人的责任就是单向连带责任。具体表现是：

首先，在教唆人或者帮助人一方，应当承担的责任叫作"侵权责任"，包括承担全部责任和部分责任，如果承担的是部分责任，则是连带责任。如果教唆人教唆无民事行为能力人实施侵权行为，是侵权人，构成单独侵权行为，教唆人应当承担全部责任。在教唆限制民事行为能力人实施侵权行为、帮助无民事行为能力人实施侵权行为、帮助限制民事行为能力人实施侵权行为的场合，监护人都有监护过失，教唆人或者帮助人都不会承担全部的赔偿责任，应当由教唆人或者帮助人与监护人共同承担责任，因此形成共同责任。

其次，教唆人和帮助人无论是教唆、帮助完全民事行为能力人，还是教唆、帮助无民事行为能力人或者限制民事行为能力人，都是共同侵权人，都应当承担连带责任（教唆无民事行为能力人除外）。因此，教唆、帮助无民事行为能力人和限制民事行为能力人实施侵权行为的教唆人、帮助人，即使在监护人承担相应的责任的情况下，也应当承担连带责任。如果受害人向教唆人或者帮助人请求承担连带责任，其对损害应予以全部赔偿，教唆人或者帮助人不得以自己不是共同侵权人而主张抗辩，不得主张自己只承担按份责任。

再次，对无民事行为能力人和限制民事行为能力人的监护人未尽监护责任承担"相应的责任"应当如何理解，特别值得研究。相应的责任，应当是与行为人的过错程度和行为的原因力相适应，其实就是有份额的责任。[②] 事实上，教唆、帮助无民事行为能力人和限制民事行为能力人实施侵权行为，监护人有过错的，同样也是共同侵权行为，只不过特点比较突出，与教唆、帮助完全民事行为能力人实施侵权行为有所区别。这样就会出现一个问题，当教唆人和帮助人要承担侵权责任，监护人要承担相应的责任，且为连带责任的时候，按照连带责任原理，被侵权人请求教唆人、帮助人承担全部责任，教唆人、帮助人承担了全部责任后，就监护人的"相应的责任"份额向其追偿，当然没有问题。但是，监护人承担的是"相应的责任"，如果被侵权人向监护人请求承担

---

① 杨立新：《〈中华人民共和国侵权责任法〉条文释解与司法适用》，人民法院出版社2010年版，第57页。

② 在这一点上，《侵权责任法》在使用"相应的责任"用语上，含义基本上是一致的，只有第35条后段个人劳务责任中的工伤事故责任除外。

全部赔偿责任,可以准许吗? 好像不行,且责任"过于严厉"①。被侵权人请求监护人承担全部赔偿的连带责任,如果监护人以法律规定自己的责任是"相应的责任"进行抗辩,主张自己不承担连带责任,法院一定会采纳监护人的抗辩意见,因为监护人的请求符合法律规定。因此,监护人的"相应的责任"一定是按份责任,而不是连带责任。

最后,在多数人侵权行为中,一方当事人承担连带责任,另一方当事人承担按份责任,是我国以前的侵权责任法律规范没有规定的责任形态,因此是一种新型的侵权责任形态,我把它称为单向连带责任是比较妥当的。

四、教唆人、帮助人与监护人的单向连带责任及规则

《侵权责任法》第9条第2款规定的连带责任是单向连带责任。同样,该法第49条规定的责任形态与第9条第2款规定的规则相同,也是单向连带责任。

单向连带责任是连带责任中的一种特殊类型,是以前的侵权法理论较少研究的一种侵权责任形态。对此应当深入研究,掌握其法律适用规则。

(一)单向连带责任的概念

单向连带责任,是指在连带责任中,被侵权人有权向承担侵权责任的责任人主张承担全部赔偿责任并由其向其他责任人追偿,不能向只承担相应的责任的责任人主张承担全部责任并向其他连带责任人追偿的特殊连带责任形态。简言之,单向连带责任就是在连带责任人中,有的责任人承担连带责任,有的责任人只承担按份责任的特殊连带责任形式。

单向连带责任形态,在大陆法系侵权法中没有提及。美国侵权法连带责任中的单独责任就是单向连带责任。美国《侵权法重述·第三次》责任的分担第10节(连带责任的效力)规定:"当依据适用法律,有多人对一受害人承担连带责任时,该受害人可以起诉任何一名负连带责任者,并从中获得它可以获得的全部赔偿。"第11节(单独责任的效力)规定:"当依据适用法律,某人对一受害人的不可分伤害承担单独责任时,该受害人仅可以获得该负单独责任者在该受害人应得赔偿中所占的比较责任份额。"②这就是在数人侵权的连带责任中,有的责任人承担连带责任,有的责任人承担单独责任(按份责任),承担单独责任的单独责任人只承担受害人应得赔偿中的自己的份额,就是按份责任。这就是单向连带责任。

在单向连带责任中,两个以上的责任人都对同一个侵权行为造成的损害负赔偿责任,不过其中有的责任人承担侵权责任,有的责任人承担相应的赔偿责任。承担侵

---

① 王胜明主编:《中华人民共和国侵权责任法释义》,法律出版社2010年版,第62页。

② 〔美〕肯尼斯·S.亚伯拉罕等选编:《侵权法重述——纲要》,许传玺等译,法律出版社2006年版,第346页。

权责任一方对全部责任负责,承担相应责任一方只对自己承担的相应份额负责。因而,被侵权人可以向承担侵权责任的责任人主张连带责任,承担全部赔偿责任,在承担了全部赔偿责任之后,可以向承担相应的赔偿责任的责任人主张追偿;被侵权人不能向承担相应的责任的责任人主张承担全部连带责任,并由其向应当承担侵权责任的责任人进行追偿,而是只承担按份责任(单独责任)。《侵权责任法》第9条第2款规定符合这样的要求,这种侵权责任形态就是单向连带责任。

(二)单向连带责任的特征及与连带责任的区别

单向连带责任的特征是:第一,单向连带责任仍然是连带责任,但在这种连带责任中,有的责任人承担侵权责任即对全部侵权责任承担连带责任;有的责任人只承担相应的责任即仅对自己应当承担的责任份额承担赔偿责任,对超出自己的责任份额的部分不承担连带责任。第二,这种连带责任的各个责任人也都有最终责任的赔偿份额,按照《侵权责任法》第14条第1款的规定,按照各自的责任大小承担最终责任。第三,实行单向连带,被侵权人有权主张承担侵权责任的一方承担全部赔偿责任,但不能主张承担相应的赔偿责任的责任人对全部赔偿责任连带负责,承担相应责任的责任人不论怎样,都只对自己应当承担的赔偿份额承担责任,不对全部责任负责。第四,承担了全部赔偿责任或者承担了超出自己应当承担的赔偿份额的连带责任的人,有权向承担相应的赔偿责任的按份责任人主张追偿,也有权向其他没有承担赔偿责任的连带责任人主张追偿。

教唆人、帮助人与监护人的责任,完全具备上述单向连带责任的法律特征。同样,《侵权责任法》第49条规定的租用、借用机动车的使用人驾驶机动车发生交通事故造成他人损害,应当承担侵权责任;机动车所有人对于损害的发生也有过错的,应当承担相应的赔偿责任。这也构成单向连带责任。被侵权人可以向机动车使用人主张其承担全部赔偿责任,机动车使用人不能以机动车所有人也有过错为由进行抗辩,应当承担全部责任。在其承担了赔偿责任之后,可以向有过错的机动车所有人追偿。被侵权人也可以同时起诉机动车使用人和机动车所有人,主张他们各自承担自己的赔偿责任份额。被侵权人如果主张机动车所有人承担连带责任的,则机动车所有人可以法律规定其承担相应的责任为由进行抗辩,只对自己的过错所应承担的相应的责任承担按份责任,不承担连带责任。如果机动车使用人和机动车所有人具有共同故意或者构成客观的共同侵权行为的,则构成连带责任,各自都应当承担连带责任,不再是单向连带责任。

基于以上分析,教唆人、帮助人与监护人的责任是单向连带责任,属于连带责任中有的责任人承担连带责任,有的责任人不承担连带责任只对相应的责任份额按份负责的连带责任形态。

(三)单向连带责任的规则

《侵权责任法》规定的单向连带责任的规则是:

第一，构成单向连带责任，须具备承担侵权责任的一方和承担相应责任的一方对损害的发生都有过错，都具有原因力；如果一方具有过错和原因力，另一方的行为不具有过错或者原因力，则不构成单向连带责任。教唆人、帮助人与监护人对于损害的发生均具有过错和原因力，具备了构成单向连带责任的基本要求。

第二，在单向连带责任中，有的责任人应当承担侵权责任即连带责任，有的应当承担相应的责任即按份责任。承担连带责任的一方是教唆人或者帮助人，如果对损害的发生具有全部的过错和原因力，就应当自己单独承担赔偿责任，不存在连带责任；如果承担侵权责任的教唆人或者帮助人对于损害的发生具有部分过错和原因力，在单向连带责任中也应当对全部损害负责，为连带责任人。承担相应的责任的一方为监护人，对损害的发生不具有全部的过错和原因力，承担的相应的责任是按份责任，并且只对自己的责任份额承担责任，不论是自己承担，还是承担全部赔偿责任的人通过向其追偿而承担，都是如此。这就是美国侵权法连带责任中的单独责任。①

第三，被侵权人在单向连带责任中，只能向承担连带责任的责任人主张承担全部赔偿责任，而不能向承担按份责任的责任人主张承担全部赔偿责任。如果向承担按份责任的责任人主张承担责任，只能是按份责任，按份责任人仅对自己的份额负责。受害人主张向教唆人、帮助人请求承担连带责任的，应当予以支持；主张向监护人承担连带责任的，不予支持。

第四，承担了连带责任的侵权责任人即教唆人或者帮助人，对于超出了自己的责任份额的部分，就该部分有权向相应责任人即监护人进行追偿。在教唆人、帮助人与监护人责任之中，绝对不会出现监护人承担了责任"向教唆人、帮助人行使求偿权"②的情形。

五、《侵权责任法》第 9 条第 2 款与第 32 条之间的协调

（一）第 9 条第 2 款与第 32 条之间的相互关系

研究教唆人、帮助人责任与监护人的责任问题，必须研究《侵权责任法》第 9 条第 2 款与第 32 条之间的关系问题。笔者认为，《侵权责任法》第 32 条是关于监护人责任的一般性规定，而第 9 条第 2 款是监护人责任在共同侵权责任中的特别规定。两个条款的基本精神是一致的。

值得研究的是，第 9 条第 2 款规定承担责任的要件是"教唆、帮助无民事行为能力人、限制民事行为能力人实施侵权行为"，第 32 条第 1 款规定的是"无民事行为能力人、限制民事行为能力人造成他人损害"，两种情形是否存在区别？笔者认为，这一

---

① 〔美〕肯尼斯·S. 亚伯拉罕等选编：《侵权法重述——纲要》，许传玺等译，法律出版社 2006 年版，第 346 页。

② 王利明：《侵权责任法研究》（下卷），中国人民大学出版社 2011 年版，第 537 页。

用语的差别,并非强调两个条文规定的要件不同,而是强调在第 32 条第 1 款的情形下,无民事行为能力人或者限制民事行为能力人即使造成他人损害,也不能认为无民事行为能力人或者限制民事行为能力人实施的行为就是侵权行为,对于监护人而言才是侵权行为。相反,教唆人、帮助人教唆、帮助无民事行为能力人或者限制民事行为能力人实施的侵权行为,本身就已经是侵权行为了,因此才使用这个表述。两个用语的不同并不是说两种责任的构成要件不同,并不是否认两个条文的一致性。

《侵权责任法》第 32 条规定的监护人责任,是无民事行为能力人或者限制民事行为能力人造成他人损害,监护人承担责任的一般规则,可以明确的是,确定监护人的责任,包括过错推定原则、替代责任和公平分担损失的规则。首先,监护人责任实行过错推定原则,无民事行为能力人或者限制民事行为能力人造成他人损害,推定监护人具有未尽监护责任的过失,应当承担侵权责任。监护人承担的责任是替代责任,是监护人替代造成损害的无民事行为能力人或者限制民事行为能力人承担责任。如果监护人已经尽到监护责任,即为无过失,不是免除责任,而是减轻侵权责任,这是在适用《侵权责任法》第 24 条的公平分担损失规则,在双方当事人之间分担损失。在具体承担责任上,如果无民事行为能力人或者限制民事行为能力人是有财产的,则实行完全的补充责任,由本人的财产支付赔偿费用;不足的部分,由监护人补充赔偿,不足部分有多少就要补充赔偿多少。

《侵权责任法》第 9 条第 2 款规定的是"无民事行为能力人或者限制民事行为能力人在造成他人损害的情况下",与第 32 条规定的前提是一样的,如果有教唆人或者帮助人教唆、帮助无民事行为能力人或者限制民事行为能力人实施侵权行为的,则成为共同侵权行为,应当适用《侵权责任法》第 9 条的规定,由于存在有监护人的特殊性,因此才规定了第 2 款的规则。

从另一个角度看,第 9 条第 2 款的规定属于总则性规定,而第 32 条规定属于分则性规定。总则性规定属于原则性规定,分则性规定属于具体规定。分则性规定与总则性规定不发生冲突的,应当优先适用分则性规定;分则性规定违反总则规定的,应当适用总则性规定。在这个意义上观察,第 9 条第 2 款规定与第 32 条规定的关系并不发生冲突,分则性规定没有涉及共同侵权的问题。因此,在无民事行为能力人或者限制民事行为能力人造成他人损害的,如果有教唆人或者帮助人的,构成共同侵权行为,应当适用总则性的规定。

按照这两个条文的关系,在法律适用上是一致的;如果两个条文一旦发生冲突,应当优先适用第 9 条第 2 款的规定。

(二)监护人承担责任的"由"与"应当"的区别

《侵权责任法》第 9 条第 2 款规定监护人的责任,是"应当承担相应的责任";第 32 条规定监护人的责任,是"由监护人承担侵权责任"。这里的"应当承担"和"由……承担"的表述,是否有区别呢?依笔者所见,这两种表述的区别在于:

第一,"应当承担"所强调的是"相应的责任",是必须承担相应的责任,而不是全部责任。

第二,"由……承担"的表述,是强调替代责任,即无民事行为能力人和限制民事行为能力人实施的侵权行为造成损害,由监护人承担替代责任,而不是由被监护人承担侵权责任。

按照这样的分析,两个条文的上述不同表述并没有冲突,所不同的是,"由监护人承担"的责任是替代责任,在第32条和第9条第2款的情形下都没有变化,都是替代责任。所不同的是,第9条第2款限定监护人的责任是有限的相应的责任,为按份责任,监护人不承担超出相应的责任的按份责任,不承担连带责任。而由于第32条就是监护人自己承担责任,并不存在按份责任的相应的责任的问题,是全部责任。

（三）监护人尽到监护责任的,应当减轻还是免除责任

第32条和第9条第2款规定在下面这个问题上有一定的冲突。这就是,如果监护人没有违反监护责任的,第32条第1款后段规定的是"可以减轻其侵权责任";而按照第9条第2款规定,尽管没有明确规定监护人不承担侵权责任,但是从条文的上下文来看,监护人是不承担侵权责任的,连相应的责任也不承担。这样的理解是否正确,分析如下：

第32条第1款后段规定的减轻责任,是适用公平分担损失规则,其前提是,无民事行为能力人或者限制民事行为能力人造成他人损害,如果监护人没有未尽监护责任,即为无过错。监护人无过错,而受害人对于损害的发生更无过错,如果监护人不承担赔偿责任,则损失将由受害人全部承担。无过错的受害人承担全部损失,而损害又是无民事行为能力人或者限制民事行为能力人造成的,公平吗？肯定是不公平的。因此,按照第24条规定公平分担损失,减轻监护人的责任,就是分担损失。这样,就符合了第24条规定的条件,有了实行公平分担损失规则的必要性。

第9条第2款规定教唆、帮助无民事行为能力人或者限制民事行为能力人实施侵权行为的,已经有了承担责任的一方主体,即教唆人或者帮助人。在这样的情况下,即使监护人由于没有未尽监护责任的过失,不承担侵权责任,也不会出现损害后果由受害人自己负担的可能性,因而不再存在适用第24条关于公平分担损失规则的必要性。监护人无过失,就由教唆人或者帮助人承担全部赔偿责任（事实上只是在教唆人教唆无民事行为能力人实施侵权行为的时候,才会出现这样的情形,在其他情形不会出现这样的结果）。认为监护人如果证明自己尽了监护责任,则在最终份额决定时,进一步减轻其最终责任份额,减轻部分由教唆人、帮助人承担,也是"承担主要民事责任"的应有之义[①],似乎不够妥当。

---

① 王竹:《侵权责任分担论——侵权损害赔偿责任数人分担的一般理论》,中国人民大学出版社 2009 年版,第158—159 页。

所以,在第 9 条第 2 款规定的情形下,如果监护人不存在未尽监护责任的过失,则与第 32 条第 1 款规定的减轻监护人的责任的规定有冲突,应当适用第 9 条第 2 款规定,不适用第 32 条第 1 款后段的规定。

(四)被监护人有财产的相应的责任应当如何承担

《侵权责任法》第 32 条第 2 款规定的是造成他人损害的无民事行为能力人或者限制民事行为能力人有财产的,则首先由本人的财产支付赔偿费用,不足部分,由监护人补充赔偿。在第 9 条第 2 款规定的情形下,是否也适用这样的规则呢?

应当看到的是,《侵权责任法》第 32 条第 2 款的规定是关于履行责任的规则,不是确定责任的规则。意思是,确定监护人责任,适用第 32 条第 1 款的规定,在履行监护人的赔偿责任时,如果无民事行为能力人或者限制民事行为能力人自己有财产的,按照这样的规则进行。第 9 条第 2 款没有规定这样的内容,没有说监护人承担相应的责任的,如果无民事行为能力人或者限制民事行为能力人自己有财产的,应当适用何种规则。对此,应当顺理成章地适用第 32 条第 2 款的规定,如果教唆人或者帮助人应当承担侵权责任,监护人也应当承担相应的责任的,包括直接承担相应责任和教唆人或者帮助人在承担了全部赔偿责任的中间责任后向监护人追偿,当然应当由监护人承担赔偿责任;如果无民事行为能力人或者限制民事行为能力人自己有财产,同样应当由造成损害的无民事行为能力人或者限制民事行为能力人的财产支付赔偿费用,不足部分,由监护人补充赔偿。

应当注意的是,这个相应的责任是已经确定的责任,在此份额内,监护人承担的是完全的补充责任,因而与《侵权责任法》第 34 条第 2 款、第 37 条第 2 款和第 40 条规定的相应的补充责任不同,不能在相应的赔偿责任之内再承担"相应的"补充责任。

(五)教唆人、帮助人无资力的如何处理

教唆人、帮助人承担侵权责任包括连带责任,如果出现无资力的情形,应当如何处理侵权责任分担问题,《侵权责任法》第 9 条第 2 款没有规定。有人曾经提出这个问题,认为教唆限制民事行为能力人实施侵权行为的,由教唆人承担主要民事责任。但教唆者无资力承担主要责任的除外。[①] 这个说法语焉不详,不知道这个除外究竟何指,是否说教唆者如果无资力承担主要责任就不承担主要责任,改为次要责任? 不得而知。

笔者认为,按照上述确定教唆人、帮助人责任的规则确定了责任,如果教唆人或者帮助人无赔偿资力,并非要重新设立一个规则重新确定责任,而是赔偿责任人无资力就是赔偿风险,并非所有的损失都能够得到赔偿;不能赔偿的,应当由受害人承担这个风险,或者以其他救济方式进行救济。

---

① 张新宝、唐青林:《共同侵权责任十论—以责任承担为中心重塑共同侵权理论》,载《民事审判指导与参考》2004 年第 4 期。

【案例讨论】 ⟫⟫⟫ ⟩

案情：

被告黄××的丈夫被告张振×骑摩托车摔伤。黄××闻讯后,在未征得原告张海×(15岁)父母同意的情况下,让原告开农用三轮车赶赴事故现场。到达后,受伤的张振×要求原告开车接其姐夫到现场。原告驾驶该车在公路上调头时,与王××驾驶的农用三轮车相撞,致使包括王在内的车上四人受伤住院治疗。经公安交警大队认定:张海×应负70％的责任,王××应负30％的责任。张海×按责任比例承担受害人赔偿额为21913.75元。原告向受害人承担了上述赔偿责任后,以被告夫妇未经其父母允许唆使未成年人开车,造成交通事故致受害人受伤为由起诉,要求被告赔偿经济损失。法院审理认为:原告系限制民事行为能力人,二被告在未征得监护人同意的情况下,让原告开农用三轮车为其服务,对所发生的交通事故,被告应当承担60％的赔偿责任,原告的法定代理人因监护不周,应承担40％的责任。

讨论问题：

1. 本案二被告的行为是否可以比照教唆行为确定侵权责任?

2. 本案原告的监护人是否存在监护不周的过失?应否承担相应的责任?

3. 将这种侵权责任形态定性为单向连带责任,你认为有道理吗?本章归纳的单向连带责任的规则是否正确?

【参考文献】 ⟫⟫⟫ ⟩

〔美〕肯尼斯·S.亚伯拉罕等选编:《侵权法重述——纲要》,许传玺等译,法律出版社2006年版。

王利明:《侵权责任法研究》(下卷),中国人民大学出版社2011年版。

张新宝:《侵权责任法》(第二版),中国人民大学出版社2010年版。

程啸:《侵权责任法》,法律出版社2011年版。

张铁薇:《共同侵权制度研究》,法律出版社2007年版。

王竹:《侵权责任分担论——侵权损害赔偿责任数人分担的一般理论》,中国人民大学出版社2009年版。

第十一章　竞合侵权行为及类型

在多数人侵权行为中,竞合侵权行为是我国侵权法学研究中还没有更多涉及的一个概念,但在立法上有较多的法律规范,在司法实践中也有大量的侵权责任纠纷案件存在,缺少必要的法理研究和概括。本章从理论上对此进行研究,提出竞合侵权行为的概念,研究其法律适用规则,并说明其在多数人侵权行为形态体系中的地位以及与侵权责任形态体系的关系。

一、竞合侵权行为概念的提出及意义

(一)我国侵权法理论侵权行为形态与侵权责任形态对接中的空白

多数人侵权行为发生共同责任。共同责任所表述的,就是在侵权人是多人的情况下,侵权责任在不同的当事人之间进行分担的不同形态。这个概念,与大陆法系侵权法中的多数人之债概念[①],以及英美侵权法特别是美国侵权法的责任分担概念[②]是基本相同的。

共同责任分为按份责任、连带责任、不真正连带责任和第三人责任。按照现行的侵权法理论构造,多数人侵权行为与共同责任的对应关系是:分别侵权行为(即无过错联系的共同加害行为)对应按份责任,共同侵权行为对应连带责任;第三人侵权行为对应第三人责任;而不真正连带责任所对应的侵权行为形态类型没有理论上的概括。这就形成了侵权行为形态与侵权责任形态对接中的一个空白。一个不能否认的事实是,如果一种侵权责任形态类型没有一种可以对接的侵权行为形态类型,是不符合逻辑要求的,一定是在侵权法理论的构造上存在错误。

研究结果表明,不真正连带责任是一个相当复杂的体系,我国《侵权责任法》规定了大量的以前没有规定的责任形态,实际上都属于不真正连带责任的特殊表现形式。例如,在第 34 条第 2 款、第 37 条第 2 款和第 40 条规定的补充责任,在第 44 条和第 85 条、第 86 条第 2 款规定的先付责任,与第 41 条至第 43 条和第 68 条、第 83 条规定的典型的不真正连带责任的规则均不相同[③],但又在本质上基本相同,这属于不真正连

---

① 参见邱聪智:《新订民法债编通则》(下),中国人民大学出版社 2004 年版,第 389 页以下。

② 〔美〕肯尼斯·S. 亚伯拉罕等选编:《侵权法重述——纲要》,许传玺等译,法律出版社 2006 年版,第321 页。

③ 《物权法》第 21 条规定的不动产物权登记错误的损害赔偿责任形态属于典型的不真正连带责任。

带责任的特殊类型。因此笔者提出,不真正连带责任表现为四种类型,即:典型的不真正连带责任、先付责任、补充责任和并合责任,构成一个完整的不真正连带责任体系。[①]

依照侵权法的逻辑要求,不同的侵权责任形态应当与不同的侵权行为形态相对应。具有四种不同类型的不真正连带责任,它究竟与何种侵权行为形态相对应呢?我国目前的侵权法理论还没有很好地回答这个问题。这表明我国目前侵权法理论对侵权行为形态类型的概括是不完善的,还不能对应所有的侵权责任形态类型,存在新的侵权行为形态类型没有被传统侵权法理论所发现,或者说还缺少必要的理论概括。

多数人侵权行为形态与侵权责任形态对接的逻辑空白,可见下表:

表 11-1

	侵权行为形态	侵权责任形态
多数人侵权	共同侵权行为	连带责任
	分别侵权行为	按份责任
	?	不真正连带责任
	第三人侵权行为	第三人责任

对此,必须进行深入研究,提出新的多数人侵权行为形态的类型,以填补侵权法理论上的这个逻辑空白。

(二)知识产权间接侵权行为概念指引的思路

间接侵权行为是知识产权法中经常使用的概念,有专门研究知识产权间接侵权行为的专著。[②] 这个概念分别用于专利权间接侵权、商标权间接侵权和著作权间接侵权。学者认为,为了加强对知识产权的保护,许多国家的立法或判例确立了知识产权间接侵权规则;第三人即使没有直接实施受知识产权专有权利控制的行为,但只要其引诱、教唆或有意帮助他人进行直接侵权,其行为也被认为构成间接侵权,应当与直接侵权者承担连带责任。这就使得权利人能够通过起诉更具经济实力和在法院管辖范围内的间接侵权者及时获得救济。这对于保护权利人的合法利益十分有利。[③] 在立法上,《著作权法》《商标法》和《专利法》都没有规定间接侵权,只规定了直接侵权,追究直接侵权人的侵权责任。近年来,随着知识产权侵权责任理论的发展,我国的知识产权立法规定了版权的间接侵权规则,这是出于应对网络著作权侵权的挑战而最先得到确认的间接侵权。在著作权法领域,最高人民法院《关于审理涉及计算机网络著作权纠纷案件适用法律若干问题的解释》第 4 条和第 5 条"网络服务提供者通过网络参与他人侵犯著作权行为,或者通过网络教唆、帮助他人实施侵犯著作权行为的,人民法院应当根据《民法通则》第 130 条的规定,追究其与其他行为人或者直接实施

---

① 杨立新:《侵权责任法》,法律出版社 2011 年版,第 158—159 页。
② 王迁等:《知识产权间接侵权研究》,中国人民大学出版社 2009 年版。
③ 王迁:《商标间接侵权研究》,载《知识产权年刊》2006 年号。

侵权人的共同侵权责任""提供内容服务的网络服务提供者,明知网络用户通过网络实施侵犯他人著作权的行为,或者经著作权人提出确有证据的警告,但仍不采取移除侵权内容等措施以消除侵权后果的,人民法院应当根据民法通则第130条的规定,追究其与该网络用户的共同侵权责任"的规定,就是对著作权间接侵权的规定。《信息网络传播权保护条例》有关网络服务提供者的避风港原则的规定,也是针对著作权间接侵权行为的规则。在专利法领域,专利间接侵权的内容也已被列入下一次修订《专利法》的计划中。在商标权法领域,《商标法实施条例》"故意为侵犯他人注册商标专用权行为提供仓储、运输、邮寄、隐匿等便利条件"的规定,也认为是对间接侵权的规定。

知识产权间接侵权行为为研究侵权行为形态与侵权责任形态对接中存在的逻辑空白指引了一个有益的思路。与不真正连带责任对接的侵权行为形态肯定与间接侵权行为有关。

(三)侵权法广泛使用的"间接"概念与间接侵权行为的关系

与知识产权法领域相反,在传统侵权法的立法、司法以及理论研究中,并不使用间接侵权行为的概念。侵权法理论使用"间接"概念主要有以下几种情况:

1. 直接受害人和间接受害人

直接受害人是侵权行为损害后果的直接承受者,是因侵权行为而使民事权利受到侵害的人。[①] 侵权人实施的侵权行为直接作用在受害人身上,造成了受害人的权利损害和利益损失,这就是直接受害人。

侵权行为由于造成直接受害人的损害,进而影响到与直接受害人有密切关系的人的权利受到损害、利益受到损失,尽管侵权人的侵权行为没有直接造成该人的损害,但使其间接地受到损害,因而是间接受害人。[②] 例如,侵权行为造成直接受害人死亡或者丧失劳动能力,其被扶养人的扶养来源受到损害的人,就是间接受害人。侵权行为造成夫妻一方的性功能损害,对方配偶的配偶利益受到侵害的,构成间接侵害夫妻关系,没有直接受到损害的配偶一方是间接受害人。[③] 对此,有学者专门著述阐释间接受害人,对间接受害人的广义概念和狭义概念都作出界定。[④]

2. 直接损失和间接损失

在财产损失的场合,财产损失的类型分为直接损失和间接损失。直接损失是现有财产的减少,间接损失是可得利益的丧失。[⑤]

[①]　杨立新:《侵权法论》(第4版),人民法院出版社2011年版,第230页。

[②]　同上书,第231页。

[③]　美国法学会:《美国法律整编·侵权行为法》(美国侵权法重述·第二次)第693条,刘兴善译,台湾司法周刊杂志社1986年版,第588—589页。

[④]　姚宝华:《间接受害人研究》,法律出版社2011年版,第15页。

[⑤]　张新宝:《侵权责任法》,中国人民大学出版社2010年版,第105页。

3. 直接行为和间接行为

笔者在侵权法的著述中使用直接行为和间接行为的概念[①]，其他学者的著述则不常使用。直接行为是行为人自己实施的损害他人民事权益的行为，构成侵权责任的，应当承担自己责任。间接行为是为他人的行为负责或者为物的损害没有尽到监督、管领的义务的行为，例如被监护人实施的行为造成他人损害监护人未尽监护义务的行为；对自己管领下的物没有尽到管领义务致使该物造成他人损害的行为，都是间接行为。间接行为发生的侵权责任形态是替代责任。自己责任与替代责任相对应。

4. 直接因果关系和间接因果关系

在侵权责任构成要件的因果关系理论中，曾经区分必然因果关系和偶然因果关系[②]，使用直接因果关系和间接因果关系概念。这种说法受到批评[③]，代之而起的是，相当因果关系理论和规则成为我国侵权法因果关系判断的核心规则。[④] 不过，直接因果关系和间接因果关系的区分在某些侵权行为中仍然具有意义，例如在违反安全保障义务的侵权责任中，第三人的侵权行为是损害发生的直接原因，而违反安全保障义务人的不作为行为则是损害发生的间接原因。[⑤] 在产品责任等适用不真正连带责任的侵权行为形态类型中，最终责任人的行为与损害之间的因果关系是直接因果关系，中间责任人的行为与损害之间的因果关系则为间接因果关系。

在侵权法理论这些使用间接概念的场合，多数不涉及间接侵权问题。例如，间接受害人说的是受到损害的人的类型，并不是说侵权行为是间接侵权行为。间接损失说的是财产损害的类型，也不是说间接侵权行为。笔者在著述中使用的间接行为概念，也不是间接侵权行为所要研究的问题，与间接侵权行为无关，而与替代责任相对应。[⑥]

在间接因果关系的概念中包含间接侵权行为，因为间接侵权行为就是一个具有直接因果关系的侵权行为在实施中，另有一个具有间接因果关系的侵权行为加入其中，对具有直接因果关系的侵权行为的实施和造成损害起到了一种间接的作用。在这种情形下，具有间接因果关系的那个侵权行为，其实就是间接侵权行为。

传统侵权法没有重视对间接侵权行为概念的研究，均视间接侵权行为是知识产权侵权行为的概念，因而轻视乃至于排斥对间接侵权行为的研究和借鉴。

(四) 承担不真正连带责任的侵权行为中包含间接侵权行为

侵权法理论在研究侵权责任形态时，将其分为自己责任和替代责任、单方责任和

---

① 杨立新：《侵权责任法》，法律出版社 2011 年版，第 111—112 页。
② 刘信平：《侵权法因果关系理论之研究》，法律出版社 2008 年版，第 123—124 页。
③ 梁慧星：《雇主承包厂房拆除工程违章施工致雇工受伤感染死亡案评释》，载《法学研究》1989 年第 4 期。
④ 朱岩：《侵权责任法通论·总论》，法律出版社 2011 年版，第 202 页。
⑤ 杨立新：《侵权责任法》，法律出版社 2011 年版，第 251 页。
⑥ 同上书，第 111—112 页。

双方责任、单独责任和共同责任。[①] 自己责任和替代责任的划分,自罗马法起至《法国民法典》颁布实施是一脉相承的,与间接侵权行为基本上无关。单方责任和双方责任是说在分配侵权责任时,分为一方当事人承担责任还是双方当事人承担责任,主要是研究过失相抵和公平分担损失规则的适用,这些也与间接侵权行为无关。

研究侵权行为形态与侵权责任形态对应关系中存在的逻辑空白,当应用知识产权间接侵权行为概念和理论来观察时,就会发现,对应不真正连带责任的侵权行为类型中,一定会存在一个间接侵权行为。在这种侵权行为中,行为人都是两个以上,但既不构成共同侵权行为,也不构成分别侵权行为。在两个以上的行为人中,一个行为人实施的是直接侵权行为,与其他侵权人没有任何区别,完全是自己独立实施侵权行为造成了受害人的损害。但在直接侵权人实施侵权行为时,另外一个侵权人的行为对直接侵权人实施侵权行为起到了间接的作用,如果没有间接侵权人的这个作用,直接侵权人实施侵权行为就不具备条件,或者不会那么容易实现。例如,在产品责任中,生产者制造出了缺陷产品,销售者将其出售给使用者,造成了使用人的损害,生产者是直接侵权人,承担最终责任,而销售者仅仅是一个中间的商品流转的媒介,但如果没有销售者的行为,生产者的行为就不会造成使用人的损害结果,因而销售者的行为与损害之间具有间接因果关系,是造成损害的间接侵权行为。可见,间接侵权人所实施的侵权行为就是间接侵权行为,与专利权、商标权、著作权的间接侵权行为原理大致相同。

(五)竞合侵权行为对解决侵权行为形态与侵权责任形态对接空白的重要意义

但是应当看到,间接侵权行为这个概念界定的只是适用不真正连带责任的侵权行为形态中的一个行为,也就是间接侵权人所实施的侵权行为,如果只有这样一个侵权行为,并不能造成受害人的损害,必须将这个间接侵权行为与直接侵权人实施的直接侵权行为结合在一起,造成同一个损害结果,才能够成为与不真正连带责任相对接的侵权行为形态。对这个直接侵权行为与间接侵权行为结合在一起,并与不真正连带责任对接的这种侵权行为形态的概念究竟应当怎样确定,是我国传统侵权法理论没有解决的问题。解决这个问题仅仅靠间接侵权行为的概念是不够的,必须还要建立一个侵权行为形态类型的概念,这个概念就是竞合侵权行为。使用竞合侵权行为这个概念,能够弥补多数人侵权行为中,共同侵权行为、分别侵权行为以及第三人侵权行为这三种侵权行为形态划分的不足,形成共同侵权行为对接连带责任、分别侵权行为对接按份责任、竞合侵权行为对接不真正连带责任以及第三人侵权行为对接第三人责任,使侵权行为形态在对接侵权责任形态上,构成完整、完美的体系。因此,笔者主张,将竞合侵权行为作为侵权行为形态的类型之一,成为侵权法的基本概念,与共同侵权行为、分别侵权行为和第三人侵权行为概念一起,构成完整的多数人侵权行

---

① 杨立新:《侵权法论》(第4版),法律出版社2011年版,第640页。

为形态体系,并实现与侵权责任形态体系的完美对接。

二、竞合侵权行为的概念界定与类型

(一)知识产权法界定间接侵权行为概念的启发

知识产权法对间接侵权行为概念的界定,对于界定竞合侵权行为概念有一定的借鉴意义。

无论英美法系抑或大陆法系国家,知识产权领域的间接侵权行为的概念及规则均主要来源于一般侵权行为法上的一项基本原则:在明知某种行为构成侵权,而仍然教唆、引诱他人去实施这种行为,或者对他人的这种侵权行为提供实质性帮助的,应当对侵权后果承担责任。显然,在明知特定行为构成侵权的情况下对这种行为实施教唆、引诱或予以帮助,行为人主观上的过错是明显的,而且其行为与损害结果之间存在因果关系,要求行为人承担责任是合理的。[①]

知识产权法学界对间接侵权行为的界定,如:间接侵权行为是第三者未经专利权人同意,向无权利用该项专利的人提供或供应其中关键部分的中间产品而故意怂恿和唆使其实施该项专利。[②]

按照知识产权法对间接侵权行为的界定,知识产权间接侵权行为中的绝大部分都不是间接侵权行为,而是共同侵权行为。例如,故意教唆、帮助他人实施侵权行为,完全符合《侵权责任法》第 9 条第 1 款规定的教唆、帮助行为的共同侵权行为特征,应当适用连带责任规则确定赔偿责任。而引诱他人实施侵权行为不构成共同侵权行为,具有间接侵权行为的特点。应当看到的是,教唆、帮助实施侵权行为的人,在知识产权法领域被叫作间接侵权行为。在传统侵权法理论中,教唆或者帮助行为并不是间接侵权行为,而是共同侵权行为。原因在于,教唆人和帮助人实施的行为,是与实行人的行为结合在一起的,共同引起了损害结果的发生,因此,教唆人和帮助人实施的行为是共同行为,认其为直接行为而不是间接行为。在研究间接侵权行为和竞合侵权行为中,不应当将教唆行为和帮助行为作为间接侵权行为,而是仍然作为共同侵权行为,教唆、帮助行为与间接侵权行为无关。

(二)侵权法理论对竞合侵权行为概念的界定

在侵权法中,究竟是采用知识产权间接侵权行为的概念,还是对传统侵权法的侵权行为类型进行整合,创立新的竞合侵权行为的概念,颇值得认真研究。

如上所述,依靠知识产权法界定间接侵权行为概念的方法,创立竞合侵权行为概念是做不到的,因为知识产权法认可的间接侵权行为的绝大部分都由侵权责任法的

---

① 王迁:《商标间接侵权研究》,载《知识产权年刊》2006 年号。
② 吴观乐:《浅议间接侵权》,载《专利的理论研究与实践探索》,专利文献出版社 1996 年版,第 45 页;尹新天:《专利权的保护》,专利文献出版社 1998 年版,第 111—112 页。

共同侵权行为规则调整，要承担的责任也不是由间接侵权人直接承担，而是发生连带责任。解决侵权行为形态与侵权责任形态对接之间的逻辑空白只有一条途径，就是创立侵权法的竞合侵权行为概念。

日本侵权法将这种侵权行为称为竞合的不法行为即竞合侵权行为。潮见佳男教授认为，竞合侵权行为是指产生同一损害的数个侵权行为出现竞合时，不作为共同侵权行为处理的情况。竞合侵权行为分为两种情形，分别是要件相同的数个侵权行为的竞合以及要件不同的数个侵权行为的竞合。《日本民法典》第709条意义上的侵权行为①出现竞合的属于前种情形，而第709条的侵权行为与第717条规定的建筑物责任的竞合则属于后种情形。日本侵权法认为，对竞合侵权行为可以进行以下几种判断：一是根据对每个行为人责任要件充足与否的判断，对谁成立什么样的损害赔偿请求权（对个别行为的归责）；二是如何判断被认定成立的数个损害赔偿请求权之间是否存在竞合关系；三是在竞合关系得到确认的情况下，应当如何看待对各行为人的损害赔偿请求权的关系；四是是否应当承认关于侵权行为的个别的成立要件的请求、举证责任的转换。学者指出，竞合侵权行为的特征是：(1) 被指向相同的权利、法益的侵害的存在；(2) 对于个别行为的侵权责任的成立要件的补充；(3) 与贡献度相应的责任（即分割责任、"比例性责任"）。②

日本学者对竞合侵权行为的界定值得借鉴。在这样的基础上，笔者认为：竞合侵权行为，是指两个以上的民事主体作为侵权人，有的实施直接侵权行为、与损害结果具有直接因果关系，有的实施间接侵权行为、与损害结果的发生具有间接因果关系，行为人承担不真正连带责任的侵权行为形态。

竞合侵权行为的主要法律特征有以下四点：

(1) 行为的主体为二人以上。竞合侵权行为的行为主体必须是二人以上，既可以是两个以上的自然人，也可以是两个以上的法人，还可能是两个以上的自然人和法人。在通常情况下，竞合侵权行为的主体是两人。在这一点上，竞合侵权行为与分别侵权行为和共同侵权行为是一样的，其行为主体均为复数，即多数人侵权，而非单独一人侵权，以此与单独侵权行为相区别。

(2) 行为人实施的侵权行为与其他多数人侵权行为的性质不同。竞合侵权行为与共同侵权行为、分别侵权行为均不同，两个以上的行为主体对受害人实施的侵权行为的性质并不相同。换言之，竞合侵权行为的两个以上的行为人，有的对受害人实施直接侵权行为（也叫作主行为），有的是对直接侵权行为的实施提供了条件或者方便，但并不构成教唆、帮助行为的间接侵权行为（也叫作从行为）。而共同侵权行为的每

---

① 即一般侵权行为，在日本也叫作"基本型侵权行为"。
② 〔日〕潮见佳男：《不法行为法Ⅱ》（第2版），日本信山社2011年版，第196—197页。"贡献度"的概念与我国侵权法的"原因力"概念相同。

一个行为人都是共同加害人,都是直接侵权人,即使教唆、帮助行为,也是对损害的发生起到了直接作用,具有直接的原因力。至于分别侵权行为,每一个行为人的行为均为损害发生的直接原因,不存在提供条件和创造机会的问题,不存在间接侵权行为。

(3) 对发生竞合的两个以上的行为通常视为一个行为。在竞合侵权行为中,尽管是两个以上的行为人实施的行为竞合在一起,但通常的观念认可其为一个行为,而不是像共同侵权行为那样就是一个行为,也不像分别侵权行为那样就是两个行为。因此,竞合侵权行为介于共同侵权行为和分别侵权行为之间,是一种两个以上的侵权行为竞合在一起的侵权行为形态。竞合侵权行为不是单指间接侵权行为,而是指直接侵权行为和间接侵权行为的竞合,因而才属于多数人侵权行为,才发生共同责任。这是竞合侵权行为与知识产权间接侵权行为概念的根本区别。

(4) 不同的行为人对受害人承担不真正连带责任。竞合侵权行为的行为人对受害人承担共同责任而不是单独责任。与共同侵权行为和分别侵权行为不同的是,竞合侵权行为的行为人承担的是不真正连带责任,而不是连带责任或者按份责任。在竞合的侵权人之间,承担侵权责任应当根据行为人对受害人实施的侵权行为的性质不同:对受害人实施直接侵权行为的行为人承担的责任是最终责任,而对受害人实施间接侵权行为的行为人承担的责任是中间责任,双方责任的联系是形式上连带而实质上不连带。即在形式上,受害人可以直接起诉其中的任何一个行为人承担侵权责任,是具有连带性质的责任;在实质上,最终责任是落在直接侵权人的身上,由直接侵权人承担全部的最终责任,间接侵权人不承担或者只承担较少的最终责任。

(三) 竞合侵权行为的性质和地位

竞合侵权行为的性质是侵权行为形态的一种类型。侵权行为形态分为单独侵权行为和多数人侵权行为,多数人侵权行为分为共同侵权行为、分别侵权行为、竞合侵权行为和第三人侵权行为。竞合侵权行为是多数人侵权行为中的一种类型。

在侵权行为形态中,单独侵权行为与多数人侵权行为相对应。单独侵权行为,是侵权行为的行为人为一人的侵权行为,该人应当承担侵权责任,即单独责任。多数人侵权行为是由数个行为人实施行为,对同一损害后果承担责任的侵权行为,其行为主体为二人或者二人以上,数人对同一损害后果承担侵权责任,数人承担侵权责任的方式即数个责任主体与被侵权人一方的请求权之间的联系具有多样性。[①]

在多数人侵权行为中,竞合侵权行为占有重要地位。

在多数人侵权行为中,根据行为人之间的主观关联、客观关联和后果关联等的不同,分为以下情形:

(1) 共同侵权行为。行为人的主观关联或者客观关联,造成同一损害后果形成后果关联,是构成共同侵权行为的基础。行为人在主观上有关联,或者在客观上有关

---

① 参见张新宝:《侵权责任法》(第二版),中国人民大学出版社 2010 年版,第 44 页。

联,符合共同侵权行为要件的,构成共同侵权行为。某些不构成共同侵权行为,但法律也视为共同侵权行为的,为准共同侵权行为,包括共同危险行为(《侵权责任法》第10条规定)、叠加的共同侵权行为(《侵权责任法》第11条规定)和规定为连带责任但并不具有共同侵权行为特征的侵权行为(例如《侵权责任法》第51条、第74条、第75条规定等)。

行为人在主观上有关联,在客观上没有关联的,构成交叉的共同侵权行为,发生的后果是单向连带责任。在单向连带责任中,由于存在一个侵权人承担连带责任,另一个侵权人承担按份责任的区别,尽管仍然将其叫作连带责任,但其实是从一个角度上观察是共同侵权行为,从另一个角度观察不过是按份责任。这种情况的典型形式是《侵权责任法》第9条第2款规定的教唆、帮助无民事行为能力人或者限制民事行为能力人实施侵权行为,教唆人或者帮助人应当承担连带责任,但无民事行为能力人或者限制民事行为能力人的监护人未尽监护职责,应当承担相应责任即按份责任。从行为的结合上构成共同侵权行为,仍然是连带责任。这种行为不是竞合侵权行为,而是共同侵权行为和分别侵权行为的结合,其主要特征是共同侵权行为,应当将其归于共同侵权行为当中。

可以看到的是,《侵权责任法》第49条规定的租车、借车的损害责任,当事人在主观上并没有关联,在客观上具有一定关联,因而将这种侵权行为规定为单向连带责任,有一定问题,确定为补充责任反倒是比较切合实际。

(2)分别侵权行为。分别侵权行为也叫作无过错联系的共同加害行为。在表现形式上,行为人在主观上不关联,在客观上也不关联,仅仅是损害后果相关联,其后果是按份责任。

(3)第三人侵权行为。第三人侵权行为是指《侵权责任法》第28条规定的第三人过错,是指除受害人和加害人之外的第三人,对受害人损害的发生具有过错的情形。第三人过错的主要特征是主体上的特殊性,即第三人的过错原因致使加害人造成了受害人的损害。其中造成损害的一方也是数人,属于多数人侵权行为,基本特点是承担责任的是第三人而不是加害人。

(4)竞合侵权行为。竞合侵权行为的数个行为人在主观上没有关联,在客观的行为和损害后果上有关联,发生不真正连带责任的侵权责任形态,与上述三种侵权行为形态类型均不相同。

可见,竞合侵权行为不属于单独侵权行为,而属于多数人侵权行为。在多数人侵权行为中,是共同侵权行为、分别侵权行为以及第三人侵权行为之外的另一种侵权行为形态类型。其构成的特点是:直接侵权人对于所造成的他人损害构成侵权责任,但间接侵权人实施的行为对于直接侵权人实施的行为在客观上起到了间接作用,使直接侵权人便于实施侵权行为,或者为直接侵权人实施侵权行为提供了方便等等,使直接侵权行为造成了受害人的损害。这两种行为即直接侵权行为和间接侵权行为竞合到一起,作为侵权行为类型的一种,就是竞合侵权行为。例如,饭店对住店客人负有安全保障义务,未尽该安全保障义务,给行为人实施侵权行为提供了方便,侵害了受害人的合法权益。该侵权行为对损害的发生具有百分之百的原因力,承担全部责任理所当然。但是,饭店未尽安全保障义务也构成侵权责任,对于侵权后果的发生具有间接因果关系。在这种情况下,《侵权责任法》第 37 条第 2 款规定,实施侵权行为的人为侵权人,应当承担侵权责任;未尽安全保障义务的行为由于与该损害结果具有间接因果关系,因而行为人应当承担相应的补充责任。这就是典型的竞合侵权行为。

这样,就能够为《侵权责任法》规定的不真正连带责任形态类型找到所对应的侵权行为形态类型,就是竞合侵权行为。将多数人侵权行为分成共同侵权行为、分别侵权行为、竞合侵权行为以及第三人侵权行为这样四种类型,实现了对侵权行为类型的完全划分。四种侵权行为形态类型对应的是连带责任、按份责任、不真正连带责任和第三人责任,构成了侵权行为形态体系和侵权责任形态体系的完美的逻辑关系。

（四）竞合侵权行为的类型

1. 法律规定的竞合侵权行为

《侵权责任法》《物权法》和最高人民法院有关司法解释等对竞合侵权行为作出了以下规定:

（1）承担典型的不真正连带责任的侵权行为。《侵权责任法》第 41 条至第 43 条规定的产品责任,第 59 条规定的医疗产品损害责任,第 68 条规定的第三人过错的环境污染责任,第 83 条规定的第三人过错致使动物损害责任,都是竞合侵权行为,间接侵权人实施的侵权行为是直接侵权行为造成损害的必要条件。《物权法》第 21 条规定的物权错误登记的赔偿责任是典型的不真正连带责任。这些承担典型不真正连带责任的侵权行为类型,都是竞合侵权行为。

（2）承担先付责任的侵权行为。《侵权责任法》第 44 条规定的产品责任中的第三人责任,第 85 条规定的其他责任人的建筑物等损害责任,第 86 条第 1 款规定的建筑物倒塌中其他责任人的侵权责任,都是承担先付责任的竞合侵权行为。

（3）承担相应的补充责任的侵权行为。《侵权责任法》第 34 条第 2 款规定的劳务派遣的侵权责任,第 37 条第 2 款规定违反安全保障义务的侵权责任,第 40 条规定的第三人造成学生伤害的学校责任,其行为都是承担相应的补充责任的竞合侵权行为。①

2. 竞合侵权行为的类型划分

潮见佳男教授把竞合侵权行为分为要件相同的数个侵权行为的竞合和要件不同

---

① 《侵权责任法》第 32 条第 2 款还规定了一种完全的补充责任,即有财产的无民事行为能力人、限制民事行为能力人造成他人损害的,从本人财产中支付赔偿费用;不足部分,由监护人赔偿。监护人赔偿的部分,就是完全的补充责任。不过这种责任形态只此一例,且不典型,故不作论述。

的数个侵权行为的竞合这两种类型[①]，有一定道理，但不符合我国《侵权责任法》对这种侵权行为的规定，无法借鉴这种方法划分我国竞合侵权行为的类型。

《侵权责任法》和其他法律以及最高人民法院有关司法解释中规定的上述承担各种不同的不真正连带责任的侵权行为，针对的都是竞合侵权行为。既然都是竞合侵权行为，为什么还要规定如此繁多的不真正连带责任的各种形态？原因在于这些不同的竞合侵权行为的行为竞合方式各不相同，政策考量因素也不相同。笔者认为，可以用发生竞合的不同原因为标准，将这些不同的竞合侵权行为作以下分类：

（1）必要条件的竞合侵权行为。必要条件的竞合侵权行为，是指两个行为中的从行为（即间接侵权行为）与主行为（即直接侵权行为）竞合的方式，是从行为为主行为的实施提供了必要条件，没有从行为的实施，主行为不能造成损害后果的竞合侵权行为。换言之，间接侵权人的从行为是直接侵权人的主行为完成的必要条件，这种竞合侵权行为就是必要条件的竞合侵权行为。

《侵权责任法》第41条至第43条规定的产品责任，第68条规定的第三人过错的环境污染责任，第83条规定的第三人过错致使动物损害责任，以及《物权法》第21条规定的物权错误登记的赔偿责任等，都是必要条件的竞合侵权行为。在这些竞合侵权行为中，主行为是生产者的生产行为、第三人的过错行为或者有过错的登记申请人的行为，他们的行为是造成损害的直接原因；而销售者的行为、污染者的行为、动物饲养人管理人的行为以及物权登记机构的登记行为，都是为直接侵权行为的实施提供了必要条件。

（2）必要条件＋政策考量的竞合侵权行为。必要条件＋政策考量的竞合侵权行为，是指符合必要条件的竞合侵权行为的要求，但是基于政策考量，规定间接侵权人先承担中间责任，之后向直接侵权人追偿以实现最终责任的竞合侵权行为。《侵权责任法》第44条规定的第三人过错造成产品缺陷致人损害的，由本无最终责任的生产者、销售者先承担侵权责任，之后向有过错的第三人追偿；第85条和第86条第1款规定的建筑物等所有人、管理人或者使用人先承担赔偿责任，建设单位、施工单位先承担赔偿责任，承担了赔偿责任之后，再向其他责任人请求追偿，都是间接侵权人先承担责任、之后再向直接侵权人追偿的竞合侵权行为。这些侵权行为的竞合，原本与必要条件的竞合侵权行为并无两样，但是立法者基于保护受害人的需要，规定应当承担中间责任的间接侵权人先承担责任，以保障受害人的权利尽早得到实现。间接侵权人的从行为是直接侵权人的主行为造成损害后果的必要条件，但出于政策考量，法律规定令间接侵权人承担先付责任，而直接侵权人作为受追偿的最终责任人，并不直接对受害人承担赔偿责任。

（3）提供机会的竞合侵权行为。提供机会的竞合侵权行为，是指两个竞合的行

---

① 〔日〕潮见佳男:《不法行为法Ⅱ》(第2版)，日本信山社2011年版，第196页。

为,从行为为主行为的实施提供了机会,使主行为的实施能够顺利完成的竞合侵权行为。从发挥的作用上考察,提供机会的竞合侵权行为与必要条件的竞合侵权行为有所不同,这就是:间接侵权人的从行为给直接侵权人的主行为造成损害结果提供了机会,但并不是必要条件。《侵权责任法》第34条第2款规定的劳务派遣的侵权行为,第37条第2款规定的违反安全保障义务的侵权行为,第40条规定的第三人造成学生伤害的侵权行为,都是这种竞合侵权行为。

三、竞合侵权行为的法律规则

（一）两个行为竞合

竞合侵权行为的基本特点,是两个以上的行为发生竞合。在传统侵权法理论中,竞合的概念通常用在责任上即责任竞合,而不是用在行为上。而竞合侵权行为是两个以上的行为发生竞合,造成同一个损害结果,竞合的两个以上的行为对损害的发生都有因果关系。

在竞合侵权行为中,两个竞合的行为的地位是否一致？笔者的看法是,两个竞合的行为必然存在一主一从的关系。主行为是直接侵权行为,从行为是间接侵权行为。如果两个行为都起主要作用,那就不是竞合侵权行为,而是共同侵权行为或者分别侵权行为,有关联共同的是共同侵权行为,不存在关联共同的是分别侵权行为。例如,二人以上既没有共同故意,也没有共同过失,行为间接结合造成同一个损害结果的,两个行为是结合而不是竞合,没有主从关系,因此是分别侵权行为。二人以上共同实施侵权行为,即使教唆人教唆、帮助人帮助行为人实行侵权行为,也因为具有共同故意,两个行为结合成为一个行为而构成共同侵权行为。竞合侵权行为则是两个没有主观关联,也不构成客观关联共同的行为发生竞合,是从行为竞合于主行为。

竞合侵权行为的主从关系主要表现在行为与损害结果之间的因果关系上。竞合侵权行为中的主行为是对损害发生具有完全原因力的侵权行为;从行为也构成侵权行为,但其对损害的发生所起的作用仅仅是提供条件、创造机会,而不是提供直接原因。因此可以说,从行为对于损害发生的直接原因力几乎等于零。在潮见佳男教授看来,在竞合侵权行为中存在行为的参与度的问题,并且依据行为的参与度而确定责任的比例。[1] 笔者对此有不同看法。略举数例:在产品责任中,生产者生产缺陷产品造成他人损害,销售者所起的作用仅仅是将缺陷产品转让给使用人,生产行为与销售行为发生竞合,但缺陷产品造成使用人损害具有百分之百的原因力,销售者的销售行为仅仅是提供了损害发生的条件,不具有直接的原因力。在这种情况下,从行为对于损害发生的直接原因力几乎不存在,因此才存在中间责任和最终责任的区别,销售者承担了赔偿责任之后,对生产者可以请求全额追偿,而不是部分追偿。同样,《侵权责

---

[1] 〔日〕潮见佳男:《不法行为法Ⅱ》(第2版),日本信山社2011年版,第212页。

任法》第 86 条第 1 款规定的建筑物等倒塌损害责任,建设单位和施工单位承担连带责任,如果损害的原因不是建设单位和施工单位的责任,而是另有设计单位、勘测单位、监理单位、有关机关等其他责任人,是他们的过错造成的损害结果,规则是先由建设单位和施工单位承担赔偿责任(即中间责任人先付),然后再向其他责任人追偿。这种情形更为明显,即其他责任人是直接责任人,行为的原因力是百分之百,而建设单位和施工单位并没有责任,原因力几乎是零。对于上述情形,法律认可他们的行为发生竞合,构成竞合侵权行为。即使在违反安全保障义务的补充责任场合,违反安全保障义务的人未尽安全保护义务的不作为行为,并未直接作用到受害人身上,而是第三人的行为造成了受害人的全部损害,尽管违反安全保障义务的人应当承担相应的补充责任,其行为对损害的发生也不具有直接的原因力,因而仍然是竞合关系而不是结合关系。

(二) 归责原则

竞合侵权行为本身并不决定适用何种归责原则。这是因为竞合侵权行为仅仅是以多数人作为侵权责任主体的不同情形作为标准划分的侵权行为类型,而不是依据归责原则确定的侵权行为类型。在竞合侵权行为中,适用何种归责原则取决于法律对不同侵权责任的规定,既有适用过错责任原则的竞合侵权行为,也有适用过错推定原则或者无过错责任原则的侵权行为类型。例如,违反安全保障义务的侵权行为适用过错责任原则,产品责任适用无过错责任原则,建筑物、构筑物以及其他设施脱落、坠落、倒塌致人损害责任适用过错推定原则。甚至对同一种竞合侵权行为的不同行为人确定责任的归责原则都不相同。例如,产品责任中的生产者承担最终责任的归责原则是无过错责任原则,销售者承担最终责任的归责原则是过错责任原则,只有在特别情形下才适用无过错责任原则。

尽管如此,对于适用不同的归责原则的竞合侵权行为,归责原则对竞合侵权行为的后果具有决定性的影响。例如,在环境污染责任和饲养动物损害责任中,第三人过错引起的损害,本应是第三人侵权行为,应当适用《侵权责任法》第 28 条规定免除污染者和饲养人的赔偿责任,但由于这两种侵权行为类型适用无过错责任原则,因而使其成为竞合侵权行为,适用不真正连带责任。

(三) 构成要件

1. 因果关系要件的确定

竞合侵权行为的因果关系要件的表现特殊,主要是竞合的行为与损害结果之间具有两个因果关系,一个是直接因果关系,一个是间接因果关系。直接侵权人实施的主行为与损害结果之间具有直接因果关系,间接侵权人实施的从行为与损害结果之间具有间接因果关系。

对于直接因果关系的认定适用相当因果关系规则。具有直接因果关系的行为是直接侵权人实施的侵权行为即主行为。该行为引起损害的发生,只要存在相当因关系,即成立直接侵权人的因果关系要件。

对于间接因果关系的认定适用"条件说"。① 竞合侵权行为构成损害发生的条件,即认为存在构成竞合侵权行为的因果关系要件。英美侵权法中的"but for test"规则即"若无法则",以及《欧洲侵权法原则》第3:101条规定的"若无此行为或活动,损失就不会发生,则该行为(作为或者不作为)被认为是造成损失的原因"规则,都可以作为认定间接因果关系的规则。在竞合侵权行为中,从行为与损害之间的关系是,从行为是主行为造成损害的条件,应用"but for test"规则测试:若无产品销售者的行为,就不会使缺陷产品造成受害人的损害,既然缺陷产品通过销售者的行为造成了受害人的损害,那么,销售者的行为就构成行为竞合。同样,如果没有违反安全保障义务人的不作为行为,第三人造成的受害人损害就不会发生。不过,作为损害发生条件的从行为可能对损害的发生要求不会这样高,只要若无此行为,损害就可能不会发生,就可以认定具有间接因果关系。

应当区分行为结合的因果关系和行为竞合的因果关系。行为结合的因果关系,公式是"甲行为+乙行为=全部原因力"。行为竞合的因果关系,公式为"甲行为=全部原因力→乙行为"。换言之,在行为结合的因果关系中,每一个行为结合在一起,构成一个损害结果,各个行为具有不同的原因力,加在一起等于百分之百的原因力。在行为竞合的因果关系中,主行为对损害的发生具有百分之百的原因力,从行为从直接因果关系上观察并不具有原因力,但从间接因果关系上观察却也具有百分之百的原因力,如违反安全保障义务人如果尽到了安全保障义务,损害就不会发生,起码不会在安全保障义务人保障的范围内发生。如果从行为对损害的发生具有直接原因力,那就肯定不是竞合侵权行为,而是共同侵权行为或者分别侵权行为了。

2. 其他侵权责任构成要件

竞合侵权行为的违法行为要件已经提到过了,是两个违法行为而不是一个,两个违法行为发生竞合,造成了同一个损害。两个违法行为必然是一主一辅的关系,而不是并列的。

竞合侵权行为的损害事实是同一个损害事实,而不是两个损害事实。也就是两个竞合侵权行为只造成了一个侵权损害后果。如果两个侵权行为造成了两个损害结果,那就不构成侵权行为的竞合,而是两个独立的侵权行为。

竞合侵权行为的过错要件,必须是两个侵权人各自具有过错。首先是直接侵权人具有过错,或者是故意或者是过失,或者是依照无过错责任原则不问过错。对此的判断应当依照法律规定,确定过错要件的存在,或者构成无过错责任。其次是间接侵权人的过错必须依照《侵权责任法》以及其他法律或者司法解释的特别规定要求,具

---

① 朱岩:《侵权责任法通论·总论》,法律出版社2011年版,第343页。

备特别的主观要件。所谓"特别规定的要求"，如在第三人的过错造成产品缺陷致人损害责任中，生产者、销售者作为间接侵权人承担先付责任，须第三人具有过错且是造成损害的直接原因。在提供条件的竞合侵权行为中，间接侵权人承担补充责任的条件是自己存在过失。

（四）抗辩事由

由于竞合侵权行为是一种侵权行为的竞合，因而其抗辩事由分为共同的抗辩事由和各自的抗辩事由。

共同的抗辩事由是竞合侵权行为所有的行为人都可以主张的抗辩事由。这个抗辩事由是对抗所有的侵权责任请求权的抗辩。如产品责任中的产品不存在缺陷或者发展风险的抗辩成立，则各个行为人均不承担侵权责任。

直接侵权人的抗辩事由应当依照法律规定确定，凡是法律规定的抗辩事由均可以对抗当事人的侵权诉讼请求。例如第三人故意、不可抗力等，但法律有特别规定的则不得以《侵权责任法》第28条规定的第三人责任作为抗辩，而应当以法律对第三人责任的特别规定确定侵权责任。

间接侵权人的抗辩事由主要针对直接侵权人的责任进行。最主要的抗辩是行为人的行为不构成竞合。如果间接侵权人的行为不构成侵权行为竞合，则间接侵权人的行为与直接侵权人的行为没有关联，因而不能依照法律规定承担不真正连带责任。在补充责任场合，间接侵权人以检索抗辩权对抗直接侵权人或者受害人要求其承担责任时，如果直接侵权人并不具有不能赔偿或者不能全部赔偿的情形，则可以主张抗辩，由直接侵权人承担侵权责任。但是，在下列情形下，间接侵权人不得对直接侵权人进行抗辩：(1) 按照《侵权责任法》第44条、第85条和第86条第2款规定承担先付责任的间接侵权人，不得主张作为最终责任人的直接侵权人先承担侵权责任。(2) 在并合责任情形下，无论是直接侵权人还是间接侵权人，都不得以相对人先承担侵权责任为由进行抗辩。(3) 在典型的不真正连带责任情形下，中间责任人不得主张由最终责任人承担侵权责任因而拒绝履行赔偿责任。

（五）竞合侵权行为向共同侵权行为的转化

竞合侵权行为有可能向共同侵权行为转化。转化的条件是，数个行为人所实施的行为不再是主从关系，且数个行为人在主观上均具有过错，构成主观的关联共同或者客观的关联共同。例如，在产品责任中，生产者生产的产品有缺陷，销售者对该产品缺陷的形成也有过错，双方对造成使用人的损害构成共同侵权行为；医疗产品的生产者生产的医疗产品有缺陷，医疗机构在使用中有过错，造成患者损害的，也由竞合侵权行为转化为共同侵权行为。

竞合侵权行为转化为共同侵权行为，其法律后果就由不真正连带责任转化为连带责任,数个行为人承担的责任不仅在形式上连带,而且在实质上连带。

四、多数人侵权行为形态与侵权责任形态的对接

在讨论了竞合侵权行为之后,对侵权行为形态与侵权责任形态的对应关系进行整理,就构成了完整的对应关系。可以说,确立了竞合侵权行为的形态之后,单独侵权和多数人侵权的侵权行为形态体系就与侵权责任形态体系构成了严密的对接。这就是:

单独侵权行为对应的是单独责任,这是最为简单的对应关系。

多数人侵权行为对应的共同责任分别是:

(1)共同侵权行为对应的是连带责任形态。共同侵权行为体系比较庞杂,并非仅仅是《侵权责任法》第8条规定的一种,还应当包括:① 共同危险行为;② 法律没有规定为共同侵权行为但规定承担连带责任的侵权行为,可以叫作准共同侵权行为;③ 第11条规定的叠加的共同侵权行为;④ 第9条第2款和第49条规定的交叉的共同侵权行为。相对应的侵权责任形态是连带责任,但区分为典型的连带责任和单向连带责任,交叉的共同侵权行为适用单向连带责任。

(2)分别侵权行为的责任形态是按份责任,亦简单明了。

(3)竞合侵权行为对应不真正连带责任。三种不同的竞合侵权行为类型,分别对应不同的不真正连带责任类型:① 必要条件的竞合侵权行为→典型的不真正连带责任;②"必要条件＋政策考量"的竞合侵权行为→先付责任;③ 提供机会的竞合侵权行为→补充责任。

(4)第三人侵权行为对应第三人责任,加害人不承担责任。

侵权行为形态与侵权责任形态的对应关系如下表所示:

表 11-2

侵权行为形态		侵权责任形态		
单独侵权行为		单独责任		
多数人侵权行为	共同侵权行为	连带责任	共同侵权行为	典型的连带责任
			共同危险行为	
			准共同侵权行为	
			叠加的共同侵权行为	
			交叉的共同侵权行为	单向连带责任
	分别侵权行为	按份责任		
	竞合侵权行为	不真正连带责任	必要条件的竞合侵权行为	典型的不真正连带责任
			"必要条件＋政策考量"的竞合侵权行为	先付责任
			提供机会的竞合侵权行为	补充责任
	第三人侵权行为	第三人责任(加害人不承担责任)		

案情：

某人开了一个蛋糕房，买了3瓶喷雾杀虫剂，吩咐两个员工打扫完卫生以后喷洒杀虫剂。两个员工打扫完卫生后开始喷杀虫剂，蛋糕房有200平方米左右，第一个员工喷了两瓶，第二个员工喷了大半瓶。另一员工招呼他们下班，三人穿好衣服到门口，关灯时发生空气爆炸，均被炸伤。三人向法院起诉，要求该杀虫剂的生产者和销售者承担赔偿责任。法院审理认为，尽管该产品有警示说明，但其中关于"使用本品，每10平方米喷洒15秒，关上门窗20分钟，效果最佳"的说明不充分，对一个有合理危险的产品进行警示说明时，要告诉使用者不这样使用就会发生危险，但本产品的说明能够得出的结论是按照这种方法进行使用最经济、最合算，并没有说明不这样使用就会发生危险。故判决生产者承担60%的赔偿责任，实行过失相抵，其余的40%责任要由受害人自己承担；本案销售者无过错，因此无责任。

讨论问题：

1. 产品有缺陷造成使用人人身损害，生产者和销售者应当如何承担侵权责任？

2. 竞合侵权行为的概念和法律特征怎样界定？你对竞合侵权行为的概念是否赞同？理由是什么？

3. 竞合侵权行为类型应当怎样划分？本章的划分方法你赞同吗？理由是什么？

【参考文献】 >>>> >

邱聪智：《新订民法债编通则》（下），中国人民大学出版社2004年版。

〔日〕潮见佳男：《不法行为法Ⅱ》（第2版），日本信山社2011年版。

美国法学会：《美国法律整编·侵权行为法》，刘兴善译，台湾司法周刊杂志社1986年版。

刘信平：《侵权法因果关系理论之研究》，法律出版社2008年版。

王迁：《商标间接侵权研究》，载《知识产权年刊》2006年号。

吴观乐：《浅议间接侵权》，载《专利的理论研究与实践探索》，专利文献出版社1996年版。

尹新天：《专利权的保护》，专利文献出版社1998年版。

朱岩：《侵权责任法通论·总论》，法律出版社2011年版。

第十二章　分别侵权行为及其责任

我国的侵权责任法理论和实践通常将分别侵权行为称作无过错联系的共同加害行为或者无意思联络的数人侵权行为。我们依照《侵权责任法》第 11 条和第 12 条规定，主张将其改称为分别侵权行为，并与共同侵权行为、竞合侵权行为和第三人侵权行为一道，构成多数人侵权行为体系。本书对此概念的命名和界定提出以下新看法。

一、我国侵权责任法分别侵权行为概念的发展沿革

1949 年以来，我国侵权责任法关于分别侵权行为概念的发展，归纳起来，可以分为以下四个阶段：

（一）"无名"侵权行为阶段

1949 年以来至 1980 年代，在我国的侵权责任法理论中，没有分别侵权行为的概念。由于这个概念与共同侵权行为概念紧密相关，因而在研究共同侵权行为的理论中涉及分别侵权行为的概念。

在中央政法干部学校民法教研室编著的《中华人民共和国民法基本问题》一书中，有过对分别侵权行为的描述，即："那些不具备共同致人损害的特征的几个违法行为，它们之间虽有联系，但也不能作为共同致人损害案件处理，不能让行为人负连带赔偿责任。例如，某企业因会计员擅离职守，被小偷偷去现款二百多元。会计员的擅离职守，固然是给小偷造成了便利条件，与损害事实的发生有连系（应为"联系"——笔者注），但会计员与小偷之间并无共同偷窃现款的意思联络，因此令会计员和小偷对企业负连带赔偿责任，显然是不合理的。会计员的擅离职守与小偷的偷窃行为应根据具体情节分别处理。"[①]这里所述的侵权行为，显然是分别侵权行为，与共同侵权行为相异。此外，1989 年出版的《债权法》一书中也有类似的表述。[②]

20 世纪 80 年代初，学者在讨论共同侵权的构成要件时，有的否定意思联络为共同侵权行为的本质要件，承认客观的"共同行为"为共同侵权行为，大大缩小了分别侵权行为的范围。[③] 另一些学者则坚持意思联络说，认为如无主体间的意思联络，则各

[①] 中央政法干部学校民法教研室：《中华人民共和国民法基本问题》，法律出版社 1958 年版，第 331 页。

[②] 覃有土、王亘：《债权法》，光明日报出版社 1989 年版，第 591—593 页。

[③] 邓大榜：《共同侵权行为的民事责任初探》，载《法学季刊》1982 年第 3 期。

人的行为就无法在实质上统一起来,因而也不构成共同侵权行为,行为人之间虽有联系,但不应视共同致人损害行为处理。例如某干部出差携带差旅费 300 元,在所住旅社洗澡时,麻痹大意,将 300 元现金压于枕头下,门不闭、锁不上就出门了。结果所带 300 元全部被小偷偷走。在这里,某干部的麻痹大意,固然是给小偷造成了便利条件,与损害事实的发生有联系,但某干部与小偷之间并没有共同偷窃现款的意思联络。因此,某干部应对自己行为的过错负一定责任,赔偿一定的损失,但是,如令其和小偷对单位负连带赔偿责任,即全部由某干部赔偿损失,显然是不合理的。"[1]这个案件的性质不是共同侵权行为,也不是分别侵权行为,而是与有过失。[2] 这个评论显然不当。不过,否定共同过失是共同侵权行为的本质要件,使分别侵权行为的范围大大扩大,这个意见倒是对的。

1986 年《民法通则》颁布之后,通说认为共同过错是共同侵权行为的本质要件,共同故意构成共同侵权行为,共同过失也构成共同侵权行为。《民法原理》一书对"共同致人损害"作了分析[3],《民法教程》[4]《中国民法教程》[5]等书都对共同侵权行为(共同过错)有深入的讨论,但对分别侵权行为则基本没有论及。这样的做法,与大陆法系通行的做法相同,即从逻辑上推论,不符合共同侵权行为本质要件的数人侵权就是分别侵权行为。不过,在这一时期中,没有人这样去论述。

(二)提出"无意思联络的数人侵权"阶段

20 世纪 90 年代初,学界开始提出了"无意思联络的数人侵权"这一概念[6],认为"无意思联络的数人侵权,是指数人行为事先并无共同的意思联络,而致同一受害人共同损害"[7],对于共同侵权行为与无意思联络的数人侵权之间的区别已经开始形成初步认识。学者认为,由于数人在主观上无意思联络,只是因为偶然因素使无意识联络人的各行为偶然结合而造成同一损害结果。使各行为人的行为结合在一起的因素,不是主观因素,而是行为人所不能预见和认识的客观的、外来的、偶然的情况[8],个别行为偶然聚合而成为损害的原因,每个人的行为只不过是损害产生的一个条件。对于无意思联络的数人侵权,依过错程度确定责任,意味着根据案件的具体情况确定各行为人在损害发生时所具有的不同程度的过错,使过错程度重的行为人承担较重的责任,过错程度轻的行为人承担较轻的责任,而没有过错的人则应被免除责任。[9]

---

① 伍再阳:《意思联络是共同侵权行为的必要要件》,载《法学季刊》1984 年第 2 期。

② 这个意见错误的根源在于,将干部出差所带的费用作为单位的所有权对待。须知,货币是动产,干部借公款出差,该公款的所有权已经转移为干部所有,单位对干部的权利是债权,而不是物权。

③ 佟柔主编:《民法原理》,法律出版社 1986 年版。

④ 江平主编:《民法教程》,中国政法大学出版社 1988 年版。

⑤ 马原主编:《中国民法教程》,人民法院出版社 1989 年版。

⑥ 王利明:《侵权行为法归责原则研究》,中国政法大学出版社 1992 年版,第 293 页。

⑦ 王利明、杨立新:《侵权行为法》,法律出版社 1996 年版,第 199 页。

⑧ 王利明:《民法侵权行为法》,中国人民大学出版社 1993 年版,第 366 页。

⑨ 王利明、杨立新:《侵权行为法》,法律出版社 1996 年版,第 201 页。

（三）使用"无过错联系的共同致害"或者"无过错联系的共同加害行为"阶段

进入21世纪，学者开始普遍使用"无过错联系的共同致害"或者"无过错联系的共同加害行为"等概念，认为无过错联系的共同致害，是指数个行为人事先既没有共同的意思联络，也没有共同过失，只是由于行为的客观上的联系，而共同造成同一个损害结果。[①] 这样，就避免了将共同侵权行为界定为意思联络的狭窄的领域，限缩无过错联系的共同加害行为概念的外延。

2003年，最高人民法院《关于审理人身损害赔偿案件适用法律若干问题的解释》第3条第2款规定了既无共同故意又无共同过失的共同加害行为，是我国在司法解释中第一次肯定了这个概念，其中使用了"分别"一词，等于承认了分别侵权行为的概念。该条款的内容是："二人以上没有共同故意或者共同过失，但其分别实施的数个行为间接结合发生同一损害后果的，应当根据过失大小或者原因力比例各自承担相应的赔偿责任。"这是当时最为权威的无过错联系的共同加害行为的规定。2009年，《侵权责任法》第11条和第12条使用"分别实施"的侵权行为这一概念，对此作出肯定的规定。在学说上，就将这种侵权行为称为无过错联系的共同侵权行为[②]，或者无意思联络的共同侵权行为中的原因力可分的侵权行为[③]。这些概念都比较冗长，使用起来不够方便，也不够简洁。

（四）提出"分别侵权行为"概念的阶段

《侵权责任法》公布实施之后，对无过错联系的共同加害行为的研究开始了新阶段。2011年，就有学者使用"分别侵权"的概念。[④] 2012年，我们使用了分别侵权行为的概念，认为"分别侵权行为就是无过错联系的共同加害行为。将《侵权责任法》第12条规定中的"分别实施"概念提炼出来，确定无过错联系的共同加害行为就是分别侵权行为，是非常贴切的。按照《侵权责任法》第12条的规定，分别侵权行为的后果是发生按份责任，每个行为人只对自己的行为后果承担侵权责任，不存在连带责任的问题。"[⑤]2013年，我们再次使用了这个概念，认为分别侵权行为在表现形式上，行为人在主观上不关联，在客观上也不关联，仅仅是损害后果相关联，其后果是按份责任。[⑥]在此基础上，建立多数人侵权行为与多数人侵权责任之间的对应关系，即共同侵权行为对应连带责任，分别侵权行为对应按份责任，竞合侵权行为对应不真正连带责任，

①　杨立新：《侵权法论》（上册），吉林人民出版社2000年版，第325—328页。
②　杨立新：《〈中华人民共和国侵权责任法〉条文释解与司法适用》，人民法院出版社2010年版，第66页。
③　张新宝：《侵权责任法立法研究》，中国人民大学出版社2009年版，第245—246页。
④　竺效：《论无过错联系之数人环境侵权行为的类型——兼论致害人不明数人环境侵权责任承担的司法审理》，载《中国法学》2011年第5期。
⑤　杨立新：《多数人侵权行为及责任理论的新发展》，载《法学》2012年第7期。
⑥　杨立新：《论竞合侵权行为》，载《清华法学》2013年第1期。

第三人侵权行为对应第三人责任,形成了严密的逻辑关系体系。① 至此,分别侵权行为概念被推到侵权责任法理论的前台,接受理论和实践的检验。

二、分别侵权行为概念的比较法研究

为了进一步准确揭示分别侵权行为概念的内涵和外延,我们对这个概念进行比较法的研究,为确立这一概念的论证提出更为准确的法理基础。

(一)德国法

传统的德国侵权法对数人侵权行为以连带责任为基础。1887 年公布的《德国民法典》第一草案第 714 条规定,数个行为人通过共同行为,如教唆人、实行行为人、辅助人,造成一项损害的,他们作为连带债务人负责。当数个行为人造成了损害,虽然他们没有实施共同行为,但是各自损害的份额无法查明的,亦同。② 反之,以逻辑推论,数个行为人既不是共同行为人,各自的损害份额能够查明,就不认为是共同侵权行为,当然就不必承担连带责任。这种侵权行为其实就是分别侵权行为。

1900 年实施的《德国民法典》第 830 条规定了共同侵权行为。德国的学说和判例通常认为该条中的"共同",系指主观的共同,即有共同意思联络③,因而共同侵权行为的范围较窄,不利于救济受害人。近几十年来,德国法从扩大责任范围、及时填补受害人的损失出发,也认为数人虽无意思联络,但若各人对损害所产生的部分无法确定者,应负共同侵权的连带赔偿责任。④ 但是值得重视的是,近年来出现了对于多家企业的经营活动造成的大规模损害案件中适用按份责任的讨论。这类产品责任、环境污染责任案件之所以不同于《德国民法典》第 830 条第 1 项第 2 句规定的对"关系人"课以连带责任的情形,是因为大规模侵权案件中的被告企业往往只是造成损害的部分侵权行为主体,出于公平原则的考虑,由其承担全部责任不利于企业成长和经济的发展。此外,《德国民法典》第 830 条第 1 项第 2 句规定的情形主要是规范复数"关系人"与单个被害人之间的关系,在大规模侵权案件中,由于侵权人和受害人均规模庞大,具有较明显的特殊性,参考美国 20 世纪 80 年代出现的"市场份额原则",德国理论界也出现了较多针对连带责任的反思。在医疗过失领域中适用按份责任的主张也引发了关注,讨论基于医生的过失责任与患者的个人体质等差异性以及医学发展水平的限制之间的关系,按照因果关系及原因力理论进行责任的划分。对于事先没有意思联络的多人同时或先后利用某一机会从事侵权行为,而各个侵权行为并不能导

---

① 杨立新:《多数人侵权行为及责任理论的新发展》,载《法学》2012 年第 7 期。

② Haben mehrere durch gemeinsames Handeln, sei es als Anstifter, Thäter oder Gehülfen, eien Schaden verschuldet, so haften sie als Gesammtschuldner. Das Gleiche gilt, wenn im Falle eines von mehreren verschuldeten Schadens von den mehreren nicht gemeinsam gehandelt, der Antheil des Einzelnen an dem Schaden aber nicht zu ermitteln ist.

③ 参见王泽鉴:《民法学说与判例研究》(第 1 册),北京大学出版社 2009 年版,第 50 页。

④ 同上。

致全部后果的,例如哄抢、打砸行为,虽无法查明每个参与侵权人所造成的具体损害份额,但能够确定每个侵权人都只是造成最后损害后果的一部分,适用《德国民事诉讼法》第 287 条的规定①,即法官通过自由裁量可以确定参与共同侵权人具体承担损害赔偿的份额。② 这显然与分别侵权行为有关。

共同侵权行为范围的扩大,后果是分别侵权行为范围的缩小。尽管德国侵权法并无分别侵权行为的概念,但实际情况必然如此。

（二）法国法

《法国民法典》在关于侵权行为和准侵权行为的规定中,没有规定共同侵权行为和不构成共同侵权行为的数人侵权。但在法院的司法实践中,认可共同责任人的整体(in solidum)债务。1970 年 4 月 29 日,最高法院第二民事庭认为,同一损害的每一个责任人均应被判处赔偿全部损害,而没有必要考虑本案法官在不同的责任人之间进行的责任分割。这种责任分割仅涉及不同责任人之间的相互关系,而不涉及他们对受害当事人的债务的范围。③ 可见法国的共同侵权行为的范围比较宽泛。同样,《法国民法典》也没有对分别侵权行为作出规定,依据逻辑推理,不符合共同侵权行为的数人侵权,应当就是分别侵权行为。

法国法系的其他各国民法差不多都采取法国法的这种做法,但源自法国法系的《加拿大魁北克民法典》第 1478 条却规定:"数人引起的损害,依他们各自过错的严重程度的比例分担责任。"同样,第 1480 条规定:"数人共同参与了导致损害的过错行为或分别犯有可以导致损害的过错的,在这两种情形,如不能确定损害实际上由他们中的何人或者过错中的何过错引起,则他们就赔偿此等损害负连带责任。"按照这样的规定,在多数人侵权行为中,原则上是分别侵权行为,由行为人分担责任,在共同参与的共同侵权行为和共同危险行为中,才承担连带责任。从立法逻辑上观察,这样的做法与通常规定共同侵权行为,将分别侵权行为作为例外的做法相反,不仅与法国法系的做法有所区别,与德国法系的做法也不相同,值得认真研究。

（三）日本法

《日本民法典》对于共同侵权行为的规定基本与《德国民法典》一致,而学界的解释论却深受法国因果关系理论的影响。《日本民法典》第 719 条④只规定了复数原因行为人引发损害中的三种情况,即第一项前段的狭义共同侵权行为,第二项的教唆、帮助行为,以及第三项的加害人不明的情形,并没有像《德国民法典》第 830 条或日本

---

① 《德国新民事诉讼法》第 287 条第 1 款第 1 句规定:"当事人对于是否有损害、损害的数额以及应赔偿的利益额有争论时,法院应考虑全部情况,经过自由心证,对此点作出判断。"

② 朱岩:《当代德国侵权法上因果关系理论和实务中的主要问题》,载《法学家》2004 年第 6 期。

③ 《法国民法典》,罗结珍译,法律出版社 2005 年版,第 1091 页。

④ 第七百十九条 因数人共同实施侵权行为加害于他人时,各加害人负连带赔偿责任。不知共同行为人中何人为加害人时,亦同。行为的教唆者与帮助者,为共同行为人,适用前项的规定。

旧民法第 378 条那样,设立一般性的复数原因行为人引发损害的规定。《日本民法典》虽然通过第 719 条规定共同侵权行为应当承担连带赔偿责任,但是对于共同侵权行为的定义并不明确。对于该条第 1 项前段的共同侵权行为的成立要件,立法者认为有必要存在共同的意思,但判例采纳了存在客观的关联共同性的认定标准,如山王川诉讼(最高裁判所判决昭和 43 年(1968 年)4 月 23 日《判例时报》519 号第 17 页)、四日市诉讼(津地四日市支判昭和 47 年(1972 年)7 月 24 日判例时报 672 号第 30 页)等判决结果,认为不需要侵权行为人之间存在意思联络或共同的认识,只需要客观上共同侵害了他人权利即可。但认为山王川诉讼是单独的侵权行为的观点也不在少数,近年来学说中主张只有客观性要素并不充分,还应当存在某些主观性要素的观点,认为客观性要素和主观性要素应当并用的观点,以及应当重视共同行为人的实质性关系的观点都是较为有力的主张。[①] 可见,日本侵权法尽管没有直接规定和特别研究分别侵权行为,但不符合共同侵权行为要求的数人侵权就是分别侵权行为的见解,则是一致结论。

(四)英国法

普通法国家没有共同侵权行为或分别侵权行为的概念,但通过大量的判例形成了一系列裁判规则。英国学者约翰·萨尔曼德认为,英国侵权法对此问题的观点是,"数人若没有共同实施不法行为,但造成共同的损害结果,应对此结果在法律上和事实上负责",但只应"分别对同一损害负责,而不是共同对同一损害负责"。[②] 这一意见特别鲜明地表明了分别侵权行为的存在和地位。英国法学家帕特里克·阿蒂亚则总结了英国法中两种连带责任的情形,即"协同行动的数侵权人对全部损害负责,即使可以确定每个人对最终损害的贡献,协助或鼓励他人请求的也是如此",以及"对于数人虽非协同行动,但因过错行为相结合导致损害的,全体须对全部损害负责,只要无法区分个人的贡献"。这一主张区分了协同行动致害与偶然结合致害,认为前者承担连带责任,而后者在可以区分出不同行为人导致之损害时,不承担连带责任。[③] 帕特里克·阿蒂亚的这个论述,区分了共同侵权行为与分别侵权行为的基本界限。

(五)美国法

美国侵权法上的连带责任适用范围经历了近代扩张和现代萎缩的起伏历史,近 30 年来,美国各州的侵权法呈现了倾向对连带责任的废除与限制的趋势。2000 年美

---

① 参见塩崎勤编著:《从判例中看共同不法行为责任》,新日本法规出版社 2007 年版,第 436—439 页。

② 王利明:《侵权行为法归责原则研究》,中国政法大学出版社 2004 年版,第 357 页。

③ See Patrick Atiyah, Peter Cane, Atiyah's Accidents, Compensation and the Law, Weidenfeld and Nicholson, London, 1980, 4th. pp. 140—141. 转引自叶金强:《共同侵权的类型要素及法律效果》,载《中国法学》2010 年第 1 期。

国法学会《侵权法重述·第三次·责任分担编》第 11 条规定了单独责任的效力[1]，第 17 条规定了独立侵权行为人的连带责任或单独责任[2]，第 18 条则规定了关于数个侵权行为人对不可分伤害的责任[3]。由于损害的不可分性是适用连带责任的关键，而除了数个被告单独造成的损害，如下情况也被认为是可分损害：（1）一被告造成了全部损害，而另一被告只造成了部分损害；（2）被告造成了部分损害，而合法行为造成了其他损害；（3）数个相继造成的损害；（4）受害人自己行为造成的可分损害。[4] 如果属于可分损害，则先不考虑其侵权责任分担的问题，而是将可分损害分割为数个不可分损害后再讨论责任的分担，这在一定程度上限制了连带责任的广泛应用。单独责任的概念，就是按份责任的概念。美国侵权法关于数人侵权的单独责任的规定，就是分别侵权行为承担按份责任的规则。

值得重视的是美国侵权法提出的市场份额规则。美国加利福尼亚州上诉法院 1980 年审理的辛德尔诉阿伯特制药厂案（Sindell V. Abbort Laboratories），被告为制造安胎药之药商，该药物名为 diethylstilbestrol，简称 DES，行销多年后发现其中含有致癌物质，服用该药之孕妇日后产出之女婴，易罹患癌症。原告辛德尔的母亲曾于怀孕期间经由医师处方服用该种药物，致使原告成年后患有癌症。原告以生产该药而市场占有率共计九成以上之五家药商为共同被告（实际生产厂商约有二百家），起诉请求损害赔偿。一审事实审法院驳回原告之诉。上诉审法院判决原告胜诉，认定五家药商均有过失，每家药商须为损害之发生负全部之赔偿责任（连带责任）。阿伯特化工厂（Abbott Laboratories）上诉加州最高法院，判决原判决废弃，各个被告公司不须负全部之赔偿责任，仅须依其产品之市场占有率比例分担之（按份责任）。[5] 加州最高法院确定五家药商对同一损害须负责任，但以按份责任确定，独具新意，引发了前述德国的讨论，以及我国《侵权责任法》第 67 条规定的确立。

（六）我国台湾地区法

我国台湾地区"民法"第 185 条第 1 款规定："数人共同不法侵害他人之权利者，连带负损害赔偿责任。不能知其中孰为加害人者，亦同。"这一规定采自德国立法例，至为明显。在解释上，认为共同侵权行为者，数人共同不法侵害他人权利或利益之行

---

① 第 11 条："当依据适用的法律，某人对受害人的不可分损害承担单独责任时，该受害人仅可以获得该负单独责任者在该受害人应得赔偿额中的比较责任份额。"

② 第 17 条："如有两人或多人的独立侵权行为构成某一不可分损害的法律原因，将由该案司法管辖区的法律确定这些侵权人应否承担连带责任、单独责任或连带责任与单独责任的某种混合责任形态。"

③ 第 18 条："如果两个或两个以上人的独立侵权行为均构成一不可分损害的法律原因，每个人均对事实调查人分配给该人的原告损害赔偿的比较责任份额承担单独责任，适用本重述第 12 条例外规定的除外。"

④ 参见王竹：《侵权责任分担论——侵权损害赔偿责任数人分担的一般理论》，中国人民大学出版社 2009 年版，第 17—23 页。

⑤ 该案参见潘维大：《英美侵权行为法案例解析》（上），台湾瑞兴图书股份有限公司 2002 年版，第 270 页。

为也。① 具体包括主观(意思联络)共同加害行为和客观行为关联共同的共同加害行为,其后果都是由各行为人承担连带责任。② 在实务中认为,各行为人既无意思联络,其行为又无关连共同者,非共同侵权行为,例如他人所有物而为数人个别所侵害,若各加害人并无意思上之联络,只能由各加害人各就其所加害之部分,分别负赔偿责任。③ 所谓的非共同侵权行为,自然就是分别侵权行为;分别负赔偿责任,当然是按份责任。这个结论自属当然。

(七) 比较结论

1. 立法例

通过上述比较法的研究可以看到,各国和地区规范分别侵权行为,主要采取以下方式进行:

一是间接承认分别侵权行为。这种做法是通过立法规定共同侵权行为,确定不符合共同侵权行为要件的数人侵权行为的数个行为人各自承担侵权责任的方式,间接承认分别侵权行为,即非共同侵权行为。我国台湾地区司法实务关于各行为人既无意思联络、其行为又无关连共同者的非共同侵权行为,分别负赔偿责任的观点,特别具有典型性。

二是直接确认分别侵权行为。这种立法例是直接承认分别侵权行为,并将共同侵权行为的连带责任作为特例规定。对此,《魁北克民法典》第1478条和第1480条规定是最具有特色的。第1478条直接规定分别承担侵权责任的数人侵权即分别侵权行为,其中符合连带责任条件的,方承担连带责任。

三是判例法普遍承认单独责任的分别侵权行为。在英美法系侵权法中,对于承担单独责任的数人侵权行为,尽管没有界定其称谓,但明确认为数人若没有共同实施不法行为,但造成共同的损害结果,应对此结果在法律上和事实上负责,分别对同一损害负责,而不是共同对同一损害负责,这是极为明确的。英美法上的单独责任,其实就是大陆法系侵权法的按份责任,承担按份责任的侵权行为当然就是分别侵权行为。

2. 立法发展趋向

经过比较法的分析可以看到,在立法上,英美法侵权法是确认承担单独责任的数人侵权的。在大陆法系,一方面,在更多的领域采用按份责任的方法,限制共同侵权行为的连带责任范围,例如市场份额规则的做法;另一方面,出现单独规定承担按份责任的多数人侵权的直接立法例,对分别侵权行为的间接立法例似乎也在变化中。我国《侵权责任法》不仅规定共同侵权行为及其连带责任,而且特别规定分别侵权行

---

① 郑玉波著、陈荣隆修订:《债法总论》,中国政法大学出版社2004年版,第140页。
② 参见王泽鉴:《侵权行为》,北京大学出版社2012年版,第356、360页。
③ 台上字第1960号判决书,见刘清景主编:《民法实务全览》(上册),台湾学知出版事业股份有限公司2000年版,第370页。

为及其责任,将两者并立于多数人侵权行为的概念体系之中,完全符合世界侵权法的发展趋势,应当继续坚持和发展,并且提出完善的理论,使之汇入世界侵权法发展的潮流中来,并发挥引导作用。

三、分别侵权行为概念的内涵界定

(一)称谓的选择

对于《侵权责任法》第 11 条和第 12 条规定的、带有"分别"二字的多数人侵权行为类型,究竟应当如何称谓,我国学界有无意思联络的数人侵权责任[①]、无意思联络的数人侵权行为[②]、数人承担按份的侵权责任[③]、无过错联系的共同加害行为[④]以及分别侵权行为[⑤]等概念的不同主张。究竟应当用何种概念称谓这种侵权行为形态,分析如下:

第一,凡是用"无意思联络"字样的概念,都不能界定这种侵权行为的特征,也不能以其与共同侵权行为相区别。所谓无意思联络,就是指数行为人之间不具有共同故意。问题是,我国《侵权责任法》第 8 条规定的共同侵权行为并非以共同故意为界限,而是包括客观的共同侵权行为。其中"共同"的含义,一是共同故意,二是共同过失,三是故意行为与过失行为相结合,而并非只包括共同故意。[⑥] 既然如此,将这种侵权行为形态称之为"无意思联络",就会与第 8 条规定中的共同过失、故意行为与过失行为相结合的形态相混淆,无法区分其界限,因此不宜使用。

第二,"数人承担按份的侵权责任"这种概念也有不当。一是这个概念过于冗长,不适宜使用;二是"按份的"侵权责任不能包含第 11 条规定的情形,将承担连带责任的分别侵权行为排斥在外,只能包含第 12 条规定的情形。

第三,无过错联系的共同加害行为或者无过错联系的数人侵权这两个概念都是比较准确的,与分别侵权行为概念的内涵基本相等,但其缺陷是概念称谓过于冗长,不如分别侵权行为这个概念更为简洁,更为准确。

基于以上分析,对于《侵权责任法》第 11 条和第 12 条使用"分别实施"一词规定的侵权行为形态,直接称其为分别侵权行为,既符合这两个条文的内容,又直接使用的是条文的"分别"概念,应当是一个最好的选择。

---

① 王利明:《侵权责任法研究》(上卷),中国人民大学出版社 2010 年版,第 569 页;程啸:《侵权责任法》,法律出版社 2011 年版,第 270 页。
② 王成:《侵权责任法》,北京大学出版社 2011 年版,第 117 页。
③ 张新宝:《侵权责任法》,中国人民大学出版社 2010 年版,第 47 页。
④ 杨立新:《侵权责任法》(第 2 版),法律出版社 2012 年版,第 123 页。
⑤ 杨立新:《多数人侵权行为及责任理论的新发展》,载《法学》2012 年第 7 期。
⑥ 王胜明主编:《〈中华人民共和国侵权责任法〉条文理解与立法背景》,人民法院出版社 2010 年版,第 47 页。

（二）分别侵权行为概念内涵的界定

对分别侵权行为概念的界定，学者的意见各不相同。有的认为，所谓无意思联络的数人侵权，指数个行为人并无共同的过错而因为行为偶然结合致受害人遭受同一损害。[①] 有的认为，数人承担按份的侵权责任，是指数个责任主体承担共同侵权责任之情形，每一个责任主体只对其应当承担的责任份额负清偿义务，不与其他责任主体发生连带关系的侵权责任。[②] 有的认为，无过错联系的共同加害行为是指数个行为人事先既没有共同的意思联络，也没有共同过失，只是由于行为在客观上的联系而共同造成同一个损害结果。[③] 有的认为，无意思联络的数人侵权是指数个行为人并无共同的过错，但由于数个行为的结合而导致同一损害后果的侵权行为。[④]

上述这些概念界定，在基本问题上是一致的，都是有道理的，但应注意的是，界定分别侵权行为不能特别强调按份责任，因为《侵权责任法》第 11 条承担的责任不是按份责任而是连带责任，强调按份责任就将其排斥在分别侵权行为之外。

我们主张采用下述定义：分别侵权行为是指数个行为人分别实施侵权行为，既没有共同故意，也没有共同过失，只是由于各自行为在客观上的联系，造成同一个损害结果的多数人侵权行为。

分别侵权行为具有以下法律特征：

1. 两个以上的行为人分别实施侵权行为

分别侵权行为最基本的特征，是行为人为两人以上，因此符合多数人侵权行为的要求，属于多数人侵权行为的范畴。

两个以上的行为人实施的行为是分别进行的。所谓"分别"，与《侵权责任法》第 8 条的"共同"相对应，含义是：第一，数个行为人各自进行，自己实施自己的侵权行为，客观上没有关连共同；第二，各个行为人在各自实施侵权行为时，没有主观上的联系，既没有共同故意，也没有共同过失。分别侵权行为人实际上对于其他各自实施造成他人损害的行为不知情，如果数个行为人有主观上的联系，就不构成分别侵权行为。

2. 数个行为人实施的行为在客观上针对同一个侵害目标

分别侵权行为的数个行为人在实施侵权行为时，尽管没有主观上的联系，但在客观上，每一个行为人实施的侵权行为实际上都针对同一个侵害目标。

所谓同一个侵害目标，一是指受害人是同一主体，二是指受到损害的是同一主体的民事权利，通常是同一个权利，也有特例。在数个行为人分别实施侵权行为时，受到侵害的是同一主体的同一个权利，当然是同一个侵害目标；受到侵害的是同一主体的不同权利，例如有的行为人侵害的是同一主体的人身权利，有的行为侵害的是同一

① 王利明：《侵权责任法研究》（上卷），中国人民大学出版社 2010 年版，第 569 页。
② 张新宝：《侵权责任法》，中国人民大学出版社 2010 年版，第 47 页。
③ 杨立新：《侵权责任法》，法律出版社 2012 年第 2 版，第 123 页。
④ 王成：《侵权责任法》，北京大学出版社 2011 年版，第 117 页。

主体的财产权利,由于受到侵害的权利的性质不同,不能构成分别侵权行为,而是不同的侵权行为;但在数个行为人实施的侵权行为侵害的是同一主体且性质相同的不同权利时,例如数个行为侵害了同一受害人的姓名权、名誉权,则构成分别侵权行为。

所谓的实际上,是说数个行为人实施的行为在客观上现实地目标一致。数个行为人在实施行为时,针对的同一个侵害目标并非出自行为人的本意,而是每一个行为人自己的主观选择,或者客观地针对着这个侵害目标。主观选择,是行为人故意实施的侵权行为,或者过失实施的侵权行为(懈怠),对于侵害目标是有选择的,有明确的目的,或者存在侵害该目标的意向。客观地针对着该侵害目标,是实施过失行为(疏忽)或者在无过错责任原则情形下,侵权行为针对着该侵害目标。不论故意或者过失,数个行为人之间对于同一个侵害目标不是共同选择,而是分别针对,在主观上没有关联。

3. 每一个人的行为都是损害发生的共同原因或者各自原因

分别侵权行为的数个行为人的行为都作用于同一侵害目标,是损害发生的共同原因,或者是损害发生的各自原因。共同原因,是数个行为人的行为结合在一起,共同作用于受害人的权利,集中地造成了受害人的同一个损害。各自原因,是数个行为人的行为分别作用于受害人的权利,造成了受害人同一权利的损害后果。前者例如,有缺陷的淋浴热水器与有缺陷的漏电保护器两件产品结合在一起,共同造成洗浴的人的死亡后果。[1] 后者例如,数个行为人中有的进行诽谤,有的进行侮辱,使同一个受害人受到名誉损害。

在分别侵权行为中,就数个侵权行为对于损害发生的原因力而言,有两种情形:一是数个行为人行为的原因力相加,等于百分之百;二是,数个行为人行为的原因力相加,超过百分之百。前者如淋浴器与漏电保护器的结合。后者例如两个行为人先后向他人饲料中投毒,均有百分之百的原因力,相加为百分之二百。在分别侵权行为中,前者的原因力比例对于分担责任具有决定性作用,原因力决定责任份额;后者的原因力将导致责任的连带承担,内部份额的确定应当按照原因力相加并处以行为人数的比例确定。

4. 造成了同一个损害结果且该结果可以分割

分别侵权行为的一个本质特点,是虽然造成了一个损害结果,但该结果可以分割。在对物的损害中,这种情形尤为明显。例如,甲用汽车运送的现金因肇事撒落,数人涌上争抢,每个人对受害人造成的损害就是可分的。如果受害人所受到的损害不能分割,就有可能属于客观关连共同的共同侵权行为,不构成分别侵权行为。

上述关于对分别侵权行为概念的法律特征的分析,都比较抽象。如果从司法实践的角度进行研究,实际上在数人实施的侵权行为中,排除了竞合侵权行为和第三人

---

[1]　王利明:《侵权责任法研究》(上卷),中国人民大学出版社 2010 年版,第 569—570 页。

侵权行为之后,分为四个等级:(1) 主观的共同侵权行为;(2) 客观的共同侵权行为;(3) 分别侵权行为;(4) 各行为人的单独侵权行为。对于那些不符合客观的共同侵权行为要求的二人以上的行为人实施的侵权行为,又不是各个行为人单独实施的侵权行为的,就是分别侵权行为。

(三) 与其他多数人侵权行为的联系与区别

1. 分别侵权行为与共同侵权行为

分别侵权行为与共同侵权行为都是多数人侵权行为,其行为主体都是复数即二人以上,都是造成同一个损害结果。分别侵权行为与共同侵权行为的主要区别是:第一,行为人实施侵权行为的性质不同,一为分别实施,二为共同实施。分别者,为各自实施,行为人之间在主观上没有相互联系。共同者,为共同实施,数个行为人或者在主观上相联系,具有主观的意思联络,或者在客观上有联系,数个行为结合在一起,造成同一个损害结果。第二,造成的同一个损害后果是否可分。损害后果可分的,一般是分别侵权行为;损害后果不可分的,一般是共同侵权行为,通常是客观的共同侵权行为。主观的共同侵权行为不作此区分,因为主观方面已经能够将分别侵权行为和共同侵权行为相区别。

2. 分别侵权行为与竞合侵权行为

竞合侵权行为是指两个以上的民事主体作为侵权人,有的实施直接侵权行为,与损害结果具有直接因果关系,有的实施间接侵权行为,与损害结果的发生具有间接因果关系,行为人承担不真正连带责任的多数人侵权行为形态。[①] 分别侵权行为与竞合侵权行为尽管都是多数人侵权行为,行为人都是二人以上,也都是造成同一个损害结果,但二者的主要区别是:首先,分别侵权行为的数个行为人实施的行为都是直接侵害被侵权人的权利的行为,不存在具有间接因果关系的间接行为人;而在竞合侵权行为的数个行为人中,有的行为人实施的行为是直接行为,有的实施的行为是间接行为。其次,在竞合侵权行为中,有的行为是损害发生的全部原因,具有百分之百的原因力,有的行为仅是损害发生的间接原因,属于提供必要条件或者提供机会的性质;而分别侵权行为的数个行为人的行为都是损害发生的直接原因,都具有直接的原因力。再次,竞合侵权行为造成的损害结果就是直接行为引发的,直接行为是损害发生的全部原因,造成的损害结果不存在可分不可分的问题,与分别侵权行为的同一损害结果须为可分的情形完全不同。

3. 分别侵权行为与第三人侵权行为

第三人侵权行为是指第三人由于过错,通过实际加害人的直接行为或者间接行为,造成被侵权人民事权利损害,应当由第三人承担侵权责任、实际加害人免除责任的多数人侵权行为。第三人侵权行为的最主要特点是实际加害人造成损害,第三人

---

① 杨立新:《论竞合侵权行为》,载《清华法学》2013 年第 1 期。

的过错是全部原因,造成的损害行为只有这一个,只有第三人承担责任,实际加害人不承担责任;实际加害人的行为尽管是造成损害的原因,但其对损害的发生毫无过错。而分别侵权行为中的每一个行为人都是造成实际损失的加害人,每一个行为人对于损害的发生都有过错,每一个行为人都是责任人。因此,第三人侵权行为与分别侵权行为尽管都是多数人侵权行为,但在性质上有原则区别。

四、分别侵权行为概念的外延界定

(一)分别侵权行为概念的外延

《侵权责任法》规定的分别侵权行为究竟包括哪些内容,学者的意见并不相同。

一种意见认为,分别侵权行为只包括第 12 条规定的内容,即只有承担按份责任的分别侵权行为,第 11 条规定的情形属于叠加的共同侵权行为,不属于共同侵权行为。[①] 这种意见的基础,是认为凡是分别侵权行为都承担按份责任,将承担连带责任的第 11 条规定的情形放在共同侵权行为概念之中,使多数人侵权行为的类型以责任形态作为标准,划分比较整齐,逻辑更加清晰。

另一种意见认为,将《侵权责任法》第 11 条和第 12 条都作为一种类型的侵权行为形态划分,都是无意思联络的数人侵权,分别称之为"累积因果关系的无意思联络数人侵权"和"聚合因果关系的无意思联络数人侵权"[②],也有学者称之为"多数人无过错联系但承担连带责任的分别侵权"与"多数人无过错联系但承担按份责任的分别侵权"[③]。

这两种不同意见的焦点,在于将《侵权责任法》第 11 条规定的侵权行为认定为共同侵权行为还是分别侵权行为。依据第 11 条内容观察,对侵权行为的表述是"分别实施侵权行为",对后果责任的表述是"连带责任"。如果依据责任后果的规定将其界定为共同侵权行为,没有特别的错误;依据对侵权行为的表述将其界定为分别侵权行为,则更为准确。将其界定为共同侵权行为的好处是,责任后果与共同侵权行为同属于一个类型,都承担连带责任,且与规定共同侵权行为、教唆帮助行为和共同危险行为相衔接,似乎顺理成章;同时,共同侵权行为增加一个类型,分别侵权行为减少一个类型。如果将其界定为分别侵权行为,则分别侵权行为的外延比较复杂,将有两种不同的分别侵权行为,分别承担按份责任或者连带责任;同样,共同侵权行为减少一个类型,分别侵权行为增加一个类型。

经过比较分析研究,将《侵权责任法》第 11 条规定的侵权行为界定为共同侵权行为还是分别侵权行为的利弊相差无几。不过,有一个重要的问题促使我们下决心,那

[①] 杨立新:《侵权责任法》(第 2 版),法律出版社 2012 年版,第 124、113 页。

[②] 王利明:《侵权责任法研究》(上卷),中国人民大学出版社 2011 年版,第 572 页。

[③] 竺效:《论无过错联系之数人环境侵权行为的类型——兼论致害人不明数人环境侵权责任承担的司法审理》,载《中国法学》2011 年第 5 期。

就是,既然《侵权责任法》第 11 条对侵权行为的表述是"分别实施侵权行为",第 12 条对侵权行为的表述也是"分别实施侵权行为",因而从行为形态的角度进行界定,应当认定第 11 条和第 12 条规定的侵权行为类型是同一种侵权行为形态,即分别侵权行为。因此,我们告别原来的主张,采用现在的这种主张。

《侵权责任法》第 11 条规定的分别侵权行为究竟应当怎样称谓,有的称之为"累积的"①,有的称之为"叠加的"②,有的称之为"承担连带责任的"③。我们认为,"累积的"表述只表述了行为原因重合的形式,属于定性表述,而不是定量表述。"承担连带责任"的表述则过于直白,没有将这种侵权行为固定称谓。"叠加的"表述,既有定性表述,又有定量表述,因此,称之为叠加的分别侵权行为,更为明确、准确。

《侵权责任法》第 12 条规定的分别侵权行为,由于过去我们将分别侵权行为只界定为这一种,因此不存在命名的问题。④ 将叠加的分别侵权行为归并为分别侵权行为之后,对此必须命名,以与叠加的分别侵权行为相区别。对此,有的将其称之为"数人承担按份的"⑤,有的称之为"承担按份责任的"⑥,有的称之为"聚合的"或者"以部分因果关系表现的"⑦。这些表述都对,但是,我们的意见是,称作典型的分别侵权行为可能会更好,因为在通常情况下,凡是分别侵权行为就应当承担按份责任,而叠加的分别侵权行为是分别侵权行为的非典型形态。不过,"典型的"表述与"聚合的""承担按份责任的"或者"以部分因果关系表现的"表述都没有实质的区别。

据此,分别侵权行为概念的外延包括典型的分别侵权行为和叠加的分别侵权行为。在分别实施侵权行为的数人中,一人的侵权行为足以导致全部损害的发生,而另一人的侵权行为却仅能造成部分损害的情形⑧,究竟属于叠加的分别侵权行为,还是属于典型的分别侵权行为,有的归之于典型的分别侵权行为⑨,有的归之于叠加的分别侵权行为⑩。我们认为,这种情形尽管《侵权责任法》没有明确规定,应当属于两种分别侵权行为类型的中间状态,更侧重于原因力的叠加,应当属于部分叠加或者半叠加的分别侵权行为。

故分别侵权行为的外延可以界定:分别侵权行为分为典型的分别侵权行为和叠加的侵权行为两种;叠加的分别侵权行为分为全部叠加的分别侵权行为与半叠加的分别侵权行为。

① 王利明:《侵权责任研究》(上卷),中国人民大学出版社 2011 年版,第 535 页。
② 张新宝:《侵权责任法》,中国人民大学出版社 2010 年第 2 版,第 45 页。
③ 王成:《侵权责任法》,北京大学出版社 2011 年版,第 117 页。
④ 杨立新:《多数人侵权行为与责任理论的新发展》,载《法学》2013 年第 1 期。
⑤ 张新宝:《侵权责任法》(第 2 版),中国人民大学出版社 2010 年版,第 47 页。
⑥ 王成:《侵权责任法》,北京大学出版社 2011 年版,第 117 页。
⑦ 王利明:《侵权责任法研究》(上卷),中国人民大学出版社 2010 年版,第 572、576 页。
⑧ 程啸:《侵权责任法》,法律出版社 2011 年版,第 274 页。
⑨ 同上。
⑩ 杨立新:《侵权责任法》(第 2 版),法律出版社 2012 年版,第 113 页。

（二）典型的分别侵权行为

1. 典型的分别侵权行为的概念和特点

典型的分别侵权行为，是指数个行为人分别实施侵权行为，既没有共同故意，也没有共同过失，只是由于行为人各自行为在客观上的联系而造成同一个损害结果，应当承担按份责任的分别侵权行为。

典型的分别侵权行为与共同侵权行为最为相似，二者相比较，显著区别有以下四点：

第一，在主观上，分别侵权行为人没有共同过错，既不存在主观上的意思联络，也不可能对自己的行为会与他人的行为发生结合造成被侵权人的同一损害有事先的预见，既没有共同故意也没有共同过失。而共同侵权行为在主观方面有的是具有共同的意思联络，或者具有共同过失。

第二，在客观上，分别侵权行为的数个行为人的行为是分别实施的，尽管造成了同一个损害结果，但该损害结果是可以分割的，而不是不可分割。而客观的共同侵权行为中的数个行为人虽然也没有共同故意或者共同过失，但是他们的行为紧密关联，构成了一个侵权行为，造成了同一个损害，而且该损害结果是不可以分割的。

第三，在行为的表现形式上，分别侵权行为的每一个行为人实施的行为，都是一个个单独的行为，是行为人分别实施的数个侵权行为，只是由于行为在客观上造成了同一个损害结果。而共同侵权行为是一个侵权行为，即使数人实施，但该数个行为在主观上关连共同，或者在客观上关连共同，构成完整的、单独的、独立的侵权行为，在行为的数量上只是一个侵权行为。

第四，在后果上，分别侵权行为承担的法律后果是按份责任，每一个行为人只对自己的行为引起的损害后果承担按份责任，而不是对整体的行为后果承担连带责任。而共同侵权行为承担的法律后果是连带责任，每一个共同侵权人都对整体的损害后果承担全部的赔偿责任，实行对外连带对内也连带。

综合起来，认定典型的分别侵权行为的构成要件是：第一，行为人为二人以上；第二，数个行为人都分别实施了侵权行为；第三，数个行为人的行为不构成引起损害发生的同一原因，而是各个行为对损害后果的发生分别产生作用，具有原因力[①]；第四，数人的行为造成同一个损害结果，损害结果具有同一性。符合这些要件要求的，构成典型的分别侵权行为。可以得出一个结论，即数人侵权，行为人有共同故意的，对于损害后果不存在可分不可分的问题，都属于共同侵权行为；对于客观的共同侵权行为与典型的分别侵权行为，因无主观上的关连，因此，通常认为，同一损害后果不可分的，为客观共同侵权行为，同一损害后果可分的[②]，为典型的分别侵权行为。

---

① 张新宝：《侵权责任法原理》，中国人民大学出版社 2005 年版，第 82 页。
② 美国侵权法关于单独责任的规则，实际上就是采用这样的标准。

2. 典型的分别侵权行为的按份责任

对于分别侵权行为的赔偿责任应当如何承担,历史上曾经有过不同主张。例如认为:"数人主观上无意思联络,仅因行为偶合导致损害后果发生,若各人的加害部分无法单独确定,则应以共同侵权论,各人对损害应承担连带赔偿责任。"[①]这是说,对无过错联系的数人致害,能确定各人的损害部分的,就单独承担责任;如果各人的加害部分无法单独确定,则承担连带责任。也有的认为,各人的损害部分能够单独确定行为人的,只对自己行为的后果负责;如果各行为人的加害部分无法单独确定,则应按公平原则,由法院根据案件的具体情况,令行为人分担适当的责任。[②] 这些不同意见,经过讨论和实践,后来都统一了,都认为既然构成分别侵权行为,就应当各自承担按份责任,并不实行连带责任。理由是,无过错联系的各行为人没有共同过错,不具备共同侵权行为的本质特征,因而也就不应当承担共同侵权行为的民事责任,而共同侵权行为的责任以连带责任为特点。如果令无过错联系的共同加害行为人承担连带责任,则是将其作为共同侵权行为处理了。反之,依照按份责任处理,则既考虑了这种行为与共同侵权行为的区别,也体现了这种行为本身对其责任形态的要求。《侵权责任法》第12条采纳了这种意见,确定典型的分别侵权行为承担按份责任。

因而,确定典型的分别侵权行为的责任,应当依照以下规则处理:第一,各个分别侵权行为人对各自的行为所造成的后果承担责任。典型的分别侵权行为属于单独侵权而非共同侵权,各行为人的行为只是单独行为,只能对其行为所造成的损害后果负责。在损害结果单独确定的前提下,应当责令各行为人就其行为所造成的损害承担赔偿责任。这是按份责任的体现。第二,依照分别侵权行为人各自行为的原因力确定责任份额。各行为人在共同损害结果无法确定自己的行为所造成的后果时,按照各行为人所实施行为的原因力,按份额各自承担责任。分别侵权行为的多数情况是有一个共同的损害结果。因此应当将赔偿责任确定为一个整体责任,依据各行为人的行为对损害后果的原因力划分责任份额,由各行为人按照自己的份额承担责任。第三,无法区分原因力的应当平均承担责任,确定各自应当承担责任份额。第四,不实行连带责任,各个行为人只对自己的份额承担责任,不对他人的行为后果负责赔偿。

(三)叠加的分别侵权行为

1. 叠加的分别侵权行为的概念和特点

叠加的分别侵权行为是指数个行为人分别实施侵权行为,既没有共同故意,也没有共同过失,每一个行为都足以引起损害结果,或者部分行为足以引起损害结果、部分行为具有部分原因力,因行为叠加而造成同一个损害结果,应当承担连带责任的分

---

① 蓝承烈:《连带侵权责任及其内部求偿权》,载《法学实践》1991年第1期。
② 王利明:《侵权行为法归责原则研究》,中国政法大学出版社1992年版,第296页。

别侵权行为。

叠加的分别侵权行为与共同侵权行为相比较,最突出的特点是行为人实施的侵权行为是分别实施,是数个侵权行为的结合,而不是一个侵权行为。而共同侵权行为不论是主观的共同侵权行为,还是客观的共同侵权行为,都是由于行为人的主观意思联络,或者因共同过失,或者因客观的关连共同,而使数人实施的行为成为一个侵权行为,因此是一个完整的连带责任。例如,前一个肇事司机将行人撞成致命伤后逃逸,后一个肇事司机将被侵权人轧死,两个行为人的行为都足以造成被侵权人死亡的后果。又如,一个人将他人的内脏刺伤,另一个又刺伤其内脏,两处刺伤均为致命伤,造成死亡结果。这两种情形都构成叠加的分别侵权行为,都与共同侵权行为不同。

《侵权责任法》第11条规定的叠加的分别侵权行为,与典型的分别侵权行为的主要区别在于,典型的分别侵权行为是每一个行为人实施的侵权行为的原因力相加,刚好等于百分之百的原因力。而叠加的分别侵权行为的每一个行为人实施的侵权行为的原因力相加,高于百分之百的原因力,甚至百分之二百,或者更多。叠加的分别侵权行为,每一个行为人实施的行为对于损害的发生都具有百分之百的原因力,都足以造成全部损害。即使是半叠加的分别侵权行为,部分人的行为具有百分之百的原因力,部分人的行为不具有百分之百的原因力,但是原因力相加,仍然高于百分之百,因而与典型的分别侵权行为完全不同。

2. 叠加的分别侵权行为承担连带责任

叠加的分别侵权行为中的数人承担连带责任。其基本规则是:

(1) 对外的中间责任

连带责任的对外效力,是一个侵权责任。被侵权人可以向数个行为人中的任何一个行为人请求承担全部赔偿责任,每一个分别侵权行为人都应当就全部损害承担赔偿责任。对此,应当依照《侵权责任法》第13条规定的规则承担中间责任。

(2) 对内的最终责任

连带责任的内部效力,是对数个连带责任人确定最终责任,应当按照份额确定。对此,应当按照《侵权责任法》第14条规定的规则进行。一是连带责任人根据各自责任大小确定相应的赔偿数额,难以确定责任大小的,平均承担赔偿责任。二是承担中间责任超过自己赔偿数额的连带责任人,有权向其他连带责任人追偿,实现最终责任。

在确定份额上,叠加的分别侵权行为的连带责任与共同侵权行为的连带责任的责任份额确定有所不同。构成共同侵权行为,其确定责任份额的基本方法是按照每一个共同侵权人的过错程度和行为原因力大小比例。事实上,每一个共同侵权人的过错比例和原因力比例是多少,就承担多大的份额责任。由于叠加的分别侵权行为的每一个侵权人的行为原因力相加超过百分之百,因此不能依照过错比例和行为的原因力确定责任份额,只能按照每一个人的行为的原因力相加,再按照行为人的数量相除,按照原因力的平均比例,确定每一个行为人的责任份额。

全叠加的分别侵权行为,是指两个以上的行为人分别实施的行为,每一个行为人对于损害的发生都具有全部的即百分之百的原因力,每个人都应当承担全部赔偿责任。而每一个加害人的行为都构成侵权行为,都对被侵权人承担全部赔偿责任,被侵权人的损害只有一个,每一个侵权人都承担全部责任,将会使受害人得到超出损害的不当赔偿,这不符合大陆法系侵权法填补损害的基本规则,因此只要承担一个全部赔偿责任,就能够保证被侵权人的损害赔偿请求权得到满足。只有按照连带责任确定数个侵权人的责任最为适当。每个行为人的行为的原因力均为百分之百,但责任份额不能都是百分之百,每个人的责任份额应当平均分配,在此基础上实行连带责任。

半叠加的分别侵权行为,是在分别实施侵权行为的数人中,一个人的行为具有百分之百的原因力,另外的人只具有百分之五十的原因力。对此,也应当看作叠加的分别侵权行为,不过叠加的原因力为半叠加而不是全叠加。其后果仍然应当承担连带责任,不过连带责任的内部份额应当随之改变。例如,一个行为的原因力是百分之五十,另一个行为的原因力是百分之百,将两个原因力相加,除以行为人的人数,得到的责任份额即为33.3％和66.7％,即为各自应当承担的责任份额。

【案例讨论】 ≫≫≫

案情:

2011年10月10日19:05时,被告彭某驾驶自有的机动车行至某加油站路段时,对已倒在靠近道路中心双实线车道内的曾某造成碾压。彭某立即向"120"报急救,并向交警队报警。医生及护理人员到达现场,当即对曾进行了抢救,经检查,确定其已无生命体征,医院出具死亡证明书。2011年10月10日19:33时,交警大队对现场进行勘验,制作了交通事故现场图,并对现场进行了拍照,显示道路基本情况为城市道路,双向8车道,道路中心由双实线分隔,事故现场附近无人行横道,路面性质水泥,路表干燥,无夜间路灯照亮,无影响视线或行驶的障碍物,路上血迹、曾某倒地位置、肇事车辆位置均位于靠近双实线的第4车道内,周围无拖拉痕迹。2011年10月19日,司法鉴定所对肇事车辆前保险杠及轮胎上的血迹进行鉴定,鉴定意见为:该车轮胎上提取的血痕样本,属于曾某。2011年11月3日,该车的相关安全技术及事发时行驶速度,经机动车司法鉴定所鉴定,意见为:由于受客观条件限制,部分现场参数不能确定,故不能计算出该车事发时的行驶速度;未发现该车事故前存在安全隐患。2011年10月26日,公安局物证鉴定所出具法医学尸体检验报告,意见为:推断曾某的死因为颅脑、胸腹部复合性损伤致死亡,建议进行尸体解剖明确致死方式。2011年10月28日,曾某亲属与彭某双方协商,一致同意不对曾的尸体进行解剖。2011年11月14日,交警部门作出道路交通事故认定书,认定曾某在彭某肇事前,曾被两辆机动车碾压,逃逸的两个未知名者,应当对事故的损害承担全部赔偿责任,彭某负有一定的责任。

讨论问题:

1. 如何认定机动车交通事故中<u>重复碾压</u>的侵权行为性质?
2. 本案的重复碾压行为属于何种分别侵权行为?
3. 区分分别侵权行为不同类型的法律意义是什么?

【参考文献】 ≫≫≫ 〉

张新宝:《侵权责任法原理》,中国人民大学出版社 2005 年版。

王泽鉴:《民法学说与判例研究》(第 1 册),北京大学出版社 2009 年版。

王利明:《侵权行为法归责原则研究》,中国政法大学出版社 1992 年版。

杨立新:《侵权责任法》,法律出版社 2015 年修订版。

王胜明主编:《〈中华人民共和国侵权责任法〉条文理解与立法背景》,人民法院出版社 2010 年版。

第十三章　不真正连带责任类型体系及规则

不真正连带责任是一种比较常见的侵权责任形态,在《侵权责任法》和其他法律以及司法解释中经常有规定。在学理研究中,究竟什么是不真正连带责任、不真正连带责任究竟有哪些类型,见仁见智,众说纷纭,并无让人信服的学说。特别是《侵权责任法》第 34 条第 2 款、第 37 条第 2 款、第 40 条规定了补充责任以及第 44 条、第 85 条后段和第 86 条第 1 款后段规定了先付责任以后,不真正连带责任的类型呈现出复杂局面。笔者认为,将这些具有共同特征的不同侵权责任形态归纳在一起,确认为不真正连带责任的不同类型,构成不真正连带责任的完整体系,并与竞合侵权行为相对接,对侵权责任形态理论是一个重大发展,便于准确理解和正确适用这些不同的侵权责任的规定。就此观点,本章作以下说明。

一、不真正连带责任概述

(一)适用不真正连带责任的侵权行为

在侵权责任法中,有一种特殊的侵权责任形态,是与竞合的侵权行为相对应的,即:两个以上的主体对同一个民事主体负有法定义务,当他们实施的侵权行为侵害了这个法律所特殊保护的民事主体的民事权益时,该被侵权的民事主体就产生了两个以上的损害赔偿请求权,分别针对负有不同法律义务的侵权人。对于这种侵权行为,法律规定采用不真正连带责任的侵权责任形态予以保护。在《侵权责任法》中,凡是符合这样要求的侵权行为,都适用不真正连带责任形态,以更好地保护受害人的民事权利,救济损害造成的后果。例如,《侵权责任法》第 41 条至第 43 条规定的产品责任中生产者和销售者的不真正连带责任,《物权法》第 20 条规定的不动产登记错误登记机构与错误登记人的不真正连带责任,以及本章引言中提到的不真正连带责任,都是这种侵权责任形态。

竞合侵权行为与不真正连带责任作为侵权行为形态和侵权责任形态的基本范畴,相互对接,形成完整、完美的逻辑结构。

(二)不真正连带责任的概念

不真正连带责任也称为不真正连带债务,是民法债法中的一种重要的债务形式①，在侵权责任法领域则叫作不真正连带责任。

不真正连带债务是指多数债务人就基于不同发生原因而偶然产生的同一内容的给付，各负全部履行之义务，并因债务人之一的履行而使全体债务人的债务均归于消灭的债务。② 不真正连带债务不履行的后果，就是不真正连带责任。如在连带责任保证中，主债务人和保证人承担的债务形态，就是不真正连带债务，而非连带债务或者连带责任。

侵权法上的不真正连带责任，是指多数行为人违反法定义务，对同一个受害人实施加害行为，或者不同的行为人基于不同的行为而致使同一个受害人的民事权益受到损害，各个行为人产生的同一内容的侵权责任，各负全部赔偿责任，并因行为人之一的责任履行而使全体责任人的责任归于消灭，或者依照特别规定多数责任人均应当承担部分或者全部责任的侵权责任形态。

在上述对侵权连带责任概念的界定中，笔者特别指出后面这段话，即"或者依照特别规定多数责任人均应当承担部分或者全部责任"。原本界定不真正连带责任概念，只有前面的那些话就比较准确了，加上后面这段话，就是为了能够将其他类似不真正连带责任的责任形态概括在一起，扩大不真正连带责任的体系。

（三）不真正连带责任的法律特征

按照这样的界定，不真正连带责任是一个比较庞大的体系，具有多种类型。但是概括起来，它们都具有相同的法律特征，这是将它们概括成为不真正连带责任形态体系的基础。

1. 不真正连带责任的责任主体是违反对同一个民事主体负有法定义务的数个行为人

不真正连带责任是侵权责任形态中的共同责任③，因而必须由两个以上的民事主体作为责任人。其责任产生的基础，是该数个行为人对同一个民事主体的民事权益负有法定义务，该法定义务不履行，造成了受害人的损害，发生侵权责任。例如，产品生产者和销售者都对产品使用者负有义务，生产的或者销售的产品有缺陷，造成使用者损害，两个义务主体都违反了法定义务，都负有侵权责任。因此，两个以上的违法行为造成同一个人的民事权益损害，实际上构成了两个以上的侵权行为。连带责任则不同，数个行为人基于关联共同实施侵权行为，构成一个侵权行为，而不是数个侵权行为。④

---

① 〔日〕我妻荣：《我妻荣民法讲义·新订债权总论》，周江洪等译，中国法制出版社 2008 年版，第 393 页。
② 王利明主编：《中国民法案例与学理研究》（债权篇修订本），法律出版社 2003 年版，第 3 页。
③ 共同责任概念是笔者提出的一种侵权责任形态类型，即两个以上的责任人对同一个侵权行为负有侵权责任。参见杨立新：《侵权行为法专论》，高等教育出版社 2005 年版，第 282 页。
④ 见《侵权责任法》第 8 条规定。

2. 不真正连带责任是基于同一损害事实发生的侵权责任

不真正连带责任的责任人虽然为两个以上,构成两个以上侵权行为,但是两个以上的侵权行为造成的损害结果却是同一个损害。正是这一个共同损害结果才将两个行为人实施的侵权行为结合起来,构成共同责任,发生了不真正连带责任的法律后果。如果没有共同的损害结果,各个行为人实施的侵权行为都是单个的侵权行为,则不可能构成共同责任,无从发生不真正连带责任。所以,不真正连带责任的数人行为对于损害的发生都具有百分之百的原因力。而无过错联系的共同加害行为,行为人虽然是各自实施的侵权行为,但是每一个行为人实施的行为结合在一起才造成了一个损害,所有的行为各具不同的原因力,因此与不真正连带责任不同。共同侵权行为虽然是一个行为,但是每一个共同加害人的行为对于损害的发生各具原因力,而不是各具百分之百的原因力。

3. 不同的行为人就同一损害事实发生的侵权责任有重合

正因为数个行为人实施的是各自独立的侵权行为,而造成的却是一个共同的损害结果,因而每个侵权人所发生的侵权责任内容是相同的,无论是责任性质、责任方式和责任范围都是重合的。因此,不真正连带责任与连带责任和按份责任都不相同。连带责任是一个责任,所有的共同加害人都只对这一个损害承担责任,而在内部却分为不同的责任份额。按份责任也是一个责任,不同的行为人仅对自己的那一份额承担责任。

4. 在重合的侵权责任中通常承担一个侵权责任即可保护受害人的权利

正因为不真正连带责任是数个相同的侵权责任的重合,所以,在通常情况下,只要数个重合的侵权责任履行了一个,受害人的损害就得到了救济,其受到损害的权利就得到了恢复。因此,不真正连带责任的受害人只能选择重合的请求权中的一个行使,该请求权行使之后,其他的请求权即行消灭。补充责任虽然具有上述不真正连带责任中的前三个特征,但是受害人在行使一个请求权的时候,其他请求权并不消灭,而是处于"备用"状态,在第一个请求权没有得到满足的情况下,还可以继续行使第二个请求权。并合责任是两个请求权均可分别行使,因而是不真正连带责任的特殊形式。

(四)不真正连带责任的类型

通常认为,不真正连带责任只有一种,即典型的不真正连带责任。这是通说。①根据《侵权责任法》,不真正连带责任有三种类型:一是典型的不真正连带责任,也是狭义的不真正连带责任;二是《侵权责任法》第 44 条、第 85 条后段、第 86 条第 1 款后段规定的先付责任;三是《侵权责任法》第 32 条第 1 款后段、第 34 条第 2 款后段、第

---

① 通常所说的不真正连带责任,就是典型的不真正连带责任,在一般的著述中所说的不真正连带责任均是这种。

37 条第 2 款和第 40 条规定的补充责任。

与此相对应,竞合侵权行为也有三种类型,即必要条件的竞合侵权行为、"必要条件＋政策考量"的竞合侵权行为、提供机会的竞合侵权行为,分别与典型的不真正连带责任、先付责任、补充责任相对应,即:必要条件的竞合侵权行为→典型的不真正连带责任、"必要条件＋政策考量"的竞合侵权行为→先付责任、提供机会的竞合侵权行为→补充责任。

除典型的不真正连带责任类型之外,对于其他两种不真正连带责任的特殊类型还需要做以下说明:

第一,先付责任以《侵权责任法》第 44 条为代表,即:"因运输者、仓储者等第三人的过错使产品存在缺陷,造成他人损害的,产品的生产者、销售者赔偿后,有权向第三人追偿。"生产者把产品生产出来,销售者将产品销售给产品使用人,由于第三人的过错使产品存在缺陷,造成产品使用人的损害的,生产者和销售者作为责任人一方应当承担中间责任,第三人作为责任人一方应当承担最终责任,都对受害人负有责任。这本来是典型的不真正连带责任,但法律不是规定由受害人选择谁先承担中间责任,而是直接规定生产者、销售者一方先承担中间责任,在承担了中间责任之后再向第三人追偿。由此可见,因第三人的过错造成产品缺陷,同样构成产品责任,法律基于公共政策考量,为了更好地保护受害人的赔偿权利,确定由中间责任人先承担责任,他们承担了赔偿责任之后再向最终责任人追偿。这样的责任形态其实就是不真正连带责任的特殊形式,只不过法律确定由中间责任人"先付"赔偿责任,而不是受害人根据自己的利益选择谁先承担赔偿责任。因此,将这种责任形态称之为"先付责任",是有道理的;并且将其确定为不真正连带责任的特殊表现形式,也是有道理的。这是在不真正连带责任中,受害人享有的两个赔偿请求权有先后顺序,中间责任人先付,之后再向最终责任人追偿的特殊形态。

第二,补充责任实际上就是不真正连带责任,笔者在有关文章中,就曾经将其叫作不真正连带责任的特殊类型。[①] 以《侵权责任法》第 37 条第 2 款规定的补充责任为例说明。当第三人对受害人实施侵权行为时,负有安全保障义务的人未尽防范、制止侵权行为的安全保障义务,造成受害人的损害,第三人是直接责任人,应当承担最终责任;违反安全保障义务的人为补充责任人,也都应当对受害人的损害负责。法律对此既不规定由受害人根据自己的利益选择应当由谁作为中间责任人,也不规定谁应当首先承担中间责任,而是直接规定直接侵权人承担侵权责任,补充责任人在直接责任人赔偿不能或者赔偿不足时承担补充责任,使受害人的损害得到全部救济,也是基于公共政策考量,使受害人的合法权益损害能够得到尽可能全面的赔偿。这与不真正连带责任的发生是完全一样的,只是法律规定,最终责任人先承担责任,中间责

---

① 杨立新:《论侵权责任的补充责任》,载《法律适用》2003 年第 6 期。

人承担补充责任。这是不真正连带责任中,两个赔偿请求权具有先后顺序,一个为主,一个补充而已。

经过以上分析,可以说,不真正连带责任的三种类型,构成了全部不真正连带责任体系,是侵权责任形态中最为复杂的责任形态。其中一种是典型的不真正连带责任,两种是特殊的不真正连带责任。换言之,典型的不真正连带责任是狭义的不真正连带责任,三种类型的不真正连带责任为广义的不真正连带责任。

(五)不真正连带责任与连带责任的区别

不真正连带与连带责任都是侵权责任形态,有很多相似之处:一是行为人均为多数;二是每一个行为人都对整体责任负责,均负全部赔偿的责任;三是因一个行为人的给付而使全体责任归于消灭;四是多数行为人中有中间责任人和最终责任人之分。

但是,不真正连带责任与连带责任有以下显著区别:

1. 产生的原因不同

侵权连带责任基于共同侵权行为或者法律规定而产生,其损害后果的发生是基于一个侵权行为,数个共同侵权行为人的行为是一个行为。而不真正连带责任的产生必须具有损害后果的不同发生原因,即数个行为人与受害人造成损害的原因是不同的法律事实,并不是一个行为而是几个行为,他们之间的责任关系必须基于不同的侵权行为而产生。

2. 行为人的主观状态或行为形态不同

连带责任的产生,共同行为人必须具有关联共同,各行为人在主观上互相关联,或者有客观的关联性,因而将他们每一个人的行为连接在一起。而不真正连带责任的数个行为人没有这种关联共同性[1],行为人各自具有单一的主观状态,没有任何意思上的联系,责任相同纯属于相关的法律关系发生重合,使责任竞合在一起。在实践中考察连带责任和不真正连带责任的区别,最重要的就是考察不同的行为人之间是否具有关联共同。只有数个行为人具有关联共同才能成为共同侵权行为人,承担连带责任。加害人具有主观上的联系,有关联共同的,不能成为不真正连带责任的行为人。不真正连带责任的损害结果的发生纯属偶然,各行为人侵权责任的产生相互并无关联共同,虽然发生责任竞合,但并不是不同的行为人之间具有主观上的联系。[2]

3. 行为人之间的关系不同

连带责任的行为人尽管承担连带责任,但是共同加害人之间有当然的潜在的内部责任份额关系,依据这种关系,共同加害人之间存在内部求偿权,因此是实质的连带责任。在一个或者数个共同加害人承担了全部责任之后,对其他没有承担侵权责

---

[1] 〔日〕我妻荣:《我妻荣民法讲义·新订债权总论》,周江洪等译,中国法制出版社 2008 年版,第 394 页。

[2] 郑玉波:《民法债编总论》(第 2 版),陈荣隆修订,中国政法大学出版社 2004 年版,第 425 页。

任的共同加害人,有权请求其赔偿为承担全部责任而损失的不属于自己份额的那些损失。不真正连带责任的行为人之间不存在这种内部分担关系。[①] 不同的请求权,要么是选择关系,要么是先付关系,要么是补充关系,都不是责任份额的关系,也不是共同侵权人之间的内部求偿关系。

4. 实质连带还是形式连带

连带责任的连带是实质连带,即既有形式上的连带,也有实质性的连带。形式上的连带,是在起诉中,原告可以起诉任何连带责任人,是程序上的连带;实质性的连带,是将最终责任分配给每一个连带责任人,每一个连带责任人都须承担自己的责任份额。不真正连带责任只有形式的连带,没有实质性连带,即只有在程序上,受害人可以选择或者按照法律请求某一个责任承担全部责任,但在实质上,在最终责任上,其实只有一个责任人。当然在补充责任和并合责任上有特殊性,那是法律的强制性规定而已。

二、典型的不真正连带责任

(一) 典型的不真正连带责任的概念和效力

典型的不真正连带责任,是《侵权责任法》第 41 条至第 42 条规定的产品责任及其他类似的责任分担形态,是指多数行为人违反法定义务,对一个受害人实施加害行为,或者不同行为人基于不同的行为而致使受害人的权利受到损害,各个行为人对产生的同一内容的侵权责任,各负全部赔偿责任,并因行为人之一的履行而使全体责任人的责任归于消灭的侵权共同责任形态。[②]

承担典型的不真正连带责任的侵权行为类型是必要条件的竞合侵权行为。必要条件的竞合侵权行为,是指两个行为中的从行为(即间接侵权行为)与主行为(即直接侵权行为)竞合的方式,是从行为为主行为的实施提供了必要条件,没有从行为的实施,主行为不能造成损害后果的竞合侵权行为。构成必要条件的竞合侵权行为的法律后果是典型的不真正连带责任。

不真正连带责任的效力分为对外效力和对内效力两个方面。不真正连带责任的对外效力是指对责任人之一发生的事项其效力是否及于其他行为人;对内效力是指承担了全部侵权责任的人可否以及怎样向最终责任人追偿。

1. 不真正连带责任的对外效力

由于不真正连带责任是各个独立的责任,各个责任基于不同的发生违法行为的原因而分别存在,因此,对于行为人之一发生的事项原则上对于其他行为人发生影响,即其效力及于其他行为人。

---

① 郑玉波:《民法债编总论》(第 2 版),陈荣隆修订,中国政法大学出版社 2004 年版,第 425 页。

② 同上。

不真正连带责任的基本结构是:各个侵权人对于所造成的损害都应当承担责任,而且每一个人承担的责任都是全部责任。他们之间对外的关系就是不真正连带责任的对外效力。在下述情况中所发生的对外效力,是不真正连带责任的基本效力:

第一,按照不真正连带责任的原理,发生不真正连带责任的侵权案件中的各个责任人对于受害人都发生全部承担满足其权利请求的效力。受害人即赔偿权利人对于各个责任人都享有请求权,都可以单独向其行使请求权。任何人对于受害人的请求权都有义务承担全部的赔偿责任。这种责任是中间责任,不是最终责任。

第二,任何一个责任人承担了自己的责任之后,其他责任人的责任归于消灭。这是因为,不真正连带责任的损害赔偿数额是一个竞合的数额,救济的是同一个损害。当一个责任人承担了赔偿责任之后,受害人的损害就已经得到了完全救济,不能够再行使另外的请求权,因此,另外的请求权因为损害已经得到救济而予以消灭。

2. 不真正连带责任的对内效力

不真正连带责任的对内效力,是指在一个责任人承担了赔偿责任之后,对其他责任人的求偿关系,即是否有权向没有承担责任的最终责任人请求赔偿。[①]

不真正连带责任的各个责任人之间可否求偿,各国或地区立法和学说见解不一。一种主张认为求偿关系基于让与请求权,让与请求权指履行了债务的债务人可以请求债权人让与其对最终责任人的请求权。另一种主张认为求偿关系基于赔偿代位,赔偿代位则指法律直接规定履行了债务的债务人当然地取得债权人对最终责任人的请求权,不需当事人的意思表示。德国及我国台湾地区"民法"基本上采取让与请求权的立法例,如仿德国立法例的台湾地区"民法"第 228 条规定:"关于物或权利之丧失或损害,负赔偿责任之人,得向损害赔偿请求权人请求让与基于其物之所有权或基于其权利对于第三人之请求权。"日本等国家采取赔偿代位的立法例,如《日本民法典》第 422 条规定:"债权人因损害赔偿而受领其债权标的之物或权利价额之全部时,债务人就该物或权利,当然代位债权人。"

我国《侵权责任法》对此没有规定,应当采取请求权让与立场,以充分保护受害人的权利的实现。

采用让与请求权说,其让与请求权应当具有以下要件:第一,受让与权利者为对受害人履行了责任的不真正连带责任人,即成为中间责任人;第二,让与权利者为不真正连带责任的权利人,即受到损害的受害人;第三,让与请求权的客体为受害人对于发生不真正连带责任的最终责任人的请求权。符合以上条件,承担了中间责任的不真正连带责任人取得让与的请求权,有权请求最终责任人承担追偿责任。

最终责任人是指对于数个责任的发生应最终负责的人。尽管各责任人的责任是基于不同的法律事实而独立产生的,但却是由最终可归责于一人的事由而引起一系

---

① 郑玉波:《民法债编总论》(第 2 版),陈荣隆修订,中国政法大学出版社 2004 年版,第 428 页。

列责任的发生,这种可最终归责的责任人就是最终责任人。例如,在产品责任中的缺陷制造者就是最终责任人。如果生产者是最终责任人,在销售者承担了损害赔偿的中间责任之后,有权向最终责任人即生产者追偿。

（二）不真正连带责任的实行

不真正连带责任的具体实行规则是：

第一,数个行为人基于不同的行为造成同一个受害人的同一个损害。例如,《人身损害赔偿司法解释》第11条规定,雇佣关系以外的第三人造成雇员人身损害的,第三人的行为确实是造成受害人损害的原因,形成赔偿法律关系；但在雇主由于与雇员之间的雇佣关系中,雇主没有尽到应有的注意义务,对雇员造成的损害也负有赔偿责任。因此,雇员可以基于劳动关系请求工伤事故的损害赔偿,也可以基于侵权行为请求第三人承担侵权损害赔偿责任。

第二,数个行为人的行为产生各自独立的侵权责任,各个责任就救济受害人损害而言,具有同一救济目的。雇主的工伤事故赔偿责任和第三人的侵权赔偿责任,都是救济受害人同一个损害赔偿,都是一个救济目的,尽管分别产生了不同的侵权责任,但责任的目的都是救济该同一损害,而不是救济各个不同的损害。

第三,受害人享有的不同的损害赔偿请求权,只能"择一"行使。雇员即受害人,或者向雇主请求承担赔偿责任,或者向第三人请求承担赔偿责任,而不是分别行使各个请求权。受害人选择的一个请求权实现之后,其他请求权消灭。这是不真正连带责任的"最近规则",就是受害人可以选择距离自己最近的法律关系当事人作为被告,起诉其承担中间责任。

第四,损害赔偿责任归属于造成损害发生的最终责任人。如果受害人选择的侵权责任人就是最终责任人,则该责任人就应当最终地承担侵权责任。如果选择的责任人并不是最终责任人而是中间责任人,则承担了中间责任的责任人可以向最终责任人请求赔偿,最终责任人应当向中间责任人承担最终责任。

三、先付责任

（一）先付责任的概念

《侵权责任法》第44条规定的因运输者、仓储者等第三人的过错使产品存在缺陷造成他人损害的赔偿责任,第85条规定的建筑物、构筑物或者其他设施及其搁置物、悬挂物发生脱落、坠落造成他人损害的责任,以及第86条第1款规定的建筑物、构筑物或者其他设施倒塌造成他人损害的赔偿责任,也属于不真正连带责任,但与典型的不真正连带责任不同。在学说上,没有人对此提出相应的概念,笔者曾经将其叫作替代性不真正连带责任[①],这种叫法没有揭示出这种责任形态的本质特征。这种侵权责

---

① 杨立新:《侵权责任法》,高等教育出版社2010年版,第229页。

任形态是不真正连带责任的一种特殊形式,典型特征是应当承担中间责任的不真正连带责任人先承担责任,随后再向最终责任人进行追偿。因此,把它界定为先付责任更为准确、鲜明,比较名副其实。

先付责任是指在不真正连带责任中,中间责任人首先承担直接责任,请求权人只能向中间责任人请求赔偿,中间责任人在承担了中间责任之后,有权向最终责任人追偿的不真正连带责任的特殊形态。

承担先付责任的侵权行为形态是"必要条件＋政策考量"的竞合侵权行为,这种侵权行为类型是指符合必要条件的竞合侵权行为的要求,但是基于政策考量,规定间接侵权人先承担中间责任,之后向直接侵权人追偿以实现最终责任的竞合侵权行为。

这种规定其实在《民法通则》第122条就有规定,即:"因产品质量不合格造成他人财产、人身损害的,产品制造者、销售者应当依法承担民事责任。运输者、仓储者对此负有责任的,产品制造者、销售者有权要求赔偿损失。"不过这种特殊的不真正连带责任一直没有受到重视。

在《侵权责任法》第44条规定的责任形态中,运输者、仓储者等第三人的过错使产品存在缺陷造成他人损害,第三人是最终责任人;而产品的生产者、销售者并没有责任,仅仅是中间责任人。但是,为了更好地保护受害人的民事权益,法律规定被侵权人直接向生产者、销售者请求赔偿,在生产者、销售者承担了赔偿责任之后,由他们向运输者、仓储者等第三人追偿,而不是直接向运输者、仓储者等第三人请求赔偿。由此可见,在这种不真正连带责任中,有一方承担直接责任,有一方承担间接责任,但承担直接责任的一方是中间责任人,承担间接责任的一方才是最终责任人。被侵权人只可以向直接责任人请求赔偿,不能向间接责任人主张赔偿责任。这种规则与典型的不真正连带责任的规则不同。同样,在建筑物、构筑物或者其他设施及其悬挂物、搁置物脱落、坠落致人损害,以及建筑物、构筑物或者其他设施因设置缺陷倒塌致人损害,也都是由所有人、管理人或者使用人以及建设单位、施工单位先承担中间责任,其后,再由承担了责任的人向最终责任人追偿。

(二)先付责任的规则

依照《侵权责任法》第44条、第85条后段和第86条第1款后段的规定,实行先付责任的基本规则是:

第一,侵权行为符合不真正连带责任的基本要求。不真正连带责任的基本构成要求是两个以上的行为人的行为对损害的发生都应当承担责任,但一方承担的责任是中间责任,最终承担责任的最终责任人是另一方。例如,在第三人的过错致使产品存在缺陷造成损害的产品责任中,如果将生产者和销售者作为一方,第三人作为另一方,他们都有责任对受害人的损害负责,只要有一方承担了赔偿责任,被侵权人的赔偿权利就得到满足,其他请求权就归于消灭。这种情形符合不真正连带责任的基本要求。

第二，基于公共政策的考量，确定不真正连带责任的责任人有的承担直接责任（先付），有的承担间接责任（追偿）。既然生产者和销售者以及第三人都有责任对缺陷产品造成的损害承担赔偿责任，就应当适用《侵权责任法》第43条规定由受害人选择责任人。但是第44条却采取了特殊规则，其原因是基于公共政策考量，为了保障被侵权人的损害能够得到及时救济，赔偿权利能够及时实现，因而确定由更具有赔偿能力、对被侵权人来说距离更近、更容易行使权利的生产者、销售者承担直接责任。而应当承担最终责任的第三人却隐藏在中间责任人的背后，不承担直接的责任而承担间接责任。

第三，承担直接责任的不真正连带责任人（中间责任人），应当向被侵权人直接负责，被侵权人直接向他们行使赔偿请求权，而不是由被侵权人向距离较远、索赔不易的第三人（最终责任人）主张赔偿权利。只有在承担直接责任的责任人承担了赔偿责任之后，再由他们向间接责任人进行追偿，将中间责任转嫁给最终责任人，实现最终责任。

《侵权责任法》第85条后段和第86条第1款后段规定的责任形态，也都符合先付责任的基本特征，都适用上述规则。

（三）先付责任的索赔僵局及破解方法

法律规定运输者、仓储者等第三人的过错导致产品存在缺陷，造成他人人身、财产损失，生产者、销售者承担赔偿责任，之后由生产者、销售者向第三人追偿的先付责任规则，其目的在于保护受害人的合法权益，使其损失能够尽早得到救济。同样，规定建筑物等脱落、坠落、倒塌的损害赔偿责任也都是先由中间责任人承担直接赔偿责任，而后对最终责任人追偿，其目的也是如此。立法的这个出发点无疑是好的。受害人直接向生产者、销售者请求赔偿，向所有人、管理人或者使用人请求赔偿，向建设单位、施工单位请求赔偿，而不是向第三人或者其他责任人①请求赔偿，对于被侵权人赔偿请求权的实现更为方便和快捷。但是，这种规则存在一个不可解决的索赔僵局，即当生产者、销售者以及所有人、管理人或者使用人以及建设单位、施工单位不能承担赔偿责任的时候，它们就不能向第三人追偿，法律又没有规定受害人可以直接向第三人请求赔偿。这样，受害人的合法权益反而得不到有效保障，不能使其受到的损害得到及时救济。这个索赔僵局立法者是没有看到也是不愿意看到的。

解决这个索赔僵局的办法是：运输者、仓储者等第三人的过错导致产品存在缺陷，造成他人人身、财产损失，生产者、销售者不能承担赔偿责任，因而无法向第三人追偿的，被侵权人可以直接起诉第三人，要求第三人承担侵权赔偿责任。建筑物等脱

---

① 这两个条文规定的"其他责任人"的概念，其实就是第三人的概念。

落、坠落、倒塌的责任同样如此。① 用这个办法就可以解决这个索赔僵局。建议最高人民法院制定相应的司法解释,规定这个规则。在现实生活中,如果出现这样的问题,人民法院可以适用这个办法解决先付责任中的这个索赔僵局。

四、补充责任

(一)适用补充责任的侵权行为

1. 适用补充责任的侵权行为

补充责任的概念最早出现在《人身损害赔偿司法解释》第6条第2款,在违反安全保障义务的防范制止侵权行为的责任中适用。② 之后,学者对补充责任进行了充分的研究,最后《侵权责任法》采纳了补充责任的概念。《侵权责任法》规定了四种补充责任:一是第32条第2款规定:"有财产的无民事行为能力人、限制民事行为能力人造成他人损害的,从本人财产中支付赔偿费用。不足部分,由监护人赔偿。"这是完全的补充责任。二是第34条第2款规定:"劳务派遣期间,被派遣的工作人员因执行工作任务造成他人损害的,由接受劳务派遣的用工单位承担侵权责任;劳务派遣单位有过错的,承担相应的补充责任。"三是第37条第2款规定:"因第三人的行为造成他人损害的,由第三人承担侵权责任;管理人或者组织者未尽到安全保障义务的,承担相应的补充责任。"四是第40条规定:"无民事行为能力人或者限制民事行为能力人在幼儿园、学校或者其他教育机构学习、生活期间,受到幼儿园、学校或者其他教育机构以外的人员人身损害的,由侵权人承担侵权责任;幼儿园、学校或者其他教育机构未尽到管理职责的,承担相应的补充责任。"四种补充责任可以概括分为两种类型,一种是完全的补充责任,只有一种;另一种是有限的补充责任,为三种。概括起来,适用补充责任的侵权行为类型就是提供机会的竞合侵权行为。

2. 适用补充责任侵权行为的特点

提供机会的竞合侵权行为是指两个竞合的行为,从行为为主行为的实施提供了机会,使主行为的实施能够顺利完成的竞合侵权行为。从发挥的作用上考察,提供机会的竞合侵权行为与必要条件的竞合侵权行为有所不同,这就是,间接侵权人的从行为给直接侵权人的主行为造成损害结果提供了机会,但并不是必要条件。这种侵权行为基本上具有不真正连带责任侵权行为的同样特点,就是两个以上的主体对同一个民事主体负有法定义务,当一个侵权行为侵害了这个法律所特殊保护的民事主体

---

① 参见杨立新等:《中华人民共和国侵权责任法司法解释草案建议稿》,载《河北法学》2010年第11期。

② 该条款的内容是:"因第三人侵权导致损害结果发生的,由实施侵权行为的第三人承担赔偿责任。安全保障义务人有过错的,应当在其能够防止或者制止损害的范围内承担相应的补充赔偿责任。安全保障义务人承担责任后,可以向第三人追偿。赔偿权利人起诉安全保障义务人的,应当将第三人作为共同被告,但第三人不能确定的除外。"

的民事权益时,该民事主体就产生了两个以上的损害赔偿请求权,分别针对负有不同法律义务的人。

适用补充责任的侵权行为与适用不真正连带责任的侵权行为是一样的,但之所以在责任形态上要有区别,主要有两个理由:第一,在适用补充责任的场合,实施侵权行为的数个行为人的法定义务有轻有重,有主有从,因而应当承担的侵权责任也就有轻有重,有主有从。例如,防范制止侵权行为人未尽安全保障义务的侵权行为,直接侵权人违反的法定义务是对绝对权的不可侵义务,实施的侵权行为侵害了绝对权,因而是应当首先承担责任的人。而公共场所管理人或者群众性活动组织者违反的义务是安全保障义务,并不是直接侵权人,是未尽安全保障义务的行为给直接侵权人提供了条件而间接地侵害了受害人的权利。因此,在两个侵权责任中,直接侵权人的责任是最终责任,而公共场所管理人或者群众性活动组织者的责任是从属的责任,是第二位的责任。为了体现这种责任性质和关系的不同,立法者采取补充责任的形态加以区别。第二,立法者出于公共政策考量,认为受害人的权益需要更为周到的保护,因此,在顺序在先的请求权行使之后不能得到满足时,再规定受害人可以行使第二顺序的请求权,以保护未完全得到救济的权利。因此可以说,补充责任是不真正连带责任的一种特殊形式,其基本性质仍然是不真正连带责任,只不过两个请求权的关系变为顺位关系而不是选择关系。

(二)补充责任的概念

侵权法的补充责任,是指两个以上的行为人违反法定义务,对一个受害人实施加害行为,或者不同的行为人基于不同的行为而致使受害人的权利受到同一损害,各个行为人产生同一内容的赔偿责任,受害人分别享有的数个请求权有顺序的区别,首先行使顺序在先的请求权,不能实现或者不能完全实现时,再行使另外的请求权予以补充的侵权责任形态。[①]

与不真正连带责任相比较,补充责任的唯一区别是产生的数个请求权存在顺序的区别,权利人必须首先行使顺序在先的请求权,在顺序在先的请求权行使中,第一顺序的责任人不能赔偿、赔偿不足或者下落不明而使请求权不能满足时,再行使其他的请求权,以保障自己的损害赔偿请求权能够完满实现。例如,顾客住进宾馆遭犯罪行为人杀害,犯罪行为人负有人身损害赔偿的侵权责任,宾馆负有违反安全保障义务的侵权责任。这两个责任发生竞合。犯罪行为人应当首先承担直接责任,宾馆的责任消灭;宾馆在犯罪行为人无力赔偿或者赔偿不足或者逃逸、被判极刑无法赔偿时,应当承担补充责任。

---

① 杨立新:《侵权法论》,人民法院出版社 2004 年版,第 643 页。

（三）补充责任的类型及规则

1. 完全的补充责任

完全的补充责任,是指直接责任人不能承担赔偿责任或者不能承担全部赔偿责任,由补充责任人承担全部或部分赔偿责任的补充责任形态。

这种完全的补充责任在《侵权责任法》中只规定了一种,即第 32 条第 2 款:"有财产的无民事行为能力人、限制民事行为能力人造成他人损害的,从本人财产中支付赔偿费用。不足部分,由监护人赔偿。"这个条文后段规定的就是完全的补充责任。

完全的补充责任的基本规则是:第一,责任人分为直接责任人和补充责任人,有顺序的区别,被侵权人只能按照顺序行使赔偿请求权。第二,直接责任人承担的赔偿责任不足部分,完全由补充责任人承担。[①] 第三,补充责任人承担了补充责任之后,不享有追偿权,不能向直接责任人进行追偿。

2. 有限的补充责任

有限的补充责任,是指直接责任人不能承担赔偿责任或者完全不能承担赔偿责任,补充责任人按照其过错程度或者行为的原因力,承担相应责任的补充责任形态。这种补充责任不是全部补充而是有限补充。[②]《侵权责任法》把这种有限的补充责任叫作相应的补充责任。《侵权责任法》规定了三种相应的补充责任,都是有限的补充责任。

有限的补充责任的规则是:

第一,在有限的补充责任中,构成直接责任与补充责任的竞合,受害人应当首先向直接责任人请求赔偿,直接责任人应当承担侵权责任。直接责任人承担了全部赔偿责任后,补充责任人的赔偿责任终局消灭,受害人不得向补充责任人请求赔偿,直接责任人也不得向补充责任人追偿。

第二,受害人在直接责任人不能赔偿、赔偿不足或者下落不明,无法行使第一顺序的赔偿请求权或者不能满足请求权的要求时,可以向补充责任人请求赔偿。补充责任人承担补充责任的范围是相应的,即与其过错程度和行为的原因力相适应的范围内。因此,这就不是对直接责任人所有的不能赔偿的范围都予以补充赔偿,而仅仅是就其相应的部分进行补充赔偿。

第三,补充责任人承担的相应的补充责任大于未承担的赔偿责任的,只以未承担的赔偿责任为限;补充责任小于未承担的赔偿责任的,只以相应的责任为限,不得超出相应的责任的范围进行补充赔偿。例如,未承担的赔偿责任为 3 万元,相应的补充责任为 5 万元,补充责任人只赔偿 3 万元,因为总的赔偿范围不能超出损失范围;未承担的赔偿责任为 5 万元,相应的责任为 3 万元,补充责任人只赔偿 3 万元,因为补充

[①] 王胜明主编:《中华人民共和国侵权责任法释义》,法律出版社 2010 年版,第 162 页。

[②] 同上书,第 174 页。

责任人只承担相应的责任。

第四，补充责任人在承担了有限的补充赔偿责任之后，不产生对直接责任人的追偿权。因为既然补充责任人承担的责任是与其过错程度和行为的原因力相适应的责任，那么，就应当自己负责，不得追偿。《侵权责任法》的这个规则改变了《人身损害赔偿司法解释》第6条第2款和第7条第2款关于补充责任追偿权的规定，应当特别注意。

（四）补充责任的含义

补充责任的含义包括以下两个要点：第一，补充责任的顺序是第二位的责任。直接责任人承担的赔偿责任是第一顺序的责任，补充责任人承担的赔偿责任是第二顺序的责任。因此，补充责任是补充直接责任的侵权责任。第二，补充责任的赔偿范围是补充性的。完全的补充责任，是补充责任人对直接责任人赔偿不足的部分全部补充赔偿，其赔偿范围的大小取决于直接责任人承担的赔偿责任的大小，补充责任人承担的赔偿责任就其不足部分；有限的补充责任，则不论直接责任人不能赔偿的部分是多少，补充责任人承担的赔偿责任范围是自己的过错程度和行为原因力相应的部分，并且以直接责任人承担赔偿责任不足部分的范围为限，而非全部补充。

【案例讨论】〉〉〉〉　　〉

案情：

2009年12月4日，某小学80余名学生在喝了豆浆后，相继出现头疼、恶心、呕吐、腹泻等症状，其中有62人被送入卫生院输液治疗，23人入院观察。事发后，卫生执法监督所、疾控中心等单位通过流行病学调查，确认因"豆浆加工不彻底"造成该小学多名学生食物中毒。经调查，该小学从同年10月开始实施"蛋奶工程"后，将早餐供应承包给学校附近的个体户向某，由其每日在家中加工早餐。向某没有健康证、餐饮服务从业许可证，并且豆浆等食品的加工现场不符合卫生规范，导致豆浆加工不彻底，酿成学生中毒事故。学校未尽必要的监督和检查义务，亦有过失。受害学生向法院起诉，请求向某和学校承担侵权责任。

讨论问题：

1. 本案的被告为向某和学校，双方的过错行为构成哪种类型的多数人侵权行为？

2. 向某的行为是造成损害的直接原因，学校的过失是否构成间接原因，属于哪种类型的竞合侵权行为？其责任形态是何种类型？

3. 本章将不真正连带责任分为典型的不真正连带责任、先付责任和补充责任三种类型，你有何评论？

【参考文献】 >>>>>   >

杨立新等:《中华人民共和国侵权责任法司法解释草案建议稿》,载《河北法学》2010 年第 11 期。

张新宝:《侵权责任法》(第二版),中国人民大学出版社 2010 年版。

杨立新:《侵权责任法》,高等教育出版社 2010 年版。

郑玉波:《民法债编总论》(第 2 版),陈荣隆修订,中国政法大学出版社 2004 年版。

〔日〕我妻荣:《民法讲义·新订债权总论》,周江洪等译,中国法制出版社 2008 年版。

王利明主编:《中国民法案例与学理研究》(债权篇修订本),法律出版社 2003 年版。

第十四章　侵权责任法的不确定
并列责任主体

在侵权法中,不确定并列责任主体是一个较少为人关注的问题,至今未有专门进行研究的著述,只是在有些学者的文章和专著中简单提及。而我国《侵权责任法》第四章至第十一章规定了较多不确定并列责任主体,却未对不确定并列责任主体实施的侵权行为性质,如何承担侵权责任等作出明确规定。国外侵权法也有类似情形。本章对此进行分析,研究我国侵权责任法的不确定并列责任主体及实施的侵权行为的性质与责任承担规则。

一、《侵权责任法》规定不确定并列责任主体的内容及立法比较

(一)确定的并列责任主体与不确定并列责任主体

侵权法中的并列责任主体,是某个法律条文对某种特殊侵权行为的责任主体规定为数人的立法现象。由于侵权法存在多数人侵权行为及责任,且特殊侵权行为具有复杂性,因而在侵权法的条文中经常出现需要承担连带责任等的并列责任主体。例如我国《侵权责任法》第51条关于"以买卖等方式转让拼装或者已达到报废标准的机动车,发生交通事故造成损害的,由转让人和受让人承担连带责任"规定中的"转让人和受让人",以及《日本民法典》第719条第2款关于"教唆或帮助侵权行为人的人视为共同行为人,适用前项规定"中的"教唆人或帮助人",都是并列责任主体。

侵权法在规定并列责任主体时,对于并列责任主体实施的侵权行为及责任是确定的,即对并列责任主体实施的侵权行为属于何种性质,并列的责任主体应当怎样承担侵权责任,都是明确的、确定的,例如前述我国《侵权责任法》第51条及《日本民法典》第719条第2款的规定。但是也有一些法律条文对并列责任主体实施的侵权行为的性质与责任形态没有作出明确规定,例如我国《侵权责任法》第89条规定的妨害通行物损害责任的责任主体为"有关单位或者个人";《越南民法典》第631条规定,房屋、其他建筑物因发生倒塌、损坏或陷落造成他人损害的,责任主体是"房屋、其他建筑物的所有人、管理人或使用人"。这种并列规定的数个责任主体实施的侵权行为属于何种性质,应当怎样承担责任,都不明确、不确定。据此,前者可以称为确定并列责任主体,后者称为不确定并列责任主体。

由于确定的并列责任主体实施的侵权行为及责任是确定的,并无特别进行研究的价值与必要;不确定并列责任主体实施的侵权行为及责任不明确、不确定,因而必须进行专门研究,属于此处研究的对象。

中外侵权法都存在不确定并列责任主体的规定,但国外侵权法较为少见,我国《侵权责任法》规定了较多的不确定并列责任主体,因而更需要进行专门研究,揭示其实施的侵权行为的性质及承担责任的形态。

(二)我国《侵权责任法》规定不确定并列责任主体的内容

《侵权责任法》第四章至第十一章共有 11 个条文规定了不确定并列责任主体,占全部 92 个条文的 11.1%,在 60 个规定特殊侵权责任的条文中占 18.3%,占 13 种特殊侵权责任的 84.6%,所占比例很大。这 11 个条文的内容是:

第 44 条规定产品责任的第三人责任为先付责任,生产者、销售者先承担赔偿责任,之后有权向第三人追偿。[①] 其中规定先承担赔偿责任的主体即"生产者、销售者"究竟应当怎样承担责任,不能确定其性质和具体规则。权威解释认为:"运输者、仓储者等应当承担赔偿责任,首先承担产品责任的产品生产者、销售者,有权向负有赔偿责任的运输者、仓储者等追偿"[②],并没有解释"生产者、销售者"之间怎样承担责任。

第 75 条后段规定:"所有人、管理人不能证明对防止他人非法占有尽到高度注意义务的,与非法占有人承担连带责任。"其中关于"所有人、管理人"的表述,无法确定究竟是共同与非法占有人承担连带责任,还是其中一人与非法占有人承担连带责任;且该连带责任中是否还包括不真正连带责任,也不确定。权威解释认为,"所有人、管理人与非法占有人承担连带责任"[③],但对上述疑问没有解释。

第 78、79、80、82 条这 4 个条文,都规定饲养动物损害责任的责任主体为"动物饲养人[④]或者管理人",但都没有明确规定动物饲养人或者管理人承担的究竟是连带责任、不真正连带责任还是个人责任。权威解释认为:"当动物的饲养人与管理人为不同人时,管束动物的义务由饲养人转移给管理人,这时的赔偿主体应为管理人"。[⑤] 可是,如果被侵权人直接起诉动物饲养人,动物饲养人是否应当承担责任,也没有解释。

第 85 条规定的建筑物、构筑物或者其他设施损害责任的责任主体为"所有人、管理人或者使用人",三个并列责任主体之间用"或者"连接,含义似乎是或者为所有人,或者为管理人,或者为使用人。但在被侵权人索赔时,究竟起诉所有人还是管理人抑

---

① 关于先付责任的概念及责任,请参见杨立新:《多数人侵权行为与责任理论的新发展》,载《法学》2013 年第 7 期。

② 此处称"权威解释",是指我国立法机关官员对法律的解释,下同。参见王胜明主编:《中华人民共和国侵权责任法释义》,法律出版社 2010 年版,第 236—237 页。

③ 同上书,第 376 页。

④ 其中第 82 条规定的是"原动物饲养人"。

⑤ 王胜明主编:《中华人民共和国侵权责任法释义》,法律出版社 2010 年版,第 392 页。

或使用人,法院怎样确定责任主体,也不确定。权威解释认为,所有人应当承担责任,管理人是管理维护义务的人,包括国有资产管理;使用人承担责任的情形,一是有管理维护义务,二是管理维护不当①,但没有明确的解释。

第86条第1款规定建筑物、构筑物或者其他设施倒塌损害责任的责任主体为"建设单位与施工单位",承担的是"连带责任"。在建设单位与施工单位对于损害的发生都有过错的情况下,双方承担的责任当然是连带责任;但如果建设单位或者施工单位只有一方有过错,就不能承担连带责任,而是不真正连带责任。权威解释认为,"建设单位和施工单位应当承担连带责任"②,显然没有注意到存在不真正连带责任的可能性。

第89条规定的妨害通行物损害责任的责任主体为"有关单位或者个人"。这个概念很复杂,既包括公共道路管理人,也包括堆放人、倾倒人、遗撒人,前者为直接责任人,后者为间接责任人。他们之间究竟应当怎样承担责任,法律规定不明确③,权威解释对此没有说明。

第90条规定的林木损害责任的责任主体是"林木的所有人或者管理人"。林木所有人和管理人之间怎样承担侵权责任,亦不确定,似为或者为林木所有人,或者为管理人。④ 这与第85条相同,在被侵权人索赔时,究竟起诉所有人还是管理人,法院怎样确定责任主体,权威解释没有说明。

第91条第2款规定的窨井等地下设施损害责任的责任主体为管理人,没有并列规定数个责任主体,但存在多个责任主体的可能,例如管理人就有授权管理国家资产的人,以及实际担任管理维护职责的人。权威解释认为,"由相关的管理人承担赔偿责任"⑤,对可能出现的不确定并列责任主体没有预料和解释。

正是由于不确定并列责任主体的不确定性,因而学者在对其进行解释时,意见也不相同。下面列举的是部分学者的主要观点。

对于《侵权责任法》第85条规定的"所有人、管理人或者使用人",王利明教授认为,受害人可以选择上述三个责任人中的一人或者数人承担责任。在实践中,所有人、管理人或者使用人并非总是同时承担责任,他们承担责任的前提是对于建筑物等负有管理义务,在特殊情况下,所有人、管理人或使用人也可能存在两人或两人以上的同时负责,此时,数人之间究竟是连带责任,还是按份责任?原则上应当属于按份责任。⑥ 对于第89条规定的"有关单位和个人",认为"堆放人、倾倒人、遗撒人承担完

---

① 王胜明主编:《中华人民共和国侵权责任法释义》,法律出版社2010年版,第415—416页。
② 同上书,第419页。
③ 参见杨立新:《侵权责任法》,法律出版社2015年修订版,第364页。
④ 同上书,第366页。
⑤ 王胜明主编:《中华人民共和国侵权责任法释义》,法律出版社2010年版,第439页。
⑥ 王利明:《侵权责任法研究》(下卷),中国人民大学出版社2011年版,第689、690页。

全赔偿责任","公共道路的所有人或管理人承担补充责任"。[①]

对于《侵权责任法》第89条规定的"有关单位和个人",张新宝教授认为："此时，行为人与管理人之间属于不真正的连带责任，管理人承担责任后，有权向行为人追偿。"[②]

程啸博士认为，《侵权责任法》第85条规定的所有人、管理人或者使用人，"如果建筑物、构筑物或者其他设施上有使用人或者管理人的，则应由使用人或管理人承担侵权责任。没有使用人或管理人的，应由所有人承担侵权责任。他们之间并不发生连带责任的问题"。第89条规定的妨碍通行物损害责任的"有关单位或者个人"，"如果是堆放在公共道路上的物品导致他人损害，责任人通常就是堆放人，包括该物品的所有人和管理人。但如果对公共道路负有管理和维护义务的民事主体没有尽到管理维护职责的，就会发生多数人侵权的问题，即依据《侵权责任法》第12条，堆放人与道路的管理者分别向受害人承担侵权赔偿责任"。[③] 这种意见认为承担的责任是按份责任。

对于《侵权责任法》第85条规定的并列责任主体，周友军博士认为："所有人和管理人是不可能并存的。如果所有人与使用人并存，或者管理人与使用人并存时，应当通过前述建造义务和维护义务的分配来认定责任主体。因为使用人只可能在工作物建造完毕以后才开始使用，所以，他只负有维护义务。如果工作物的倒塌或者脱落是因为维护义务的违反而造成的，应当由使用人负责。"[④]

通过以上列举可以看出，我国学界对不确定并列责任主体的解释可谓"百花齐放"，意见分歧，无法形成通说指导审判实践。

（三）外国侵权法规定不确定并列责任主体的情形

在其他成文法国家中，由于侵权法在债法中规定，因而篇幅较小，列举的特殊侵权责任种类不多，因而规定不确定并列责任主体的情形不多。下列三个国家的侵权法分别两种形式，规定了不确定并列责任主体。

1. 间接规定不确定并列责任主体

《日本民法典》第715条第1项规定使用他人的使用人为责任主体，第2项规定代使用人监督事业执行的人亦负前项责任；第718条第1项规定动物占有人责任，第2项规定代替占有人管理动物的人亦负前项责任。这两个条文用第2项规定的责任主体"亦负前项责任"的表述，实际上规定了两个并列责任主体，即使用人与代使用人监督事业执行人、动物占有人与动物管理人，且双方如何承担责任也不明确，构成不确

---

① 王利明：《侵权责任法研究》（下卷），中国人民大学出版社2011年版，第748页。
② 张新宝：《侵权责任法》，中国人民大学出版社2010年版，第343页。
③ 程啸：《侵权责任法》，法律出版社2011年版，第516、527页。
④ 周友军：《侵权法学》，中国人民大学出版社2011年版，第237页。

定并列责任主体。

《韩国民法典》第 759 条第 1 项规定动物占有人的责任,第 2 款规定代替占有人看管动物者亦负前款责任。这一规定与《日本民法典》前述两个条文的规定相同,也属于不确定并列责任主体。

2. 直接规定不确定并列责任主体

《越南民法典》第 631 条规定与我国《侵权责任法》第 85 条基本相同:"房屋、其他建筑物因发生倒塌、损坏或陷落造成他人损害的,房屋、其他建筑物的所有人、管理人或使用人必须赔偿损害。"其中所有人、管理人或使用人与我国《侵权责任法》第 85 条存在同样的问题,属于不确定并列责任主体。

其他国家和地区的民法典,凡是并列规定责任主体的,都明确规定数个责任主体如何承担责任。例如《德国民法典》规定动物损害责任,并列规定动物饲养人的责任(第 833 条)和动物看管人的责任(第 834 条);规定建筑物损害责任,就分别规定建筑物占有人的责任(第 837 条)和建筑物维护义务人的责任(第 838 条)。[①] 绝大多数国家的侵权法没有规定不确定并列责任主体。

在规定不确定并列责任主体的日本和韩国,侵权法学说尽管没有提出这一概念,但同样存在对这种并列责任主体进行解释的问题。

对于《日本民法典》第 715 条规定的使用人和代使用人监督事业执行的人,日本学者认为被用人的责任和使用人的责任的并存,是不真正连带责任。所谓的"代理监督者"是客观来看代替使用人现实地处于监督事业地位的人,只是公司的代表人。代理监督人的责任,是现实地监督被用人的人(进行具体的选任和监督的人),法定的监督义务者的责任和代理监督者的责任并不相互排斥,两者可并存成立(当代理监督人的选任存在过错的时候)。[②] 研究日本法的中国学者认为:被用人独立地负担一般的侵权行为责任。这种被用人的责任与使用人、代理监督者的责任是不真正连带债务。[③]

对于《日本民法典》第 718 条并列规定动物占有人和代占有人看管动物人,日本学者认为,直接占有者(保管者)是根据民法第 718 条第 2 项,间接占有者(占有者)是根据第 718 条第 1 项负有责任,两者的责任可以认为是并存的(不真正连带责任)。尤其是第 1 项的占有者(间接占有者)在能够举证已经根据动物的种类、性质具备相

---

① 其他可以列举的是:《埃塞俄比亚民法典》侵权法规定物件损害责任,分别规定了建筑物的所有人(第 2078 条)与建筑物的占有人(第 2080 条)、机器和机动车所有人(第 2081 条)与机器和机动车的保管人或代理人(第 2082 条)等不同责任主体;《魁北克民法典》侵权法第 1468 条第 1 款和第 2 款分别规定了动产制造商和经销商或供应商;新《荷兰民法典》的侵权法第 6:175 条规定危险物品责任,按照款的顺序,分别规定从事营业的人、保管人、管道管理人等不同责任主体。

② 〔日〕潮见佳男:《不法行为法》(第 2 版),日本信山社 2011 年版,第 65—67 页。

③ 于敏:《日本侵权行为法》(第 2 版),法律出版社 2006 年版,第 244 页。

当的注意对保管者进行选任和监督时,可以免除责任。当动物的占有人和管理人并存时,两者的责任是可能重复地发生的,占有人选任代替自己保管动物的人,让其保管时,占有人如果能举证"依动物之种类与性质,已为相当注意之保管",则不承担责任。① 中国研究日本法的学者持上述相似观点。②

对于《韩国民法典》第 759 条规定的动物占有人以及代替动物占有人看管动物的人,学者认为:"占有人和看管人间的责任关系:属于直接占有人和间接占有人的关系,第 759 条的责任竞合,两者间成立不真正连带债务关系。"③不同意见者认为:"占有人或保管人应理解为事实上支配动物的人。对于间接占有人或帮助占有人是否与直接占有人同样需要承担责任这一点上,通说认为是不承担。但是,在判例和部分学说中有赞同间接占有人承担责任的观点,如果与通说一致地认为只有直接占有人才承担责任的话,那么直接占有人与间接占有人或占有帮助人间的责任是无法发生竞合的。"④

认真分析发现,日本和韩国学者对不确定并列责任主体的意见存在较大差异。《日本民法典》的两个条文规定的规则基本相同,但在解释上并不完全相同。韩国学者对同一个法条的解释,意见不一。可见,都存在对不确定并列责任主体的认识问题。

由于文献的缺乏,对于《越南民法典》规定的并列责任主体的解释不得而知。

(四)研究并列责任主体的意义和主要问题

我国《侵权责任法》与日本、韩国和越南的民法典规定不确定并列责任主体,都没有明确规定其实施的侵权行为的性质和承担责任的形态,因而在司法实践中,无法确定究竟由哪个或者哪些责任主体承担责任,以及如何承担责任。这意味着规定不确定并列责任主体的侵权法对于这些特殊侵权责任尚未最终确定、或者尚未发现、或者误认为已经确定责任承担的应然规则,因而采取这种方法作出规定,导致在司法实践中出现问题。研究不确定并列责任主体的意义,正是在于明确不确定并列责任主体的概念和性质,明确其实施的侵权行为的性质以及相互之间怎样承担侵权责任的具体规则。主要问题是:第一,不确定并列责任主体究竟是何种概念,应当怎样定义;第二,在法学方法论上究竟应当怎样认识不确定并列责任主体的性质;第三,不确定并列责任主体实施的侵权行为是何种性质;第四,不确定并列责任主体承担的侵权责任应当是何种形态:连带责任、按份责任、不真正连带责任抑或单独责任? 只有将上述

---

① 引自〔日〕小野健太郎:《民法第 718 条的立法过程与判例》,载日本《国际关系学部研究年报》第 35 集,2014 年 2 月版。

② 于敏:《日本侵权行为法》,法律出版社 2006 年第 2 版,第 244、300 页。

③ 〔韩〕张再贤:《注释民法》,韩国正林出版社 2010 年版,第 779 页。

④ 〔韩〕金玄彬:《民法学讲义—理论·判例》,韩国信条出版社 2011 年版,第 1680 页。

四个问题界定清楚,有关不确定并列责任主体的法律规定才能够在实践中正确适用。

二、不确定并列责任主体的定义及法律属性

(一)关于不确定并列责任主体概念的定义

在本书之前,我国侵权法理论无人使用过"并列责任主体"的概念,也没有使用过"不确定并列责任主体"的概念。笔者第一次使用这个概念,有义务对其作出定义。并列责任主体是指侵权法在规定某种特殊侵权责任时,并列规定了两个以上的责任主体的立法现象。而不确定并列责任主体,是指侵权法在规定某种特殊侵权责任时,并列规定了两个以上应当承担责任的主体,但未明确规定其实施的侵权行为的性质及责任承担形态的立法现象。

研究不确定并列责任主体这个概念,应当特别注意以下几个基本问题:

第一,不确定并列责任主体须为侵权法对特殊侵权责任规定了两个以上的责任人。在出现不确定并列责任主体的特殊侵权法律关系中,都规定了两个以上应当承担责任的主体。规定侵权请求权人一方为两个以上主体的,是多数侵权请求权人,而不是并列责任主体,例如请求承担死亡赔偿金的受害人的数个近亲属。

第二,不确定并列责任主体只能出现在特定的特殊侵权责任法律关系中。不确定并列责任主体是在特殊侵权责任法律关系中承担侵权责任的主体,而非一般侵权行为的责任主体。因为一般侵权行为的责任主体就是行为人,或者替代行为人。

第三,不确定并列责任主体的最突出特征就是不确定性。首先,表现在不确定并列责任主体实施的侵权行为的不确定,有的是多数人侵权行为,有的并不是多数人侵权行为。尽管法律在某一特殊侵权法律关系中规定了并列责任主体,但并非所有的并列责任主体都是侵权人,只有符合多数人侵权行为法律特征的,才属于多数人侵权行为;不符合多数人侵权行为的特征的,属于单独侵权行为。其次,表现在承担的侵权责任形态的不确定,即并非都是共同责任,也存在单独责任的情形。侵权责任有单独责任和共同责任之分,前者与单独侵权行为相对,后者与多数人侵权行为相对。尽管法律规定并列责任主体为侵权法律关系责任人,但这并不意味着不确定并列责任主体承担的都是共同责任,应当根据不确定并列责任主体实施的侵权行为的性质予以确定。

(二)不确定并列责任主体的法律属性为法律漏洞

1. 不确定并列责任主体非为不确定法律概念而属于法律漏洞

既然不确定并列责任主体的基本特征是"不确定",那么在民法方法论上,这个概念就是不确定法律概念吗?对此必须作出明确回答,否则无法继续进行深入研究。

不确定法律概念是指未明确表示而具有流动的特征之法律概念,它包括一个确定的概念核心以及各种多多少少广泛不清的概念外围,此种不明确的概念,多见于法

律之构成要件层面,亦有见于法规之效果层面。① 不确定法律概念的核心词素是"概念",其基本内涵是"在内涵和外延上都具有广泛不确定性的概念"。② 而不确定并列责任主体尽管有一个"不确定"的定语,但这个概念的本身并不是法律条文中的法律概念,即不属于"合理费用"(《侵权责任法》第18条)、"严重精神损害"(该法第22条)、"及时"(该法第36条第2款)等单纯的法律概念,而是将数个责任主体并列规定在一起的立法现象,因而不因为不确定并列责任主体的定语为"不确定",而认其为一个不确定法律概念,进而采用不确定法律概念的法律修正方法予以解释。

准确分析不确定并列责任主体概念的基本特征,在法学方法论上应当属于法律漏洞。

关于法律漏洞的定义,谓之"法律体系上之违反计划的不圆满状态"③,或者"系指以现行法律规定之基本思想及内在目的,对于某项问题,可期待设有规定而未设定规定之谓"④,或者"现实性法律体系上存在影响法律功能,且违反立法意图之不完全性"⑤,或者"是由于立法者未能充分预见待调整的社会关系,或者未能有效地协调与现有法律之间的关系,或者由于社会关系的发展变化超越了立法者立法时的预见范围,而导致的立法缺陷",等等。⑥ 在上述对法律漏洞的界定中,尽管说法不一,但不论是将法律漏洞界定为"不圆满""未设定规定"还是"不完全性""立法缺陷",都表明了立法漏洞存在的立法体系有不完全性或者不圆满性,影响现行法应有功能,以及违反立法意图这三个基本含义。⑦

观察不确定并列责任主体概念,恰好存在法律漏洞的这三个基本特点:第一,不确定并列责任主体概念的"不确定",表明的就是这个概念涵盖的立法条文规定并列责任主体中存在的不完全性和不圆满性,即规定了并列责任主体,却未能明确规定并列责任主体应当怎样承担侵权责任。这就是不完全性和不圆满性的表现,集中体现在这个概念的"不确定"的定语上。第二,对于这些不确定并列责任主体实施的侵权行为及责任,不仅学者无法对其内涵取得一致见解,就连立法官员的权威解释也不能清楚说明,当然不能使法官在司法实践中予以准确适用,因而影响现行法的应有功能。第三,对于不确定并列责任主体的这种消极作用,立法者在立法之时未能预料,出现与立法者的立法意图相背离的后果,因而违反立法意图。故而得出的结论是,不确定并列责任主体概念乃系立法漏洞,而非不确定法律概念。

---

① 吴国喆、梁琪:《不确定法律概念的界定、特征及其缺陷》,载《甘肃理论学刊》2013年第5期。
② 王利明:《法学方法论》,中国人民大学出版社2011年版,第412页。
③ 黄茂荣:《法学方法与现代民法》,台湾2011年增订第6版(自版),第456页。
④ 王泽鉴:《民法学说与判例研究》(第2册),北京大学出版社2009年版,第16页。
⑤ 梁慧星:《法律解释学》(第3版),法律出版社2009年版,第253页。
⑥ 王利明:《法学方法论》,中国人民大学出版社2011年版,第426页。
⑦ 梁慧星:《民法解释学》,法律出版社2009年版,第253页。

2. 不确定并列责任主体作为法律漏洞的属性

不确定并列责任主体作为法律漏洞，其法律属性是：第一，属于不认知漏洞。《侵权责任法》的立法者在立法之初，并未认识到规定不确定并列责任主体的后果，误认为不存在漏洞，在系争法律制定时，对于其不圆满状态没有认知。[①] 原因是立法者忽略了——依其根本的规整意向——应予规整的问题，或误以为就此以为规整。[②] 第二，属于自始漏洞。不确定并列责任主体作为法律漏洞，是在立法之时，由于立法者的疏忽等原因而导致的法律漏洞[③]，并非随着时代发展而产生的嗣后漏洞。第三，属于部分漏洞，而非全部漏洞，即有规范而不完全者。[④] 第四，属于非碰撞漏洞，因为不确定并列责任主体的规范基本上不会与其他法律规范相冲突，不构成碰撞漏洞。第五，大多数不确定并列责任主体属于公开漏洞，即预想外型明显漏洞[⑤]，是就特定类型事件，法律欠缺——依其目的本应包含之——适用规则时，即有"开放的"漏洞存在[⑥]，因而不属于隐藏漏洞，例如《侵权责任法》第89条规定的"有关单位或者个人"，漏洞至为明显；而少数不确定并列责任主体属于隐藏漏洞，例如该法第86条关于"建设单位与施工单位承担连带责任"的规定，看似法律适用规则明确，但实际隐含着不真正连带责任的可能，因而属于乍看之下并未欠缺可资适用的规则[⑦]，但在实际上却存在欠缺可资适用的规则。

(三)《侵权责任法》形成不确定并列责任主体法律漏洞的原因

侵权法规定不确定并列责任主体，并非科学的立法方法，而属于法律漏洞，需要进行法律续造方可适用。既然如此，《侵权责任法》的立法者为什么要规定诸多不确定并列责任主体？主要有以下原因：

第一，不确定并列责任主体为侵权法律关系的复杂性所决定。在成文侵权法为侵权行为一般条款一统天下时[⑧]，并不需要对特殊侵权法律关系作出更多的规定，因而侵权责任主体在立法中并不体现为复杂的状况，承担责任的主体的复杂性存在于司法实践之中，依靠法官的智慧去解决。随着英美法系类型化侵权法对成文法的影响，成文侵权法开始大量增加特殊侵权责任的规定，因而特殊侵权责任的复杂性不断反映到侵权法的立法中。我国《侵权责任法》尽管坚持了侵权责任一般化立法的大陆法传统，但大量借鉴了英美法系侵权法的立法经验，规定了大量的特殊侵权责任，而

---

① 黄茂荣：《法学方法与现代民法》，台湾2011年增订第6版（自版），第525页。
② 〔德〕卡尔·拉伦茨：《法学方法论》，陈爱娥译，商务印书馆2013年版，第256页。
③ 王利明：《法学方法论》，中国人民大学出版社2011年版，第432页。
④ 黄茂荣：《法学方法与现代民法》，台湾2011年增订第6版（自版），第523页。
⑤ 梁慧星：《法律解释学》（第3版），法律出版社2009年版，第263页。
⑥ 〔德〕卡尔·拉伦茨：《法学方法论》，陈爱娥译，商务印书馆2013年版，第254页。
⑦ 同上。
⑧ 侵权责任一般条款为《法国民法典》第1832条所创立，一直延续至今天当代各国的侵权法。参见张新宝：《侵权行为法的一般条款》，载《法学研究》2001年第4期。

且每一种特殊侵权责任都规定了不同的情形,责任主体的复杂性因而体现在立法中,形成了大量需要并列规定的责任主体;其中能够准确规定其责任形态的,就成为确定的并列责任主体,不能确定其责任形态的,就成为不确定并列责任主体。如果没有特殊侵权责任法律关系的复杂化,不确定并列责任主体就不会大量出现。

第二,保障被侵权人对承担赔偿责任的主体有更多的选择余地。我国《侵权责任法》的立法意图之一,是让被侵权人的损害有更多的救济途径,使其索赔的请求权尽可能地得到满足。[①] 这样的立法意图无疑是正确的,无可指责。在特殊侵权责任关系中,多一个责任主体,被侵权人就会多一条选择的出路,就会对赔偿请求权多一份保障。立法者力图将某一特殊侵权责任关系尽可能多的责任主体在法律中罗列出来,以保障被侵权人进行索赔有更多的选择余地,因而出现了较多的并列责任主体的规定,其中既存在确定的并列责任主体,也存在不确定并列责任主体。

第三,立法者在立法时对不确定并列责任主体怎样承担责任尚不清晰。应当承认,对于《侵权责任法》规定的不确定并列责任主体,由于立法理论准备的原因,在立法时并没有清晰的认识。以人大法工委立法官员以及参加立法的主要学者的论述为例,对此作出"百花齐放"的解释,不仅足以证明立法者认识的不一致和不统一,而且也说明立法当时对此缺少清晰、明确的看法。作这样的结论,作为《侵权责任法》立法的亲历者,笔者有亲身体会,否则不必在今天专门提出并研究这个问题。

第四,立法技术的限制。我国《侵权责任法》规定诸多不确定并列责任主体,还有一个重要原因是立法技术问题。尽管我国走向正常的立法轨道已经有三十多年了,但是立法技术并未达到至臻完美的程度,仅以我国现有法律修订后重新排列条文序号的做法为例,在国外法律修订中极为罕见,足以证明我国立法技术的落后。《侵权责任法》第89条规定"有关单位或者个人"这种概念,极为通俗,难以称为严格的法律概念,但却成为妨碍通行物损害责任的责任主体。

三、对不确定并列责任主体进行漏洞填补的方法及应用

（一）对不确定并列责任主体进行漏洞填补的一般方法

在侵权责任纠纷案件的个案裁判中,由于存在不确定并列责任主体的法律漏洞,而立法不能及时作出回应,法官又不能以存在法律漏洞为由而拒绝审判,因而要求法官进行漏洞填补。[②]

法律填补是补充法律漏洞的基本方法,也称为法律续造,在存在法律漏洞的情况下,由法官根据一定标准和程序,针对特定的待决案件,寻找妥当的法律规则,并据此

---

① 王胜明:《中华人民共和国侵权责任法释义》(第2版),法律出版社2013年版,第32页。
② 王利明:《法学方法论》,中国人民大学出版社2011年版,第435页。

进行相关的案件裁判。① 故法律的补充与法律的解释不同,补充是比解释更进一步依据法律精神与目的,发现法律的方法。② 填补不确定并列责任主体的法律漏洞,同样如此。

应当看到的是,《侵权责任法》规定的不确定并列责任主体的数量较多,种类复杂,难以用一种填补方法进行补充,须广泛使用填补法律漏洞方法,在既有法律规定之外,努力寻求可适用到具体个案的裁判规则,以解决个案争议。③

填补法律漏洞的方法,是在穷尽了所有狭义的法律解释方法之后也无法寻找到法律适用规则的前提下,适用类推适用、目的性限缩、目的性扩张以及创制性补充。类推适用和目的性限缩所依据的法理主要是平等原则,目的性扩张主要以立法意旨为其补充的法理基础;在创制性补充,实证法上并无可供攀附援引的具体规定,必须由法律适用者根据法理念及事理,为拟处理之案件予以创制。④ 在填补不确定并列责任主体的法律漏洞中,主要适用前三种方法。

(二) 对不同的不确定并列责任主体予以漏洞填补的具体方法

1. 类推适用

采用类推适用方法填补不确定并列责任主体漏洞,可以利用不确定并列责任主体之间使用的连接方式确定侵权行为性质,寻找相同处理的规则,对漏洞予以填补。

《侵权责任法》在规定 11 种不确定并列责任主体时,在并列责任主体之间分别使用三种方法连接,即顿号、"或者"和"与"。对于这种不确定并列责任主体的漏洞填补,可以利用三种不同的连接方法,确定部分不确定并列责任主体实施的侵权行为性质,进而类推适用相同的处理规则。即对特定案件,比照援引与该案件类似的法律规定,将法律的明文规定适用于该法律所未直接加以规定者⑤,但其规范上的重要特征与该规定所明义规定者相同的案型,依据"相同之案型,应为相同之处理"的方法⑥,在现有实证法中寻找可以适用的法律规则。

使用顿号连接并列责任主体的有:第 44 条的"生产者、销售者",第 75 条的"所有人、管理人"。使用"或者"连接并列责任主体的有:第 78 至 80 条、第 82 条的"动物饲养人或者管理人",第 85 条的"所有人、管理人或者使用人",第 89 条规定的"有关单位或者个人",第 90 条规定的"林木所有人或者管理人"。使用"与"字连接并列责任主体的,是第 86 条第 1 款规定的"建设单位与施工单位",在后段又使用了顿号相连接。

使用"或者"连接的不确定并列责任主体,在一般情况下含义明确,应当是选择关

---

① 王利明:《法学方法论》,中国人民大学出版社 2011 年版,第 435 页。
② 施启扬:《民法总则》(第 8 版),中国法制出版社 2010 年版,第 47 页。
③ 王利明:《法学方法论》,中国人民大学出版社 2011 年版,第 436 页。
④ 黄茂荣:《法学方法与现代民法》,台湾 2011 年增订第 6 版(自版),第 600—601 页。
⑤ 王利明:《法学方法论》,中国人民大学出版社 2011 年版,第 439 页。
⑥ 黄茂荣:《法学方法与现代民法》,台湾 2011 年增订第 6 版(自版),第 601、600 页。

系,即并列责任主体实施的侵权行为大多属于单独侵权行为。《侵权责任法》第85条规定的"所有人、管理人或者使用人",尽管含义不够确定,但依据"相同之案型,应为相同之处理"的方法,与《侵权责任法》第72条关于占有或者使用高度危险物致人损害,"占有人或者使用人应当承担侵权责任"的规定案型相同,应为相同的处理,认定为单独侵权行为是正确的。第90条和第91条第2款规定的并列责任主体,同此道理。例外的是第89条规定的"有关单位或者个人",将其解释为公共道路的管理人与堆放人、倾倒人、遗撒人后,堆放人、倾倒人、遗撒人与公共道路管理人之间就能够形成多数人侵权行为,而堆放人、倾倒人、遗撒人之间不会形成多数人侵权行为,除非三人之间有两人以上同时堆放、倾倒或者遗撒,且为损害发生的共同原因。同样,第78至80条、第82条规定"动物饲养人或者管理人"尽管使用"或者"连接,但由于其适用无过错责任原则,因而不能以类推适用方法进行漏洞补充。

使用顿号连接的不确定并列责任主体之间通常是选择关系,第44条的"生产者、销售者",第75条规定的"所有人、管理人",这两个条文规定的是产品责任和高度危险责任,都是无过错责任。按照无过错责任的要求,并列责任主体实施的侵权行为是竞合侵权行为,承担的是不真正连带责任,因而与"或者"连接的并列责任主体的情形不同。第44条规定的"生产者、销售者"与第43条规定的"生产者""销售者"的案型相同,应当类推适用第43条规定;第75条规定的"所有人、管理人",与第68条规定的"第三人"和"污染者"的案型相同,应当类推适用第75条规定。这同样是采用依据"相同之案型,应为相同之处理"的方法,确定法律适用规则,进行漏洞补充。

使用"与"连接的并列责任主体,只有第86条第1款,由于规定的是连带责任,行为属于多数人侵权行为,因而使用这种连接方法表述。不过,这种不确定并列责任主体属于隐藏漏洞。对此,当存在建设单位与施工单位只有一方对损害的发生具有过错时,就成为隐藏的不确定并列责任主体,进而依据"相同之案型,应为相同之处理"的类推适用的漏洞补充方法,攀附与其最相类似的《侵权责任法》第68条和第83条的规定,确定并列责任主体承担不真正连带责任,具有正当性,属于竞合侵权行为。第75条规定的"所有人、管理人"在与非法占有人承担连带责任中,同样存在这种情形,不赘述。

根据法律在并列责任主体之间使用的不同连接方法进行类推适用,已经解决了第85条、第90条、第91条第2款、第44条、第75条和第86条第1款规定的不确定并列责任主体的法律适用问题。从中看到,使用顿号或者"与"字连接的并列责任主体,基本上是多数人侵权行为;使用"或者"连接的并列责任主体则不确定,有单独侵权行为,也有多数人侵权行为,需要进一步研究确定。

2. 目的性限缩

目的性限缩的要求是,法律文义所涵盖之案型,衡诸该规定的立法意旨,显然过广,以致将不同的案型,同置于一个法律规定下,造成规定"不同的案型为相同之处理"的情形,为消除该缺失,以贯彻该规定的立法意旨,显有对原为其文义所涵盖的案型,予以类型化,然后将与该立法意旨不符的部分,排除于适用范围之外,以符合"不同之案型,应为不同之处理"的平等要求。[①] 在填补不确定并列责任主体的漏洞中,利用适用归责原则的不同,探索不确定并列责任主体的立法意旨,进行目的性限缩,确定数个主体实施的侵权行为性质和责任。

《侵权责任法》在规定无过错责任原则的侵权行为中,对并列责任主体通常界定为多数人侵权行为,其立法意旨就是通过无过错责任原则的适用,而使被侵权人获得更充分的保护。利用规定适用归责原则的不同,进行目的性限缩,进而确定使用"或者"连接的并列责任主体实施的侵权行为的性质及相同案型的处理规则。

《侵权责任法》第68条规定的污染环境责任因第三人的过错造成他人污染损害,以及该法第83条规定的饲养动物损害责任中因第三人的过错造成他人损害,原本应当按照该法第28条规定免除污染者和动物所有人、管理人的责任,由第三人承担侵权责任。但是,由于这两种侵权责任适用无过错责任原则,因而认定这种侵权行为为多数人侵权行为,承担不真正连带责任。这正是保护被侵权人的立法意旨使然。适用无过错责任原则的动物损害责任同样具有上述立法意旨,与《侵权责任法》第68条和第83条的立法意旨相同,在第78条至第80条以及第82条规定存在单独侵权行为和多数人侵权行为多种解释的情况下,按照适用无过错责任原则保护被侵权人的立法意旨,进行目的性限缩,应当认定动物饲养人或者管理人实施的是多数人侵权行为,受害人可以向动物饲养人主张权利,也可以向管理人主张权利。这样的目的性限缩,令《侵权责任法》第78至80条和第82条规定的动物饲养人或者管理人承担责任的不确定性漏洞得到填补,顺理成章,符合平等原则的要求,具有责任承担的正当性。

3. 目的性扩张

《侵权责任法》第89条规定"有关单位或者个人"的情形比较特殊,不能根据并列责任主体之间的连接词及归责原则的不同,进行类推适用或者目的性限缩确定其实施的侵权行为的性质,而需根据其实施的侵权行为的特点,适用目的性扩张方法,进行漏洞补充。当堆放人、倾倒人或者遗撒人的行为造成他人损害,与公共道路管理人的行为形成行为竞合,符合造成损害后果的是两个行为,对于损害的发生一个行为为主、一个行为为辅的竞合侵权行为的特征[②],构成竞合侵权行为,应当承担的是典型的

---

① 黄茂荣:《法学方法与现代民法》,台湾2011年增订第6版(自版),第605页。
② 参见杨立新:《论竞合侵权行为》,载《清华法学》2013年第1期。

不真正连带责任,而不是学者所主张的补充责任①。这种不确定并列责任主体的漏洞补充方法属于目的性扩张,即法律文义所涵盖之案型,有时衡诸该规定的立法意旨,显然过狭,以致不能贯彻该规范的意旨,是故,为贯彻该意旨,显有越过该规定之文义,将其适用范围扩张至该文义原不包括之类型的必要,包括于该法律之适用范围内。② 在该条文中,列举的行为只有堆放、倾倒和遗撒,如果确定责任人,则应当只包括堆放人、倾倒人和遗撒人,但是由于妨碍通行物损害责任的特殊性,即发生在公共道路之上,因而将公共道路的管理人通过目的性扩张,使其涵括在"有关单位或者个人"的不确定并列责任主体之中,符合妨碍通行物损害责任在无法找到堆放、倾倒人、遗撒人时,通过公共道路管理人承担责任的方法,保证被侵权人权利的立法意旨,符合目的性扩张进行漏洞补充的要求,且具有法理的正当性。

四、不确定并列责任主体实施的侵权行为的性质与责任形态

经过上述对《侵权责任法》规定的不确定并列责任主体的法律漏洞的填补,不确定并列责任主体实施的侵权行为的性质以及承担的责任形态,都能够予以确定。

(一)对不确定并列责任主体实施的侵权行为性质的具体认定

1. 认定不确定并列责任主体实施的行为为单独侵权行为

对于《侵权责任法》第 85 条规定的"所有人、管理人或者使用人"实施的侵权行为,究竟是何种性质,立法机关官员的解释可以理解为单独侵权行为③,而学者认为应当承担不真正连带责任④。

根据前述类推适用的漏洞补充,尽管《侵权责任法》第 85 条规定的"所有人、管理人或者使用人"实施的侵权行为性质可以作多种解释,但应当肯定的是,对此如果认定为竞合侵权行为采用不真正连带责任,会存在严重的不公平的后果,即:被侵权人可以任意选择所有人、管理人或者使用人作为责任主体索赔,如果其能够证明自己没有过错,在其承担了赔偿责任之后,向有过错的行为进行追偿,就有可能使没有过错的人承担侵权责任,无法转嫁不应当由他承担的最终责任,结果形成了无过错责任原则的后果。这不仅使无过错的人承担责任不具有法理念的正当性,而且违背了《侵权责任法》第 7 条规定适用无过错责任原则须有"法律规定"的要求。因此,第 85 条规定的"所有人、管理人或者使用人"实施的侵权行为应当属于单独侵权行为,由有过错的行为人承担单独责任。被侵权人向不确定并列责任主体之一请求赔偿,该人能够

---

① 张新宝:《侵权责任法》,中国人民大学出版社 2010 年版,第 343 页。
② 黄茂荣:《法学方法与现代民法》,台湾 2011 年增订第 6 版(自版),第 609 页。
③ 王胜明主编:《中华人民共和国侵权责任法释义》,法律出版社 2010 年版,第 415—416 页。
④ 杨立新:《侵权责任法》,法律出版社 2015 年版,第 351 页。在写作本章之前,笔者仍然认为这种情形是不真正连带责任,但是经过认真研究,发现这样的认识是不对的。

证明自己没有过错,或者能够证明造成损害另有他人的,就应当免除其责任,驳回被侵权人的诉讼请求。被侵权人应当另行起诉没有被诉的人,并最终确定有过错的责任人承担侵权责任。这符合目的性限缩方法的要求。

《侵权责任法》第 90 条规定的"林木的所有人或者管理人",同属上理,不再赘述。同样,对该法第 91 条规定的"管理人"解释为不确定并列责任主体,例如受国家委托管理国有资产的人和负责管理维修的管理人,不同主体实施的侵权行为的性质也属于单独侵权行为。

不过,如果上述并列责任主体实施的侵权行为符合客观关联共同要求的时候,则成为共同侵权行为,承担连带责任。

2. 认定不确定并列责任主体实施的侵权行为为竞合侵权行为

(1) 不确定并列责任主体实施的侵权行为不存在分别侵权行为

有的学者认为在并列责任主体实施的侵权行为中,有的应当依照《侵权责任法》第 12 条规定承担按份责任,例如第 85 条和第 89 条。[①] 笔者不认为这样的解释是正确的,因为《侵权责任法》规定的不确定并列责任主体实施的侵权行为,不存在分别侵权行为的可能性。该法第 85 条规定的是单独侵权行为;即使因建筑物等脱落、坠落造成损害,所有人、管理人或者使用人都有过错的,成立的也是客观的共同侵权行为,承担的责任形态是连带责任,也不会构成分别侵权行为而承担按份责任。至于在第 89 条规定的情形下,堆放人、倾倒人或者遗撒人与公共道路管理人实施的行为是竞合侵权行为,责任形态是不真正连带责任,既不会依照《侵权责任法》第 12 条规定构成典型的分别侵权行为而承担按份责任,也不会依照该法第 11 条规定构成叠加的分别侵权行为而承担连带责任。

(2) 不确定并列责任主体实施的侵权行为一般不存在共同侵权行为

在不确定并列责任主体实施的侵权行为中,一般不存在共同侵权行为,原因在于,构成共同侵权行为须具备主观关联共同或者客观关联共同[②],在通常情况下,不会存在这样的情形。只有在第 85 条和第 90 条以及第 91 条第 2 款规定的不确定并列责任主体中,如果出现了各方均有过失的情形,符合客观关联共同的法律特征,才能构成客观的共同侵权行为,承担连带责任。

(3) 不确定并列责任主体实施的侵权行为是竞合侵权行为

可以确定,在并列责任主体实施的侵权行为中,构成多数人侵权行为的,基本性质属于竞合侵权行为。

在竞合侵权行为中,两个以上的行为人对受害人实施的侵权行为,总是一个为

---

① 王利明:《侵权责任法研究》(下卷),中国人民大学出版社 2011 年版,第 689、690 页;程啸:《侵权责任法》,法律出版社 2011 年版,第 527 页。

② 对此,参见杨立新:《侵权责任法》,法律出版社 2015 年修订版,第 139 页。

主,一个为辅,前者是发生损害的直接原因,后者是发生损害的间接原因,尽管在中间责任上可以连带承担,但最终责任必定由其行为与损害结果之间具有直接因果关系的行为人承担。笔者借鉴日本学者潮见佳男教授的见解[①],将这种侵权行为称为竞合侵权行为。竞合侵权行为概念的含义,是指两个以上的民事主体作为侵权人,有的实施直接侵权行为,与损害结果有直接因果关系,有的实施间接侵权行为,与损害结果的发生具有间接因果关系,行为人承担不真正连带责任的侵权行为。[②] 并列责任主体实施的侵权行为,行为人为二人以上,行为人实施的行为与损害发生的因果关系性质不同,对被侵权人承担的责任是不真正连带责任,符合竞合侵权行为的法律特征,因而属于竞合侵权行为。

属于竞合侵权行为的不确定并列责任主体实施的侵权行为,包括:《侵权责任法》第44条规定的产品责任中因第三人过错、"生产者、销售者"承担先付责任的侵权行为;第75条规定的"所有人、管理人与非法占有人"之间一方存在过错而他方没有过错的侵权行为;第78条至第80条、第82条规定的"动物饲养人与管理人"饲养危险动物以及遗弃动物造成他人损害的侵权行为;第86条第1款规定的"建设单位与施工单位"一方有过错他方没有过错的侵权行为;第89条规定的公共道路管理人与堆放人、倾倒人、遗撒人实施的侵权行为(即"有关单位或者个人")。

(二) 不确定并列责任主体应当承担的侵权责任形态

1. 不确定并列责任主体承担单独责任

《侵权责任法》第85条和第90条、第91条第1款规定的建筑物等脱落、坠落损害责任的"所有人、管理人或者使用人",林木损害责任的"林木所有人或者管理人",以及地下设施的不同"管理人",实施的侵权行为性质基本上是单独侵权行为,承担单独责任,即侵权责任人是由一个行为人承担的侵权责任形态。

在诉讼中存在的问题是,被侵权人在选择并列责任主体之一起诉时,由于这些侵权责任都适用过错推定原则,原告起诉并列责任主体中的一人,如果该被告能够证明自己对于损害的发生没有过错的就不承担责任,因而应当驳回原告的诉讼请求;被侵权人要再选择其中之一起诉,直至找到应当承担责任的过错行为人。这似乎对保护被侵权人的利益不当,却符合过错推定原则的立法意旨。如果被侵权人将所有的并列责任主体都作为被告起诉,则凡是能够证明自己没有过错,或者能够证明真正的过错行为人的,都予以免责,当然也能够确定应当承担责任的单独侵权人,且对被侵权人有利。

[①] 潮见佳男:《不法行为法》(第2版),日本信山社2011年版,第196—197页。贡献度的概念与我国侵权法的原因力概念相同。

[②] 杨立新、陶盈:《论竞合侵权行为》,载《晋阳学刊》2014年第1期。

2. 不确定并列责任主体承担不真正连带责任

不确定并列责任主体承担不真正连带责任的情形有两种：一是不确定并列责任主体的法律漏洞属于公开漏洞，可以直接确认为不真正连带责任的，如《侵权责任法》第 44 条规定产品责任中第三人责任的"生产者、销售者"的先付责任，第 75 条规定的"所有人、管理人"，第 78 至第 80 条、第 82 条规定的"动物饲养人与管理人"的侵权责任，以及第 89 条规定的妨碍通行物损害责任的"有关单位或者个人"。二是不确定并列责任主体的法律漏洞属于隐藏漏洞的，即条文表面规定承担连带责任，但根据过错在不同方当事人的表现形式，会出现其他责任形态的情形，如第 75 条规定的"所有人、管理人与非法占有人"之间如果一方存在过错而他方没有过错的，第 86 条第 1 款规定的"建设单位与施工单位"一方有过错他方没有过错的。这些不确定并列责任主体实施的侵权行为都是竞合侵权行为，都需承担不真正连带责任。

不真正连带责任是不真正连带债务中的一种，为多数债务人的一种形态。① 侵权责任法的不真正连带责任源于不真正连带债务，是指多数行为人违反法定义务，对同一个受害人实施加害行为，或者不同的行为人基于不同的行为而致使同一个受害人的民事权益受到损害，各个行为产生的同一内容的侵权责任，各负全部赔偿责任，并因行为人之一的责任履行而使全体责任人的责任归于消灭，或者依照特别规定多数责任人均应当承担部分或者全部责任的侵权责任形态。②

有很多人主张废除不真正连带责任，认为"不真正连带责任是德国法系特有的概念，并形成了不同的界定理论，但也存在难以克服的理论困境；在侵权法领域，不真正连带责任的理论基础是主观共同说，随着关联共同说的发展，该理论基础受到极大挑战；且其制度本身也存在明显的缺陷，难以承载其所该有的目的价值"。③ 但是，我国《侵权责任法》却大量规定不真正连带责任，以及补充责任、先付责任④等非典型的不真正连带责任。这说明，不真正连带责任在我国具有苗壮的生命力和广泛的适用性，并非"假手于台湾，只是对我国台湾不同版本理论的介绍，狭隘的知识来源更加剧了研究的'盲从'倾向"⑤，而是结合我国的国情及司法实践的具体情形，作出的科学选择。因而，不确定并列责任主体承担不真正连带责任，符合我国的实际情况，具有法理的正当性。

不确定并列责任主体承担不真正连带责任的规则是：(1) 承担不真正连带责任的

---

① 〔日〕我妻荣：《我妻荣民法讲义·新订债法总论》，王燚译，中国法制出版社 2008 年版，第 393 页。

② 杨立新：《侵权法论》(下卷)(第 5 版)，人民法院出版社 2013 年版，第 988 页。

③ 程金洪：《一个尚未解决的问题——不真正连带责任的存与废》，载《广西政法管理干部学院学报》2011 年第 4 期。

④ 关于补充责任与先付责任的概念和规则，请参见杨立新：《多数人侵权行为及责任理论的新发展》，载《法学》2012 年第 7 期。

⑤ 李中原：《不真正连带债务的反思与更新》，载《法学研究》2011 年第 5 期。

不确定并列责任主体,都是不真正连带责任的中间责任人,被侵权人可以向任何一个中间责任人请求承担赔偿责任。中间责任是承担了责任之后可以向最终责任人进行全部追偿的非终局性责任。(2)不确定并列责任主体中的直接行为人为最终责任人,应当最终承担赔偿责任,是对终局责任的承担。[①] (3)中间责任人承担了赔偿责任后有权向最终责任人追偿,将最终责任转嫁给最终责任人,完成不真正连带责任的最后形式。

3. 不确定并列责任主体承担连带责任

在《侵权责任法》第85条和第90条、第91条第1款规定的"所有人、管理人或者使用人"或者"林木所有人或者管理人"以及地下设施的不同"管理人"实施的侵权行为构成客观的共同侵权行为时,则应当承担连带责任,而不是单独责任。此时,数个行为人实施的行为须符合客观关联共同的要求。

五、结论

我国《侵权责任法》规定诸多不确定并列责任主体存在的最大问题,是对不确定并列责任主体实施的侵权行为的性质与承担的责任形态具有不确定性,影响法律的准确实施。这种立法现象表明立法者的立法技术不成熟,属于法律漏洞,应当通过类推适用、目的性限缩和目的性扩张的方式进行漏洞填补。

我国《侵权责任法》规定不确定并列责任主体的11个条文中,分为四种类型:一是属于明显漏洞的不确定并列责任主体实施的侵权行为的性质是竞合侵权行为,承担的责任是不真正连带责任,包括第44条、第78、79、80、82条和第89条;二是属于隐藏漏洞的不确定并列责任主体,规定承担的责任为连带责任,但其中存在竞合侵权行为的可能,一旦并列责任主体之间出现一个主体实施的主行为造成全部损害,另一个主体实施的行为仅是为主行为造成损害提供必要条件的从行为,就构成竞合侵权行为,承担的是不真正连带责任,包括第75条和第86条第1款;三是不确定并列责任主体实施的侵权行为是单独侵权行为,由单独实施侵权行为的个人承担单独责任,包括第85条、第90条和第91条第1款;四是第85条、第90条和第91条第1款规定的并列责任主体实施的行为构成客观的共同侵权行为,承担连带责任。其中第1、2、4三种侵权行为的性质是多数人侵权行为,第3种侵权行为的性质是单独侵权行为(四种不确定并列责任主体实施的侵权行为及承担责任的情形见附图)。这种立法漏洞,在将《侵权责任法》编入我国民法典时,应当尽量避免出现。

---

① 李中原:《不真正连带债务的反思与更新》,载《法学研究》2011年第5期。

附图：

不确定并列责任主体实施的侵权行为性质及责任形态

类型	条文	内容	归责原则	行为形态	责任方式
1.竞合侵权行为适用不真正连带责任	第44条	产品责任的运输者、仓储者等第三人责任，其中规定先承担赔偿责任的主体为"生产者、销售者"。	无过错责任原则。	竞合侵权行为，生产者和销售者承担的是中间责任。	责任形态为不真正连带责任，由被侵权人选择。
	第78、79、80、82条	饲养动物损害责任，责任主体为"动物饲养人（原动物饲养人）或者管理人"。	无过错责任原则。	使用的是"或者"，但不是单独或者共同侵权行为，而是竞合侵权行为。	责任形态是不真正连带责任，由被侵权人选择。
	第89条	妨碍通行物损害责任，责任主体为"有关单位或者个人"，存在公共道路管理人和堆放人、倾倒人或者遗撒人的责任关系。	过错推定原则。	堆放人、倾倒人、遗撒人为单独侵权行为；与公共道路管理人之间为竞合侵权行为。	堆放人、倾倒人、遗撒人为个人责任；与管理人之间为不真正连带责任。
2.连带责任中存在不真正连带责任	第75条	非法占有高度危险物损害责任，责任主体为"所有人、管理人"，与非法占有人承担连带责任。	无过错责任原则。	视为共同侵权行为；但一方有过错的为竞合侵权行为。	双方过错是连带责任，一方过错的为不真正连带责任。
	第86条第1款	建筑物、构筑物或者其他设施倒塌损害责任，责任主体为"建设单位与施工单位"。	过错推定责任。	视为共同侵权行为；但一方有过错的为竞合侵权行为。	连带责任，或者不真正连带责任。
3.单独侵权行为承担单独责任	第85条	建筑物、构筑物或者其他设施及其搁置物、悬挂物损害责任，责任主体为"所有人、管理人或者使用人"。	过错推定原则。	并列责任主体之间的连接词鲜明，为单独侵权行为。	单独责任，由有过错的人承担责任。
	第90条	林木损害责任，责任主体为"林木所有人或者管理人"。	过错推定原则。	单独侵权行为。	单独责任，由有过错的人承担责任。
	第91条第2款	窨井等地下设施损害责任，责任主体为"管理人"，为广义管理人。	过错推定原则。	管理国有资产的人或者管理维修的人实施的单独侵权行为。	单独责任，由有过错的人承担责任。
共同侵权行为承担连带责任	第85条第90条第91条第2款	符合客观关连共同要求的，为客观共同侵权行为。	过错推定原则。	同上。	承担连带责任。

案情：

在某条高速公路上，前一辆汽车将一捆体积较大的塑料布掉在路上，没有发觉。某甲驾驶一辆桑塔纳轿车在该路段行驶时，突然发现前方路面上的障碍物，随即急打方向盘、踩刹车，致使汽车失去控制，撞到高速公路的护栏上翻车，造成车上人员伤亡事故。受害人一方诉请高速公路管理部门承担赔偿责任，高速公路管理部门抗辩，造成损害的是前车的所有人或者使用人，同时反诉受害人一方承担损害高速公路的赔偿责任。

讨论问题：

1.《侵权责任法》第 89 条规定的责任主体"有关单位或者个人"是否为不确定并列责任主体？

2. 如何确定交通障碍物损害责任"有关单位或者个人"中的何方为侵权责任主体？

3. 高速公路管理部门在本案中的反诉是否应当支持？

【参考文献】⟫⟫⟫　　⟫

潮见佳男:《不法行为法》(第 2 版),日本信山社 2011 年版。

王利明:《侵权责任法研究》(下卷),中国人民大学出版社 2011 年版。

张新宝:《侵权责任法》,中国人民大学出版社 2010 年版。

黄茂荣:《法学方法与现代民法》,台湾 2011 年增订第 6 版(自版)。

王胜明主编:《中华人民共和国侵权责任法释义》,法律出版社 2010 年版。

杨立新:《侵权责任法》,法律出版社 2015 年修订版。

第十五章 第三人侵权行为与责任承担

我国《侵权责任法》在很多条文中使用了第三人的概念,还有数处使用"其他责任人"的概念实际上也是第三人的概念。这些概念究竟是一种侵权行为形态,还是不同的侵权行为形态,立法没有明确说法,司法没有确定的解释,学理也没有进行深入讨论,颇值得研究。本章就此进行探讨。

一、《侵权责任法》有关第三人的规定

(一)《侵权责任法》有关第三人侵权行为的一般性规定

我国《侵权责任法》有关第三人侵权的一般规定是第 28 条,内容是:"损害是因第三人造成的,第三人应当承担侵权责任。"

学者对该条规定的基本内容是什么,有不同认识。全国人大法工委王胜明副主任在解释这一条文时,认为这是规定第三人过错,是指原告(受害人)起诉被告以后,被告提出的该损害完全或者部分由于第三人的过错造成,从而提出免除或者减轻自己责任的抗辩事由。[①] 王利明教授认为这是规定第三人原因,是指除原告和被告之外的第三人,对原告损害的发生或扩大具有过错,此种过错包括故意和过失。因第三人的原因造成损害的发生和扩大,既可能导致因果关系中断,使行为人被免除责任,也可能因为第三人的原因导致损害的发生或扩大,而使行为人被减轻责任。[②] 张新宝教授认为这是第三人原因,且只有损害完全是由于第三人的过错行为造成的,第三人承担全部侵权责任,行为人不承担侵权责任。[③] 程啸同样采纳第三人原因的观点。[④] 最高人民法院法官编著的《侵权责任法释义》也认为这是第三人造成损害。[⑤] 这些观点尽管有所区别,但有一点是肯定的,这一条文是对第三人侵权行为的一般性规定。

(二)《侵权责任法》有关第三人的其他规定

《侵权责任法》在第 28 条之外,还在第 37 条第 2 款、第 44 条、第 68 条、第 83 条分

---

① 王胜明主编:《中华人民共和国侵权责任法释义》,法律出版社 2010 年版,第 143 页。
② 王利明:《侵权责任法研究》,中国人民大学出版社 2011 年版,第 433 页。
③ 张新宝:《侵权责任法》,中国人民大学出版社 2010 年版,第 78 页。
④ 程啸:《侵权责任法》,法律出版社 2011 年版,第 229 页。
⑤ 奚晓明主编:《〈中华人民共和国侵权责任法〉条文理解与适用》,人民法院出版社 2010 年版,第 213 页。

别使用了"第三人"的概念,在第 85 条、第 86 条第 1 款使用了"其他责任人"的概念,这个"其他责任人"的概念与第三人的概念相同;但第 86 条第 2 款规定的"其他责任人"与第 1 款规定的同一概念不同,不是指第三人,而是另有所指。① 第 40 条规定的"以外的人员"与第三人的概念相同。

《侵权责任法》第 37 条第 2 款规定的是第三人在公共场所或者群众性活动中实施侵权行为造成他人损害,管理人或者组织者未尽安全保障义务的,承担相应的补充责任。这里规定的第三人是直接侵权人,是他的行为造成被侵权人损害,管理人或者组织者未尽安全保障义务的不作为行为为直接侵权行为的实施提供了机会。这种第三人与《侵权责任法》第 28 条规定的第三人不是一个概念。

《侵权责任法》第 44 条规定的是产品责任的第三人责任。运输者、仓储者等第三人由于过错使产品存在缺陷造成他人损害的,产品的生产者、销售者在承担了赔偿责任后,向第三人追偿。这里的第三人与第 28 条规定的第三人概念比较接近,但承担责任的规则有重大差别。

《侵权责任法》第 68 条和第 83 条规定,因第三人过错污染环境造成损害、因第三人过错致使动物造成他人损害的,被侵权人可以向污染者或者动物饲养人、管理人请求赔偿,也可以向第三人请求赔偿。污染者或者动物饲养人、管理人赔偿后,有权向第三人追偿。这两个条文规定的第三人原本与第 28 条规定的第三人概念是一样的,但因为政策的考量和无过错责任原则的适用,改为不真正连带责任规则,是法律对这种第三人另外规定了不同的规则。

《侵权责任法》在以下条文中使用的"其他责任人"或者"以外的人员"的概念,也属于第三人的概念。这样的规定有三处:

一是第 40 条规定,无民事行为能力人或者限制民事行为能力人在幼儿园、学校或者其他教育机构学习、生活期间,受到幼儿园、学校或者其他教育机构"以外的人员"人身损害的,由侵权人承担侵权责任;幼儿园、学校或者其他教育机构未尽到管理职责的,承担相应的补充责任。"以外的人员"被直接称为"侵权人",与第 37 条第 2 款规定的第三人概念完全一致,承担的责任形态也完全一致。

二是第 85 条规定,建筑物、构筑物或者其他设施及搁置物、悬挂物发生脱落、坠落造成他人损害,所有人、管理人或者使用人不能证明自己没有过错的,应当承担侵权责任。所有人、管理人或者使用人赔偿后,有"其他责任人"的,有权向"其他责任人"追偿。这个其他责任人的概念,与第 44 条规定的第三人的含义完全相同。

三是第 86 条第 1 款规定,建筑物、构筑物或者其他设施倒塌造成他人损害的,由建设单位与施工单位承担连带责任。建设单位、施工单位赔偿后,有"其他责任人"

---

① 《侵权责任法》第 86 条第 2 款规定的"其他责任人"的概念是指建筑物、构筑物以及其他设施的所有人、管理人或者使用人。参见杨立新:《侵权责任法》,法律出版社 2011 年版,第 357 页。

的,有权向"其他责任人"追偿。这个概念与第 44 条规定的第三人的含义也完全相同。有的学者将第 86 条第 1 款规定的其他责任人的规则理解为免责事由的第三人原因[①],其中解释为第三人是对的,而解释为免除第三人的责任则不正确。因为这个条文规定的其他责任人不是免责,而是被建设单位和施工单位追偿权追偿的对象,是要承担侵权责任的。

(三)《侵权责任法》关于第三人侵权行为规定的基本规律

《侵权责任法》为什么在第 28 条规定了第三人侵权行为的一般规则之外,还规定了大量的第三人特殊责任的规则? 这是由侵权行为形态中多数人侵权行为的复杂性决定的。

在侵权行为中,除了单独侵权行为(即一个侵权人对被侵权人实施的侵权行为)之外,还存在多种形式的多数人侵权行为形态。相对于单独侵权行为,凡是在侵权人一方存在两个以上的主体,或者作为侵权人,或者作为对该侵权行为有特定关系的人,应当对被侵权人承担不同责任形态的侵权行为的,都叫作多数人侵权行为。例如,共同侵权行为和分别侵权行为都是多数人侵权行为,多数行为人不论是连带责任人还是按份责任人,都是侵权人。因此,人们不把这些侵权人中的一部分人叫作第三人或者其他责任人,而是叫作共同侵权人或者分别侵权人。在这两种多数人侵权行为中,不存在使用第三人概念的可能。

但是,在多数人侵权行为中的竞合侵权行为中,除存在主要的侵权人即直接侵权人之外,还存在起到辅助作用的间接侵权人,其中起到主要作用的直接侵权人的地位和作用与第三人的概念极为相似。因此,《侵权责任法》也将这两种侵权人中的一种叫作第三人或者其他责任人。

相对而言,第三人侵权行为也是多数人侵权行为中的一种,由于第三人侵权行为中的第三人所起的作用是直接的、主要的作用,而实际造成损害的没有过错的实际加害人所起到的作用却是间接的、辅助的作用,因此才作出了对第三人侵权行为中的实际加害人免责的规定。不过,第三人侵权行为中第三人的行为与竞合侵权行为中直接侵权人的行为并非截然不同,而是不存在根本的界限,因此,立法有时会通过政策考量,确定实际加害人应当免责的第三人侵权行为的双方当事人承担不真正连带责任,将其认定为竞合侵权行为。这也是《侵权责任法》在使用第三人和其他责任人概念上不够严谨的原因。

即便如此,《侵权责任法》使用第三人概念仍然有较为明确的规律可循:

第一,当实际加害人的行为是间接原因,对损害结果的发生仅起到辅助作用,且没有过错,而第三人的行为是直接原因,对损害结果的发生起到直接作用时,法律认为是第三人侵权行为,适用第三人侵权行为的一般规则,免除实际加害人的侵权责任。

---

① 程啸:《侵权责任法》,法律出版社 2011 年版,第 231 页。

第二,当实际加害人的行为是间接原因,对损害结果的发生或者扩大尽管起到辅助作用,但具有过错,而第三人的行为是直接原因,对损害的发生所起到的作用是直接作用的时候,法律规定适用特别规则,认定为竞合侵权行为,承担不真正连带责任,不适用第三人侵权行为的一般规则。

第三,在第一种情形下,有些本应当认定为第三人侵权行为的,但有特别原因,如实际加害人没有过错,因适用无过错责任原则以及基于政策考量,法律将其规定为竞合侵权行为,由不同的侵权人承担不真正连带责任的,不适用第三人侵权行为的一般规则而适用特别规则。

二、第三人侵权行为的历史发展

（一）国外侵权法对第三人侵权行为的规定

1. 两种不同时期的第三人侵权行为立法

笔者检索了近 20 部外国民法典关于侵权法的规定,发现较多的民法典没有对第三人侵权行为作出特别规定。经过整理,发现各国侵权法（包括草案和欧洲侵权法基本原则）规定第三人侵权行为的基本情况如下:

（1）早期民法规定第三人侵权行为的三种立法例。

在早期民法典关于侵权行为的规定中,有三种第三人侵权行为的立法例。

第一种立法例是《法国民法典》,对第三人侵权行为没有明确规定,在具体的司法实践中,对于第三人侵权行为,实际加害人可以主张自己没有过错而免除责任。

第二种立法例是《德国民法典》,该法第 840 条第 2 款规定:"第三人与依照第 833 条至第 838 条负有损害赔偿义务的人一起,就损害负责任的,在他们的相互关系中,该第三人单独负有义务。"第 833 条至第 838 条分别规定的是动物饲养人的责任、动物看管人的责任、土地占有人的责任、建筑物占有人的责任和建筑物维护义务人的责任。在上述这些情形下,第三人负有责任,免除行为人的责任。这是典型的第三人侵权行为,但有特定的适用范围,而不是一般性规定。

第三种立法例是规定第三人侵权行为,但其法律后果不是免除实际加害人的侵权责任,而是实行不真正连带责任,实际加害人承担侵权责任之后,向第三人进行追偿。《日本民法典》第 717 条第 3 款规定:"于前两款情形,就损害发生另有责任者时,占有人或所有人可以对其行使求偿权。"前两款规定的是土地工作物损害责任。这种规定显然是针对第三人的行为,但不是免除实际加害人的责任,而是承担不真正连带责任。《韩国民法典》第 758 条第 3 款关于"前两款规定的情形,占有人或所有人可向对发生损害有责任的人行使求偿权"的规定,与《日本民法典》的上述规定相同。

（2）新兴民法典多数规定第三人侵权行为的免责条款。

与早期民法典规定第三人侵权行为的做法不同,新兴民法典基本上都规定第三人侵权行为为免责条款。这种做法是随着民法典规定侵权行为的类型化、系统化而逐渐改变的。在这些新兴民法典中,基本上都规定了侵权责任的抗辩事由,其中有规定第三人侵权行为的。例如,1994 年 1 月 1 日实施的《加拿大魁北克民法典》第 1481 条规定:"如损害由数人引起,他们中的一人根据特别法令的明示规定免除所有责任,该人应承担的责任份额由其他损害责任人平均分担。"这个条文包含第三人侵权行为的适用。1995 年 10 月 28 日通过的《越南社会主义共和国民法典》第 629 条第 2 款规定:"若完全由于第三人的过错引起牲畜造成他人损害,则第三人必须赔偿损害;若第三人与牲畜的所有人都有过错,则双方必须承担连带赔偿责任。"这一条文的前段规定的是动物损害责任中的第三人侵权行为,免除实际加害人的侵权责任;后段规定的是第三人和动物所有人的共同侵权行为。

2002 年 4 月 15 日生效的《荷兰民法典》第 6:178 条 e 款规定"损害完全是由于第三人故意致害之作为或不作为造成的,而且不影响第 170 条和第 171 条之规定的适用",不依第 175 条、第 176 条和第 177 条承担责任。第 170 条和 171 条是雇主责任中造成第三人损害的责任,第 175 条是危险物责任,第 176 条是废弃物污染责任,第 177 条是采矿致使矿物质外泄造成损害责任,这些都是第三人应当承担责任的情形。因此,第三人造成损害,除了上述情形之外,免除实际加害人的责任。

规定最为明确的是以下两部法律:《阿尔及利亚民法典》第 127 条规定:"除非法律另有规定,行为人如能证明损害系由受害人或者第三人的过错以及意外事件或不可抗力等不可归咎于自己的原因造成的,不承担损害赔偿责任。"其中第三人过错造成损害,行为人不承担侵权责任,规定十分明确,而且是一般性规定。《欧洲侵权法基本原则》第 7:102 条第 1 款规定:"如损害是由以下不可预见和不可抗拒的原因引起的,则可减免严格责任:(a)自然力(不可抗力);或(b)第三者的责任。"这一规定明确了第三人侵权行为的后果是减免责任。

值得注意的是欧洲国家的侵权法改革法草案的一些规定,对第三人侵权行为的规定更为明确。《瑞士债法典改革草案》第 47a 条第 2 款规定:"因不可归责于某人的事实,即不可抗力、第三人或者受害人本人的行为或者应归责于第三人或受害人本人的典型风险,以明显高度可能的方式导致损害出现或者扩大的,其不承担各种责任义务。"①《法国民法典 2005 年 Avant 债法改革草案》第 1349 条第 2 款规定:"外界原因可能来源于偶然事件、受害人或第三人的行为,而被告无须承担责任。"②这样的建议,表达了侵权法普遍规定第三人侵权行为的趋势。

2. 第三人侵权行为立法的发展

归纳起来,各国侵权法规定第三人侵权行为的历史可以分为三个阶段:

---

① 〔德〕布吕格迈耶尔、朱岩:《中国侵权责任法学者建议稿及其立法理由》,北京大学出版社 2009 年版,第 302 页。

② 同上书,第 311 页。

（1）不作具体规定时期。这个时期以《法国民法典》为代表,以不规定第三人侵权行为为基本特点。在这个时期,由于侵权法采取抽象性、一般性规定的立法特点,内容比较简洁,通常没有规定免责事由或者抗辩事由。于1857年1月1日生效的《智利民法典》也采纳这种立法例,没有规定第三人侵权行为。其原因,主要是大陆法系侵权法一般不规定免责事由或者抗辩事由。

（2）规定为特定的免责事由时期。这个时期以《德国民法典》为代表,对第三人侵权行为规定在特殊侵权责任中,而不是规定为一般的免责事由。例如《日本民法典》《韩国民法典》以及《越南社会主义共和国民法典》等。在原来没有规定第三人侵权行为条款的某些民法典中,通过修订法律,也增加了部分特殊侵权责任适用第三人侵权行为免责的条款。在这个时期,民法规定第三人侵权行为条款的责任形态分为两种,一是免除责任,二是承担不真正连带责任。

（3）普遍规定为一般免责事由时期。在20世纪后期至21世纪初,新兴民法典开始重视对侵权责任抗辩事由的规定,普遍规定了第三人侵权行为条款。例如《加拿大魁北克民法典》《荷兰民法典》《阿尔及利亚民法典》以及《欧洲侵权法基本原则》。

3. 各国侵权法规定第三人侵权行为的基本规律

各国第三人侵权行为立法发展的基本规律是,随着社会的不断发展,侵权法现代化的程度越来越高,对侵权责任免责事由或者抗辩事由的规定越来越重视,第三人侵权行为作为侵权责任的基本抗辩事由越来越受到高度关注,因此在20世纪转向21世纪的前后,侵权法规定第三人侵权行为条款已经成为通例。这有利于坚持过错责任原则,准确确定侵权责任,体现公平、科学的侵权责任确定原则,体现侵权法的矫正正义,保障行为人的行为自由。因此,规定第三人侵权行为免责条款标志着侵权法的现代化,代表了人类社会的文明和进步。

（二）我国近现代侵权法对第三人侵权行为的规定

在近现代中国民事立法(包括《大清民律草案》《民国民律草案》《中华民国民法》和伪满洲国"民法")中,侵权法使用的"第三人"概念包括两种含义:一是行为人中的第三人,与本书研究的第三人侵权行为的概念相同;二是受害人中的第三人,多数是指替代责任中的责任人与行为人之外的受害人、承揽人与定作人之外的受害人或者扶养损害赔偿中的间接受害人。

《大清民律草案》使用的"第三人"和"别有任责人"两个概念,都是第三人的概念。第973条第2款规定:"依第954条至第956条之规定负损害赔偿之义务者,于第三人亦负损害赔偿之义务时,其相互间之关系,仅第三人负义务。"这种立法对第三人侵权行为采用免责规则。

《民国民律草案》侵权法使用"第三人"的是第258条:"以前三条之规定,应负损害赔偿责任之人,于第三人亦应负其责任时,其相互间之关系,仅第三人负其责任。"前三条分别是动物加损害于他人、土地工作物损害责任、土地工作物损害责任的前后相续者的责任,当有第三人应负损害赔偿责任时,第三人承担责任,行为人免除责任。这是典型的第三人侵权行为免责条款。

《中华民国民法》规定第三人责任的条文有两个,一是第190条第2款:"动物系由第三人或他动物之挑动,致加损害于他人者,其占有人对于该第三人或该他动物之占有人,有求偿权";二是第191条第2款:"前项损害之发生,如别有应负责任之人时,赔偿损害之所有人,对于该应负责者,有求偿权"。这两个条文都用求偿权的规定,而不是免责的规定,借鉴的是《日本民法典》的做法。

伪满洲国"民法"只有一个条文与第三人侵权行为有关,即第738条第3款:"与前两项之情形而就损害之原因另有应任其责之人者,占有人或所有人得对之行使求偿权。"①这里说的是土地工作物损害责任,"另有任其责之人"就是第三人。这种做法也是借鉴了《日本民法典》的做法。

归纳起来,上述四部民法或者草案规定第三人的概念,集中在动物损害责任和工作物损害责任中。《大清民律草案》和《民国民律草案》采第三人侵权行为为免责事由的做法,而《中华民国民法》和伪满洲国"民法"则采不真正连带责任规则。

(三)中国当代侵权法对第三人侵权行为的规定

1. 不规范时期

1949年至1985年期间,我国只有《婚姻法》而无其他民法规范,立法上当然没有第三人侵权行为的规定。司法解释在这个时期也没有关于第三人侵权行为的规定。

2. 初步规范时期

于1986年4月12日通过的《民法通则》没有规定第三人侵权行为的一般规则,但是在两个条文中提到了相关概念。一是第122条:产品责任的"运输者、仓储者对此负有责任的,产品制造者、销售者有权要求赔偿损失"。其中运输者、仓储者的概念类似于第三人的概念,在《侵权责任法》中将其规定为第三人。二是第127条:"由于第三人的过错造成损害的,第三人应当承担民事责任。"这是对第三人责任的明确规定,限于饲养动物损害责任中的第三人,动物饲养人或者管理人免责。

在以下法律中都规定了第三人侵权行为条款。1984年制定、2008年修订的《水污染防治法》第85条第4款规定:"水污染损害由第三人造成的,排污方承担赔偿责任后,有权向第三人追偿。"1999年制定、2013年修订的《海洋环境保护法》第90条第1款规定:"……完全由于第三者的故意或者过失,造成海洋环境污染损害的,由第三者排除危害,并承担赔偿责任。"1995年《电力法》第60条第3款规定:"因用户或者第三人的过错给电力企业或者其他用户造成损害的,该用户或者第三人应当依法承担赔偿责任。"

这些关于第三人侵权行为的规定都是针对具体的特殊侵权责任作出的,集中在产品责任、动物损害责任、水污染责任、海洋环境污染责任和电力损害责任。后果主要是

---

① 杨立新主编:《中国百年民法典汇编》,中国法制出版社2011年版,第602页。

免除实际加害人的责任,由第三人承担责任,也有少数适用不真正连带责任的规定。

在这个时期中,最高人民法院的司法解释规定了较多的第三人规范,但多数规定为不真正连带责任。2003 年最高人民法院《人身损害赔偿司法解释》多处使用了第三人的概念。第 6 条第 2 款规定:"因第三人侵权导致损害结果发生的,由实施侵权行为的第三人承担赔偿责任。安全保障义务人有过错的,应当在其能够防止或制止损害的范围内承担相应的补充赔偿责任。安全保障义务人承担责任后,可以向第三人追偿……"这个规定的前段好像是一般性规则,但其实是对违反安全保障义务的第三人责任的规定。第 7 条第 2 款规定的第三人也是相应的补充责任。在第 11 条和第 12 条分别规定了工伤事故责任中的第三人适用不真正连带责任和并合责任。第 14 条规定帮工人因第三人侵权遭受人身损害的,由第三人承担赔偿责任。

3. 完善时期

在制定《侵权责任法》中,专家建议稿基本上都提出了第三人行为的立法建议。王利明教授的建议稿第 1853 条规定:"因第三人的过错造成损害的,应当由该第三人承担民事责任。但法律另有规定的除外。"[①]笔者的建议稿第 31 条规定:"因第三人的过错和原因造成损害的,应当由该第三人承担责任,但法律另有规定的除外。"[②]梁慧星和张新宝教授的建议稿第 1562 条规定:"损害是由于第三人的过错行为造成的,由该第三人承担民事责任。第三人的过错行为与加害人的行为竞合导致损害发生的,适用本法第 1550 条规定。"[③]第 1550 条是关于按份责任的规定。被称为"西南立场"的侯国跃教授的建议稿第 21 条规定:"损害是由于第三人的原因造成的,由第三人承担民事责任,法律另有规定的除外。""第三人的行为与加害人的行为都是损害发生的原因的,适用本法关于原因竞合的规定。"[④]

《侵权责任法》的第一次审议稿和第二次审议稿都没有规定第三人侵权行为的条文,从第三次审议稿开始加进了第 28 条,直至最后通过成为法律,成为我国对第三人侵权行为的法律规范,我国第三人侵权行为立法进入完善时期。

三、第三人侵权行为的概念、性质和地位

(一) 第三人的概念

1. 第三人用法的不同含义

各国法律和我国侵权法对第三人的概念通常在四个方面使用:(1) 是本书使用的范围,是指侵权人与被侵权人之外的第三人,如我国《侵权责任法》第 28 条规定的第

---

① 王利明主编:《中国民法典学者建议稿及立法理由·侵权行为编》,法律出版社 2005 年版,第 56—57 页。

② 杨立新主编:《中华人民共和国侵权责任法草案建议稿及说明》,法律出版社 2007 年版,第 10 页。

③ 梁慧星主编:《中国民法典草案建议稿附理由:侵权行为编·继承编》,法律出版社 2004 年版,第 30 页。

④ 侯国跃:《中国侵权法立法建议稿及理由》,法律出版社 2009 年版,第 52 页。

三人。（2）是指替代责任中行为人和责任人之外的受害人，即被侵权人。如《大清民律草案》第 951 条"因未成年或因精神、身体之状况需人监督者，加损害于第三人时，其法定监督人负赔偿之义务"中的第三人，就是被侵权人。（3）是指侵权行为的间接受害人。如侵害生命权直接受害人生前所扶养的人，因扶养丧失而造成的损害。《大清民律草案》第 968 条第 1 款规定："被害人于其生命被害时，于法律规定，对第三人负扶养义务，或有应负扶养义务之关系并因其被害，至第三人失扶养请求权者。"（4）是指本人与非法侵害人之外的第三人。伪满洲国"民法"第 741 条规定："对于他人之不法行为，为防卫自己或第三人之权利不得已而为加害行为之人，不任损害赔偿之责，但不妨被害人对于为不法行为之人请求损害赔偿。"

在第三人的各种不同含义中，本书使用的是第一种含义，即侵权人和被侵权人之外的人。在具体称谓上使用与第三人相似的概念有其他责任人、别有任责人、另有责任者、别有应负责任之人，都属于第三人的概念。

2. 对第三人概念的界定

根据以上分析可以看到，第三人的概念泛指两个当事人之外的其他人。在侵权法立法和理论中，第三人概念有多重含义，在多种场合中使用。界定第三人概念，应当分清以下三种不同含义：

（1）最宽泛的第三人概念。

最宽泛的第三人概念，是侵权法广泛使用的，泛指侵权双方当事人之外的其他人。包括：① 侵权人与被侵权人之外的第三人；② 替代责任中行为人和责任人之外的受害人；③ 正当防卫中本人与非法侵害人之外的第三人即受益人；④ 间接受害人。

（2）广义的第三人概念。

广义的第三人概念，是指侵权人与被侵权人之外的，作为侵权人一方有关联的其他人，范围包括竞合侵权行为的第三人和第三人侵权行为的第三人。

（3）狭义的第三人概念。

狭义的第三人概念就是本书所要研究的第三人，是指在侵权法律关系中，在实际加害人和被侵权人之外的，因自己的过错，通过实际加害人造成被侵权人权利损害，应当由该人承担侵权责任的侵权人。

（二）第三人侵权行为的概念界定

第三人侵权行为是指第三人由于过错，通过实际加害人的直接行为或者间接行为，造成被侵权人民事权利损害，应当由第三人承担侵权责任、实际加害人免除责任的多数人侵权行为。

第三人侵权行为具有以下法律特征：

（1）造成损害的是实际加害人的行为但过错在第三人。在第三人侵权行为中，实际加害人和第三人既有区别也有关联。区别在于，第三人与实际加害人不存在主观上的意思联络，也没有共同过失，双方在主观上没有任何关联。关联在于，第三人的行为通过实际加害人而造成被侵权人的权利损害。例如,甲驾车缓慢通过行人较多的路口,乙驾车高速驶来,刹车不及,撞上甲车,导致甲车突然向前冲出,撞伤前面正常穿越马路的行人丙。虽然丙的伤害是甲的车辆直接造成的,但在整个事件中,甲只是乙侵权行为的媒介,丙所受损害的真正原因是乙实施的过错侵权行为。[①] 在这里使用媒介这一概念比较形象,完全说明了第三人行为与实际加害人行为之间的关系。只有实际加害人的行为是损害发生的媒介,实际加害人才对自己造成的损害不承担赔偿责任。

(2)造成被侵权人损害的全部原因是第三人的过错。构成第三人侵权行为,第三人的过错必须是造成损害的全部原因,而不是部分原因。有的学者主张,《侵权责任法》第28条规定的"第三人造成的",既包括损害完全是由第三人造成的,也包括第三人行为是造成损害的部分原因。[②] 这种看法是不正确的,原因在于:首先,第三人侵权行为的后果是免除实际加害人的侵权责任,由第三人承担侵权责任;其次,如果第三人和实际加害人对于损害的发生或者扩大都有过错,就形成了不同于第三人侵权行为的共同侵权行为或者分别侵权行为,也可能构成竞合侵权行为,都不会是第三人侵权责任。只有第三人的行为是损害发生的全部原因(或者称之为"唯一原因")[③],或者"只有损害完全是由于第三人的过错行为造成的"[④],才能成立第三人侵权行为。

(3)第三人承担侵权责任而实际加害人免责。在多数人侵权行为中,共同侵权行为承担连带责任,分别侵权行为承担按份责任,竞合侵权行为承担不真正连带责任,数个行为人都须直接或者间接地承担责任。但在第三人侵权行为中,第三人是侵权人,自己承担侵权责任;造成损害的实际加害人并不是侵权人,后果是免除侵权责任。这是第三人侵权行为与多数人侵权行为的其他三种类型都不相同的特点。

(4)被侵权人的侵权请求权直接针对第三人。在第三人侵权行为中,被侵权人的请求权只针对第三人,第三人是侵权法律关系的责任主体,被侵权人应当直接向第三人请求赔偿。在通常情况下,被侵权人可能会向实际加害人请求赔偿,实际加害人主张以第三人侵权行为进行抗辩并成立的,法院判决免除实际加害人的侵权责任,驳回被侵权人的诉讼请求,另诉第三人;或者直接追加第三人为被告,判决免除实际加害人的侵权责任,直接判决第三人承担侵权责任。

(三)第三人侵权行为的法律地位

第三人侵权行为属于侵权行为形态的范畴,其性质是多数人侵权行为。

多数人侵权行为与单独侵权行为相对应。单独侵权行为是单独一个人实施的侵

---

① 奚晓明主编:《〈中华人民共和国侵权责任法〉条文理解与适用》,人民法院出版社2010年版,第213页。

② 王利明:《侵权责任法研究》(上卷),中国人民大学出版社2010年版,第438—439页。

③ 王胜明主编:《中华人民共和国侵权责任法释义》,法律出版社2010年版,第143页。

④ 张新宝:《侵权责任法》(第二版),中国人民大学出版社2010年版,第78页。

权行为,包括单独一个自然人、法人或者非法人团体。两个以上的行为人实施的侵权行为是多数人侵权行为,即"数个独立的责任主体对同一损害后果承担不同类型的共同责任"[①]的侵权行为形态。

多数人侵权行为分为两种基本类型:一是多数行为人都应当承担共同责任的多数人侵权行为,包括多数人应当承担连带责任、按份责任或者不真正连带责任,这样的多数人侵权行为分别是共同侵权行为、分别侵权行为和竞合侵权行为。二是多数行为人有的承担侵权责任,有的不承担侵权责任,这种多数人侵权行为只有一种,就是第三人侵权行为。

(四)第三人侵权行为的范围

第三人侵权行为的范围包括以下两个方面:

1. 适用过错责任原则和过错推定原则的第三人侵权行为

在适用过错责任原则和过错推定原则的侵权行为类型中,第三人侵权行为具有重要意义。原因是,适用过错责任原则和过错推定原则的侵权行为类型,构成侵权责任须具备过错要件。换言之,在过错责任原则和过错推定原则适用的场合,谁有过错,谁就要承担侵权责任。实际加害人对损害的发生没有过错,而第三人对损害的发生具有全部过错,当然要由第三人承担侵权责任,实际加害人没有责任。同样,在过错推定原则适用的场合,尽管首先推定实际加害人具有过错,但加害人能够证明损害是由第三人的过错造成的,自己没有过错,就构成第三人侵权行为,免除实际加害人的责任。

这种类型的第三人侵权行为的基本要求是,损害是由第三人的过错引起的,并且是损害发生的全部原因,实际加害人对损害的发生没有过错。

2. 适用无过错责任原则的第三人侵权行为

在适用无过错责任原则的情形下,第三人侵权行为具有特别的要求。原因是,在适用无过错责任原则的侵权行为类型中,法律将有些第三人侵权规定为不真正连带责任:第一,环境污染责任中的第三人侵权适用不真正连带责任(《侵权责任法》第68条);第二,饲养动物损害责任中的第三人侵权适用不真正连带责任(《侵权责任法》第83条);第三,工伤事故责任中的第三人侵权也实行不真正连带责任,法律依据是最高人民法院《人身损害赔偿司法解释》第11条。

在适用无过错责任原则的其他场合,对于《侵权责任法》没有明确规定第三人侵权行为是否适用免责条款,应当进行探讨:

在产品责任中,第三人的过错引起产品缺陷造成损害的,不适用《侵权责任法》第28条,而适用第44条,责任形态为先付责任。[②] 有的学者将第44条归纳为免责事由

---

① 张新宝:《侵权责任法》(第二版),中国人民大学出版社2010年版,第44页。
② 杨立新:《论不真正连带责任的体系与规则》,载《现代法学》2012年第3期。

的第三人原因①,理解明显错误。这种情形不属于第三人侵权行为。在高度危险责任中,《侵权责任法》对第三人侵权行为没有规定,在第三人故意引起高度危险责任损害的,或者对于一般危险活动的行为人,如果其能够证明受害人所遭受的损害完全是由第三人的过错行为造成的②,有可能存在第三人侵权行为。有的学者提出,"根据危险程度的不同,对于一些超常危险的活动,即使受害人的损害完全是由第三人的过错行为造成的,法律规定必须首先由危险活动的行为人或者高度危险物的持有人承担责任"。③ 我们认为,对高度危险责任中的第三人侵权行为适用类似于《侵权责任法》第68条和第83条的规则,缺少法律依据,因为《侵权责任法》第九章并没有作出这样的规定。

我们认为,以下三种情形应当是无过错责任原则下的第三人侵权行为:

(1) 没有缺陷的产品致害因第三人过错所引起。

受害人使用没有缺陷的产品,第三人因过错致使产品造成受害人损害的,属于产品责任的第三人侵权行为,应当适用《侵权责任法》第28条规定,免除产品生产者、销售者的赔偿责任。例如产品存在合理危险,已经充分警示说明,但第三人错误指令使用人不按照产品警示说明的要求,使用错误方法造成受害人损害的,构成第三人侵权行为。主张生产者、销售者承担侵权责任的,应当判令被告无责任,由第三人承担赔偿责任。

(2) 第三人故意或者过失引起损害的高度危险责任。

在环境污染责任和饲养动物损害责任中,第三人无论是故意或者过失,都应当认定为竞合侵权行为,后果是不真正连带责任。推而论之,《侵权责任法》第九章没有规定高度危险责任的第三人侵权行为,可以参照适用第68条和第83条规定吗? 如果是这样,为何《侵权责任法》不作此规定呢? 我们认为,根据《侵权责任法》第九章的规定精神,对此应当区别具体情况确定:

第一,凡是规定受害人故意可以免除责任,高度危险活动和高度危险物造成他人损害是由第三人故意造成的,高度危险活动和高度危险物的占有人不承担赔偿责任。理由是,如果第三人故意利用高度危险物和高度危险活动造成他人损害,其实高度危险活动和高度危险物就成了第三人的侵权工具。在这种情况下,让高度危险活动或者高度危险物的占有人承担责任是不公平的。

第二,凡是规定被侵权人对损害的发生具有重大过失或者过失可以减轻责任的,第三人因重大过失或者过失行为造成被侵权人损害的,认定为第三人侵权行为,免除侵权责任。例如,《侵权责任法》第72条规定的占有、使用易燃、易爆、剧毒、放射性等

① 程啸:《侵权责任法》,法律出版社2011年版,第231页。
② 王胜明主编:《中华人民共和国侵权责任法释义》,法律出版社2010年版,第144页。
③ 同上。

高度危险物造成被侵权人损害第三人具有重大过失的,或者第 73 条规定的高空、高压、地下挖掘活动和使用高速轨道运输工具造成被侵权人损害第三人具有过失的,如果第三人的行为是损害发生的全部原因的,免除加害人的侵权责任。

(3)法律有特别规定的。

《电力法》第 60 条第 3 款规定:"因用户或者第三人的过错给电力企业或者其他用户造成损害的,该用户或者第三人应当依法承担赔偿责任。"《侵权责任法》第九章没有对第三人的责任作出特别规定,《电力法》与《侵权责任法》第九章关于高度危险责任的规定没有冲突,与第 28 条规定相合,被告可以"第三人过错"造成损害为由,对原告(受害人)进行抗辩。[①] 这样的解释与前文的主张相一致。

(五)第三人侵权行为的类型

第三人侵权行为究竟应当分为何种类型,提出意见者不多。目前看到的是王利明教授的分法,一是根据第三人的过错程度分为三种不同类型:(1)第三人具有故意的第三人侵权;(2)第三人具有重大过失而被告没有过错的第三人侵权;(3)第三人引起险情的第三人侵权。[②] 从另一个角度,他又将第三人侵权分为第三人造成全部损害的类型和第三人的行为是造成损害的部分原因的第三人侵权。[③]

后一种分类方法是不正确的,因为第三人的行为如果是损害发生的部分原因的,一定不是《侵权责任法》第 28 条规定的第三人侵权行为,而可能是共同侵权行为、分别侵权行为或者竞合侵权行为,其法律后果分别是连带责任、按份责任或者不真正连带责任,不会是免除实际加害人责任的后果。

在前一种分类方法中,第三种类型其实不是第三人侵权行为,因为"若第三人引起某种危险,被告为避免危险可能引起的损害而实行紧急避险,造成了对原告的损害,则应根据《侵权责任法》第 31 条规定"[④]处理,已经构成紧急避险,法律有专门的紧急避险规则进行处置,当然不是第三人侵权行为,何必将其作为第三人侵权的类型呢?将第三人侵权行为分为第三人故意或者第三人重大过失两个类型,不是没有道理,而是没有意义。原因在于,确定是否构成第三人侵权行为的关键问题是第三人的过错是否为损害发生的全部原因。至于第三人故意、重大过失抑或一般过失,都不重要,只要第三人的过错是造成损害的全部原因,就构成第三人侵权行为;不属于全部原因的,不构成第三人侵权行为。

依我们所见,根据实际加害人和第三人的行为之间关系的不同,将第三人侵权行为分为介入型第三人侵权行为和借用型第三人侵权行为,对适用法律具有价值。

[①] 王胜明主编:《中华人民共和国侵权责任法释义》,法律出版社 2010 年版,第 145 页。
[②] 王利明:《侵权责任法研究》(上卷),中国人民大学出版社 2010 年版,第 437 页。
[③] 同上书,第 435、438 页。
[④] 同上书,第 437 页。

1. 介入型第三人侵权行为

介入型第三人侵权行为是指在实际加害人的行为的实施过程中，加入了第三人的行为，造成被侵权人损害的第三人侵权行为。例如，被告违法在路上挖掘了一个洞，第三人故意将原告推入该洞中而使其遭受人身损害。[1] 被告在路上挖掘属于违法，但未直接造成损害。第三人故意伤害被侵权人，是损害发生的全部原因。在这种第三人侵权行为类型中，实际加害人的行为虽然违法，但仅仅是为第三人实施侵权行为提供了条件，实际加害人的行为并不构成侵权，第三人的行为构成侵权行为。

行为人实施侵权行为将受害人致伤，医院在受害人住院期间失火，将受害人烧死。这种情形是否属于介入型第三人侵权行为呢？我们认为，行为人致伤他人，构成侵权行为；医院失火，亦构成侵权行为。这是两个侵权行为，而不是一个侵权行为，更不是第三人侵权行为。其中因果关系中断至为明显，受害人的近亲属起诉造成伤害的行为人，只能请求承担造成伤害的赔偿责任；请求赔偿死亡的损害赔偿只能起诉医院。这是两个侵权行为，不属于多数人侵权行为。

2. 借用型第三人侵权行为

借用型第三人侵权行为是指第三人借用实际加害人的物件实施侵权行为，造成被侵权人权利损害的第三人侵权行为。例如，被告在菜园中的灌水井已经关闭，第三人未经同意擅自打开该水井，不仅将被告的菜园淹没，而且也将相邻原告的菜园淹没，造成财产损失。这种情形，实际加害人不具有违法性，第三人借用实际加害人的物件实施侵权行为，造成受害人的权利损害，故第三人应当承担侵权责任，尽管实际加害人的物件造成受害人损害，但实际加害人对于损害的发生没有任何过错，因此应当免责。

四、第三人侵权行为的法律适用规则

（一）对当事人的称谓

目前对第三人侵权行为当事人的称谓并不一致，在学说、立法及司法上需要统一起来。

对第三人的称谓是明确的，就应当叫作第三人。要注意的是，这个第三人是狭义第三人。

对受害人的称谓不一致，统一称为被侵权人比较合适，与《侵权责任法》的称谓相一致，也不会有争议。

对实际加害人，《侵权责任法》第 28 条没有明确规定。将其叫作被告[2]不准确，因

---

[1] 朱岩：《侵权责任法通论·总论》，法律出版社 2011 年版，第 225 页。
[2] 王胜明主编：《中华人民共和国侵权责任法释义》，法律出版社 2010 年版，第 143 页；奚晓明主编：《〈中华人民共和国侵权责任法〉条文理解与适用》，人民法院出版社 2010 年版，第 213 页。

为被告并不是实体法的概念,而是程序法的概念;将其称为加害人[1]有一定道理,但容易与一般情形下的加害人相混淆,因为一般的加害人就是指侵权人;使用行为人的概念[2]也有一定道理,但由于在有些第三人侵权行为中加害人并没有实施侵权行为,称行为人有可能不周延。比较起来,使用实际加害人的概念比较稳妥。在加害人之前加上"实际"的修饰语,能够区别不是侵权人的加害人与作为侵权人的加害人。

(二)第三人侵权行为的归责原则

在第三人侵权行为中考虑归责原则的适用分为两个方面,一是确定第三人侵权行为类型的不同,二是确定第三人侵权行为是否构成。

1. 确定第三人侵权行为类型考虑归责原则

如前所述,第三人侵权行为的范围可以根据适用不同归责原则的侵权责任类型确定。凡是在适用过错责任原则和过错推定原则的侵权责任类型中,第三人过错是损害发生的全部原因的,都构成第三人侵权行为;在适用无过错责任原则的侵权责任类型中,第44条、第68条和第83条除外,只有少数第三人的过错是损害发生的全部原因的,才构成第三人侵权行为。

2. 确定第三人侵权行为构成适用归责原则

确定第三人侵权行为的构成适用过错责任原则,既不适用过错推定原则,也不适用无过错责任原则。是否存在第三人实施适用无过错责任原则的侵权行为,致使实际加害人的行为造成被侵权人损害呢?例如,饲养动物的所有人或管理人、污染环境的污染者、高度危险责任的占有人等作为第三人,致使他人的行为造成被侵权人损害。在这种情形下,通常会形成紧急避险或者正当防卫,并不存在无过错责任的第三人侵权行为。

确定第三人侵权行为应当采取以下规则:

第一,对于造成的损害,如果第三人没有过错,第三人就不承担责任。这是因为,第三人有过错是实际加害人主张抗辩的基础,如果不能证明第三人对于损害的发生具有过错,则不能主张这一抗辩事由。[3] 这种意见为通说,几乎没有反对的意见。

第二,第三人过错的证明责任,并非由第三人证明,而应由实际加害人或者被侵权人证明。在通常情况下,被侵权人主张实际加害人承担侵权责任,实际加害人主张损害是由第三人的过错引起的,实际加害人不仅要证明自己不具有过错,有时还要证明第三人的过错和因果关系。能够证明的,免除实际加害人的赔偿责任,由第三人承担赔偿责任;实际加害人不能证明或者证明不足的,不能免除实际加害人的赔偿责

---

[1] 高圣平主编:《中华人民共和国侵权责任法立法争点、立法例及经典案例》,北京大学出版社 2010年版,第 355 页;程啸:《侵权责任法》,法律出版社 2011 年版,第 229 页。

[2] 张新宝:《侵权责任法》(第二版),中国人民大学出版社 2010 年版,第 78 页。

[3] 高圣平主编:《中华人民共和国侵权责任法立法争点、立法例及经典案例》,北京大学出版社 2010年版,第 353 页。

任。如果实际加害人只能证明自己没有过错而不承担责任,并不能证明第三人有过错,被侵权人主张第三人承担侵权责任的,则应当由被侵权人证明第三人的过错和因果关系,采用侵权责任的一般证明方法予以证明。

（三）第三人侵权行为的构成要件

1. 违法行为

在第三人侵权行为中,违法行为要件的特殊性是,在造成损害的行为中,既有第三人的行为,也有实际加害人的行为。

实际加害人的行为是直接造成被侵权人损害的行为,第三人的行为造成损害具有过错,两个行为相互结合,或者是前后相续,或者是第三人的行为作用于实际加害人的行为之上,造成被侵权人的损害。在两个行为中,第三人的行为应当具有违法性,实际加害人的行为可以是有违法性的行为,也可以是不具有违法性的行为。在前节的两个案例中,前一个案例的实际加害人的行为具有违法性,后一个案例的实际加害人的行为没有违法性。判断实际加害人的行为是否具有违法性,对于确定第三人侵权行为并无特别重要意义,关键在于实际加害人能够证明自己的行为没有违法性,就可以免除自己的责任。如果只能证明第三人的行为具有违法性,不能证明自己的行为不具有违法性,也不能证明自己的行为存在因果关系中断的事由,而被侵权人能够证明实际加害人的行为具有违法性,则可能不会成立第三人侵权责任,而构成共同侵权行为、分别侵权行为或者竞合侵权行为。

2. 损害事实

第三人侵权行为的损害事实要件没有特别要求,只要符合侵权责任构成的损害事实要件的基本要求即可。唯一的要求是损害事实只有一个,即被侵权人的民事权权益受到损害,符合《侵权责任法》第2条第2款规定的范围。如果造成了两个以上的损害,则需要研究是一个侵权行为还是两个侵权行为。

一个损害事实的要求是侵权行为所造成的直接后果,也可能是一个单独的人身损害、财产损害或者精神损害,也可能是一个包括人身损害、财产损害和精神损害的损害事实。

3. 因果关系

判断构成第三人侵权行为的关键要件是因果关系要件。确定第三人侵权行为的因果关系要件,应当明确两个问题:

（1）第三人行为与损害事实之间的因果关系性质。

确定第三人行为与损害结果之间因果关系的标准是相当因果关系。第三人的行为是损害发生的适当条件的,即可认定有因果关系。如果第三人的行为是损害发生的原因,即高于相当因果关系的适当条件标准的,当然更符合因果关系要件的要求。故判断因果关系的标准为,第三人的行为按照一般社会智识经验,能够引起该损害结果的发生,而事实上该行为确实引起了该损害结果的发生。

（2）第三人的行为是否构成因果关系中断。

诚然，在第三人侵权行为中，实际加害人的行为与损害后果之间必然存在因果关系。问题在于，构成第三人侵权行为必须有第三人的行为介入实际加害人与被侵权人之间的因果关系链条，构成因果关系中断。只有符合这个要求，才能构成第三人侵权行为。

因果关系中断，是指在特定原因将会引发特定结果的正常锁链中，因其他因素的介入而改变了此种因果关系的正常锁链，改变了原本应当出现的结果。[①] 如果被告实施某种侵权行为以后，第三人的行为独立造成了损害结果的发生，从而切断了被告的行为与原告的损害之间的因果联系，使被告的行为不能发挥原因力，则应由第三人对损害结果负责。[②] 符合这样的要求的，就构成第三人侵权行为的因果关系要件。

但是，这只是介入型第三人侵权行为的因果关系的要求，即实际加害人的行为加入了第三人的行为，造成受害人损害的第三人侵权行为。如果是第三人借用实际加害人的物件而加损害于被侵权人（即借用型第三人侵权行为）的，则通常不是因果关系中断，而是实际加害人的物件在形式上是损害发生的全部原因，第三人的行为是实质上的损害发生的全部原因，例如第三人放水浇园的行为。在这种情况下，实际加害人若主张第三人侵权行为作为抗辩事由，更重要的是证明自己无过错、自己的行为与损害结果没有因果关系，以及第三人的行为是损害发生的实质性原因。

4. 过错

第三人侵权行为构成要件中的过错要件应当符合两个要求，一是实际加害人自己无过错，二是过错在于第三人。实际加害人主张自己无过错而无责任的，证明应当符合前一个要求；实际加害人主张第三人承担责任的，证明应当符合后一个要求。

实际加害人无过错，事实上并不要实际加害人证明。但是，如果被侵权人在起诉中已经证明实际加害人有过错，或者适用过错推定原则推定实际加害人有过错，实际加害人在主张第三人侵权行为为抗辩事由时，应当证明自己没有过错。能证明自己没有过错的，就能够免除自己的责任。

实际加害人可以证明第三人有过错。第三人的过错可以是故意，也可以是过失。有的学者主张第三人故意或者重大过失才构成第三人侵权行为并予以免责。[③] 并不准确。如果第三人虽然具有过失而不具有故意或者重大过失，但该过失行为是损害发生的全部原因的，就构成第三人侵权行为，实际加害人就免除责任。

（四）实际加害人不得主张免责的情形

在以下情形中，实际加害人属于第三人侵权行为以外的行为人的，不得主张构成

[①] 朱岩：《侵权责任法通论·总论》，法律出版社 2011 年版，第 224 页。
[②] 王利明：《侵权责任法研究》（上卷），中国人民大学出版社 2010 年版，第 435—436 页。
[③] 参见同上书，第 437 页。

第三人侵权行为而免除自己的责任。这种情形在一些学者的著述中都有说明,因而简要说明如下:

实际加害人是共同侵权人的,不得以第三人侵权行为作为抗辩而主张免除责任。只要实际加害人是共同侵权行为人、共同危险行为人或者教唆人、帮助人,就不得主张第三人侵权行为而免除自己的责任。

实际加害人是分别侵权行为人,即无过错联系的共同加害行为的行为人的,应当依照《侵权责任法》第12条规定承担按份责任,不得主张第三人侵权行为而免责。

在竞合侵权行为中,立法和司法解释直接使用"第三人"的概念,例如《侵权责任法》第37条第2款、第44条、第68条、第83条等。事实上,竞合侵权行为与第三人侵权行为之间的界限很难界分,原因在于立法在政策考量上,经常把第三人侵权行为认定为竞合侵权行为而使当事人承担不真正连带责任。对此,有一个最简洁的方法就是,凡是立法或者司法解释规定使用"第三人"概念,且规定了与《侵权责任法》第28条规定不同规则的,就是竞合侵权行为;凡是《侵权责任法》对第三人没有特别规定责任形态的,就直接适用《侵权责任法》第28条认定为第三人侵权行为。就实际加害人而言,如果《侵权责任法》或者其他法律或者司法解释对此没有作出特别规定的,就可以主张第三人侵权行为而免责;如果对于第三人侵权行为及责任有特别规定的,则不得主张以第三人侵权行为予以抗辩。

实际加害人是替代责任中的行为人的,不能以责任人是第三人而主张第三人侵权行为免除自己的责任,而应当追加责任人承担替代责任。在替代责任(即为他人的行为负责的侵权行为)中,造成实际损害的是行为人,承担责任的是责任人,被侵权人起诉行为人为被告,被告不能主张第三人侵权行为免责,而应当主张替代责任由责任人承担侵权责任。

(五)第三人侵权行为的责任承担

构成第三人侵权行为,其法律后果就是第三人侵权责任,免除实际加害人的赔偿责任。至于第三人承担侵权责任的规则,适用侵权损害赔偿的一般规则即可,并无特别之处。

在一些学者的论述中,将第三人侵权责任的承担规则搞得比较复杂,原因是将第三人侵权行为与竞合侵权行为混在一起,或者与共同侵权行为甚至与分别侵权行为混在一起。这样的做法是不妥的。必须分清第三人侵权行为与共同侵权行为、分别侵权行为和竞合侵权行为的界限,分清第三人侵权责任与连带责任、按份责任和不真正连带责任的界限。凡是第三人的行为不是损害发生的全部原因的,就不是第三人侵权行为,就不适用第三人承担侵权责任、实际加害人免责的规则,而应当分别按照不同的责任形态承担不同的责任。

【案例讨论】 >>>>> >

案情：

张某看到邻居牛某家门口拴着的一条狗的周身颜色比较特别，想用鞭炮对其进行恐吓，观察该狗有何反应。鞭炮点燃后，狗受到惊吓，挣脱链子，咬伤了在小区内玩耍的幼儿赵某，造成人身损害。赵某父亲找狗主人夏某要求其赔偿医疗费、营养费等损失，夏某以是张某挑逗导致狗受到惊吓咬人，应当由张某承担赔偿责任而自己无责任为由予以拒绝。赵某父亲又去找张某，张某以其不是狗的饲养人为借口，拒绝承担赔偿责任。赵某向法院起诉，要求夏某承担赔偿责任。

讨论问题：

1. 张某在本案中属于第三人吗？是否应当免除责任？

2. 对第三人侵权行为应当适用《侵权责任法》第 28 条规定还是第 83 条规定？在理论上应当怎样区分？

3. 将第三人侵权行为与责任界定为多数人侵权行为，你认为有道理吗？

【参考文献】 >>>>> >

王利明：《侵权责任法研究》（上卷），中国人民大学出版社 2010 年版。

张新宝：《侵权责任法》（第二版），中国人民大学出版社 2010 年版。

梁慧星主编：《中国民法典草案建议稿附理由：侵权行为编·继承编》，法律出版社 2004 年版。

朱岩：《侵权责任法通论·总论》，法律出版社 2011 年版。

高圣平主编：《中华人民共和国侵权责任法立法争点、立法例及经典案例》，北京大学出版社 2010 年版。

程啸：《侵权责任法》，法律出版社 2011 年版。

侯国跃：《中国侵权法立法建议稿及理由》，法律出版社 2009 年版。

下 编
侵权责任法分则研究

【体系导读】

我国《侵权责任法》分则部分具有英美侵权法的特点,即对侵权行为进行类型化的规定,详细规定了13种具体侵权责任的承担规则。《侵权责任法》分则规定的具体侵权行为及责任分为两部分,一是第四章规定的监护人责任、暂时丧失心智的损害责任、用人者责任、网络侵权责任、违反安全保障义务的侵权责任和教育机构损害责任,共6种侵权责任类型;在第五章至第十一章规定了7种具体侵权责任类型,即产品责任、机动车交通事故责任、医疗损害责任、环境污染责任、高度危险责任、饲养动物损害责任和物件损害责任。这些具体的侵权责任类型,并不是侵权责任类型的全部,因为其中不包括《侵权责任法》第6条第1款规定的一般侵权责任。

《侵权责任法》规定13种具体的侵权行为类型的方式与《民法通则》不同。《民法通则》规定特殊侵权行为,都是一种侵权行为适用一种归责原则,适用一种基本规则。《侵权责任法》改变了这种做法,对一种具体侵权行为分别情况适用不同的归责原则和不同的规则,目的在于将同一种类型的侵权行为,针对不同的情况确定不同的侵权责任,力图将侵权责任确定得更为公平、更为合理,以期更好地实现《侵权责任法》的立法目的。这一点特别像美国侵权法的做法。在学习和研究侵权责任具体类型时,应当特别注意这一点。

本教材下编对《侵权责任法》分则规定具体侵权责任类型进行研究,只有第33条规定的暂时丧失心智损害责任过于简单,没有涉及。主要研究的问题是:

一、关于责任主体的特殊规定

本编第一部分研究的是第四章"关于责任主体的特殊规定"中规定的特殊侵权责任。这一部分的内容较多,主要研究的是以下问题:

(一)关于监护人责任

第十六章专门研究监护人责任。我国《侵权责任法》对这种侵权责任的规定与各国侵权法的规定有所不同,不是以责任能力的有无来确定责任,而是一律由监护人承担责任。只是被监护人有财产的,由其财产支付赔偿责任,不足部分仍由监护人承担。此外,《老年人权益保障法》第26条规定了老年监护制度,对于丧失或者部分丧失行为能力的老年人致人损害的,也适用《侵权责任法》第26条规定,由监护人承担侵权责任。

(二)关于个人劳务责任

第十七章专门研究个人劳务责任。《侵权责任法》第34条和第35条规定的是用人者责任,其中第35条规定的是个人劳务责任。个人劳务责任包括个人劳务致他人损害责任和个人劳务致自己损害责任。其中个人劳务致自己损害责任以过错责任原则为基础,存在较多的问题,本书对此专门进行了研究。

(三)关于网络侵权责任

《侵权责任法》第36条规定了网络侵权责任的基本规则,看似简单,其实非常复杂。第十八章在研究了网络侵权责任的一般规则之后,重点研究《侵权责任法》第36条第2款规定的通知规则的具体适用方法,对于其中隐藏着的反通知规则,也进行了深入研究,都提出了具体适用的办法。增加了第十九章,对《侵权责任法》第36条规定的网络服务提供者责任和《消费者权益保护法》第44条规定的网络交易平台提供者责任的具体规则进行比较研究,指出其具体的差别。

(四)关于违反安全保障义务的侵权责任

第二十章针对《侵权责任法》第37条规定,研究了违反安全保障义务的侵权责任的构成、类型以及责任。自1998年我国发生第一起违反安全保障义务的侵权行为以来,我国侵权法理论和实务对这种侵权行为类型进行了深入探讨,总结了司法经验,最终写进了《侵权责任法》,形成了该法第37条。

(五)关于教育机构的责任

第二十一章研究的是教育机构责任。《侵权责任法》第38条至第40条规定了幼儿园、学校以及其他教育机构对未成年学生管理、教育有过失,造成未成年学生人身损害的,应当承担赔偿责任。对于第三人造成在校的未成年学生人身损害的,应当由第三人承担赔偿责任,教育机构也有过错的,承担相应的补充责任。对此,本章进行了详细研究,提出了具体适用这些规则的方法。

二、第五章至第十一章规定的特殊侵权责任

本编第二部分专门研究《侵权责任法》第五章至第十一章规定的7种特殊侵权责任。

(一)研究产品责任中产品代言的连带责任

本编没有对产品责任进行全面的研究,只选择了一个最新的问题,即在产品责任中,《食品安全法》规定了产品代言的连带责任,学者对此见解不同。对这一规定究竟应当怎样掌握,与《侵权责任法》的规定怎样联系,是学界一直在探讨的问题。第二十二章结合《侵权责任法》第8条关于共同侵权行为以及第41至43条关于产品责任的规定,结合《食品安全法》的规定进行全面研究,提出了自己的意见。

（二）研究机动车交通事故责任

关于道路交通事故责任，法律规定比较分散，既有《道路交通安全法》的一般性规定，又有《侵权责任法》的具体规定，还有最高人民法院《关于审理道路交通事故损害责任案件适用法律若干问题的解释》的司法解释，非常复杂。本书第二十三章对此进行梳理，形成了完整的法律适用意见。

（三）研究医疗损害责任

医疗损害责任是《侵权责任法》特别着重解决的一个问题，内容丰富，规则具体，但具体情况比较复杂，需要有更具体的对策。本书第二十四章先研究医疗损害责任改革的一般性问题，全面说明《侵权责任法》规定医疗损害责任的背景和理论基础。随后，专门研究《侵权责任法》第54条规定的医疗损害责任一般条款的基本作用和功能，提出了医疗损害责任一般条款的基本适用方法。

（四）研究环境污染责任

第二十五章没有对环境污染责任进行全面研究，仅针对《侵权责任法》第66条规定的环境污染责任中的因果关系推定规则进行探讨，指出了环境污染责任适用因果关系推定规则的必要性，说明因果关系推定的主要理论和规则，最后提出了环境污染责任适用因果关系推定的基本方法。

（五）研究高度危险责任的限额赔偿

《侵权责任法》第57条规定了高度危险责任的限额赔偿，在实际操作上存在较多问题，特别是我国侵权法理论和实践对限额赔偿还没有很好的理论准备和经验，规定限额赔偿的法规级别较低，不足以称作法律，具体适用有很多困难。对此，第二十六章进行了专门研究。

（六）研究饲养动物损害责任

饲养动物损害责任是特殊侵权责任中的一种特别的类型，基本上适用无过错责任原则，在个别场合适用过错推定原则。对于饲养动物损害责任的构成要件、责任主体的确定、具体赔偿方法等，第二十七章进行了比较详细的说明。

（七）研究建筑物倒塌责任

《侵权责任法》第85条和第86条是从《民法通则》第126条中分离出来的。其中第86条规定的建筑物、构筑物以及其他设施倒塌损害责任与第85条的区别究竟在哪里，值得研究。第二十八章从立法背景出发，阐释其立法目的和具体适用规则。

（八）交易领域中的消费欺诈和服务欺诈责任

近年来，交易领域特别是网络交易领域中，消费欺诈和服务欺诈行为较多，在法律适用上存在一定困难，影响较大。第二十九章集中研究消费欺诈的侵权法适用问题，提出了具体的法律适用意见。第三十章集中研究了信用欺诈的侵权法适用问题，也提出了具体意见。

第十六章　监护人责任

《侵权责任法》第 32 条规定的是监护人责任，也叫作监护人的责任。监护人责任是典型的替代责任，在特殊侵权责任类型中具有特别的地位，在司法实践中比较多见，各国侵权法对其都有规定。面对的新问题是，《老年人权益保障法》规定了老年人监护问题，也涉及《侵权责任法》第 32 条的适用。本章对这种侵权责任类型进行研究。

一、监护人责任概述

(一) 监护人责任的概念

1. 对监护人责任概念的界定及理由

监护人责任，是指无民事行为能力人或者限制民事行为能力人因自己的行为致人损害，由行为人的监护人（包括未成年人的父母）承担赔偿责任的特殊侵权责任。

监护人责任的另外一种称谓，是法定代理人责任。在多数侵权法的著作中，对这种侵权行为采用这样的称谓。[①] 事实上，将这种特殊侵权责任叫作监护人责任，不如叫作法定代理人责任更为准确，理由是：

首先，我国现行立法关于监护人制度的设计并不合理。毫无疑问，对于精神病人均应设定监护人，以监护精神病人的人身和财产，保护精神病人的利益，也保护其他人免受精神病人的侵害。但对于未成年人并非一定要设立监护人，而是以其亲权人即父母作为他的监护人承担监护责任，因此，未成年人的父母作为亲权人并不就是监护人，因为亲权人并不等于监护人。亲权人行使监护权，是亲权的内容，是依据亲权的权利而对未成年子女进行监护。只有亲权人无法行使亲权，或者未成年人的亲权人丧失之后，才可以对未成年人设立监护人，这时候设立的监护人才是真正意义上的未成年人的监护人。我国《民法通则》第 16 条关于"未成年人的父母是未成年人的监护人"的规定，显然混淆了未成年人的亲权人和监护人概念之间的差别，这也是我国民法没有明确规定身份权、没有明确规定亲权的后果之一。

其次，监护权并非全部产生于监护关系，还产生于亲权关系。监护人当然享有监护权，不论是精神病人，没有亲权保护的未成年人，还是丧失或部分丧失民事行为能

---

① 张新宝：《侵权责任法原理》，中国人民大学出版社 2005 年版，第 306 页。

力的老年人,都须设置监护人,由监护人进行监护。这些监护人都享有监护权,这是确定的。但是,监护权并非全部都是由这些监护人享有的,另外享有监护权的还有亲权人,亲权的内容之一就是对未成年子女行使监护权,保护自己的未成年子女的人身和财产的安全。因此,未成年人的父母不是监护人而是亲权人,他们的监护权不是产生于监护人的身份而是产生于亲权人的身份,因而使其成为监护人。

因此,以监护人责任或者监护人侵权责任来称谓这一特殊侵权责任并不周延,以法定代理人责任称之最为准确。形成这种错误的原因,是《民法通则》混淆了监护权与亲权的界限,将亲权混同于监护权。在理论上,多数学者沿袭立法上的失误,亦把亲权归属于监护权的概念之中,取消了亲权的概念。亲权与监护权具有明显的界限,是两种不同的身份权,应当加以区别。①

上述这些分析意见,对于准确界定监护人责任的概念是有意义的。将这种侵权行为称为监护人责任,只能涵盖前一部分内容,不能涵盖后一部分内容。而无论是监护人的侵权责任还是亲权人的侵权责任,都是以监护人身份产生的侵权责任。所以,对这种侵权行为的最准确称谓是法定代理人责任,只有这个概念才能够概括以上全部内容。

不过,《侵权责任法》并没有接受这样的意见,仍然称之为监护人责任。因此,本书按照法律的规定仍以监护人责任称之。

2.《老年人权益保障法》第 26 条对监护人责任的影响

20 世纪中后期,近代监护制度迎来了一场重大改革,改革的动因是老龄化社会的到来与国际人权保护的不断发展。当代社会,人的寿命普遍延长,高龄人口越来越多,他们的意思能力和身体体能的衰退导致其民事行为能力下降,以致无法独立生活,而近代成年监护制度无法满足应保护年龄增大而判断能力衰退的老年人产生的需求。随着国际人权保护运动的发展,尊重并保障身心障碍者人权的思想获得普世承认,出现了一系列有关身心障碍者的人权公约。近代成年监护制度的侧重点是维护交易安全,忽视社会对残障者利益保护的主题,不利于成年特别是老年身心障碍者融入社会,偏离国际人权保障的发展要求。面对上述形势和近代监护制度存在的缺陷,世界各国从 20 世纪中后期开始,纷纷对成年监护制度进行改革,创设出各具特色的新制度,出现了改革成年监护制度的高潮,此起彼伏,遥相呼应。法国率先在 1968 年修订监护法,瑞典于 1974 年和 1989 年两次修改监护法,加拿大于 1978 年、美国于 1979 年、奥地利于 1983 年、英国于 1986 年、德国于 1990 年、日本于 2000 年分别完成了成年监护制度改革,并影响到蒙古、越南以及我国台湾等国家和地区。② 至 21 世纪

---

① 对于这种区别,请参见杨立新:《人身权法论》(修订版),人民法院出版社 2002 年版,第 806—807 页。

② 李霞:《民法典成年保护制度》,山东大学出版社 2007 年版,第 65—66 页。

初,各国和地区已经基本完成了这一修法运动。

我国的成年监护制度没有跟上世界性成年监护制度改革的潮流,直至 2012 年 12 月 28 日才通过了《老年人权益保障法》修正案,新增加的第 26 条规定了我国的成年监护制度,包括意定监护和指定监护,对丧失或者部分丧失行为能力的老年人可以通过监护协议实行意定监护,或者没有监护协议的进行指定监护,初步完成了我国成年监护制度建设。

《老年人权益保障法》第 26 条规定,影响了《侵权责任法》第 32 条的适用范围。原因在于,依照《民法通则》的规定,无民事行为能力人和限制民事行为能力人并不包括丧失或者部分丧失民事行为能力的老年人,只包括未成年人和成年精神病人。不过,我们在设计《侵权责任法》第 32 条这一条文时,已经考虑到将来补充规定成年监护或者老年监护制度后,使其能够包括成年被监护人造成他人损害的监护人责任。① 2013 年 7 月 1 日第 26 条正式实施之后,对于丧失或者部分丧失民事行为能力的老年人实施侵权行为造成他人损害的,可以直接适用《侵权责任法》第 32 条规定,由监护人承担监护责任。

(二) 国外监护人责任制度的历史发展

1. 罗马法

监护人责任制度源于罗马法的委付之诉(actionesnoxalis)。委付之诉即损害投役,是被侵权人要求家父或所有人放弃对致害的家属、奴隶或牲畜的权利,而将它们交给自己处理的诉权。这是从侵权责任的报复制到赎金制演变过程中出现的制度,仍带有早期自力救济的痕迹,被侵权人既可以主张将家属、奴隶或者牲畜委付被侵权人处理,也可以由家父、家主或奴隶、牲畜的所有人赔偿所造成的损失。委付之诉具有明显的报复性质,是同态复仇制度的延续;而赔偿损失则是现代监护人责任制度的历史源头。在查士丁尼《法学总论》中,规定了从楼房投掷或者倾注某物造成他人损害时,家父应当承担责任,因为即使家子或者奴隶的过错所致,也是家父的责任,因此是准私犯,只有家子与家父分居,家子自己投掷或者倾注某物致人损害,才不由家父承担责任,只能对儿子本人提起诉讼。② 这里已经消灭了损害投役的规定,是典型的监护人责任。

2. 欧洲中世纪

在欧洲中世纪,家庭是一个具有固定组织的社会单位,家长代表家庭,个人只能在有限的范围内拥有财产,家长和子女之间的关系就是身份的支配关系,子女不能对自己的行为负责。中世纪寺院法就有了"派遣他人行为,如同自己行为"的规定,认为

---

① 杨立新:《侵权责任法条文背后的故事与难题》,法律出版社 2011 年版,第 117—118 页。
② 〔罗马〕查士丁尼:《法学总论》,张企泰译,商务印书馆 1989 年版,第 204 页。

未成年人不过是他人用来达到自己目的的一种工具。[1] 因而,家长应就家属的行为所致损害承担赔偿责任。

3. 法国

在资本主义时期,随着商品经济的发展和个人主义思潮的流行,人们开始注重由子女对自己的侵权行为独立负责的主张。但是,由于 19 世纪以来过错责任原则的确立,许多国家的立法认识到未成年人以及禁治产人不具备意思能力,不能被确定为有过错,因此对其造成的损害不负责任,而应由对其负有责任的父母或监护人承担责任;如果父母或监护人证明其不能防止发生损害的行为,或者已尽监护义务者,则免除其赔偿责任。

4. 德国

1900 年《德国民法典》分两条规定了这种侵权责任。第 828 条规定:"未满 7 周岁的人,对其施加于他人的损害,不负其责任。""对已满 7 周岁但未满 18 周岁的人,对其施加于他人的损害,如在为加害行为的当时,还没有认识其责任所必要的理解力,不负其责任。对聋哑人,亦同。"第 832 条规定:"依法律规定对未成年或因精神或身体状况而需要监督的人负有监督义务者,对受监督人非法施加于第三人的损害,有赔偿的义务。监督人如已尽其相当的监督的责任,或纵然加以应有的监督也难免发生损害者,不负赔偿的义务。"

5. 日本

《日本民法典》对监护人责任作了三条规定。第 712 条规定了未成年人的责任能力:"未成年人加害于他人时,如不具备足以识别其行为责任的知识和能力,不就其行为负赔偿责任。"第 713 条规定了心神丧失人的责任能力:"于心神丧失间加害于他人者,不负赔偿责任。但是,因故意或过失致一时心神丧失者,不在此限。"第 714 条规定了监督人的责任:"无能力人依前二条规定无其责任时,对其应予监督的法定义务人,就无能力人加于第三人的损害,负赔偿责任。但是,监督义务人未怠其义务时,不在此限。""代监督义务人监督无能力人者,亦负前款责任。"

这些规定,确立了监护人责任制度。在近几十年中,立法和司法实务将公平分担损失规则引入监护人责任制度中,即:更好地保护被侵权人的合法权益,在监督人即监护人已尽监护义务仍不免造成损害者,不是免除其责任,而是与被侵权人公平分担损失,承担适当的赔偿责任。这是现代侵权法的一大进步。

(三)我国监护人责任的历史发展

在中国古代法中,家族制度根深蒂固,家长作为一家之主,支配一个家庭所有成员的利益,也支配一个家庭的全部财产。正因为是同财共居,一家人是一个财产所有权的单位,是由家长支配,未成年人、精神病人与其他家属一样,都受家长权力的支

---

[1] 王利明、杨立新等:《民法·侵权行为法》,中国人民大学出版社 1993 年版,第 499—500 页。

配,即使因其个人行为造成他人损害,家长也自然承担一切责任,尤其是赔偿责任。其中未成年家属和精神病家属致人损害,家长应承担赔偿责任,从家庭共同财产中支付赔偿金,就成了我国监护人替代责任的最早渊源。

清末制定民律草案时,借鉴大陆法系的立法体例,始设监护人替代责任。《民国民律草案》以此为基础规定的监护人责任与《大清民律草案》第951条相比,除词句及体例上有所改动以外,内容基本未变。国民政府正式制定民法,对监护人替代责任的侵权制度作了重大修改,条文内容大大增加,内容很完备,其特点:一是,区分无行为能力人或者限制行为能力人为有识别能力与无识别能力,无识别能力的实行替代责任,由监护人承担赔偿责任;有识别能力的实行连带责任,由监护人和行为人负连带赔偿责任。二是,增加公平分担损失规则的适用,即如监护人已尽监督责任而免责的,如果被侵权人声请,法院可以斟酌当事人的经济状况而予以适当赔偿。三是,将无意识或精神错乱中所为的行为,视为准监护人责任,准用监护人替代赔偿责任的规定。

新中国建立以来,在实务中坚持实行监护人责任制度,认为无民事行为能力人和限制民事行为能力人因其不能或不完全能理解自己行为的性质和后果,缺乏审慎地处理自己事务的能力,不能对自己的行为及其后果部分或完全负责,故应由其父母或者监护人承担赔偿责任。

1950年《婚姻法》第13条没有明确规定父母对未成年子女的赔偿责任,但规定了"父母对于子女有抚养教育的义务",未尽教育义务,未成年子女侵害他人的权利,父母应当承担侵权责任。改革开放之后,最高人民法院于1979年2月2日颁布《关于贯彻执行民事政策法律的意见》,明确规定:"对未成年子女因损害造成他人经济上的损失,其父母应负责赔偿。"1980年《婚姻法》第17条规定:"父母有管教和保护未成年子女的权利和义务。在未成年子女对国家、集体或他人造成损害时,父母有赔偿经济损失的义务。"1984年8月30日《关于贯彻执行民事政策法律若干问题的意见》对此没有明确的规定,故适用《婚姻法》关于父母对未成年子女造成损害承担侵权责任的规定。

《民法通则》第133条规定:"无民事行为能力人、限制民事行为能力人造成他人损害的,由监护人承担民事责任。监护人尽了监护责任的,可以适当减轻他的民事责任。""有财产的无民事行为能力人、限制民事行为能力人造成他人损害的,从本人财产中支付赔偿费用。不足部分,由监护人适当赔偿,但单位担任监护人的除外。"据此建立了我国的监护人责任制度。最高人民法院在《民通意见》中,对这一规定进行了详细解释,其第158条规定:"夫妻离婚后,未成年子女侵害他人权益的,同该子女共同生活的一方应当承担民事责任;如果独立承担民事责任确有困难的,可以责令未与该子女共同生活的一方共同承担民事责任。"第159条规定:"被监护人造成他人损害的,有明确的监护人时,由监护人承担民事责任;监护人不明确的,由顺序在前的有监护能力的人承担民事责任。"第 160 条规定:"在幼儿园、学校生活、学习的无民事行为能力人或者在精神病院治疗的精神病人,受到伤害或者给他人造成损害,单位有过错的,可以责令这些单位适当给予赔偿。"第 161 条规定:"侵权行为发生时行为人不满 18 周岁,在诉讼时已满 18 周岁,并有经济能力的,应当承担民事责任;行为人没有经济能力的,应当由原监护人承担民事责任。""行为人致人损害时年满 18 周岁的,应当由本人承担民事责任;没有经济收入的,由扶养人垫付,垫付有困难的,也可以判决或者调解延期给付。"因此,我国监护人责任制度已经基本完善。

(四) 我国监护人责任的特点

我国《侵权责任法》规定的监护人责任具有以下特点:

1. 监护人责任是对人的替代责任

监护人责任是替代责任而不是自己责任。无民事行为能力人或者限制民事行为能力人实施具体的侵害行为,造成了被侵权人的人身损害或者财产损害,侵害了被侵权人的权利,承担侵权责任的不是造成损害的行为人,而是行为人的监护人。是监护人替代实施加害行为的行为人承担侵权责任,因此是典型的替代责任。监护人责任的替代责任,是为他人的行为承担损害赔偿责任,是对人的替代责任,以此与为物件致人损害的对物的替代责任相区别。

2. 监护人责任是过错推定责任

监护人责任是过错责任,是基于过错而产生的侵权责任,因此与无过错责任相区别。这种过错并没有体现在具体的加害行为人身上。因为就行为人而言,其无民事行为能力或其民事行为能力受限制,不能或不能完全判断行为的后果,因而无法或者不能判断其主观状态是否有过失。监护人替代责任的过错表现在监护人身上,是监护人对未成年人或者精神病人没有尽到监护责任的过错,并以此作为这种侵权责任构成的过错要件。监护人的过错并不需要原告证明,而是基于具体的加害行为人的侵害行为而推定其监护人未尽监护职责的过错。过错的证明形式是推定,适用过错推定原则。

3. 监护人责任的履行受行为人财产状况的制约

各国侵权法对于监护人责任的确定,都是依据行为人的责任能力确定,即没有民事责任能力的未成年人或者心智丧失之人不承担侵权责任,而由他们的监护人承担责任。我国立法没有采纳这种规则,而是在确定了监护人责任之后在责任履行上,受无行为能力或限制行为能力的行为人有无财产的制约。行为人自己有财产的,应当先从他自己的财产中支付赔偿金;赔偿不足部分,再由其监护人承担补充责任。至于行为人的财产,可以是受赠的财产、继承的财产以及其他合法所得财产。行为人没有财产的,则由其监护人自行承担赔偿责任。

4. 监护人责任以公平分担损失规则为补充

我国的监护人责任实行过错推定原则,但是,在监护人能够证明自己对于实施加害行为的未成年人、丧失或者部分丧失行为能力的老年人或者精神病人已经善尽监护职责的时候，即监护人自己无过错，并不免除监护人的侵权责任，而是"可以减轻其侵权责任"，这是公平分担损失规则的适用，是考虑平衡双方当事人的经济利益而采取的措施。

二、监护人责任的归责原则

（一）对监护人责任适用归责原则的不同主张

如前所述，我国监护人责任应当适用过错推定原则确定侵权责任。在理论上，对于确定监护人责任适用何种归责原则存在多种不同的主张。

1. 过错责任说

这种主张认为，监护人责任是基于监护人的监督义务而产生的，是监护人对自己未尽监督义务而承担的赔偿责任，因而应当适用过错责任原则，过错的证明应当由被侵权人承担。

2. 无过错责任说

这种主张认为，监护人不是就自己的侵权行为承担赔偿责任，因而无论其有无过错，只要被监督之人致人损害都应当承担赔偿责任。特别是法律规定了即使监护人没有过错的，也要承担一部分民事责任，更说明这种侵权责任是无过错责任。新的《荷兰民法典》规定了低龄儿童父母亲的严格责任，西班牙和葡萄牙的法律也认为是基于无过错确定这种侵权责任的。[1]

3. 推定过错责任说

这种主张认为，监护人赔偿责任从主观上说是对自己的过错负责，但被侵权人一方无须证明监护人的过错，而是由法官直接推定监护人的过错。同时，监护人也可以证明自己已尽了监护责任而免责或者减轻责任，故其适用推定过错原则。比利时、法国、德国、希腊、卢森堡等国都将监护人责任确定为过错推定责任，都规定儿童的父母亲负有监护义务，如果被监护人造成他人损害，推定其父母亲有过错，除非他们能够反证推定不成立，否则父母亲就被推定没有履行其监督义务。[2]

4. 多元归责原则说

这种主张认为，监护人责任不是无过错责任，对于无民事行为能力人来说，其监护人责任适用过错责任原则；对于限制民事行为能力人来说，其监护人责任适用过错推定原则；均可适用公平分担损失规则原则减轻监护人的民事责任。

---

[1] 〔德〕克雷斯蒂安·冯·巴尔：《欧洲比较侵权行为法》（上卷），张新宝译，法律出版社 2001 年版，第184 页。

[2] 同上书，第 190 页。

（二）我国监护人责任的归责原则

1. 我国监护人责任不适用无过错责任原则

首先，我国监护人责任不适用无过错责任原则。认为监护人不是就自己的行为承担责任，无论其有无过错都应承担赔偿责任，因而适用无过错责任原则的观点，至少有两个方面的错误：第一，《侵权责任法》第 32 条虽然没有明文规定监护人"有过错"的字样，但明文规定"监护人尽了监护责任的，可以减轻其民事责任"。因此，确定监护人的赔偿责任必须以未尽监护责任为必要条件，而未尽监护责任即为有过失。显然，认为监护人责任适用无过错责任原则，与立法本意相悖。第二，该条文这一部分规定的前后两段是有明显区别的，前段显然不是适用无过错责任原则，后段则分明是规定公平分担损失规则，是不相同的。对此只是笼统地认为条文规定的内容是无论有无过失都要承担赔偿责任，显然忽略了它们的区别，也没有说明条文的真实含义。

其次，就一种特殊侵权责任分别适用过错责任、无过错责任、过错推定责任和公平分担损失规则，显然是将这一侵权责任复杂化了，且立法本意并非如此。

2. 我国监护人责任也不适用过错责任原则

对监护人责任不适用过错责任原则。因为特殊侵权责任的特殊之处之一，就是归责原则特殊，不再适用过错责任原则，而是要适用过错推定原则或者无过错责任原则。自近现代民法确立监护人责任制度之始，对该责任就适用过错推定原则。如果坚持适用过错责任原则，将使被侵权人处于不利地位，无法证明监护人未尽监督之责的过失，并因此而不能获得应得的赔偿。这不符合设立监护人责任的立法本意。有人认为，《侵权责任法》第四章规定的是"关于责任主体的特殊规定"，规定的侵权责任都是过错责任，因此，监护人责任就是过错责任。这种理解是不对的，在这一章中也规定了过错推定原则的适用情况，例如第 38 条规定无行为能力人的教育机构责任，就是过错推定责任，因为规定了"能够证明尽到教育、管理职责的除外"的内容。同样，第 32 条监护人责任也规定了"监护人尽到监护责任的"内容，应当由监护人自己证明，既然如此，当然是首先推定监护人有监护不周的过失。

3. 我国监护人责任适用的过错推定原则

我国监护人责任适用的归责原则是过错推定原则，以公平分担损失规则作补充。

（1）监护人责任的归责原则是过错推定原则。

确定监护人责任适用过错推定责任原则，即从加害行为人致人损害的事实中，推定其监护人有疏于监护的过失。监护人认为自己无过错，实行举证责任倒置，即监护人可以举证证明自己无过错。不能证明自己无过错的，监护人应当承担替代责任。按照过错推定原则的要求，原告无须举证证明监护人的过错。

（2）以公平分担损失规则作为补充。

确定监护人责任，在适用过错推定原则的基础上，如果监护人证明自己确已尽监督责任，即监护人无过错，本应免除监护人的侵权责任，但是为了平衡当事人之间的利益关系,则按照法律的规定,适用公平分担损失规则进行调整,合理确定赔偿责任归属。

在无民事行为能力人、限制民事行为能力人致人损害时,行为的直接主体并不是监护人,监护人只是依据法律规定应负责任的责任主体。所以,在这种侵权责任中,责任主体与行为主体是分离的。使责任主体对行为主体的损害后果承担侵权责任,无疑体现了过错责任的要求。但是,如果监护人证明了自己并没有过错,依据过错推定原则而免除监护人的侵权责任,显然就会使无民事行为能力人或者限制民事行为能力人造成的被侵权人的损害无法得到赔偿;相对于监护人而言,监护人无过错不承担责任,而被侵权人对于损害的发生也没有过错,况且损害是由监护人监护之下的被监护人所致,为什么要由被侵权人承担全部损失的后果责任呢? 这样显然更不合理。正是为了避免这种责任承担的不合理,规定对监护人责任以公平分担损失规则为补充,以维护被侵权人、监护人和被监护人的利益。

在根据公平分担损失规则确定当事人的责任时,应注重考虑当事人的财产状况、经济收入、必要的经济支出和负担、造成损害的程度等因素,公平合理地分担损失。

三、监护人责任的构成要件

对于监护人责任的构成,学者论述颇不一致。有的认为应具备以下三个要件始构成:一是需是无民事行为能力或限制民事行为能力人对他人造成损害,二是需无民事行为能力人或限制民事行为能力人自己独立的行为给他人造成损害,三是需无民事行为能力人或限制民事行为能力人的致损行为在客观上具有违法性。[①] 有的则认为需具备为监护人、无行为能力人或限制行为能力人有不法侵害他人权利之行为和监护人不能为免责之证明三个要件始构成。[②] 还有的认为需具备存在被侵权人遭受损害的事实、被监护人造成被侵权人的损害和被监护人的行为具有违法性这三个要件,才能构成监护人的侵权责任。[③] 笔者认为,监护人责任适用过错推定责任原则,其责任构成必须具备损害事实、违法行为、因果关系和过错四个要件。在监护人责任构成的四个要件中,损害事实要件并没有特别之处,其他三个要件具有显著特点。

（一）违法行为

监护人责任是替代责任,其违法行为的要件必然是行为人与责任人相脱离,是责任人为行为人承担赔偿责任。

1. 无民事行为能力人或者限制民事行为能力人的违法行为

构成监护人的侵权责任最首要的,为违法行为人必须是无民事行为能力人或者

---

① 潘同龙等:《侵权行为法》,天津人民出版社 1995 年版,第 326—327 页。
② 耿云卿:《侵权行为之研究》,中华书局 1948 年版,第 66 页。
③ 郭明瑞等:《中国损害赔偿全书》,中国检察出版社 1995 年版,第 179 页。

限制民事行为能力人。精神病患者和未成年人以及丧失或者部分丧失民事行为能力的老年人自属之。

《民法通则》规定的无民事行为能力人或者限制民事行为能力人只包括未成年人和精神病人。《老年人权益保障法》第 26 条规定,具备完全民事行为能力的老年人,可以在近亲属或者其他与自己关系密切、愿意承担监护责任的个人、组织中协商确定自己的监护人。监护人在老年人丧失或者部分丧失民事行为能力时,依法承担监护责任。老年人未事先确定监护人的,其丧失或者部分丧失民事行为能力时,依照有关法律的规定确定监护人。根据这一规定,丧失或者部分丧失行为能力的老年人也属于被监护人,其造成他人损害时,也是监护人责任的行为主体。对于那些因生理或精神原因无法独立行使民事权利的植物人、连体人、智障者,按照现行法律规定都不是被监护人。但是,他们的行为能力确实存在障碍,甚至没有民事行为能力。故而可根据实际情况将其视为无民事行为能力人或者限制民事行为能力人,其行为造成他人损害应当承担侵权责任的,准用《侵权责任法》第 32 条规定。

构成监护人责任的行为人的违法行为,应当是无民事行为能力人或者限制民事行为能力人自己实施的行为,而不是他人利用无民事行为能力人或者限制民事行为能力人而实施的侵权行为。最高人民法院司法解释依此推理,认为受他人帮助实施侵权行为的无民事行为能力人也不构成为共同加害人则欠周全,是值得研究的。如果未成年人、丧失或者部分丧失行为能力的老年人以及精神病人正在实施侵权行为,他人予以帮助,构成帮助行为,但基本的、主要的行为是无民事行为能力人所实施,还应当由无民事行为能力人的监护人承担相应的民事责任;或者他人实施侵权行为,无民事行为能力人或限制民事行为能力人对其进行帮助,都是无民事行为能力人或者限制民事行为能力人自己实施的行为,其监护人未尽监督责任者,即构成监护人责任,与侵权人共同承担侵权责任。这样才比较合理。如果无论是无民事行为能力人还是限制民事行为能力人受人帮助或者帮助他人,都由帮助人或者被帮助人自己承担责任,显然是不合理、不公平的。

关于无民事行为能力人和限制民事行为能力人在实施致人损害的行为时,应否具有识别能力,有的学者认为,并不是被监护人造成的所有损害都由监护人承担责任,只有当被监护人在没有识别能力时侵犯他人权益且给他人造成实际损失的,监护人才承担责任。[①] 在起草《侵权责任法》中也有人提过这种主张,但立法并没有采纳。这是我国民事立法与其他民事立法的一个显著区别。我国《婚姻法》第 23 条规定:"父母有保护和教育未成年子女的权利和义务。在未成年子女对国家、集体或他人造成损害时,父母有承担民事责任的义务。"这一规定同样没有对未成年子女有识别能力或者责任能力的特别要求。因此,我国《侵权责任法》对于监护人责任的构成,并没

---

① 潘同龙等:《侵权行为法》,天津人民出版社 1995 年版,第 326 页。

有行为人须无识别能力或者责任能力的要求,只以是否有完全民事行为能力为标准。

无民事行为能力人或者限制民事行为能力人实施的加害行为是否要具有违法性,也是一个重要问题。欧洲侵权法认为,孩子导致损害的行为必须是违反法律的行为,不要求过失,这是欧洲各国法院和立法者都坚持的观点。[①] 我们也坚持这样的意见,行为人的行为应当具有违法性,否则不足以认定构成监护人责任。

2. 监护人的不作为违法行为

监护人的行为是未尽监护职责的行为,主要表现为不作为的行为方式。法律明确规定,监护人对无民事行为能力人或者限制民事行为能力人负有监护义务,这种义务是作为义务,监护人必须履行。监护人没有履行监护义务,没有管教好无民事行为能力人或者限制民事行为能力人,使之造成他人的损害,构成不作为的违法行为。

(二) 过错

监护人责任构成中的过错要件的最主要特点,是过错与行为人相分离,即过错不是行为人的过错,而是对行为人负有监督之责的监护人的过错。这一点与其他替代责任不同。在用人者责任中,行为人可能有过错,也可能无过错;而监护人责任中却不能要求行为人有过错或者无过错,因为无民事行为能力人或者限制民事行为能力人没有识别能力或者识别能力不足,无法确认他们是否具有过错。用人者责任都要求用人者有过错,这一点与监护人责任是相同的。因此,监护人责任构成中的过错是监护人自己的过错,是监护过失的过错。

监护人过错的第二个特点是,监护人的过错只能是过失,不能是故意。监护人过错的内容是未能善尽监督责任,具体表现为疏于教养、疏于监护或者疏于管理。这些,都是监护人应当注意而未能注意,因而为过失的心理状态。假如监护人故意指使被监护人实施侵权行为,则不构成监护人的责任,而是监护人自身的侵权行为,应由自己单独承担侵权责任或者刑事责任,被监督人实际上是监护人的侵权(或者犯罪行为)工具而已。

此外,监护人责任构成中的过错要件不采证明形式,而采推定形式。如果监护人认为自己无过错,则举证责任倒置,由监护人自己举证,证明自己已尽监督责任。至于监护人如何证明自己已尽监督之责,并没有统一的标准。一般认为,应按监督人的性质及受监督人的种类并其他有关情事综合而为观察。如受监督者为未成年人抑或精神病患者,其监督方法及程度固不尽同;即依受监督者的年龄、性格、性别、健康情形、精神状况、所在环境、教育程度等亦系因人而异;要皆应为分别适当的监督,则可断言。不仅如此,即使就该加害行为的特别情事,亦应为必要的注意与监督,如可免疏懈之责,如行为的性质上有加害的危险,或有易启疏忽之虞者,应当予以特别细心

---

① 〔德〕克雷斯蒂安·冯·巴尔:《欧洲比较侵权行为法》(上卷),张新宝译,法律出版社 2001 年版,第199—200 页。

的监督。而监护人的地位、资力，亦应加以考虑。[1] 监督是否疏懈，应以加害人行为之时为准。即于此时监护人是否以善良管理人之注意，尽其监督责任，过去因监督之不得其宜而养成不良之倾向，尚不能以为对于第三人负责的原因。唯于行为时，对于有此不良倾向者，是否为其必要的特别注意，以定其疏懈之有无。[2] 这些意见均可参考。总之，监护人已尽监督之责应当严格要求，以更好地保护被侵权人的合法权益。

（三）因果关系

监护人责任构成中的因果关系具有双重关系。首先，加害行为人的行为与损害事实之间须具有因果关系，即损害事实须因行为人的行为引起，两者之间有引起与被引起的客观联系。无此联系，不构成侵权责任。判断的标准，应以相当因果关系规则衡量。这与一般侵权责任的因果关系的要求是一样的。其次，监护人的疏于监督责任与损害事实之间亦应有因果关系。但是，这种因果关系在因果关系链上相距较远，不是直接因果关系。具体要求是，监护人的疏于监督职责是行为人即受监督之人实施加害行为的原因，受监督之人因为监护人疏于监督而实施加害行为，并因此而导致被侵权人的权利被侵害。尽管疏于监督之责与损害事实之间的因果关系非为直接，但却必须具备这种因果关系，不具备这种因果关系就不构成监护人的侵权责任。学者认为，监督之疏懈与损害之发生，应有因果关系。如证明其无此关系，监护人亦可免责，是完全正确的。

四、监护人责任的法律关系与当事人

（一）监护人责任的赔偿法律关系

1. 理论上的应然做法

监护人责任是替代责任，因而这种赔偿法律关系的当事人是被侵权人和监护人。其中，被侵权人为侵权法律关系的赔偿权利主体，监护人为侵权法律关系的赔偿义务主体。对此，在最高人民法院《人身损害赔偿司法解释》第1条第3款中作了明确规定："本条所称'赔偿义务人'，是指因自己或者他人的侵权行为以及其他致害原因依法应当承担民事责任的自然人、法人或者其他组织。"监护人作为赔偿义务主体，就是为他人的侵权行为承担责任的自然人。

如果致人损害的被监护人即无民事行为能力人或者限制民事行为能力人有财产，则该加害行为人亦为当事人，可以增列加害行为人作为被告，与监护人为共同被告。

2. 实务操作上的差别

在实务中的操作方法与上述规则相反。多数法院在判决书中首先确认无民事行为能力人或者限制民事行为能力人的被告地位，以及被侵权人的原告地位，而监护人

---

[1]　耿云卿：《侵权行为之研究》，中华书局1948年版，第67—68页。
[2]　史尚宽：《债法总论》，台湾荣泰印书馆1978年版，第178页。

则只以监护人的身份列入其中；在判决主文中却判决监护人承担赔偿责任，实际列的被告则不承担任何责任；只有在行为人有财产时，才判决行为人承担侵权责任或者判决行为人与监护人共同承担赔偿责任。对于这种理论与实务相矛盾的状况，学者和专家早有论述，但多数法院在实务上始终沿袭这样的做法。对此，还是应该继续宣传替代责任理论，尽早纠正实践中的错误做法。

（二）监护人责任的当事人

1．责任人

监护人责任法律关系中的赔偿义务主体是监护人。

（1）监护人的身份。

监护人的身份包括四种：

一是未成年人致人损害的亲权人作为责任人。未成年人的父母是未成年人的亲权人。未成年人的亲权人对未成年人负有全面监督义务。未成年人致人损害，其亲权人应当为其承担赔偿责任。父母一方死亡，另一方单独承担亲权人的义务，应由其承担赔偿责任。父母离婚后，子女只能由一方抚养，抚养子女的一方是亲权人，另一方也享有亲权，但是亲权不能直接行使。在这种情况下，被监督的未成年人致人损害，应当由同该子女共同生活的一方承担赔偿责任，即仍由行使亲权的亲权人承担责任。如果行使亲权的亲权人独立承担民事责任确有困难的，可以责令未与该子女共同生活的一方共同承担赔偿责任，也作为共同责任人。

二是未成年人的监护人作为责任人。未成年人父母双亡，或者父母均因某种情事丧失亲权，则应当为该未成年人指定监护人。在这种情况下未成年人致人损害，应当由其监护人作为赔偿责任人。

三是精神病患者的监护人作为责任人。精神病患者无论是限制民事行为能力人还是无民事行为能力人，都应当指定监护人。致人损害时，由监护人作为赔偿责任人。

四是丧失或者部分丧失行为能力的老年人（包括成年人）的监护人。成年人由于疾病丧失或者部分丧失行为能力，也属于无民事行为能力人或者限制民事行为能力人，他们造成他人损害，也是行为主体，其意定监护人或者指定监护人承担侵权责任。

（2）监护人的顺序的应用。

行为人致人损害时没有明确的监护人，应当按照监护顺序指定由顺序在前的监护人承担赔偿责任。《民法通则》并没有规定监护顺序，但在事实上，不能不存在一个监护顺序问题。因此，最高人民法院在司法解释中规定，将《民法通则》第16条第2款和第17条第1款的规定视为监护顺序，即未成年人的监护顺序是：一是祖父母、外祖父母；二是兄、姐；三是关系密切的其他亲属、朋友。精神病人的监护顺序是：一是配偶；二是父母；三是成年子女；四是其他近亲属；五是关系密切的其他亲属、朋友。依照这一顺序，由顺序在前的监护人作为赔偿责任人。丧失或者部分丧失行为能力的老年人其监护人有意定监护人和指定监护人，也存在监护顺序的问题，应当参照《民法通则》第 17 条第 1 款关于精神病人的监护人监护顺序的规定确定。

（3）行为人在精神病医院中致害的责任人。

《侵权责任法》对于学校伤害事故没有规定未成年学生在教育机构伤害他人的责任，也没有规定精神病人在精神病医院致人损害的责任。因此，对这个问题应当进行探讨。

无民事行为能力或者限制民事行为能力的精神病人在精神病医院治疗，精神病医院是监护人，应当承担监护人的责任。监护不周，造成精神病患者伤害他人或者被他人所伤害的，精神病医院应当承担侵权责任。例如，在某精神病医院，精神病人甲因为耳朵发痒，就请求另一精神病人乙为他掏耳朵。乙用吃饭的筷子插进甲的耳朵里为其掏耳朵，结果将甲的耳鼓刺穿，造成伤害。该精神病医院没有善尽监护义务，使一精神病人伤害另一精神病人，应对被侵权人承担侵权责任，赔偿被侵权人的损失。对此，也应当适用《侵权责任法》第 32 条确定责任。

2. 行为人

监护人责任案件中的行为人，是实际致人损害的未成年人、丧失或者部分丧失行为能力的老年人和精神病人。

行为人是否合格，必须按照《民法通则》的有关规定确认。对于未成年人，应当按照《民法通则》第 11 条和第 12 条的规定，确认其是无民事行为能力人还是限制民事行为能力人。对于已满 16 周岁不满 18 周岁的公民，以自己的劳动收入为主要生活来源的，应视为完全民事行为能力人，不应再作为监护人责任中的行为人，而应作为独立的侵权行为人。老年人丧失或者部分丧失行为能力，也是合格的行为人。对于精神病人，应当按照《民法通则》第 13 条规定，确认其民事行为能力。

确认行为人是无民事行为能力人还是限制民事行为能力人，在确认监护人责任案件的责任构成中，没有特别重要的意义，只要不具有完全民事行为能力，即为适格。值得研究的是，限制民事行为能力的精神病人有的在致人损害之前并没有发作精神病，在发病造成损害时，确定这种人的行为人资格，首先要进行精神病鉴定，确认其民事行为能力状况及监护人。确定之后，再决定责任人如何承担责任。老年人的民事行为能力的判定，也应进行医学鉴定，确定其是全部或者部分丧失民事行为能力。

有的行为人既是未成年人，又是精神病人，对此不必作精神病鉴定，即可按照监护人责任规则进行赔偿，因为其民事行为能力状况依据年龄就可以确定。对于 10 周岁以上不满 18 周岁的未成年人患精神病的，必要时可以进行鉴定，以确定其是无民事行为能力人还是限制民事行为能力人。

行为人致人损害时无行为能力或限制行为能力，诉讼时已经具有完全行为能力的应当如何处理，原则上应由行为人的原监护人承担赔偿责任；如果行为人已经有负担能力，应当自己承担责任，不足部分由原监护人承担。最高人民法院司法解释认为:"侵权行为发生时行为人不满 18 周岁,在诉讼时已满 18 周岁,并有经济能力的,应当承担民事责任;行为人没有经济能力的,应当由原监护人承担民事责任。"①第一,这一司法解释内容的顺序应当颠倒,先说没有经济负担能力的,再说有经济负担能力的,比较妥当;第二,这一基本精神的适用应当扩大,不限于未成年人已成年,还应包括精神病人在其患病时致人损害,在诉讼时已经治愈,这时也应当由原监护人承担责任,这样才比较全面。

3. 被侵权人

在监护人侵权法律关系中,被侵权人是赔偿权利人。对于这种特殊侵权责任中的被侵权人,法律没有做特别的规定和要求,只要具备一般被侵权人的资格即可。

五、监护人的赔偿责任及承担

(一)监护人的赔偿责任

1. 连带责任还是替代责任

监护人的赔偿责任如何承担,实务上的做法是比较一致的。在学理上,有的学者借鉴国外大陆法的规定和我国台湾地区民法的做法,认为行为人与责任人之间应承担连带责任。这种意见是不正确的。这是因为《侵权责任法》和《婚姻法》都没有作这样的规定。

2. 赔偿责任的具体形式

监护人侵权赔偿责任有两种形式。

第一种是基本的赔偿责任形式。即由监护人单独承担替代责任,被监护的行为人不承担赔偿责任,也没有对行为人的追偿关系。

第二种是特别的赔偿责任形式。按照《侵权责任法》第 32 条第 2 款的规定,是一种补充责任。当被监护的行为人本人有财产时,应由本人的财产支付赔偿费用;对赔偿不足的部分,由监护人负补充责任。这种责任不是连带责任,监护人不是就全部赔偿责任负责,而只对有财产的行为人赔偿不足部分承担补充赔偿责任。如果行为人的财产足以赔偿被侵权人的损失,就不用监护人承担赔偿责任。这种补充责任是全额的补充责任,凡是被监护人不能支付的赔偿部分,都有监护人承担赔偿责任。

这两种赔偿责任适用的标准,是行为人是否有财产。有财产的,可以采用第二种责任形式;没有财产的,则一律由监护人单独负责。

(二)监护人侵权责任的几个具体问题

1. 几个被监护人共同致人损害的赔偿责任

两个以上被监护人共同致人损害,符合共同侵权行为构成要件的为共同侵权行

---

① 最高人民法院《关于贯彻执行〈中华人民共和国民法通则〉若干问题的意见(试行)》第 161 条第 1 款。

为,应当由他们的监护人共同承担赔偿责任。这种共同赔偿责任的性质是按份责任还是连带责任,学说上有不同主张。我们认为,这种责任是连带责任,原因是为保护被侵权人利益的需要,若实行按份责任,在监护人中的一人如果无力清偿,则被侵权人的这一份损害将无法得到补偿。共同侵权责任的性质是连带责任,未成年人或精神病人共同致人损害也是共同侵权,当然应承担连带责任。

2. 被监护人在侵权行为过程中死亡,应以谁为责任主体

1990年1月20日,最高人民法院《关于未成年的侵权人死亡其父母作为监护人能否成为诉讼主体的复函》认为:"未成年人阿拉腾乌拉携带其父额尔登巴图藏在家中的炸药到那木斯来家玩耍,将炸药引爆,炸毁那木斯来家房屋的顶棚及部分家具。那木斯来以额尔登巴图为被告要求赔偿损失,人民法院应当受理,并依据民法通则和婚姻法的有关规定妥善处理。"未成年人侵权,其监护人是赔偿义务主体,应当承担赔偿责任。监护人的法律地位不因未成年人的死亡而改变,应当承担侵权责任。

【案例讨论】 ≫≫

章某、涂某均为未满14岁的未成年人,某日,二人见原告赵某家(邻居)窗户没关,跳窗入室,拿了原告的金饰品数件,跳窗逃走。二人得到这些财物后,无处隐藏,又怕被人发现,遂将偷得的金饰品在花园中挖了一个坑,埋入地下。案发之后,两名未成年人引领警察到该地起获赃物,发现埋藏的金饰品已经被人盗走。原告向法院起诉,请求章某和涂某的父母承担赔偿责任。二未成年人的父母在诉讼中均主张自己没有疏于监督义务的过失,但无法举证证明。法院依据监护人责任的法律规定,判决章某和涂某的父母承担侵权赔偿责任。

讨论问题:

1. 本案中,二被告的父母是否应当承担赔偿责任?应当赔偿多少数额为妥?

2. 确定监护人责任适用何种归责原则?为什么?

3. 监护人在没有监护过失的情况下,为什么是减轻责任而不是免除责任?

【参考文献】 ≫≫

王利明:《侵权责任法研究》(下卷),中国人民大学出版社2011年版。

张新宝:《侵权责任法》(第二版),中国人民大学出版社2010年版。

杨立新:《侵权责任法》,法律出版社2011年版。

程啸:《侵权责任法》,法律出版社2011年版。

王成:《侵权责任法》,北京大学出版社2011年版。

第十七章　个人劳务责任的两种类型

《侵权责任法》第 34 条和第 35 条规定的是用人者责任,包括用人单位责任、劳务派遣责任和个人劳务责任。其中,个人劳务责任规定在第 35 条:"个人之间形成劳务关系,提供劳务一方因劳务造成他人损害的,由接受劳务一方承担侵权责任。提供劳务一方因劳务自己受到伤害的,根据双方各自的过错承担相应的责任。"这里规定了个人劳务责任的两种类型,一是个人劳务致他人损害责任,二是个人劳务致自己损害责任。本章就个人劳务责任中的这两种类型的法律适用规则以及个人劳务致自己损害责任存在的缺陷进行讨论。

一、个人劳务致他人损害责任的基本规则

(一)个人劳务致他人损害责任的概念和特征

个人劳务致他人损害责任是一种特殊的用人者责任,属于特殊侵权责任。是指在个人与个人之间形成的劳务关系中,提供劳务一方在执行劳务过程中,由于执行劳务活动造成他人损害,接受劳务一方应当承担替代赔偿责任的特殊侵权责任。《侵权责任法》第 35 条前段规定的就是个人劳务致他人损害责任。

几十年来,我国的立法、司法实践对个人劳务致他人损害责任基本上没有规定。因为在公有制的基础上,不存在私人提供劳务的情形,因而《民法通则》没有规定这种侵权行为。事实上,在社会生活中并非不存在私人提供劳务的现象。自改革开放之后,个人提供劳务现象比较普遍,法律对其不予以规制是不行的。因此,最高人民法院《关于适用〈中华人民共和国民事诉讼法〉若干问题的意见》第 45 条规定了雇主责任的程序法内容:"个体工商户、农村承包经营户、合伙组织雇佣的人员在进行雇佣合同规定的生产经营活动中造成他人损害的,其雇主是当事人。"但最高人民法院没有对实体法的内容进行司法解释。在司法实践中,法官处理这类侵权案件,一是按照这一司法解释规定的精神,既然接受劳务一方是被告,当然就可以判决其承担责任,因此,这一条文也就被当成了实体法的依据;二是参照《民法通则》第 121 条关于国家机关工作人员致人损害替代责任的规定,确定接受劳务一方的责任。直至 2003 年 12 月,最高人民法院《人身损害赔偿司法解释》第 9 条规定的雇工责任中包括了个人劳务致他人损害责任,但内容不够完备。

个人劳务致他人损害责任与其他侵权责任相比较,具有以下法律特征:

（1）接受劳务一方与提供劳务一方之间具有个人劳务关系。个人劳务致他人损害责任最主要的特征在于，接受劳务一方与提供劳务一方之间具有劳务关系。具体表现是，接受劳务一方给付工资报酬，提供劳务一方出卖劳动力；换言之，接受劳务一方出具价金，提供劳务一方为接受劳务一方通过自己的劳动为之提供服务。因此，接受劳务一方为提供劳务一方承担侵权责任的基础，是提供劳务一方为接受劳务一方创造利益，提供劳务一方的行为等于是接受劳务一方行为的延伸。既然提供劳务一方所创造的利益为接受劳务一方所承受，提供劳务一方执行劳务活动就是接受劳务一方行为的延伸，提供劳务一方的行为实质上就是接受劳务一方的行为。不具有个人劳务关系这个特征的，例如帮工、换工等，不适用本条规定的责任。

（2）提供劳务一方执行劳务活动所造成的损害等于是接受劳务一方的行为造成的损害。既然提供劳务一方的执行劳务活动的行为就是接受劳务一方的行为，因此，提供劳务一方在执行劳务活动中的行为造成了第三人的损害，就等于是接受劳务一方的行为造成的损害。故个人劳务致他人损害责任的基本特征之一，就是提供劳务一方在执行劳务活动中造成了第三人损害。如果提供劳务一方在执行劳务活动中造成了自己的损害，则是工伤事故责任，而不是个人劳务致他人损害责任。

（3）个人劳务致他人损害责任的侵权责任形态是替代责任。个人劳务致他人损害责任是典型的替代责任，因为具体实施侵权行为的人是提供劳务一方，而不是接受劳务一方，但在侵权损害赔偿法律关系上，则由接受劳务一方作为损害赔偿法律关系的赔偿责任主体。被侵权人不是向实施侵权行为的提供劳务一方请求赔偿，而是向接受劳务一方行使损害赔偿请求权。这种赔偿责任是典型的替代责任。

（4）我国个人劳务致他人损害责任的范围较窄。在各国侵权法中，个人劳务致他人损害责任包括在雇主责任中，范围相当宽泛。我国的个人劳务致他人损害责任范围较窄，仅限于在个人之间形成的劳务关系中，实际上就是个人雇用个人。在私人企业中，即使也是雇工形式，但属于法律规定的劳动关系，不属于个人劳务关系，因此适用用人单位责任，不适用个人劳务致他人损害责任。

（二）个人劳务致他人损害责任的归责原则

个人劳务致他人损害责任适用何种归责原则，《侵权责任法》第35条前段没有明确规定，在理论上有三种主张。一种主张适用无过错责任原则，认为接受劳务一方对其提供劳务一方于从事劳务活动时致他人遭受损害，应负赔偿责任；接受劳务一方不得主张选任、监督提供劳务一方已尽相当注意而免责；接受劳务一方本身虽无任何过失，仍应就提供劳务一方的行为负责。另一种主张适用过错责任原则，认为接受劳务一方对其提供劳务一方因劳务活动所致损害，仅就其本身对于损害的发生具有过失，即对提供劳务一方的选任、监督未尽必要的注意时，才负赔偿责任。第三种观点认为个人劳务致他人损害责任应当适用过错推定原则。

笔者赞成第三种观点，即认为个人劳务致他人损害责任应当与其他用人者责任一样,适用过错推定原则。

个人劳务致他人损害责任不适用无过错责任原则的理由在于:一是适用无过错责任原则法律无明文规定。《侵权责任法》第 7 条规定:"行为人侵害他人民事权益造成损害,不论行为人有无过错,法律规定应当承担侵权责任的,依照其规定。"换言之,只有法律明文规定适用无过错责任原则的,才可以适用该归责原则。《侵权责任法》没有规定个人劳务致他人损害责任为无过错责任,个人劳务致他人损害责任适用无过错责任原则没有法律根据。二是个人劳务致他人损害责任采用无过错责任原则,接受劳务一方无论有无过错均须承担赔偿责任,容易养成提供劳务一方的怠惰等恶习,使接受劳务一方的合法权益受到侵犯。

实行过错推定责任,被侵权人只需证明损害事实,损害结果与行为人的行为之间的因果联系、行为人与被告的特殊关系即可,不必证明被告是否对行为人实施的侵权行为具有过错。被告必须反证证明其对损害的发生没有过错。个人劳务致他人损害责任不适用过错责任原则,是因为适用过错责任原则,被侵权人须举证证明接受劳务一方和提供劳务一方(即加害人)的过错,这样会使被侵权人处于不利地位,使其合法权益得不到有效的保护。个人劳务致他人损害责任适用过错推定原则,实行举证责任倒置,可以减轻被侵权人的举证责任,使其合法权益得到有效的保护。

(三)个人劳务致他人损害责任替代责任的构成

在替代责任中,存在三种主体,即行为人、责任人和被侵权人。当行为人致他人损害以后,依据法律的规定,由责任人承担损害赔偿责任。个人劳务致他人损害责任的替代责任同样如此,应当具备以下四个条件:

1. 接受劳务一方与提供劳务一方之间须有特定关系

构成个人劳务致他人损害责任,首先必须在责任人和行为人之间具有劳务关系。在接受劳务一方与提供劳务一方之间的特定关系表现为三个方面:首先,接受劳务一方与提供劳务一方之间具有特定的人身关系,即提供劳务一方在受雇期间,其行为受接受劳务一方意志的支配与约束;在从事劳务活动过程中,提供劳务一方按照接受劳务一方的意志所实施的行为,实际上等于接受劳务一方自己所实施的行为。其次,接受劳务一方与提供劳务一方所造成的第三人的损害之间存在因果关系,损害事实虽系提供劳务一方的行为直接造成,但接受劳务一方对提供劳务一方选任不当、疏于监督管理等作为与不作为的行为,是损害事实得以发生的原因。再次,接受劳务一方与提供劳务一方之间有特定的利益关系。提供劳务一方在受雇期间所实施的行为,直接为接受劳务一方创造经济利益以及其他物质利益,接受劳务一方承受这种利益,提供劳务一方据此得到报酬。

以这三个方面所构成的接受劳务一方与提供劳务一方之间的特定关系,就是个人劳务关系。接受劳务一方支付的是对价,提供劳务一方支付的是劳动力,劳务关系就是购买劳动力的合同关系。尽管个人劳务致他人损害责任的损害事实是由提供劳务一方从事劳务活动行为所致,而不是接受劳务一方的行为直接所致,也不是接受劳务一方授权提供劳务一方所致,但接受劳务一方均应对损害承担赔偿责任。

个人劳务,就是以个人的名义,与个人之间签订合同形成的劳务关系。雇主与保姆之间的关系是典型的个人劳务。有人认为家庭装修也是个人劳务,这是不对的。家庭装修主要的是承揽关系而不是个人劳务关系。劳务关系在性质上是购买劳动力,而承揽关系在性质上是购买劳动成果,二者是完全不同的。当然也不排除存在个人劳务的装修,但那需要个人与个人签订合同,并且是以工资形式确定报酬,不问成果如何,仅仅提供劳动。这种情况比较少见。

2. 接受劳务一方须处于特定地位

在替代责任中,替代责任人必须处于一种特定地位之中。这种特定地位表现为替代责任人在其与加害人的特定关系中所处的带有支配性质的地位。它决定了替代责任人为加害人造成的损害后果负责的义务的产生。考察为加害人的损害后果负责的责任人地位,主要是看:双方有无确定特定关系的事实或合同;加害人是否受有责任人的报酬;加害人的活动是否受责任人的指示、监督或监护等约束;加害人是否向责任人提供劳务。当责任人处于这种特定地位时,责任人应当为加害人造成的损害后果负责。在个人劳务致他人损害责任中,接受劳务一方就应处于这样带有支配性质的地位,这种支配地位的产生是基于劳动合同,由于接受劳务一方购买的是提供劳务一方的劳动力。因此,接受劳务一方也就取得了对提供劳务一方人身的某种支配权。

考察接受劳务一方是否处于应负替代责任的地位,也就是确定接受劳务一方与提供劳务一方之间是否存在劳务关系。应当参考以下几个方面判断:一是双方有无劳务合同(口头的或书面的);二是提供劳务一方有无报酬;三是提供劳务一方有无提供劳务;四是提供劳务一方是否受接受劳务一方的监督。其中最重要的是后两项内容,它决定着事实上雇佣关系的存在与否。

3. 提供劳务一方在造成第三人的损害中应处于特定状态

替代责任中的加害人处于特定状态是责任人为行为人承担责任的必要条件。个人劳务致他人损害责任的替代责任,接受劳务一方是提供劳务一方的雇主,提供劳务一方在造成损害的时候是因执行劳务的行为。

考察提供劳务一方致人损害时是否是在执行劳务,该因素为接受劳务一方承担替代责任的决定性因素。执行劳务应当以用人者的授权或者明确指示为限。行为超出授权或者明确指示范围的,提供劳务一方的表现形式是履行劳务或者与履行劳务有内在联系的,应当认定为执行劳务。具体要求是:第一,接受劳务一方有明确指示授权的,按照接受劳务一方的明确指示确定。从事劳务活动,是指从事接受劳务一方授权或者指示范围内的劳务活动。接受劳务一方指定提供劳务一方做什么,提供劳务一方按照接受劳务一方的指示所做的事情,就是执行劳务。第二,超出接受劳务一方授权的范围,即接受劳务一方没有明确指示的,如何确定执行劳务,应采客观说,即以从事劳务活动的外在表现形态为标准。如果行为在客观上表现为与接受劳务一方指示办理的事件要求相一致,就应当认为是属于从事劳务活动的范围。我国司法实践接受客观说,应当按照客观说确定执行劳务。

4. 接受劳务一方在主观上存在过错

个人劳务致他人损害责任的过错表现在接受劳务一方身上,而提供劳务一方在主观上是否有过错一般不问。只是在确定接受劳务一方对提供劳务一方是否享有求偿权时,才考察提供劳务一方的过错。

接受劳务一方的过错内容,表现在对提供劳务一方的选任、监督、管理上的疏于注意义务。如果接受劳务一方故意指使提供劳务一方侵害他人权利,则是共同侵权行为,而不是接受劳务一方的替代责任。只要接受劳务一方在选任、监督、管理上有疏于注意义务的心理状态,即应承担替代赔偿责任。确定接受劳务一方的过错,应采过错推定方式。

(四)个人劳务致他人损害责任替代责任的承担

接受劳务一方的赔偿责任确定之后,接受劳务一方承担替代责任应当按照下列步骤进行:

1. 确定损害赔偿的责任主体

个人劳务致他人损害责任既然是替代责任,其责任主体就是接受劳务一方,而不是提供劳务一方。被侵权人是当然的赔偿权利主体。

2. 赔偿权利主体举证

法院受理被侵权人的起诉,不要求原告举证证明责任主体即接受劳务一方的过错,而以证明损害事实、提供劳务一方行为与损害结果的因果关系、加害人与接受劳务一方存在个人劳务关系为已足。

3. 赔偿责任主体举证责任倒置

接受劳务一方是否已尽选任、监督之注意义务,须自己举证证明。接受劳务一方欲免除自己的责任,应当证明他选任提供劳务一方及监督提供劳务一方劳务的执行已尽相当注意。选任提供劳务一方已尽相当的注意,是指在选任之初,对提供劳务一方的能力、资格与对所任的职务能否胜任,已经做了详尽考察,所得结论符合实际情况。监督其职务的执行已尽相当的注意,是指接受劳务一方对提供劳务一方从事劳务活动的总体行为是否予以适当的教育和管理,其标准应以客观情况决定。接受劳务一方如果能够证明确实已尽相当注意,即可证明接受劳务一方并无过失,可以免除责任。

4. 接受劳务一方承担赔偿责任和追偿权

接受劳务一方不能证明自己没有过失,即应承担赔偿责任。

如果提供劳务一方在致人损害时有过错,接受劳务一方赔偿被侵权人的损失以后,即对提供劳务一方取得求偿权,提供劳务一方应当赔偿接受劳务一方因赔偿被侵权人的损失所造成的损失。如果提供劳务一方主观上没有过错,则由接受劳务一方自己承担赔偿责任,接受劳务一方对提供劳务一方不取得求偿权。

接受劳务一方享有追偿权,一方面是为了弥补接受劳务一方的损失,另一方面是为了规范提供劳务一方,要求其在执行劳务的过程中谨慎行事,减少损害的发生。

二、个人劳务致自己损害责任的规则及缺陷

(一)个人劳务致自己损害责任的一般规则

《侵权责任法》第 35 条后段规定:"提供劳务一方在劳务过程中自己受到伤害的,根据双方各自的过错承担相应的责任。"这里规定的是个人劳务致自己损害责任,其实就是个人劳务关系中的工伤事故责任。依笔者所见,个人劳务致自己损害责任不应当规定在这里,因为《侵权责任法》根本就没有规定工伤事故责任,而是由《劳动法》及相关法规和司法解释解决。既然《侵权责任法》对此已经作出了规定,其效力当然高于行政法规,具有优先适用的效力。

个人劳务致自己损害责任的规则与一般的工伤事故责任规则不同。其区别是个人劳务关系原则上不进行工伤保险,因此,确定提供劳务一方在因劳务造成自己伤害时,应当根据双方各自的过错承担相应的责任。按照条文的规定,个人劳务致自己损害责任的归责原则显然是过错责任原则,即在提供劳务一方和接受劳务一方之间,对于提供一方所受到的损害,谁有过错,就由谁承担责任;没有过错的,就不承担责任。提供劳务一方在提供劳务过程中受到伤害,是否由接受劳务一方承担责任,有过错的当然承担责任,没有过错的不承担责任。

相应的责任,就是与过错程度相应,与原因力相应。通常情况下,提供劳务一方造成自己损害,自己会有过失。因此,提供劳务一方对于因自己的过失造成的损害,应当承担责任。如果是与接受劳务一方的过错一起成为共同原因,则按照过失相抵规则确定赔偿责任;如果仅仅是一方的过错所致,则由有过错的一方承担责任。

(二)个人劳务致自己损害责任规则存在的缺陷

《侵权责任法》第 35 条后段规定的是个人劳务致自己损害责任的实质,就是个人劳务的工伤事故责任。该条专门规定了个人劳务致自己损害的工伤事故责任,这是考虑个人劳务关系工伤事故责任的特殊性而作出的专门规定。

如前所述,在个人劳务中发生的工伤事故,第 35 条后段规定确定适用过错责任原则,根据双方各自的过错承担相应的责任。这与工伤事故责任的无过错责任原则是完全不同的。

适用过错责任原则,就意味着谁有过错谁就由谁承担责任,没有过错的一方不承担责任,双方过错则按照过错比例负担。根据双方各自的过错承担相应的责任,有三种情形:一是,提供劳务一方因自己的过错造成自己的损害,由于是自己的过错造成

的损害,按照过错责任,应当由自己承担责任。二是,因接受劳务一方的过错,造成提供劳务一方的损害,接受劳务的一方应该承担赔偿责任。三是,接受劳务一方和提供劳务一方都有过错,造成提供劳务一方损害,应当按照过错比例承担责任,适用过失相抵规则,谁有多少过错,谁就承担多少责任。

对这个规定有不同的理解和解释。赞同这种规定的主要理由是,个人劳务不属于依法应当参加工伤保险统筹的情形,不适用工伤保险条例,因而根据双方的过错来处理比较合适;用工者个人的经济承受能力毕竟有限,完全由用工者承担全部责任,必然使其承担过重的责任,对用工者不公平,也不利于个人之间劳务关系的发展。① 甚至有的认为这种责任在性质上属于损失的分担,而不是侵权责任。② 反对的意见是,《侵权责任法》第 35 条后段改变了最高人民法院《人身损害赔偿司法解释》第 11 条规定的雇主责任适用无过错责任的解释,转而适用过错责任原则,这是不合理的。首先是不利于保护提供劳务一方的合法权益;其次是基于报偿原理,接受劳务的一方因他人提供之劳务而受有利益,自然应承担相应的责任,无过错就不承担责任是不对的;最后,在提供劳务一方因劳务遭受损害的情形中,如果第三人的行为造成损害,接受劳务一方无过错就不赔偿,对提供劳务一方非常不公平。③

笔者特别赞同后一种意见。这是一个很重要的问题,涉及对劳动者合法权益保护的立场问题。现在这样的规定,完全否认了个人劳务提供者的劳动者地位,否认其劳务的劳动保护,使个人劳务提供者完全丧失了应有的劳动保护,将其完全暴露在没有劳动保护的劳务危险之中,除非自己无过错,否则就必须由自己承担全部或者部分损害后果。这样的规则是说不通的。认为这种责任不属于侵权责任的说法,也是不正确的。现在立法机关的专家以及其他法学专家对此无论作怎样的解释,都无济于事,无法掩饰这个规则的败笔。

工伤事故责任适用无过错责任原则,劳动者在劳动中因为自己的过失造成自己损害,并不减轻也不免除用人单位的责任,用人单位有无过错都要对劳动者的工伤负责。比如说,一个企业的工人,已经有工伤保险,他在工作中造成自己损害,只要不是故意,即使因为自己的重大过失造成自己损害,也不影响工伤事故责任的构成,就不能否认用人单位的责任,过失并不影响工伤事故责任。尽管个人劳务有一定的特殊性,不属于工伤事故赔偿统筹范围,接受劳务一方的承担能力也有限,但规定个人劳务的工伤事故责任适用过错责任原则,即提供劳务一方因劳务自己受到损害,只要接受劳务的一方没有过错,就得不到赔偿;双方都有过错的,减轻赔偿责任,不符合劳动保护原则。我国《宪法》第 42 条第 1、2 款规定:"中华人民共和国公民有劳动的权利和

---

① 王胜明主编:《中华人民共和国侵权责任法释义》,法律出版社 2010 年版,第 177 页。
② 王利明:《侵权责任法研究》,中国人民大学出版社 2011 年版,第 118 页。
③ 程啸:《侵权责任法》,法律出版社 2012 年版,第 317—318 页。

义务。""国家通过各种途径,创造劳动就业条件,加强劳动保护,改善劳动条件,并在发展生产的基础上,提高劳动报酬和福利待遇。"提供劳务一方肯定是劳动者,既然如此,劳动保护就是劳动者的宪法权利,也是保姆等提供个人劳务者的宪法权利。《侵权责任法》第35条后段作这样的规定,不是加强劳动保护,而是减弱劳动保护,甚至有歧视倾向,有违宪之嫌。

立法机关工作人员在解释《侵权责任法》第35条后段规定时认为:"实践中因劳务受到损害的情况比较复杂,应当区分情况,根据双方的过错来处理比较合适。比如,张某家雇佣的保姆不听张某的劝阻,执意要站在椅子上打扫卫生,结果不小心将腿扭伤,那么,雇佣保姆的张某可以从人道主义的角度,带保姆看病,适当承担一定的责任。"①既然张某对保姆的人身损害无过错,依照第35条后段的规定,就不应当承担责任,"适当承担一定的责任"从何而来?这显然不是第35条后段的含义。如果适当承担一定的责任是立法的本意,那就是第35条后段的写法没有写出这个意图,仍然是不适当的。

对此,笔者的意见是,第35条后段是一个不正确的规则,对于保护提供劳务一方的劳动者合法权益保护不力,也违反《宪法》第42条规定。因此,应当进行修订,改为:提供劳务一方因劳务使自己受到损害,接受劳务一方有过错的,应当承担赔偿责任;接受劳务一方没有过错的,应当承担补偿责任;因第三人的过错造成提供劳务一方损害的,第三人承担赔偿责任,接受劳务一方有过错的承担相应的补充责任,没有过错且第三人无力承担赔偿责任的,承担适当补偿责任。

【案例讨论】 ≫≫≫

某个体饭店店主 A 让店里的采购员 B 去甲商场买菜。B 在途中听说乙商场的菜价便宜,遂驾车绕道去乙商场,途中发生交通事故致伤 C,同时也造成了自己的损害。经过交通管理部门责任认定,认为是 B 的全部过错造成的损害,B 应当承担全责。C 向法院起诉 A,请求其承担赔偿责任。A 承担了赔偿责任之后,起诉 B,向 B 主张追偿权。B 反诉 A,主张 A 承担工伤事故责任。

讨论问题:

1. B 不按照 A 的指示绕道去乙商场买菜,是否符合《侵权责任法》第35条规定的"因劳务"的要求?

2. A 承担了全部赔偿责任之后,可否对 B 行使追偿权?

3. B 对于造成自己的损害,向 A 主张承担赔偿责任,是否符合《侵权责任法》第35条规定的要求?

---

① 王胜明主编:《中华人民共和国侵权责任法释义》,法律出版社 2010 年版,第 177—178 页。

4.《侵权责任法》第 35 条后段规定个人劳务致自己损害责任适用过错责任原则，是否正确？理由是什么？

【参考文献】 >>>>> ⟩

王胜明主编:《中华人民共和国侵权责任法释义》,法律出版社 2010 年版。

王利明:《侵权责任法研究》,中国人民大学出版社 2011 年版。

杨立新:《侵权责任法》,法律出版社 2011 年版。

程啸:《侵权责任法》,法律出版社 2012 年版。

第十八章　网络侵权行为及其连带责任

《侵权责任法》通过之后,各界对该法第 36 条规定的网络侵权责任,特别是网络服务提供者的连带责任的规定有不同的看法。对此,笔者与其他学者进行过讨论,也在部分网站进行过调查,认为理解、解释第 36 条规定的最主要问题是,既要依法确定网络服务提供者的侵权责任,又要保护好互联网事业的健康发展。同时,《侵权责任法》第 36 条第 2 款规定了两种连带责任,概括的是通知与反通知的基本规则,特别值得探讨。本章就这些问题进行讨论。

一、对《侵权责任法》第 36 条规定的网络侵权责任基本规则的理解

(一)《侵权责任法》第 36 条规定的网络侵权责任基本规则

《侵权责任法》第 36 条规定了两部分内容,第一部分是网络用户或者网络服务提供者利用网络实施侵权行为的责任,第二部分是网络用户利用网络实施侵权行为,网络服务提供者承担连带责任的两种情况。

1. 网络用户或者网络服务提供者的侵权责任

《侵权责任法》第 36 条第 1 款规定:"网络用户、网络服务提供者利用网络侵害他人民事权益的,应当承担侵权责任。"这是规定网络侵权责任的一般规则:网络用户或者网络服务提供者利用网络侵害他人民事权益,都构成侵权责任,都应当由自己承担赔偿责任。

网络用户利用网络,在网络上实施侵权行为,符合《侵权责任法》第 6 条第 1 款规定要求的,构成侵权责任,应当对被侵权人的损害承担赔偿责任。这是一般侵权责任,适用过错责任原则。[①]

网络服务提供者自己利用网络,侵害他人民事权益,例如自己发布信息,抄袭、剽窃他人著作,未经著作权人同意而在网站上发表他人作品等,按照《侵权责任法》第 6 条第 1 款的规定,构成侵权责任,应当承担赔偿责任。

这两种侵权责任都是过错责任,也都是自己责任,与第 36 条第 2 款和第 3 款规定的网络服务提供者的连带责任都不相同。

---

① 王利明主编:《中华人民共和国侵权责任法释义》,中国法制出版社 2010 年版,第 158 页。

2. 网络服务提供者的连带责任

网络服务提供者的连带责任,是指网络用户利用网络实施侵权行为后,网络服务提供者在法定情况下与网络用户承担连带责任的网络侵权责任形式,《侵权责任法》第36条规定了两种规则:

(1) 通知规则。

通知规则,是《侵权责任法》第36条第2款规定的网络服务提供者的连带责任:"网络用户利用网络服务实施侵权行为的,被侵权人有权通知网络服务提供者采取删除、屏蔽、断开链接等必要措施。网络服务提供者接到通知后未及时采取必要措施的,对损害的扩大部分与该网络用户承担连带责任。"对此,有的也叫作"通知取下"规则。[1]

通知规则的要点是:网络服务提供者不知道网络用户利用其网络实施侵权行为,被侵权人知道自己在该网站上被侵权,有权向网络服务提供者通知,通知其网站上的内容构成侵权,应当采取删除、屏蔽、断开链接等必要措施。网络服务提供者在接到该通知之后,应当按照其通知,及时采取上述必要措施。如果网络服务提供者未及时采取必要措施,构成对网络用户实施的侵权行为的放任,具有间接故意,视为与侵权人构成共同侵权行为。因此,就损害的扩大部分,与侵权的网络用户承担连带责任。如果网络服务提供者未经通知、或者经过通知之后即采取必要措施,网络服务提供者就不承担责任,此即为"避风港"规则。[2]

(2) 已知规则。

已知规则,是《侵权责任法》第36条第3款规定的网络服务提供者的连带责任:"网络服务提供者知道网络用户利用其网络服务侵害他人民事权益,未采取必要措施的,与该网络用户承担连带责任。"

网络服务提供者的已知规则,就是网络服务提供者已经知道网络用户利用其网络实施侵权行为,而未采取删除、屏蔽或者断开链接等必要措施,任凭网络用户利用其提供的网络平台实施侵权行为,对被侵权人造成损害,对于该网络用户实施的侵权行为就具有放任的间接故意。网络服务提供者的这种放任侵权行为的行为,在侵权行为造成的后果中,就有网络服务提供者的责任份额,应当承担连带责任。

(二) 理解和解释《侵权责任法》第36条应当把握的基点

《侵权责任法》第36条规定的上述网络侵权责任规则是正确的,但是也存在较多需要进一步明确或者解释的问题。对此,如何理解和解释网络侵权责任的规则,必须确立一个正确的基点,否则将会对互联网的发展和公众利益造成严重影响。

---

[1] 王胜明主编:《中华人民共和国侵权责任法释义》,法律出版社2010年版,第193页。

[2] 陈现杰主编:《中华人民共和国侵权责任法条文精义与案例解析》,中国法制出版社2010年版,第124页。

理解和解释《侵权责任法》第 36 条的基点是：第一，实行依法原则。确定网络服务提供者自己承担的责任，尤其是确定网络服务提供者的连带责任，都必须严格依照《侵权责任法》第 36 条的规定进行。应当看到的是，第 36 条规定的网络服务提供者的连带责任规则本身就比较严格，是为了保护被侵权人的合法权益，确定网络服务提供者承担较重的责任。任何将该条进行不利于网络服务提供者的理解和解释，都是不正确的。第二，实行慎重原则。网络服务提供者对网络用户实施的侵权行为承担连带责任，本身就不是网络服务提供者自己的责任，仅仅是因为自己没有采取必要措施而将其视为与网络用户的行为构成连带责任，是为网络用户承担侵权责任的间接侵权行为，因此，确定该连带责任应当慎重。第三，实行保护原则。保护原则首先是保护好网络服务提供者的合法权益，维护互联网事业的正常发展。其次是保护好网络的言论自由阵地，保护好网络用户的言论自由。这两个保护是相辅相成、互相促进的。如果过于限制网络服务提供者的行为自由，对其施以苛刻的侵权责任，既损害了互联网事业的发展，同时也会严重限制网络言论自由，阻碍互联网作用的发挥，最终限制的是人民的权利。对此，应当有清醒的认识。

（三）《侵权责任法》第 36 条规定的网络侵权责任应当理解和解释的主要问题

依笔者所见，《侵权责任法》第 36 条规定的网络侵权责任，尤其是网络服务提供者的连带责任规则，在下述四个问题上需要进行正确理解和解释。

1. 网络服务提供者承担连带责任的范围

按照《侵权责任法》第 2 条规定的习惯，确定侵权责任范围的做法是确定侵权行为所侵害的客体即民事权益的范围。在第 36 条规定网络侵权责任的规定中，也使用了"民事权益"的概念，即"利用其网络服务侵害他人民事权益"。对于这个"民事权益"的理解，在起草《侵权责任法》中讨论过，明确为"凡是在网络上实施侵权行为所能够侵害的一切民事权益"。其中特别提到的是，包括人格权益以及知识产权尤其是著作权。在美国，网络侵权中的侵害著作权和侵害其他民事权益所采取的规则并不相同，对于网络侵害著作权采取严格的规则；对于网络侵害其他民事权益则采取宽松的规则，原则上不追究网络服务提供者的责任。对此，第 36 条根据我国网络侵权行为比较"肆意"的实际情况，将两类民事权益的保护"拉齐"，采用同一标准，侵害著作权和侵害其他民事权益都实行通知规则和明知规则，不进行区别。[1] 这样做的好处是，有助于网络服务提供者增强保护民事主体民事权益的责任感和自觉性，更好地保护民事主体的民事权益不受侵害。

2. 网络服务提供者就"扩大部分"承担连带责任应当如何界定

按照《侵权责任法》第 36 条第 2 款规定，网络服务提供者违反通知规则，是"对损害的扩大部分与该网络用户承担连带责任"。这个规则是正确的，网络服务提供者仅

---

[1]　王胜明主编：《中华人民共和国侵权责任法释义》，法律出版社 2010 年版，第 191 页。

仅是对网络用户的侵权行为经过通知而没有采取必要措施,是对损害的扩大有因果关系,因而就损害的扩大部分承担连带责任。

扩大部分如何界定,有人认为很难,笔者认为并非如此。第36条第2款与第3款的区别是,第3款是就全部损害承担连带责任,网络服务提供者对网络用户利用网络实施侵权行为是明知,因此,对造成的所有损害都应该负责。而第2款有区别,网络服务提供者是经过了被侵权人的通知,被通知而不删除才构成连带责任的。因此,对扩大部分的界定就应当从被侵权人通知的那个时间开始。例如,侵权行为延续100天,通知之前已经发生了50天,通知后又延续了50天才起诉,这后50天的损害就是扩大的部分。对前50天网络服务提供者并无责任,但对后50天应该和网络用户承担连带责任。网络服务提供者被通知之后,凡是被通知之后造成的损害,就是损害的扩大部分。如果在网络用户实施侵权行为之时或者在被侵权人通知之前网络服务提供者就明知的,则网络服务提供者应当就全部损害承担连带责任。不过,这已经不是"扩大的部分"了。

3. 第3款中规定的"知道"是否包括应当知道

如何解释第36条第3款规定的"知道"概念,存在较大的分歧。有人认为,"知道"应当包括"已知"和"应知"。[1] 因此,确定本款规定的网络服务提供者的连带责任时,包括"应当知道"在内。这个理解并不正确。

该条文在《侵权责任法》起草过程中,长期使用的是"明知",直至第二次审议稿还是"明知",第三次审议稿才改为"知道"。在对《侵权责任法》的解释中,绝大多数学者将该"知道"解释为明知。[2] 也有学者将这个"知道"解释为"推定知道",以区别于"明知"。[3]

笔者认为,首先,将知道强制解释为明知,确有牵强之处,如果将知道就解释为明知,为什么法律最终要把明知改为知道呢? 将知道解释为明知,其实就是为了强调这个知道中不包括应当知道。其次,将知道解释为包括"应知",甚至是解释为"应知",是不正确的。因为认为网络服务提供者对利用网络实施侵权行为负有应知的义务,就会要求其负担对网络行为的事先审查义务。这是不正确的,也是做不到的。再次,将知道解释为推定知道也不正确,因为推定是不需要充分证据的,而是根据一些条件而推定。尽管推定知道会比应当知道宽容一些,但仍然会对网络服务提供者科以较为严格的责任。最后,由于"应知"是较为严格的责任条件,因此,法律在规定包括应

---

① 参见王胜明主编:《中华人民共和国侵权责任法解读》,中国法制出版社2010年版,第185页。

② 王利明主编:《中华人民共和国侵权责任法释义》,中国法制出版社2010年版,第159页;杨立新:《中华人民共和国侵权责任法条文解释与司法适用》,人民法院出版社2010年版,第220页。

③ 奚晓明主编:《中华人民共和国侵权责任法条文理解与适用》,人民法院出版社2010年版,第265页;陈现杰主编:《中华人民共和国侵权责任法条文精义与案例解析》,中国法制出版社2010年版,第125页。

知的时候,通常须明确规定。例如《民法通则》第 137 条规定:"诉讼时效期间从知道或者应当知道权利被侵害时起计算。但是,从权利被侵害之日起超过 20 年的,人民法院不予保护。有特殊情况的,人民法院可以延长诉讼时效期间。"在法律条文没有规定包括应知的时候,在解释论上应解释为知道不包括应知。

依笔者所见,本款规定的"知道"应当是已知。已知与明知是有区别的,明知应当是能够证明行为人明确知道,故意而为;已知是证明行为人只是已经知道了而已,并非执意而为,基本属于放任的主观心理状态。因此,知道是有证据证明的行为人对侵权行为已经知道的主观心理状态,而并非执意追求侵权后果。因此,《侵权责任法》第 36 条第 3 款的措辞是非常有分寸的。知道一词的表述内容更接近于明知的概念,距离推定知道的概念距离稍远,但不包括应知在内。因此,学者将第 3 款解释为"明知规则",并非曲解法律规定,而是出于善意的解释,是基本准确的。当然,解释为"已知"更为准确。

有一个问题是,网络服务提供者承认自己对网络用户在自己的网络上实施侵权行为为已知的,当然没有问题;问题在于,当有证据证明网络服务提供者对实施的侵权行为为已知,但并不承认自己为已知的,是证明其已经知道还是推定其已经知道。笔者认为,对于有证据证明网络服务提供者为已知的,就应当直接认定其已知,不必认定为其应当知道。下述五种情形应当认定为已知:一是在网站首页上进行推荐的;二是在论坛中置顶的;三是作为网刊发布的;四是网络用户在网站专门主办的活动中实施侵权行为的;五是对其他网站发表的侵权作品转载的。

4. 网络服务提供者承担的连带责任的性质

《侵权责任法》第 36 条第 2 款和第 3 款都是规定的连带责任。对此应当如何理解,也有不同意见。应当解决的问题有以下几个:

第一,网络服务提供者应当与谁承担连带责任?这个问题是明确的,就是与利用网络实施侵权行为的网络用户,对此没有歧义。但应当明确网络服务提供者是与网络用户这个侵权行为主体承担连带责任,并非自己承担责任。由此出现的问题是,本条只规定了网络服务提供者承担连带责任,实际上利用网络实施侵权行为的网络用户也是连带责任人。如果被侵权人起诉两个被告,即网络服务提供者和网络用户,当然没有问题,法院应当一并确定各自的赔偿责任份额。但由于网络侵权行为的特点,被侵权人一般只知道侵权的网站,很难确切知道侵权的网络用户是谁,在实践中,被侵权人通常只起诉网络服务提供者,而不起诉或者无法起诉直接侵权人。这并不违反《侵权责任法》第 13 条和第 14 条规定的连带责任规则。

第二,网络服务提供者为何与实施侵权行为的网络用户承担连带责任?对此,有的学者解释网络服务提供者因为实施了间接侵权行为。[①] 这样界定网络服务提供者承担连带责任的侵权行为的性质是正确的,网络服务提供者对侵权行为没有采取必要措施的行为确实是一个间接行为,并非直接侵权。这个行为类似于《侵权责任法》第 37 条第 2 款规定的第三人侵权违反安全保障义务的人的行为性质,都属于间接行为而非直接侵权。

第三,一方的侵权行为为直接行为,另一方的侵权行为是间接行为,是否构成共同侵权? 换言之,网络服务提供者承担连带责任,是基于共同侵权吗? 依笔者所见,并非是共同侵权行为,而是基于公共政策考量而规定的连带责任。如前所述,按照《侵权责任法》第 37 条第 2 款和第 40 条规定的第三人侵权违反安全保障义务的侵权责任和第三人对未成年学生实施侵权行为教育机构有过失的侵权责任,都属于类似的侵权责任类型,《侵权责任法》对这两类侵权责任都规定为相应的补充责任。而网络服务提供者的责任,则由于实施侵权行为的网络用户的隐匿性,被侵权人不易确定直接侵权人身份的特点,才规定为连带责任,使被侵权人可以直接起诉网络服务提供者以保护自己的合法权益。这是给网络服务提供者苛加的一个较为严重的责任。

第四,既然是连带责任,就一定要有赔偿责任份额的问题。对此,应当依照《侵权责任法》第 14 条第 1 款规定,根据责任大小确定。网络服务提供者的行为由于只是间接行为,因而其承担责任的份额必然是次要责任,而不是主要责任,应当根据网络服务提供者的行为的原因力和过错程度,确定适当的赔偿份额。

第五,网络服务提供者在承担了连带责任之后,有权向利用网络实施侵权行为的网络用户追偿。对此,《侵权责任法》第 36 条第 2 款和第 3 款没有明确规定,但根据第 14 条第 2 款规定,是不言而喻的,网络服务提供者必然享有这种追偿权。

值得研究的是网络服务提供者承担的这种连带责任的真实性质。对此,笔者更倾向于认为是非典型的连带责任,更接近于不真正连带责任,因为造成被侵权人损害的全部原因在于利用网络实施侵权行为的网络用户,其行为对损害结果发生的原因力为百分之百,其过错程度亦为百分之百。网络服务提供者尽管有一定的过错,甚至也有一定的原因力,但其没有及时采取必要措施的过错和原因力是间接的,不是直接的,并不影响侵权的网络用户的责任。因此,网络服务提供者在承担了全部赔偿责任之后,有权向实施侵权行为的网络用户全部追偿。在现行法律中,确有把不真正连带责任直接表述成连带责任的。例如《担保法》第 18 条规定:"当事人在保证合同中约定保证人与债务人对债务承担连带责任的,为连带责任保证。""连带责任保证的债务人在主合同规定的债务履行期届满没有履行债务的,债权人可以要求债务人履行债务,也可以要求保证人在其保证范围内承担保证责任。"这里规定的连带责任保证,其

---

① 奚晓明主编:《中华人民共和国侵权责任法条文理解与适用》,人民法院出版社 2010 年版,第 265 页。

性质就是不真正连带责任保证。将《侵权责任法》第 36 条规定的连带责任解释成不真正连带责任,并非没有法律根据。因此,第 36 条规定的这两个连带责任似乎并不是连带责任,更像是不真正连带责任。对此应当进行深入探讨,以便最终确定这种责任的性质。

二、网络侵权责任中的通知及效果

《侵权责任法》出台以后,学界对第 36 条规定的网络侵权责任的讨论十分广泛,笔者写了文章阐释自己的看法,同时也在编写的《〈中华人民共和国侵权责任法〉司法解释建议稿》(以下简称《建议稿》)中,对网络侵权责任应当明确的问题进行了说明。[①]该《建议稿》共 173 条,设专章对《侵权责任法》第 36 条规定的网络侵权责任进行了较为系统的解释,从第 72 条到第 86 条共 15 条,占全部条文的 8.67%,可见网络侵权责任还有诸多空白需要进行研究和补充。

(一)网络侵权责任中被侵权人的通知

《建议稿》第 76 条规定的是关于被侵权人的通知网络服务提供者采取必要措施的规则:"被侵权人通知网络服务提供者采取必要措施,应当采用书面通知方式。通知应当包含下列内容:(一) 被侵权人的姓名(名称)、联系方式和地址;(二) 要求采取必要措施的侵权内容的网络地址或者足以准确定位侵权内容的相关信息;(三) 构成侵权的初步证明材料;(四) 被侵权人对通知书的真实性负责的承诺。被侵权人发送的通知不能满足上述要求的,视为未发出有效通知,不发生通知的后果。"[②]这个解释包含的内容是:

1. 通知所涉三方主体

《侵权责任法》第 36 条第 2 款规定的通知规则[③],涉及三方法律主体,分别是网络服务提供者、侵权人和被侵权人。通知是因侵权人在网络上实施侵权行为,由被侵权人发给网络服务提供者通知侵权行为的。其中被侵权人作为通知的发送人,是明确的;在网络上实施侵权行为的侵权人,可能是明确的,也可能是不明确的;至于网络服务提供者,当然是明确的。实施侵权行为的侵权人之所以可能是不明确的,是因为网络服务提供者作为媒介,并且网络行为并非完全实名制。也是因为网络服务提供者这种网络媒介的存在,使得网络侵权行为与其他侵权行为具有明显区别,即网络服务提供者要为侵权人实施的侵权行为承担连带责任。

---

① 中国人民大学民商事法律科学研究中心"侵权责任法司法解释研究"课题组:《〈中华人民共和国侵权责任法〉司法解释建议稿》,载《河北法学》2010 年第 11 期。课题组负责人:杨立新;课题组成员:杨立新、张秋婷、岳业鹏、王丽莎、谢远扬、宋正殷、陈怡、朱巍。

② 中国人民大学民商事法律科学研究中心"侵权责任法司法解释研究"课题组:《〈中华人民共和国侵权责任法〉司法解释建议稿》,载《河北法学》2010 年第 11 期。

③ 也称作"提示规则"或者"说明规则"。

（1）网络服务提供者

网络服务提供者（Internet Service Provider，简称 ISP），是指依照其提供的服务形式有能力采取必要措施的信息存储空间或者提供搜索、链接服务等网络服务的提供商，也包括在自己的网站上发表作品的网络内容提供者。应当注意的是，《侵权责任法》第 36 条第 1 款规定的网络服务提供者包括网络服务提供商和网络内容提供商，第 2 款和第 3 款规定的网络服务提供者纯粹是网络服务提供商，不包括网络内容提供商。

网络服务提供者是一个较宽泛的概念，有学者将其分为五类，其中包括：第一，网络接入服务提供者（Internet Access Provider），是用户提供网络接入服务的主体，包括提供光缆、路由器和网络接口等设备的经营者，如电信、铁通等。第二，网络平台服务提供者（Internet Platform Provider），经营与互联网连接的服务器，提供大量的存储空间给服务对象，如为用户提供邮箱、博客和论坛等网络空间的经营者。第三，网络内容提供者（Internet Content Provider，简称 ICP），组织选择信息并通过网络向公众发布的主体，包括向网络发布信息的个人主页的所有者，各种网站的设立者，以及提供信息服务的网络服务管理者等。第四，网络技术提供者，是指为网络用户提供软件方面技术的主体，如工具软件、网络搜索引擎和连接服务的提供者。第五，综合性网络服务提供者，这类主体兼具提供内容、网络信息存储空间、搜索引擎等网络综合服务，如新浪、搜狐、腾讯等。① 也有学者根据网络服务提供者在提供服务过程中所起的作用的不同，将其分为三类：一是接入服务提供商，是指网络基础设施的经营者，主要提供投资建立网络中转站、租用信道和电话线路等中介服务，包括联机服务、IP 地址分配等。在技术上，接入服务者无法编辑信息，也不能对特定信息进行控制。如我国电信公司、长城公司等属于这类的接入服务提供商；二是网络平台服务提供商，指的是为各类网络交易提供网络空间及技术和交易服务的计算机网络系统，包括提供网络空间，供用户上传各种信息，阅读他人上传的信息或自己发送的信息，甚至进行实时信息交流等，例如淘宝网、易趣网、天涯社区等；三是在线服务提供者，主要是指提供使用搜索引擎、索引、名录或超文本链接等方式为用户搜索各类网上信息等服务的主体，如百度、谷歌等。②

从以上对网络服务提供者的两种分类可以看出，不同类型的网络服务提供者由于权限不同，控制范围不同，能否对被侵权人的通知进行审查和采取必要措施，怎样对被侵权人的通知进行审查和采取必要措施，都不能一概而论。但有一点是相同的，即对被侵权人提出的通知应当进行审查，确认通知所称的侵权行为是否构成侵权责任，是否应当采取必要措施。如果确认构成侵权，则网络服务提供者进而采取

---

① 喻磊、谢绍湜：《网络服务提供者侵权归责原则新论》，载《江西科技师范学院学报》2010 年第 4 期。
② 李丽婷：《网络服务商在商标侵权中的法律责任》，载《中华商标》2010 年 2 月。

必要措施防止侵权损害结果的进一步扩大,就不承担侵权责任,反之,则应当承担侵权责任。

（2）侵权人

网络侵权责任的侵权人与其他侵权人不同,网络侵权人以利用网络实施侵权行为为必要条件,而网络侵权行为的特点是侵权人不明确,在很多情况下,被侵权人和公众无法知晓谁是侵权人。并且网络侵权行为是一种非物质性的侵权行为,侵害的民事利益也是非物质性的。在网络世界里,大量的信息高速而廉价地被复制,侵权行为的损害后果是不可估计的,举证也十分困难。因此,网络服务提供者是被侵权人确定侵权人的一个有效途径。

侵权人在网络侵权行为中本来就是加害人,是应当自己承担侵权责任的人,由于其具有不明确性,被侵权人可能找不到真正的侵权人,因而起诉网络服务提供者承担连带责任。当网络服务提供者承担了赔偿责任之后,能够确认侵权人的,有权向其追偿,侵权人应当赔偿网络服务提供者承担侵权责任所造成的损失。

（3）被侵权人

被侵权人就是有权发出通知,要求网络服务提供者采取必要措施的人。被侵权人可以是自然人、法人或其他组织。

被侵权人在确认自己受到网络侵权行为侵害,其民事权益受到损害时,享有通知的权利,其有权通知网络服务提供者对侵权行为采取必要措施,同时也应当负有行使通知权利时所必须履行的相关义务。同时,在按照通知的要求,网络服务提供者采取了必要措施之后,应当承担相应的后果责任。

2. 通知的形式为书面通知

（1）书面形式的界定

被侵权人通知网络服务提供者采取必要措施,应当采用书面形式。书面形式是《合同法》使用的概念,《合同法》第 10 条规定:"当事人订立合同,有书面形式、口头形式和其他形式……"对书面形式的理解,不能拘泥于传统的白纸黑字和签字盖章式的书面形式,还有数据电文,包括电报、电传、电子数据交换和电子邮件等,都属于书面形式,只不过因为数据电文没有所谓的原件,因此证明力弱于白纸黑色的签名盖章类型的书面形式。[1]

（2）采取书面形式的原因和意义

笔者坚持认为被侵权人向网络服务提供者发出采取必要措施的通知要采书面形式,有如下三方面原因:第一,采取书面形式有利于明确被侵权人对网络服务提供者提出的请求,具有提示甚至警示的作用;第二,采取书面形式可以起到证据的作用;第三,采取书面形式通知,对于被侵权人也有必要的提示,即发出通知是审慎的、慎重

---

[1] 王利明、杨立新等:《民法学》,法律出版社 2005 年版,第 569 页。

的,不能轻易为之,应当负有责任。

采取书面形式的法理意义体现在两方面:第一,采书面形式是对被侵权人与网络服务提供者之间意思自治的一种限制,也进一步反映了《侵权责任法》是具有强制性的法律。书面通知带有记录在案的意思,让被侵权人通过书面形式,为错误的通知备案,以便在所谓的侵权人主张反通知,追究被侵权人的侵权责任的时候,能够有书面证据作为证明。第二,被侵权人的通知是否采书面形式,有可能影响到通知的效力。此处是出于网络安全和网络管理秩序的考虑,也更是为了保护公众的利益不轻易受损,所以非书面形式的通知会影响通知的效力。

3. 通知的内容

被侵权人通知的内容有如下四个方面:

第一,被侵权人的姓名(名称)、联系方式和地址。被侵权人是自然人的,需要提交姓名;被侵权人是法人或其他组织的,需要提交名称。上述信息应当真实可靠,以便采取必要措施之后,一旦出现错误,网络服务提供者能够找到承担责任的人。因此,网络服务提供者需要对被侵权人的姓名(名称)、联系方式和地址进行审查。自然人作为被侵权人,应当提供身份证号等个人基本信息,法人应当提供法人资格证明。网络服务提供者要对被侵权人的个人隐私和商业秘密保密,不得实施侵犯被侵权人隐私权和商业秘密的行为,否则应当承担相应的法律责任。

第二,涉及侵权的网址,要求采取必要措施的侵权内容的网络地址或者足以准确定位侵权内容的相关信息。网络服务提供者对此不能仅仅进行形式审查,还应当确保被侵权人提供的网络地址为 URL 地址或者能准确定位 URL 地址的信息。① 如果地址出现明显错误,网络服务提供者应及时告知被侵权人纠正,确保准确定位侵权网址。

第三,构成侵权的初步证明材料。被侵权人提供的初步证明材料至少要包括被侵犯的权利归属的证明文件,构成侵权责任要件的事实证据。有人认为"初步"二字具有十分弹性,容易使人误解。我们认为,网络服务提供者主要是从事技术活动的,他们对如何认定一个行为是侵权行为的专业知识背景参差不齐,法律并不苛求他们拥有统一的法律专业知识背景,而是依据一般人对侵权行为的认知即可。不过,网络服务提供者都应当配备法律顾问或者法律部门,他们应当对此进行审查,按照侵权责任构成要件的通说,确认通知的事项是否包括违法行为、损害事实、因果关系和过错要件。

第四,被侵权人对通知书的真实性负责的承诺及必要时的担保措施。学界一直对被侵权人通知是否有必要设置门槛有争议。国人素有"一诺千金"的传统美德,可

---

① 袁伟:《著作权人发出要求删除链接的通知时应提供明确的网络地址——从技术角度浅谈〈信息网络传播权保护条例〉第 14 条第 1 款第 2 项》,载《电子知识产权》2009 年第 7 期。

如今"诚实信用"已经成为"帝王条款"被反复强调,仍不见国人对自己的承诺"一诺千金",必须加以必要的提示。如若被侵权人要求采取必要措施的"侵权行为"涉及比较大的财产利益,而此时侵权与否没有定论,如果经过进一步证明得出了不构成侵权责任的结果,将会带来"侵权人"财产利益受损的问题。如果"被侵权人"恶意通知,仅仅"承诺"略显单薄。涉及较大财产利益的网络侵权,应当要求被侵权人提供相应数额的担保。"较大"的标准应该由网络服务提供者进行衡量。

4. 通知的效力

通知必须同时满足上述四个方面的要求,才能发生通知的效力,即上述四方面内容缺一不可,并且应采取书面形式。网络服务提供者自收到满足条件的通知之日起通知生效。其效力是网络服务提供者对侵权人在自己的网络上实施的侵权行为采取必要措施,进行删除、屏蔽或者断开链接。

如果"被侵权人发送的通知不能满足上述要求的,视为未发出有效通知,不发生通知的后果"[①],即网络服务提供者不承担采取必要措施的义务。这个意见是正确的。

如果被侵权人的通知有明显的缺失、提供的侵权内容的网络地址或者足以准确定位侵权内容的相关信息明显有误,该通知就会被视为未通知,被侵权人就不会马上获得救济,而且他也不会得知自己得不到救济的结果。这显然会对被侵权人造成进一步的损失。按照一般的理解,被侵权人理应为自己的错误通知承担不能实现通知效果的不利后果。然而,《侵权责任法》本来就是以解决侵权纠纷为职责,为了避免被侵权人的损失,网络服务提供者对此应当履行适当注意义务。在发现被侵权人提供的信息有明显错误时,应当及时回复被侵权人,省去因被视为未通知而再次通知的繁琐过程,既节省资源又提高效率。

如果被侵权人通知要求采取措施的网址不在该网络服务提供者采取措施的权限内,例如收到通知的网络服务者是网络接入服务提供者而不是网络内容服务者,网络接入服务提供者也应及时告知被侵权人。若该权限为网络服务提供者相关联的网络内容提供者所有,则网络服务提供者应在被侵权人无法通知的情况下提供网络内容提供者的联系方式或负责转发。在通知错误的情况下,通知生效的时间应为补正通知到达之日或者通知到达真正有权采取措施者之日。

对于有效通知的效力能否及于重复的侵权行为也值得研究。如果重复的网络侵权行为在通知生效时已经存在,有效的通知的效力可以及于这些既有重复的侵权行为,网络服务提供者须对这些侵权行为采取必要措施。如果将来发生的重复侵权行为也要由网络服务提供者主动采取必要措施,网络服务提供者将在一定程度上承担权利人的保有自己权利圆满而不被侵犯的义务,却享受不到作为权利人对权利的支

---

① 中国人民大学民商事法律科学研究中心"侵权责任法司法解释研究"课题组:《〈中华人民共和国侵权责任法〉司法解释建议稿》,载《河北法学》2010 年第 11 期。

配和利益的享受,这对网络服务提供者显然是不公平的。我们认为,应对将来有可能遭受的重复侵权侵害,被侵权人可以利用公告来代替通知,这样在面对大量信息时,既可以缓解网络服务提供者主动排除重复侵权的压力,也可以节省被侵权人多次通知的成本。

(二)网络服务提供者对通知的审查

1. 审查须为必要范围

《侵权责任法》第36条第2款没有规定网络服务提供者对被侵权人的通知进行审查。但是,如果没有必要的审查,凡是被侵权人提出通知的,网络服务提供者就一律采取必要措施,有可能会侵害所谓的侵权人的合法权益,侵权人转而追究网络服务提供者的侵权责任,网络服务提供者就要吃官司,承担侵权责任。因此,必要的审查对网络服务提供者而言,是必要的,也是必需的。即使没有法律规定,这样的审查也只有益处,没有害处。

在《侵权责任法》第36条第2款项下,网络服务提供者没有接到被侵权人的通知,不必主动进行审查。网络服务提供者采取删除、屏蔽、断开链接等必要措施的前提,是接到被侵权人的通知,否则"不告不理"。网络服务提供者作为媒介,不应干涉网络用户的言论自由,也没有限制网络用户言论自由的权利,作为技术的提供者,不具有实质审查用户发表言论内容的权利,也无权依据自己的立场主动采取必要措施。只有基于《侵权责任法》第36条第3款"网络服务提供者知道网络用户利用其网络服务侵害他人民事权益,未采取必要措施的,与该网络用户承担连带责任"的规定,在网络服务提供者已经明知网络用户在自己的网站上实施侵权行为时,才负有采取必要措施的义务。对此,应当对网络服务提供者的审查义务适当限缩,因为给予网络服务提供者更高的审查义务,将会促使其乐于运用过滤系统来遏制包含特定语句的有可能造成侵权行为的信息的传播,进而使网络服务提供者的权力扩大,滥用权利,甚至交予技术的机械手段限制网络信息传播,造成对网络用户言论自由的不法拘束,最终导致网络用户的权利受到损害。

对于网络服务提供者收到通知之后到采取必要措施的期间,法律没有明确规定,只规定的是"及时"。所谓"及时",其实就是网络服务提供者进行审查的期间,不可以过短,也不可以过长,适当而已。在目前情况下,不宜规定具体的时间,而应当根据具体案件,网络服务提供者要审查的内容的不同,在发生争议之后,由法官根据事实作出判断,认为是及时还是不及时,并据此确定网络服务提供者应当承担还是不承担侵权责任。我们提出的意见是:"侵权责任法第37条规定的'及时',是合理、适当的时间,一般应当在7天之内。"①

---

① 杨立新主编:《中国媒体侵权责任案件法律适用指引》,载《河南财经政法大学学报》2012年第1期。

2. 审查须高于形式审查

对于被侵权人发来的通知,网络服务提供者一般不会进行也不可能进行像政府机关或者司法机关的那种实质审查。行政机关和司法机关确认侵权行为必须采用实质审查,网络服务提供者作为私权利的一方,不是实质审查的主体,不享有实质审查的权力。即使网络服务提供者对通知进行形式审查,虽然不属于严格的实质审查,但在审查中如果没有尽到适当的注意义务,对于明显的不构成侵权责任的所谓侵权行为采取必要措施,侵权人提出反通知,网络服务提供者同样要吃官司,要承担侵权责任。因此,要求网络服务提供者适当提高审查标准,审慎对待审查对象,采取类似于英美法系的"合理人"的标准进行审查。"合理人"是"司法概念的拟人化",是指"有平均心智水平的普通人"。合理人不是完美的人,而只是具体社会环境中一个达到中等心智水平的人,他会有各种各样的缺点,会犯生活中的错误,但在特定情形下,他应该保持必要的谨慎和细致,能充分运用自己的知识、经验、注意等能力来判断危险的存在,并采取有效的"防免措施"。[①] 同时网络服务提供者也要秉承大陆法系"善良家父"的标准来要求自己,像家父一样循循善诱,谆谆教诲。[②] 审查的形式应当高于一般的形式审查,低于实质审查。

3. 审查须为被动审查

网络服务提供者的审查行为是由被侵权人的通知生效到达而启动的,因此网络服务提供者不具有审查的主动性。

应当特别注意的是,通知规则是借鉴避风港规则,并不是《侵权责任法》第36条第3款规定的已知规则。已知规则是借鉴美国法的"红旗标准"。所谓红旗标准可以这样理解:因为红色是十分醒目的颜色,红旗是具有醒目特征的旗帜,红旗是用来形容十分明显的侵权行为的。"有关他人实施侵权行为的事实和情况已经像一面色彩鲜艳的红旗在网络服务提供者面前公然地飘扬,以至于网络服务提供者能够明显地发现他人侵权行为的存在。""此时侵权事实已经非常明显,网络服务提供者不能采取'鸵鸟政策',对显而易见的侵权行为视而不见。"[③]红旗标准的含义就是对待明显的侵权行为,网络服务提供者要主动采取必要措施。红旗标准的概念最早出现在美国,一定程度上是对避风港规则的限制,是给予网络服务提供者一定免责条款下的义务。红旗标准实际上是对避风港规则中的一项要件——没有明知侵权信息或侵权活动的存在,也不知道明显体现侵权信息或侵权活动的事实——所进行的解释和描述。[④]

避风港规则是美国佛罗里达州地方法院和州立法院在1993年和1995年分别对两个相似案件作出相反判决的背景下产生的,在1993年的 *Playboy Enterprises Inc.*

---

① 转引自王利明:《侵权行为法研究》,中国人民大学出版社2004年版,第494页。
② 参见周枏:《罗马法原论》(下册),商务印书馆2001年版,第496页。
③ 王迁:《论"信息定位服务"提供者"间接侵权"行为的认定》,载《知识产权》2006年第1期。
④ 17U.S.C.,§512(c)(1)(A)(ⅰ)—(ⅱ).

v. Frena 案中，网络用户未经原告许可将其依法受保护的图片上传到被告的 BBS 上，被告发现后便立即删除。但原告仍要求被告承担侵权责任，其理由是被告在 BBS 上公开展示和传播了该作品，侵犯了版权人的展示权与传播权。最终，法院认为被告在管理网络系统的行为存在过失，应对该网络上发生的侵权行为承担责任。[①] 1995 年联邦法院在 *Religious Technology Center v. Netcom* 案中作出了相反的判决，1997 年被《千禧年数字版权法》（即"DMCA"）规范为避风港规则。[②] 避免网络服务提供者无条件地承担严格责任，只有在明知或应知，或者"红旗标准"的情况下才承担连带侵权责任。否则，只有在被侵权人提示的情况下，才应当采取必要措施。借鉴避风港规则，我国《侵权责任法》第 36 条第 2 款明确规定，网络服务提供者不知网络服务提供者在自己的网络上实施侵权行为，经过被侵权人通知，并且经过审查确认侵权人实施的行为有可能构成侵权责任时，就要承担采取必要措施的义务。当该义务不予履行或者履行不当，致使侵权行为的损害后果进一步扩大，网络服务提供者就要对扩大的损害部分，与网络用户承担连带侵权责任。

因此，应当区别网络服务提供者对网络用户实施侵权行为的审查义务，在红旗标准之下，网络服务提供者在已知的情况下，应当主动采取必要措施。而在避风港原则下，对于被侵权人通知的侵权行为，并非承担事先审查义务，而是被动审查，"不告不理"。

（三）被侵权人通知的效果

《侵权责任法》第 36 条第 2 款规定，网络服务提供者接到被侵权人的通知，应当及时采取删除、屏蔽或者断开链接等必要措施。这就是被侵权人通知的法律后果。但是，仅仅这样规定仍然不够，还需要进行必要的补充。《建议稿》第 77 条、第 78 条和第 83 条规定了相应的规则。[③]

1. 网络服务提供者及时采取必要措施

网络服务提供者接到被侵权人的符合前述规定的书面通知后，经过审查，确认网络用户即所谓的侵权人实施的行为有可能构成侵权责任的，应当及时删除涉嫌侵权的内容，或者予以屏蔽，或者断开与涉嫌侵权的内容的链接。上述三种必要措施，究竟应当采取哪一种，首先被侵权人应当提出，网络服务提供者应当进行斟酌，确定采取适当的必要措施。如果被侵权人没有提出采取何种必要措施主张的，网络服务提供者应当采取可能造成损害最小的必要措施。

被侵权人如果主张采取屏蔽或者断开链接为必要措施的，因为其造成损害的后

---

① See *Playboy Enterprises Inc. v. Frena*, Dec. 9, 1993, 839F. Supp. 1552., 转引自胡开忠：《"避风港规则"在视频分享网站版权侵权认定中的适用》，载《法学》2009 年第 12 期。

② See *Religious Technology Center v. Netcom on-line Communication Service. Inc.* , 907F. Supp. 1372 (N. D. Cal. 1995). ，转引自同上。

③ 杨立新主编：《中国媒体侵权责任案件法律适用指引》，载《河南财经政法大学学报》2012 年第 1 期。

果较为严重,特别是可能造成其他网络用户的权益损害,应当责令被侵权人提供相应的担保。被侵权人不提供担保的,网络服务提供者可以不采取屏蔽或者断开链接的必要措施,只采取删除的必要措施。

在网络服务提供者采取必要措施的同时,应当将通知书转送提供内容的网络用户,即所谓的侵权人。如果网络用户的网络地址不明而无法转送,网络服务提供者应当将通知的内容在网络上公告。

除了《侵权责任法》第 36 条规定的三种必要措施之外,也可以采取其他必要措施,例如网络服务提供者可以根据被侵权人的通知,或者自行对多次警告但仍然在网络上实施侵权行为的网络用户,采取停止服务的必要措施。

2. 被侵权人通知错误的赔偿责任

通知发送人发出通知不当,网络服务提供者据此采取删除、屏蔽或断开链接等必要措施,给网络服务提供者或网络用户以及其他网络用户造成损失的,也构成侵权责任。

被侵权人通知错误,侵害的是网络用户即所谓的侵权人的民事权益,以及其他网络用户的民事权益。如果采取的是删除的必要措施,造成损害的,可能就只有网络用户一人。其他相关人提出侵权诉求的,由于其不是直接受害人,无权提出侵权请求。如果采取的是屏蔽或者断开链接等必要措施,则可能会损害其他网络用户的民事权益。例如对实施侵权行为的网络用户张伟进行屏蔽,则在全国有 290607 个叫张伟的人[1]会因此而使自己的民事权益受到损害(因为张伟为全国重名之首),他们都有权主张网络用户和被侵权人承担侵权责任。

作为侵权人的网络用户以及其他网络用户由于被侵权人的通知错误而造成自己的民事权益损害,《侵权责任法》第 36 条没有规定救济办法。对此,应当依照《侵权责任法》第 6 条第 1 款关于过错责任的规定,确定被侵权人的侵权责任,造成损失的,应当承担赔偿责任。

应当研究的是,如果因通知错误而造成损害的网络用户(包括其他网络用户)主张通知错误的侵权责任,应当向网络服务提供者主张,还是向被侵权人即通知人主张? 按照侵权责任的责任自负规则,谁通知错误就应当由谁承担侵权责任。所谓的被侵权人通知错误,当然应当由被侵权人承担赔偿责任。不过,在网络服务提供者为网络用户作为侵权人承担连带责任的规定中,似乎确定了一方主张另外两方承担连带责任的先例。照此办理,侵权人主张反通知权利,可以主张网络服务提供者和被侵权人承担连带责任。问题在于,《侵权责任法》第 36 条第 2 款规定网络服务提供者承担连带责任,是由于侵权人的网络用户往往难以查找,为保护被侵权人计,确定网络

---

[1] 《全国姓名重名查询前 50 排行》,http://wenku.baidu.com/view/7e92f1bd960590c69ec376ba.html,2011 年 4 月 2 日访问。

服务提供者承担连带责任。在受到错误通知损害的网络用户以及其他网络用户主张反通知权利,追究侵权责任时,被侵权人是明确的;同时,法律没有规定连带责任的,原则上是不能承担连带责任的。因此,应当确定的规则是:第一,网络服务提供者已尽适当审查义务,按照被侵权人的通知要求采取必要措施的,如果网络服务提供者没有过错,则网络用户和其他网络用户只能主张被侵权人即通知错误人承担侵权责任,不能主张网络服务提供者承担连带责任。第二,网络服务提供者对于错误通知没有尽到审慎审查义务,有过错的,网络用户和其他网络用户可以主张网络服务提供者和通知错误人承担连带责任;网络服务提供者承担了赔偿责任之后,可以向通知错误人进行追偿。这样的规则完全符合《侵权责任法》的法理。

三、网络侵权责任中的反通知及效果

关于《侵权责任法》第 36 条规定的网络侵权责任,其中还隐藏着受到"通知—取下"措施损害的侵权网络用户以及其他网络用户的反通知权利及"反通知—恢复"规则,对此也应当进行详细阐释和说明。由于对反通知及其效果没有明确规定,更需要全面研究,揭示其具体规则,以全面平衡以网络服务提供者为中心,由侵权网络用户、被侵权人和其他网络用户三方[①]利益主体构成的"一个中心三个基本点"的复杂利益关系。

(一)《侵权责任法》第 36 条是否包含反通知规则

《侵权责任法》第 36 条规定了网络侵权责任的基本规则,有的学者认为该条规定对被侵权人的权利保护的价值关怀较多,对公众言论自由的制度安排略少。[②] 这种意见只看到了该条文表面规定的"通知—取下"规则,没有看到条文背后存在的"反通知—恢复"规则。《侵权责任法》第 36 条第 2 款表面规定的是通知及其效果,在法条背后却包含着反通知规则及其效果。我们在《建议稿》中对此作了具体阐释,集中体现在第 80 条至第 82 条当中。[③]

对《侵权责任法》第 36 条第 2 款的背后究竟是否包含反通知规则问题有不同的意见:一种观点认为,设置反通知规则的做法不值得借鉴和效仿。[④] 另一种观点认为,为网络用户设置反通知权利是十分必要的,发布信息的网络用户认为其发布的信息没有侵犯他人合法权益,则可以进行反通知,要求网络服务提供者取消删除等必要措

[①] 由于《侵权责任法》第 36 条第 2 款使用的是被侵权人和侵权网络用户的概念,为了方便,本章一律使用这个概念,而不论在实际上是否构成被侵权人和侵权网络用户。

[②] 参见周强:《网络服务提供者的侵权责任》,载《北京政法职业学院学报》2011 年第 1 期。

[③] 中国人民大学民商事法律科学研究中心"侵权责任法司法解释研究"课题组:《〈中华人民共和国侵权责任法〉司法解释建议稿》,载《河北法学》2010 年第 11 期。

[④] 荀红、梁奇烽:《论规制网络侵权的另一种途径——间接网络实名制》,载《新闻传播》2010 年第 11 期。

施,事后经证明确未侵权,通知人应当就删除造成的不利后果承担责任。① 如果法律不设置反通知规则,则仅凭借法条本身过于简单的规则会造成对合法行使权利的网络用户十分不公平,对未侵权网络用户不利,也为司法机关增加了负担。②

笔者认为,在网络侵权责任的法律规定中设置了"通知—取下"规则,就必须配置"反通知—恢复"规则,否则就会造成网络关系中各方当事人的利益不平衡。《侵权责任法》第 36 条第 2 款明确规定了前一个规则,并且也表明了网络服务提供者在避风港原则下对涉及侵权的信息不必主动审查,要求网络服务提供者在收到被侵权人的有效通知后,应该及时采取删除、屏蔽、断开链接等必要措施,从而避免被侵权人造成的损失进一步扩大。然而,仅凭被侵权人一面之词就将侵权网络用户发布的信息删去或阻止访问,也不能使网络服务提供者内心安稳踏实,网络服务提供者虽然在其权限范围内将涉及侵权的信息采取了必要措施,尽到了善良管理人的注意义务,对被侵权人的损失可以免责,但是被侵权人如果通知不实,极有可能损害侵权网络用户以及其他网络用户的合法权益,而网络服务提供者则要承担无端删除自己用户的不侵权信息的责任。"通知—取下"规则不能为网络服务提供者的违约责任提供免责依据,这使得网络服务提供者在采取"取下"的必要措施时处于一种"前怕狼,后怕虎"的两难境地。没有"反通知—恢复"规则,就难以克服上述网络侵权责任确认中的困境。

可以借鉴的是,美国《千禧年数字网络版权法》(DMCA)在第 512(c)条第 3 款赋予侵权网络用户以反通知的权利,即侵权网络用户或其他网络用户在网络服务提供者根据被侵权人的通知对其用户发布的信息删除、屏蔽或断开链接时,认为自己没有侵权的侵权网络用户和其他相关网络用户可以向网络服务提供者发送证明自己没有侵权的反通知,将举证和抗辩分配给了这些网络用户,网络服务提供者只在侵权与不侵权之间居间评判。另外,出于减少损害和减少滥用通知的考虑,《千禧年数字网络版权法》在第 512(g)第 2 款中规定网络服务提供者在收到反通知后,应及时通知被侵权人(即通知发送人)或其代理人,除非法院认定侵权网络用户行为确为侵权行为,否则涉及侵权的信息将在 10 个工作日内被恢复。③ 我国的《信息网络传播权保护条例》中也有类似反通知恢复措施的规定。这也是学者认为《侵权责任法》第 36 条第 2 款的背后包含反通知规则的有力根据。

我国《侵权责任法》第 36 条第 2 款对反通知规则虽然没有明确规定,但在逻辑上是存在的。原因在于,在《侵权责任法》第 36 条第 2 款规定的网络侵权责任的关系中,形成了以网络服务提供者为中心,以被侵权人、侵权网络用户和其他相关网络用户构成的"一个中心三个基本点"的复杂的网络侵权法律关系网。④ 如果被侵权人提

---

① 王胜明主编:《中华人民共和国侵权责任法解读》,中国法制出版社 2010 年版,第 183 页。
② 李强:《网络侵权法规应进一步完善》,载《光明日报》2010 年 2 月 21 日。
③ 同上。
④ 杨立新:《侵权责任法》,法律出版社 2011 年版,第 245 页。

出通知，网络服务提供者对涉及侵权的信息予以删除，侵权网络用户默认，其他网络用户无异议，各方当事人当然相安无事。但是，侵权网络用户认为自己的信息并未侵权，反而取下其信息构成侵权，他当然要向网络服务提供者主张权利，网络服务提供者不能只接受通知而不接受反通知。同样，如果被侵权人主张采取的措施是屏蔽或者断开链接，无论侵权网络用户的行为是否构成侵权，都会造成对其他网络用户的权利损害，难道他们就没有权利向网络服务提供者主张权利吗？这也是必须通过反通知规则解决的问题。以网络服务提供者为中心，侵权网络用户、其他网络用户和被侵权人三方当事人围绕周围，就构成了这种复杂的利益关系。在网络侵权责任规则中，只有通知权利和反通知权利相互结合，"通知—取下"规则和"反通知—恢复"规则相互配置，才能构成一个平衡的制度体系，平衡好四方当事人的利益关系。

有人可能会认为，设置通知规则和反通知规则，并且相互制约，网络服务提供者可能要经历一会儿要"取下"一会儿就"恢复"的机械行为。有这个可能，但这并非毫无意义，而是防止损失扩大的保护行为[①]，特别是对于保护网络用户的言论自由更有必要。如果没有反通知规则，仅仅按照第36条第2款规定的通知规则进行，将会有无数仅因所谓的被侵权人的通知就受到侵害的侵权网络用户以及其他网络用户无处申冤，造成法律规则的利益失衡，使更多的人的权利无法保障，导致网络服务提供者仅凭借通知内容的一面之词，就认定网络用户的侵权行为，从而损害了公民的言论自由。

"通知—取下"和"反通知—恢复"规则的设置在于保护网络当事人的合法权益不受侵害，同时保护公众的言论自由，促进网络服务产业的健康发展。在权衡被侵权人权益的保护和公众言论自由的同时，也应考虑到人们日常生活对网络的依赖以及网络对社会发展的积极作用，如果对网络服务提供者科以沉重的义务，使其时刻有蒙受诉讼及承担侵权责任的危险，将严重影响网络服务提供者所经营的网络平台的运营情况，导致整个网络服务行业的萎缩，这也与法律的最终追求相背。"通知—取下"和"反通知—恢复"规则充分考虑了被侵权人、侵权网络用户、其他网络用户与网络服务提供者在遏制侵权和维护公众言论自由方面各自的便利条件和优势：首先，该规则将主动发现和监督侵权行为的责任分配给被侵权人；其次，网络服务提供者能够有效利用互联网技术手段制止侵权行为；再次，侵权网络用户对证明自己的行为不构成侵权最为合理和便利，其他网络用户证明自己的民事权益受到侵害也最为方便；最后，网络服务提供者作为三方利益冲突的中心，作为中立的主体，最适合对侵权网络用户和被侵权人之间的争议初步判断。因而这种设计契合法律的效率原则。[②]

---

① 杨明：《〈侵权责任法〉第 36 条释义及其展开》，载《华东政法大学学报》2010 年第 3 期。

② 参见梅夏英、刘明：《网络服务提供者侵权中的提示规则》，载《法学杂志》2010 年第 6 期。转引自史学清、汪勇：《避风港还是风暴角——解读〈信息网络传播权保护条例〉第 23 条》，载《知识产权》2009 年第 2 期。

（二）网络侵权责任中反通知的概念和特点

1. 反通知的概念

网络的自身特性决定了在该空间内实施的侵权行为具有隐蔽性，在确切的侵权人难以认定的情况下，问题只能诉诸为网络侵权提供技术条件的网络服务提供者，其有责任在管理自己的网络系统的同时谨慎地注意侵权行为的发生，并及时采取相应的必要措施。[①] 正因为如此，既要配置通知权利，也要配置反通知权利。

网络侵权责任中的通知，是指被侵权人要求网络服务提供者对侵犯其合法民事权益的网络信息及时采取必要措施的权利。而反通知则是指网络服务提供者根据被侵权人的通知采取了必要措施后，侵权网络用户认为其涉及侵权的信息未侵犯被侵权人的权利，或者其他网络用户认为采取的必要措施侵害了自己的合法权益，向网络服务提供者提出要求恢复删除、取消屏蔽或者恢复链接等措施的权利。

2. 反通知的特点

（1）反通知的性质是权利。

民事权利的本质有多种理论争议，其中德国梅克尔主张的"法力说"得到更多的肯定，该学说认为权利是由内容上特定的利益和形式上法律之力两方面构成的。[②] 反通知一方面是对被指控侵权内容的抗辩，是反通知人对自身利益的维护；另一方面是受法律保护的，因此反通知正是利益与法律之力的结合。《侵权责任法》第 36 条第 2 款规定通知规则时使用了"有权"二字，承认通知是一种权利。既然通知是被侵权人的权利，那么反通知当然也是权利，是被采取必要措施而受其害的侵权网络用户和其他网络用户的权利。由于被侵权人发出的通知导致网络服务提供者采取删除、屏蔽、断开链接等必要措施造成侵权网络用户和其他网络用户民事权益损害的，侵权网络用户和其他相关网络用户行使反通知的权利，以保护自己的实体民事权利。特别重要的是，被侵权人发出通知要求对某侵犯其权益的信息采取屏蔽措施，网络服务提供者决定屏蔽某些关键字，这就会影响其他网络用户的权益。尤其关键字为姓名时，其他重名用户或者公众就会因此而利益受损。他们都可以为自己主张权利，成为反通知的权利主体。

反通知的权利主体是侵权网络用户和其他网络用户。我们在《建议稿》第 80 条第 1 款提出：网络用户接到网络服务提供者转送的通知书后，认为其提供的内容未侵犯被侵权人权利的，可以向网络服务提供者提交书面反通知，要求恢复被删除的内容，或者取消屏蔽，或者恢复与被断开链接的内容。这里虽然没有像《侵权责任法》第 36 条第 2 款那样使用"有权"的字眼明确赋予权利主体以权利，但可以肯定这里表达

[①] 参见秦珂：《"通知—反通知"机制下网络服务提供者版权责任的法律比较》，载《河南图书馆学刊》2005 年第 3 期。

[②] 杨立新：《民法总论》，高等教育出版社 2009 年版，第 163 页。

的是网络侵权用户面对"通知—取下"时享有的救济手段,即反通知权利。《建议稿》第82条前段规定,因被侵权人主张采取屏蔽等措施,造成其他网络用户民事权益损害的,其他网络用户有权提出反通知,则明确肯定了反通知的权利性质。法谚云"有权利必有救济",救济是由权利衍生的,是权利实现的方式,是权利实现的充分且必要条件,有救济也必有权利,从救济的存在当然可以推导出权利的存在,其权利主体就是所谓的侵权网络用户和受到损害的其他网络用户。

(2)反通知权利的义务人是网络服务提供者。

反通知的权利人是通知指向的侵权网络用户和受到必要措施侵害的其他网络用户,反通知的义务人就当然是网络服务提供者。有的学者指出,反通知使网络用户参与到"通知—取下"程序中来,为其提供了一个抗辩的机会,同时它也可以避免网络服务提供者听取一面之词单方面删除信息,妨碍到公众的言论自由。[①] 这种意见是正确的。反通知是相对于通知而言的。被侵权人作为通知的权利主体,他的义务主体当然是作为媒介的提供网络技术平台的网络服务提供者。网络服务提供者应当对通知权利行使作出必要的行为,即及时采取必要措施。相应地,反通知权利人行使权利,当然也必须针对网络服务提供者提出,对自己的被通知和采取必要措施的网络行为进行辩解、否认。反通知权利的义务主体当然也是网络服务提供者,而不是所谓的被侵权人。这是由于网络侵权行为与其他一般侵权行为的不同,其以网络服务提供者为中介,侵权人实施侵权行为必须要通过网络媒介传播,侵权人的身份往往不明确,须透过网络服务提供者这个中间桥梁才能建立被侵权人和侵权网络用户之间的沟通和联系。因此,无论是通知权利还是反通知权利,其义务人都是网络服务提供者。

应当看到的是,通知权利和反通知权利的性质是一种程序性的权利,即针对网络侵权行为而对网络服务提供者提出采取取下措施或者恢复措施的权利,并不是民事实体权利,不是侵权请求权,也不是侵权请求权的一个内容。如果当通知权利人和反通知权利人不是向网络服务提供者提出通知或者反通知,而是直接向人民法院起诉,那就不是通知权利和反通知权利的问题了,而是直接行使侵权请求权。

(3)反通知权利的目的是使通知失效并采取恢复措施。

尽管反通知的义务人是网络服务提供者,但反通知权利行使的目的却是针对被侵权人的通知,是使通知失效,并且使通知的后果予以恢复。通知的目的是要对侵权网络用户实施的网络侵权行为在网络上采取必要措施,消除侵权后果;与之相反,反通知的内容是要说明侵权网络用户没有实施侵权行为的事实和依据,或者其他网络用户因通知权的行使而遭受其害,因而对抗通知权的行使及其效果。反通知权利的行使效果的"恢复",对抗的就是通知权利及其效果即"取下",使通知失效,并将因此采取的必要措施予以撤销,使侵权网络用户实施的网络行为恢复原状。

---

① 参见周强:《网络服务提供者的侵权责任》,载《北京政法职业学院学报》2011年第1期。

（三）行使反通知权利的条件和内容

1. 反通知权利行使的条件

行使反通知权利，主张网络服务提供者撤销必要措施，对侵权网络用户实施的网络行为予以恢复，应当具备以下条件：

（1）反通知以通知行为的有效存在为前提。

侵权网络用户行使反通知权利，或者其他网络用户行使反通知权利，应当以被侵权人行使通知权利为前提。反通知的基础是通知。"大凡物不得其平则鸣"[①]，如果没有被侵权人的通知权利的行使，反通知无由存在。不仅如此，通知权利行使之后且须有效存在，反通知的权利才能够行使。如果通知的权利行使之后随即予以撤销，则反通知的权利也不得行使。

（2）网络服务提供者已经对网络侵权行为采取必要措施。

仅仅有被侵权人的通知权利行使还不够，行使反通知权利还必须在被侵权人行使通知权利之后，网络服务提供者已经采取必要措施，对相关网络信息采取删除、屏蔽、断开链接等取下措施，只有如此，侵权网络用户或者其他网络用户的民事权益才有可能受到侵害，也才有行使反通知权利的条件。通知的权利行使之后，网络服务提供者并没有对网络侵权行为采取取下措施，反通知权利也不得行使。

（3）反通知的权利人认为自己的民事权益受到了侵害。

反通知的权利主体可以是侵权网络用户，也可以是民事权益受损的其他网络用户。当被侵权人行使通知权利，网络服务提供者对侵权网络用户实施的侵权行为采取必要措施后，侵权网络用户和民事权益受到侵害的其他网络用户认为自己的民事权益受到了侵害，才有必要行使反通知权利。因此，反通知权利是反制通知权利行使不利于侵权网络用户或其他网络用户的必要措施。当反通知的主体是通知所包含的侵权行为所指向的侵权网络用户时，反通知的主体是特定的；当反通知的主体是因通知引起的民事权益受损的其他网络用户时，反通知的主体则是一定范围内的不特定的公众。之所以将反通知的主体扩大，是因为要保护公众的言论自由。这种损害是反通知权利人民事权益的损害，包括所有的民事权益。这种损害只要反通知权利人认为构成了损害即可，而不一定是已经构成了实际损害。不过，反通知权利人认为已经构成侵害但实际并没有造成损害，在其后发生的诉讼中，法院可能依据事实确认反通知权利人行使权利不当，因而承担败诉的后果。

（4）损害与网络服务提供者采取取下措施之间具有因果关系。

侵权网络用户和其他网络用户的损害须与网络服务提供者采取取下措施之间具有引起与被引起的因果关系。有因果关系，则其反通知权利的行使为正当；没有因果关系，则反通知权利的行使为不正当。

---

① 韩愈：《送孟东野序》。

2. 行使反通知权利的要求

侵权网络用户和其他网络用户行使反通知权利,应当遵守以下两个要求:

第一,应当将反通知直接发给网络服务提供者。网络服务提供者是反通知的义务人。反通知与通知相同,都要求发给包含侵权信息或需要恢复的不涉侵权信息的网络平台的运营商即网络服务提供者,进而由网络服务提供者依据自己的审查结果采取恢复措施。同时,应当将反通知转发通知权利人。反通知不能由反通知权利人直接发给通知权利人即被侵权人,因为被侵权人不是反通知权利的义务主体。

第二,反通知应当采取书面形式。反通知要求采取书面形式的理由和作用与通知相同,都是体现了在网络安全、网络管理秩序与意思自治的博弈中,慎重的书面通知和反通知不但可以起到警示作用,也可以起到证据作用,从而排除了通知人和反通知人与网络服务提供者对通知和反通知形式的约定。之所以强调反通知必须采取书面形式,与通知必须是书面形式的理由一致。相比之下,反通知的书面形式更为必要。

3. 反通知的内容

权利人行使反通知权利,反通知的内容应该明确、具体。反通知的内容越明确越具体,其证明力越强,对抗通知的效力就越强。侵权网络用户通过将反通知内容的明确化和具体化,以达到对自己权益更完备的保护。反通知的内容是:

第一,网络用户的姓名(名称)、联系方式和地址。网络用户应提供真实的姓名、身份证号等个人基本信息,企业单位用户则应提供名称、营业执照、单位编码及住所和居所,以便在要求恢复的网络地址或者其他信息出现错误时网络服务提供者与其联络,保证恢复行为顺利及时进行。之所以这样要求,是因为网络用户反通知造成网络侵权损失的扩大,应由网络用户自己承担责任时,能够找到责任人。

第二,要求恢复的内容的名称和网络地址。要求恢复的内容和网络地址是反通知的必要内容之一,也是反通知不可缺少的条件。反通知指向的地址如果不在网络服务提供者的权限范围之内,则网络服务提供者应及时告知网络用户,并告知反通知正确的接收者。如果反通知指向的地址属于网络服务提供者的权限范围,但是地址链接明显有误,则网络服务提供者应及时与网络用户取得联系,要求其及时纠正或补正要求恢复的网络地址。侵权网络用户因为自己原因没有及时补正和纠正要恢复的网络地址,造成反通知无效的,由侵权网络用户自己承担不利后果。

第三,不构成侵权的初步证明材料。反通知中不构成侵权的初步证明材料应足以与通知中构成侵权的初步证明材料相对抗,网络侵权用户可以证明自己的行为不是《侵权责任法》所规范的违法行为,或者通知所指的损害事实并不存在,或者违法行为和损害事实不存在因果关系,或者自己不存在过错。可以考虑的证明标准,应当是盖然性标准而不是高度盖然性标准。证明达到可能性或者较大可能性的时候,即可以确认。

第四，反通知发送人须承诺对反通知的真实性负责。这种自我保证程序是必要的，可以在一定程度上减少恶意反通知的行为，以维护被侵权人的合法权益。

第五，如果反通知要求的恢复可能涉及较大财产利益，并且被侵权人在通知时已经提供了相应数额的担保，侵权网络用户在提出反通知的同时也应当提供相应数额的反担保。日本的《特定电气通信提供者损害赔偿责任之限制及发信者信息揭示法》也考虑到了网络服务提供者对被侵权人发来的反通知的真实性和合法性难以辨别时，应首先询问侵权网络用户是否同意采取防止散布的必要措施。如果侵权网络用户收到通知和询问之后 7 天内没有表示反对，则网络服务提供者方可采取相应的必要措施。该规定与《物权法》规定的异议登记制度相似，这种规则可以运用于侵权网络用户提出反通知，通知方一定期限内不起诉，则通知即告作废，这充分体现了法律从不保护权利上的睡眠者。[①] 应当提供担保而没有提供担保者，视为反通知无效，网络服务提供者不予采取恢复措施。

（四）网络服务提供者对反通知的审查

网络服务提供者对反通知的审查，与对通知的审查相同。网络服务提供者并不是对网络上发生的所有信息都进行审查，而仅仅是对通知规则范围内的、被侵权人通知主张的网络用户实施的网络侵权行为进行审查。这是因为，网络服务提供者缺乏承担广泛审查义务的能力。作为网络技术平台的管理者，其负责网络信息发布和汇总，也应对所有经其发布的信息进行管理和监控，但由于网络服务提供者面对的海量信息难以履行如同传统新闻出版者一般的审查义务，通过主动出击的方式寻找其权限范围内的侵权行为，无论在成本和效率上都是其不可承受之重。[②]

同样，网络服务提供者并不是法官，其不具备判断反通知中"不构成侵权的初步证明材料"是非的能力，尤其是在一些侵害名誉权和隐私权的案件中，被侵权人和侵权网络用户各执一词，孰是孰非连法官都难以判断，况网络服务提供者乎？也有观点认为互联网上侵犯专利权、侵犯商业秘密的判断对网络服务提供者的要求太高，"通知—删除"规则不适宜在民事权益中普遍适用。[③] 笔者认为，对于那些显而易见的侵权应当适用红旗标准，智力和心智处于一般水平的人就可以判断这些明显的侵权行为，网络服务提供者自然也可以。在我国，《互联网信息服务管理办法》第 15 条列举的都属于"红旗"，其中包括：(1) 反对宪法所确定的基本原则的；(2) 危害国家安全，泄露国家秘密，颠覆国家政权，破坏国家统一的；(3) 损害国家荣誉和利益的；(4) 煽动民族仇恨、民族歧视，破坏民族团结的；(5) 破坏国家宗教政策，宣扬邪教和封建迷信的；(6) 散布谣言，扰乱社会秩序，破坏社会稳定的；(7) 散布淫秽、色情、赌博、暴

---

① 参见王竹、舒星旭：《从网络侵权案例看"提示规则"及其完善》，载《信息网络安全》2011 年第 5 期。

② 参见梅夏英、刘明：《网络服务提供者侵权中的提示规则》，载《法学杂志》2010 年第 6 期。

③ 参见吴汉东：《论网络服务提供者的著作权侵权责任》，载《中国法学》2011 年第 2 期。

力、凶杀、恐怖或者教唆犯罪的;(8)侮辱或者诽谤他人,侵害他人合法权益的;(9)含有法律、行政法规禁止的其他内容的(对于专业技术水平较高的一般人不好轻易判断的侵权行为,对于网络服务提供者来说却不是不可能的)。网络服务提供者作为互联网技术的运营商,其团队中应当有处理日常法律事务的、具备法律专业素质或其他专业素质的工作人员,因此要求网络服务提供者对上述几种侵权行为的判断并非强人所难。而且对网络服务提供者就侵权材料的认定标准的要求不必如同法院那么高,只要不是十分明显的判断失误也不必承担不利后果。

网络服务提供者对反通知的审查主要就是审核反通知的内容是否满足上述要求,是否符合行使反通知权利的四个要件,以及反通知是否采取书面形式。符合上述要件的反通知,自网络服务提供者收到之日起,网络服务提供者即应采取措施,撤销原来采取的删除、屏蔽或者断开链接等必要措施。

(五)反通知的效果

反通知的权利行使之后,发生两个方面的法律效果:

1. 对网络服务提供者的效果

反通知的义务主体就是网络服务提供者。反通知的基本效力,就是网络服务提供者依照反通知的要求,对已经采取必要措施的网络信息撤销删除、屏蔽或者断开链接等恢复措施,使侵权网络用户在网络上的行为得以恢复,使其他网络用户受到损害的后果得到恢复。

因此,网络服务提供者在接到网络用户的书面反通知后,应当及时恢复被删除的内容,或者取消屏蔽,或者恢复与被断开的内容的链接,同时将网络用户的反通知转送通知的发送人。反通知的目的就是使通知的效果打回原形,使通知失效。反通知一旦生效,对通知的打击将是毁灭性的,但是被侵权人主张自己合法民事权益不受侵害的权利并没有受到限制,只是不享有再通知的权利。

网络服务提供者究竟应当在多长时间里采取恢复措施,跟通知后采取取下措施一样,没有明确规定。一般解释都是"合理"[①]"适当"[②]的时间。在司法实践中,法官希望能够有一个确定的时间,比较容易操作,有的主张 10 天,有的主张 7 天。我们倾向于 7 天,时间比较适中。[③]

2. 对通知权利人以及其他人的效果

对于反通知,发动通知的被侵权人不享有再通知的权利。这是因为一个制度的设计,不可以循环往复,且网络服务提供者也不具有如此的能力。被侵权人不得重复通知,在非诉讼层面的救济到此结束。我们在《建议稿》第 81 条第 2 款建议:发送通

---

① 王利明主编:《中华人民共和国侵权责任法释义》,中国法制出版社 2010 年版,第 160 页。
② 杨立新:《侵权责任法:条文背后的故事与难题》,法律出版社 2010 年版,第 140 页。
③ 杨立新主编:《中国媒体侵权责任案件法律适用指引》,载《河南财经政法大学学报》2012 年第 1 期。

知的"被侵权人"不得再通知网络服务提供者删除该内容、屏蔽该内容或者断开与该内容的链接。无论何方,对此有异议的,可以向人民法院起诉。[①]

事实上,在被侵权人通知、侵权网络用户或者其他网络用户反通知的情形下,无论哪一方当事人(包括网络服务提供者),都有可能出现是否构成侵权的争议。但主要的争议可能出现在被侵权人和网络服务提供者。如果网络服务提供者接受反通知,撤销必要措施,被侵权人有可能主张权利,可能起诉反通知权利人以及网络服务提供者,追究他们的侵权责任;如果侵权网络用户或者其他网络用户反通知后,网络服务提供者不接受反通知,没有撤销必要措施,反通知权利人可能起诉网络用户以及被侵权人,追究他们的侵权责任。因此,在这些情形下,不论网络服务提供者是否采取撤销必要措施,在其周围的三种权利主体都有可能起诉,追究他方的侵权责任;同时都有可能将网络服务提供者作为责任人,诉至法院,追究其侵权责任。

因此,涉及反通知权利行使的各种争议,实际上都是侵权争议,诉至法院,法院都要依照《侵权责任法》第6条第1款和第36条的规定,确定侵权的是非,定分止争。人民法院应当依照《侵权责任法》的上述规定,依据网络侵权行为的构成要求,确定究竟应当由哪一方承担侵权责任。

具体的侵权责任承担,可能有以下几种情形:

(1) 被侵权人起诉网络服务提供者或者侵权网络用户。

被侵权人因反通知后网络服务提供者采取恢复措施,而起诉网络服务提供者为侵权的,应当审查侵权网络用户实施的网络行为是否构成侵权责任。

如果侵权网络用户的行为构成侵权责任,行使反通知权利即为滥用权利,行使"反通知—恢复"规则就构成侵权责任。被侵权人只起诉网络服务提供者的,应当确定网络服务提供者在接受反通知采取恢复措施时,是否尽到必要注意义务。尽到必要注意义务,对反通知已经进行了应尽的审查义务的,尽管侵权网络用户的行为已经构成侵权,但由于网络服务提供者不具有过错,而不承担侵权责任。这时,侵权责任应当由侵权网络用户承担。被侵权人可以另行起诉,或者追加侵权网络用户为被告,并直接确定该侵权网络用户承担侵权责任。网络服务提供者没有尽到必要注意义务,在接受反通知、采取恢复措施中存在过错,则应当与侵权网络用户承担连带责任,可以责令网络服务提供者承担侵权责任,也可以责令侵权网络用户承担侵权责任,还可以责令网络服务提供者和侵权网络用户共同承担连带责任。

如果侵权网络用户的行为不构成侵权责任,网络服务提供者采取恢复措施就是正当的,应当驳回被侵权人对侵权网络用户的诉讼请求;起诉网络服务提供者的,也应当驳回其诉讼请求。

---

① 中国人民大学民商事法律科学研究中心"侵权责任法司法解释研究"课题组:《〈中华人民共和国侵权责任法〉司法解释建议稿》,载《河北法学》2010年第11期。

在被侵权人就其他网络用户行使反通知权利网络服务提供者采取恢复措施而提出起诉的,无论侵权网络用户实施的网络行为是否构成侵权,都要看网络服务提供者采取的取下措施是否侵害了其他网络用户的民事权益。侵害了其他网络用户民事权益的,被侵权人起诉就为无理由;没有侵害其他网络用户民事权益的,则起诉为正当,其他网络用户应当承担滥用反通知权利的后果。

(2)侵权网络用户起诉网络服务提供者或者被侵权人。

侵权网络用户作为反通知权利人提出反通知,网络服务提供者没有接受反通知、没有及时采取恢复措施的,侵权网络用户有权向法院起诉网络服务提供者,也可以同时起诉被侵权人。在这种情形下,法院也应当着重审查侵权网络用户在网络上实施的行为是否构成侵权责任。

如果侵权网络用户的行为构成侵权责任,则侵权网络用户属于滥用反通知权利,不仅对其原来实施的侵权行为应当承担责任,而且对情节较重的滥用反通知权利的侵权行为承担侵权责任。此时,应当驳回侵权网络用户的诉讼请求,对方(包括被侵权人和网络服务提供者)也可以反诉,追究其侵权责任,当然也可以另案起诉。网络服务提供者的诉因是侵权网络用户的反通知行为侵害了网络服务提供者的合法权益,应当受到追究。

如果侵权网络用户的行为不构成侵权责任,作为"通知—取下"的受害者,其行使反通知权利就是正当的,而网络服务提供者没有及时采取恢复措施的行为构成侵权,网络服务提供者应当对侵权网络用户承担侵权责任。网络服务提供者主张被侵权人应当共同承担侵权责任的,可以追加被侵权人为共同被告,承担连带责任;或者责令网络服务提供者承担全部责任,之后再起诉被侵权人行使追偿权。

如果侵权网络用户的行为不构成侵权,网络服务提供者已经采取恢复措施的,侵权网络用户就不能起诉网络服务提供者,而应当起诉被侵权人。被侵权人的行为构成侵权,应当承担侵权责任。

(3)其他网络用户起诉网络服务提供者。

作为"通知—取下"措施的受害人,其他网络用户有权起诉网络服务提供者和被侵权人。这时,处理的规则与侵权网络用户的方法不同。

首先,其他网络用户起诉,不受侵权网络用户实施的行为是否构成侵权的约束,不论是否构成侵权行为,只要其他网络用户的民事权益受到"通知—取下"措施的侵害,他的起诉就成立,就应当有人承担侵权责任。

其次,如果侵权网络用户的行为不构成侵权,被侵权人通知、网络服务提供者取下已经构成侵权,那么,其他网络用户起诉侵权就应当成立,可以追究网络服务提供者以及被侵权人的侵权责任,他们应当承担连带责任。

再次,如果侵权网络用户的行为构成侵权,"通知—取下"采取的必要措施不当,侵害了其他网络用户的民事权益的,其他网络用户有权起诉,首先应当由被侵权人承担侵权责任。网络服务提供者有过错的,则应当承担连带责任;网络服务提供者没有过错的,则不承担侵权责任,只由被侵权人承担责任。

最后,如果侵权网络用户的行为不构成侵权,"通知—取下"措施符合法律规定,对其他网络用户没有造成损害的,则其他网络用户的起诉为无理由,应当予以驳回。

【案例讨论】 >>>> 〉

案情:

银都机构有限公司与英皇公司是电影《证人》的共同出品人,依双方约定,英皇公司对电影《证人》享有包括信息网络传播权在内的独占性著作权。2008年11月12日,英皇公司委托浙江天册律师事务所江青海律师分别以邮政特快专递和电子邮件的方式告知两被告,即时越公司和搜狐公司,英皇公司作为电影《证人》的单一著作权人,暂未考虑授权任何商业机构和个人通过视频共享的方式传播电影《证人》,任何通过两被告运营网站平台传播电影《证人》的行为均属违法,并提醒两被告应尽到善良管理人的注意义务,屏蔽或阻断通过其网络平台传播电影作品《证人》的行为,否则应当承担侵权责任。2008年12月11日,英皇公司调查发现,时越公司发布并管理的"UUSee网络电视"客户端软件能搜索链接并直接播放来源于搜狐公司所有并经营的"搜狐网"上的电影作品《证人》,并且点击"UUSee网络电视"客户端上的视频链接后,搜狐公司所有并经营的"搜狐网"的"搜狐博客"栏目播放电影《证人》。英皇公司认为两被告明知或者应知英皇公司的电影作品《证人》在其经营的运营平台上非法传播,但未能尽到合理的注意义务,没有及时采取屏蔽或者阻断等有效措施防止非法传播行为,给英皇公司造成了重大经济损失,因此两被告应当向英皇公司承担侵权责任。据此,英皇公司请求法院判令被告停止侵权并赔偿原告经济损失人民币15万元以及诉讼合理支出人民币1320元。

法院经审理认为,根据公证书的记载,"UUSee网络电视"软件系时越公司开发的软件,并且在播放电影《证人》的过程中,该软件的播放器下端在滚动地播放广告。因此,时越公司实际控制着该软件对电影《证人》的搜索、播放。时越公司虽抗辩其针对电影《证人》提供的仅是搜索链接服务,不应当承担法律责任,但本院认为该主张不能成立,理由如下:(1)时越公司不仅提供了《证人》电影的搜索服务,还在"UUSee网络电视"软件的播放器中播放了该电影,客观上使得公众可以在其选定的时间和地点获得该作品;(2)时越公司在"UUSee网络电视"软件播放器的下端以及该软件页面的上端都设置有广告,客观上获得了经济利益,因此主观上应负有更高的注意义务;(3)英皇公司于2008年12月11日发现被告侵权行为,距离该电影公映首日仅仅20天的时间,依据常理,时越公司应当知道英皇公司在此时不可能授权他人进行互联网传播;(4)时越公司在"UUSee网络电视"软件中设置了各种专栏,对视频内容进行了编辑、整理，客观上方便了网络用户对视频内容的查找，因此主观上对视频内容的权利是否存在瑕疵应施以更高的注意义务;(5)英皇公司在被控侵权行为发生之前已经向时越公司发送了《律师告知函》，其中虽然没有明确的 URL 地址，但时越公司怠于行使删除有关侵权搜索链接的义务，放任涉案侵权结果的发生，其主观上具有过错。综上，时越公司的抗辩主张不能成立，法院不予支持。

搜狐公司虽抗辩称电影《证人》是网友自行上传的，其不应当承担法律责任，但首先，涉案被控侵权行为发生的时间距离电影《证人》首映日仅仅 20 天时间;其次，搜狐公司于 2009 年 2 月 20 日取得了电影《证人》的信息网络传播权的授权，其更应当知道在 2008 年 12 月英皇公司没有将电影《证人》的信息网络传播权授予自己;最后，英皇公司之前发送了《律师告知函》，搜狐公司应当删除有关侵权内容。综上，搜狐公司应当知道电影《证人》没有取得权利人的授权，主观上具有过错，其应当承担相应的法律责任。

为了便于分清各方之间的责任，法院将在两被告之间对各自承担的民事责任作一划分。搜狐公司已经取得了电影《证人》的信息网络传播权，因此判令其停止侵权已无必要。判决:一、被告北京时越网络技术有限公司于本判决生效之日起立即停止搜索、播放电影《证人》的行为;二、被告北京时越网络技术有限公司于本判决生效之日起 10 日内，赔偿原告英皇影业有限公司经济损失人民币 3.5 万元及诉讼合理支出人民币 660 元;三、被告北京搜狐互联网信息服务有限公司于本判决生效之日起 10 日内，赔偿原告英皇影业有限公司经济损失人民币 3.5 万元及诉讼合理支出人民币 660 元;四、驳回原告英皇影业有限公司的其他诉讼请求。

讨论问题:

1. 在本案中，英皇公司对时越公司和搜狐公司提出他们的行为构成侵权行为的通知，具有何种法律意义?

2. 你对本案的判决持何种意见? 理由是什么?

【参考文献】》》》

杨立新主编:《中国媒体侵权责任案件法律适用指引》，载《河南财经政法大学学报》2012 年第 1 期。

吴汉东:《论网络服务提供者的著作权侵权责任》，载《中国法学》2011 年第 2 期。

梅夏英、刘明:《网络服务提供者侵权中的提示规则》，载《法学杂志》2010 年第 6 期。

王竹、舒星旭:《从网络侵权案例看"提示规则"及其完善》，载《信息网络安全》2011 年第 5 期。

周强:《网络服务提供者的侵权责任》，载《北京政法职业学院学报》2011 年第 1 期。

史学清、汪勇:《避风港还是风暴角——解读〈信息网络传播权保护条例〉第 23
条》,载《知识产权》2009 年第 2 期。

秦珂:《"通知—反通知"机制下网络服务提供者版权责任的法律比较》,载《河南
图书馆学刊》2005 年第 3 期。

杨明:《〈侵权责任法〉第 36 条释义及其展开》,载《华东政法大学学报》2010 年第 3
期。

李丽婷:《网络服务商在商标侵权中的法律责任》,载《中华商标》2010 年第 2 期。

胡开忠:《"避风港规则"在视频分享网站版权侵权认定中的适用》,载《法学》2009
年第 12 期。

第十九章　网络平台提供者的附条件不真正连带责任与部分连带责任

2013年10月25日,第十二届全国人民代表大会常务委员会第五次会议修订了《消费者权益保护法》,增设了第44条规定网络交易平台提供者对消费者的赔偿责任。这一规定与2009年12月26日通过的《侵权责任法》第36条规定的网络服务提供者对被侵权人的侵权责任的内容相似,但又有明显区别。这两个法条都是规定网络平台提供者应当承担民事责任的规则,究竟存在哪些差异,为什么要存在这些差异,值得深入研究。笔者作为这两部法律修订和制定的主要参与者,就此提出分析意见,阐释互联网企业作为网络交易平台提供者承担的附条件不真正连带责任,以及作为网络媒介平台提供者承担的部分连带责任,说明其具体规则和立法者的立法意图,保证这两个法条的正确解释和适用,更好地平衡网络平台提供者(包括网络交易平台提供者和网络媒介平台提供者)与消费者以及被侵权人之间的利益平衡,保护好民事主体的权益,推动我国互联网事业的发展,促进我国网络交易平台与网络媒介平台的不断繁荣。

一、两个法条对网络平台提供者承担民事责任规定的不同规则及原因

(一) 两个法条对网络平台提供者承担民事责任规定的不同规则

互联网企业提供的网络,可以作为交易平台,也可以作为媒介平台。前者如腾讯、新浪,后者如阿里巴巴。当网络作为交易平台时,在平台上进行交易的消费者受到网店的销售者或者服务者行为的损害,具备法律规定的条件,网络交易平台提供者应当承担赔偿责任。当网络作为媒介平台时,网络用户将该平台作为自媒体发布信息等,侵害了他人的民事权益,在符合法律规定的情形下,网络媒介平台提供者应当承担侵权责任。《消费者权益保护法》第44条和《侵权责任法》第36条规定的正是这样的规则。

互联网企业作为网络交易平台提供者承担赔偿责任的规则有三个层次:第一,消费者的合法权益受到网店的销售者或者服务者的侵害,责任人是网店的销售者或者服务者;在通常情况下,网络交易平台提供者并不直接承担责任。第二,网络交易平台提供者承担不真正连带责任,有两种情形:一是网络交易平台提供者不能提供网店

销售者或者服务者的真实名称、地址和有效联系方式时承担的责任;二是网络交易平台提供者事前作出更有利于消费者承诺例如先行赔付时承担的责任。在这两种情形下,受到侵害的消费者可以请求网络交易平台提供者承担赔偿责任;在网络交易平台承担了赔偿责任之后,有权向网店的销售者或者服务者进行追偿。第三,网络交易平台提供者明知或者应知网店的销售者或者服务者利用其平台侵害消费者合法权益,未采取必要措施的,与网店的销售者或者服务者承担连带责任。

互联网企业作为网络媒介平台提供者承担侵权责任的规则也分为三个层次:第一,网络服务提供者与网络用户一样,利用网络实施侵权行为,应当单独承担侵权责任。第二,网络用户利用网络实施侵权行为,被侵权人对网络服务提供者行使通知的权利,网络服务提供者应当及时采取必要措施,未及时采取必要措施的,对损害的扩大部分,与网络用户承担连带责任。第三,网络服务提供者知道网络用户利用其网络服务侵害他人民事权益,未采取必要措施的,与该网络用户承担连带责任。

(二)网络平台提供者两种承担民事责任规则的联系与差别

《消费者权益保护法》与《侵权责任法》这两个法条对网络平台提供者规定的两种承担民事责任规则,既有联系,也有差别。

1. 两种规则的共同联系

第一,互联网企业不论是作为网络交易平台提供者还是作为网络媒介平台提供者,都是网络平台提供者,都以互联网企业为责任主体。《消费者权益保护法》第44条把责任主体称为网络交易平台提供者,其提供的平台是网店的销售者或者服务者与消费者之间交易赖以发生的基础。尽管《侵权责任法》第36条将责任主体称为网络服务提供者,但其法律地位也是网络平台提供者,提供的是网络媒介平台,属于自媒体性质,网络用户和被侵权人之间的侵权法律关系就发生在这个平台之上。两个平台的性质基本相同,只不过一个是交易平台,是网店的销售者或者服务者与消费者在这个平台上进行有偿交易;另一个是媒介平台,以发布信息为主,是网络用户发布信息发生侵权行为,与传统的媒体侵权行为相似,不存在有偿行为。这两个交易平台由于是发生违法行为的交易或者媒介的平台,使网络平台提供者有可能参与到侵权或者违约的法律关系之中,使互联网企业成为民事责任主体。

第二,在网络平台提供者承担民事责任的法律关系中,都存在另外两方当事人,并且是主要的当事人。在网络交易平台,两方主要的当事人为网店的销售者或者服务者和消费者;在网络媒介平台,当事人则是侵权的网络用户和被侵权人。网络平台上的法律关系,不论是侵权法律关系还是违约法律关系,都发生在这两方当事人之间;网络平台提供者之所以成为民事责任主体,是因为其提供了这个平台,而不是他们直接实施了侵权行为或者违约行为。因此,网络平台提供者都是与双方当事人中应当承担民事责任的那一方共同承担民事责任。

第三,网络平台提供者承担责任的两种规则都分为三个层次:一是网络用户或者网络服务提供者以及网店的销售者或者服务者单独承担民事责任,二是网络平台提供者与应当承担民事责任的一方当事人共同承担民事责任,三是明知或者应知发生侵权行为的网络平台提供者与应当承担民事责任的一方当事人承担连带责任。

第四,网络平台提供者承担民事责任的方式都是赔偿责任,不存在其他责任方式。《消费者权益保护法》第44条则直接规定的是赔偿责任。《侵权责任法》第36条尽管规定的是侵权责任,但这个侵权责任就是指侵权赔偿责任。这两个法条规定的责任方式都不包括其他民事责任方式。

2. 两种规则的主要差别

第一,网络平台提供者承担民事责任的性质有所不同。《消费者权益保护法》第44条规定网络交易平台提供者承担的责任是赔偿责任,既包括侵权赔偿责任,也包括违约赔偿责任。[①]《侵权责任法》第36条规定的只是侵权责任(赔偿),不包括违约赔偿责任。

第二,在第一层次的规则上,《消费者权益保护法》第44条第1款前段规定的责任主体,只有网店的销售者或者服务者,网络交易平台提供者并不单独承担责任。而《侵权责任法》第36条第1款规定的责任主体既包括实施侵权行为的网络用户,也包括单独实施侵权行为的网络服务提供者。网络服务提供者利用自己的网站实施侵权行为,应当自己承担侵权责任。

第三,在第二层次的规则上,首先,尽管互联网企业在其提供的网络交易平台和网络媒介平台上都负有一定的义务,但义务的内容不同。网络交易平台提供者承担的义务,是准确掌握销售者或者服务者的真实名称、地址和有效联系方式;而网络媒介平台提供者作为自媒体提供者,与报纸、杂志、电台、电视台等传统媒体近似,又有自媒体的固有特点,因而其负担的义务,是在侵权的网络用户在其网站上实施了侵权行为,侵害了被侵权人合法权益时,应被侵权人的通知,及时采取必要措施。其次,正因为网络交易平台提供者和网络媒介平台提供者负担的义务不同,其违反义务时承担的民事责任也不同。按照《消费者权益保护法》第44条规定,网络交易平台提供者未履行其提供网店销售者或者服务者真实信息的义务,承担的责任是不真正连带责任,按照消费者的主张或者按照自己先前的承诺承担赔偿责任,但赔偿后可以向网店的销售者或者服务者进行追偿。而网络媒介平台提供者未履行及时采取必要措施的义务,是就损害扩大的部分承担连带责任。连带责任与不真正连带责任的区别在于,作为最终责任人,连带责任的最终责任为每一个连带责任人按份分担;不真正连带责任的最终责任,必由最终责任人一人承担。[②] 再次,网络平台提供者承担不真正连带

---

① 前者如销售者实施的产品欺诈与服务欺诈的违约行为,后者如销售者或者服务者实施的恶意产品致害或者恶意服务致害造成人身损害的侵权行为。

② 杨立新:《多数人侵权行为及责任理论的新发展》,载《法学》2012年第7期。

责任或者连带责任都是附条件的,但所附条件并不相同。网络交易平台提供者承担不真正连带责任的条件是,不能提供网店的销售者或者服务者的真实名称、地址、有效联系方式,或者自己事前作出更有利于消费者的承诺。网络媒介平台提供者与侵权网络用户承担连带责任的条件是,未及时采取必要措施,致使损害进一步扩大。

第四,在第三层次的规则上,基本规则大体相同,都是要与侵权的网络用户、网店的销售者或者服务者承担连带责任,但具体表述略有区别:一是,《消费者权益保护法》第44条第2款规定的是网络交易平台提供者"明知或者应知",而《侵权责任法》第36条第3款规定的是"知道"[①];二是,在承担连带责任的规定之前,《消费者权益保护法》第44条第2款加了"依法"二字,而《侵权责任法》第36条第3款没有规定这两个字。依照立法习惯,规定"依法"者,应当依据其他法律的规定确定连带责任,而不是依据本法确定连带责任。《消费者权益保护法》第44条第2款规定"依法"所表达的意思是,网络交易平台提供者明知或者应知销售者或者服务者利用其平台侵害消费者合法权益,未采取必要措施的,应当依据《侵权责任法》第8条规定,认定为共同侵权行为,或者依据《民法通则》第87条规定,认定为连带债务,因而承担连带责任。而《侵权责任法》本身就是规定侵权责任的,因而第36条第3款没有必要写"依法"二字。据此可以确定,这些文字上的差别并不影响两种网络平台提供者承担这种连带责任规则的同一性。

(三)互联网企业作为网络平台提供者承担民事责任设置不同规则的原因

同样是互联网企业,作为网络交易平台提供者与作为网络媒介平台提供者承担民事责任的规则具有如此的不同,其原因究竟是什么,特别值得研究。笔者认为,其主要原因有以下四个:

1. 互联网企业相较于其他传统产业的特殊性

随着计算机的广泛应用及通信技术的迅猛发展,互联网已经快速辐射到社会的各个领域,改变了人们生活、生产、交易方式,上网浏览新闻、网络游戏、网络购物、网络交友、网络下载等,几乎成了人们日常生活不可或缺的组成部分,覆盖了社会生活的各个领域。[②] 互联网企业一方面为广大人民群众的生活提供了各种便利,另一方面也为社会创造了巨大的财富,成为新兴的、具有巨大潜能的朝阳产业。据悉,2013年全国电子商务销售额达9.9万亿,同比上年增长21.3%,最近3年增长率保持在20%以上,预计未来3年增长率将维持在15%以上,2017年将超过20万亿元。特别是近年来迅猛发展的移动互联网产业链,爆发了巨大的商业能量,改变了传统的交易、社交等领域的方式,使互联网成为时代的标志。不过,互联网企业提供的网络平台在为

---

① 这个区别并不大,因为全国人大法工委官员在解释《侵权责任法》第36条规定的"知道"时,将其解释为包括明知和应知。参见王胜明:《中华人民共和国侵权责任法释义》,法律出版社2010年版,第195页。

② 同上书,第178页。

交易和媒介提供了全新、便捷服务的同时,也会给行为人实施违法行为提供新的机会和平台。如果互联网企业在提供网络平台服务的过程中对侵权行为、违约行为的发生存在过错,就应当承担相应的民事责任。面对这些法律上的难题,利益衡量是一种妥当的解决问题的方法。① 在网络信息发布者与接收者,进行网络交易的双方当事人,以及网络平台提供者这三方的利益关系中,究竟应当怎样配置才能做到科学、合理、适度,既能够保护受害人的合法权益,又能够在网络平台提供者适当承担民事责任的同时,保护互联网企业健康发展,为人民群众提供更多的便利,为社会创造更多的财富,是制定网络平台提供者承担民事责任规则必须首先解决的关键一环。只有在这样的基础上,根据实际情况妥善设置规则,才能达到三者利益关系的平衡。正是由于这样的原因,互联网企业在作为网络交易平台提供者和网络媒介平台提供者承担民事责任的时候,才出现了既有共同联系又有各自差别的现象。

2. 互联网企业承担民事责任的法律关系相较于普通法律关系的特殊性

不论是网络交易平台还是网络媒介平台,互联网企业在向公众提供这些平台时,与发生侵权行为或者违约行为的双方当事人之间形成的法律关系与普通的法律关系相比较,其特殊性是,侵权行为或者违约行为发生在利用网络平台进行交易或者发布信息的当事人之间,互联网企业也参与其中,可能成为法律关系的当事人。在网络交易平台进行交易中发生了侵权行为或者违约行为,侵权法律关系和违约法律关系的当事人是在网络交易平台上交易的双方当事人,即网店的销售者或者服务者与消费者;在网络媒介平台发布信息实施侵权行为,侵权法律关系的当事人是网络用户与被侵权人。之所以互联网企业卷入侵权行为成为侵权责任人,或者卷入违约的交易之中与违约行为人共同承担责任,就是因为其为交易行为或者侵权行为提供了平台,这就像侵权人在报纸、杂志上发表侵权文章,出卖人承租柜台与消费者进行交易,报纸、杂志以及柜台出租者作为媒体或者交易平台一样,有可能成为责任主体,与侵权一方或者违约一方共同承担责任。在这种情况下,在网络平台上发生的侵权法律关系或者违约法律关系就形成了三个当事人作为主体的情形。在互联网企业作为责任主体之一时,总要与一方当事人形成多数人侵权行为或者多数债务人的法律关系,因而才须依照多数侵权行为人或者多数债务人的规则共同承担民事责任。这就是互联网企业在提供网络平台时,作为民事责任主体承担民事责任的法律关系的特殊性。不存在这样的特殊法律关系,互联网企业不存在成为民事责任主体的条件。

3. 网络媒介平台提供者相较于传统媒体的特殊性

《侵权责任法》第36条规定互联网企业作为网络媒介平台提供者与侵权的网络用户承担连带责任,与之相似的是传统媒体承担的媒体侵权责任。在报纸、杂志、电台、电视台等传统媒体上发布具有诽谤、侮辱等内容的信息的,只要传统媒体未尽真

---

① 梁上上:《利益衡量论》,法律出版社 2013 年版,第 71 页。

实性审查义务,造成了被侵权人的人身权益损害,即与侵权人构成共同侵权行为,应当承担连带责任。其原因是,传统媒体对于自己发表的稿件都须尽到真实性的审查义务,未尽该审查义务即存在过错,对于造成的损害就须承担侵权责任。[①] 但是,互联网企业提供的网络媒介平台的性质属于自媒体,网络用户在网络媒介平台发布信息并不需要网站进行真实性审查;同时,互联网上发布信息的数量为海量,互联网企业也无法进行真实性审查。在这样的情况下,互联网企业作为网络媒介平台提供者在承担侵权责任时,就不能参照传统媒体承担侵权责任的规则进行,具有自己的特殊性。为了进一步体现互联网企业提供的网络媒介平台的特殊性,对在其网络上实施的侵权行为承担责任的规则,《侵权责任法》借鉴美国《千禧年数据版权保护法案》规定的"避风港原则"和"红旗原则"[②],制定了第 36 条第 2 款和第 3 款的通知规则和知道规则,体现了互联网企业提供网络媒介平台作为自媒体的特殊性。[③] 不过,美国《千禧年数据版权保护法案》的避风港原则和红旗原则仅适用于在网络上发生的著作权侵权纠纷,不适用于所有的侵害民事权益的侵权纠纷,而且美国学者也不建议中国在规定网络侵权责任的规则中全面采用这样的规则。[④] 我国立法者审时度势,结合中国社会的特点,将避风港原则和红旗原则全面适用于在网络上保护民事权益的场合,具有其合理性,既有对互联网企业过错行为的严格要求,又有对互联网企业权益进行特别保护的合理措施,符合中国国情。

4. 网络交易平台提供者相较于网络媒介平台提供者及柜台出租者等的特殊性

首先,互联网企业在提供网络媒介平台和网络交易平台时的情形并不相同。互联网企业提供网络媒介平台,网络用户在网络上发布信息、接收信息,并不属于交易行为,而属于利用自媒体,互联网企业并不在其中获得直接利益。因此,互联网企业构成侵权责任须具有一定的要件。同样,互联网企业提供网络交易平台提供给交易双方进行交易,不论是 B2C(Business-to-Customer)的网上商厦平台方式(即阿里巴巴的天猫商城模式),还是 C2C(Customer-to-Customer)的网上集市平台方式(即淘宝网的网上个人交易市场模式),在平台上进行的都是具有交易性质的商业行为。互联网企业在提供网络交易平台时,不具有营利性的直接经营行为,只是给交易者双方提供安全稳定的技术服务、市场准入审查、交易记录保存、个人信息保护、不良信息删除、协助纠纷解决、信用监督等义务[⑤],而且是无偿提供。尽管有人认为,网络交易平台提

---

① 参见最高人民法院《关于审理名誉权案件若干问题的解答》第 8 条。

② See *Digital Millennium Copyright Act*,17 USC 101,§512(c).参见全国人大常委会法制工作委员会民法室编:《消费者权益保护法立法背景与观点全集》,法律出版社 2013 年版,第 254 页。

③ 参见杨立新:《中国媒体侵权责任案件法律适用指引》,人民法院出版社 2013 年版,第 4—5 页。

④ 全国人大常委会法制工作委员会民法室编:《侵权责任法立法背景与观点全集》,法律出版社 2010 年版,第 352—353 页。

⑤ 全国人大常委会法制工作委员会民法室编:《消费者权益保护法立法背景与观点全集》,法律出版社 2013 年版,第 134 页。

供者提供网络服务是为了获利,属于经营者,应当承担参照《侵权责任法》的相关规定负有事后审查义务,采取同样的规则^①,但互联网企业提供网络媒介平台和网络交易平台的性质并不相同,尤其是网络媒介平台上的网络用户属于一般民事主体,而网络交易平台上的网店销售者或者服务者是经营者,对消费者负有高度谨慎义务,二者具有相当的差异。而网络交易平台提供者在网络交易中不会与网店的销售者或者服务者站在一起坑害消费者,也很难由于过失而使消费者的权益受到损害。如果对网络交易平台经营者与网络媒介平台提供者承担责任采取同样的规则,是不适当、不公平的,应当设置更为准确的规则确定网络交易平台提供者的民事责任。再进一步分析可以看到,当互联网企业作为网络媒介平台提供者时,其负担的义务是向后的,即在被侵权人通知之后及时采取必要措施,防止侵权损害后果继续扩大。这种作为义务不履行,就会使侵权人的侵权行为损害后果继续扩大,就扩大部分的损害当然应当承担连带责任。当互联网企业作为网络交易平台提供者时,其负担的义务是向前的,即将自己掌握的网店销售者或者服务者的真实信息予以告知,在这时,造成消费者权益损害的行为已经终止,损害已经固定,不再进一步发展。互联网企业具备的法定条件是提供网店销售者或者服务者的真实名称、地址和有效联系方式,如果有先行赔付的约定则按照约定先行赔付。如果既没有先行赔付约定,又能够提供上述有效信息,互联网企业就与损害没有关系,连间接的原因力都不存在。只有不能提供有效信息,使受到损害的消费者投诉无门,互联网企业的行为就与损害后果具有间接的原因力了,构成竞合侵权行为,才应当承担不真正连带责任。如果对网络媒介平台与网络交易平台提供者承担相同的责任,是不符合客观实际情况的。

其次,互联网企业对网店销售者或者服务者提供的网络交易平台,与柜台出租者出租的柜台或者展销会举办者提供的展销会交易平台也有显著区别。从表面上看,展销会和出租柜台作为交易平台,与互联网企业提供的网络交易平台确实有相似之处,都是在一方当事人提供的交易平台上进行交易,当经营者在平台上侵害了消费者的权益,与柜台出租者和展销会举办者承担的责任似乎应当一致。故而在《消费者权益保护法》修订初期,立法者曾经将网络交易平台提供者等同于柜台出租者和展销会举办者,承担相同的责任。这在《消费者权益保护法》修订草案的前两稿中可以体现出来。在 2013 年 4 月审议的第一次审议稿中,将网络交易平台提供者的责任加入原第 38 条关于展销会、租赁柜台的责任之中,条文是第 43 条:"消费者在展销会、租赁柜台或者通过网络交易平台等购买商品或者接受服务,其合法权益受到损害的,可以向销售者或者服务者要求赔偿。展销会结束、柜台租赁期满或者网络交易平台上的销售者、服务者不再利用该平台的,也可以向展销会的举办者、柜台的出租者或者网

---

① 全国人大常委会法制工作委员会民法室编:《消费者权益保护法立法背景与观点全集》,法律出版社 2013 年版,第 134 页。

络交易平台提供者要求赔偿。展销会的举办者、柜台出租者或者网络交易平台提供者赔偿后,有权向销售者或者服务者追偿。"在互联网企业以及有关部门和学者都提出不同意见之后,2013 年 8 月《消费者权益保护法修正案(草案)》第二次审议稿在上述条文的基础上,增加了"网络交易平台提供者知道销售者或者服务者利用其平台侵害消费者合法权益,未采取必要措施的,与该销售者或者服务者承担连带责任"的第 2 款内容。对此,互联网企业等仍然提出反对意见。全国人大法工委连续召开了有关部门、单位、专家和律师座谈会,部分学生、工薪阶层消费者座谈会,以及部分电子商务企业和有关协会座谈会等,广泛征求意见,并且深入实际进行调查研究①,正确认识到,网络交易平台提供者与展销会组织者和柜台出租者有很大区别,不宜让其承担与展销会组织者和柜台出租者相同的责任。其原因是,展销会组织者和柜台出租者可以看到商品实物并对其交易现场进行监管,而网络交易平台提供者不可能接触商品实物,对交易过程监管起来也很困难;网络交易平台上的卖家数量繁多,拍拍网就有几十万家,大的 C2C 网站则有数百万甚至上千万家,而平台上的商品种类更是海量,要求平台对所有商家及代售商品进行监管是不可能实现的;展销会组织者和柜台出租者面对的商家多限于本地域,先行赔付后,追偿成本可控,但网络交易平台面对的商家遍布全国,有的甚至在国外,追偿成本太高;平台提供的仅是中立性的网络服务,并不参与交易过程②,且平台的提供绝大多数是无偿的,不像参加展销会和承租柜台都是有偿的。正是基于这些原因,《消费者权益保护法》最终确定了现在的第 44 条,准确地反映了互联网企业在网络交易中的地位,区别了互联网企业提供网络媒介平台和网络交易平台在性质上的差别,平衡了各方当事人的利益关系,使各界对此均持赞同意见。

(四)本节小结

综上所述,在《消费者权益保护法》第 44 条和《侵权责任法》第 36 条规定的互联网企业承担网络平台提供者责任的规则中,存在上述关联性和差异性,包含着特别值得研究的民法规则,是立法者对其进行的精巧构思,既符合社会的客观需要,又体现了互联网发展的客观规律,既能够保护消费者和被侵权人的合法权益,制裁网络违法行为,又能够保护互联网企业健康发展,更好地造福社会,是科学的民事法律规范,应当特别予以肯定。

二、互联网企业作为网络交易平台提供者承担的附条件不真正连带责任

《消费者权益保护法》第 44 条第 1 款规定的责任形态究竟属于何种性质,在理论上并不十分明确。笔者认为这种责任形态是不真正连带责任,并且是附条件的不真

---

① 全国人大常委会法制工作委员会民法室编:《消费者权益保护法立法背景与观点全集》,法律出版社 2013 年版,第 87、112、130 页以下。

② 同上书,第 134 页。

正连带责任,所附条件是网络交易平台提供者不能提供销售者或者服务者的真实名称、地址和有效联系方式,以及网络交易平台提供者作出更有利于消费者的承诺。[①]对此,笔者进行以下进一步的说明。

(一)竞合侵权行为与不真正连带责任

不真正连带责任的典型表述,是类似于《侵权责任法》第 68 条关于"因第三人的过错污染环境造成损害的,被侵权人可以向污染者请求赔偿,也可以向第三人请求赔偿。污染者赔偿后,有权向第三人追偿"的规定,以及《侵权责任法》第 83 条、《物权法》第 21 条的规定。这些法条的表述,都属于"一个损害是由两个行为人的行为造成的,但其中一个人的行为是直接原因,另一个人的行为是间接原因,受害人同时产生两个请求权,其中一个请求权满足后,另一个请求权予以消灭"[②]这种不真正连带责任的基本特征。

在这里,造成同一个损害的两个行为是竞合侵权行为。竞合侵权行为是指两个以上的民事主体作为侵权人,有的实施直接侵权行为,与损害结果具有直接因果关系,有的实施间接侵权行为,与损害结果的发生具有间接因果关系,行为人承担不真正连带责任的侵权行为形态。在《消费者权益保护法》修订之前,笔者把竞合侵权行为分为三种类型,一是必要条件的竞合侵权行为,二是政策考量的竞合侵权行为,三是提供机会的竞合侵权行为,分别对应的是典型的不真正连带责任、先付责任和补充责任。[③] 这里没有包括修订后的《消费者权益保护法》第 44 条规定的这种不真正连带责任,也没有包括第 43 条规定的展销会、租赁柜台的责任。

(二)提供平台的竞合侵权行为与附条件不真正连带责任

事实上,《消费者权益保护法》第 43 条和第 44 条规定的责任形态的性质是相同的,都是在不真正连带责任的基础上,对竞合侵权行为中的间接行为人承担不真正连带责任附加了限定条件,只有这个条件满足后,才能构成竞合侵权行为,承担不真正连带责任。例如第 43 条,对于展销会的举办者、柜台出租者承担赔偿责任的条件,规定为"展销会结束或者柜台租赁期满后"。不具备这个条件,展销会举办者或者柜台出租者就不承担赔偿责任。同样,第 44 条第 2 款对网络交易平台提供者承担赔偿责任,规定的条件是"网络交易平台提供者不能提供销售者或者服务者的真实名称、地址和有效联系方式",或者"网络交易平台提供者作出更有利于消费者的承诺的",只有在具备这样的条件时,网络交易平台提供者才承担不真正连带责任。这与前述竞合侵权行为中的任何一种类型都不相同,也与典型的不真正连带责任以及先付责任、补充责任的规则都不相同。

---

① 杨立新:《修订后的〈消费者权益保护法〉经营者民事责任之解读》,载《法律适用》2013 年第 12 期。
② 杨立新:《论不真正连带责任的类型体系及规则》,载《当代法学》2012 年第 3 期。
③ 上述概念的定义及种类的说明,请参见杨立新:《论竞合侵权行为》,载《清华法学》2013 年第 1 期。

产生这种附条件不真正连带责任的行为,是竞合侵权行为的一种特殊类型,按照《消费者权益保护法》第43条和第44条规定,可以称为提供平台的竞合侵权行为。其特点是,在造成同一个损害的两个行为中,一个行为是直接行为,例如销售者或者服务者的违法销售、服务行为,另一个行为是间接行为,例如展销会举办者、柜台出租者以及网络交易平台提供者的行为,在为实施违法行为的网店销售者或者服务者实施违法行为提供平台服务中违反法定义务,使违法行为能够在这个平台上实施,造成了消费者的同一个损害构成的竞合侵权行为。因此,提供平台的竞合侵权行为是一种竞合侵权行为特殊表现形式,其基本性质属于竞合侵权行为。

提供平台的竞合侵权行为的法律后果是附条件不真正连带责任。侵权的不真正连带责任,是指多数行为人违反法定义务,对同一个受害人实施加害行为,或者不同的行为人基于不同的行为而致使同一个受害人的民事权益受到损害,各个行为人产生的同一内容的侵权责任,各负全部赔偿责任,并因行为人之一的责任履行而使全体责任人的责任归于消灭,或者依照特别规定多数责任人均应当承担部分或者全部责任的侵权责任形态。[①] 附条件不真正连带责任属于这种责任形态,其基本特征,在于提供平台的一方,对于展销会举办者、柜台出租者以及网络交易平台提供者在该平台上与消费者进行交易,造成了消费者权益的损害,平台提供者一方承担不真正连带责任时,只有具备法律规定的必要条件的,才承担不真正连带责任,否则就只能由销售者或者服务者承担赔偿责任。即使平台提供者的行为具备了法律规定的必要条件,但由于其并不是造成损害的直接原因,因此,在其承担了赔偿责任之后,《消费者权益保护法》第43条和第44条都规定了"有权向销售者或者服务者追偿"的追偿权。

附条件不真正连带责任的本质仍然是不真正连带责任,但与典型的不真正连带责任有所不同。在典型的不真正连带责任中,不论构成竞合侵权行为的主行为人还是从行为人,被侵权人都可以任意选择一方作为被告,行使索赔权实现权利;至于究竟由谁承担最终责任,被侵权人无须过问。但在附条件不真正连带责任,无论是法定的还是约定的,被侵权人主张从行为人承担赔偿责任须具备法定的或者约定的条件,不具有这样的条件,就只能向主行为人请求赔偿,不能向从行为人主张权利。因此,典型的不真正连带责任更有利于保护受害人,对从行为人不利;而附条件不真正连带责任有利于保护从行为人,限制其承担责任的几率,对受害人的保护有所限制。

(三)附条件不真正连带责任也适用于违约的附条件不真正连带债务

应当特别强调的是,《消费者权益保护法》第44条规定的网络交易平台提供者承担附条件不真正连带责任,并不只包括侵权责任,也包括违约责任。如果网店销售者或者服务者实施的是商品欺诈或者服务欺诈行为,消费者受到的损害是价款或者报酬的损害,因此属于违约损害赔偿责任。如果销售者或者服务者实施的是恶意商品

---

① 杨立新:《论不真正连带责任类型体系及规则》,载《当代法学》2012年第3期。

致害或者恶意服务致害行为,消费者受到的损害属于人身损害或者财产损害,就构成侵权责任,承担的是侵权赔偿责任。在这些损害中,符合《消费者权益保护法》第 55 条规定的,在承担实际损害的赔偿责任之外,还要承担惩罚性赔偿责任。不符合第 55 条规定的,则只承担实际损害的赔偿责任。

在这个范围中,如果销售者或者服务者承担的是违约赔偿责任,则应当限制在《合同法》规定的范围之内。这种附条件不真正连带责任就是不真正连带债务,即多数债务人就基于不同发生原因而偶然产生的同一内容的给付,各负全部履行之义务,并因债务人之一的履行而使全体债务人的债务均归于消灭的债务。① 附条件不真正连带债务是不真正连带债务中的一种特殊类型,对不应当承担最终责任的行为人承担不真正连带债务须具备必要条件。这种不真正连带债务的请求权人享有的请求权属于二次请求权,对应的是违约责任,故附条件不真正连带债务的性质也属于附条件不真正连带责任

(四)附条件不真正连带责任的适用规则

1. 网店的销售者或者服务者应当承担赔偿责任

《消费者权益保护法》第 44 条第 1 款前段规定网店销售者或者服务者的责任,用了完整的一句话表述,即"消费者通过网络交易平台购买商品或者接受服务,其合法权益受到侵害的,可以向销售者或者服务者要求赔偿"。这里使用的"可以"有两层含义:一是选择销售者、服务者,或者选择网络交易平台提供者作为被告,在这种含义下,如果不具备网络交易平台提供者承担责任的条件,这个"可以"其实就是"应当";二是既然这个权利属于受到损害的消费者,消费者是否行使赔偿请求权,当然是可以而不是应当;如果条文是从销售者或者服务者的角度规定,那就是应当而不是可以。这是因为,造成这种消费者权益损害的直接责任人就是网店销售者或者服务者,而不是网络交易平台提供者,因而,网店销售者或者服务者承担直接责任是必需的。

2. 具备必要条件的网络交易平台提供者承担附条件不真正连带责任

按照《消费者权益保护法》第 44 条第 1 款中段和后段规定,网络交易平台提供者承担不真正连带责任的条件有两个,一是法定条件,二是约定条件。因此,网络交易平台提供者承担的附条件不真正连带责任,分别是法定的附条件不真正连带责任和约定的附条件不真正连带责任。

法定的附条件不真正连带责任,是网络交易平台的提供者在不能向消费者提供与其进行网络交易的网店销售者或者服务者的真实名称、地址和有效联系方式时,消费者可以选择网店销售者或者服务者作为被告,也可以选择网络交易平台提供者作为被告,令其承担赔偿责任。网店销售者或者服务者对消费者造成损害,在满足"不能提供"的条件时,受到损害的消费者产生两个请求权,分别针对这两个责任主体,可

---

① 王利明主编:《中国民法案例与学理研究》(债权篇修订本),法律出版社 2003 年版,第 393 页。

以选择其中一个请求权行使,这个请求权行使之后,另一个请求权即行消灭。[1] 网络交易平台提供者尽管履行了义务,但消费者却无法通过这些信息联系到网店销售者或服务者无法得到赔偿的,应当认定其提供的联系方式无效,具备承担附条件不真正连带责任的条件。这是因为《消费者权益保护法》第44条第1款的立法目的,在于协助消费者及时找到网店的销售者或服务者,使消费者能够向直接责任人请求赔偿,因此特别强调这个"有效联系方式"的条件。

约定的附条件不真正连带责任,是网络交易平台提供者事先作出更有利于消费者的承诺,消费者的合法权益因网络平台上进行的交易受到损害后,可向与之交易的销售者或者服务者请求赔偿,也可以向网络交易平台提供者要求赔偿。[2] 约定的不真正连带责任的所附条件,是网络交易平台的提供者作出了更有利于消费者权益保护的承诺,例如先行赔付的承诺等。

3. 网络交易平台提供者承担了赔偿责任后享有追偿权

与典型的不真正连带责任一样,在附条件的不真正连带责任中,不承担最终责任的间接行为人,在承担了具有中间责任性质的赔偿责任之后,享有对最终责任人的追偿权。故"网络交易平台提供者赔偿后,有权向销售者或者服务者追偿"。追偿的范围,应当是已经承担的全部赔偿责任,也包括承担中间责任时所造成的损失。

三、互联网企业作为网络媒介平台提供者承担的部分连带责任

《侵权责任法》第36条第2款规定的网络服务提供者"对损害的扩大部分与该网络用户承担连带责任"这种侵权责任形态,究竟应当怎样认识,学界在学理上并没有进行深入讨论,没有提出准确的说明,应当进行深入研究。

(一)对损害扩大部分承担的连带责任与单向连带责任不同

《侵权责任法》第36条第2款规定的对损害扩大部分承担的连带责任这种责任形态,首先必须明确其为连带责任,但由于典型连带责任不同。尽管这与《侵权责任法》第9条第2款规定的单向连带责任有相似之处,但性质不同。

1. 美国侵权法的混合责任与我国的单向连带责任近似,但有不同

《侵权责任法》颁布之后,笔者提出了一个新的连带责任的概念,即单向连带责任,用它概括该法第9条第2款和第49条规定的责任形态[3],并将其定义为:这种责任实际上也是连带责任,其特殊性是在连带责任中,有的责任人承担连带责任,有的责任人承担按份责任,因此形成了连带责任中的一种特殊类型即单向连带责任。[4] 这

---

[1] 参见杨立新、韩煦:《伦网络交易平台提供者的法律地位及民事责任》,载《江汉论坛》2014年第5期。

[2] 同上。

[3] 杨立新:《侵权责任法》,法律出版社2011年版,第153页。

[4] 杨立新:《多数人侵权行为及责任理论的新发展》,载《法学》2012年第7期。

个概念是否准确,由于除了笔者在使用之外①,尚未见其他学者使用,因此,还应当对其进行论证。

美国侵权法在责任分担理论中,使用了混合责任的概念。美国《侵权法重述·第三次》"责任分担编"第11节(单独责任的效力)规定:"当依据适用法律,某人对一受害人的不可分伤害承担单独责任时,该受害人仅可以获得该负单独责任者在该受害人应得赔偿中所占的比较责任份额。"这种责任形态称为混合责任②,即在数人侵权的连带责任中,有的责任人承担连带责任,有的责任人承担单独责任,单独责任人只承担受害人应得赔偿中的自己的份额。③ 这种混合责任与我国《侵权责任法》规定的单向连带责任的特征完全一致,即在一个数人行为造成的不可分的损害结果中,有的责任人承担连带责任,有的责任人承担按份责任,这种多数人承担的责任形态,就是美国法上的混合责任,即单向连带责任。

混合责任和单向连带责任是侵权法中客观存在的同一种责任形态。所不同的是,美国人使用混合责任的概念,切入的角度是在一个完整的责任中,既有连带责任又有按份责任;笔者用单向连带责任的概念是从请求权人的角度切入,对于承担连带责任的责任人请求承担连带责任是允许的,对于承担按份责任的责任人请求其就全部损害承担连带责任是不允许的,只能向其请求承担按份责任即单独责任。

2. 对损害扩大部分承担的连带责任与单向连带责任的区别

《侵权责任法》第36条第2款规定的网络服务提供者就部分损害承担的连带责任确实与单向连带责任有相似之处,都是对同一个损害有的人承担全部责任,有的人就其中的部分损害承担连带责任。例如,网络用户要对全部损害承担连带责任,而网络服务提供者就其造成的损害扩大部分承担连带责任。但是,进行仔细分析会发现,网络服务提供者依照《侵权责任法》第36条第2款规定承担的对部分损害的连带责任,与单向连带责任并不相同。

二者的区别是,在单向连带责任中,承担按份责任的一方,尽管其要与承担连带责任的另一方连带负责,但这种连带是形式上的连带而不是实质上的连带,因为单向连带责任中按份责任的最终责任是要由按份责任人全部承担的,而不再分为份额由数人分担。例如,在《侵权责任法》第9条第2款规定的教唆人、帮助人与监护人对被监护人造成的损害共同承担责任时,教唆人或者帮助人承担的是"侵权责任"即全部损害的连带责任,而监护人未尽监护职责,应就其过错程度承担"相应的责任"即按份责任。虽然在按份责任这一部分与教唆人或者帮助人的全部连带责任相重合,构成

---

① 杨立新:《教唆人、帮助人责任与监护人责任》,载《法学论坛》2012年第2期。

② See *Restatement of the Law*,*Third*,*Torts*:*Apportionment of Liability*,§11 & §17. 中文版见〔美〕肯尼斯·S.亚伯拉罕、阿尔伯特·C.泰特选编:《侵权法重述·纲要》,许传玺、石宏译,许传玺审校,法律出版社2006年版,第346、355页。

③ 参见杨立新:《侵权责任法》,法律出版社2012年版,第121页。

单向连带责任,但这个相应责任最终必须出监护人全部承担,而不是双方按照份额承担,即教唆人或者帮助人承担了全部责任的连带赔偿责任之后,可以向监护人进行追偿,追偿的数额就是监护人应当承担的相应的责任,即按份责任的全部。

由此可见,单向连带责任的规则与《侵权责任法》第36条第2款规定的损害扩大部分承担的连带责任是有明显区别的。在对部分损害承担的连带责任中,就共同承担的那一部分赔偿责任的性质是连带责任;而在单向连带责任中,就共同承担的连带责任的那一部分,只是形式上的连带而不是实质性的连带,因而是不真正连带责任。两种责任形态的最基本区别在于,对于部分损害承担连带责任的连带部分,在中间责任上应当连带承担,在最终责任上,应当按照过错程度和原因力比例按份承担;单向连带责任的连带部分,在中间责任上应当连带承担,而在最终责任上必须由应当承担最终责任的人不分份额地全部承担。这正是不真正连带责任与连带责任的本质区别。

因此,不能用单向连带责任概括《侵权责任法》第36条第2款规定的对部分损害承担连带责任的责任形态,应当选择更为准确的概念来界定这种连带责任形态。

(二)对部分损害承担的连带责任符合部分连带责任的特征

在大陆法系的日本,有学者提出了"部分连带责任"的学说。日本学者川井健教授认为,鉴于加害人一方对造成损害的原因力大小不同,在各自原因力大小的共同限度内,承认提取最大公约数的部分为连带责任,剩余的部分由原因力较大的加害人负个人赔偿义务,这种就是"与原因力相应的部分连带说"。[①] 部分连带责任说尽管也是立足于共同侵权行为的客观关连共同说,但这种理论并不是各共同侵权行为人对因共同行为产生的全部损害负责,而是负有与各自行为违法性相应(范围相当)的责任,违法性大的人负有全责。仅在违法性小的共同侵权行为人的责任范围内承担连带责任。部分连带责任对责任形态的划分标准采取的是"违法性差异说",是以行为的违法性为标准,判断各自行为的参与程度,其理论基础是一般侵权行为的归责原则。也就是各行为人的违法性为同程度的场合构成全部连带;违法性差异时,违法性程度大的行为人对损害的全额负责,违法性程度小的行为人只对一部分损害负连带债务。[②] 学者评论认为,川井健教授根据《日本民法典》第719条第1项前段规定,虽然采用了客观的关连共同说作为基础,但对于其法律效果而言,允许部分加害人通过证明对共同行为的参与程度以减少赔偿,在证明成立时则适用部分连带责任。[③]

尽管有的学者对川井健教授以责任形态的划分标准采取"违法性差异说",以行

---

① 〔日〕川井健:《现代不法行为研究》,日本评论社1978年版,第228页。
② 于敏:《日本侵权法》,法律出版社2005年版,第279、290页。
③ 〔日〕川井健:《共同不法行为的诸问题》,载《现代不法行为法研究》,日本评论社1978年版,第220页以下。

为的违法性为标准判断各自行为的参与程度的观点提出质疑①,但这种连带责任的特殊形态是客观存在的。不过,川井健教授关于部分连带责任的学说所说的这种情形,与我国《侵权责任法》第36条第2款规定的部分连带责任有所不同。依照《侵权责任法》第36条第2款规定理解,部分连带责任应以各个加害人的行为原因力为基准,对每一个加害人的行为都具有原因力的那一部分损害的责任为连带责任,对部分加害人的行为不具有原因力的那一部分损害的责任,由行为具有原因力的加害人承担,不属于连带责任。正因为如此,可以借鉴部分连带责任的概念,将我国《侵权责任法》中规定以及未明确规定的相似的内容都归并在一起,构成一个部分连带责任的体系,包含的内容是以下三种:

一是川井健教授提出的共同加害人的行为原因力不等的部分连带责任。例如,在一个共同侵权行为的两个加害人中,一个加害人的行为的原因力为70%,另一个加害人的行为的原因力为30%。如果按照一般的连带责任规则,两个加害人在中间责任上都应当承担连带责任,这样处理,对于后一个加害人而言,显然不公平。按照部分连带责任学说,将原因力重合的那一部分即30/70=42.9%作为连带责任,其余的57.1%为前一个加害人单独承担;再对连带责任的最终责任进行分割,即每个人承担21.45%。这样的责任分担规则,改变了我国《侵权责任法》第13条和第14条对此一律实行连带责任,只是在最终责任确定上依照原因力规则确定连带责任人各自份额作法的不妥当之处,显然更为公平、合理。

二是部分叠加的分别侵权行为承担的部分连带责任。部分叠加的分别侵权行为也叫作半叠加的分别侵权行为,是在分别实施侵权行为的数人中,一个人的行为具有100%的原因力,另外的人只具有50%(包括不足100%)的原因力。对此,我们曾经提出的意见是,其后果仍然是承担连带责任,只在最终责任份额上体现这种区别,分别承担33.3%和66.7%。② 如果按照部分连带责任的学说处理,就可以将具有共同原因力的部分50%的损害作为连带责任处理,其余部分50%由前者个人负单独责任;共同承担连带责任的50%各自份额为25%。这样的结果也是更为公平、合理的。

三是《侵权责任法》第36条第2款规定的部分连带责任。对具有共同原因力的扩大的部分的损害,由加害人承担连带责任;其余部分损害,由具有单独原因力的加害人单独承担。这正是本节讨论的问题。

《侵权责任法》第36条第2款规定的对损害扩大部分承担的连带责任,就是上述第三种部分连带责任。根据违法行为的原因力和过错程度,侵权的网络用户实施的侵权行为造成了被侵权人的全部损害,存在完整的原因力,应当对全部损害负责。网络服务提供者由于未履行及时采取必要措施的义务,使损害扩大,应对损害扩大的部

---

① 于敏:《日本侵权行为法》,法律出版社2006年版,第281页。
② 杨立新、陶盈:《论分别侵权行为》,载《晋阳学刊》2014年第1期。

分与网络用户承担连带责任,因而在这一部分损害上,网络服务提供者与网络用户的赔偿责任重合,形成部分连带责任。同时,由于原因力重合的这一部分损害是由两个责任人承担连带责任,因而双方之间存在最终责任的分配问题,如果一方承担的赔偿责任超过了其应当承担的最终责任份额,对超出的部分可以向对方请求追偿。正是由于数个侵权人对于造成的同一个损害,全体责任人仅对部分损害承担连带责任,对于连带责任之外部分的责任,只由应当承担责任的人单独承担,而不由全体责任人连带承担,其所形成的情形,正是在数人中有的承担全部责任、有的就部分责任承担连带责任,构成了部分连带责任。

(三)部分连带责任与典型的连带责任的区别

《侵权责任法》第 36 条第 2 款规定的这种部分连带责任与《侵权责任法》第 13 条和第 14 条规定的典型的连带责任不同,即在一个由数人的行为造成的损害中,网络服务提供者仅就损害的扩大部分承担连带责任,而对该部分损害之外的其他损害部分,只能由侵权的网络用户承担责任。而《侵权责任法》第 13 条和第 14 条规定的典型连带责任的规则,是全体连带责任人对全部责任连带负责,最终责任按照份额由每一个连带责任人按照过错程度和原因力比例承担。[①]

这种与典型连带责任不同的特殊连带责任,就是部分连带责任中的一种。因为在网络用户实施侵权行为之后,被侵权人主张通知权利,网络服务提供者未及时采取必要措施,并非对全部损害承担连带责任,而是仅就其损害的扩大部分承担连带责任。这样就形成了在一个完整的责任中,对于损害扩大部分,网络用户和网络服务提供者都要承担连带责任,而对于损害扩大部分以外的那一部分损害,则只有实施侵权行为的网络用户自己承担责任。因此,用部分连带责任概括《侵权责任法》第 36 条第 2 款规定的网络服务提供者对扩大部分的损害承担连带责任的责任形态,不仅基本规则相同,而且使用的用语都是相同的,是准确的概念。

部分连带责任与附条件不真正连带责任并不是同一类型的责任形态概念,在规则上不具有可比性。但是从实现功能的机理上进行比较,则是可行的。连带责任的功能在于扩大被侵权人实现赔偿权利的可能性,其机理是,每一个行为人的行为对损害的发生都具有原因力,形成共同原因。部分连带责任中的连带责任同样如此。不真正连带责任的功能也是扩大被侵权人实现权利的可能性,其机理是,将本不具有直接原因力的从行为人的行为与主行为人的行为竞合,将主、从行为人都作为形式上的连带责任人,便于受害人的权利实现,但最终责任仍然由主行为人承担,即使从行为人承担了赔偿责任,也可以向主行为人进行追偿。两相比较,部分连带责任的行为人都是主行为人,对于部分损害都具有直接的原因力,因而任何一个行为人都具有连带责任的最终责任份额。而附条件的不真正连带责任的行为人,既有主行为人也有从

---

① 王利明:《侵权责任法研究》(上卷),中国人民大学出版社 2010 年版,第 586 页。

行为人,行为具有间接原因力的从行为人在具备法律规定或者合同约定的条件时,才承担不真正连带责任的中间责任,并且在赔偿后可以向主行为人追偿,使自己在实际上不承担最终责任。因而可以看出,部分连带责任更重,而附条件不真正连带责任显然较轻。其基础恰恰是互联网企业作为两种不同的网络平台提供者承担义务的不同。

（四）《侵权责任法》第 36 条第 2 款规定的部分连带责任的适用规则

1. 侵权的网络用户应当对全部损害承担责任

网络用户在网络媒介平台上实施侵权行为,造成被侵权人的民事权益损害,应当对全部损害承担责任。这是该条第 1 款规定的规则。

2. 网络服务提供者对损害扩大部分承担连带责任

网络用户实施侵权行为,被侵权人行使了通知权利之后,网络服务提供者在合理期限内未及时采取必要措施的,就应当对此部分损害与侵权的网络用户承担连带责任。就这一部分扩大的损害,被侵权人可以请求网络服务提供者承担赔偿责任,也可以主张网络用户承担赔偿责任,但不能就损失扩大部分之外的损害主张由网络服务提供者承担责任。

3. 损害的扩大部分的确定

对于损害扩大部分究竟应当怎样确定,笔者曾经主张"应当以网络服务提供者被提示之后确定,凡是被提示之后造成的损害,就是损害的扩大部分"[1]。有的学者指出这样的界定不妥当,原因在于,通知之后到采取必要措施之间还有一个合理时间即"及时"的要求,因此,损害的扩大部分是指网络服务提供者接到通知后,未在合理时间内采取必要之措施而导致的损害被扩大的那部分。[2] 主张在通知之后应当扣除"及时"的这个合理时间部分的意见,是对的,笔者接受这个批评。但该意见中关于还要扣除"采取措施—转达通知—反通知—恢复"的程序的时间的看法[3],是不正确的。损害扩大的部分,就是通知提出之后经过合理时间结束时为止。这个合理时间,我们主张一般为收到有效通知后的 48 小时,涉及热播影视等作品或者涉及危害国家安全、侵害社会公共利益的,为收到有效通知后的 24 小时。[4] 收到有效通知,再加上上述时间,之后的损害部分就是损害扩大部分。将转达通知、反通知以及恢复的时间算在其中,是不正确的。

4. 网络用户与网络服务提供者承担最终责任应当区分份额

网络用户与网络服务提供者对于损害扩大的部分承担连带责任,就中间责任而言,双方都有义务承担全部责任,但在最终责任上,必须区分双方的责任份额,应当依

---

[1] 杨立新:《〈中华人民共和国侵权责任法〉精解》,知识产权出版社 2010 年版,第 166 页。

[2] 程啸:《侵权责任法》,法律出版社 2011 年版,第 340 页。

[3] 同上。

[4] 杨立新主编:《中国媒体侵权责任案件法律适用指引》,人民法院出版社 2013 年版,第 35 页。

照《侵权责任法》第14条关于"连带责任人根据各自责任大小确定相应的赔偿数额；难以确定责任大小的，平均承担赔偿责任"的规定，根据双方各自的过错程度和原因力比例确定。相比较而言，网络用户作为侵权人，利用网络实施侵权行为，多数是恶意而为，至少是具有重大过失，过错程度严重，原因力比例大；而网络服务提供者只是在被侵权人通知之后未及时采取必要措施，相对来说，过错程度和原因力都比网络用户的责任程度为轻，因而网络用户应当承担主要责任，网络服务提供者应当承担次要责任，即使网络服务提供者存在恶意，最多也是承担同等责任。

5. 网络服务提供者承担赔偿责任后的追偿权

不论是网络用户还是网络服务提供者在对扩大的损害部分承担了连带责任之后，依照《侵权责任法》第14条第2款的规定，都有权向没有承担最终责任的连带责任人主张追偿。追偿的数额，就是为对方承担了赔偿责任的那一部分最终责任的份额。据调查，目前我国网络服务提供者在依照《侵权责任法》第36条第2款规定承担了连带责任之后，通常不向网络用户行使追偿权，主要原因在于互联网企业并不想因此伤害自己的网络用户资源。这是网络服务提供者在处分自己的追偿权，法律并不会强制行使追偿权。

四、《消费者权益保护法》和《侵权责任法》两个法条规定的其他问题

如前所述，《消费者权益保护法》第44条第2款和《侵权责任法》第36条第3款的规定基本相同，都是网络平台提供者在明知或者应知销售者、服务者以及网络用户利用其平台侵害消费者或者他人合法权益，未采取必要措施的，与该销售者或者服务者以及网络用户承担连带责任。

这一规则在具体适用中应当注意以下几个问题：

第一，网络平台提供者承担连带责任的前提是构成共同侵权行为。应当特别明确的是，两部法律的上述规定，与《侵权责任法》第36条第2款和《消费者权益保护法》第44条第1款规定完全不同，规定的是连带责任，其前提是网络平台提供者与网店的销售者或者服务者以及网络用户构成共同侵权行为。这种共同侵权行为属于客观的共同侵权行为，是既没有共同故意也没有共同过失，只是数人的行为构成客观关联共同，因而构成共同侵权。在网络平台提供者具有明知的情况下，也并不因为其明知而构成有意思联络的共同侵权行为，因为行为人并没有进行通谋，仍然属于客观关联共同，但其过错程度显然高于过失。如果是应知而未知，则为过失，当然是客观关联共同，亦为客观的共同侵权行为。不论怎样，这样的情形都符合《侵权责任法》第8条规定，构成共同侵权行为，应当承担连带责任。

第二，承担连带责任的中间责任人由消费者或者被侵权人选定。依照《侵权责任法》第13条规定，在连带责任中，"被侵权人有权请求部分或者全部连带责任人承担责任"。在被侵权人请求部分连带责任人承担责任的情形下，被起诉的连带责任人承

担的是中间责任。在互联网企业、网店的销售者或者服务者、侵权的网络用户这些主体中，既然承担的是连带责任，消费者或者被侵权人有权在其中选择部分或者全部作为自己诉讼的被告，主张承担全部责任。这时，原告主张起诉谁，谁就是被告，法官不必追加没有起诉的被告，因为这是原告在行使自己的权利。

第三，网络平台提供者的责任份额应当依照其过错程度和原因力确定。网络平台提供者在连带责任中承担的最终责任份额，应当根据其过错程度和行为的原因力确定。依笔者所见，既然明知和应知在过错程度上有所不同，在确定网络平台提供者的最终责任份额时应当有所区别。如果网络平台提供者明知网络用户或者销售者、服务者利用其网络平台实施侵权行为的，就具有间接故意，其承担的责任份额应当与直接实施侵权行为的网络用户或者网店的销售者、服务者的责任大体相当（同等责任）；如果网络平台提供者是应知而未知，过错性质是过失，承担最终责任的份额应当为次要责任，在30％左右确定。

第四，承担了超过自己责任份额的一方有权向其他责任人行使追偿权。网络平台提供者在承担了超过自己责任份额的赔偿责任之后，对于超过自己责任份额的那部分责任，对销售者或者服务者以及侵权的网络用户享有追偿权，有权依照《侵权责任法》第14条第2款规定对其进行追偿。

【案例讨论】 ﹥﹥﹥﹥   ﹥

案情：

原告张某系S公司的处长，于2013年发现H公司运营的"Z网站—Z论坛"上刊登有侵犯张某名誉权的侵权贴，发布于2013年2月26日、作者为"四鑫中士"、标题为《油价上涨，牛郎门曝光S公司领导的荒淫无度》的文章。该文章主要内容为："S公司女处长的非洲牛郎门丑闻曝光后，女处长和S公司又是报案，又是辟谣，又是状告网站，直到有供应商实名举报给国家领导人后，女处长和S公司才算停止了在公众面前的拙劣表演"，"来自S公司的内部消息称，女处长张某不仅是S公司响当当的官二代，而且掌握着S公司高层腐败的很多证据，S公司高层领导们的灰色收入相当一部分来自张某所在的国际事业公司"。文章另外描述了S公司高层领导享受"帝王般荒淫生活"的酒店，形容"相比S公司高层领导的荒淫，女处长的牛郎服务就太微不足道了"。2013年3月8日，张某依法向管理Z网的S公司公开客户服务电子邮箱发送了要求其删除上述侵权贴的删除通知，而至2013年3月15日H公司仍未删除相关侵权贴。张某以H侵犯其名誉权为由诉至人民法院，追究H公司的侵权责任。

讨论问题：

1. 张某起诉的"四鑫中士"在网站上发表文章的内容，是否构成侵害名誉权的侵权责任？

2. H 公司作为 Z 网站的运营商,对于本案的侵权行为,是否应当承担侵权责任,怎样承担侵权责任?

3.《侵权责任法》第 36 条规定的网络侵权责任与《消费者权权益保护法》第 44 条规定的网络交易平台提供者责任,在性质和规则上有哪些区别?

【参考文献】 >>>>   ⟩

杨立新主编:《中国媒体侵权责任案件法律适用指引》,人民法院出版社 2013 年版。

王利明:《侵权责任法研究》(上卷),中国人民大学出版社 2010 年版。

〔日〕川井健:《现代不法行为研究》,日本评论社 1978 年日文版。

于敏:《日本侵权法》,法律出版社 2005 年版。

王利明主编:《中国民法案例与学理研究》(债权篇修订本),法律出版社 2003 年版。

第二十章　违反安全保障义务的侵权责任

《侵权责任法》第37条规定："宾馆、商场、银行、车站、娱乐场所等共同场所的管理人或者群众性活动的组织者,未尽到安全保障义务,造成他人损害的,应当承担侵权责任。""因第三人的行为造成他人损害的,由第三人承担侵权责任;管理人或者组织者未尽到安全保障义务的,承担相应的补充责任。"这一条文规定的是违反安全保障义务的侵权责任。在理论上怎样理解,在司法实务中怎样操作,特别值得探讨。本章对此进行阐释。

一、违反安全保障义务的侵权行为概念和特征

(一)概念

违反安全保障义务的侵权行为,是指依照法律规定或者约定对他人负有安全保障义务的人,违反该义务,直接或者间接地造成他人人身或者财产权益损害,应当承担损害赔偿责任的侵权行为。

违反安全保障义务的侵权责任第一案,就是著名的银河宾馆案。23岁的深圳某医药公司总经理王某出差住在上海市银河宾馆,当天在客房里遭抢劫遇害。警方事后从宾馆的安全监视系统记录资料中发现,凶手全瑞宝在入室作案前,曾尾随王某,并在不到2个小时内7次上下电梯进行跟踪。但对形迹可疑的全瑞宝,宾馆保安人员无一人上前盘问。死者父母起诉认为银河宾馆严重失职,应当承担侵权责任。一审法院判令被告赔偿原告人民币8万元。二审法院认为,宾馆作为特殊服务性行业,应向住客提供安全的住宿环境。王某入住银河宾馆,双方即形成合同关系,安全保障是宾馆的一项合同义务。本案罪犯7次上下宾馆电梯,宾馆却没有对这一异常举动给予密切注意,未履行对王某的安全保护义务,自应承担责任。据此维持原判,驳回上诉。

对于这个案件,法院第一次适用违反安全保障义务的概念作出了判决。随后,最高人民法院的司法解释作出了相应的规定。《侵权责任法》总结这些经验,作出了上述规定。

(二)特征

1. 行为人是对受保护人负有安全保障义务的人

违反安全保障义务侵权责任的行为主体,是公共场所或者群众性活动的管理人

或者组织者,受保护人是进入到行为人公共场所或者群众性活动领域之中的人。由于受保护人的进入,安全保障义务人对受保护人产生安全保障义务。因此,负有安全保障义务的行为人,必须是对进入者也就是受保护人负有安全保障义务的公共场所管理人或者群众性活动组织者。

2. 行为人违反安全保障义务

构成违反安全保障义务侵权责任,负有安全保障义务的人必须"未尽到安全保障义务",因此,未尽到安全保障义务是构成这种侵权行为的要件之一。这就是,行为人不仅负有安全保障义务,而且没有尽到这种义务,违反了这种安全保障义务。违反安全保障义务的侵权行为是负有安全保障义务的人由于没有履行安全保障义务而实施的侵权行为。

3. 受安全保障义务人保护的相对人遭受了人身损害或财产损害

行为人的违反安全保障义务的侵权行为造成了被侵权人的人身损害或者财产损害,是这种侵权行为的特点之一。这种损害事实主要是指人身损害的事实,但是也包括财产损害的事实。这是因为违反安全保障义务侵权责任主要保护的是人身权利不受侵害,但是,如果违反安全保障义务侵权行为造成了受保护人的财产权利的损害,且安保义务的范围包括财产权益,也应当构成违反安全保障义务侵权责任的损害赔偿责任,可以依据侵害财产权的赔偿方法进行赔偿。

4. 违反安全保障义务的行为人应当承担侵权损害赔偿责任

违反安全保障义务的侵权行为造成了受保护人的人身损害或者财产损害,其救济手段就是损害赔偿的方法,违反安全保障义务的侵权行为人所承担的损害赔偿就是侵权损害赔偿责任。

二、违反安全保障义务侵权责任的主体及安全保障义务来源

(一)安全保障义务的主体范围确定

1. 义务主体的确定

按照最高人民法院《人身损害赔偿司法解释》第6条的规定,负有安全保障义务的义务主体应当是经营者和其他社会活动的组织者,包括自然人、法人和其他组织。可见,第一种主体是经营活动的经营者,第二种是其他社会活动的组织者。在司法解释中列举的"住宿、餐饮、娱乐等经营活动"并不是完全的列举,一个"等"字把它们都概括了进去。

《侵权责任法》第37条改变了这样的规定,将违反安全保障义务侵权责任的义务主体范围界定为"宾馆、商场、银行、车站、公园、娱乐场所等公共场所的管理人或者群众性活动的组织者",即"公共场所的管理人或者群众性活动的组织者"。这个范围比原来司法解释规定的范围窄,不利于保护受保护的人的利益。

对此,借鉴英美法上的土地利益占有人或者土地占有者的概念,更容易处理实际

问题。不论是经营者,还是社会活动的组织者,他们都占有土地,在土地上进行活动。即使不是公共场所的管理人或者群众性活动的组织者的其他人,如果占有土地进行活动,对于进入土地范围的人也应当承担安全保障义务。例如自己的房屋和庭院存在现实危险,造成他人损害,是不是也要承担侵权责任呢?不仅如此,还可以通过这种标准界定义务主体负有安全保障义务的范围。[①]

2. 权利主体的确定

受到安全保障义务保护的人,就是安全保障义务的权利主体。《侵权责任法》第37条规定为"他人",没有规定具体的范围。事实上,安全保障义务的权利主体,是受安全保障义务保护的当事人。按照一般推论,既然义务主体是公共场所的管理人或者群众性活动的组织者,那么,权利主体就一定是公共场所和群众性活动的参与者。可是,如果仅仅这样理解,就会限制权利主体的范围。

同样,对此可以借鉴美国和英国侵权法中的做法,把进入土地利益范围内的人分为四种:(1)"受邀请者"。经营者开始经营,所有进入经营领域的人都是受邀请者,即"被告经营商店,是以大众为对象,故社会大众皆为被告的受邀请者,不能因原告受伤前未向被告购买东西,即认为原告非属受邀请者"。只要经营者打开门开始经营,就是向不特定的人发出邀请。(2)没有经过同意的"访问者"。访问者与受邀请者的区别是,访问者是经营者没有邀请自己进来的,土地利益占有者对于访问者的安全注意义务要低于受邀请者。(3)"公共人"。公共人是有权进入他人占有的土地利益范围的人,如邮差、税收官、政府的调查人员、收电费的职员等。这些人有权进入他人的土地利益范围。公共人的注意标准相当于受邀请者。(4)"未成年人"。对未成年人,土地利益占有者负有最高的安全保障义务。只要土地利益中存在对儿童具有诱惑力的危险,占有者就必须确保儿童不受该危险的损害。

在司法实务中,可以根据实际情况,把"他人"分为受邀请者、公共人、访问者和未成年人,分别赋予公共场所的管理人或者群众性活动的组织者以不同的安全保障义务,就更容易操作和执行。

(二)安全保障义务来源的确定

确定违反安全保障义务侵权行为的责任,最重要的就是确定行为人是不是负有安全保障义务、负有什么样的安全保障义务。因此,首先要确定公共场所的管理人或者群众性活动的组织者的安全保障义务来源。安全保障义务的来源主要有以下三个方面:

1. 法律直接规定

法律直接规定安全保护义务,是最直接的安全保障义务的来源。例如《消费者权

---

① 超出《侵权责任法》第37条规定的公共场所管理者和群众性活动组织者范围的其他主体,应当承担违反安全保障义务责任的,应当适用《侵权责任法》第6条第1款的规定。

益保护法》第 7 条规定:"消费者在购买、使用商品和接受服务时享有人身、财产安全不受损害的权利。""消费者有权要求经营者提供的商品和服务,符合保障人身、财产安全的要求……"第 18 条规定:"经营者应当保证其提供的商品或者服务符合保障人身、财产安全的要求。"《物业管理条例》第 36 条规定:"物业管理企业应当按照物业服务合同的约定,提供相应的服务。""物业管理企业未能履行物业服务合同的约定,导致业主人身、财产安全受到损害的,应当依法承担相应的法律责任。"在其他规定保护义务的法律中,也都属于这种性质的安全保护义务。

2. 合同约定的主义务

如果在当事人约定的合同义务中规定,合同的一方当事人对另一方当事人负有安全保障义务的,合同当事人应当承担安全保障义务。例如订立旅客运输合同,旅客的人身安全保障义务就是合同的主义务,当事人必须履行这种义务。[①]

3. 法定的或者约定的合同附随义务

按照诚信原则,一方当事人应该对另一方当事人提供安全保障义务,该方当事人也应该负有安全保障义务。例如,餐饮业、旅馆业向顾客提供服务,按照诚信原则的解释,应当对接受服务的客人人身安全负有保障义务。[②]

（三）安全保障义务性质的确定

按照上述分析,公共场所的管理人或者群众性活动的组织者承担的安全保护义务的基本性质有两种,一是法定义务,二是合同义务。事实上,这两种义务是竞合的。例如,经营者的安全保障义务既是法律规定的义务,也是合同约定的义务。经营者违反这种安全保障义务,既可能构成侵权责任,也可能构成违约责任。因此发生民事责任竞合,即违反安全保障义务的行为发生侵权责任和违约责任竞合,被侵权人产生两个损害赔偿请求权。对此,应当按照《合同法》第 122 条规定,由赔偿权利人选择一个最有利于自己的请求权行使,救济自己的权利损害。

三、违反安全保障义务侵权责任的归责原则和构成要件

（一）违反安全保障义务侵权责任的归责原则

1. 违反安全保障义务侵权责任不适用无过错责任原则

对于违反安全保障义务侵权责任是否适用无过错责任原则,学界的意见是一致的,均持否定态度。学者断言,至少在目前,我们还没有发现在此类案件中适用严格责任或危险责任的必要性有多么高,而且严格责任与危险责任有赖于制定法的明确规定,司法解释显然不具有这样的权力,去规定适用严格责任或者危险责任。[③] 这种

---

① 崔建远主编:《合同法》,法律出版社 2003 年版,第 414 页。

② 其实,前文所述银河宾馆案,即使是宾馆没有承诺"24 小时保障客人安全",依照诚信原则,亦应承担这种安全保障义务。

③ 黄松有主编:《人身损害赔偿司法解释的理解与适用》,人民法院出版社 2004 年版,第 105 页。

说法是正确的。① 因此,违反安全保障义务的侵权行为不适用无过错责任原则。

2. 违反安全保障义务侵权责任适用过错责任原则还是过错推定原则

确定违反安全保障义务侵权责任,行为人必须具有过错,这是一致的意见。但是,过错的证明究竟由谁承担举证责任,却有不同的意见。这涉及是适用过错责任原则还是过错推定原则的问题。多数人的意见认为,违反安全保障义务造成被侵权人人身、财产损害的,经营者仅在自己有过错的情况下承担侵权责任,没有过错则不承担责任。② 因此,违反安全保障义务侵权责任仍应由被侵权人一方承担安全保障义务人负有过错的举证责任。除非法律、法规有明确规定,否则不能适用过错推定的严格责任。③ 笔者曾经主张,对于违反安全保障义务侵权责任的过错认定,应当采用过错推定原则。推定的事实基础,就是被侵权人已经证明了被告的行为违反了安全保障义务,在此基础上推定被告具有过错。如果否认自己有过错,则过错的举证责任由违反安全保障义务的行为人自己承担,由他举证证明自己没有过错的事实。如果他能够证明自己没有过错,则推翻过错推定,免除其侵权责任;如果不能证明其没有过错或者证明不足,则过错推定成立,应当承担侵权责任。

违反安全保障义务的侵权行为适用过错推定原则的理由是:第一,推定行为人有过错具有客观事实的依据。推定违反安全保障义务的行为人有过错的依据,是行为人违反安全保障义务的客观行为。既然行为人已经违反了安全保障义务,那么他在主观上应当有过错,推定其有过错是合理的。第二,违反安全保障义务侵权行为是特殊侵权行为,不是一般侵权行为。特殊侵权行为与一般侵权行为的基本区别,首先就在于归责原则的不同,前者适用过错推定原则,后者适用过错责任原则。其次是举证责任不同,如上所说。再次,是侵权责任形态不同,前者是替代责任,后者是为自己负责的自己责任。这些区别,在《法国民法典》第1382条与1384条中就已经明确,无须再加以阐明。第三,适用过错推定原则有利于保护被侵权人的合法权益。被侵权人遭受侵害,能够证明行为人违反安全保障义务已属不易,再令其举证证明行为人的过错,实在是强人所难,有可能使被侵权人的赔偿权利无法实现。适用过错推定原则,既不使行为人遭受过错责任原则举证责任的刁难,又能使被侵权人得到较好的保护,是一个很好的选择。

不过,立法机关没有采纳上述主张,仍然坚持对违反安全保障义务的侵权行为实行过错责任原则,不采取过错推定原则。因此,应当遵照法律规定。

---

① 这一结论中使用严格责任和危险责任的概念,显然有不正确的问题,就是将严格责任与危险责任混同于过错推定原则,这是一个明显的错误。我们使用无过错责任原则的概念,与严格责任和危险责任是相同的概念。

② 张新宝:《侵权责任法原理》,中国人民大学出版社2005年版,第281页。

③ 黄松有主编:《人身损害赔偿司法解释的理解与适用》,人民法院出版社2004年版,第105页。

（二）违反安全保障义务侵权责任构成要件

1. 行为人实施了违反安全保障义务的行为

（1）行为的基本方式为不作为。

构成违反安全保障义务侵权责任，首要就须具有违反安全保障义务的行为。这是一个客观要件，是行为的要件。违法行为构成要件的基本要素之一就是行为，不作为是违反安全保障义务侵权责任构成的行为要素。违反安全保障义务的行为一般表现为消极行为，是不作为的行为方式。这就是应当履行作为的安全保障义务的人，由于未尽适当注意义务，应当作为而没有作为，没有尽到安全保障义务，因此造成受保护人的权利损害。

（2）行为人必须违反安全保障义务。

构成违反安全保障义务侵权责任，行为人必须违反安全保障义务。违反安全保障义务在违法行为的要件中就是违法性的要素，是客观要素，是行为法律评价标准的要素，而不是主观的判断要素。

（3）怎样判断义务人是否违反安全保障义务。

在实践中判断义务人是否违反安全保障义务要有客观标准。现实生活千差万别，无法找到一个统一的、划一的标准，应当具体问题具体分析。但在客观上存在一些能够确定义务人是否尽到了安全保障义务的要素，如在确定防范、制止侵权行为违反安全保障义务的侵权行为中是不是尽到安全保障义务时，可以从安全保障义务的性质、侵权行为的性质和力度、安全保障义务人的保安能力以及发生侵权行为前后所采取的防范、制止侵权行为的措施等方面，综合判断，确定义务人是否已经尽到安全保障义务。

判断义务人是否履行了安全保障义务，可以从四个方面把握：

第一，法定标准。如果法律对于安全保障的内容和安全保障义务人必须履行的行为有直接规定时，应当严格遵照法律、法规的明确规定判断。例如，公安部《高层建筑消防管理规则》第 26 条规定："建筑物内的走道、楼梯、出口等部位，要经常保持畅通，严禁堆放物品。疏散标志和指示灯，要保证完整好用。"这就是一种法定标准，用以衡量高层建筑所有者或管理者是否尽到对火灾的预防义务的一条法定判断标准。违反这个标准造成了被保护人的人身损害或财产损害，构成违反安全保障义务。

第二，特别标准。对于未成年人的安全保障义务应当采用特别标准。这样的标准是，如果在一个经营活动领域或者一个社会活动领域存在对儿童具有诱惑力的危险时，公共场所的管理人或者群众性活动的组织者必须履行最高的安全保障义务。应当采取的保障义务包括：其一，消除这个危险，使之不能发生；其二，使未成年人与该危险隔绝，使其无法接触这个危险；其三，采取其他措施，保障不能对儿童造成损害。没有实施这些保障措施，即为违反安全保障义务。

第三，善良管理人的标准。如果法律没有规定确定的标准，对是否履行了安全保障义务的判断标准,要高于侵权法的一般人的注意标准。在美国侵权行为法中,对于受邀请而进入土地利益范围的人,土地所有人或者占有人应当承担的安全保障义务是很高的,标准是要保证受邀请人的合理性安全。这种安全注意义务可以扩展到保护受邀请者免受第三者的刑事性攻击。在法国,最高法院在判例中认为,在欠缺法定的作为义务的情况下,行为人是否对他人负有积极作为的义务,应根据善良家父的判断标准加以确立。如果被告在一个善良家父会积极作为时却没有作为,即表明被告有过错,在符合其他责任构成的条件下即应承担过错侵权责任。[①] 善良家父、保障合理性安全的标准,就是善良管理人注意的标准。这种标准与罗马法上的"善良家父之注意"和德国法上的"交易上必要之注意"相当,都是要以交易上的一般观念,认为具有相当知识经验的人,对于一定事件的所用注意作为标准,客观地加以认定。行为人有无尽此注意的智识和经验,以及他向来对于事务所用的注意程度,均不过问,只有依其职业斟酌,所用的注意程度应比普通人的注意和处理自己事务为同一注意要求更高。这种注意的标准是客观标准。[②]

第四,一般标准。这种标准分为两方面。一方面,公共场所的管理人或者群众性活动的组织者对于一般的被保护人,例如主动进入经营场所或社会活动场所的人,或者非法进入者,所承担的义务就是对隐蔽性危险负有告知义务。对这种告知义务没有履行,构成违反安全保障义务。例如,对于进入商场不是意欲购买物品,只是要通过商场过道的人,经营者只对隐蔽危险负有告知义务,并非承担善良管理人的注意义务。另一方面,公共场所的管理人或者群众性活动的组织者对于受邀请者进入经营领域或者社会活动领域的一般保护事项,例如商场、列车、公共交通工具遭受窃贼侵害的危险,负有一般的告知义务和注意义务,并非只要有人遭受窃贼损害都是义务人违反安全保障义务。

(4)违反安全保障义务行为的具体形式。

按照上述标准,以下四种行为是违反安全保障义务的行为:第一,怠于防止侵害行为。负有防范制止侵权行为的安全保障义务的人,没有对发生的侵权行为进行有效的防范或制止。第二,怠于消除人为的危险。这就是对于管理服务等人为的危险状况没有进行消除。第三,怠于消除公共场所或者活动场所具有伤害性的自然情况。例如对设施、设备存在的不合理危险,没有采取合理措施予以消除。第四,怠于实施告知行为。对于经营场所或者社会活动场所中存在的潜在危险和危险因素没有尽到告知义务,亦未尽适当注意义务。对于上述安全保障义务标准,如果超出了合理限度范围,则即使造成了进入经营或者活动领域的人的损害,也不应当承担损害赔偿责任。

---

① 张民安:《过错侵权责任制度研究》,中国政法大学出版社 2002 年版,第 328 页。

② 杨立新:《侵权行为法专论》,高等教育出版社 2005 年版,第 112 页。

2. 负有安全保障义务的相对人受到损害

构成违反安全保障义务侵权责任应当具备损害事实要件。这种损害事实包括人身损害和财产损害。人身损害是受保护人的生命权、健康权、身体权受到损害的事实，不过仅仅是身体权受到损害的话，应当是轻微的损害，在违反安全保障义务的侵权行为中较为少见。违反安全保障义务的人身损害赔偿责任所保护的是自然人的健康权和生命权。财产损害事实是由于违反安全保障义务行为造成了受保护人的财产或者财产利益受到损害的事实。这种财产损害事实一般是指财产的直接损失，即违反安全保障义务的行为所直接造成的财产损失，而不是债权等其他财产权中的期待利益的损失。

侵害生命权、健康权的损害事实中，包括精神痛苦的损害事实，对此可以请求赔偿精神损害抚慰金。

3. 损害事实与违反安全保障义务行为之间具有因果关系

在违反安全保障义务侵权责任构成中，义务人的违反义务行为与受保护人的损害之间，应当具有引起与被引起的因果关系。不过，由于违反安全保障义务侵权行为的类型不同，这种因果关系的要求也不相同。

（1）不同侵权行为类型的因果关系要求。

在违反安全保障义务的侵权责任构成中，由于其侵权行为类型不同，对因果关系要件的要求也不同。

在违反安全保障义务行为直接造成损害事实的情况下，对因果关系的要求应当是直接因果关系或者相当因果关系，违反安全保障义务行为是损害发生的原因。例如，在设施、设备违反安全保障义务的侵权责任、服务管理违反安全保障义务的侵权责任和对儿童违反安全保障义务侵权责任中，对于因果关系要件的要求是具有确定的直接因果关系或者相当因果关系，表现为违反安全保障义务的行为就是引起受保护人损害事实的原因。

在防范、制止侵权行为违反安全保障义务的侵权行为中，对因果关系的要求比前三种侵权行为的要求低，其侵权责任构成的因果关系应当是间接因果关系，违反安全保障义务行为仅仅是损害发生的间接原因，不要求是直接原因。这是因为，侵权人对受保护人所实施的侵权行为是直接针对受保护人的，并且直接造成了受保护人的损害，该侵权行为是受保护人受到损害的全部原因。但安全保障义务人的违反安全保障义务行为也是造成受保护人的损害的全部原因，因为如果其尽到了保护义务，就会完全避免这种损害。事实上，安全保障义务人的行为是受保护人受到损害的一个条件，也具有因果关系，只是这种因果关系是间接因果关系而已。

（2）不同损害事实的因果关系要求。

在违反安全保障义务的侵权责任构成中，对于不同损害事实的因果关系也有不同的要求。对于人身损害事实应当适用相当因果关系作为判断标准，违反安全保障义务行为是损害事实发生的适当条件的，即构成因果关系要件，应当对该损害事实承担侵权责任。对于财产损害事实，则应当以直接因果关系作为判断标准，违反安全保障义务的行为是损害事实发生的直接原因时，才能构成侵权责任。

4. 违反安全保障义务行为的行为人具有过错

构成违反安全保障义务侵权责任，行为人应当具有过错。

（1）过错性质。

违反安全保障义务人的过错性质是未尽注意义务的过失，不包括故意。如果违反安全保障义务人在造成损害中具有故意（包括直接故意和间接故意），则不属于这种侵权行为类型，而是故意侵权。这种过失的表现是应当注意而没有注意，是一种不注意的心理状态。这种心理状态实际地表现在其违反安全保障义务的行为中，应当通过对其行为的考察作出判断。具体说，违反安全保障义务的行为人有无过错的标准是，行为人是否达到了法律、法规、规章等所要求达到的注意义务，或者是否达到了同类公共场所管理人或者群众性活动组织者所应当达到的注意程度，或者是否达到了诚信、善良的公共场所管理人或者群众性活动组织者所应当达到的注意程度。[①]

（2）过错的证明责任。

违反安全保障义务侵权责任适用过错责任原则。不过，只要被侵权人证明义务人未尽安全保障义务，并且已经造成了被侵权人的损害，就可以从违反安全保障义务的行为中证明违反安全保障义务的人有过失。

违反安全保障义务的人如果能够证明自己没有过错，即证明自己的注意标准是什么，自己的行为已经达到了这样的注意标准；或者证明自己虽然没有达到要求的注意标准，但是另有抗辩事由——或者由于不可抗力，或者由于自己意志以外的原因，或者是第三人的原因所致等，就可以推翻违反安全保障义务行为人有过错的证明。行为人能够证明这些内容，应当认定其不具有过错要件，不构成侵权责任。

四、违反安全保障义务侵权责任类型

违反安全保障义务侵权责任分为四种具体类型。

（一）设施、设备违反安全保障义务

公共场所的管理人或者群众性活动的组织者在设施、设备方面的安全保障义务，主要是不违反相关的安全标准。经营场所或者社会活动场所的设施、设备必须符合国家的强制标准要求。没有国家强制标准的，应当符合行业标准或者达到进行此等经营活动所需要达到的安全标准。具体的要求：首先是建筑物的安全标准，应当符合《建筑法》和《建筑工程质量管理条例》等法律、法规的质量要求，应当经过建筑行政管理部门验收合格，不得存在安全隐患。其次是消防方面的标准，必须符合《消防法》

---

① 张新宝：《侵权责任法原理》，中国人民大学出版社 2005 年版，第 281 页。

《高层建筑消防管理规则》《营业性演出管理条例》等的规定,经营场所和活动场所必须配备必要的消防设备、报警设施、紧急疏散标志和疏散图等,并保证一直处于良好状态。再次是电梯的安全标准,实行安全使用证制度、安全年检制度、日常维护保养制度,防止出现危险。最后是其他相关配套设施设备,必须经常地、勤勉地进行维护,使它们一直处于良好、安全的运行状态,符合安全标准。

公共场所管理人或者群众性活动组织者的设施、设备违反安全保障义务,就是在提供服务的场所,上述四个方面所设置的硬件没有达到保障安全的要求,存在缺陷或者瑕疵,造成了他人的损害。因此,经营者应当对被侵权人承担人身损害赔偿责任。例如,某商场在通道上安装的玻璃门未设置警示标志,一般人很难发现这是一扇门,顾客通过时撞在门上造成伤害。对此,商场应当承担违反安全保障义务的人身损害赔偿责任。

(二)服务管理违反安全保障义务

公共场所的管理人或者群众性活动的组织者在服务管理方面的安全保障义务,主要包括以下三个方面:

第一,加强管理,提供安全的消费、活动环境。公共场所的管理人或者群众性活动的组织者在提供服务的时候,应当保障服务的内容和服务的过程是安全的,不能存在不安全的因素和危险,这些要求集中体现在公共场所或者群众性活动的组织、管理和服务上。例如,涉及消费者和活动参与者的人身安全和卫生安全的经营、活动中,应当保障人身安全和卫生,地面不得存在油渍和障碍,应当定期消毒,防止传染病的传播,等等。

第二,坚持服务标准,防止出现损害。在经营和活动中,应当按照确定的服务标准进行,不得违反服务标准。例如,饭店服务人员没有擦干净地板留有污渍,顾客踩在上面滑倒造成伤害,构成人身损害赔偿责任。

第三,必要的提示、说明、劝告、协助义务。在经营或者社会活动中,如果存在不安全因素,例如可能出现伤害或者意外情况,应当进行警示、说明。对于可能出现的危险应当对消费者或者参与者进行合理的说明,对于有违安全的消费者或者参与者进行劝告,必要时还要通知公安部门进行必要的强制。对于已经发生或者正在发生的危险,经营者或者组织者应当进行积极的救助,以避免损失的发生和扩大,如发生火灾,必须组织工作人员进行疏导和疏散,进行安全转移。同时,对于大型的、多人参加的活动,必须按照限定的数额售票,不得超员。

服务管理违反安全保障义务,是经营者或者组织者的工作人员违反上述安全保障义务,存在瑕疵或者缺陷,因此造成他人损害,构成侵权责任。

(三)对儿童违反安全保障义务

儿童是祖国的未来,法律对儿童予以特别的关照和保护。对儿童的保护适用特别标准,公共场所的管理人或者群众性活动的组织者必须竭力做到保护儿童的各项措施,以保障儿童不受场地内具有诱惑力危险的侵害。公共场所的管理人或者群众性活动的组织者对儿童违反安全保障义务造成儿童的损害,应当承担赔偿责任。有一个案例很典型:某军队在一个山区搞军事演习,把一个山坡围起来,附近是一个村庄。在军事演习时,部队警戒严格,没有发生危险。演习结束后,大部队撤离,只剩下部分部队在清理战场,警戒放松。这时,村里小孩溜进去捡炮弹壳、子弹壳。有一个小孩发现了一颗130炮弹,其他几个孩子就来争抢,把炮弹引爆,导致炸死两人,重伤一人。军事演习是一种对儿童有诱惑力的危险,部队没有尽到应尽的义务,构成对儿童违反安全保护义务的侵权行为,应当承担赔偿责任。

（四）防范制止侵权行为违反安全保障义务

对于他人负有安全保障义务的公共场所的管理人或者群众性活动的组织者,在防范和制止他人侵害方面未尽义务造成受保护人损害的,也构成违反安全保障义务的侵权责任,这是一种特定的类型。前述银河宾馆案,就是这种侵权行为的典型案例。

五、违反安全保障义务侵权责任的责任形态

违反安全保障义务侵权责任的赔偿责任分为三种:自己责任、替代责任和补充责任。

（一）自己责任

自己责任是违法行为人对自己实施的行为所造成的他人人身损害和财产损害的后果由自己承担的侵权责任形态。从公共场所的管理人或者群众性活动的组织者的经营或者活动而言,违反安全保障义务造成受保护人的人身损害,自己承担责任,就是自己责任。在设施设备违反安全保障义务的侵权行为、服务管理违反安全保障义务和对儿童违反安全保障义务的侵权行为中,违反安全保障义务的行为人如果是单一的自然人主体,他就要承担自己责任。

自己责任的特点是:第一,是违法行为人自己实施的行为;第二,是违法行为人自己实施的行为造成的损害;第三,是自己对自己实施的行为所造成的损害,由自己承担责任。这三个特点,都突出了一个概念,就是"自己",是为自己的行为负责的侵权责任形态。[①] 在一般侵权行为中,行为人和责任人是同一人,行为人对自己实施的行为承担后果责任,即自己造成的损害自己赔偿,不能由没有实施违法行为的人承担赔偿责任。前述的三种侵权行为,都是公共场所的管理人或者群众性活动的组织者自己实施的行为造成受保护人的人身损害,要自己承担责任,符合自己责任的特点。

（二）替代责任

如果公共场所的管理人或者群众性活动的组织者是法人或者雇主,违反安全保

---

① 在中国社会科学院法学研究所起草的《中国民法典（草案）》中,将一般侵权行为表述为"自己的侵权行为"。如果说得准确的话,以"自己的侵权责任"命名会更好一些,且能够与下一章的"对他人侵权之责任"的表述相对应。梁慧星:《中国民法典草案建议稿》,法律出版社2003年版,第310页。

障义务的具体行为人是公共场所的管理人或者群众性活动组织者的工作人员或者雇员,根据用人单位责任的要求,设施设备违反安全保障义务的侵权行为、服务管理违反安全保障义务和对儿童违反安全保障义务的侵权行为的责任形态,实际上是替代责任,而不是自己责任。对此,应当适用《侵权责任法》第34条和第35条的规定,确定侵权责任。无论是公共场所的管理人或者群众性活动的组织者自己违反安全保障义务,还是其工作人员违反安全保障义务,都要由作为公共场所的管理人或者群众性活动的组织者的用人单位承担责任。不过,如果公共场所的管理人或者群众性活动的组织者的工作人员违反安全保障义务造成损害的,公共场所的管理人或者群众性活动的组织者在承担了赔偿责任之后,可以向有过错的工作人员求偿。

（三）补充责任

《侵权责任法》第37条第2款规定:"因第三人的行为造成他人损害的,由第三人承担侵权责任;管理人或者组织者未尽到安全保障义务的,承担相应的补充责任。"这一规定与最高人民法院《人身损害赔偿司法解释》第6条第2款"因第三人侵权导致损害结果发生的,由实施侵权行为的第三人承担赔偿责任。安全保障义务人有过错的,应当在其能够防止或者制止损害的范围内承担相应的补充赔偿责任。安全保障义务人承担责任后,可以向第三人追偿。赔偿权利人起诉安全保障义务人的,应当将第三人作为共同被告,但第三人不能确定的除外"的规定相比较,基本原则没有变化,改变的是取消了追偿权的规定。

在违反安全保障义务的侵权行为中,防范制止侵权行为违反安全保障义务的一方当事人承担的损害赔偿责任是补充责任。按照这一规定,防范制止侵权行为违反安全保障义务的侵权损害赔偿责任是指第三人侵权导致被侵权人损害的,安全保障义务人对此有过错,承担相应的补充赔偿责任。

侵权法上的补充责任,是指两个以上的行为人违反法定义务,对一个被侵权人实施加害行为,或者不同的行为人基于不同的行为而致使被侵权人的权利受到同一损害,各个行为人产生的同一内容的侵权责任。被侵权人享有的数个请求权有顺序的区别,首先行使顺序在先的请求权;该请求权不能实现或者不能完全实现时,再行使其他请求权的侵权责任形态。

侵权补充责任的基本规则是:

第一,在侵权补充责任形态中,即构成自己责任与补充责任的竞合时,被侵权人应当首先向自己责任人请求赔偿,自己责任人应当承担侵权责任。自己责任人承担了全部赔偿责任后,补充责任人的赔偿责任终局消灭,被侵权人不得向其请求赔偿,自己责任人也不得向其追偿。

第二,被侵权人在直接责任人不能赔偿、赔偿不足或者下落不明无法行使第一顺序的赔偿请求权时,可以向补充责任人请求赔偿。补充责任人应当满足被侵权人的请求。补充责任人的赔偿责任范围,并不是直接责任人不能赔偿的部分,而是"相应"的部分。理解"相应"的补充责任,应当与违反安全保障义务人的过错程度和行为的原因力"相应",并且只此而已,并不承担超出相应部分之外的赔偿责任。

第三,相应的补充责任还意味着:其责任只是补充性的,如果直接侵权人有能力全部赔偿,则应当承担赔偿责任,违反安全保障义务的人不承担补充责任,因为已经不存在补充的必要了。所以,相应的补充责任不是连带责任。现在在司法实践中很多法官将其理解为连带责任,是不正确的。故补充责任中"补充"的含义包括以下两个要点:一是补充责任的顺序是第二位的,直接责任人承担的赔偿责任是第一顺序的责任,补充责任人承担的赔偿责任是第二顺序的责任。因此,补充责任是补充自己责任的侵权责任形态。二是补充责任的赔偿范围是补充性的,其赔偿范围的大小取决于直接责任人承担的赔偿责任的大小。直接责任人赔偿不足,补充责任人承担的赔偿责任在其不足部分中,依照相应责任确定,不能超出补充的范围,也不能超出相应责任的范围。

【案例讨论】 ≫≫≫ 〉

案情:

2002 年 8 月 1 日晚,位于北京北三环的由浙江省政府出资建设的浙江大厦配楼张生记饭店在正式营业之前举行招待会,宴请在北京工作的浙江同乡。宴会开始后,中央电视台女主持人沈旭华接到电话,因听不清楚,便推开安全门往外走。由于安全门外的该楼逃生消防楼梯没有安装栏杆,又没有照明,致使沈失足从二楼掉到一楼,40 多分钟之后才被发现,经抢救无效死亡。其家属向法院起诉,要求该饭店承担赔偿责任,法院判决饭店赔偿 38 万元。

讨论问题:

1. 违反安全保障义务的侵权行为有哪几种类型?本案属于哪种类型?

2. 违反按照保障义务的侵权行为的责任形态有哪几种?须具备何种要件?

3. 非公共场所或者非群众性活动之外的领域发生违反安全保障义务的损害,应当依据《侵权责任法》哪一规定确定违反安全保障义务人的赔偿责任?

【参考文献】 ≫≫≫ 〉

王利明:《侵权责任法研究》(下卷),中国人民大学出版社 2012 年版。

梁慧星:《中国民法典草案建议稿》,法律出版社 2003 年版。

张新宝:《侵权责任法》(第二版),中国人民大学出版社 2010 年版。

杨立新:《侵权责任法》(第二版),法律出版社 2011 年版。

张民安:《过错侵权责任制度研究》,中国政法大学出版社 2002 年版。

崔建远主编:《合同法》,法律出版社 2003 年版。

第二十一章　教育机构的责任

　　学生特别是未成年学生,是国家的未来,民族的希望,父母的寄托。未成年学生的学习成长和健康安全,受到全社会的关注。然而,近年来,我国教育机构责任案件呈逐年上升趋势,纠纷案件不断增多,给学生和家长带来不幸和痛苦,也对教育机构、教师和教育部门产生负面影响,成为一个严峻的社会问题。妥善处理好教育机构的责任,及时化解纠纷,具有重要意义。《侵权责任法》第38条、第39条和第40条规定的是教育机构的责任。本章就此进行讨论。

一、教育机构的责任概述

(一) 教育机构的责任的现状

　　随着经济的快速增长,社会的明显进步,近年来我国的教育事业蓬勃发展。据国家教育部发布的《2012年全国教育事业发展统计公报》显示,2012年全国共有全日制在校学生28078.69万人(含幼儿在园学生),再加上在教育机构注册就读的其他受教育者,我国在各类教育机构学习的人员总数已经达到甚至超过全国总人数的五分之一。其中绝大多数是正在发育成长的未成年人,在高等学校就读的学生为3225万人,占11.5%。

　　近年来,教育机构的责任频频发生,学生人身安全问题日益成为社会各界最为关注的焦点问题之一。据有关媒体报道,连续几年来我国中小学生每年的非正常死亡人数都在1.6万人以上,平均每天有40多人即约有一个班的学生"消失",学校安全事故已经成为14岁以下儿童的第一死因,还有更多的人遭受到各种伤害。此外,因教育机构教学生活设施、食品卫生安全甚至老师体罚学生引起的学生伤亡事故也常见报端。

　　教育机构责任的频繁发生,损失巨大,后果严重,如果不能得到及时妥善的处理,对社会危害重大。预防和依法妥善处理教育机构的责任,已经成为政府、公民、社会各界特别是教育界和法律界共同关注的重大问题。针对这一问题,有关国家机构加强了相关的法律规范的完善,先后出台了一些重要的法律、司法解释和行政规章,为及时妥善处理好教育机构的责任创造了条件。

(二) 教育机构的责任的概念

　　教育机构的责任是指无民事行为能力或者限制民事行为能力的学生在幼儿园、

学校或者其他教育机构学习、生活期间受到人身损害,应当由有过错的幼儿园、学校或者其他教育机构承担赔偿责任的特殊侵权责任。

《侵权责任法》第38条至第40条规定的教育机构的责任仅指学生在教育机构受到伤害的事故责任,不包括未成年学生在学校伤害他人的损害赔偿案件。

界定教育机构的责任,应当准确界定以下概念:

1. 学生

按照教育部颁布的《教育机构的责任处理办法》规定,教育机构的责任中所指的学生,包括各类全日制学校的全日制学生、幼儿园的幼儿和儿童、在全日制学校注册和在其他教育机构就读的其他受教育者。最高人民法院《人身损害赔偿司法解释》第7条规定的学生,则仅指未成年学生,保护对象是学校、幼儿园或者其他教育机构中的未成年人。《侵权责任法》第38条至第40条规定的,是在幼儿园、学校或者其他教育机构学习、生活的无民事行为能力人或者限制民事行为能力人,未成年学生当然在其中,已经成年的无民事行为能力或者限制民事行为能力人,也在其中。这个界定,比最高人民法院司法解释规定得为宽。不过,重点仍然是保护未成年学生。

已经成年的学生,无论是否在教育机构受到损害,都不适用《侵权责任法》第38条至第40条的规定。

2. 在幼儿园、学校或者其他教育机构学习、生活期间

幼儿园、学校或者其他教育机构是指所有的这类机构;被保护的学生在其中教育、生活期间,应当采用"门至门"的原则,就是学生从进校门到出校门期间参加的教育机构教育教学活动。例外的是,教育机构组织的校外的活动不在此限,学校或者幼儿园有接送校车的应当以校车的车门为限,包括上下车的安全保护。

3. 事故

事故的种类包括学生本人的人身伤害事故和死亡事故,按照《侵权责任法》的规定,不包括学生在教育机构造成他人人身伤害或者死亡的事故。

(三)教育机构承担学生伤害事故责任的法理基础

确定教育机构责任的理论基础,有不同的主张:

1. 监护责任说

这种主张认为,无民事行为能力人在幼儿园、学校、精神病医院学习、生活或者治疗时,受到伤害或者给他人造成损害,由于这些单位对这些无民事行为能力人负有一定的监护性质的职责,因此,可视情况决定这些单位适当地承担赔偿责任。[①] 这种主张认为,教育机构为学生伤害事故承担责任的基础,就是教育机构是未成年学生的监护人,对未成年学生承担监护责任。当未成年的学生在教育或教学活动中受到伤害或者给他人造成伤害,教育机构没有尽到监护责任时,就要承担民事赔偿责任。

---

① 马原主编:《中国民法教程》,人民法院出版社1989年版,第324—325页。

2. 教育、管理和保护职责说

该主张认为,教育机构为学生伤害事故承担责任的基础,不是教育机构与学生之间的监护关系,而是在于教育机构依照《中华人民共和国教育法》(以下简称《教育法》)的规定,承担的对学生负有的教育、管理与保护职责。因而,教育机构与学生之间的关系不是一般民事关系,而是一种发生在教育过程中的特殊的教育法律关系,只有遵循教育的规律和《教育法》的规范,才能正确理解和处理这类事故。依据《教育法》关于教育机构对学生承担的教育、管理和保护职责的规定,未尽到教育、管理和保护的职责,即具有过失,教育机构就要承担民事赔偿责任。①

幼儿园、学校或者其他教育机构与在校学生的关系,性质是依据《教育法》成立的教育关系。其关系成立的基础不是依据合同成立,而是依据《教育法》而成立,《教育法》是幼儿园、学校或者其他教育机构与在校学生发生法律关系的基础。这种法律关系的基本性质属于准教育行政关系,既区别于纯粹的教育行政关系,也区别于民事法律关系,是教育机构对学生的教育、管理和保护的法律关系。教育、管理和保护构成这一法律关系的基本内容,教育机构对学生有教育、管理的权力,同时对学生有保护的义务;学生有接受教育、接受管理的义务,享有受到保护的权利。《侵权责任法》对此的说法是教育、管理职责。

主张教育机构与学生之间的法律关系适用监护法律关系进行调整,没有确切的法律依据。对于监护人的范围,我国《民法通则》第 16 条作了明确规定,教育机构并不是未成年学生在校期间的监护人,教育机构作为教育管理者,对在校未成年学生伤害事故责任的承担,不适用监护人对被监护人承担的过错推定责任。

在教育关系中,由于教育机构存在未尽教育、管理职责的过错,致使学生受到人身伤害,教育机构产生侵权责任。教育机构为未成年学生的人身伤害以及造成他人伤害承担民事责任的基础,就是教育机构依照《教育法》取得的对学生的教育、管理和保护的权力与义务。教育机构未尽这种义务,应当承担侵权责任。

二、教育机构承担赔偿责任的归责原则

(一)对教育机构承担责任应当适用何种归责原则的不同意见

教育机构承担学生伤害事故责任应适用何种归责原则,以前在理论和实践中都有较大争议。在教育部颁布《学生伤害事故处理办法》后,特别是《人身损害赔偿司法解释》公布实施之后,意见已经统一。

首先,教育机构对学生伤害事故承担责任不适用无过错责任原则。原因在于,法律没有明文规定为无过错责任的,不得适用无过错责任原则。教育机构承担责任的

---

① 参见教育部《教育机构的责任处理办法》的规定和最高人民法院《人身损害赔偿司法解释》第 7 条的规定。

基础是其对学生的教育、管理和保护职责,已尽到上述职责的就没有过失,也就没有责任。

其次,按照《人身损害赔偿司法解释》第7条规定,未成年学生受到损害和未成年学生造成他人损害两种情形下的人身损害赔偿责任都适用过错责任原则,即使在教育机构承担补充赔偿责任的情况下,也适用过错责任原则。不过,对教育机构的责任实行过错责任原则,究竟是一般过错责任,还是推定过错责任,尚未明确。有的主张,由于教育机构在学生伤害事故中的侵权责任是因为未尽注意义务而引起,由教育机构来证明已经尽了相当的注意并且实施了合理行为,以达到免责目的,在举证责任的分配上更为合理,有助于教育机构尽到更多的注意义务,更有利于保护未成年人。通过这种方式,既可以维护未成年受害学生的权益,又可以避免不适当的扩大教育机构责任范围的倾向。因此,教育机构承担学生伤害事故责任一般应适用推定过错责任原则。

(二)《侵权责任法》的明确规定

《侵权责任法》第38条至第40条明确规定,对于无民事行为能力人在幼儿园、学校或者其他教育机构学习、生活期间受到人身损害的,适用过错推定原则;对于限制民事行为能力人在幼儿园、学校或者其他教育机构学习、生活期间受到人身损害的,适用过错责任原则。至此已规定得十分明确。

(三)是否适用公平分担损失规则

对教育机构责任是否可以适用公平分担损失规则,有不同意见。《上海市中小学校学生伤害事故处理条例》规定了适用公平分担损失规则认定学生伤害事故责任的条文。该条例第13条规定:"对学生伤害事故的发生,当事人均无过错的,可以根据实际情况,按照公平责任原则,由当事人适当分担经济损失。"

笔者认为,教育机构既然已经尽到了教育、管理和保护的义务,没有过错还要承担公平分担损失,显然加大了教育机构的责任,对全体学生的保护和福利是一个损害。当然,如果在教育机构的责任中,教育机构虽然没有过错,但是出于对遭受损害的学生的关心和爱护,特别是对于遭受损失较大、家庭经济状况又比较困难的学生,在教育机构财力允许的情况下,自愿在经济上给予一定的补助、扶助,自无异议。但不能承认教育机构责任必须适用公平分担损失规则,因为公平分担损失规则本来就不是一个归责原则,而仅仅是一个赔偿责任调整的问题。

(四)未成年学生在教育机构伤害他人的赔偿责任

无民事行为能力人或者限制民事行为能力人在幼儿园、学校或其他教育机构学习、生活期间,致他人人身损害的,应当如何承担赔偿责任,《侵权责任法》没有明文规定,应当依照《侵权责任法》第6条第1款的规定,确定侵权责任。

三、教育机构责任的构成要件

（一）学生遭受人身损害的客观事实

学生在校期间遭受人身伤害的损害事实，是构成教育机构承担人身损害赔偿责任的要件。

在教育机构的责任中，损害事实主要表现为学生的人身伤害和死亡。由此产生的财产性损失，主要如医疗费、护理费、交通费、住宿费、营养费、住院伙食补助费、伤残用具费和丧葬费等费用支出。在人身伤害的损害中，还导致精神损害的发生，这是责任主体承担精神抚慰金赔偿责任的基础。存在以上所述损害事实，构成教育机构的责任要件之一。

（二）学校等教育机构在学生伤害事故中存在违法行为

教育机构在教育机构的责任中的违法行为，是指教育机构在实施教育和教学活动中，违反或者未能正确履行《教育法》关于教育机构教育、管理和保护职责的行为。

1. 教育机构疏于管理的行为

教育机构在教育和教学活动中疏于履行管理义务，致使在这个过程中学生人身损害后果的发生。这种管理，是对教育机构活动的管理，不是指对学生的管理。这种行为是教育机构自己的行为，是自己的行为致人损害，因而属于普通的侵权行为，教育机构应当对自己的行为负责。例如，某小学的厕所破烂不堪，但是学校疏于修缮，致其某日倒塌，68 名学生落入粪池，造成 28 人死亡。这就是学校自身疏于注意义务，是自己的不作为行为造成了未成年学生的死亡和伤害后果。

2. 教育机构疏于保护的行为

教育机构对在校的未成年学生负有安全保护义务。学生在校接受教育，教育机构虽然不承担监护义务，但仍应承担安全保护义务。负担这种义务就应当恪尽职守，不能因为自己的疏忽和懈怠而使学生受到人身伤害。教育机构疏于这种对学生安全的注意义务，致使学生受到人身伤害，教育机构的行为构成违法性。例如在教育机构遭遇的意外事故中，教育机构应当并且有条件救助学生却不救助，教师率先躲避灾害，造成学生人身伤害，教育机构就属于疏于对学生保护，对损害应当承担责任。

3. 教育机构疏于教育的行为

这种教育行为是专指对学生的教育，而不是广义上的教育活动。在对学生的教育中没有尽到教育职责，使学生在教学活动中造成他人的人身伤害，应当承担人身损害赔偿责任。

教育机构的上述行为，既包括教育机构的行为，也包括负该种责任的教师的行为。教育机构的疏于职守行为，教育机构应当承担责任。教育机构教师和其他管理人员在教育和教学活动中行为不当，违反法律规定的义务，造成学生伤害或者学生伤害他人，教育机构应当承担侵权责任。

在对教育机构行为违法性的判断上，应当以《教育法》等教育法律和民法的规定为标准。《教育法》等教育法律规定的标准是教育机构承担的教育、管理和保护义务，民法的规定的标准是对学生人身权利不得侵犯义务。违反这些法律规定，就构成教育机构的责任的违法性要件。

（三）教育机构的违法行为与事故发生有因果关系

教育机构疏于教育、管理和保护职责的行为，必须与学生遭受伤害或者学生伤害他人的损害事实之间具有引起与被引起的因果关系。在判断上，应当采取相当因果关系规则。

（四）教育机构在学生伤害事故中存在过错

教育机构承担学生伤害事故责任须具有主观上的过错。只有教育机构在主观上具有过错，才对自己的行为承担赔偿责任。不具有主观上的过错则不承担责任。

确定教育机构过错的标准，是看其履行《教育法》规定的教育、管理和保护的职责中是否尽到了必要的注意义务。对这种注意义务的违反，就是过失。

认定教育机构在教育机构的责任中的过错要注意以下三个方面：

第一，教育机构对学生是否具有注意义务。过失以是否负有注意义务为前提，无注意义务当然不构成过失。教育机构的注意义务是一种特殊的注意义务，这种义务是基于教育机构对学生的教育、管理和保护。这种注意义务既包括基于法律法规、行政规章等规定而产生的法定的注意义务，也包括基于有关部门颁布的教育教学管理规章、操作规程等规定而产生的一般性注意义务，以及教育机构与学生家长签订合同约定的注意义务。

第二，教育机构对学生是否尽了相当注意义务。所谓尽了相当注意义务，是指教育机构按照法律、法规、规章、规程等以及合同要求的注意而付出一定的努力，尽到了对学生人身健康安全的合理的、谨慎的注意。需要指出的是，注意要求的标准和范围因环境和对象的不同而不同。危险性愈高，发生侵害的可能性愈大时，其注意程度应相对提高。例如，小学教师对小学生的人身健康安全的注意要求比高中教师对高中生的人身健康安全的注意要求要高，因为小学生的认知能力、防范风险能力较低，发生人身伤害的几率也就高；教师在游泳池里上游泳课比在田径场上田径课的注意要求要高，因为上游泳课存在的危险性更大。

第三，教育机构是否能尽相当注意义务。对侵害结果的可预见性和可避免性是能否尽相当注意义务的条件。认定教育机构在学生伤害事故中的过错，还要考虑教育机构的预见能力，如果教育机构不具有预见能力，不应该预见也无法预见，即损害结果无可预见性，教育机构就无法尽相当的注意义务，采取合理行为避免损害结果的发生，因而主观上也就没有过失。

四、教育机构责任的主要类型

（一）教育机构责任

教育机构责任，是指幼儿园、学校或者其他教育机构及其工作人员由于过错，违反教育法律法规及其有关规定，未尽教育、管理职责，造成教育机构的责任，或者学生伤害他人事故，教育机构应当承担的赔偿责任。

按照《学生伤害事故处理办法》第9条的规定及有关部门的意见，学生伤害事故的主要情形包括以下12种，在实践中可以参照这些规定确定学校责任[①]：(1)学校的校舍、场地、其他公共设施，以及学校提供给学生使用的学具、教育教学和生活设施、设备不符合国家规定的标准，或者有明显不安全因素的。校舍和教育教学设施的安全，是保证受教育者、教师及其他人员人身安全的重要前提。因为学校环境设施不安全造成学校的责任，学校应当承担赔偿责任。(2)学校的安全保卫、消防、设施设备管理等安全管理制度有明显疏漏，或者管理混乱，存在重大安全隐患，而未及时采取措施的。(3)学校向学生提供的药品、食品、饮用水等不符合国家或者行业的有关标准、要求的。(4)学校组织学生参加教育活动或者校外活动，未对学生进行相应的安全教育，并未在可预见的范围内采取必要的安全措施的。(5)学校知道教师或者其他工作人员患有不适宜担任教育教学工作的疾病，但未采取必要措施的。(6)学校违反有关规定，组织或者安排未成年学生从事不宜未成年人参加的劳动、体育运动或者其他活动的。(7)学生有特异体质或者特定疾病，不宜参加某种教育教学活动，学校知道或者应当知道，但未予以必要的注意的。(8)学生在校期间突发疾病或者受到伤害，学校发现，但未根据实际情况及时采取相应措施，导致不良后果加重的。(9)学校教师或者其他工作人员体罚或者变相体罚学生，或者履行职责过程中违反工作要求、操作规程、职业道德或者其他有关规定的。(10)学校教师或者其他工作人员在负有组织、管理未成年学生的职责期间，发现学生行为具有危险性，但未进行必要的管理、告诫或者制止的。(11)对未成年学生擅自离校等与学生人身安全直接相关的信息，学校发现或者知道，但未及时告知未成年学生的监护人，导致未成年学生因其脱离监护人的保护而发生伤害的。(12)学校有未依法履行职责的其他情形的。

1. 无民事行为能力人受到损害的教育机构责任

《侵权责任法》第38条规定："无民事行为能力人在幼儿园、学校或者其他教育机构学习、生活期间受到人身损害的，幼儿园、学校或者其他教育机构应当承担责任，但能够证明尽到教育、管理职责的，不承担责任。"这是规定了幼儿园、学校或者其他教育机构承担的责任是过错推定责任。其条件非常清楚，即受到损害的学生是无民事

---

① 佟丽华：《校园伤害事故预防及处理》，http://www.bzr.com.cn/detail.asp? n_id=1196,2013年1月18日访问。

行为能力人。对于教育机构的责任，受到伤害的学生是无民事行为能力人还是限制民事行为能力人，法律是否应予以区分，其实在 1988 年制定《民通意见》时就想解决的，但没有提出解决的办法。在制定《学生伤害事故处理办法》时对此也没有解决。《人身损害赔偿司法解释》对此仍然未加区分，采取同样的归责原则处理。《侵权责任法》根据实际情况和侵权法法理，最终作出这样的规定，确定对无民事行为能力的学生受到人身损害采用过错推定原则，科学地解决了这个问题。至于赔偿责任问题则没有区别，应当适用统一的人身损害赔偿规则。确定学校等教育机构的过错应当推定，实行举证责任倒置，教育机构能够证明自己没有过错，即证明尽到了教育、管理职责的，不承担赔偿责任。

2. 限制民事行为能力人受到损害的教育机构责任

《侵权责任法》第 39 条规定："限制民事行为能力人在学校或者其他教育机构学习、生活期间受到人身损害，学校或者其他教育机构未尽到教育、管理职责的，应当承担责任。"按照这一规定，对于限制民事行为能力的未成年学生在学校等教育机构受到人身损害，确定学校等教育机构的责任，适用过错责任原则。有过错的承担赔偿责任，没有过错的不承担赔偿责任。确定过错，须由被侵权人承担举证责任，不能证明的，不构成侵权责任。

（二）第三人责任

第三人责任事故，是指学生伤害事故的发生不是由于教育机构的过错，而是由于第三人的过错行为所引起，应当由第三人承担民事责任的事故责任。

《侵权责任法》第 40 条前段规定："无民事行为能力人或者限制民事行为能力人在幼儿园、学校或者其他教育机构学习、生活期间，受到幼儿园、学校或者其他教育机构以外的人员人身损害的，由侵权人承担侵权责任。"这种第三人责任与《侵权责任法》第 28 条规定的"损害是由第三人造成的，第三人应当承担侵权责任"规则基本相同，但以有过错的教育机构承担补充责任为其特点。

（三）教育机构承担相应的补充责任

《人身损害赔偿司法解释》第 7 条第 2 款规定了一个特别的教育机构责任，即补充责任，在实践中比较成功。《侵权责任法》第 40 条后段据此规定："幼儿园、学校或者其他教育机构未尽到管理职责的，承担相应的补充责任。"这个规定与上述司法解释的规定含义是相同的。在现实生活中，学生在教育机构受到人身损害是第三人的过错行为所致，第三人应当承担赔偿责任，如果教育机构存在未尽管理职责的过错，则学校等教育机构应当承担相应的补充责任。

教育机构承担相应的补充赔偿责任，除了具备教育机构责任的构成要件之外，还必须具备以下三个要件：第一，学生人身损害是由于第三人的原因所致。如果是完全由于教育机构的过错所致，就是一般的教育机构的责任赔偿责任。第二，幼儿园、学校或者其他教育机构有过错。无过错则不产生补充赔偿责任，损害的赔偿责任应当完全由加害的第三人承担。第三,幼儿园、学校或者其他教育机构的过错与第三人的损害应当有间接的或者直接的因果关系。如果不存在因果关系,不应当让教育机构承担补充责任。

教育机构承担补充赔偿责任的法理依据在于教育机构存在过错,使本来可以避免或者减少的损害得以发生或者扩大。因此,教育机构应当为被侵权人向第三人求偿得不到赔偿或者得不到完全赔偿而承担补充的赔偿责任。补充责任的相应,是与教育机构的过错程度和原因力相适应。教育机构承担责任之后,不得向第三人追偿。如果第三人已经承担全部赔偿责任的,教育机构不再承担补充责任。

五、教育机构的损害赔偿责任

(一)教育机构责任的赔偿当事人

教育机构承担赔偿责任,在实体法律关系上,教育机构是赔偿的义务主体,是赔偿责任的承受者。在诉讼法律关系上,教育机构是被告。

教育机构承担赔偿责任的权利主体,是受到伤害的学生或者他人。受到伤害的是学生的,学生是赔偿权利主体。如果该学生是未成年人,在诉讼中作为原告,其亲权人或者监护人是法定代理人。

至于学生自己应当承担责任或者学生的亲权人或供养者承担责任的,应当按照《侵权责任法》第 32 条规定确定责任,教育机构不是当事人,不是赔偿法律关系的主体。

第三人承担责任的,亦应当按照《侵权责任法》的规定处理。

在教育机构应当承担赔偿责任,又订有教育机构的责任保险合同时,应当依照保险合同确定赔偿关系。保险赔偿不足的部分需要教育机构承担赔偿责任的,教育机构是赔偿义务主体,赔偿权利主体可以继续向教育机构请求承担赔偿责任。

(二)免责事由

在一定的条件下,即使发生了学生人身伤害事故,教育机构也不承担赔偿责任,这就是教育机构责任的免除。凡是符合《侵权责任法》第三章规定的不承担责任或者减轻责任法定情形的,应当免除教育机构的责任。

除此之外,因学生及其监护人责任引发的人身损害,教育机构也不承担责任。学生及其监护人责任事故,是指学生伤害事故的发生教育机构没有过错,而是由于学生自己的过失,或者是由于其监护人没有尽到监护责任而造成的,损害应当由自己负担的事故责任。监护人应当是亲权人以及其他监护人(统一称作监护人)。对此,可以参考《学生伤害事故处理办法》第 10 条的规定。学生或者未成年学生监护人由于过错,有下列情形之一,造成学生伤害事故的,应当依法承担相应的责任:(1)学生违反法律法规的规定,违反社会公共行为准则、学校的规章制度或者纪律,实施按其年龄和认知能力应当知道具有危险或者可能危及他人的行为的;(2)学生行为具有危险性,学校、教师已经告诫、纠正,但学生不听劝阻、拒不改正的;(3)学生或者其监护人知道学生有特异体质,或者患有特定疾病,但未告知学校的;(4)未成年学生的身体状况、行为、情绪等有异常情况,监护人知道或者已被学校告知,但未履行相应监护职责的;(5)学生或者未成年学生监护人有其他过错的。这些事故的责任,应当由学生或者未成年学生监护人承担。

除了上述的情况外,因为其他原因发生教育机构的责任,教育机构没有过错的,教育机构依法也应当免责。对此,《学生伤害事故处理办法》第13条规定:"下列情形下发生的造成学生人身损害后果的事故,学校行为并无不当的,不承担事故责任,事故责任应当按有关法律法规或者其他有关规定认定:(一)在学生自行上学、放学、返校、离校途中发生的;(二)在学生自行外出或者擅自离校期间发生的;(三)在放学后、节假日或者假期等学校工作时间以外,学生自行滞留教育机构或者自行到校发生的;(四)其他在学校管理职责范围外发生的。"

【案例讨论】》》》 〉

原告李某与被告王某均系被告学校初三一班的学生,系同桌。某日下午第一节课课间休息时,李某在其座位上写作业,王某在其座位上玩圆规。王某故意用圆规刺扎李某的胳膊和衣服逗其玩,李某侧身争夺王某手中的圆规,不慎圆规扎入李某右眼。李某先后在人民医院和某军医大学医院住院治疗,诊断为"右眼外伤性白内障、右眼角膜裂伤",司法鉴定为李某右眼 L5B 潜伏期较左眼延长,A5 振幅降低,双眼 A 波振幅降低,左眼视力 1.2,右眼视力 0.01(矫正视力 0.6),属轻伤,构成九级伤残。李某因治疗伤情而错失了当年参加中考的机会,至今休学在家。损害发生后,王某父亲和被告学校分别支付李某 8000 元和 3000 元后不再理会。李某遂提起诉讼,要求两被告赔偿其各项损失共计 33498.08 元。

法院审理认为,学校的安全规则有漏洞,在事故发生后,学校未及时采取救助措施,具有一定的过错,应当承担与其过错相应的赔偿责任。事故发生时,李某和王某都已年满 15 周岁,具有一定的认知能力和防范意识。李某在王某用圆规刺扎其胳膊和衣服时,未能冷静对待,没有采取合理谨慎的避让行为,也没有及时向老师报告,而是与王某争夺圆规,致自己右眼被圆规刺伤,故李某也存在一定的过错,应减轻侵权人的赔偿责任。故判决王某的法定代理人赔偿李某损失的 75%,学校赔偿李某各项损失的 15%。

讨论问题:

1. 教育机构责任有哪几种类型?基本规则是什么?

2. 你怎样分析本案的责任关系?学校应当承担责任吗?

3. 王某作为被告,应当承担多大比例的责任比较合适呢?

【参考文献】 >>>> 〉

王利明:《侵权责任法研究》(下卷),中国人民大学出版社 2011 年版。

张新宝:《侵权责任法》(第二版),中国人民大学出版社 2010 年版。

杨立新:《侵权责任法》,法律出版社 2011 年版。

王成:《侵权责任法》,北京大学出版社 2011 年版。

程啸:《侵权责任法》,法律出版社 2011 年版。

第二十二章 产品代言连带责任及法律适用规则

2015年4月24日,第十二届全国人民代表大会常务委员会第十四次会议修订通过《中华人民共和国食品安全法》(以下简称《食品安全法》),于2015年10月1日正式施行。该法第140条第3款规定:"社会团体或者其他组织、个人在虚假广告中向消费者推荐食品,使消费者的合法权益受到损害的,应当与食品生产经营者承担连带责任。"对于这个规定,社会各界反响比较热烈,形成尖锐的对立意见。依笔者所见,这个规定实际上不能仅仅局限于食品代言连带责任,而是应当举一反三,适用于所有的产品代言连带责任,因而具有更为广泛的意义。本章从食品代言连带责任说起,结合《侵权责任法》关于产品责任和连带责任的规定,全面论述产品代言连带责任的有关法律问题。

一、对《食品安全法》第55条规定食品代言连带责任的不同意见

对《食品安全法》第55条规定食品代言连带责任的对立意见,分为正方和反方两种意见。

反方:坚决反对食品代言连带责任规定,以著名导演冯小刚为代表。他在全国政协会议上"开炮"说:关于食品安全明星代言连带责任,很多演艺明星对此都有意见。如果明星要承担连带责任,那电视台是否负责?新闻媒体是否负责?国家质检等部门是否能负连带责任?为什么单单明星来负连带责任?这个规定是片面的,不公正的。如果要明星负责,那所有的质检部门都应该负连带责任。法律也开始欺负明星了,有点欺负人,而且欺负得没有道理。[1]

正方:坚决拥护这一规定,集中在网友的意见中。很多网友在网上发表意见,认为食品代言连带责任的规定不错,甚至还以"决不饶恕"的说法表示自己的态度。他们认为,消费者就是因为崇拜、信任某个明星,而间接地对其所代言的产品产生信任,从而去购买商品。既然艺人的形象促使消费者实施了购买行为,艺人就没有理由说自己和产品质量没关系。名人偶像对大众的影响力是非常巨大的,追随者和"粉丝"们相信他们的偶像,对比同类商品,他们更信赖名人代言的产品。这也是为什么名人

---

① 《冯小刚不满食品代言法规:明星承担连带责任不公正》,http://www.chinanews.com.cn/yl/zyxw/news/2009/03-05/1588579.shtml,2009年3月5日访问。

代言的广告方式受到企业的青睐,名人们也由此赚得巨大的收入,甚至远远超过他们演艺事业的所得。每一个公民,包括名人在内,权利与义务必须对等,名人明星代言产品在获取巨额代言费的同时,也必须为可能出现的虚假宣传、产品质量问题等误导消费者的行为承担责任。①

法学专家对此保持冷静,提出的意见比较稳妥。姚辉教授认为,食品代言连带责任的承担,要看制造商与明星代言人之间是否存在共同故意。具体来说有两种情况:其一,制造商与明星代言人相互串通。在这种情况下,制造商与明星代言人实则形成了明确的分工,二者的主观状态均属于直接故意。其二,制造商与明星代言人虽然没有相互串通,但明星代言人明知制造商生产了质量存在缺陷的产品,而仍然为该产品进行代言。在这种情况下,制造商的主观状态属直接故意,明星代言人的主观状态属间接故意。毫无疑问,上述两种情况都可认定他们的行为构成共同侵权,承担连带责任。②

食品代言连带责任,法律已经规定并且开始实施了,这是客观现实。对其进行讨论、发表不同意见是可以的,但质疑其权威性,甚至反对、阻止其施行,则是不可以的。笔者承认,《食品安全法》对这一责任规定确实过严,但是法律规定的责任过严也有好处。尽管很多学者也主张最好规定为"承担相应责任",似乎更为缓和、更为稳妥③,但是法律已经明确规定了连带责任,在没有修改法律之前没有改变的余地。对此,笔者的看法是:第一,规定为"相应责任"反而不好,因为不知道与什么相应,如何相应,在法律适用上更不好解释,也无法准确掌握,会出现各有各的理解的弊病;第二,明确规定食品代言连带责任,是很严格的责任,但依照连带责任的严格要求,食品代言连带责任必须符合侵权连带责任的构成要件,因而并不会伤害没有构成连带责任的食品代言人,只有构成共同侵权的食品代言行为的代言人才应当承担连带责任。这样,更有利于划清侵权与非侵权的界限,保护正当的产品代言行为,制裁非法的产品代言行为。因此,笔者积极评价《食品安全法》第 55 条规定,并建议将此推而广之,扩展为产品代言连带责任。

二、产品代言连带责任的法理基础

食品代言乃至于产品代言,代言人实际上就是给食品或者产品做广告。做广告的人对于推荐的食品或者产品有缺陷并造成消费者合法权益的损害,究竟应否承担民事责任,长期以来并不是一个明确的问题。存在的问题确实如网友所言,产品代言

---

① 《名人张嘴 法律把门》,http://www.cfqn.com.cn/Article/aqfz/20090409004.htm,2009 年 4 月 9 日访问。

② 《法学专家提醒代言明星:承担连带责任源于共同侵权》,载《检察日报》2009 年 3 月 30 日。

③ 李连颖:《食品广告代言连带责任是否过重》,http://blog.sina.com.cn/s/blog_4c9d230f0100cu3u.html,2009 年 4 月 26 日访问。

人只管代言、只管收钱,对于代言的产品质量如何、是否存在缺陷、是否造成损害,一概不管,不用承担任何责任。这样的后果是,代言人只享有权利,不承担义务,也不承担责任,成为市场经济中不受法律约束的特殊主体。这是不正确的,也是不正常的。《食品安全法》率先规定食品代言连带责任,解决了这个问题。

产品代言连带责任究竟是依据何种法律基础产生的呢?

(一) 产品代言连带责任并非基于合同责任而发生

产品代言行为确实产生于合同,但并非基于产品代言合同而发生产品代言连带责任。

诚然,产品代言是一种合同关系,是产品代言人与广告商以及生产者或者销售者之间订立的广告代言合同。该合同对上述当事人的代言行为进行法律约束,确定当事人的权利义务关系,但其并不能约束合同当事人与其他人之间的关系。这是合同的债权相对性原则的效力使然,即使债权相对性原则有所突破①,也无法突破到这样的程度。当代言的缺陷产品造成消费者合法权益损害时,该合同关系无法解决这样的赔偿要求。

当然,也可以考虑另一个合同关系,即产品代言人依附于买卖合同关系的产品经营者,依据产品经营者与消费者的合同关系,解决消费者权益受到损害的索赔问题。制造或者销售具有不合理危险的产品,造成合同债权人人身伤害或者财产损害的,债权人主张违约责任,可以依据加害给付责任规则请求赔偿。加害给付亦称积极侵害债权,是德国学者创造的概念,指债务人履行给付不合债务本质,除发生债务不履行的损害之外,更发生履行利益之外的损害,债务人应当承担履行利益之外固有利益损害赔偿的违约责任制度。② 在合同责任中,加害给付与实际违约是一种特殊关系,构成责任竞合。其基本区别,在于履行合同所交付的标的物的质量不符合约定,即瑕疵履行,并且因此而给债权人造成合同利益以外的固有利益损失,而不是一般的实际违约。因此,加害给付责任就是实际违约责任中的特殊责任,只不过由于加害给付责任所具有的涉及固有利益损失的特殊性,因而才作为单独的一个合同责任进行研究。产品代言人代言缺陷产品,如果明知产品有缺陷,仍然为产品生产者或者产品销售者进行宣传,造成损害,依据加害给付责任规则承担违约责任,似乎有道理。但问题在于:一方面,产品代言人本身并不是产品买卖合同的当事人,无法依据该合同关系承担合同责任;另一方面,加害给付责任无法保护产品买卖合同当事人之外的产品使用人受到损害的权利。因此,以加害给付责任作为产品代言连带责任的法理基础也并不充分。

可见,产品代言连带责任并不是基于合同而发生的民事责任。

---

① 关于合同相对性原则,请参见杨立新:《债法总论》,高等教育出版社 2009 年版,第 24—25 页。
② 杨立新:《合同法专论》,高等教育出版社 2006 年版,第 344 页。

（二）产品代言连带责任的法律基础是产品责任

产品代言连带责任应当以产品责任规则作为承担民事责任的法律基础。

产品责任，是指由于存在缺陷的产品造成他人人身、财产的损害，而应由缺陷产品的生产者或者销售者承担损害赔偿责任的侵权行为。[①] 按照《侵权责任法》第41条、第42条和第43条规定，缺陷产品的生产者或者销售者对于造成损害的产品使用人负有损害赔偿责任，受害人可以请求生产者承担责任，也可以请求销售者承担责任；承担责任的销售者如果对于产品缺陷的产生没有过错，并且能够指明缺陷产品的来源或者生产者的，销售者在承担了赔偿责任之后，可以向缺陷产品生产者追偿；产品生产者承担了赔偿责任之后，如果能够证明销售者对于产品缺陷的产生有过错的，则可以向其追偿。可是，按照产品责任的规则要求，承担责任的主体应当是缺陷产品的生产者或者销售者，产品代言人既不是产品生产者，也不是产品销售者，完全按照产品侵权责任规则确定产品代言连带责任，理由好像也不充分。

学者在解释产品代言连带责任适用产品责任规则的理由时提出，对于产品缺陷而导致的损害，代言行为相对于产品生产者的行为而言，具有间接性，属于间接侵害行为。学者引用德国学者拉伦茨的观点，所谓间接侵害行为，是指行为自身引起高度抽象的危险，加上隔着远距离其他情事之介入，导致他人权利受侵；而直接侵害行为是指依照社会的见解，在一个行为外部历程中，于时空上直接引发的侵害。直接侵害行为与间接侵害行为的区隔在于，后者只是引起了某种抽象的损害发生的危险，前者在损害的发生上具有直接的促成原因力。[②]

笔者并非完全赞同产品代言行为的间接侵害行为性质的说法，但产品代言行为须与产品生产者、销售者的行为相结合，才能够发生致人损害的后果，却是一个客观事实。在缺陷产品造成他人损害的事实中，产品代言行为依附于缺陷产品的生产经营行为，最起码是致他人损害的助成原因，并非没有直接的原因力。因此，适用产品责任法律规则，才能够建立产品代言连带责任的法律基础，是确定其承担连带责任的法律依据。正因为产品代言行为对于缺陷产品造成损害的行为发生助成作用，确定产品代言人承担产品责任，就是有道理的，只是必须确定产品代言人究竟是依附于产品生产者，还是依附于产品销售者。这正是《食品安全法》第55条规定的"与食品生产经营者承担"责任的含义所在，即产品代言行为必须与产品生产者或者销售者的侵害行为相结合，才能成立产品责任，不存在单独的产品代言连带责任。

除此之外，确定产品代言连带责任并没有其他法律根据。笔者赞同产品代言人连带责任采用产品责任规则作为其法律基础，探究其归责原则、责任构成和责任形态

[①] 杨立新：《侵权行为法专论》，高等教育出版社2005年版，第226页。

[②] 黄芬：《产品代言人的侵权责任思考》，载《中国法学会民法学研究会2009年年会论文集》（下册），第224页。

等问题,以保证在司法实践中正确适用法律,保护人民健康。

三、法律规定产品代言的侵权责任形态为连带责任的正确性

（一）对产品代言连带责任性质的不同主张

产品代言人承担侵权责任,究竟应当是何种侵权责任形态? 对此,立法已经明确为连带责任,但在学理讨论上尚有不同见解。

1. 相应责任说

学者认为,代言明星若明知或应知食品广告虚假仍然为之代言,其实则与广告主形成了共同侵权中的共同加害行为之帮助行为。共同加害行为要求必须具备三个构成要件:主体须为两人或两人以上;行为须具有共同性即具备意思联络或者行为关联;损害结果须具有同一性。因此,要求代言虚假食品广告的明星承担相应的法律责任是有一定的理论依据的。[①] 在全国人大法律委员会讨论《食品安全法》的过程中,有些法律专家认为应当规定为弹性的"相应责任",而不是连带责任。但是,立法者没有采纳这些意见。

相应责任并不是一个准确的概念,相应责任应当有多种责任形态可供选择。没有选择的相应责任,不是一种法律明确的责任形态。因此,规定为相应责任反而不利于在司法实践中施行。在事实上,既然承认产品代言责任的基础是共同侵权行为,那就应当是连带责任,而不是相应责任,这是不言自明的规则。

2. 按份责任说

有学者认为,产品代言应当承担按份责任。理由是,共同侵权的成立应该以主观上的共同过错为要件,没有主观关联的行为人之间不成立共同侵权,各自承担份额责任。根据该草案的立法精神,代言人责任与生产经营者责任之间宜为按份责任关系。[②]

这种意见也不准确。在侵权责任法领域,数个当事人承担按份责任的基础,在于数个行为人的行为对于同一个损害的发生,都构成原因,都具有原因力,但没有共同故意或者共同过失,也不具有客观的关联共同,因而成立分别侵权行为。简言之,承担按份责任,须不构成共同侵权,且须数人的行为造成同一个损害结果。在产品代言连带责任中,既然构成共同侵权,也就不存在承担按份责任的法律基础,承担按份责任也没有可靠的事实依据。

3. 补充责任说

产品代言是否存在承担补充责任的可能? 对此,应当首先考虑承担补充责任的

[①] 李连颖:《食品广告代言连带责任是否过重》,http://blog. sina. com. cn/s/blog_4c9d230f0100cu3u. html,2009 年 4 月 26 日访问。

[②] 黄芬:《产品代言人的侵权责任思考》,载《中国法学会民法学研究会 2009 年年会论文集》(下册),第 224 页。

事实依据和法律基础。承担补充责任的客观基础,是不同的行为造成同一个损害事实,受害人同时产生两个损害赔偿请求权,依据公共政策的考量,准许受害人首先行使顺位在先的请求权,在其请求权不能实现或者不能完全实现时,再行使顺位在后的请求权,以补充直接加害人的赔偿不足。① 在产品代言责任中,存在前一个客观事实,即损害是由产品生产者或者产品销售者的行为,以及产品代言行为造成,且系同一个损害,受害人对于前者和后者都享有请求权。但是,法律并没有规定这种责任为补充责任,而是明定为连带责任。因此,确定产品代言责任为补充责任,缺少法律基础。

4. 不真正连带责任说

在产品代言连带责任中,如果笼统规定产品代言人与产品生产经营者承担,则有可能形成不真正连带责任。在产品责任,产品生产者和销售者承担的责任就是不真正连带责任,尽管在承担中间责任的层面,只要产品存在缺陷,就可以请求生产者或者销售者承担侵权责任;但在最终责任层面,产品生产者承担最终责任须产品存在缺陷,产品销售者承担最终责任则须有过错。如果产品代言人参与其中承担不真正连带责任,将与产品生产者、产品销售者一起构成三个主体的不真正连带责任。这样选择,有违产品代言行为助成产品生产者或者助成产品销售者侵权的客观事实,有违产品代言行为只能依附于生产者或者销售者一方造成损害的客观事实,因而不存在不真正连带责任的客观基础。因此,产品代言人不存在承担不真正连带责任的可能性。

(二) 产品代言连带责任是共同侵权连带责任

笔者赞同姚辉教授的主张。② 依笔者所见,当一个侵权行为人应当承担连带责任的时候,必须首先具备前提条件。这些前提条件包括:第一,必须存在两个以上的侵权人,该人是其中之一;第二,每一个侵权人实施的行为对于损害的发生都必须具有原因力;第三,各个共同加害人应当具有主观上或者客观上的关联共同。产品代言责任符合这样的要求:

首先,应当解决的是产品代言人与谁承担连带责任?或者产品生产者,或者产品销售者,因此符合两个以上侵权行为人的要求。《食品安全法》第 55 条规定为食品生产经营者是对的。但产品代言人不能与产品生产者和销售者一起构成数人而由三个主体承担连带责任。

其次,产品代言行为对于损害的发生具有原因力。尽管产品代言行为不具有直接造成损害的可能性,但却是造成损害的助成原因,具有相当的原因力,与产品生产者或者销售者的行为构成损害的共同原因,因而承担连带责任顺理成章。产品代言人承担连带责任,或者是与产品生产者承担连带责任,或者是与产品销售者承担连带责任,因为只有他们的行为对于损害的发生才具有共同原因力。

---

① 参见杨立新:《侵权责任法原理与案例教程》,中国人民大学出版社 2008 年版,第 333 页。
② 《法学专家提醒代言明星:承担连带责任源于共同侵权》,载《检察日报》2009 年 3 月 30 日。

最后,产品代言连带责任存在承担共同侵权的关联共同。在事实上,广告代言行为作为主观关联共同的共同侵权,较为少见,但确实存在。即产品代言人明知代言的产品存在致人损害的缺陷,却故意为其进行代言,希望或者放任损害结果的发生,构成主观关联共同,承担连带责任毫无问题。如果产品代言人并不明知而是应知,由于存在疏忽或者懈怠,可能构成客观的关联共同,也可以成立共同侵权,当然也存在连带责任的基础。

(三)对产品代言连带责任的概念界定

综合以上论述,《食品安全法》将产品代言责任规定为连带责任确有道理,产品代言人承担的责任性质为产品侵权责任。产品代言行为应当依附于缺陷产品的生产者或者销售者的行为,产品代言人应当与缺陷产品的生产者或者销售者承担连带责任。据此,产品代言连带责任,是指在虚假广告中向消费者推荐缺陷产品,对消费者或者他人的合法权益造成损害的社会团体或者其他组织、个人,依据产品侵权责任规则,应当与产品生产者或者产品销售者共同承担的侵权连带责任。

四、产品代言连带责任的归责原则与责任构成

(一)产品代言人承担侵权责任的归责原则

确定产品代言连带责任适用何种归责原则,也有不同意见。有人认为,既然产品责任适用无过错责任原则,而产品代言责任是附属于产品责任的连带责任,因此也应当适用无过错责任原则。也有学者认为,适用无过错责任原则对于从事代言的名人来说不符合法律正义,而且会限制行为选择的自由,因此,采取过错责任原则似乎更为适宜。[①]

诚然,产品责任适用无过错责任原则,但也并不是一律适用无过错责任原则。例如,在产品侵权责任中确定销售者的最终责任,并不适用无过错责任原则,而是适用过错责任原则。《侵权责任法》第 42 条规定:"因销售者的过错使产品存在缺陷,造成他人损害的,销售者应当承担侵权责任。""销售者不能指明缺陷产品的生产者也不能指明缺陷产品的供货者的,销售者应当承担侵权责任。"在产品代言中,由于产品代言行为并非直接造成损害,因此,具有过错的产品代言行为才导致侵权责任。基于公平、正义的民法基本理念,确定产品代言连带责任须适用过错责任原则,即代言人有过错的,才能够与产品生产者或者产品销售者构成共同侵权,才承担连带责任。

产品代言人具有故意,包括直接故意和间接故意,应当承担连带责任。

产品代言人只具有过失,且不是共同过失,是否应当承担连带责任呢?笔者认为,客观的关联共同并不排斥产品代言人的过失,并非要求其须与生产者或者销售者

---

① 黄芬:《产品代言人的侵权责任思考》,载《中国法学会民法学研究会 2009 年年会论文集》(下册),第 226 页。

具有共同故意。我国台湾地区"民法"第 185 条规定共同侵权行为的立法理由认为：
"查民律草案第 950 条理由谓数人共同为侵害行为,致加损害于他人时(即意思及结果均共同),各有赔偿其损害全部之责任。至造意人及帮助人,应视为共同加害人,始足以保护被害人之利益。其因数人之侵权行为,生共同之损害时(即结果共同)亦然。"这里采纳的立场主要是意思联络说,但作为特殊情况,行为关联共同者也认为构成共同侵权行为。前者为意思联络即主观上的关联共同,后者为客观上的关联共同,各行为既无意思联络,又无关联共同者,非共同侵权行为。① 我国台湾地区判例认为,民法上之共同侵权行为,与刑事上之共同正犯,其构成要件并不完全相同,共同侵权行为人间不以有意思联络为必要,数人因过失不法侵害他人之权利,苟各行为人之过失行为均为其所生损害之共同原因,即所谓行为关联共同,亦足成立共同侵权行为。台湾地区"最高法院"1978 年台上字第 1737 号判决书重申了这一立场。② 因此,构成客观上的关联共同,各个行为人具有各自的过错,造成同一个损害结果,均具有共同原因的,也认为构成共同侵权行为。产品代言人具有过失,其行为与生产者或者销售者的行为具有共同原因,造成同一个损害结果,就成立客观关联共同。

在产品代言侵权责任中,尽管是产品侵权责任应当实行无过错责任原则,但对于产品代言人的责任确定,应当适用过错责任原则。产品代言人没有故意或者过失的,不承担连带责任。

(二) 产品代言连带责任的构成要件

构成产品代言连带责任,其基本构成要件应当符合产品责任的要求,应当具备下述各项要件。不具备这些要件的,就不构成产品代言连带责任。

1. 行为主体为社会团体或者其他组织、个人

按照《食品安全法》第 55 条规定要求,产品代言连带责任的主体是"社会团体或者其他组织、个人"。其中包括三种主体,一是社会团体,二是其他组织,三是个人。很多学者在文章中断言该条规定的是"名人代言",是不正确的。产品代言连带责任的主体并非只有名人,凡是在虚假广告中向消费者推荐产品的上述三种主体,都能够成为产品代言连带责任主体。例如,前几年推荐假冒伪劣牙膏的所谓"牙防组",就是其他组织作为侵权主体。对此,冯小刚等提出关于"单单明星来负连带责任"③的指责是不成立的。社会团体、其他组织或者个人就包括这些主体,并非没有电视台、质监部门等。代言的自然人只是其中之一,为产品代言服务的其他社会团体、其他组织以及个人,也都是产品代言连带责任主体。使用"产品代言人"的概念,就是指在虚假广告中向消费者推荐产品的社会团体或者其他组织、个人。

---

① 刘清景主编:《民法实务全览》(上),台湾学知出版事业公司 2000 年版,第 370 页。
② 同上书,第 372 页。
③ 《冯小刚不满食品代言法规:明星承担连带责任不公正》,中国新闻网,http://www.chinanews.com.cn/yl/zyxw/news/2009/03-05/1588579.shtml,2009 年 3 月 6 日访问。

2. 在虚假广告中向消费者推荐缺陷产品

按照《食品安全法》第 55 条规定,构成产品代言连带责任,须具备"在虚假广告中向消费者推荐食品"的要件。这是对违法行为要件的要求。具体掌握应当符合以下要求:

第一,代言的广告为虚假广告。一般认为,虚假广告就是对商品或者服务作虚假宣传的广告,它的虚假性主要表现是消息虚假、品质虚假、功能虚假、价格虚假、证明材料虚假。① 这样的界定过于宽泛,不符合产品代言连带责任构成要件的要求。结合第 55 条的全部内容,特别是关于"使消费者的合法权益受到损害"的要求,所谓虚假广告,必须是产品宣传的虚假,并且该产品的虚假足以造成消费者合法权益受到损害,其他消息虚假、功能虚假以及价格虚假,都不能构成产品代言连带责任的虚假广告,只有产品品质的虚假才能构成。同时,虚假广告中推荐的须为产品,推荐服务的广告不在产品代言连带责任的构成范围之内。

第二,代言的产品须具备缺陷的要件。《食品安全法》第 55 条没有明确规定缺陷要件。那么,是不是推荐的食品或者其他产品就无须具备缺陷的要件呢?依我所见,对于虚假广告所推荐的产品,尽管在条文中没有规定须具备缺陷要件,但在"虚假广告"的表述中,已经有了谴责性的要求,即广告本身为虚假,虚假就是产品质量有问题。按照产品责任的要求,构成产品责任须具备缺陷的要件。对此,《侵权责任法》第41 条、第 42 条和第 43 条在规定产品责任的要件中,都规定了"产品存在缺陷"的要求。《产品质量法》第 46 条规定:"本法所称缺陷,是指产品存在危及人身、他人财产安全的不合理的危险;产品有保障人体健康和人身、财产安全的国家标准、行业标准的,是指不符合该标准。"据此可以确定,在产品代言连带责任构成中的产品,须具备缺陷要件,即"产品存在缺陷"。广告推荐的产品如果不具备缺陷,也就不构成虚假广告,因而也就不存在产品代言连带责任。对于缺陷,应当按照设计缺陷、制造缺陷、警示说明缺陷②及跟踪观察缺陷③的要求掌握。

3. 使消费者的合法权益受到损害

在产品责任中,损害是指使用缺陷产品所导致的死亡、人身伤害和财产损失以及其他重大损失。④ 在通常理解中,产品代言连带责任中的损害,主要是指人身损害,例如三鹿奶粉事件造成的就是人身损害事实。在《食品安全法》第 55 条规定中,并没有特别规定损害限于人身损害,而是表述为"使消费者的合法权益受到损害",因而消费者的合法权益受到损害应当包括人身损害和财产损害,不能仅仅理解为人身损害。

---

① 参见百度百科:"虚假广告",http://baike.baidu.com/view/907353.htm,2013 年 5 月 18 日访问。
② 参见〔美〕肯尼斯·S.亚伯拉罕等选编:《侵权法重述——纲要》,许传玺等译,法律出版社 2006 年版,第 283 页。
③ 杨立新主编:《中华人民共和国侵权责任法草案建议稿及说明》,法律出版社 2007 年版,第 397 页。
④ 张新宝:《侵权责任法》,中国人民大学出版社 2006 年版,第 292 页。

这样的规定,刚好与产品侵权对于损害事实的前述要求相合,因而这样的理解是正确的。

应当如何理解消费者的概念呢?首先,消费者并非缺陷产品的购买者即买卖关系的债权人。如果仅仅将消费者理解为产品的购买人,将会使债权人之外的其他产品使用人无法受保护。其次,不能理解为购买产品消费的人,因为消费是一个不够严格的概念,无法准确界定。再次,也不单指产品的使用人,因为对非产品使用人造成损害的,也应当承担产品侵权责任。依照侵权法的规则,凡是被缺陷产品造成损害的人都是受害人。《食品安全法》第55条之所以规定为"使消费者的合法权益受到损害",是因为缺陷食品造成损害的一般限于食品使用人,对没有食用食品的人很难造成损害。但是,在其他产品损害的场合,就有可能造成没有消费、使用该产品的人的损害,例如产品爆炸伤及他人。

在这一要件中,还包括因果关系的要件,即产品代言行为与损害之间具有因果关系。学者认为,如果人们对名人代言产生很大程度的信赖,他的代言行为实际就对人们购买产品发挥着重要的影响。在没有他们代言时,人们可能会选择其他产品,这样产品的销售会萎缩,由此造成的消费者的损害也会被限缩在一个很小的范围内。从此意义上说,代言行为是损害发生的原因之一。[1] 这样的分析是有道理的。在产品代言连带责任的构成中,因果关系表现在两个方面:第一方面,是产品生产者或者产品销售者生产或者销售缺陷产品的行为与损害之间的因果关系,这个因果关系应当适用相当因果关系学说和规则来确定;第二方面,产品代言行为与损害之间的因果关系,具有一定的间接性,即由于代言行为导致消费者对该缺陷产品的信赖并且由此造成损害,是代言行为与缺陷产品的生产行为或者销售行为相结合,构成了一个组合起来的原因行为,对损害事实的发生产生了引起与被引起的因果联系。看起来好像代言行为与损害之间不具有实质的原因力,而在实际上确实存在一定的原因力,产品代言行为相当于共同侵权行为的帮助行为。

4. 产品代言的社会团体、其他组织或者个人须有过错

在产品代言连带责任中,故意或者过失应当表现为以下三种形式:

第一,代言人与缺陷产品生产者或者销售者具有意思联络。所谓意思联络,是指数人对于违法行为有通谋或共同认识。[2] 产品代言人与缺陷产品的生产者、销售者通谋,或者对于造成损害有共同认识,代言人为普通的共同加害人,当然应当承担连带责任。尽管在现实生活中这种情况比较罕见,但是有可能。这种故意是最为严重的产品代言连带责任的过错。

---

① 黄芬:《产品代言人的侵权责任思考》,载《中国法学会民法学研究会2009年年会论文集》(下册),第226页。

② 孙森焱:《新版民法债编总论》(上册),台湾三民书局2004年版,第277页。

第二,明知代言的产品有缺陷,可能造成损害,行为人仍然予以代言,放任损害后果的发生。这样的主观心理状态尽管与前一种故意有所不同,但仍然是对明知的损害后果予以放任,属于间接故意。在现实生活中,这样的情形可能比前一种多见,但仍然不会很多。

第三,应当知道代言的产品有缺陷有可能会造成损害,基于疏忽或者懈怠而仍然予以代言。这是对于损害发生的过失心理状态。对于代言的缺陷产品造成损害具有过失的代言行为,也具有过错,符合过错责任原则的要求。

5. 代言人的过错与缺陷产品生产者或者销售者之间需有共同关联性

构成产品代言连带责任,产品代言人仅仅具有过错要件尚不足以确定成立连带责任,还需其过错与缺陷产品造成损害具有共同关联性。所谓共同关联性,即数人的行为共同构成违法行为的原因或条件,因而发生同一损害。共同关联性分为主观的共同关联性与客观的共同关联性。主观的共同关联性是指数人对于违法行为有通谋或共同认识,对于各行为所致损害,均应负连带责任。客观的共同关联性,为数人所为违法行为致生同一损害者,纵然行为人相互间无意思联络,仍应构成共同侵权行为。这种类型的共同加害行为,其共同关联性乃在于数人所为不法侵害他人权利之行为,在客观上为被害人因此所生损害的共同原因。[1] 在前述产品代言人具备第一种和第二种过错形式即直接故意或者间接故意时,构成主观的共同关联性,成立主观的共同侵权责任;在第三种过错形式即过失时,构成客观的共同关联性,成立客观的共同侵权责任。

五、产品代言连带责任的具体承担

连带责任的基本规则,应当适用《民法通则》第 87 条规定的连带债务规则。《侵权责任法》第 13 条和第 14 条规定:"法律规定承担连带责任的,被侵权人有权请求部分或者全部连带责任人承担责任。""连带责任人根据各自责任大小确定相应的赔偿数额;难以确定责任大小的,平均承担赔偿责任。支付超出自己赔偿数额的连带责任人,有权向其他连带责任人追偿。"这两个条文规定的内容是完全正确的。

产品代言连带责任同样如此。应当区别的是,任何连带责任,基于主观关联共同和客观关联共同的不同,在承担连带责任的规则上也有所不同。故产品代言连带责任的具体规则是:

(一)主观关联共同构成的连带责任规则

产品代言人具有故意,构成主观关联共同的共同侵权责任的,其承担连带责任的规则是:

首先,产品代言人应当承担中间责任,即作为连带责任之一,受害人有权请求其

---

① 孙森焱:《新版民法债编总论》(上册),台湾三民书局 2004 年版,第 276—278 页。

产品代言人自己或者与其他连带责任人一道承担全部赔偿责任,即使受害人起诉产品代言人一人承担连带责任,其也必须承担全部赔偿责任。

其次,产品代言人承担连带责任的最终责任,是按照份额分担的责任,即在全体连带责任应当承担的全部责任中,需确定产品代言人应当承担的责任份额究竟是多少,最终承担的就是这个份额。对此,应当按照产品代言人的过错程度和代言行为对于损害发生的原因力,进行比较,确定产品代言人应当承担的最终责任份额。产品代言人依照该份额对受害人最终负责。在美国侵权法上,这个责任份额叫作比较责任。[①]

最后,如果产品代言人承担的中间责任超过了其应当承担的最终责任份额,对其超出的部分,有权对没有承担最终责任或者承担最终责任不足的连带责任人请求追偿。

(二)客观关联共同构成的连带责任规则

产品代言人对于损害的发生仅存在过失,并不存在故意的,不构成主观关联共同,而构成客观关联共同。尽管客观关联共同也成立产品侵权责任的共同侵权,但在承担连带责任时,在规则上应当有所区别。

美国侵权法认为,这种共同侵权连带责任是单向连带责任。即在连带责任人中,一部分连带责任人应当对全部损失连带负责,另一部分连带责任人只对自己责任份额单独负责的连带责任。其规则是:"如果两个或者两个以上的共同侵权行为构成一不可分损害的法律原因,每个被分配等于或者超过法律规定界限比例比较责任的被告负连带责任,每个被分配少于法律规定界限比例比较责任的被告负单独责任。"[②]其含义是,如果连带责任人之一应当承担的比较责任份额较高,超出了法律规定的比例界限,则有理由对全部损害承担中间责任,对全部损失负责;但连带责任人之一应当承担的比较责任份额较低,少于法律规定的界限比例,则仅对自己的责任份额负责,不承担对全部损失的连带责任。

在德国,新近提出了"整体衡量与单独衡量相结合"做法,所谓单独衡量即单个致害人最多应给付的数量就是通过其份额与被害人的份额进行比较所得出的数量。这种新的计算方式使用整体衡量决定被害人总共能够请求多少利益,单独衡量决定单个致害人最多必须给付多少利益。[③]

借鉴这样的做法,确定客观关联共同的产品代言连带责任,应当是单向连带责任,即产品代言人只具有过失,其代言行为在缺陷产品致人损害的原因中只起次要的

---

① 〔美〕肯尼斯·S.亚伯拉罕等选编:《侵权法重述——纲要》,许传玺等译,法律出版社2006年版,第323页。

② 参见美国法学会:《侵权法重述·第三次·责任分担编》,王竹译,载中国人民大学民商事法律科学研究中心:《各国侵权行为法资料汇编》,内部参阅文集2008年版,第185页。

③ 王竹:《侵权责任分担论》,中国人民大学法学院2009年博士论文。

助成原因,最终责任份额不应当超过 25%。在这种情况下,如果在承担中间责任层面,受害人向产品代言人主张承担全部赔偿责任则有失公平,因此,客观关联共同的产品代言连带责任规则应当有所改变。即:

首先,在受害人主张中间责任承担时,对于主要的产品侵权责任的连带责任人可以主张承担全部责任,对此不应当有所限制,即缺陷产品的生产者或者销售者作为主要的侵权人,应当对全部损害承担连带责任。

其次,在受害人主张中间责任承担时,请求产品代言人承担连带责任,则应限于其应当承担的最终责任份额,超出自己责任份额部分的中间责任,法院不应支持,即美国侵权法所称"每个被分配少于法律规定界限比例比较责任的被告负单独责任"。

最后,主要的连带责任人承担了超出其最终责任份额的,对于没有承担责任的产品代言人有权进行追偿。追偿的限额是产品代言人应当承担的责任份额,即比较责任份额。

【案例讨论】〉〉〉〉　　〉

案情:

北京桐君阁大药房把太极集团涪陵制药厂生产的本为保健食品的番茄胶囊作为药品销售,并且宣称其能有效防治男性前列腺疾病,降低吸烟所致的肺癌和胃癌、乳腺癌、子宫颈癌发病率,防治糖尿病、高血压、老年痴呆,同时,对女性夏季防晒、美容都有优异作用;番茄胶囊的上市在中国医药市场掀起了保护男性、美丽女性的新篇章。刘晓庆为其代言,宣传材料上有刘晓庆手拿番茄胶囊的照片,并有亲笔签字:"我推荐番茄胶囊!"杨某认为刘晓庆是自己非常喜欢的知名演员,非常崇拜她,相信她推荐的产品肯定是真实的,遂购买部分胶囊作为礼物,送给自己的一个男性朋友。该朋友服用后,出现恶心、呕吐等副作用,引起双方误解。杨某投诉称,北京市卫生监督所认定番茄胶囊有夸大宣传功效的违法行为,并对北京桐君阁大药房作出罚款 6000元、停止销售"番茄胶囊"的行政处罚。2005 年 4 月,杨某起诉桐君阁大药房及太极集团涪陵制药厂,请求退货并双倍赔偿,同时起诉刘晓庆要求书面赔礼道歉。2005 年11 月 11 日,法院认为,太极番茄胶囊在产品说明书中有夸大宣传的情况,误导了消费者,判决支持退货的诉讼请求。对于原告要求刘晓庆书面赔礼道歉的要求,认为缺乏法律依据,判决不予支持。

讨论问题:

1. 广告代言人承担虚假广告的连带责任,法理基础是什么?

2. 应当具备何种要件,虚假广告的代言人才与缺陷产品的生产者或者销售者承担连带责任?

3. 本案是在《食品安全法》实施之前发生的案件,如果在《食品安全法》实施之后发生类似案件,是否可以责令代言人承担连带责任?

【参考文献】 >>>> ⟩

张新宝:《侵权责任法》(第二版),中国人民大学出版社 2010 年版。

〔美〕肯尼斯·S.亚伯拉罕等选编:《侵权法重述——纲要》,许传玺译,法律出版社 2006 年版。

孙森焱:《新版民法债编总论》(上册),台湾三民书局 2004 年版。

王竹:《侵权责任分担论》,中国人民大学法学院 2009 年博士论文。

黄芬:《产品代言人的侵权责任思考》,载《中国法学会民法学研究会 2009 年年会论文集》(下册)。

《法学专家提醒代言明星:承担连带责任源于共同侵权》,载《检察日报》2009 年 3 月 30 日。

第二十三章 处理机动车交通事故责任的基本规则

我国处理机动车交通事故的基本法律规则,是通过《中华人民共和国道路交通安全法》(以下简称《道路交通安全法》)和《侵权责任法》的规定确定的。在司法实践中还存在一些具体问题需要解决,最高人民法院颁发了《关于审理道路交通事故损害赔偿案件适用法律若干问题的解释》(以下简称《道路交通事故损害责任司法解释》),对于在审判实践中出现的道路交通事故损害赔偿责任的具体问题作出了规定。本章通过以下三个部分,介绍这些基本规则。

一、《道路交通安全法》第 76 条规定的机动车交通事故责任一般性规则

《侵权责任法》第 48 条规定:"机动车发生交通事故造成损害的,依照道路交通安全法的有关规定承担赔偿责任。"按照这一规定,处理机动车交通事故责任的一般性规则,是《道路交通安全法》第 76 条规定的规则。

《道路交通安全法》第 76 条在 2004 年 5 月 1 日实施前后受到强烈批评,存在的主要问题是规定受害人完全过失引起的损害减轻责任处理不当。随后立法机关对其进行了修订,于 2007 年 12 月 29 日修订完成,2008 年 5 月 1 日施行。修订后的《道路交通安全法》第 76 条规定:"机动车发生交通事故造成人身伤亡、财产损失的,由保险公司在机动车第三者责任强制保险责任限额范围内予以赔偿;不足的部分,按照下列规定承担赔偿责任:(一)机动车之间发生交通事故的,由有过错的一方承担赔偿责任;双方都有过错的,按照各自过错的比例分担责任。(二)机动车与非机动车驾驶人、行人之间发生交通事故,非机动车驾驶人、行人没有过错的,由机动车一方承担赔偿责任;有证据证明非机动车驾驶人、行人有过错的,根据过错程度适当减轻机动车一方的赔偿责任;机动车一方没有过错的,承担不超过 10% 的赔偿责任。""交通事故的损失是由非机动车驾驶人、行人故意碰撞机动车造成的,机动车一方不承担赔偿责任。"该条文规定的机动车交通事故责任一般性规则可以总结为以下五项:

(一)强制保险优先原则

机动车发生交通事故,首先是由机动车第三者责任强制保险在其赔偿责任范围内予以赔付。在该强制保险范围内,不适用侵权法的规则,不问过错,只按照机动车强制保险的规则进行。只有在机动车强制保险赔付不足时,其不足部分才适用《侵权责任法》的规则处理。这一规则,在第 76 条修订前后没有变化,是同样的规则。

（二）机动车交通事故责任实行二元化归责原则体系

在适用《侵权责任法》处理机动车强制保险赔付不足部分的赔偿责任问题上,适用何种归责原则确定侵权赔偿责任,第 76 条修订前后的内容是不同的。

在修订之前,第 76 条规定的归责原则是无过错责任原则和过错责任原则二元化体系,即在机动车与非机动车驾驶人或者行人之间发生交通事故造成损害的,适用无过错责任原则[①];机动车与机动车之间发生交通事故造成损害的,适用过错责任原则。

经过修订,第 76 条规定,在机动车与机动车之间发生交通事故造成损害的,赔偿责任适用过错责任原则;机动车与非机动车驾驶人或者行人之间发生交通事故造成人身损害的,适用过错推定原则,实行过错推定。

之所以作这样的修订,主要原因是:第一,适用无过错责任原则确定机动车交通事故责任,对机动车一方过于苛刻,面对交通秩序不够好,且机动车与非机动车驾驶人或者行人在遵守交通规则方面都存在较大问题的情况下,难以平衡好各自的利益关系;第二,适用过错推定原则,采取首先推定机动车一方存在过错,主张机动车一方如果自己没有过错的可以举证证明,能够证明的可以按照优者危险负担规则[②]处理,是能够保护好非机动车驾驶人或者行人一方的利益的。因此作了这样的调整。

（三）过失相抵规则的适用

修订之前的第 76 条没有规定过失相抵规则。曾经有人认为这是一个错误,但在法律适用上,第 76 条虽没有规定过失相抵,可以直接适用《民法通则》第 131 条或者《侵权责任法》第 26 条关于过失相抵的规定,因此并不算错误。[③] 在修订后,增加了过失相抵规则。主要规则是:

第一,机动车相互之间发生交通事故造成损害,"双方都有过错的,按照各自过错的比例分担责任"。这里所指的,其实是造成一方损害,双方都有过错,按照各自的过错比例分担责任。如果是造成双方的损害,则应当视为两个侵权行为,各自按照上述规则计算损害赔偿数额,在抵消相同部分之后,就其余额进行赔偿。

第二,机动车与非机动车驾驶人或者行人之间发生交通事故,机动车一方负有责任,"非机动车驾驶人、行人有过错的,根据过错程度适当减轻机动车一方的赔偿责任"。这里所谓的"适当减轻"赔偿责任,是法律较少使用的一个概念。其含义是在这种情形下实行过失相抵规则,还要实行优者危险负担规则,在按照双方各自的过错程度和行为的原因力确定了机动车一方的赔偿责任之后,机动车一方的责任还应当适当增加,以不超过 10% 为妥。

---

① 张新宝:《侵权责任法原理》,中国人民大学出版社 2005 年版,第 351 页。

② 优者危险负担规则是处理机动车交通事故赔偿责任的一个规则,即机动性能强、回避能力强的一方,在同等过错程度下应当多承担一部分责任。

③ 张新宝:《侵权责任法原理》,中国人民大学出版社 2005 年版,第 359 页。

之所以这样确定"适当减轻"的含义,根据在于在第 76 条修订过程中,曾经提出过这样的方案:"但是,有证据证明非机动车驾驶人、行人有过错的,按照下列规定减轻机动车一方的责任:1. 非机动车驾驶人、行人一方负次要责任的,机动车一方承担 80％的赔偿责任;2. 非机动车驾驶人、行人一方负同等责任的,机动车一方承担 60％的赔偿责任;3. 非机动车驾驶人、行人一方负主要责任的,机动车一方承担 40％的赔偿责任。"①这个规定草案受到批评,理由在于过于细致,也过于僵化地规定了赔偿比例,使法官无法根据案件的具体案情自由裁量。立法机关在最后通过立法时,将其浓缩为"适当减轻"赔偿责任。因此,将适当减轻赔偿责任的规定作上述理解,是完全有根据的。例如,双方责任为同等责任的,则机动车一方应当承担不超过 60％的责任,其他的依此类推。

（四）受害人过失是损害发生的全部原因

修订第 76 条中改动最大的,是受害人的过失是损害发生的全部原因的赔偿责任规则。原来的第 76 条规定的内容是:"有证据证明非机动车驾驶人、行人违反道路交通安全法律、法规,机动车驾驶人已经采取必要处置措施的,减轻机动车一方的责任。"这个规定的缺点,在于减轻责任的幅度过宽。在机动车一方无过错或者无责任,损害发生的原因完全是非机动车驾驶人或者行人的过错行为时,如果减轻责任的幅度过小,对机动车一方是不公平的。在 2006 年召开的修订《道路交通安全法》第 76 条的专家研讨会上,出席会议的四名工人代表对此持强烈批评意见,即"法律不能让守法者吃亏"！按照通常情形的死亡赔偿为 40 万元人民币计算,如果机动车一方赔偿 20％,就是 8 万元,如果赔偿 90％,就是 36 万元,都是不合理的。最终,立法机关确认,"机动车一方没有过错的,承担不超过 10％的赔偿责任"。在具体计算上,机动车一方无过错,损害是由非机动车驾驶人或者行人一方的过失引起时,赔偿的具体数额,可以按照非机动车驾驶人或者行人的过失程度具体确定,最低不应低于 5％。在5％至 10％之间,根据受害人一方的过失程度确定具体的赔偿数额。

至于为什么要确定机动车一方没有过错还要承担不超过 10％的赔偿责任,有人认为是适用无过错责任原则的原因。② 笔者认为是适用优者危险负担规则使然。在理论上,不存在 10％的无过错责任,因此这个观点不成立。

（五）非机动车驾驶人或者行人故意引起损害

交通事故造成损害是因非机动车驾驶人或者行人的故意引起的,机动车一方不承担责任。对此,新修订的《道路交通安全法》第 76 条规定为"故意碰撞机动车",其范围过窄。应当掌握的规则是,凡是非机动车驾驶人或者行人故意引起的交通事故

---

① 新浪网:《全国人大常委会拟修改道路交通安全法》,http://news.sina.com.cn/c/2007-10-24/114814154886.shtml,2010 年 7 月 13 日访问。

② 参见王胜明:《道路交通事故赔偿制度的演变和立法思考》,http://www.civillaw.com.cn/article/default.asp? id＝38477,2010 年 7 月 14 日访问。

造成的损失,都应当免除机动车一方的责任。

二、《侵权责任法》第六章规定的机动车交通事故责任的特殊规则

《侵权责任法》除了规定一般规则应当适用《道路交通安全法》第 76 条之外,还规定了五个条文,对五种特殊情形作出了具体规范。

(一)出租、出借机动车发生交通事故致人损害的责任

《侵权责任法》第 49 条规定:"因租赁、借用等情形机动车所有人与使用人不是同一人时,发生交通事故后属于该机动车一方责任的,由保险公司在机动车强制保险责任限额范围内予以赔偿。不足部分,由机动车使用人承担赔偿责任;机动车所有人对损害的发生有过错的,承担相应的赔偿责任。"本条规定的具体规则是:

第一,机动车所有人对于出租或者出借的机动车发生交通事故造成的损失,只要是属于机动车一方责任的,原则上应当由机动车使用人承担赔偿责任,机动车所有人对于造成的损害不承担责任。

第二,机动车所有人对于造成事故发生损害有过错的,应当承担相应的赔偿责任。确定机动车所有人有过错,主要是:一是机动车所有人明知机动车使用人没有驾驶资质,不具备驾驶技能。如果机动车使用人采取欺骗方法,或者隐瞒自己没有资质的事实,骗取借用机动车,机动车所有人应当发现而没有发现的,也存在过错。二是机动车所有人明知出借的机动车存在故障。机动车所有人将有故障的机动车出借给机动车使用人的,没有事先说明情况,隐瞒机动车瑕疵造成损害的,为有重大过失;如果机动车所有人已经说明情况,机动车使用人仍租用或者借用造成损害的,为一般过失。三是明知机动车使用人的身体状况不适宜驾驶机动车,仍然将机动车租给或者借给机动车使用人使用。

第三,所谓的"相应的"责任,是机动车所有人对于损害的发生,按照自己的过错程度或者行为的原因力,承担与其责任相应比例的按份责任,而不是全部赔偿。

第四,机动车使用人应当承担赔偿责任。机动车所有人也应当承担相应责任的,机动车所有人应当与机动车使用人承担连带责任。被侵权人可以主张机动车使用人承担全部赔偿责任,机动车使用人在承担全部赔偿责任后,有权向机动车所有人追偿;也可以主张机动车使用人和机动车所有人共同承担连带责任;但不得主张机动车所有人承担全部赔偿责任,由机动车所有人向机动车使用人追偿。理由是这种连带责任为单向连带责任。

前文所说的出租机动车的赔偿规则是指光车出租而言。如果是带驾驶人出租机动车,则不适用上述规则。带驾驶人出租机动车,其性质属于承揽合同。承租人相当于定作人,出租人相当于承揽人,承揽的事项是按照承租人的指示提供车辆并且按照指示进行运行。因此,所谓的带驾驶人的机动车出租,其实并非出租机动车,而是定作人与出租人达成合意,出租人出车出人为定作人完成运营。这个运营,就是承揽的

劳动成果。对于双方当事人的权利义务确定,应当适用承揽合同的规定进行。带驾驶人的出租机动车发生交通事故致人损害,应当承担责任的,按照最高人民法院《人身损害赔偿司法解释》第10条关于"承揽人在完成工作过程中对第三人造成损害或者造成自身损害的,定作人不承担赔偿责任。但定作人对定作、指示或者选任有过失的,应当承担相应的赔偿责任"的规定,因机动车使用人定作、指示过失造成机动车驾驶人损害或他人损害的,使用人承担定作人指示过失责任,应当予以赔偿。机动车驾驶人有过失,机动车使用人在指示上也有过失的,由双方承担连带责任。

(二)买卖二手机动车未过户登记发生交通事故损害责任

关于买卖二手机动车未过户登记发生交通事故损害如何确定责任主体,学界和司法界一直有不同意见。最高人民法院曾经作出《关于连环购车未办理更名过户手续原机动车保有人是否对机动车发生交通事故致人损害承担责任的复函》,规定:连环购车未办理过户手续,因机动车已交付,原机动车保有人既不能支配该车的运营,也不能从该车的运营中获得利益,故原机动车保有人不应对机动车发生交通事故致人损害承担责任。《侵权责任法》第50条坚持这样的立场,明确规定了"当事人之间已经以买卖等方式转让并交付机动车但未办理所有权转移登记,发生交通事故后属于机动车一方责任的,由保险公司在机动车强制保险责任限额范围内予以赔偿。不足部分,由受让人承担赔偿责任"。规定本条,针对的是有人主张为了保护受害人能够得到赔偿,在受让人不能承担全部赔偿责任时,应当由出让人承担补充责任或者连带责任的意见。立法时,专家反对这种意见,认为应当遵守《物权法》规定的公示公信原则处理,统一了意见。

适用本条的要件:一是当事人之间已经以买卖等方式转让并交付了机动车。动产交付的含义就是转移所有权,这是《物权法》第23条规定的原则,机动车是动产,所有权转移不是登记转移,而是交付转移。二是双方当事人未办理所有权转移登记。事实上,机动车转移登记是管理的登记,即机动车的行政管理登记,并不是转移所有权的登记。三是转让的机动车发生交通事故。在交通事故中,转让的该机动车是肇事车辆一方。四是交通事故责任属于机动车一方责任。经过交通事故责任认定,该交通事故责任属于机动车一方承担责任。符合上述四个条件要求,由受让人即机动车的事实车主承担赔偿责任,登记车主也就是机动车出让人不承担责任。

(三)非法转让拼装车、报废车发生交通事故损害责任

非法转让机动车造成交通事故致人损害的连带责任,规定在《侵权责任法》第51条中。在机动车管理中,严禁拼装机动车,也不准转让已经达到报废标准的机动车。违反法律规定,非法转让拼装的机动车或者已经达到报废标准的机动车,属于严重违法行为,在转让人和受让人的主观上,都具有故意违法的意图。采取这种非法方式转让拼装机动车或者报废机动车,并且发生交通事故造成损害的,无论是造成他人损害,还是造成自己的损害,对于损害的发生,双方都有对损害发生的放任态度,因此,

在转让人和受让人之间具有共同的间接故意。具有共同的故意，又发生了交通事故造成损害，当然构成共同侵权行为。本条规定由转让人和受让人承担连带责任，完全符合侵权法原理，也符合《侵权责任法》第8条关于共同侵权行为应当承担连带责任的规定。

依照本条规定承担连带责任的，有人称之为绝对责任条款，认为适用无过错责任原则，并且没有法定免责和减轻责任事由的规定。[①] 笔者认为，对此倒不一定要适用无过错责任原则，适用过错推定责任原则也是完全可以的。至于不得主张免责或者减轻责任的说法，则是成立的。

在本条中规定的损害之前没有加上通常的"他人"字样。这种表述方法体现的是造成的损害不仅包括他人损害，也包括自己损害。如果受让人使用拼装机动车或者达到报废标准的机动车，发生交通事故造成自己损害的，实际上也是共同侵权行为，只不过使用人自己的损害是自己应当承担的份额，并非叫作连带责任而已，但应当按照连带责任的规则，确定双方应当承担的责任份额，按照过失相抵的规则，确定赔偿责任。

（四）盗抢机动车发生交通事故损害责任

《侵权责任法》第52条规定："盗窃、抢劫或者抢夺的机动车发生交通事故造成损害的，由盗窃人、抢劫人或者抢夺人承担赔偿责任。保险公司在机动车强制保险责任限额范围内垫付抢救费用的，有权向交通事故责任人追偿。"

在确定本条规则中，有如下意见：持赞成意见者认为，在盗窃、抢夺或者抢劫机动车的情况下，机动车处于非法持有者的完全控制之下，原机动车保有人此时对机动车既不存在实际的运行支配，又没有对机动车享有运行利益，因此，非法持有机动车的人既是机动车的运行支配者又是运行利益的归属者，理应成为损害赔偿的责任主体。持反对意见者认为，《侵权责任法》这样规定，将不能使交通肇事受害人得到完善的补偿，因为盗抢者盗抢机动车肇事后往往逃逸，很难觅其踪迹，更不可能为自己驾驶而购买保险，当道路交通事故发生后，如果受害人只能向非法持有机动车的肇事者索赔的话，将很难得到赔付。机动车是一种危险工具，其所有人应该尽到妥善的管理义务，根据危险控制理论，"谁控制风险，谁承担责任"，其中控制机动车的风险，不仅仅在于机动车的驾驶过程中，也应该存在于对机动车全面的控制管理中，如果因对其管理有过失而造成他人的损失，理应承担责任。但毕竟机动车被盗窃、抢劫、抢夺具有一定的偶然性，所以，机动车保有人承担责任的标准应当是重大过失，如违反机动车管理制度或行为上的重大疏漏等，机动车保有人的赔偿责任是替代责任，在其承担责任之后可以找盗抢机动车的行为人追偿。[②] 如果只是保管不当等一般过失，则不承担

---

① 王胜明主编：《中华人民共和国侵权责任法释义》，法律出版社2010年版，第268页。
② 郑才成：《我国道路交通事故赔偿责任的主体》，载《政法学刊》2005年第6期。

赔偿责任。

立法者综合考虑，认为盗窃、抢夺或者抢劫作为一种非法行为，其发生往往具有突发性和不可预见性，非法行为的发生中断了机动车保有人对机动车的运行支配，也切断了其对机动车运行利益的合法归属，而且机动车保有人对机动车管理的过失与交通事故的发生结果之间并无直接因果关系，交通事故的发生完全是非法行为人独立支配机动车运行的结果，因而要求机动车保有人承担赔偿责任确有不当。[①] 因此规定，应当在机动车强制保险责任范围内垫付抢救费用。保险公司在垫付了抢救费用的，对肇事的责任人取得追偿请求权。

（五）机动车发生交通事故后驾驶人逃逸的责任负担

《侵权责任法》第53条规定："机动车驾驶人发生交通事故后逃逸，该机动车参加强制保险的，由保险公司在机动车强制保险责任限额范围内予以赔偿；机动车不明或者该机动车未参加强制保险，需要支付被侵权人人身伤亡的抢救、丧葬等费用的，由道路交通事故社会救助基金垫付。道路交通事故社会救助基金垫付后，其管理机构有权向交通事故责任人追偿。"这一规则分为三个问题：第一，机动车驾驶人发生交通事故后逃逸，该机动车参加强制保险的，由保险公司在机动车强制保险责任限额范围内予以赔偿。对此，保险公司不得以任何理由予以拒绝。第二，机动车不明或者该机动车未参加强制保险，需要支付被侵权人人身伤亡的抢救、丧葬等费用的，由道路交通事故社会救助基金垫付。所谓"机动车不明"，是指机动车的权属不明，即不知道该机动车归谁所有。垫付责任是一种补充性的选择，适用于有明确的责任人但无法实际承担责任，而由受害人承担损害显失公平的情况，实际上是一种公平原则的适用，是利益衡量的结果。[②] 第三，道路交通事故社会救助基金垫付后，其管理机构有权向交通事故责任人追偿。

三、司法解释补充的处理机动车交通事故责任的具体规则

2012年11月27日最高人民法院颁布的《道路交通事故损害责任司法解释》最主要的贡献，是提出了很多特别有价值的交通事故赔偿纠纷的裁判规则，也对社会关注和解决这种纠纷提供了调处规则。特别值得肯定的是以下六个方面的问题。

（一）对道路交通事故损害赔偿责任的责任主体作出明确规定

《侵权责任法》第49条至第53条对机动车所有人和使用人相分离的交通事故赔偿问题作了部分规定，都是正确的。但只规定机动车转让未进行过户登记的损害责任、买卖拼装车报废车损害责任、盗抢机动车损害责任和机动车肇事后驾驶人逃逸的损害责任这几种类型，仅仅是主要的机动车所有人和使用人相分离的侵权责任类型，

---

① 彭思颖：《论道路交通事故损害赔偿案件中的责任主体》，载《西安政治学院学报》2005年第4期。
② 杨立新主编：《中华人民共和国侵权责任法草案建议稿及说明》，法律出版社2007年版，第8页。

不够全面。《道路交通事故损害责任司法解释》对此作出了解释,十分详尽,几乎无一漏网,弥补了立法不足。特别是在第一节关于责任主体的认定中,规定了诸种情形,例如未经允许驾驶他人机动车发生交通事故造成损害的责任,以挂靠形式从事道路运输经营活动的机动车发生交通事故造成损害责任,多次转让但未办理转移登记的机动车发生交通事故造成损害责任,套牌机动车发生交通事故造成损害责任,多次转让拼装车、报废车发生交通事故造成损害责任,在培训活动中驾驶机动车发生交通事故造成损害责任,试乘机动车发生交通事故造成试乘人损害责任等,道路交通事故损害责任司法解释依照确定机动车所有人和使用人相分离的损害赔偿责任的基本规则,参照《侵权责任法》的规定,详细规定了具体规则,为法官裁判提供了准确的裁判规则,使各种不同的纠纷类型都有准确的法律适用规则。

此外,对于在《侵权责任法》中已经规定了原则性规则的交通事故损害赔偿责任,《道路交通事故损害责任司法解释》也对其责任主体作出了具体的解释。比较重要的规定有:

1. 妨碍通行物损害责任的主体

《侵权责任法》第89条规定了"在公共道路上堆放、倾倒、遗撒妨碍通行的物品造成他人损害的,有关单位或者个人应当承担侵权责任"的规则,《道路交通事故损害责任司法解释》第10条补充规定了"当事人请求行为人承担赔偿责任的,人民法院应予支持。道路管理者不能证明已按照法律、法规、规章、国家标准、行业标准或者地方标准尽到清理、防护、警示等义务的,应当承担相应的赔偿责任"的规则,在实践中更容易操作。

2. 道路缺陷责任主体

对于道路缺陷责任主体,《道路交通事故损害责任司法解释》规定了两个规则:一是道路管理维护缺陷的责任主体,规定在第9条第1款:"因道路管理维护缺陷导致机动车发生交通事故造成损害,当事人请求道路管理者承担相应赔偿责任的,人民法院应予支持,但道路管理者能够证明已按照法律、法规、规章、国家标准、行业标准或者地方标准尽到安全防护、警示等管理维护义务的除外。"二是道路设置缺陷的责任主体,《道路交通事故损害责任司法解释》规定在第11条:"未按照法律、法规、规章或者国家标准、行业标准、地方标准的强制性规定设计、施工,致使道路存在缺陷并造成交通事故,当事人请求建设单位与施工单位承担相应赔偿责任的,人民法院应予支持。"这两个规定,分别规定了道路维护管理缺陷损害责任的主体和道路设置缺陷责任的主体,责任明确。

3. 擅自进入高速公路造成的损害责任

对于依法不得进入高速公路的车辆、行人,擅自进入高速公路造成自身损害的,《侵权责任法》没有作出规定,《道路交通事故损害责任司法解释》第9条第2款补充规定:"依法不得进入高速公路的车辆、行人,进入高速公路发生交通事故造成自身损害,当事人请求高速公路管理者承担赔偿责任的,适用侵权责任法第 76 条的规定。"这是将擅自进入高速公路的行人和车辆比照《侵权责任法》第 76 条擅自进入高度危险区域责任的规定,"未经许可进入高度危险活动区域或者高度危险物存放区域受到损害,管理人已经采取安全措施并尽到警示义务的,可以减轻或者不承担责任"。对此,笔者认为应当适用不承担责任的规定,因为擅自进入高速公路的危险性极大,远远超过进入高度危险区的危险。

4. 机动车产品责任

机动车存在缺陷,发生交通事故造成损害的,是否适用产品责任,并不特别明确。《道路交通事故损害责任司法解释》第 12 条明确规定:"机动车存在产品缺陷导致交通事故造成损害,当事人请求生产者或者销售者依照侵权责任法第五章的规定承担赔偿责任的,人民法院应予支持。"按照这一规定,这种交通事故责任完全适用产品责任规则,应当由产品的生产者或者销售者承担侵权责任,责任的形态是不真正连带责任。

5. 多辆机动车发生交通事故造成第三人损害的责任主体

在司法实践中,对于多辆机动车发生交通事故造成第三人损害的,究竟应当怎样承担侵权责任,意见比较分歧。《道路交通事故损害责任司法解释》第 13 条明确规定:"多辆机动车发生交通事故造成第三人损害,当事人请求多个侵权人承担赔偿责任的,人民法院应当区分不同情况,依照侵权责任法第 10 条、第 11 条或者第 12 条的规定,确定侵权人承担连带责任或者按份责任。"按照这样的规定,除了不适用《侵权责任法》第 8 条规定之外,构成共同危险行为的,应当适用第 10 条关于共同危险行为承担连带责任的规则;对于二人以上分别实施侵权行为,造成同一损害,每个人的侵权行为都足以造成全部损害的,作为叠加的共同侵权行为,承担连带责任;对于二人以上分别实施侵权行为造成同一损害,一般情况下,按照分别侵权行为的规则,承担按份责任。

(二)对机动车交通事故损害赔偿的概念和范围作出准确界定

《道路交通事故损害责任司法解释》对机动车交通事故的损害赔偿范围和有关概念,作出了准确规定。例如,对于人身伤亡概念,第 14 条第 1 款明确规定:"道路交通安全法第 76 条规定的'人身伤亡',是指机动车发生交通事故侵害被侵权人的生命权、健康权等人身权益所造成的损害,包括侵权责任法第 16 条和第 22 条规定的各项损害。"这样的解释,就明确了机动车交通事故造成的人身伤亡,不仅包括人身损害造成的财产损失,也包括造成的精神损害,避免发生争论,造成法律适用上的分歧。第 14 条第 2 款明确规定:"道路交通安全法第 76 条规定的'财产损失',是指因机动车发生交通事故侵害被侵权人的财产权益所造成的损失。"即对道路交通事故损害责任的财产损失概念也作出了明确的规定,清晰明了,便于掌握。同时,第 15 条对维修被损坏车辆所支出的费用、车辆所载物品的损失、车辆施救费用,因车辆灭失或者无法修复,为购买交通事故发生时与被损坏车辆价值相当的车辆重置费用,依法从事货物运输、旅客运输等经营性活动的车辆,因无法从事相应经营活动所产生的合理停运损失,非经营性车辆因无法继续使用所产生的通常替代性交通工具的合理费用,都认定为道路交通事故损害责任中的财产损害,为司法实践统一掌握作出了界定,使法院在审判中能够准确掌握,科学确定赔偿数额。这样的司法解释特别值得赞赏。

（三）对责任承担特别是交强险责任的承担规则作出明确规定

《道路交通事故损害责任司法解释》第三节"关于责任承担的认定",主要规定的是交强险、商业险以及侵权责任的承担规则。主要的内容是:

1. 交强险、第三者责任商业险和侵权责任的承担顺序

对于同时投保机动车第三者责任强制保险和第三者责任商业保险的机动车发生交通事故造成损害,《道路交通事故损害责任司法解释》第15条规定,如果当事人同时起诉侵权人和保险公司的,人民法院应当按照下列规则确定赔偿责任:首先,由承保交强险的保险公司在责任限额范围内予以赔偿;其次,交强险理赔的不足部分,由承保商业第三者险的保险公司根据保险合同予以赔偿;最后,如果仍有不足的,依照《道路交通安全法》和《侵权责任法》的相关规定,由侵权人予以赔偿。同时,被侵权人或者其近亲属请求承保交强险的保险公司优先赔偿精神损害的,人民法院应予支持。

2. 非投保人的驾驶人造成损害的责任

投保人一般是机动车所有人。如果投保人允许的驾驶人驾驶机动车致使投保人遭受损害的,应当在交强险的承包范围之内。因此,《道路交通事故损害责任司法解释》第17条规定,当事人请求承保交强险的保险公司在责任限额范围内予以赔偿的,人民法院应予支持。除外的规则是,如果投保人为本车内人员的,应当适用车内人员的损害赔偿规则,不适用交强险赔偿的规则,因为交强险承包的是第三人责任险,而不是车内人员险。

3. 驾驶人违章发生交通事故导致第三人人身损害的交强险责任

在实践中,对于驾驶人违章驾驶机动车造成第三人人身损害的,例如"非驾"、醉酒、故意制造交通事故的,交强险条例都规定不予赔偿。存在较大的争议,焦点在于,交强险承保的是第三人损害责任,如果交强险不赔,显然对受害人不利。《道路交通事故损害责任司法解释》第18条对此明确规定,原则上交强险应当赔偿,赔偿后,保险公司向侵权人进行追偿。追偿权的诉讼时效期间自保险公司实际赔偿之日起计算。

4. 未投保交强险的责任承担

对于未投保交强险的,发生交通事故造成第三人损害的,不能适用《道路交通安全法》第76条规定的强制保险优先的原则,不能从保险公司得到交强险的赔偿。这样,交强险应当承担的赔偿部分,应当由有投保义务的人承担赔偿责任。因此,《道路

交通事故损害责任司法解释》第19条规定,未依法投保交强险的机动车发生交通事故造成损害,当事人请求投保义务人在交强险责任限额范围内予以赔偿的,人民法院应予支持。如果投保义务人和侵权人不是同一人,当事人请求投保义务人和侵权人在交强险责任限额范围内承担连带责任的,人民法院应予支持。

5. 保险公司违反交强险法定义务的责任

承担交强险业务的保险公司违反交强险法定义务,拒绝承保、拖延承保或者违法解除交强险合同的,应当承担责任。《道路交通事故损害责任司法解释》第20条规定:具有从事交强险业务资格的保险公司违法拒绝承保、拖延承保或者违法解除交强险合同,投保义务人在向第三人承担赔偿责任后,请求该保险公司在交强险责任限额范围内承担相应赔偿责任的,人民法院应予支持。

6. 多辆机动车发生交通事故的交强险责任承担

多辆机动车发生交通事故的交强险承担比较复杂,《道路交通事故损害责任司法解释》规定了比较详细的规则:

第一,第21条第1款规定,多辆机动车发生交通事故造成第三人损害,损失超出各机动车交强险责任限额之和的,由各保险公司在各自责任限额范围内承担赔偿责任;损失未超出各机动车交强险责任限额之和,当事人请求由各保险公司按照其责任限额与责任限额之和的比例承担赔偿责任的,人民法院应予支持。

第二,该条第2款规定,依法分别投保交强险的牵引车和挂车连接使用时发生交通事故造成第三人损害,当事人请求由各保险公司在各自的责任限额范围内平均赔偿的,人民法院应予支持。

第三,该条第3款规定,多辆机动车发生交通事故造成第三人损害,其中部分机动车未投保交强险,当事人请求先由已承保交强险的保险公司在责任限额范围内予以赔偿的,人民法院应予支持。保险公司就超出其应承担的部分向未投保交强险的投保义务人或者侵权人行使追偿权的,人民法院应予支持。

7. 交强险责任的其他规则

《道路交通事故损害责任司法解释》对于交强险等责任的承担,还规定了以下规则:

第一,同一交通事故的多个被侵权人同时起诉的,人民法院应当按照各被侵权人的损失比例确定交强险的赔偿数额。

第二,机动车所有权在交强险合同有效期内发生变动,保险公司在交通事故发生后,以该机动车未办理交强险合同变更手续为由主张免除赔偿责任的,人民法院不予支持。机动车在交强险合同有效期内发生改装、使用性质改变等导致危险程度增加的情形,发生交通事故后,当事人请求保险公司在责任限额范围内予以赔偿的,人民法院应予支持。如果在这种情形下,保险公司另行起诉请求投保义务人按照重新核定后的保险费标准补足当期保险费的,人民法院应予支持。

第三，当事人主张交强险人身伤亡保险金请求权转让或者设定担保的行为无效的，人民法院应予支持。

（四）对机动车交通事故责任的具体法律适用作出解释

《侵权责任法》第49条规定："因租赁、借用等情形机动车所有人与使用人不是同一人时，发生交通事故后属于该机动车一方责任的，由保险公司在机动车强制保险责任限额范围内予以赔偿。不足部分，由机动车使用人承担赔偿责任；机动车所有人对损害的发生有过错的，承担相应的赔偿责任。"这里规定的规则适用范围较广，但其中关于过错的认定，认识不统一，需要作出统一解释。《道路交通事故损害责任司法解释》第1条对此作出规定："机动车发生交通事故造成损害，机动车所有人或者管理人有下列情形之一，人民法院应当认定其对损害的发生有过错，并适用侵权责任法第49条的规定确定其相应的赔偿责任：（一）知道或者应当知道机动车存在缺陷，且该缺陷是交通事故发生原因之一的；（二）知道或者应当知道驾驶人无驾驶资格或者未取得相应驾驶资格的；（三）知道或者应当知道驾驶人因饮酒、服用国家管制的精神药品或者麻醉药品，或者患有妨碍安全驾驶机动车的疾病等依法不能驾驶机动车的；（四）其他应当认定机动车所有人或者管理人有过错的。"这四种情况概括了机动车所有人、出租人过错的全部情形，应当以此规定确认机动车所有人、出租人的过错。

（五）充分运用侵权责任形态规则合理分配机动车交通事故的赔偿责任

多数人侵权行为存在适用不同的侵权责任形态规则，科学分配赔偿责任的问题。在《道路交通事故损害责任司法解释》中，大量运用不同的侵权责任形态规则，对机动车交通事故责任中的多数人侵权行为的赔偿责任进行合理分配，作出科学规制。

1. 连带责任

在构成共同侵权行为的机动车交通事故责任，规定适用连带责任规则。

（1）挂靠的连带责任。

《道路交通事故损害责任司法解释》对挂靠机动车造成损害的责任，采纳了连带责任的主张。第3条规定，以挂靠形式从事道路运输经营活动的机动车发生交通事故造成损害，属于该机动车一方责任，当事人请求由挂靠人和被挂靠人承担连带责任的，人民法院应予支持。

（2）套牌的连带责任。

关于套牌车发生交通事故的责任，首先是套牌车的责任，如果被套牌车同意的，则是连带责任。第5条规定，套牌机动车发生交通事故造成损害，属于该机动车一方责任，当事人请求由套牌机动车的所有人或者管理人承担赔偿责任的，人民法院应予支持；被套牌机动车所有人或者管理人同意套牌的，应当与套牌机动车的所有人或者管理人承担连带责任。

（3）多次非法买卖拼装车、报废车的连带责任。

多次非法买卖拼装车、报废车的，仍然适用《侵权责任法》第50条规定，承担连带责任。《道路交通事故损害责任司法解释》第6条规定，拼装车、已达到报废标准的机动车或者依法禁止行驶的其他机动车被多次转让，并发生交通事故造成损害，当事人请求由所有的转让人和受让人承担连带责任的，人民法院应予支持。

（4）多辆机动车造成第三人损害连带责任。

多辆机动车发生交通事故造成第三人损害，究竟应当如何承担侵权责任，实践中和理论上争论较大。《道路交通事故损害责任司法解释》第13条作出了明确的规定，即多辆机动车发生交通事故造成第三人损害，当事人请求多个侵权人承担赔偿责任的，人民法院应当区分不同情况，依照《侵权责任法》第10条、第11条或者第12条的规定，确定侵权人承担连带责任或者按份责任。构成共同危险行为的，以及构成叠加的共同侵权行为的，承担连带责任。

2. 按份责任

在多辆机动车发生交通事故造成第三人损害时，如果不构成共同危险行为，也不构成叠加的共同侵权行为的，则构成分别侵权行为的机动车交通事故责任，规定适用按份责任。《道路交通事故损害责任司法解释》第13条规定，多辆机动车发生交通事故造成第三人损害，当事人请求多个侵权人承担赔偿责任的，如果符合《侵权责任法》第12条规定的情形的，确定侵权人承担按份责任。

3. 不真正连带责任

在道路交通事故责任中，适用不真正连带责任的情形不多，只有《道路交通事故损害责任司法解释》第12条规定的是不真正连带责任，即机动车存在产品缺陷导致交通事故造成损害，当事人请求生产者或者销售者依照《侵权责任法》第五章的规定承担赔偿责任的，生产者和销售者承担的责任形态，就是不真正连带责任。

4. 单向连带责任

《道路交通事故损害责任司法解释》规定道路交通事故责任中适用单向连带责任的，只有第2条规定的情形，即未经允许驾驶他人机动车发生交通事故造成损害，当事人依照《侵权责任法》第49条的规定请求由机动车驾驶人承担赔偿责任的，人民法院应予支持。这就是单向连带责任。如果机动车所有人或者管理人有过错的，承担相应的赔偿责任，但具有《侵权责任法》第52条规定的盗抢机动车的情形，则除外。

《侵权责任法》规定了两个特殊的连带责任规则，即第9条第2款和第49条。这种责任实际上也是连带责任，其特殊性是在连带责任中，有的责任人承担连带责任，有的责任人承担按份责任，因此形成了连带责任的一个特殊类型即单向连带责任。

单向连带责任的规则是：（1）单向连带责任人中的连带责任人承担中间责任。单向连带责任中的连带责任人就全部赔偿承担责任。如果被侵权人起诉其承担全部责任，连带责任人有义务承担全部赔偿责任；其中不属于他的份额的部分，为中间责任。

（2）单向连带责任人中的按份责任人只承担最终责任。单向连带责任中的按份责任人只承担按照份额确定的最终责任，不承担中间责任。如果被侵权人起诉按份责任人承担中间责任，按份责任人可以《侵权责任法》第9条第2款和第49条规定其承担"相应的责任"而予以抗辩，法官应当予以支持。（3）承担了中间责任的连带责任人有权向按份责任人进行追偿。单向连带责任中的连带责任人承担了超出自己责任份额之外的中间责任的，有权向没有承担最终责任的责任人包括连带责任人和按份责任人进行追偿，实现最终责任的分担。

（六）对机动车交通事故案件审理的程序问题作出了规定

道路交通事故损害责任司法解释对机动车交通事故赔偿纠纷案件的受理和审理程序，也作出了很好的规定。

1. 保险公司作为当事人的列法

在道路交通事故责任诉讼中，如果起诉保险公司，其当事人的身份应当如何处理，《道路交通事故损害责任司法解释》第25条作出了规定。第一，人民法院审理道路交通事故损害赔偿案件，应当将承保交强险的保险公司列为共同被告。但该保险公司已经在交强险责任限额范围内予以赔偿且当事人无异议的，就不再列为被告。第二，人民法院审理道路交通事故损害赔偿案件，当事人请求将承保商业三者险的保险公司列为共同被告的，人民法院应予准许，也列为共同被告。

2. 被侵权人无近亲属或者近亲属不明，他人主张损害赔偿的程序

被侵权人无近亲属，或者近亲属不明，他人主张损害赔偿责任，究竟应当怎样处理，争论很大。《道路交通事故损害责任司法解释》对此采取保守的立场，在第26条规定了以下规则：

第一，被侵权人因道路交通事故死亡，无近亲属或者近亲属不明，未经法律授权的机关或者有关组织向人民法院起诉主张死亡赔偿金的，人民法院不予受理。这个解释看起来没有什么问题，但实际上是否认了民政部门作为原告起诉的做法。对此，应当继续探索，如果不准许民政部门起诉，侵权人势必逃脱了侵权责任。如果民政部门起诉，将索赔的赔偿金作为公益，存放在社会救济基金中，就可以依照《民事诉讼法》关于公益诉讼的规定，作为原告起诉。这样的做法应当更好，也符合这一司法解释的精神。

第二，对于被侵权人死亡，没有近亲属或者近亲属不明的，如果侵权人以已向未经法律授权的机关或者有关组织支付死亡赔偿金为理由，请求保险公司在交强险责任限额范围内予以赔偿的，是不符合《侵权责任法》的原理和规定的，当然人民法院不予支持。

第三，被侵权人死亡，没有近亲属或者近亲属不明，在对被侵权人的死亡救济支付了医疗费、丧葬费等合理费用的单位或者个人，有权请求交强险进行赔偿。如果其起诉请求保险公司在交强险责任限额范围内予以赔偿的，人民法院应予支持。

3. 交通事故责任认定书的证据效力

《道路交通事故损害责任司法解释》第27条特别规定了公安机关交通管理部门的交通事故责任认定书的证据效力问题。即公安机关交通管理部门制作的交通事故认定书,人民法院应依法审查并确认其相应的证明力,但有相反证据推翻的除外。其规则是:对于交通事故责任认定书,人民法院有权进行审查。审查确认其具有证明力的,予以采信;如果审查证明认定责任错误,有其他证据推翻责任认定书的结论的,则认定其不具有证明力,不予以采信。

【案例讨论】 >>>> ⟩

案情:

2012年5月,张某的丈夫王某驾驶一辆桑塔纳小轿车在北京市良乡公路行驶。晚20:10许,行驶至17 km+900 m处时,高某驾驶的大货车迎面猛烈撞击,王某的桑塔纳小轿车严重损坏,王某当场死亡。事故发生后,高某立即报警并保护交通事故现场。交警大队进行勘验,作出"王某驾车占线行驶,应负事故的主要责任,高某驾驶不符合要求的车辆上道行驶,应负事故的次要责任"的责任认定。张某不服责任认定申请复议,北京市交警支队作出"维持原责任认定"的决定书,调解不成。原告张某起诉认为,高某应在此次交通事故中负主要责任,北京市第一汽运公司系被告高某所驾驶车辆的挂靠单位,作为驾驶车辆的挂靠单位每年均向挂靠人收取管理费。挂靠单位对其挂靠的车辆负有管理职责,挂靠的车辆发生交通事故,挂靠单位应承担交通事故赔偿责任,故请求北京市第一汽运公司对此次交通事故承担连带赔偿责任。高某辩称,此次交通事故主要是由王某占线超速行驶导致,王某在驾驶时具有重大过错。北京市第一汽运公司辩称,高某不是其单位的职工,其驾驶的大货车产权归属于他自己,与单位无关,不承担任何责任。

讨论问题:

1.《道路交通安全法》第76条规定的处理道路交通事故损害赔偿责任的基本规则是什么?

2.《侵权责任法》第六章规定的机动车交通事故损害责任的基本内容是什么? 如何确定机动车所有人与机动车使用人之间的侵权责任承担规则?

3. 挂靠机动车承担侵权损害赔偿责任的基本规则是什么? 本案被告北京市第一汽车运输公司应否对挂靠的机动车交通事故损害承担赔偿责任?

【参考文献】 >>>> ⟩

王利明:《侵权责任法研究》(下卷),中国人民大学出版社2012年版。

张新宝:《侵权责任法原理》,中国人民大学出版社 2005 年版。

王胜明主编:《中华人民共和国侵权责任法释义》,法律出版社 2010 年版。

杨立新主编:《最高人民法院〈关于审理道理交通事故损害赔偿案件适用法律若干问题的解释〉理解与适用》,中国法制出版社 2013 年版。

郑才成:《我国道路交通事故赔偿责任的主体》,载《政法学刊》2005 年第 6 期。

李薇:《日本机动车事故损害赔偿法律制度研究》,法律出版社 1997 年版。

第二十四章　医疗损害责任改革与医疗损害责任一般条款

自改革开放三十多年以来,随着医疗体制改革的不断深入发展,我国的医疗损害责任制度也不断发展,从一个弱小的民事权利保护制度,经历了案件案由、法律适用和责任鉴定三个双轨制的曲折发展,形成一个较为强大但却不够完备、不够完善的权利保障制度,正向全面健全的方向发展,以更好地保护民事主体的权利,平衡受害患者、医疗机构及全体患者之间的利益关系。《侵权责任法》对此已经作出统一的规定,我国健全、完善的医疗损害责任制度宣告建立。本章通过研究我国医疗损害责任制度的现状,进行分析和比较,提出改革我国医疗损害责任制度的全面设想。同时,对《侵权责任法》第 54 条规定的医疗损害责任一般条款的理解和适用作出解释。

一、医疗损害责任改革的背景和基本方向

（一）我国医疗损害责任制度改革前的基本状况

1. 我国三十多年来医疗损害责任制度的发展过程

在 1978 年改革开放之前,我国的医疗损害赔偿制度在医疗服务福利化的基础上,并没有特别显露出其重要性,相关的纠纷案件不多。在改革开放之后,随着医疗体制改革的不断进展,医疗损害责任纠纷开始逐渐增多,相应的法律规范逐渐发展。三十多年来,我国法律规制医疗损害责任纠纷制度经历了以下三个阶段:

（1）限制患者赔偿权利阶段。

改革开放之初,在规制医疗损害责任纠纷上,并没有统一的法律和法规。随着这类纠纷的不断增加,为了规范医疗机构的医疗行为,确定医疗损害责任,国务院于 1986 年 6 月 29 日出台了《医疗事故处理办法》(以下简称《办法》),于 1987 年 1 月 1 日生效实施。这个行政法规出台的背景是实行公费医疗的福利化政策,医疗机构医疗行为的性质是社会福利保障。因此,对于医疗机构在医疗活动中造成患者人身损害的赔偿责任,采取严格限制政策。这种限制赔偿政策突出地表现在两个方面:第一,限制医疗事故责任构成。明确规定只有构成医疗责任事故和医疗技术事故时,受害患者一方才可以请求赔偿,明确规定医疗机构即使存在医疗差错也不承担赔偿责任,因而受害患者的很多损害无法得到应有的救济。第二,限制赔偿数额。《办法》第 18 条明确规定:"确定为医疗事故的,可根据事故等级、情节和病员的情况给予一次性经

济补偿。补偿费标准,由省、自治区、直辖市人民政府规定。"据此,各省、直辖市、自治区人民政府分别制定了本地的医疗事故处理办法实施细则,规定自己的一次性补偿标准。例如,《天津市医疗事故处理办法实施细则》第 19 条规定:"确定为医疗事故的,由医疗单位、个体开业医生、乡村医生给予病员或家属一次性经济补偿。其标准为:一级医疗事故:补偿 3000 元至 4000 元。未满三周岁的婴幼儿为 1000 元;新生儿为 700 元。二级医疗事故:补偿 3000 元至 5000 元。三级医疗事故:补偿 2000 元至3000 元。未满三周岁的婴幼儿为 700 元;新生儿为 500 元。"①尽管那时实行低工资制度,全社会的消费水平普遍较低,但对于造成患者严重损害的,这样低标准的最高赔偿数额,显然不能补偿受害患者的实际损害,受损害的权利无法得到全面救济。可见,《办法》过于考虑我国医疗服务的福利性质,偏重于对医疗机构的保护,严重限制了受害患者一方的民事权利,因而受到各界的普遍反对,法院的判决不断突破《办法》规定的限制受害患者赔偿权利的政策底线②,最高人民法院的司法解释也有松动。③但这些做法没有也不可能从根本上改变限制赔偿这种不利于保护受害患者合法权益的被动局面。

(2) 加重医疗机构举证责任,初步形成防御性医疗阶段。

2002 年 4 月 4 日,国务院将《办法》修订为《医疗事故处理条例》(以下简称《条例》)予以公布,并于 2002 年 9 月 1 日施行。《条例》在一定程度上改变了对受害患者的赔偿权利进行严格限制的做法,例如将医疗事故改分为四级,废除限额赔偿制并定出明确的赔偿标准,医疗事故鉴定由卫生行政主管部门主管改为由医学会主管等。但这些措施并没有从根本上改变对医疗事故损害予以限制的基本做法,也没有摆脱行政机关偏袒医疗机构的嫌疑。在此之前,最高人民法院于 2001 年 12 月 21 日出台、于 2002 年 4 月 1 日实施的《关于民事诉讼证据的若干规定》第 4 条第 8 项中明确规定:"因医疗行为引起的侵权诉讼,由医疗机构就医疗行为与损害结果之间不存在因果关系及不存在医疗过错承担举证责任。"这种过错和因果关系的双重推定以及举证责任倒置,使医疗机构在医疗损害责任纠纷诉讼中处于严重的不利地位。这两个不同的行政法规和司法解释,一个要保护医疗机构的特权,一个要给受害患者以更优越的民事诉讼地位;一个在于减轻医疗机构的责任,一个在于加强对受害患者的权利保护,因而存在较大的矛盾。尽管在司法实际操作中,最高人民法院于 2003 年 1 月 6 日出台《关于参照〈医疗事故处理条例〉审理医疗纠纷民事案件的通知》,规定"条例实施

---

① 之所以二级医疗事故的赔偿数额比一级医疗事故的赔偿数额高,是因为一级医疗事故是造成患者死亡,只需赔偿丧葬费等费用;而二级医疗事故是造成患者残疾,需要赔偿残疾生活补助等费用。

② 参见新疆乌鲁木齐市新市区人民法院判决的刘颖诉新疆军区总医院医疗损害赔偿案。参见杨立新:《民事侵权十宗案》,载《方圆》2003 年第 7 期。

③ 例如,最高人民法院在 1992 年 2 月 24 日《关于李新荣诉天津市第二医学院附属医院医疗事故赔偿一案如何适用法律的复函》中指出,《民法通则》和《办法》的基本精神是一致的,应当依照《民法通则》和《办法》的有关规定处理。

后,人民法院审理因医疗事故引起的医疗赔偿纠纷民事案件,在确定医疗事故赔偿责任时,参照条例第49条、第50条、第51条和第52条规定办理";而在同年12月26日公布、2004年5月1日实施的《人身损害赔偿司法解释》中规定的人身损害赔偿标准大大高于《条例》第50条至第52条规定的标准。由于起诉医疗事故责任受害患者一方得到的赔偿数额大大低于以医疗过错起诉获得的人身损害赔偿数额,因而医疗损害责任中医患之间的矛盾更加突出,导致更多的受害患者一方选择以医疗过错的案由向法院起诉,以避开适用《条例》规定的过低标准。由于过错和因果关系两个推定的证据规则的适用,使医疗机构陷入严重的不利诉讼地位。在司法机关,法官明知对同样的医疗损害责任纠纷刻意进行医疗事故和医疗过错的区分并不合理,并且采取不同的赔偿标准处理同样的医疗损害责任纠纷是不符合民事权利保护的法律要求的,但拘泥于最高人民法院确定的"条例施行后发生的医疗事故引起的医疗赔偿纠纷,诉到法院的,参照条例的有关规定办理;因医疗事故以外的原因引起的其他医疗赔偿纠纷,适用民法通则的规定"原则,更多地默许甚至鼓励受害患者一方提起医疗过错诉讼。基于医学会对医疗事故鉴定的垄断,司法鉴定机构普遍开展医疗过错鉴定,形成了医疗损害责任鉴定的双轨制,进一步加剧了混乱。正因为如此,医疗机构及医务人员陷入恐慌之中,为保存证据以应对严重的医疗诉讼和赔偿责任的压力,对患者普遍实行过度检查等手段保留证据,大大增加了患者的医疗费负担,进而对具有一定风险的医疗行为进行推诿甚至拒绝治疗,进一步加剧了医患矛盾,造成了较为明显的防御性医疗态势。医患之间互不信任,医患关系空前紧张,有的医生就诊前不得不带上头盔,以防范患者袭击。有条件的医院在诊室安装录音、录像系统,以记录诊疗过程,获取证据,保护自己。据中华医院管理学会2005年6月至7月对270家医院的调查,三甲医院每院年均发生医疗纠纷30余件,年均医疗纠纷赔偿数额100多万元人民币。全国73.33%的医院出现过患者及家属殴打、威胁、辱骂医务人员现象;59.63%的医院发生过因病人对治疗结果不满意,围攻、威胁院长的情况;76.67%的医院出现过患者及其家属在诊疗结束后拒绝出院,拒交住院费的情形;61.48%的医院出现过因病人去世,病人家属在医院摆设花圈、设置灵堂等现象。① 这种现象被称为"医闹",被认为是"社会不能承受之痛"。②

对此,笔者曾经在媒体上撰文指出,最高司法机关对医疗行为引起的侵权诉讼规定在因果关系和过错要件上实行举证责任倒置,虽然可以大大改变受害患者的诉讼地位,有利于保护受害患者的合法利益,但举证责任倒置的范围过于宽泛,其结果必然是强加给医疗机构以过重的责任,最终损害的是全体患者。因为医院的赔偿责任

---

① 张新宝:《大陆医疗损害赔偿案件的过失认定》,载朱柏松等:《医疗过失举证责任之比较》,台湾元照出版公司2008年版,第76页。
② 耿仁文:《"医闹"——社会不能承受之痛》,载《中国医院法治》2007年第3期。

还是要分散到全体患者负担,最终受到损害的还是全体患者。① 笔者的预言真的不幸应验。

（3）进行反思和理性思考阶段。

正是在医疗机构全面防御,医疗费用普遍提高,医患关系日益紧张的态势下,法律界和医学界对此开始进行了反思和理性思考,深入探讨医疗损害责任纠纷法律适用的应然对策。集中考虑的是这样五个问题:第一,医疗损害责任纠纷究竟是否应当分为医疗事故和医疗过错两个不同的案由? 第二,医疗损害责任的归责原则是否应当一律适用过错推定原则? 第三,医疗损害责任纠纷的诉讼证据规则是否必须实行过错推定和因果关系推定? 第四,医疗损害责任的赔偿标准是否应当予以限制,能否实行统一的人身损害赔偿标准? 第五,医疗损害责任鉴定性质是医学鉴定还是司法鉴定? 对此,医学界和法律界,各自提出不同的意见,促使立法机关作出最后的决策。在 2008 年 7 月 2 日立法机关主持召开的医疗损害责任座谈会上,与会的法学专家、医学专家、医方律师和患方律师代表等经过广泛讨论,对当前的医患关系形势的判断达成一致,共同认为立法机关必须采取措施,在《侵权责任法》中对医疗损害责任制度作出明确、统一的规定,以平衡医患之间的利益关系及受害患者与全体患者之间的利益关系,并且认为这是作出法律决策的最好时机。

我国学术界和实务界对医疗损害责任的上述思考,尽管还只是表现在理论的反思和制度设计层面,司法实践和立法制度还没有开始进行实质性的变革,但这无疑是一个极好的开端,对于我国医疗损害责任制度进行改革已经奠定了良好的理论基础。

2. 我国司法实务实行的三个双轨制构成的二元化结构的医疗损害责任体系

现在,我们应当分析我国医疗损害责任在司法实务上的基本做法,以便为医疗损害责任制度改革提供必要的实践基础。

在《侵权责任法》实施之前,我国司法实务实行的是由三个双轨制构成的二元化医疗损害责任制度,即一个二元化的医疗损害责任制度是由三个双轨制构成的。三个双轨制的具体内容是:

（1）医疗损害责任诉因的双轨制。

医疗损害责任的诉因,也就是医疗损害责任纠纷的案由,在理论上表现为医疗损害责任的概念。凡是医疗机构及医务人员因过失造成患者人身损害,本来都是相同的事实,在法律适用上可能出现的后果,应当是选择侵权责任作为请求权的法律基础,还是选择违约责任作为请求权的法律基础,因而在法律适用上由受害患者一方进

---

① 本文发表在《检察日报》上,后收录在《闲话民法》一书中,见杨立新:《闲话民法》,人民法院出版社 2005 年版,第 427—428 页。

行选择。这个问题已经由《合同法》第122条规定了具体的解决方法①,实践中并没有出现法律适用上的问题。但是,在选择适用侵权法作为请求权法律基础的医疗损害责任纠纷中,却在案件的诉因或者案由上,在司法实践中被刻意地区分为医疗事故责任和医疗过错责任。② 这样的"双轨制"原本就没有任何事实上和法律上的依据,但最高司法机关却承认这样的诉因和案由的"双轨制",并且在司法实务中将其理直气壮地称之为"区别对待"原则,一直坚持这种不合理的做法,很难让人理解和接受。

(2)医疗损害赔偿标准的双轨制。

医疗损害赔偿诉因和案由的双轨制,其基础在于损害赔偿责任标准的双轨制。三十多年来,国家行政机关始终坚持认为我国的医疗服务具有福利性质,因此必须在医疗损害赔偿标准上实行限制原则,而不能适用一般的人身损害赔偿标准。在《办法》中规定一次性补偿方法以及相应的赔偿标准,体现了这样的思想;在《条例》中,尽管其规定的赔偿数额标准有所提高,但体现的仍然是限制赔偿思想。由于最高人民法院司法解释规定的人身损害赔偿标准远远高于《条例》规定的标准,而最高人民法院在司法解释中又明确规定,对医疗事故赔偿纠纷应当参照《条例》规定的标准办理,因此,对于医疗鉴定机构鉴定不构成医疗事故的医疗损害责任纠纷,或者患者不请求进行医疗事故鉴定的医疗损害责任纠纷,以医疗过错为诉因和案由起诉,则可得到大大高于医疗事故标准的赔偿。同样,最高司法机关采取明确的态度准许这种赔偿标准的双轨制,因而使医疗损害责任赔偿标准的双轨制合法化,并被广泛应用,形成了目前这种法律适用的奇怪现象。

(3)医疗损害责任鉴定的双轨制。

与前述两个双轨制相适应,在医疗损害责任的鉴定中同样也存在双轨制。在我国传统理念中,医疗事故鉴定是独家的医学鉴定,因此是由医疗机构的行政主管机关或者医学研究机构独家垄断的,其他任何人都不能插手。《办法》确定的医疗事故鉴定制度,是由政府的卫生行政主管部门组织医疗事故鉴定委员会进行鉴定,法官对医疗事故鉴定结论无权进行司法审查,只能按照医疗事故鉴定结论来认定事实,医疗事故鉴定结论认为构成责任事故或者技术事故的,法院依此作出赔偿判决;只要医疗事故鉴定委员会作出不是或者不属于医疗事故甚至是构成医疗差错的鉴定结论,法官也都无权判决确定医院承担赔偿责任。《条例》实施之后,医疗事故鉴定不再由政府部门组织,而是由医学会建立医疗事故鉴定的专家库,需要进行医疗事故鉴定时,由医学会负责,随机抽取鉴定专家组成鉴定组作出鉴定。鉴定级别原则上分为县、地区(市)和省三级,中国医学会在必要时也可以组织鉴定。《条例》尽管作出了上述改变,

---

① 《合同法》第122条规定:"因当事人一方的违约行为,侵害对方人身、财产权益的,受损害方有权选择依照本法要求其承担违约责任或者依照其他法律要求其承担侵权责任。"

② 卫生部"医疗事故处理条例在实践中存在问题的研究"课题组:《医疗事故处理条例应上升为法律?》,载《中国医院法治》2007年第3期。

但仍然没有改变医疗事故责任鉴定是医学鉴定的性质,因此,法官无权插手、无权审查。作为一种反抗,多数法院和法官默许、接受受害患者一方提供其他司法鉴定机构的医疗过错鉴定,对不申请医疗事故责任鉴定和鉴定为不属于医疗事故责任的案件,将医疗过错鉴定结论作为认定事实的依据,形成了医疗损害责任鉴定的双轨制。对此,尽管医疗机构对这种鉴定的科学性和合法性提出诸多质疑并且反对①,但多数法院和法官都对经过审查的医疗过错鉴定结论予以认定,作为认定案件事实的根据。② 因此,尽管《条例》规定只有医学会才享有组织医疗事故责任鉴定的权力,但却无法改变司法实务肯定医疗过错鉴定的做法,医疗损害责任鉴定的双轨制便成为司法现实③,并为受害患者所广泛采用。

三个双轨制构成的医疗损害责任体系,表现为医疗事故责任和医疗过错责任的二元化。医疗损害责任体系的二元化结构,典型地呈现了我国医疗损害责任制度的现实状况和法律适用的混乱程度。

(二)我国医疗损害责任形成二元化结构的基本原因及严重后果

1. 我国医疗损害责任形成二元化结构的基本原因

(1)行政机关片面强调医疗机构的特殊性,用不适当的方法予以特别保护。

社会医疗体制在社会生活中具有极为重要的地位,这是不可否认的。原因在于医疗机构担负着救死扶伤、挽救病患、维护大众健康的重要职责。医疗机构不仅是治病医伤的卫生保健机构,还是担负着发展医学科学、改进医疗技术、提高全民健康水平,推进社会进步职责的机构。因此,对医疗机构及医务人员救治病患、发展医学的积极性必须予以保护。但是,法律也不能对因医疗机构及医务人员的过失,造成受害患者人身损害的客观后果采取纵容放任的态度,不能鼓励医疗机构及医务人员的疏忽和懈怠,使患者受到医疗过失行为的损害而得不到必要救济,民事权利无法得到保障。④ 在最近的三十年中,国家行政机关通过行政法规,过于强调医疗机构和医疗行为的特殊性,采取了不适当的方法片面保护医疗机构及医务人员,造成了医患利益保护之间的不平衡。行政机关片面保护医疗机构及医务人员的做法主要是三种:一是提高医疗事故鉴定标准,将具有医疗差错的医疗行为不认为是医疗事故,进而不承担应当承担的赔偿责任;二是控制医疗事故鉴定的权力,将医疗事故鉴定作为医学鉴

---

① 《医疗事故技术鉴定和法医临床鉴定》,载《中国医院法治》2007 年第 3 期。

② 笔者在《医疗侵权法律与适用》一书中评论过扬州市中级人民法院和江苏省高级人民法院采用司法鉴定机构的鉴定结论作为证据的毛红、葛登娣诉扬州市第一人民医院医疗损害赔偿纠纷案,就是一个典型案例。这个案例的两个判决书,请参见杨立新:《医疗侵权法律与适用》,法律出版社 2008 年版,第 178—197 页以下。

③ 卫生部《医疗事故处理条例在实践中存在问题的研究》课题组:《医疗事故处理条例应上升为法律?》,载《中国医院法治》2007 年第 3 期。

④ 法国在 19 世纪前采取"法律不入医界"的态度,容忍医疗失误,不追究医师的法律责任,因而使医师对病患更不负责任。参见陈忠五:《法国法上医疗过错的举证责任》,载朱柏松等:《医疗过失举证责任之比较》,台湾元照出版公司 2008 年版,第 119 页。

定,拒绝司法介入,放任医学专家之间的袒护行为,使医疗事故鉴定结论的权威性越来越低;三是大大降低医疗事故的赔偿数额,限制受害患者的赔偿权利。这些做法的必然结果是,导致受害患者的合法权益无法得到全面保护,使人民群众的不满情绪越来越严重,医患之间的关系越来越对立。

(2) 患者由于权利得不到妥善保护而对行政机关制定的政策进行反抗。

面对国家行政机关片面强调保护医疗机构及医务人员利益的状况,受害患者的合法权益无法得到全面保护,因而寻找新的出口和途径,寻求新的保护方法。例如,对医疗事故责任构成标准过高的做法,患者选择不起诉医疗事故,转而起诉医疗过错;针对医疗事故鉴定由医疗机构垄断的做法,患者转而不申请医疗事故鉴定而申请医疗过错的法医鉴定;针对《条例》规定的医疗事故赔偿标准过低的做法,患者转而请求依照《民法通则》的规定请求人身损害赔偿。因此,医疗事故与医疗过错、医疗事故鉴定与医疗过错法医鉴定、医疗事故赔偿与人身损害赔偿的三个双轨制应运而生,无法阻挡。可见,医疗损害责任纠纷法律适用上的双轨制,并不是司法者刻意而为,而是行政机关对医疗机构进行片面保护,使患者的权利无法得到全面保障而引发的必然后果。从这个方面可以确认,现行的医疗事故处理规则确实存在严重问题,不纠正就无法平衡医患之间的利益关系,无法协调医患之间现存的矛盾。在这其中,很多患者趁势在医院无理取闹,要挟医疗机构和医务人员,因此造成态势加剧。

(3) 司法机关将错就错认可医疗事故和医疗过错的差别,形成三个双轨制。

在三十多年的医疗损害责任制度发展中,对于三个双轨制的形成和发展,司法机关采取的态度是将错就错,使由三个双轨制构成的二元化结构的医疗损害责任成为全国法院统一实行的制度。将错就错的做法是:第一,认可和鼓励患者进行医疗过错诉讼,将医疗损害责任分割为医疗事故和医疗过错,形成同样是医疗造成的患者人身损害却有两种不同性质的法律后果。事实上,几乎所有的法官都认为,医疗事故与医疗过错并非两种不同的侵权行为,(但鉴于司法机关确认医疗事故的概念)并且医疗事故的鉴定权力掌握在医疗卫生行政部门或者医疗学术组织手中,法院无法像对待其他司法鉴定机构一样对待医学会的鉴定,因而对于能够更好地保护患者权利的医疗过错起诉,就采取认可和鼓励的态度。最典型的就是面对医疗事故损害赔偿和人身损害赔偿在数额上的悬殊差别,不仅不能旗帜鲜明地予以纠正,反而是明确规定"条例实施后,人民法院审理因医疗事故引起的医疗赔偿纠纷民事案件,在确定医疗事故赔偿责任时,参照条例第 49 条、第 50 条、第 51 条和第 52 条规定办理"[①],进一步割裂了统一的医疗损害责任制度。第二,认可和鼓励医疗事故和医疗过错在适用法律上的差别,明示应当分别适用不同的法律规范。在这个问题上,司法机关并非没有认识到对统一的医疗损害责任在法律适用上采用不统一的方法的问题。其实在 1992

---

① 最高人民法院《关于参照〈医疗事故处理条例〉审理医疗纠纷民事案件的通知》第 3 条。

年最高人民法院的司法解释中,对此就有明确的规定,即在对医疗事故适用法律的时候,如果适用《办法》能够保护患者权利的,可以适用《办法》的规定;不能保护患者权利的,可以适用《民法通则》的规定确定医疗机构的责任。[①] 但是,最高司法机关的这个立场并没有能够坚持下来,以至于在《条例》出台后,对于法律适用上的质疑和请示,采取不与行政法规发生冲突的态度,明确规定"条例施行后发生的医疗事故引起的医疗赔偿纠纷,诉到法院的,参照条例的有关规定办理;因医疗事故以外的原因引起的其他医疗赔偿纠纷,适用民法通则的规定"[②],使医疗事故与医疗过错的法律适用的双轨制合法化。第三,降低医疗侵权责任构成条件,大大减轻受害患者一方的举证责任,明文规定医疗侵权责任的举证责任实行过错推定和因果关系推定,在强调对患者权利进行保护的同时,却将医疗机构推向严重不利的诉讼地位,致使医疗机构不得不采取防御性医疗以保护好自己,进而使全体患者负担过度检查费用等不利后果,损害了全体患者的利益。

通过以上分析可以看到,司法机关在医疗损害责任的法律适用上,指导思想不统一,既有纵容行政机关片面保护医疗机构的做法,又有过于强调保护患者利益的不当诉讼措施;既有维护法律统一实施的思想,又有扩大法律适用矛盾,强化双轨制、二元化的错误办法。这些矛盾的法律适用措施和方法,就是造成三个双轨制的二元结构医疗损害责任制度的基本原因。而其实质,就在于司法机关面对行政机关的权力,不敢大胆行使司法裁量权。

2. 二元结构的医疗损害责任制度存在的弊病

(1) 分割完整的医疗损害责任制度,造成受害患者一方相互之间的矛盾。

对医疗损害责任实行三个双轨制的二元化结构,其后果就是分割完整的医疗损害责任法律制度,把一个完整的医疗损害责任制度人为地分为医疗事故责任和医疗过错责任,适用完全不同的法律规则,形成同样的医疗损害却得到相差悬殊的赔偿金,甚至造成损害严重的医疗事故受害患者一方获得很少的医疗损害赔偿金、损害较轻的医疗过错受害患者一方得到很高的医疗损害赔偿金等现象。例如,按照《人身损害赔偿司法解释》规定,造成死亡的应当赔偿死亡赔偿金,标准是按照受诉法院所在地上一年度城镇居民人均可支配收入或者农村居民人均纯收入标准,按 20 年计算;但 60 周岁以上的,年龄每增加 1 岁减少 1 年;75 周岁以上的,按 5 年计算。以北京为例,2005 年人均可支配收入为 17653 元,20 年为 353060 元。如果是医疗过错造成患者死亡的,仅此一项就可以获得这样多的赔偿金。而如果是医疗事故损害赔偿,受害患者只能得到 6 年的按照医疗事故发生地居民年平均生活费的精神损害抚慰金,无

---

① 参见最高人民法院 1992 年 2 月 24 日《关于李新荣诉天津市第二医学院附属医院医疗事故赔偿一案如何适用法律的复函》。

② 最高人民法院《关于参照〈医疗事故处理条例〉审理医疗纠纷民事案件的通知》第 1 条。

法得到 35 万多元的死亡赔偿金,并且另有精神损害抚慰金的赔偿。这样的法律适用结果,当然会在医疗损害的受害患者一方与医疗机构之间引起矛盾激化,受害患者一方的不满意程度是可以想象的。

(2)加重医疗机构举证责任,形成防御性医疗,损害全体患者的利益。

司法机关对医疗机构一方面片面保护,一方面加重其举证责任的矛盾做法,其后果是直接导致医疗机构在医疗诉讼中的严重不利地位,负担超出其负担能力的举证责任及医疗损害赔偿责任,使医疗机构及医务人员不得不采取防御性医疗措施,对患者实行普遍的过度检查,以取得在未来可能发生的诉讼中的充分证据,保护自己。而过高的医疗损害赔偿责任和严重的过度检查,最终都由全体患者予以负担,直接损害的是全体患者的利益。同时,过高的医疗损害赔偿责任负担,也使医务人员对于应当进行探索的医学科学研究缩手缩脚,不敢进行探索和实践,甚至推诿和拒绝治疗,直接受到损害的必然是医学科学的发展和全体人民的利益。

(3)造成审判秩序混乱,损害司法权威。

医疗损害责任制度的二元化,更严重的后果是当事人对法律制度的怀疑。受害患者一方不禁要问,难道法律的制定者和适用法律的法官的头脑都不好使吗? 对此,大多数法官也不理解,又不敢对抗司法解释和行政法规的明确规定。在有些法院,则直接出台自己的法律适用规则,改变司法解释和行政法规的规定。例如,北京市高级人民法院就出台了《关于审理医疗损害赔偿纠纷案件若干问题的意见(试行)》,其第 21 条明确规定:"确定医疗事故损害赔偿标准,应当参照《医疗事故处理条例》第 49 条至第 52 条规定;如参照《医疗事故处理条例》处理将使患者所受损失无法得到基本补偿的,可以适用《民法通则》及相关司法解释的规定适当提高赔偿数额。""确定一般医疗损害赔偿标准,应适用《民法通则》及相关司法解释的标准。"这就是所谓的"区别对待"的医疗损害赔偿原则。高级人民法院的规范性意见直接改变最高人民法院的司法解释,尽管这是为保护受害患者利益而采取的一个不得已的做法,但审判活动和法律适用中的这种混乱,难道不会降低司法机关的权威性和威信吗? 回答显然是肯定的。对此,不能不引起重视。

(三)我国医疗损害责任改革的理论基础和基本方向

1.改革我国医疗损害责任制度的理论基础

(1)兼顾受害患者、医疗机构和全体患者利益关系是医疗损害责任制度改革的基本要求。

法律系为人之利益而制定。[①] 改革医疗损害责任制度,制定相应的法律,也必须为人的利益而为。改革医疗损害责任制度,最重要的,是必须依照坚持科学发展观、构建社会主义和谐社会的要求,根据我国的具体国情和医疗损害的实际情况进行。

---

① 郑玉波:《法谚》(二),法律出版社 2007 年版,第 9 页。

在改革医疗损害责任制度中,立法者着重关注的必须是人,必须以人为本。医疗损害中的人,首先是受害患者及受害患者一方,他们是权利受到损害的受害人,是最需要保护和关心的人群。在医疗损害责任制度改革中,必须关注受害患者一方的利益诉求,确立有效的保护方法和救济措施,使受害患者一方受到的损害能够得到充分的救济,使他们的合法权益能够得到有效的保护。

但是,在医疗损害责任制度调整的范围内,除了应当保护受害患者一方的利益之外,还存在其他应当保护的利益。首先,应当考虑保护的是医疗机构本身的利益。由于我国的医疗制度确实具有一定的福利性,令其承担完全市场化的损害赔偿责任是不公平也是不合理的;任何医疗技术和医疗手段都具有风险性,患者接受某项医疗措施实际上就等于接受了这种医疗风险;医疗损害结果发生的原因复杂,通常都不是由单一的医疗过失行为引起的,而是有多个原因;医学需要通过医疗实践去发展,医疗机构担负着发展医学造福人类的重大职责。因此,在医疗损害责任中不能对医疗机构科以过重的赔偿责任,以保护医疗机构的正当利益,促进医学科学的发展。其次,还应当考虑保护的是全体患者的利益。在我国当时的医疗体制下,医院的经费基本上来源于对患者收费,支付给受害患者的赔偿金只能在医院的经费中支出。如果医疗机构承担的赔偿数额过高,超过必要限度,必然会损害医院的利益。而医院为了寻求经费的供求平衡,也必然会向患者收取更多的费用,最终转嫁到全体患者身上,以由全体患者多支出医疗费用的方法承担赔偿责任。目前各地医疗机构普遍存在的过度检查现象已经说明了这一点。因此,在改革医疗损害责任制度中,必须保护好全体患者的利益,而保护全体患者的利益实际上等于保护全体人民的利益,不能使中国最广大人民的根本利益因此而受到损害。

统筹协调各方面利益关系,妥善处理社会矛盾,正确把握最广大人民的根本利益、现阶段群众的共同利益和不同群体的特殊利益的关系,是改革我国医疗损害责任制度,平衡受害患者、医疗机构和全体患者利益关系的指导方针。改革医疗损害责任制度,既要保护受害患者的利益,也要保护医疗机构和全体患者的利益,在《侵权责任法》的立法中反映各方的利益诉求,统筹兼顾最广大人民的根本利益、现阶段群众的共同利益以及不同群体的特殊利益,形成科学有效的受害患者利益、医疗机构利益和全体患者利益的协调机制和权益保障机制,就是改革医疗损害责任制度的基本要求和根本目标。

(2)过错责任原则是建立和谐医患关系、调整三者利益的最佳平衡器。

如何调整受害患者、医疗机构和全体患者之间的利益关系?最好的平衡器,就是《侵权责任法》的过错责任原则。

过错责任原则是法的价值的一种特殊的表现形态,反映了统治阶级利益和意志要求与一定社会关系及其秩序之间的特殊效用关系,是法律化的统治阶级意志对一定社会关系发挥能动作用,并通过此种作用体现出统治阶级意志和利益。① 过错责任原则尽管产生在资本主义社会的经济条件下,但在社会主义社会中同样具有重要作用。它不仅具有纯化道德风尚、确定行为标准、预防损害发生等社会功能,更重要的是它能够协调各种利益冲突,维护社会的公平和正义。在现代社会,几乎所有的人都离不开医疗。因此,全体患者的利益差不多等同于全体人民的利益。法谚云:"人民之安宁乃最高之法律。"② 一个法律制度的基本考虑,必须平衡各方利益,并且以最广大人民的根本利益为基本出发点,始终代表人民群众的根本利益。在医疗损害责任中,过错责任原则的重要作用,就是平衡三者利益关系,建立和谐的利益关系结构。过错责任原则的平衡作用表现在:第一,没有医疗过失,医疗机构就没有责任。诚然,《侵权责任法》以及医疗损害责任制度都以保护受害人以及受害患者一方的利益为己任,但并非凡是患者发生损害医疗机构就都予以赔偿,而是医疗机构及医务人员必须存在医疗过失才发生赔偿责任。正如德国法学家耶林所说:"使人负损害赔偿的,不是因为有损害,而是因为有过失,其道理就如同化学上之原则,使蜡烛燃烧的,不是光,而是氧"。③ 因而,损害虽已发生,但仍不成立侵权行为者有之。④ 第二,医疗机构仅仅就自己的医疗过失所造成的损害承担赔偿责任。在已经造成医疗损害医疗机构应当承担赔偿责任时,依据过错责任原则的要求,还应当适用比较过错、比较原因力等规则,将不应当由医疗机构承担的部分责任,在损害赔偿责任中予以扣除,合理确定医疗机构的赔偿责任,而非一律全部赔偿。第三,基于医疗过失的非严重程度适当限制精神损害抚慰金的赔偿数额。医疗过失不具有恶意,仅仅存在一般过失或者重大过失,与一般的侵权行为有所不同,因而在确定医疗损害责任的精神损害抚慰金责任时,应当予以适当限制,不能赔偿过高。美国加州医疗损害赔偿改革的经验告诉我们,高额的赔偿金给受害人带来的是损害赔偿请求权的满足,但随之而来的就是医生为了转嫁这样的风险而大幅度提高医疗费用的后果。因此,加州《医疗损害赔偿改革法》采取限制精神损害抚慰金数额等措施,使加州医疗损害赔偿制度保持了将近30年的稳定,成为美国医疗损害赔偿制度改革的样板。借鉴这些经验,对医疗损害责任中的抚慰金赔偿数额进行限制,符合过错责任原则的要求,也能够平衡三者之间的利益关系,使医患关系得到明显改善。当然,不同类型的医疗损害责任应当适用不同的归责原则,例如确定医疗产品损害责任,就应当适用无过失责任原则,而不是过错责任原则。

（3）坚持民事诉讼武器平等原则,妥善处理诉讼机会和诉讼利益的平衡。

"平等表达了相同性概念。两个或更多的人或客体,只要在某些方面或所有方面

---

① 王利明:《侵权行为法归责原则研究》,中国政法大学出版社 2003 年版,第 34 页。
② 郑玉波:《法谚》(一),法律出版社 2007 年版,第 3 页。
③ 转引自王泽鉴:《民法学说与判例研究》,台湾三民书局 1979 年版,第 150 页。
④ 郑玉波:《法谚》(一),法律出版社 2007 年版,第 97 页。

处于同样的、相同的或相似状态,那就可以说他们是平等的。"①在实体法上,民事主体的法律地位平等而无差别表现的是形式平等,真正做到消除社会生活中当事人客观存在的差异即不平等因素而实现当事人之间的平等是实质平等。② 因此,强调平等是保障市场经济顺利运行的基础③,也是保证社会和谐发展的基础。反映在诉讼中,程序正义要求双方享有平等的程序权利④,必须保证诉讼的双方当事人地位平等、机会平等和风险平等,这就是民事诉讼中的"武器平等原则"。该原则来源于宪法的平等权保障的要求:在地位上,当事人不论是攻击者即原告,还是防御者即被告,也不论其在诉讼外的实体法律关系是否有上下从属关系,在诉讼中均享有相同的地位;在机会上,当事人享有平等地接近、利用法院的机会,以及提出攻击、防御方法的机会;在风险上,诉讼的胜败风险,对双方当事人应为平等分配,不应由一方负担较高的败诉不利益风险,而另一方负有较低的败诉不利益风险。因此,"武器平等"不仅是形式上的平等,也需为实质平等的保障。⑤ 原告和被告只有以平等或对等的诉讼权利武装自己,在一个平等的环境中赢得诉讼,才是公平的。⑥ 在医疗诉讼上,长时间以来,作为主张权利的一方即受害患者一方,在诉讼中经常处于劣势,具体表现在:一是事实上不知,无法掌握医疗过程以及损害发生的实际情况;二是专业上不知,即使是患者亲身经历医疗过程,但欠缺医疗专业知识,难以陈述具体治疗经过和过失所在;三是证据的偏在,医疗文书和资料不掌握在患者一方。因而在医疗损害责任诉讼中,在诉讼政策上适当向受害患者一方倾斜,是正确的。对此,世界各国的医疗损害责任法也都是如此,唯此才能够保证双方当事人之间的平等关系,做到武器平等。⑦ 但是,在诉讼中过于向受害患者一方倾斜,将两个侵权责任要件即因果关系要件和过错要件的举证责任完全推给医疗机构一方,受害患者对此不承担举证责任,必然会使双方当事人在诉讼中的地位失衡、机会失衡、风险利益关系失衡,导致作为防御一方的医疗机构疲于应对具有巨大诉讼压力、超出其负担能力的医疗损害责任诉讼,完全处于诉讼的劣势地位,负担过高的机会和风险利益的负面压力,不符合武器平等原则的要求,自然会形成防御性医疗。改革医疗损害责任制度,在程序上就必须区别不同的情况,分别适用举证责任倒置或者举证责任缓和规则,完全的过错推定或者不完全的过错推定规则,完全的因果关系推定或者不完全的因果关系推定规则,才能够做到双方当事人的武器平等,保障地位平等、机会平等和风险利益平等,医患关系协调发展。欲以

---

① 〔美〕萨托利:《民主新论》,冯克利译,东方出版社 1993 年版,第 340 页。
② 王轶:《民法价值判断问题的实体性论证规则》,载《中国社会科学》2004 年第 6 期。
③ 吴友军、姜大元:《市场经济的价值规范与社会主义的精神实质》,载《学习时报》2007 年 7 月 28 日。
④ 王利明:《民法典体系研究》,中国人民大学出版社 2008 年版,第 327 页。
⑤ 沈冠伶:《民事诉讼证据法与武器平等原则》,台湾元照出版公司 2007 年版,第 92 页。
⑥ 邵明:《民事诉讼法理研究》,中国人民大学出版社 2004 年版,第 102 页。
⑦ 沈冠伶:《民事诉讼证据法与武器平等原则》,台湾元照出版公司 2007 年版,第 92 页。

一个简单、一致的方式通盘适用于所有事件,既可能不符合个案正义,也未必适当。[①]因此,在医疗损害责任制度改革中,也必须对与其相适应的程序制度以及具体的举证责任制度进行改革,以实现程序上的公平来保证实体法公平的实现。

2. 我国医疗损害责任制度改革的基本目标和设想

在医疗损害责任制度发展的第三个阶段刚刚开始时正在制定的《侵权责任法》,冷静思考医疗损害责任制度的应然模式,确立了医疗损害责任制度的基本目标。这个基本目标是:改变二元结构医疗损害责任的法律适用矛盾状况,建立统一的、完善的医疗损害责任制度,统筹兼顾,公平、妥善地处理受害患者的利益保护、医疗机构的利益保护以及全体患者利益保护之间的平衡关系,推进社会医疗保障制度的健全发展,保障全体人民的福利。

基于这样的思考,构造我国的医疗损害责任制度,其基本问题包括以下六个方面:

(1) 统一医疗损害责任的概念。

《侵权责任法》摒弃了医疗事故责任和医疗过错责任两个不同概念,使用统一的医疗损害责任概念。这不仅仅是一个侵权责任法概念的统一,更重要的,是结束了医疗损害责任分割的法制不统一现状,统一法律适用规则。事实上,医疗事故和医疗过错两个概念并不存在原则的差别,对其强制性地进行分割,刻意强调其差别,是没有道理的。将所有的医疗损害纠纷都规定为医疗损害责任,置于这个统一的概念之下,就能够制定一个统一的、一元化结构的医疗损害责任制度,保证适用法律的统一,用统一的尺度保护受害患者一方的权利,维护司法权威和法律权威。

(2) 确定医疗损害责任的归责原则体系和基本类型。

借鉴各国医疗损害责任的侵权法规则,《侵权责任法》确定我国医疗损害责任的归责原则体系由过错责任原则、过错推定原则和无过失责任原则构成。同时,根据医疗损害责任的具体情形和法律规则的不同,部分借鉴法国医疗损害赔偿法的做法[②],将医疗损害责任分为三种基本类型,即医疗技术损害责任、医疗伦理损害责任和医疗产品损害责任,分别适用不同的归责原则和具体规则。

一是医疗技术损害责任。医疗技术损害责任是指医疗机构及医务人员从事病情检验、诊断、治疗方法的选择,治疗措施的执行,病情发展过程的追踪,以及术后照护等医疗行为中,存在不符合当时的医疗水平的过失行为,医疗机构所应当承担的侵权赔偿责任。换言之,医疗技术损害责任是医疗机构及医务人员具有医疗技术过失的医疗损害责任类型。医疗技术过失,系指医疗机构或者医护人员从事病情的检验诊

[①] 沈冠伶:《民事诉讼证据法与武器平等原则》,台湾元照出版公司 2007 年版,第 92 页。
[②] 法国医疗损害赔偿法对医疗过错采取两分法,分为医疗科学过错和医疗伦理过错。笔者在区分医疗损害责任的类型时,首先借鉴这样的做法,分为医疗技术损害责任和医疗伦理损害责任,再加上适用无过失责任原则的医疗产品损害责任,采三分法,逻辑顺畅,结构明确,且符合我国实际情况。

断、治疗方法的选择,治疗措施的执行以及病情发展过程的追踪或术后照护等医疗行为中,不符合当时既存的医疗专业知识或技术水准的懈怠或疏忽。① 这种医疗过失的判断标准,是医疗科学依据和医学技术标准,即当时的医疗水平,违反之即为有过失。

医疗技术损害责任适用过错责任原则。证明医疗机构及医务人员的医疗损害责任的构成要件,须由原告即受害患者一方承担举证责任,即使是医疗过失要件也须由受害患者一方负担。只有在必要的情况下,例如在受害患者一方无法提供充分的证据证明医疗机构的过错,或者法律规定的特定情形,才可以实行举证责任缓和,在原告证明达到表现证据规则所要求的标准②,或者证明了医疗机构存在法律规定可以推定医疗过失的情形时,才可以转由医疗机构一方承担举证责任,实行有条件的医疗过失推定。

二是医疗伦理损害责任。医疗伦理损害责任是指医疗机构及医务人员从事各种医疗行为时,未对病患充分告知或者说明其病情,未对病患提供及时有用的医疗建议,未保守与病情有关的各种秘密,或未取得病患同意即采取某种医疗措施或停止继续治疗等,而违反医疗职业良知或职业伦理上应遵守的规则的过失行为,医疗机构所应当承担的侵权赔偿责任。换言之,医疗伦理损害责任就是具有医疗伦理过失的医疗损害责任。医疗伦理过失,系指医疗机构或医护人员从事各种医疗行为时,未对病患充分告知或者说明其病情,未提供病患及时有用的医疗建议,未保守与病情有关的各种秘密,或未取得病患同意即采取某种医疗措施或停止继续治疗等。而就违反医疗职业良知或职业伦理上应遵守的规则而言,区分为医疗资讯过失和病患同意过失等不同情形。③

医疗伦理损害责任适用过错推定原则。在诉讼中,对于责任构成中的医疗违法行为、损害事实以及因果关系的证明,由受害患者一方负责。在此基础上实行过错推定,将医疗伦理过失的举证责任全部归之于医疗机构,医疗机构一方认为自己不存在医疗过失须自己举证,证明自己的主张成立,否则应当承担赔偿责任。

三是医疗产品损害责任。医疗产品损害责任是指医疗机构在医疗过程中使用有缺陷的药品、消毒药剂、医疗器械与血液及制品等医疗产品,因此造成患者人身损害,医疗机构或者医疗产品生产者、销售者应当承担的医疗损害赔偿责任。

医疗产品损害责任应适用产品责任的一般原则,即无过错责任原则。确定医疗机构的责任,应当按照《侵权责任法》第 42 条和第 43 条规定,承担中间责任,无须具备过错要件。但在承担最终责任的时候,则必须有过失,只有在无法确定产品制造者或者供货者的时候,无过失也须承担赔偿责任。因医疗产品的缺陷造成患者人身损

---

① 陈忠五:《法国法上医疗过错的举证责任》,载朱柏松等:《医疗过失举证责任之比较》,台湾元照出版公司 2008 年版,第 125 页。

② 参见詹森林:《德国医疗过失举证责任之研究》,载同上书,第 56 页。

③ 陈忠五:《法国法上医疗过错的举证责任》,载同上书,第 139—144 页。

害,医疗机构没有过失的,受害患者一方可以向医疗产品生产者或者医疗机构按照无过失责任原则的要求起诉,请求赔偿。医疗机构承担了中间责任之后,可以向缺陷医疗产品的生产者或者销售者追偿。

四是医疗管理损害责任。医疗管理损害责任也是医疗损害责任的基本类型之一,是指医疗机构和医务人员违背医政管理规范和医政管理职责的要求,具有医疗管理过错,造成患者人身损害、财产损害的医疗损害责任。

医疗管理也叫作医政管理。① 医疗管理损害责任的构成,不是医疗机构及医务人员的伦理过错或者技术过错,而是需具备医疗管理过错,即医疗机构及医务人员在医政管理中,由于疏忽或者懈怠甚至是故意,不能履行管理规范或者管理职责,造成患者人身损害或者财产损害,应当承担的医疗损害责任。

(3)确定认定医疗过失的一般标准。

《侵权责任法》应当明确规定认定医疗过失的标准是违反注意义务,医疗机构违反自己的注意义务,即存在医疗过失。

确定医疗技术过失必须确定具体的判断标准。这个标准可以借鉴日本医疗损害责任法中"医疗水准"的做法②,《侵权责任法》规定采用"当时的医疗水平"标准,即确定医疗机构及医务人员在诊疗活动中应当尽到与医疗时的医疗水平相应的技术注意义务,也就是"合理的专家标准"或者"合理医师"标准。③ 判断医疗机构及医务人员是否违反技术注意义务时,应当适当考虑地区、医疗机构资质、医务人员资质等因素,综合判断。

确定医疗伦理过失,其基本标准是按照医疗良知和职业伦理确定的医疗机构及医务人员的注意义务,即伦理注意义务。医疗机构及医务人员违反这些注意义务,法官即可认定具有医疗伦理过失。医疗机构及医务人员应当承担的伦理注意义务主要是以下五种:

第一,医务人员在一般的诊疗活动中,应当向患者说明病情和医疗措施。需要实施手术、特殊检查、特殊治疗的,医务人员应当及时向患者说明病情、医疗措施、医疗风险、替代医疗方案等情况,并取得患者的书面同意。不宜向患者说明的,医务人员应当向患者的近亲属说明,并取得其书面同意。

第二,因抢救危急患者等紧急情况,如果难以取得患者或其近亲属同意的,可以经医疗机构负责人批准,立即实施相应的医疗措施。违反上述救助义务,构成医疗

---

① 定庆云、赵学良:《医疗事故损害赔偿》,人民法院出版社2000年版,第186页。
② 参见朱柏松:《论日本医疗过失之举证责任》,载朱柏松等:《医疗过失举证责任责任之比较》,台湾元照出版公司2008年版,第23页。
③ 张新宝:《大陆医疗损害赔偿案件的过失认定》,载同上书,第93页。

过失。①

第三，医务人员应当按照规定填写并妥善保管门诊病历、住院志、医嘱单、检验报告、病理数据、护理记录等医学文书及有关医疗资料。患者要求查阅、复制医学文书及有关医疗资料的，医务人员应当提供。不依法提供医疗文书和其他医疗资料的，可以直接推定医疗机构具有医疗过失。

第四，医务人员应当尊重患者的隐私，保守患者的医疗秘密。因科研、教学需要查阅医学文书及有关数据的，需经患者同意。医疗机构违反保密义务，造成患者隐私权损害的，构成医疗伦理损害责任。

第五，医务人员应当根据患者的病情实施合理的诊疗行为，不得采取过度检查等不必要的诊疗行为。过度检查的实质就是防御性医疗行为，对此，应当明确加以规定，以保护患者的合法权益。

（4）确定医疗损害责任纠纷案件举证责任规则。

在医疗技术损害责任中，应当由受害患者一方承担举证责任。受害患者一方无法举证证明的，可以有条件的实行举证责任缓和，能够证明表见证据的，推定医疗机构有医疗过失。如果患者有损害，因下列情形之一的，推定医疗机构有过错：① 违反法律、行政法规、规章以及其他有关诊疗规范的规定；② 隐匿或者拒绝提供与纠纷有关的病历资料；③ 伪造、篡改或者销毁病历资料。按照上述法定事由推定医疗机构有医疗过失的，不准许医疗机构承担举证证明自己没有过失而免除侵权责任。

医疗伦理损害责任实行过错推定原则，原告负担医疗违法行为、损害事实和因果关系要件的举证责任。对医疗伦理过失要件实行推定，只要医疗机构没有尽到告知义务等伦理注意义务的，就推定为有过失，实行举证责任倒置，由医疗机构负担举证责任。

在药品、消毒药剂、医疗器械和血液及制品等医疗产品损害责任中，医疗违法行为、损害事实和因果关系要件都由受害患者一方负担举证责任。如果医疗机构认为损害是由受害患者故意引起的，对其主张实行举证责任倒置，由医疗机构承担举证责任；不能证明的，成立医疗损害责任。对于医疗机构或者医疗产品销售者的过失，应由受害患者一方证明。

因果关系的举证责任应当由受害患者一方负担，在一般情况下，不能证明的，不构成医疗损害责任。但是，如果存在客观情况，受害患者一方无法承担举证责任，且医疗机构及医务人员的医疗行为很可能会造成该患者人身损害的，在达到表现证据规则要求时，可以推定该诊疗行为与患者人身损害之间存在因果关系。② 医疗机构主

---

① 对此，可以借鉴的是肖直军拒绝在手术同意书上签字，医生不敢进行紧急救治，致使待产的李丽云在等待手术中死亡的案件。这个教训是惨重的。

② 参见曾淑瑜：《医疗过失与因果关系》，台湾翰芦图书出版有限公司 2007 年版，第 350 页。

张无因果关系的,实行举证责任倒置,由医疗机构承担举证责任。《侵权责任法》对此没有作出规定,应当由司法解释作出补充规定。

医疗机构在诉讼中主张自己具有免责的抗辩事由的,应当自己承担举证责任,就所主张的抗辩事由的成立,提供证据证明。

医疗机构强制患者签订人身伤害事先免责条款,例如在患者承诺书中,承诺超出必要限度的对医疗行为造成的损害免除医疗机构责任的,应当适用《合同法》第53条关于人身损害赔偿事先免责条款无效的规定①,不能免除医疗机构医疗过失行为的侵权责任。

(5)医疗损害责任鉴定的性质为司法鉴定。

《侵权责任法》没有对医疗损害责任鉴定作出规定,应当继续进行改革。《条例》规定的医疗事故鉴定制度已经有了一定的改变。从形式上看,医疗事故鉴定已经由卫生行政主管机关组织进行变为由民间组织即医学会组织进行,在性质上有了变化。但是,由医疗机构主管机关或者医学研究机构组织进行医疗事故鉴定的性质为医学技术鉴定,其鉴定方式也没有根本的改变,医疗事故的鉴定权力仍然掌控在医疗专业的"医疗人"手中,早已形成的对医疗事故责任鉴定的独家垄断做法并没有因此而改变。在诉讼中,由于医疗损害责任鉴定的性质是司法鉴定,因此,具体组织责任鉴定的不应当是医学研究机构,而是法院和法官。医学会不应当插手医疗损害责任鉴定的具体事宜,不得非法干预鉴定的过程和鉴定结论,保证医疗损害责任鉴定依照司法鉴定的程序进行,以保障鉴定程序和实质的公平。因此,应当确认医疗损害责任鉴定的性质是司法鉴定,打破由医疗研究部门独家垄断的做法,实行科学的、符合司法规律的医疗损害责任鉴定制度。对医疗事故医学司法鉴定结论,应当像对待其他司法鉴定一样,法官有权组织并进行司法审查,有权决定是不是应当重新鉴定,有权决定对医疗事故鉴定结论是否采信,并且鉴定专家有义务出庭接受当事人的质询。如果有充分的根据,法官有权依据调查的事实,或者根据更有权威的鉴定结论而否定先前的鉴定结论。只有这样,才能够保证医疗损害责任认定的准确性和合法性,能够充分保护患者的合法权益不受侵害。

(6)实行统一的医疗损害赔偿标准并予以适当限制。

医疗损害责任的赔偿不应当单独制定标准。在具体实施中,因医务人员的医疗过失造成患者人身损害的,由所属的医疗机构承担损害赔偿责任,在确定赔偿标准上,实行统一的人身损害赔偿标准。对此,《侵权责任法》已经明确规定应当适用第16条和第17条规定的人身损害赔偿标准。

应当特别注意的是,医疗损害责任的赔偿有自己的特点,为了保障全体患者的利

---

① 《合同法》第53条规定的内容是:"合同中的下列免责条款无效:(一)造成对方人身伤害的;(二)因故意或者重大过失造成对方财产损失的。"

益不受损害,对医疗机构的损害赔偿责任应当进行适当限制。这种限制表现在四个方面:第一,医疗机构的赔偿责任,在确定时必须适用原因力规则,根据医疗行为对造成损害的原因力,确定具体的赔偿数额,将受害患者自身的疾病原因造成的损害结果予以扣除。第二,对医疗损害责任的精神损害抚慰金进行适当限制,医疗机构具有重大过失的,限制抚慰金限额,一般不超过 5 万元人民币;医疗机构具有一般过失的,可以不承担抚慰金赔偿责任。第三,实行损益相抵,受害患者基于受到医疗行为损害而取得的其他补偿金,应当从赔偿金中予以扣除。① 第四,对于造成残疾的受害患者,以及应当给予的其他未来的赔偿,可以更多地适用定期金赔偿,而不采取一次性赔偿。这不仅可以减轻医疗机构当时的赔偿负担,且在承担责任的原因消灭后,能够及时消灭医疗机构的赔偿责任。

二、医疗损害责任一般条款的理解与适用

《侵权责任法》第 54 条规定了医疗损害责任一般条款,即:"患者在诊疗活动中受到损害,医疗机构及其医务人员有过错的,由医疗机构承担赔偿责任。"《侵权责任法》实施之后,法学界和卫生法学界对该条关于医疗损害责任一般条款的规定理解各不相同,对医疗损害责任一般条款与《侵权责任法》第七章其他条文的关系也见解纷纭。这些问题不解决,不仅会造成对医疗损害责任一般条款理解发生歧义,而且会引起医疗损害责任纠纷案件法律适用的不统一,因而有必要对第 54 条的功能及法律适用规则进行准确的解说。

（一）从医疗损害责任一般条款所处的环境探讨其法律地位

《侵权责任法》第 54 条规定的是医疗损害责任一般条款。《侵权责任法》规定医疗损害责任就是我国《侵权责任法》的一个特色;又规定医疗损害责任一般条款,更是一个独具特色的立法例,具有重要的理论意义和实用价值。研究医疗损害责任构成,首先必须研究医疗损害责任一般条款。

研究医疗损害责任一般条款,由于国外没有类似立法例,只能与我国《侵权责任法》规定的侵权责任一般条款体系进行比较,即从医疗损害责任一般条款所处的法律环境中进行分析。

1.《侵权责任法》规定一般条款的三个层次

侵权责任一般条款也叫作侵权行为一般条款。在成文法国家的民事立法中,对侵权法的规定是采用一般化方法进行的。立法在规定侵权行为的法律(多数在民法典的债法编中专门规定)时,首先就要规定侵权行为一般条款,通过侵权行为一般条

---

① 对此可以借鉴美国加州医疗损害赔偿改革法关于禁止同一来源规则适用的规定。参见杨立新:《医疗侵权法律与适用》,法律出版社 2008 年版,第 132 页以下。

款来确定一般侵权行为。① 侵权行为一般条款，有的学者认为就是在成文法中居于核心地位的，作为一切侵权请求权之基础的法律规范。② 也有的学者认为，将侵权行为一般条款理解为所有侵权行为的全面概括，是将侵权行为一般条款作了过大的解释，侵权行为一般条款就是规定一般侵权行为的条款。③ 各国侵权法对侵权行为一般条款的规定有两种：一种是规定侵权行为一般条款只调整一般侵权行为，这是大陆法系通常的做法。例如法国等立法，被通俗地叫作小的一般条款；另一种规定侵权行为的一般条款是调整全部侵权行为，而不是仅仅规定一般侵权行为的条款，这就是《埃塞俄比亚民法典》以及《欧洲统一侵权行为法典》草案的做法，也叫作大的一般条款。

我国《侵权责任法》规定侵权责任一般条款比较特殊，既有第 2 条第 1 款规定的大的侵权责任一般条款，又有第 6 条第 1 款规定的小的侵权责任一般条款。④ 除此之外，《侵权责任法》还在第 41 条至第 43 条、第 48 条、第 54 条、第 65 条、第 69 条和第 78 条分别规定了 6 种特殊侵权责任一般条款。医疗损害责任一般条款规定在第 54 条，是其中之一。

据此可以看到，《侵权责任法》规定了一个侵权责任一般条款体系，分为三个层次，分别是：

（1）大的侵权责任一般条款。《侵权责任法》第 2 条第 1 款作为侵权责任一般条款，借鉴的是埃塞俄比亚侵权法的侵权行为一般条款立法模式。它的作用是将所有的侵权行为都概括在一起，无论进行何种程度的侵权责任类型化规定，或者随着社会的发展不断出现新型的侵权行为，都能够概括在这个条文之中。

（2）小的侵权责任一般条款。《侵权责任法》第 6 条第 1 款规定的过错责任条款则是小的侵权责任一般条款，对于一般侵权责任，《侵权责任法》没有作出类型化规定，凡是没有法律规定的一般侵权行为，仍然必须依照过错责任的一般规定适用法律，确定一般侵权责任的请求权基础仍然是第 6 条第 1 款。

（3）特殊侵权责任一般条款。前述《侵权责任法》规定的 6 种特殊侵权责任一般条款，就是特殊侵权责任一般条款。就大的一般条款和小的一般条款而言，特殊侵权责任一般条款是仅适用于该种特殊侵权责任类型的一般条款，均在大的一般条款的调整范围之中。但就该种特殊侵权责任而言，特殊侵权责任一般条款具有重要意义。

三个层次的侵权责任一般条款构成了我国独特的侵权责任一般条款体系，各自发挥不同的功能。它们之间的关系是：第一，大的侵权责任一般条款概括所有的侵权责任。第二，小的侵权责任一般条款概括了《侵权责任法》没有明文规定的一般侵权

---

① 杨立新：《侵权责任法》，法律出版社 2011 年版，第 40 页。
② 张新宝：《侵权责任法的一般条款》，载《法学研究》2001 年第 4 期。
③ 杨立新：《论侵权行为一般化和类型化及其我国侵权责任立法模式的选择》，载《河南政法管理干部学院学报》2003 年第 1 期。
④ 杨立新：《中国侵权责任法大小搭配的侵权责任一般条款》，载《法学杂志》2010 年第 4 期。

责任,以及特殊侵权责任中适用过错责任原则的侵权责任类型;换言之,特殊侵权责任(包括设有一般条款的和不设有一般条款的特殊侵权责任)中适用过错责任原则的,仍然概括在小的侵权责任一般条款之中,但该种特殊侵权责任(包括设有一般条款的和不设有一般条款的特殊侵权责任)自己包含请求权的法律基础,适用中不必援引小的侵权责任一般条款作为请求权的法律规范。第三,适用过错推定原则和适用无过错责任原则的特殊侵权责任一般条款,概括在大的侵权责任一般条款之中。它们的关系如下表:

表 24-1

侵权责任一般条款体系及相互关系	大的侵权责任一般条款(第 2 条第 1 款)		
	小的侵权责任一般条款(第 6 条第 1 款)	适用过错推定原则和无过错责任原则的特殊侵权责任一般条款: ① 第 41 条至第 43 条; ② 第 48 条; ③ 第 65 条; ④ 第 69 条; ⑤ 第 78 条。	没有规定特殊侵权责任一般条款的特殊侵权责任类型: ① 第十一章规定的物件损害责任; ② 第四章规定的适用过错推定原则和无过错责任原则的侵权责任类型:第 32 条、第 34 条、第 38 条。
	侵权责任法没有明确规定的一般侵权行为。	① 适用过错责任原则的特殊侵权责任一般条款(第 54 条); ② 适用过错责任原则的特殊侵权责任类型:第 33 条、第 35 条、第 36 条、第 37 条、第 39 条和第 40 条。	

2.《侵权责任法》规定的特殊侵权责任一般条款的三种类型

《侵权责任法》在第五章至第十一章规定了 7 种特殊侵权责任类型,其中 6 种规定了一般条款,只有物件损害责任没有规定一般条款。一般认为,第五章第 41 条至第 43 条规定的是产品责任一般条款;第六章规定机动车交通事故责任的第 48 条尽管是一个转致条款,但转致的《道路交通安全法》第 76 条是机动车交通事故责任一般条款;第八章第 65 条规定的是环境污染责任一般条款;第九章第 69 条规定的是高度危险责任一般条款;第十章第 78 条规定的是饲养动物损害责任一般条款。《侵权责任法》第七章第 54 条规定属于前 5 种立法例,规定的是医疗损害责任的一般条款。

《侵权责任法》规定的 6 种特殊侵权责任一般条款分为三种不同情形:

(1) 只规定一般规则的一般条款。这种一般条款只有环境污染责任一般条款一种。

(2) 既规定一般规则也规定具体规则的一般条款。《侵权责任法》规定产品责任一般条款、机动车交通事故责任一般条款,不仅规定了这种侵权责任类型适用的归责原则,而且直接规定了承担责任的具体规则。

(3) 包含部分法定侵权责任类型的一般条款。《侵权责任法》规定的医疗损害责任一般条款、高度危险责任一般条款和饲养动物损害责任一般条款与以上两种情形不同。在这三个一般条款中,都规定了这种侵权责任类型的归责原则和一般规则,没有规定具体规则;在一般条款之下,还另外规定了数种该种侵权责任类型的具体类型。例如,医疗损害责任在第54条规定一般条款之后,又规定了第55条、第57条、第59条和第62条,分别规定了医疗伦理损害责任、医疗技术损害责任和医疗产品损害责任;同时还规定了没有明确请求权基础的第56条、第61条和第63条。

(二)医疗损害责任一般条款的基本功能

1. 特殊侵权责任一般条款的基本功能

医疗损害责任一般条款的基本作用是什么,目前还没有人作深入研究,提出具体见解。根据医疗损害责任一般条款在侵权责任一般条款体系中所处的地位和与其他侵权责任一般条款的关系,笔者认为,医疗损害责任一般条款采取的是特殊侵权责任一般条款的第三种立法例,与高度危险责任一般条款、饲养动物损害责任一般条款的立意是一致的,是指出下文对该种特殊侵权责任类型规定的具体侵权类型在一般条款的概括之下,同时,对于没有具体规定的该种特殊侵权责任类型的具体侵权行为,应当适用一般条款的规定确定侵权责任。换言之,《侵权责任法》上述三章规定的特殊侵权责任一般条款的基本功能是:

第一,一般条款概括了本章具体条文规定的具体侵权行为。例如,《侵权责任法》第九章第70条至第76条规定损害责任都在一般条款的涵盖之下。

第二,一般条款也包括本章未能具体规定,但是,为在实践中可能出现的该种特殊侵权责任类型的其他具体侵权行为留出法律适用空间、提供请求权基础,在出现具体条文没有列举的其他该种特殊侵权责任类型的侵权行为时,适用一般条款确定侵权责任。例如,除了《侵权责任法》第70条至第76条规定的高度危险责任类型之外,还有可能出现其他高度危险责任但法律未能穷尽。一旦出现,应当适用第69条一般条款确定其侵权责任。

第三,在三种特殊侵权责任一般条款中,有两个规定比较特殊,即该一般条款所不能涵盖的侵权责任类型。第59条规定的医疗产品损害责任部分内容不受第54条一般条款的调整,而属于第7条无过错责任原则调整的范围。此外,第81条规定的内容不属于第78条规定的饲养动物损害责任应当适用无过错责任原则的范围。

2. 医疗损害责任一般条款的基本功能

按照这样的思路理解《侵权责任法》第54条规定的医疗损害责任一般条款,其具体作用是:

(1)医疗损害责任一般条款概括了条文列举的医疗损害责任类型。

《侵权责任法》第七章在第54条之下,明文规定了三种医疗损害责任的具体类型,即第55条和第62条规定的医疗伦理损害责任,第57条规定的医疗技术损害责任,第59条规定的医疗产品损害责任。这三种医疗损害责任类型是《侵权责任法》对具体医疗损害责任的具体规定,除了第59条规定中涉及的适用无过错责任原则的部分内容之外,都在第54条的概括之中。这就是说,在适用上述条款时,都必须遵守第54条规定的规则,解释这些条文也必须遵守第54条规定的原则,违反者即为理解和适用法律错误。

第59条的医疗产品损害责任是一个比较特别的条文。从条文的文字表述观察,这是规定医疗机构对于使用医疗产品用于患者,因医疗产品缺陷而造成患者损害,医疗机构承担不真正连带责任的中间责任规则,以及承担了中间责任之后的追偿规则。在这种情形下,医疗产品损害责任不在医疗损害责任一般条款的调整范围之内。但是,医疗机构将缺陷医疗产品应用于患者,如果是由于自己的过错造成患者损害,或者因为自己的过错使医疗产品发生缺陷造成患者损害的,则应当适用过错责任原则确定赔偿责任,这种情形又在第54条规定的医疗损害责任一般条款调整范围之中。因此可以说,第59条的部分内容概括在医疗损害责任一般条款之中,部分内容没有概括在这个条文之中。

(2)《侵权责任法》第七章没有明确规定的医疗管理损害责任直接适用第54条。

给没有明文规定的侵权责任类型提供请求权的法律基础,是侵权责任一般条款的基本功能,医疗损害责任一般条款也具有这样的功能。在诊疗活动中,那些不属于医疗伦理损害,也不属于医疗技术损害或者医疗产品损害,而仅仅是医疗机构因医疗管理过错给患者造成损害的,无法包含在上述三种医疗损害责任之中。例如,妇产医院因管理疏忽,将新生儿的身份标记弄错,将不是产妇亲生子女的孩子交给该产妇,严重侵害了该产妇和他产妇及其各自丈夫与亲生子女的亲权关系,构成侵害亲权的侵权责任。又如,救护站接受患者紧急呼救后,没有及时派出救护车进行紧急救护,急救延误造成患者损害,也构成侵权责任。这样的案件属于医疗管理损害责任,难以归并在上述三种医疗损害责任之中,但也发生在诊疗活动中,也是由于医疗机构及其医务人员在医政管理上的过错,给患者造成严重损害,完全符合医疗损害责任一般条款的要求。故应当将医疗管理损害责任作为医疗损害责任的一种类型,直接适用第54条规定,确定医疗机构的赔偿责任。

(3)给第七章其他请求权规定不明确的条文提供请求权基础。

第七章其他有关请求权规定不够明确的条文,只要符合第54条规定的,均应适用第54条医疗损害责任一般条款确定赔偿责任。《侵权责任法》第七章有3个条文规定请求权并不特别明确,即第56条违反紧急救治义务、第61条违反保管病历资料义务和第63条违反诊疗规范实施不必要检查。这3个条文都没有规定责任条款,也没有规定明确的请求权基础。学者和法官对这三类纠纷的法律适用都提出疑问:这三种情形都是在诊疗活动中发生的,医疗机构及其医务人员也都具有过错,如果造成患者损害,应当如何确定赔偿责任呢?

在这三种行为中,违反紧急救治义务的本身是医疗机构及其医务人员见死不救,如果没有造成患者损害，一般来说，不宜追究医疗机构的赔偿责任；但因违反紧急救治义务而造成患者损害，就完全符合了医疗损害责任一般条款的要求。违反病历资料管理义务，给患者造成损害的，也符合医疗损害责任一般条款的要求。故意隐匿或者拒绝提供与纠纷有关的病历资料，伪造、篡改或者销毁病历资料，《侵权责任法》第58条已经规定了可以推定医疗技术过错，因而导致医疗机构承担赔偿责任；医疗机构及其医务人员实施了上述行为，但并未构成医疗技术损害责任，似乎无由确定医疗机构的赔偿责任。事实上，这些行为本身就违反了医疗机构的病历资料管理义务，侵害了患者的知情权等权益，已经构成了侵权责任。如果仅仅由于第61条没有规定请求权及责任的内容，就不追究医疗机构的责任，显然不妥。同样，第63条规定的违反诊疗管理规范的不必要检查，条文的内容也没有请求权的明确规定，似乎也难以追究医疗机构的赔偿责任。但这种侵权行为侵害了患者的所有权，造成了患者的财产损失，也符合第54条的要求。这三种侵权行为都符合第54条规定的医疗损害责任构成要件，构成医疗管理损害责任或者医疗伦理损害责任，都应当对医疗机构予以制裁，对受害患者的损害予以救济。对此，应当适用第54条规定的医疗损害责任一般条款来确定医疗机构的赔偿责任。这是侵权责任一般条款基本功能的体现。

（4）医疗产品损害责任部分接受医疗损害责任一般条款的调整。

在医疗产品损害责任中，适用无过错责任原则的部分，因不适用过错责任原则，不能概括在第54条之中，第54条对这一部分医疗产品损害责任不具有调整作用。但医疗机构在医疗产品损害责任中因过错造成患者损害的，应当接受医疗损害责任一般条款调整，因为医疗机构及医务人员在使用医疗产品中因自己的过错造成患者损害，或者因自己的过错致使医疗产品存在缺陷，应当承担最终责任的，仍然是过错责任原则调整的范围，因而仍然在第54条的调整范围之内。

《侵权责任法》第64条规定的患者干扰医疗秩序、妨害医务人员工作生活的，因其不具有第54条规定的"患者在诊疗活动中受到损害"的要件，因而不在第54条的调整范围中。如果出现这种情形需要追究行为人侵权责任的，应当依照《侵权责任法》第6条第1款规定，确定侵权责任。

综上所述，在《侵权责任法》第七章关于医疗损害责任的规定中，除了第54条医疗损害责任一般条款之外，其他10个条文，有8个半概括在第54条之中，需接受医疗损害责任一般条款的调整；另有1个半条文的内容不受医疗损害责任一般条款的约束，即第64条和第59条的前半条。这样的解释尽管比较通俗，但不失准确。以上这些关系见下表。

表 24-2

第七章规定的医疗损害责任	医疗损害责任一般条款	已经规定有请求权基础的医疗损害责任类型：① 第 55 条和第 62 条；② 第 57 条规定的医疗技术损害责任。
		没有规定请求权基础的医疗管理损害责任类型。
		规定请求权基础不明确的医疗损害责任：① 第 56 条规定的违反紧急救治义务；② 第 61 条规定的违反病历资料管理职责；③ 第 63 条规定的过度检查。
		第 59 条没有规定的医疗机构过错引起医疗产品损害责任。
	第 59 条规定的 8 种医疗机构医疗产品损害责任（无过错责任）。	
	第 64 条规定的干扰医疗秩序、妨害医务人员工作、生活的行为。	

（三）医疗损害责任一般条款的基本内容

《侵权责任法》第 54 条规定的医疗损害责任一般条款确定了医疗损害责任的基本内容，这些基本内容对于司法适用具有严格的规定性。在司法实践中适用医疗损害责任一般条款，必须准确掌握医疗损害责任一般条款的基本内容，按照这样的规定性准确适用法律。

1. 过错责任原则是医疗损害责任的基本归责原则

《侵权责任法》第 54 条明确规定"医疗机构及其医务人员有过错的"，医疗机构才承担赔偿责任。这明显规定的是过错责任原则。这个归责原则要求医疗损害责任适用过错责任原则，并不是如学者所说的那样："包含了两种责任，即医疗机构（限于法人）承担的雇主责任和医务人员承担的责任。""前者采取替代责任原则（不考虑过错），后者采取过错责任原则。"① 笔者认为，在一般情况下，对医疗损害责任，无论医疗机构属于法人，还是作为个体诊所的个人，都适用过错责任原则，只有医疗产品损害责任除外。这个规定是十分明确的，不存在"一定的表述上的模糊"。② 学者认为，该条规定确定了医疗侵权损害赔偿中的归责原则为过错责任原则。医疗损害侵权属于一般的过错责任范畴，应当适用过错责任原则，而不属于特殊的过错推定责任和无过错责任。③ 这种意见基本上是正确的。

2. 医疗损害责任的基本构成要件

第 54 条的基本内容包括医疗损害责任的构成要件。④ 学者对于这个条文规定的医疗损害责任构成要件的理解有不同认识。有的认为，医疗损害责任需要考虑损害、过错和因果关系三个构成要件。⑤ 有的认为，医疗损害责任的构成要件，一是医疗机

---

① 周友军：《侵权法学》，中国人民大学出版社 2011 年版，第 251 页。

② 同上书，第 252 页。

③ 王利明主编：《中华人民共和国侵权责任法释义》，中国法制出版社 2010 年版，第 273 页。

④ 奚晓明主编：《〈中华人民共和国侵权责任法〉条文理解与适用》，人民法院出版社 2010 年版，第 384 页。

⑤ 王利明：《侵权责任法研究》（下卷），中国人民大学出版社 2011 年版，第 393 页。

构和医务人员的诊疗行为,二是患者的损害,三是诊疗行为与损害后果之间的因果关系,四是医务人员的过错。[①] 也有的认为,医疗损害责任的构成要件,一是诊疗行为具有违法性,侵害患者的生命、健康等人身权利,二是患者或其近亲属遭受损害,三是诊疗行为与损害后果之间的因果关系,四是医疗机构、医务人员的过错。[②] 这些意见的基本精神是一致的,概括起来,笔者赞成以下四个要件为医疗损害责任的构成要件:(1) 医疗机构和医务人员在诊疗活动中的违法诊疗行为;(2) 患者受到损害;(3) 诊疗行为与患者损害之间具有因果关系;(4) 医疗机构及其医务人员有过错。这样的表述完全是第 54 条规定的内容,是准确的。

3. 医疗损害责任的责任形态是替代责任

第 54 条明确规定:"患者在诊疗活动中受到损害,医疗机构及其医务人员有过错的,由医疗机构承担赔偿责任。"这个规定表明,医疗损害责任是替代责任。所谓替代责任,是指行为人就与自己有某种特殊关系的第三人实施的侵权行为人对受害人承担的侵权责任。[③] 替代责任并不是单纯的雇主责任。[④] 换言之,雇主责任并不是替代责任的全部,仅仅是替代责任中的一种类型。我国《侵权责任法》不采用雇主责任的概念,而是采用用人单位责任的概念。[⑤] 认为医疗损害责任是医务人员承担的过错责任和医疗机构承担的替代责任的综合[⑥],也是不正确的。

个体诊所在诊疗活动中承担的责任也是替代责任,因为个体诊所也是登记的医疗机构,仍然是个体诊所承担责任,尽管个体诊所的医务人员可能只有一个,或者除了登记的责任人之外还有其他护理人员,但都应当由个体诊所承担侵权责任。只有非法行医的医生造成患者损害的,应当由个人承担责任,但不是基于第 54 条规定承担侵权责任,而是依照《侵权责任法》第 6 条第 1 款规定承担侵权责任。[⑦]

4. 为医疗损害责任提供请求权的法律基础

第 54 条给全部医疗损害责任提供了请求权的法律基础。在具体适用中,对于不同情形采用不同方法适用:(1) 对于条文中已经规定了明确的请求权基础的医疗损害责任类型,应当直接适用该条文,确定赔偿责任。例如第 55 条、第 57 条、第 59 条和第 62 条。(2) 对于《侵权责任法》第七章没有规定的医疗损害责任类型,例如医疗管理损害责任,应当直接适用第 54 条规定确定赔偿责任。(3) 对于已经规定但没有明确规定请求权的具体医疗损害责任,例如第 56 条、第 61 条和第 63 条,都由第 54 条医疗

---

① 奚晓明主编:《〈中华人民共和国侵权责任法〉条文理解与适用》,人民法院出版社 2010 年版,第 384 页。

② 张新宝:《侵权责任法》(第二版),中国人民大学出版社 2010 年版,第 232—234 页。

③ 张民安:《侵权法上的替代责任》,北京大学出版社 2010 年版,第 252 页。

④ 周友军:《侵权法学》,中国人民大学出版社 2011 年版,第 251 页。

⑤ 王胜明主编:《中华人民共和国侵权责任法释义》,法律出版社 2010 年版,第 167 页。

⑥ 周友军:《侵权法学》,中国人民大学出版社 2011 年版,第 245 页。

⑦ 程啸:《侵权责任法》,法律出版社 2011 年版,第 436 页。

损害责任一般条款提供请求权的法律基础。

在出现上述后两种情形时,受害患者可以依据第 54 条提起诉讼,即依据医疗损害责任一般条款的规定提出损害赔偿请求,请求医疗机构承担侵权责任。法官应当依据该条适用法律,确定责任。例如,救护车急救延误造成患者损害、妇产医院给产妇抱错孩子造成亲权损害、医疗机构未尽紧急救治义务造成患者损害等,都可以直接依据《侵权责任法》第 54 条医疗损害责任一般条款,提起诉讼,进行判决。

（四）医疗损害责任一般条款的司法适用

1. 司法实践适用医疗损害责任一般条款的现状及问题

在我国的司法实践中,无论是法官还是学者,对医疗损害责任一般条款的认识还比较陌生,在适用中存在较大的问题。存在的主要问题是:第一,对医疗损害责任一般条款的法律地位和作用认识不到位。主要有两种表现:一是不知道《侵权责任法》第 54 条是医疗损害责任一般条款,反而认为这个条文是一个可有可无的条文;二是虽然知道第 54 条是医疗损害责任一般条款,但不知道应当怎样用,实际上也是将其作为可有可无的条文对待。因而,基本上是将医疗损害责任一般条款弃之不用,不能发挥其重要作用。第二,不知道医疗损害责任一般条款与医疗损害责任的其他条文之间的关系,因而将第 54 条和其他条文之间的关系对立起来,甚至认为相互之间是矛盾的,有冲突的。第三,不知道医疗损害责任一般条款的基本作用是什么,反而反复强调《侵权责任法》第七章中没有明确规定请求权的第 56 条、第 61 条、第 63 条无法在实践中操作,看不到第 54 条所具有的补充医疗损害责任请求权的重要作用。

对医疗损害责任一般条款的上述错误认识,是必须纠正的。对某一种类型的特殊侵权责任,如果立法规定了一般条款,这个一般条款对该种侵权责任类型就具有一般的规范作用。某一种侵权责任类型法律没有规定一般条款,则立法对该种侵权责任类型的规定就都是具体规定,对于没有规定的该种侵权责任类型的其他具体表现形式,由于没有一般规定,就只能适用侵权责任一般条款即《侵权责任法》第 6 条第 1 款的规定处理,认定为一般侵权责任,不能适用无过错责任原则或者过错推定原则确定责任。《侵权责任法》第十一章规定的物件损害责任就是如此。同样,在《民法通则》中,对于医疗损害责任没有规定一般性规定,只能按照第 106 条第 2 款规定处理医疗过错责任,或者按照《医疗事故处理条例》的规定处理医疗事故责任,形成法律适用"双轨制"的混乱局面。

《侵权责任法》第七章规定医疗损害责任,并且在第 54 条规定了医疗损害责任一般条款,不仅将已经有明确规定的医疗伦理损害责任、医疗技术损害责任、医疗产品损害责任都纳入其调整范围(第 59 条的无过错责任部分内容除外),而且把没有明文规定的医疗管理损害责任,以及有规定但没有明确规定请求权法律基础的具体医疗损害责任,都纳入其调整范围,提供请求权的法律基础;即使在司法实践中出现了现在尚未预料到、将来可能发生的新的医疗损害责任,也可以纳入其调整范围,提供请求权的法律基础。因此,可以说,医疗损害责任一般条款把所有的医疗损害责任类型一网打尽,不会再存在立法不足的问题。

2. 适用医疗损害责任一般条款应当注意的问题

(1) 医疗损害责任一般条款统一医事法律、法规有关医疗损害责任规定的适用。

在我国法律体系中,医事法律、法规是一个体系,发挥着重要的法律调整作用。如《执业医师法》《药品管理法》《医疗机构管理条例》《医疗事故处理条例》等,再加上最高人民法院的有关司法解释以及卫生部所作的有关解释。在医事法律、法规中有关医疗损害责任的相关条款,应当统一服从于医疗损害责任一般条款。如果这些相关条款与《侵权责任法》规定的医疗损害责任一般条款有冲突,都必须按照医疗损害责任一般条款的规定,对有冲突的条款不予适用。这不仅是新法优于旧法的原则的适用结果,更重要的是,医疗损害责任一般条款的基本功能就是统一医疗损害责任法律规范的适用,与基本法原则相冲突的特别法规则应当无效。例如,《执业医师法》第38条规定:"医师在医疗、预防、保健工作中造成事故的,依照法律或者国家有关规定处理。"《医疗机构管理条例》第34条规定:"医疗机构发生医疗事故,按照国家有关规定处理。"这些规定,都将发生医疗事故的法律适用直接指向《医疗事故处理条例》。而《医疗事故处理条例》规定的医疗事故处理规则与《侵权责任法》规定的医疗损害责任一般条款相冲突,已经被医疗损害责任一般条款所替代。因此,应当统一适用医疗损害责任一般条款,不再适用《医疗事故处理条例》的规定。最高人民法院在原来的司法解释中关于医疗损害责任的规定,例如《关于民事诉讼证据的规定》第4条第8项有关医疗侵权纠纷适用过错推定原则的规定,与医疗损害责任一般条款的规定相冲突的,也都予以废止,不得继续适用。

(2) 医疗损害责任一般条款的适用范围。

按照本文的前述分析,医疗损害责任一般条款的适用范围如下:

第一,对医疗伦理损害责任、医疗技术损害责任和部分医疗产品损害责任提供一般指导。对于《侵权责任法》第55条和第62条规定的医疗伦理损害责任、第57条规定的医疗技术损害责任以及第59条规定的医疗机构因过错造成的医疗产品损害责任,医疗损害责任一般条款都提供一般指导。在解释这些条文时,应当以医疗损害责任一般条款为基准,不得违反该条文规定的基本精神。违反第54条规定的基本精神的解释,一律无效。

第二,对没有具体规定的医疗管理损害责任提供请求权的法律基础。医疗管理损害责任也是医疗损害责任,但没有设置具体条文规定。对此,医疗损害责任一般条款为其提供请求权的法律基础,对于这类医疗损害责任纠纷案件可以直接援引第54条规定,确定医疗管理损害责任。

第三,对没有明确规定请求权的条文提供请求权的法律基础。《侵权责任法》第56条规定的医疗机构违反紧急救治义务造成患者损害的侵权行为,第61条规定的医疗机构违反病历资料管理义务造成患者损害的侵权行为,第 63 条规定的医疗机构实施不必要检查造成患者损害的侵权行为,都没有明确规定请求权。在法律适用中,可以直接援引医疗损害责任一般条款,确定侵权责任,支持受害患者的赔偿请求权。

第四,对将来可能出现的医疗损害责任类型提供请求权法律基础。对于在将来可能出现的新型的医疗损害责任类型,《侵权责任法》第七章的其他条文不能涵盖,且符合第 54 条规定的医疗损害责任一般条款规定要求的,直接适用该条规定,确定侵权责任。

(3) 适用医疗损害责任一般条款的法律条文援引。

在司法实践中,处理具体医疗损害责任纠纷案件,民事裁判法律适用有以下几种情形:第一,依照第 55 条、第 57 条和第 59 条规定确定的医疗损害责任,直接援引这些相关条文即可,不必援引第 54 条规定的医疗损害责任一般条款;第二,没有具体条文规定的医疗管理损害责任,应当直接援引第 54 条规定,例如救护车紧急救治不及时造成的损害、妇产医院过错致使产妇抱错孩子造成损害等,都可以直接援引第 54 条规定确定医疗损害责任;第三,在《侵权责任法》的具体条文中有规定,但没有明确规定请求权的第 56 条、第 61 条和第 63 条规定的医疗损害责任,应当在援引这些条文的同时,再援引第 54 条规定,确定医疗损害责任。

【案例讨论】 >>>> >

案情:

2007 年 11 月 21 日 16 时,李丽云因难产生命垂危,且身无分文。北京市朝阳医院决定让其免费入院治疗,而胎儿的父亲肖某拒绝在剖宫产手术单上签字。至 19:20,医院院长、110 民警以及正在医院看病住院的病人等苦苦相劝,肖某置之不理,拒不签字,并在手术单上写明:"坚持用药治疗,坚持不做剖宫产手术,后果自负。"医院紧急调来神经科医生,确认其精神无异常。卫生局领导指示,不签字就不能手术。医生在轮番药物抢救下,李丽云死亡,胎儿死于腹中。

讨论问题:

1. 本案例中的医院似乎没有责任,但卫生行政主管部门的责任是否应当进一步检讨呢?

2. 如果本案的李丽云的父母向法院起诉,追究医院的侵权责任,应当适用《侵权责任法》的哪一个条文规定确定侵权责任?

3. 将《侵权责任法》第 54 条规定认定为医疗损害赔偿责任一般条款,你赞同吗?为什么?

【参考文献】 »»»»   〉

杨立新:《中国侵权责任法大小搭配的侵权责任一般条款》,载《法学杂志》2010 年第 4 期。

张新宝:《侵权责任法的一般条款》,载《法学研究》2001 年第 4 期。

王利明:《侵权责任法研究》(下卷),中国人民大学出版社 2011 年版。

程啸:《侵权责任法》,法律出版社 2011 年版。

张民安:《侵权法上的替代责任》,北京大学出版社 2010 年版。

周友军:《侵权法学》,中国人民大学出版社 2011 年版。

第二十五章　环境污染责任中的
因果关系推定

《侵权责任法》第 66 条规定："因环境污染发生纠纷,污染者应当就法律规定的不承担责任或者减轻责任的情形及其行为与损害之间不存在因果关系承担举证责任。"这是《侵权责任法》对环境污染责任中适用举证责任倒置的规定,适用范围是免责事由和因果关系。实际上,对免责事由规定举证责任倒置并没有特别的意义,因为免责事由是由被告主张的,当然要由被告举证证明。而因果关系的举证责任倒置是特别有意义的,因为因果关系举证责任倒置的前提是实行因果关系推定。这是我国民事法律第一次规定因果关系推定制度。本章就此进行以下探讨。

一、在环境污染责任案件中实行因果关系推定的必要性

(一) 环境污染责任的因果关系是侵权责任构成的因果关系

侵权责任构成中的因果关系要件就是侵权法中的因果关系,它是指违法行为作为原因,损害事实作为结果,在它们之间存在的前者引起后果,后者被前者所引起的客观联系。环境污染责任案件的因果关系要件,就是侵权责任构成的因果关系要件。

侵权法研究环境污染责任案件因果关系的目的,在于确定环境污染责任的构成。由于环境污染责任属于无过错责任,在侵权责任构成上不需要具备过错的要件,因而,因果关系要件就成为确定环境污染责任构成中的最重要的要件。

因果关系是一个哲学概念。原因和结果是唯物辩证法的一对基本范畴。这对范畴以及因果关系概念反映的是事物、现象之间的相互联系、相互制约的普遍形式之一。无论是在自然界还是在人类社会中,处在普遍联系、相互制约中的任何一种现象的出现,都是由某种或某些现象所引起的,而这种或这些现象的出现又会进一步引起另外一种或一些现象的产生。在这里,引起某一现象产生的现象叫原因,而被某些现象所引起的现象叫结果。客观现象之间的这种引起与被引起的关系,就是事物的因果关系。环境污染责任案件的因果关系也正是这样,就是要寻找与损害结果之间存在这种引起与被引起关系的那个原因行为,究竟是不是原告指控的那个环境污染行为。如果这个环境污染行为与损害后果之间具有因果关系,就成立因果关系要件,构成环境污染责任,污染者就应当承担赔偿责任。

（二）环境污染责任的因果关系是污染行为与损害事实之间的因果关系

在环境污染责任构成要件的因果关系中，究竟何为原因，也有不同的学说。

有学者认为，因果关系只是确定责任的一个条件，查找因果关系的目的不在于考虑行为人的行为是否违法，而在于确定行为人的行为与结果之间的联系。民法的因果关系是指行为人的行为及其物件与损害事实之间的因果关系。[①] 同样，环境污染责任的因果关系就是污染行为与损害后果之间的因果关系，原因就是污染行为。

有学者认为，侵权责任构成要件中的因果关系，是指违法行为与损害事实之间的因果关系。在侵权损害赔偿法律关系中，违法行为与损害事实之间的前者引起后者，引起与被引起的客观联系，就是违法行为与损害事实之间的因果关系。[②] 据此，环境污染责任的原因不仅是污染行为，而且还必须是违法的污染行为，且在《民法通则》第124条规定中，明确规定了是"违反国家保护环境防治污染"的要求。

笔者认为，环境污染责任的因果关系中的原因应当是污染行为，不必是违法的污染行为。应当看到，尽管《民法通则》第124条有上述规定，但《侵权责任法》第65条作为环境污染责任的一般条款，其规定的内容是："因污染环境造成损害的，污染者应当承担侵权责任。"这一规定已经不再强调污染行为的违法性。根据这一规定，环境污染责任因果关系的原因，就是污染行为。

（三）环境污染责任因果关系适用因果关系推定的必要性

在环境污染责任的理论研究和司法实践中，环境污染责任构成中因果关系要件的证明及举证责任，是一个非常重要的问题，学说意见及司法实践做法多有不同。鉴于这个问题对环境污染责任构成的重要性，以及为了科学地平衡各方的利益关系，更好地保护环境，造福人民，《侵权责任法》第66条规定了环境污染责任的因果关系推定规则，即"因环境污染发生纠纷，污染者应当就法律规定的不承担责任或者减轻责任的情形及其行为与损害之间不存在因果关系承担举证责任"。

因果关系推定的学说和规则，是大陆法系为了适应环境污染责任因果关系举证困难的实际情况而创设的，是为了解决这个问题提出的法律对策。

在环境污染责任中，由于相当因果关系学说不能充分运用，各国法律界开始重新检讨因果关系理论。如何减轻原告方的举证责任，降低因果关系的证明标准，成为研究的重点问题。于是，推定因果关系的各种学说和规则不断出现，并被应用于司法实践。日本法院曾在判例中认为：由于排放化学物质引起多数居民疾病的"化学公害"案件等所发生的争议，涉及需要具有高度自然科学方面的知识。因此，要求被害者对因果关系的环节一个一个地加以科学性的说明，岂不等于完全封闭了以民事审判方

[①] 王利明、杨立新等：《民法·侵权行为法》，中国人民大学出版社1993年版，第144页。

[②] 参见中央政法干部学校民法教研室：《中华人民共和国民法基本问题》，法律出版社1958年版，第333页；佟柔主编：《民法原理》，法律出版社1986年版，第242页；杨立新、韩海东：《侵权损害赔偿》，吉林人民出版社1988年版，第73页。

式救济被害人的途径。根据所积累的情况证明,如果可以作出与有关科学无矛盾的说明,那么即应该解释为在法律上的因果关系得到了证明。[1] 这里的与有关科学无矛盾的说明,就是推定因果关系的依据,可以认为是客观的、合乎规律的因果关系。

因果关系推定规则产生于公害案件,后来有向其他领域扩展的趋向。

二、四种主要的因果关系推定学说和规则

在因果关系推定的理论中,有四种基本的学说和规则。

（一）盖然性因果关系

盖然性因果关系说也叫作推定因果关系说,是在原告和被告之间分配证明因果关系的举证责任的学说,是日本学者德本镇教授在研究德国法中,针对矿业损害事件诉讼而提出的一种见解。德本镇教授对盖然性因果关系规则的阐述是:第一,事实因果关系的举证责任在形式上仍然由原告承担;第二,原告对事实因果关系证明程度只需达到"相当程度的盖然性"即可,而被告必须对"事实因果关系不存在"提出证明,其证明程度必须达到"高度盖然性",否则法庭就可以认定事实因果关系成立,这一处理实际使事实因果关系的证明责任从原告转换到被告方;第三,所谓"相当程度的盖然性",是指"超过了'疏于明确'程度,但未达到证明程度的立论"。[2]

在公害案件的诉讼中,由原告证明公害案件中的侵权行为与损害后果之间存在某种程度的因果关联的"相当程度的"可能性,原告就完成了自己的举证责任,法官实行因果关系推定。然后由被告举反证,以证明其行为与原告损害之间无因果关系。被告证明的标准是高度盖然性,即极大可能性。不能反证或者反证不成立,即可确认因果关系成立。日本学者将这种学说也称为"优势证据",在民事案件中,心证的判断只要达到因果关系存在的盖然性大于因果关系不存在的高度盖然性这一程度,便可认定因果关系的存在。[3]

可见,盖然性因果关系规则并不是完全的因果关系推定,而是有条件的推定,是在原告首先承担举证责任,证明事实的相当程度的盖然性的基础上才能实行的因果关系推定。

（二）疫学因果关系

疫学因果关系说是用医学流行病学的原理来推定因果关系的理论。日本在公害案件诉讼、药害案件诉讼中,对大面积人群受害的、多数被侵权人提起集团诉讼的案件中,裁判所在事实因果关系认定上采取这种因果关系推定规则。具体方法是:当以下四个条件充足时,认定诉讼中请求的某因素与流行病发生之间存在事实因果关系:

---

[1]　〔日〕加藤一郎:《公害法的生成与发展》,日本岩波书店1968年版,第29页。

[2]　〔日〕德本镇:《企业的不法行为责任之研究》,日本一粒社1974年版,第130页以下,转引自夏芸:《医疗损害赔偿法》,法律出版社2007年版,第181页。

[3]　〔日〕加藤一郎:《公害法的生成与发展》,日本岩波书店1968年版,第29页。

第一,该因素在某流行病发生的一定期间前就已经存在。第二,由于该因素的作用使该流行病的罹患率显著增高。第三,当去除该因素时该流行病的罹患率下降,或者在不存在该因素的人群中该流行病的罹患率非常低;即该因素的作用的程度越高,相应地患该病的罹患率就越高;换言之,该因素作用提高,病患就增多或病情加重;该因素作用降低,病患随之减少或降低。第四,生物学已经对该因素作为该流行病发病原因的发病机制作出了明确的说明。[1] 这种因果关系推定理论和规则改变了以往就诉讼中具体个体对因果关系证明的方法,而转以民众的罹患率为参照系,即只要原告证明被告的行为与罹患率之间的随动关系,即为完成了证明责任。法官基于这种程度的证明,就可以推定因果关系存在。被告认为自己的行为与损害事实之间没有因果关系的,须举证证明,推翻推定,才能够免除自己的责任,否则即可确认因果关系要件成立。

（三）概率因果关系

概率因果关系说认为,在个别人或者少数人主张受到公害或者药害致病请求损害赔偿的诉讼中,由于不是大量人群集体发病,原告根本无法提出能够证明自己的疾病与公害或者药害的致病因素之间具有"高度盖然性"的科学数据。但是,如果根据疫学因果关系验证的危险相对发生概率方法,能够证明公害或者药害的加害因素与被侵权人的疾病的发生具有一定概率的因果关系,则可以考虑只限于这种特定情况下放弃传统的事实因果关系判断的高度盖然性的标准,认定加害因素与被侵权人的疾病发生之间存在事实因果关系,并且在计算损害额时考虑因果关系的概率。[2]

（四）间接反证法

间接反证法,是指在分析构成因果关系事实的基础上,把因果关系分解成数个要件事实,对各个事实和过程分别加以考察,如果受害人能够证明因果关系链条中的一部分事实,就可以依据经验法则推定其他事实存在,而应当由加害人来反证这些事实不存在。如果加害人不能证明,就可以推定因果关系成立。[3] 在适用间接反证法推定因果关系中,并非毫无依据地进行因果关系推定,而是受害人作为原告,首先必须证明因果关系链条中的数个事实中的一部分事实,这个事实能够建立进行因果关系推定的基础。如果原告毫无依据就进行因果关系推定,既不科学,也不公平。间接反证法的因果关系推定,是根据部分事实而运用经验法则进行推定,但在加害人即被告举证证明自己的行为与损害事实之间没有因果关系时,则不得适用经验法则,而必须适用举证责任规则的一般方法,必须证明不存在因果关系的事实的客观存在,否则不认为已经完成了推翻因果关系推定的举证责任。

① 参见夏芸:《医疗损害赔偿法》,法律出版社 2007 年版,第 203—204 页。
② 参见同上书,第 208 页。
③ 周珂:《环境法学研究》,中国人民大学出版社 2008 年版,第 99 页。

在上述四种主要的因果关系推定学说和规则中,不论采取哪一种方法进行因果关系推定,都必须具备一个必要的前提,就是原告对于因果关系的存在进行必要的证明,证明的程度可以是符合优势证据规则或者表见证据规则要求的事实,也可以是作为疫学统计和概率分析基础的必要事实。没有因果关系存在的必要证明,就不存在因果关系推定的前提。如果不论在何种情况下,或者原告只要提出损害赔偿主张,在证明了违法行为与损害事实之后,就直接推定二者之间存在因果关系,就责令被告承担举证责任,是武断的,也是不公平的,诉讼利益的天平就会失去平衡,必然损害被告一方的诉讼利益和合法权益。因此,《侵权责任法》第 66 条规定"因环境污染发生纠纷,污染者应当就法律规定的不承担责任或者减轻责任的情形及其行为与损害之间不存在因果关系承担举证责任"中的"行为与损害之间不存在因果关系"实行举证责任倒置,就是基于这样的理论基础。

三、实行因果关系推定的基本规则

在环境污染责任纠纷诉讼中,一般情况下,原告能够证明因果关系要件的,可以由原告提供证据证明。但是,环境污染责任的因果关系证明是法定的因果关系推定,因此,法官不能确认对于因果关系的证明是原告的责任,只要原告不能证明有因果关系就驳回诉讼请求。

（一）被侵权人证明存在因果关系的相当程度的可能性

被侵权人在诉讼中应当首先证明因果关系具有相当程度的盖然性,即环境污染行为与损害事实之间存在因果关系的可能性。相当程度的盖然性就是很大的可能性,其标准是,一般人以通常的知识经验观察即可知道二者之间具有因果关系。例如,河水上游的工厂排污,污染物中含有汞的成分,河水下游的居民饮用该河水后汞中毒,尽管这种证据不能证明受害人的汞中毒就是污染者排放的汞所致,但具有这种可能性。这种可能性就是很大程度的盖然性。被侵权人没有相当程度盖然性的证明,不能直接推定因果关系。

原告证明盖然性的标准是,被侵权人提供的证据使法官能够形成环境污染行为与被侵权人人身损害事实之间具有因果关系的可能性的确信,其范围为相当程度的可能性,而不是高度盖然性。原告的证明如果能够使法官建立起这种相当程度的可能性或者较大的可能性的确信,原告的举证责任即告完成。

（二）法官对因果关系实行推定

法官在原告上述证明的基础上,可以作出因果关系推定。推定的基础条件是:

第一,如果无此行为发生通常不会有这种后果的发生。得到这个结论,首先应当确定事实因素,即环境污染行为和损害事实必须存在的事实得到确认,确认环境污染行为与损害事实之间可能存在客观的、合乎规律的联系。其次是顺序因素,即分清环境污染行为与损害事实的时间顺序,作为原因的环境污染行为必定在前,作为结果的患者人身损害事实必须在后。违背这一时间顺序性特征的环境污染责任,为无因果关系。污染者一方如果否认因果关系要件,直接举证证明污染行为与损害结果之间的时间顺序不符合要求,即可推翻这个推定。

第二,不存在其他可能原因,包括原告或者第三人行为或者其他因素介入。应当在损害事实与环境污染行为之间排除其他可能性。当确定这种损害事实没有任何其他原因所致损害的可能时,即可推定该种环境污染行为是损害事实发生的原因,推定因果关系成立。

第三,判断有因果关系的可能性的标准是一般社会知识经验。基于健全的市民经验直观的判断,其因果关系存在的疑点显著存在,且此疑点于事实上得为合理说明,有科学上假说存在者,则法律上即可推定因果关系的存在。推定的标准并不是科学技术证明,而是通常标准,即按照一般的社会知识经验判断为可能,在解释上与有关科学结论无矛盾,即可进行推定。

实行因果关系推定,就意味着被侵权人在因果关系的要件的证明上不必举证证明损害因果关系的高度盖然性,而是在原告证明了因果关系盖然性标准的基础上,由法官实行推定。

(三)举证责任倒置由污染者证明排污行为与损害没有因果关系

在法官推定因果关系之后,污染者认为自己的排污行为与损害结果之间没有因果关系,则须自己举证证明。只要举证证明排污行为与损害事实之间无因果关系,就可以推翻因果关系推定,免除自己的责任。

污染者一方证明自己的排污行为与损害结果之间没有因果关系,证明标准应当采取高度盖然性标准,即极大可能性的标准。对此,被告认为自己的行为没有因果关系,应当证明到法官能够确信的程度。对此,污染者否认因果关系要件应当针对上述三点进行:第一,无排污行为损害也会发生。第二,有他人或者被侵权人的过错存在,并且是其发生的原因;污染者如果能够证明在排污行为和损害事实之间存在其他可能造成损害的原因,例如被侵权人自己的行为或者第三人的行为是造成损害的原因,就可以否认自己的侵权责任或者减轻自己的侵权责任或者承担了侵权责任之后进行追偿。第三,自己的排污行为不是造成损害发生的原因。第四,具有科学上的矛盾,不可能存在这样的结果时,按照这个推定形式无法得出这样的结论,就可以推翻因果关系推定。

(四)污染者举证的不同后果

实行因果关系推定,要给污染者举证的机会,使其能够举出证据证明自己的排污行为与损害后果之间不存在因果关系,以保护自己不受推定的限制。如果污染者无因果关系的证明成立,则推翻因果关系推定,不构成侵权责任;污染者不能证明或者证明不足的,因果关系推定成立,具备因果关系要件。其证明的标准应当是高度盖然性才能够推翻因果关系推定①,污染者证明因果关系的不存在达到高度盖然性标准的时候,才能够推翻因果关系推定。

【案例讨论】>>>>

　　张某与村民罗某于某年3月22日签订协议,租用其6口鱼池,人工饲养珍稀经济鱼类长吻鮠,取水地点为盘渡河。鱼苗投放后,长势良好。5月4日至5日,J县境内普降大雨,盘渡河水上涨,顺流而下,涌入张某鱼池。5月5日下午6时,张某鱼池中长吻鮠在半小时内大部死亡。5月8日,S省渔业环境监测站在《盘渡河渔场死鱼事故分析报告》中初步认定该次死鱼事故为化学物急性中毒所致。5月10日,公证处应张某申请,对死亡鱼类的品种、数量、规格进行证据保全,勘查清点死亡长吻鮠大鱼(半成品)4.5万条、小鱼(苗种)8.66万条,合计13.16万条,并出具了公证书。J县县委、县政府《关于"5·5"死鱼事故的情况报告》初步分析死鱼事故发生的原因:一是养殖场选址不当,二是受季节性因素影响。省环境监测中心站对送检水样中PH值及悬浮物、非离子氨浓度作出监测报告。长江中上游环境监测站作出《关于盘渡河张某养鱼池死鱼事故原因鉴定》,认定张某养鱼池发生死鱼事故的原因系养殖水体受到严重的PH值、非离子氨和悬浮物污染所致,三种污染物对养殖鱼类急性死亡均有作用。县渔政管理站调查分析,该渔场养殖的8万斤成鱼在短时间内忽然全部死亡,该河上游是密集的传统手工业陶瓷作坊,排出的碱水使河水水质已不适宜鱼类养殖。张某向法院起诉,要求W瓷业有限公司、L工贸有限责任公司、M陶瓷有限公司、J陶瓷有限公司、K陶瓷有限公司、C化工有限公司、J釉料厂、G瓷厂等8被告赔偿渔业污染损失120万元,后追加为170万元。

　　一审法院审理认为,尽管W公司等8名被告是否有排污行为、鱼的死亡与W公司等被告行为是否存在因果关系的举证责任在被告,但张某应该举出鱼死的原因和污染之间存在因果关系。发生鱼死亡事故后,张某当时和事后均未对鱼进行解剖检验,无从证明鱼死于何因,也就不能证明被告的行为是否和污染致鱼死亡有因果关系,因而张某主张是W公司等8个被告排放污水致鱼死亡的理由不成立,其责任应自负,故判决驳回其诉讼请求。

　　二审法院认为,本案系由环境污染造成的损害赔偿,受害人应证明加害人有污染行为以及损害的事实,加害人应就法律规定的免责事由及其行为与损害结果之间不存在因果关系承担举证责任。首先,G瓷厂、K公司均证明其在发生死鱼事故时未进行生产,C公司、J釉料厂举证证明在生产过程中没有实施向盘渡河排污的行为,张某

---

① 〔日〕德本镇:《企业的不法行为责任之研究》,日本一粒社1974年版,第130页以下,转引自夏芸:《医疗损害赔偿法》,法律出版社2007年版,第181页。

均无法举证反驳,故请求这四被告承担赔偿责任无事实依据,不予支持。其次,张某已举证证明其在盘渡河所养殖的长吻鮠因水质污染死亡的损害事实,损失为136.9254万元;省渔政处作出的《关于盘渡河张某养鱼池死鱼事故原因鉴定》表明死鱼原因系养殖水体受到严重的 PH 值超标、非离子氨和悬浮物污染所致,可以确认,盘渡河上游的陶瓷企业所排废水中的悬浮物导致了鱼类呼吸障碍、缺氧死亡,严重的PH 值超标和非离子氨污染也导致了鱼类急性中毒死亡。W 公司、L 公司、M 公司、J公司不能举证证明其未向盘渡河排污,也不能证明该四个单位在死鱼事故中存在免责事由,举证不足以证明其排污行为与张某养殖长吻鮠的死亡不存在因果关系,因此,应对其实施的排放含有悬浮物的废水的侵权行为承担相应的民事责任。考虑到死鱼事故的原因还有严重的 PH 值超标和非离子氨污染,故四被告应对张某因死鱼事故所受的损失承担 1/3 的民事责任。张某未尽必要注意义务,对损害的发生在主观上存在一定过错,四被告对应承担的赔偿责任酌情减轻 1/3,故改判四被告共同赔偿张某经济损失 30.4279 万元。

讨论问题:

1. 在环境污染责任案件中,为什么要适用因果关系推定规则?

2. 本案二审法院判决适用因果关系推定规则,是否正确? 理由是什么?

3. 因果关系推定规则还应当在哪些领域中适用?

【参考文献】 ⟫⟫⟫　　⟩

王利明:《侵权责任法研究》(上卷),中国人民大学出版社 2011 年版。

张新宝:《侵权责任法》(第二版),中国人民大学出版社 2010 年版。

杨立新:《侵权责任法》,法律出版社 2011 年版。

夏芸:《医疗损害赔偿法》,法律出版社 2007 年版。

〔日〕加藤一郎:《公害法的生成与发展》,日本岩波书店 1968 年版。

胡长清:《中国民法债编总论》,商务印书馆 1946 年版。

张俊浩:《民法学原理》,中国政法大学出版社 1991 年版。

第二十六章 高度危险责任限额赔偿的理解与适用

《侵权责任法》第 77 条规定："承担高度危险责任,法律规定赔偿限额的,依照其规定。"这是我国关于侵权责任的立法第一次确认高度危险责任适用限额赔偿规则的规定,在司法实践中应当怎样理解和适用,颇值得研究,本章就此提出以下看法。

一、无过错责任中加害人有无过错对于确定赔偿责任范围的关系重大

按照通说,适用无过错责任的特殊侵权责任,在侵权责任构成上不要求有过错的要件,也就是不问过错,无论行为人有无过错,只要具备了违法行为、损害事实和因果关系三个要件,就构成侵权责任。[1]

这样的要求无疑是正确的。但这只是针对侵权责任构成而言;在确定赔偿责任范围的时候,无过错责任的行为人究竟有过错还是无过错,是不是和侵权责任构成一样,也采取"无所谓"的态度,采用同样的赔偿标准呢?

对此,我国司法实践真的就是采取这种"无所谓"的态度,无论加害人对于损害的发生是否有过失,都因为实行无过错责任原则而承担同样的赔偿责任,都适用全部赔偿原则,损失多少,就赔偿多少。

这样的做法是不公平的。在无过错责任中,加害人究竟有无过错对于确定赔偿责任范围并不是"无所谓",而是"有所谓"。理由是,在侵权法中,加害人的过错对确定赔偿责任范围有重大影响[2],它表明的是法律对加害人行为的谴责程度。在无过错责任场合,无过错责任原则仅仅表明对某种危险性特别严重的侵权领域,要给予受害人更为妥善的保护,即使加害人没有过错也要承担侵权责任,也要对受害人承担赔偿责任,使受害人的损害得到赔偿。不过,即使在这样的场合,加害人究竟有过错还是没有过错,法律对其的谴责程度不同。那就是,无过错的加害人在无过错责任的场合应当承担侵权责任,而有过错的加害人在这样的场合应当承担更重的赔偿责任,这种赔偿责任轻重的区别,体现的是法律对主观心理状态不同的加害人的不同谴责和制裁的程度要求。也只有这样,才能够体现《侵权责任法》的公平和正义。

---

[1] 王利明、杨立新等:《民法学》,法律出版社 2008 年版,第 726 页。

[2] 张新宝:《侵权责任构成要件研究》,法律出版社 2008 年版,第 438 页。

这样的规则,就是基于不同归责原则的法律基础而产生的侵权请求权,应当具有不同的赔偿内容。基于加害人的过错产生的侵权损害赔偿请求权实行全部赔偿原则;而基于加害人无过错而产生的侵权损害赔偿请求权则应当实行限额赔偿原则,并不是全部赔偿的请求权。①

对于这个问题,《民法通则》关于过错责任原则和无过错责任原则的规定,以及在《产品责任法》和《消费者权益保护法》等特别法中,都没有体现出来。

在考察德国的侵权法时,德国学者介绍了这样的经验。在德国,基于无过错责任原则与基于过错责任原则产生的侵权损害赔偿请求权的内容是不同的。以产品侵权责任为例,基于过错责任原则和无过错责任原则的不同法律基础而产生不同的侵权损害赔偿请求权:第一种侵权请求权,是基于《德国民法典》第 823 条规定产生的过错责任请求权;第二种请求权,是基于《产品责任法》产生的无过错责任请求权。这两种损害赔偿请求权虽然都是侵权损害赔偿请求权,但是由于产生请求权的法律基础不同,因而其内容并不相同。依据《德国民法典》第 823 条产生的过错责任的损害赔偿请求权与依据《产品责任法》产生的无过错责任原则的损害赔偿请求权在赔偿范围上是不同的:按照第 823 条产生的过错责任请求权,赔偿范围按照受害人的实际损失予以赔偿,没有赔偿数额的上限;而按照《产品责任法》产生的无过错责任请求权的损害赔偿范围,被告企业的最高赔偿限额为 8500 万欧元,即同一种缺陷产品全部的赔偿数额不超过这个限额,所有的受害人都从这个数额中平均受偿。②

这样的规则是:在无过错责任原则的场合,侵权人没有过错的或者原告不证明侵权人有过错的,采取限额赔偿制,赔偿数额不得超过法律规定的最高限额;而原告能够证明对于损害的发生或者扩大,侵权人在主观上有过错的,侵权人应当承担过错责任的赔偿责任,按照实际损失实行全部赔偿。

事实上,凡是法律规定的适用无过错责任原则的侵权行为,侵权人都存在有过错和无过错的两种情况。既然如此,侵权人在有过错的情况下侵害他人的权利,或者在没有过错的情况下致害他人,其赔偿责任应当是不同的。如果侵权人在主观上没有过错,虽然法律规定应当承担侵权责任,但由于他在主观上没有过错,因而应当承担适当的赔偿责任。而如果侵权人在主观上有过错,那么,就应当承担过错责任的赔偿责任,对受害人的损失予以全部赔偿。德国法的上述做法体现的正是这样的规则。

采取这种规则的理论基础有两个方面:

第一,体现《侵权责任法》调整实体利益的公平要求。民法的公平,就是以利益的均衡作为价值判断标准,以调整民事主体之间的民事利益关系。公平是指一种公正、

---

① 参见〔德〕迪特尔·梅迪库斯:《德国债法分论》,杜景林、卢谌译,法律出版社 2007 年版,第 718、723、726 页。

② 杨立新:《中华人民共和国侵权责任法草案建议稿及说明》,法律出版社 2007 年版,第 395、398 页。

正直、不偏袒、公道的特质或品质,同时也是一种公平交易或正当行事的原则或理念。有过错的无过错责任人与无过错的无过错责任人在承担赔偿责任上必须有所差别,否则无法体现公平的原则和理念。因此,侵权责任法对此的态度必须明确,而有过错的无过错责任人应当承担全部赔偿责任,无过错的无过错责任人应当承担限额赔偿责任,就是侵权法对公平原则的最好诠释。

第二,体现《侵权责任法》的正当社会行为导向。《侵权责任法》不仅要调整侵权纠纷,还要引导市民社会的行为方向。如果无过错责任人有无过错都承担一样的责任,行为人就可能放任自己,不会严加约束自己的行为,就会给社会造成更多的危险。反之,坚持了无过错责任人的有无过错的赔偿责任的区别,就能够表现出侵权法的正确导向。

第三,依据不同的法律基础而产生的请求权是不同的。根据过错责任原则法律基础产生的请求权,应当受到过错责任原则的约束,因而是一个受全部赔偿原则约束的请求权。而根据无过错责任原则法律基础产生的请求权,则应当受到无过错责任原则的约束,侵权人应当承担适当的赔偿责任,例如法律可以规定赔偿数额的上限,确定侵权人的赔偿数额不得超过法定的最高赔偿限额。

第四,在原告的举证责任负担上,体现的是诉讼风险与诉讼利益相一致的原则。[①] 受害人按照无过错责任原则行使请求权,证明侵权责任构成,只要证明加害人的违法行为、损害事实和因果关系三个要件即可,其损害赔偿请求权就能够成立;而要证明过错责任的请求权,不仅要证明上述三个要件成立,而且还要证明侵权人具有过错要件。两相比较,在受害人负担的诉讼风险上不同,表现在其举证责任的负担上也不相同。从诉讼利益而言,受害人承担较轻的举证责任证明的无过错责任请求权,与承担较重的举证责任证明的过错责任请求权,在损害赔偿的内容上也应当不同。只有这样才能够体现程序上的公平和正义,使诉讼风险和诉讼利益相一致,才能取得合理的法律调整效果。

二、我国司法实践不区分无过错责任的限额赔偿与全部赔偿的例证与问题

在《民法通则》实施以来的二十多年中,我国的司法实践一直没有采取这样的规则,在无过错责任特殊侵权责任案件中并不区分加害人有无过错,统一实行全部赔偿原则,因而使无过错责任的特殊侵权责任案件在确定赔偿责任中存在较大的问题。

现在来观察一件实际发生的案例中存在的问题,即吴某诉北京地铁公司人身损害赔偿案(案情见本章案例讨论部分)。

作者对本案受害人所遭受的损害深表同情,但确定侵权责任不能仅凭感情和同情,必须依据法律规定和法理。按照现行规定,无过错责任中的加害人无论有无过失,都承担全部赔偿责任。只有受害人具有重大过失的,才能够实行过失相抵,适当

---

① 参见沈冠伶:《民事证据法与武器平等原则》,台湾元照出版公司 2007 年版,第 92 页。

减轻加害人的侵权责任。① 本案的一审法院和二审法院正是基于这样的规定,判决被告承担80%的责任,减轻了20%的责任。②

可是,一个没有过错的加害人,仅仅因为实行无过错责任,就要承担如此沉重的赔偿责任吗? 这样的判决方法,跟其他实行过错责任原则的一般侵权责任的赔偿范围没有区别,显然无法体现有过错和无过错的加害人在法律谴责和制裁程度上的差别。这种法律规定的导向,对于加害人而言,自然不会引导其更加约束自己的行为,甚至会使其放纵行为,增加社会危险因素;对于受害人而言,也没有体现诉讼风险与诉讼利益相一致的原则,诉讼风险和诉讼利益的关系失衡,自然不会选择更重的诉讼风险负担,去证明加害人的过错。③ 反之,如果立法规则区分无过错责任加害人有过失或者无过失,分别承担不同的赔偿责任,就会得到相反的结果,无过错责任的加害人就会基于赔偿的差别而刻意约束自己的行为,避免过失甚至故意,以减轻自己的赔偿责任。而在受害人,承担证明过错的证明责任和不承担过错的证明责任在获得赔偿的数额上有明显差别:追求得到全部赔偿的,就应当证明加害人一方具有过错;而不想承担或者不能承担加害人过错的证明责任的受害人,自然就只能得到限额赔偿。这正是侵权法所追求的效果。例如本案,吴某是否证明地铁部门具有过错,得到的赔偿都是一样的,最终出现的难道不是上面所分析的结果吗?

三、我国现行法律法规中规定的限额赔偿及法律适用关系

在我国现行法律、法规中,也存在限额赔偿的规定。但是由于规定限额赔偿制度的法律、法规层次较低,往往不为法官所重视,并且法官经常将限额赔偿与全部赔偿对立起来,因此,其并没有得到特别的研究和适用,无过错责任与限额赔偿责任的法律适用规则并没有正确地建立起来。

(一)我国法律法规对限额赔偿责任的规定

我国现行法律法规中有一些关于限额赔偿责任的规定,主要集中在以下四个法规和文件中:

1. 核损害赔偿

国务院《关于核事故损害赔偿责任问题的批复》第7条规定:"核电站的营运者和乏燃料贮存、运输、后处理的营运者,对一次核事故所造成的核事故损害的最高赔偿额为3亿元人民币;其他营运者对一次核事故所造成的核事故损害的最高赔偿额为1亿元人民币。核事故损害的应赔总额超过规定的最高赔偿额的,国家提供最高限额

---

① 对此,请参见最高人民法院《人身损害赔偿司法解释》第2条的规定。

② 事实上,这个减轻责任的判决也是不适当的,由于是受害人的重大过失引起的损害,减轻责任的幅度应当更大一些。根据本案的实际情况,加害人承担30%左右的责任可能更为适当。

③ 当然,本案还存在无过错责任的免责事由的规定问题,对此,笔者在另外一篇文章中说明。参见杨立新:《三高危险责任:退两步还是退一步》,载《方圆》2009年第4期。

为 8 亿元人民币的财政补偿。""对非常核事故造成的核事故损害赔偿,需要国家增加财政补偿金额的由国务院评估后决定。"按照这一规定,核电站等营运者对一次核事故所造成的损害事故的最高赔偿额为 3 亿元人民币,加上国家提供的最高限额 8 亿元,一次核事故造成损害的最高赔偿额为 11 亿元人民币。因此,在核损害事故中,一次事故的损害赔偿限额,企业承担的最高限额为 3 亿元;不足部分,国家承担的仍然是限额赔偿,为 8 亿元。不论受害人有多少,只能在这个限额中按照债权平等的原则,按比例受偿。

2. 铁路交通事故赔偿

《铁路交通事故应急救援和调查处理条例》第 33 条第 1 款规定:"事故造成铁路旅客人身伤亡和自带行李损失的,铁路运输企业对每名铁路旅客人身伤亡的赔偿责任限额为人民币 15 万元,对每名铁路旅客自带行李损失的赔偿责任限额为人民币 2000 元。"第 34 条规定:"事故造成铁路运输企业承运的货物、包裹、行李损失的,铁路运输企业应当依照《中华人民共和国铁路法》的规定承担赔偿责任。"第 35 条规定:"除本条例第 33 条、第 34 条的规定外,事故造成其他人身伤亡或者财产损失的,依照国家有关法律、行政法规的规定赔偿。"这里规定的是,对于铁路旅客的伤亡赔偿,实行限额赔偿,最高赔偿额为 15 万元;自带行李也实行限额赔偿,最高额为 2000 元。这种损害赔偿实际上是运输合同的损害赔偿责任,由于发生竞合,当然也可以侵权损害赔偿起诉。这种最高限额,也是无过错责任中的限额赔偿。路外人身伤亡和财产损失不在此列,依照法律或者行政法规的规定承担赔偿责任,没有赔偿限额的限制。

3. 国内航空事故赔偿

《国内航空运输承运人赔偿责任限额规定》第 3 条规定:"国内航空运输承运人(以下简称承运人)应当在下列规定的赔偿责任限额内按照实际损害承担赔偿责任,但是《民用航空法》另有规定的除外:(一)对每名旅客的赔偿责任限额为人民币 40 万元;(二)对每名旅客随身携带物品的赔偿责任限额为人民币 3000 元;(三)对旅客托运的行李和对运输的货物的赔偿责任限额,为每公斤人民币 100 元。"第 5 条规定:"旅客自行向保险公司投保航空旅客人身意外保险的,此项保险金额的给付,不免除或者减少承运人应当承担的赔偿责任。"按照这一规定,国内航空运输中发生的旅客人身、财产损害的赔偿,按照上述限额进行赔偿。超出以上限额的,不予赔偿。其赔偿性质与铁路交通事故相同,也不包括对航空旅客之外的其他人的损害赔偿问题。

4. 海上运输损害赔偿

《港口间海上旅客运输赔偿责任限额规定》第 3 条第 1 款规定:"承运人在每次海上旅客运输中的赔偿责任限额,按照下列规定执行:(一)旅客人身伤亡的,每名旅客不超过 4 万元人民币;(二)旅客自带行李灭失或者损坏的,每名旅客不超过 800 元人民币;(三)旅客车辆包括该车辆所载行李灭失或者损坏的,每一车辆不超过 3200 元人民币;(四)本款第(二)项、第(三)项以外的旅客其他行李灭失或者损坏的,每千克不超过 20 元人民币。"第 4 条规定:"海上旅客运输的旅客人身伤亡赔偿责任限制,按照 4 万元人民币乘以船舶证书规定的载客定额计算赔偿限额,但是最高不超过 2100 万元人民币。"这个规定至今已经有 15 年多了,规定的赔偿限额显然过低,但它仍然是属于合同之中对旅客损害的限额赔偿,而不是全额赔偿。

(二)对限额赔偿规定的分析

1. 限额赔偿适用的场合

在上述规定中,核损害的赔偿责任、铁路运输损害责任以及航空运输损害责任,都属于《民法通则》第 123 条规定的内容,即高度危险作业中的放射性和高速运输工具致人损害责任,适用无过错责任原则。而海上运输损害责任,《民法通则》没有做特别规定,应当认为这个规定是适用于海上运输合同的损害赔偿,按照《合同法》第 122 条规定,违约造成债权人固有利益损害的,受害人可依自己利益的考虑,选择违约责任或是侵权责任起诉。如果依照合同责任起诉,为过错推定原则,受害人不承担过错的举证责任,海上运输合同的债务人举证责任倒置,承担证明自己没有过错的举证责任;按照侵权责任起诉,则为过错责任原则,受害人应当承担过错的举证责任。

《侵权责任法》对高度危险责任的规定比较复杂,笔者把它归纳为"一托四＋双连带",即一个一般条款,四个具体高度危险责任,还规定了两个连带责任。四个具体的高度危险责任是:核损害,航空器损害,易燃易爆剧毒放射性损害,高空高压地下挖掘和高速轨道运输工具。两个连带责任是:遗失抛弃危险物损害,非法占有高度危险物损害。在这些高度危险责任中,都可能适用限额赔偿。

2. 限额赔偿的具体类型

上述法规、规章在规定限额赔偿的时候,使用了两种不同的方法,一是规定企业应当承担损害赔偿责任的总额,如核事故损害赔偿责任的 3 亿元和 8 亿元人民币的限额;二是对受害人个体的赔偿限额,例如铁路运输损害赔偿责任和航空运输损害赔偿责任,最高限额分别为个人 15 万元人民币和 40 万元人民币。

3. 限额赔偿适用的对象

在上述规定中,限额赔偿规定适用的对象包括两种:第一种是合同当事人的损害,例如铁路运输、航空运输、海上运输损害赔偿的限额赔偿,都是规定对旅客的损害适用,并没有包括运输合同之外的其他人的损害。第二种是既包括企业内部的损害,也包括企业外部的损害,例如核事故损害赔偿责任。后者的适用对象更为广泛,前者实际上只约束合同当事人。

(三)无过错责任原则与限额赔偿的关系问题

在上述核损害赔偿责任、航空运输损害赔偿责任和铁路运输损害赔偿责任的规定中,都有限额赔偿,而这些限额赔偿的侵权责任的性质都是无过错责任的特殊侵权责任。那么,限额赔偿和无过错责任之间究竟是什么样的关系,在实践中应当如何适用呢?

1. 前三种限额赔偿的具体适用情况

迄今为止,我国没有发生核损害事故,因此,核损害赔偿的限额赔偿责任的规定并没有适用过。航空运输损害赔偿的限额赔偿,由于空难曾经发生而得到适用,对空难事故的受害人及近亲属,航空公司承担了上述限额赔偿责任,在得到保险赔偿之后,受害人及近亲属基本上没有向法院起诉索赔的,很少发生限额赔偿与全部赔偿责任的关系问题。在铁路运输损害责任中,由于有《铁路法》的规定,又有上述限额规定,法院在审理这样的案件中,多数是直接适用限额赔偿责任规定,当事人即使有意见也没有办法,只能如此。[①] 但在 2011 年 7 月 23 日 20 时 50 分,杭深线永嘉至温州南间,北京南至福州 D301 次列车与杭州至福州南 D3115 次列车发生追尾事故,造成严重的人员伤亡。根据最高人民法院《关于审理铁路运输人身损害赔偿纠纷案件适用法律若干问题的解释》规定的"赔偿权利人有权选择按侵权责任法要求赔偿"的精神,本着以人为本、就高不就低的原则,并与遇难者家属进行了进一步的沟通协商,总指挥部研究决定以《侵权责任法》为确定"7·23"事故损害赔偿标准的主要依据。遇难人员赔偿救助金主要包括死亡赔偿金、丧葬费及精神抚慰费和一次性救助金(含被抚养人生活费等),合计赔偿救助金额 91.5 万元。

按照上述实际情况观察,事实是,法律、法规规定了限额赔偿的,法院在实际操作上基本上就是按照限额赔偿的,很少有其他做法。即使法官认为这样的规定不合理,但也仍然没有其他解决办法,只能按照规定限额赔偿。至于受害人一方主张全额赔偿的,则法官不予支持,只有在上述铁路交通事故中才有所突破。

2. 其他没有规定限额赔偿责任的赔偿问题

在除了上述限额赔偿规定之外,其他无过错责任特殊侵权责任的赔偿问题,则一律按照全部赔偿原则进行,无论加害人是否有过错,只要是法律规定为无过错责任特殊侵权责任,就都实行全部赔偿,无所谓限额赔偿一说。例如上述吴某诉北京地铁一案,如果不是由于受害人吴某自己的过失所致损害,地铁企业当然要承担全部赔偿责任。地铁不是铁路运输企业,而是城市公交企业,由于其是高速轨道运输企业,在适用归责原则上适用《侵权责任法》第 73 条规定,为无过错责任;但是,在确定赔偿范围上,司法裁判却因没有限额规定而判决全部赔偿,不参照铁路企业的限额赔偿规则而是予以全部赔偿,显然是不公平的。同样都是无过错责任,有的是限额赔偿,有的是全部赔偿;有限额赔偿的就一律限额赔偿,没有限额赔偿规定的就一律全部赔偿。这样的规定既不合理,也不公平。

3. 运输合同之外的其他人的损害责任问题

运输合同之外的其他人因为铁路交通事故、航空事故以及海上交通事故受到损

[①] 原来争议较多的是路外伤亡事故,1979 年的规定只赔偿少量损失,至上述限额赔偿规定之后,已经按照《民法通则》第 119 条规定确定赔偿责任,对此已经没有争议了。

害的,除了铁路交通事故的行政规章明确规定"事故造成其他人身伤亡或者财产损失的,依照国家有关法律、行政法规的规定赔偿"之外,其他并没有规定。那么,应当对运输合同之外的其他人的损害责任是限额赔偿还是全部赔偿? 似乎也很明显,当然也是全部赔偿。不过,既然是无过错责任,对于合同之外的其他人的损害赔偿都实行全部赔偿原则,似乎也不公平。

4. 海上运输损害赔偿的限额赔偿与侵权赔偿

在海上运输损害赔偿中,限额赔偿的规定是违约损害赔偿责任。如果受害旅客起诉侵权责任,并且能够证明海上运输营运者对于损害的发生具有过错的,是不是应当有所区别呢? 如果不加区别,一律实行限额赔偿,在诉讼风险和诉讼利益的平衡上,是不是有失公允? 而对于运营者,无论能够证明自己没有过错还是不予证明都承担一样的责任,也不公平。因此,如果受害旅客能够证明运营者具有过失,并且依照侵权责任起诉的,应当适用全部赔偿责任的规则,而不适用限额赔偿责任的规则,似乎更为合理。至于造成合同之外的其他人的损害,由于实行过错责任原则,应当全部赔偿,而不是限额赔偿。

四、司法实践适用限额赔偿规则应当注意的问题

在司法实践中适用限额赔偿规则,应当协调无过错责任与限额赔偿之间的关系。

现行法律规定了部分限额赔偿规则是有道理的,可惜并不是普遍性的规定。在司法实践中,法官将无过错责任与限额赔偿对立起来,有限额规定的就限额赔偿,没有限额规定的就全部赔偿,并没有第三条路可走,也不准许受害人进行选择。这样的做法是僵化的,是不符合侵权法的公平理念的。

对于无过错责任原则与限额赔偿的法律适用规则,应当解决如下问题:

第一,无过错责任的特殊侵权责任,无论在其内部还是外部关系,无论造成自己的债权人损害还是造成合同之外的人的损害,都应当实行限额赔偿。在现行的限额赔偿规定中,几乎都是高度危险责任。对此,应当作为强制性法律规范对待,不能由法官自行决定适用还是不适用。应当明确,对于其他无过错责任的特殊侵权责任,例如产品责任、其他高度危险责任、环境污染责任、动物致人损害责任的特别规定中,也应当规定无过错责任请求权的赔偿范围上限,或者规定责任人应当承担的赔偿责任的上限,例如核损害赔偿责任的规定,或者规定对特定受害人承担的赔偿责任限额,例如航空运输损害责任和铁路运输损害责任。对于地铁运营损害责任的法律适用,应当比照适用铁路运输的赔偿规定,实行限额赔偿责任。即使对合同外部的其他人的损害,凡属于无过错责任者都应当实行限额赔偿。

第二,无过错责任特殊侵权责任的受害人能够证明加害人一方存在过失的,应当准许受害人一方请求全额赔偿。在诉讼中,对于受害人一方能够证明加害人存在过错的,应当按照侵权行为一般条款规定,实行过错责任的全部赔偿原则,以保护受害

人的合法权益。即使在海上运输这样的场合，尽管不实行无过错责任原则，但受害人能够证明责任人一方具有过失，依照侵权法规定起诉的，也应当实行全部赔偿责任，准许受害人请求全部赔偿，并且予以支持。

第三，无过错责任特殊侵权责任的受害人能够证明加害人一方存在故意的，不论直接故意还是间接故意，应当准许在特定情况下请求惩罚性赔偿金。在无过错责任原则的场合，如果责任人对造成受害人的损害具有故意，不论是直接故意还是间接故意，在法律有特别规定的情况下，应当准许受害人一方请求惩罚性赔偿金，以制裁恶意侵权行为，减少社会危险因素，维护和谐社会关系。目前，《侵权责任法》第47条已经规定："明知产品存在缺陷仍然生产、销售，造成他人死亡或者健康严重损害的，被侵权人有权请求相应的惩罚性赔偿。"因此，像三鹿奶粉案件那样的恶意侵权行为，受害人一方可以请求惩罚性赔偿金。此外，将来还应当增加规定，恶意污染环境的特殊侵权责任也应当承担惩罚性赔偿金。

第四，确立不同的法律基础产生的请求权的不同内容，准许当事人进行选择。类似于产品侵权责任、铁路交通事故责任、航空运输损害责任等，凡是法律规定不同的请求权法律基础的，当事人在起诉时都可以进行选择，按照不同的请求权基础的法律规定，承担举证责任，能够证明自己所选择的请求权构成的，法官就应当予以支持，按照当事人所选择的请求权确定赔偿责任。这是法律适用的一般规则，法律本身就包含这样的规则。事实上，《合同法》第122条规定的侵权责任与违约责任竞合的权利人选择权，就包含了这样的规则。

第五，基于无过错责任与限额赔偿之间的特殊关系，以及侵权请求权的不同法律基础的不同要求，应当采取的做法是，依照法律规定即使无过错也应当承担侵权责任的，其赔偿责任适用法律规定的损害赔偿范围；受害人能够证明侵权人有过错的，应当按照《侵权责任法》的一般规定确定赔偿责任。只有这样，才能够从根本上解决上述问题，真正体现《侵权责任法》的公平和正义要求。

【案例讨论】 》》》　　>

案情：

2004年9月29日11时许，乘客吴某在北京地铁一号线南礼士路站购票进入车站乘车时，见列车已经开进站台，怕赶不上，急忙奔跑赶车。由于其奔跑速度过快，身体控制不住，不慎掉至站台下，被1601次列车从其腿部碾过，轧断左腿和右脚，鉴定为三级伤残。吴某向法院提出219万元的索赔请求。法院认为，北京地铁一方对于损害的发生不存在过错，损害的发生是由于地铁乘客重大过失的原因所致，判决北京地铁承担了 80 余万元的损害赔偿责任。① 随后,吴某又提出了伤残辅助器具费等赔偿请求 178 万元。②

讨论问题:

1. 本案属于高速轨道运输工具损害责任,应否实行限额赔偿?

2. 为什么各界对民用航空器损害责任的限额赔偿基本上没有太大的意见,而对铁路事故的限额赔偿各界均有意见呢? 应当怎样认识这个问题?

3. 对高度危险责任,原告能够证明被告的过错和不能证明被告的过错,赔偿责任是否应当相同? 理由是什么?

【参考文献】 >>>>

王利明、杨立新等:《民法学》,法律出版社 2008 年版。

张新宝:《侵权责任构成要件研究》,法律出版社 2008 年版。

〔德〕迪特尔·梅迪库斯:《德国债法分论》,杜景林、卢谌译,法律出版社 2007 年版。

杨立新:《中华人民共和国侵权责任法草案建议稿及说明》,法律出版社 2007 年版。

杨立新:《三高危险责任:退两步还是退一步》,载《方圆》2009 年第 4 期。

沈冠伶:《民事证据法与武器平等原则》,台湾元照出版公司 2007 年版。

---

① 《地铁轧断双腿,吴华林一审获赔 80 万》,http://bjyouth. ynet. com//arti-cle. jsp? oid:26890929&pageno:1,2010 年 11 月 15 日访问。
② 《赔款不够治疗费吴华林再告地铁公司索要 170 万》,http:// beringqianlong. com/3825/2008/12/09/4202@4780706. htm,2010 年 11 月 15 日访问。

第二十七章　饲养动物损害责任

　　饲养动物损害责任是社会生活中经常出现的一种侵权责任。对于这种特殊侵权行为,各国基于自身的历史传统、社会生活、法律环境等诸多因素,都作出了不同的规范。我国《民法通则》第127条对饲养动物损害责任做了明确规定,但内容比较简单,采用单一归责原则确定侵权责任,不够完善。我国《侵权责任法》对饲养动物损害责任进行全面规范,借鉴域外法例,紧贴现实生活,作出饲养动物损害责任的科学、完备的规范。本章对此进行说明。

一、饲养动物损害责任概述

(一) 动物的范畴

　　饲养动物损害责任在古代就已存在,古罗马《十二铜表法》第8表"私犯"第6条就有规定。古罗马以降,现代大陆法系各国立法,在饲养动物损害责任中对动物的范围把握宽严不一。

　　在《民法通则》实施前,我国的司法实务和民法理论借鉴苏联的民法理论和立法,对饲养动物损害责任进行划分,一是豢养的野兽引起损害,二是饲养的家畜、家禽等动物致人损害,分别采取不同的归责原则。前者适用无过错责任原则,后者适用过错责任原则。[①]《民法通则》采取了归一化的做法,即在第127条规定饲养的动物致人损害责任,并不对动物进行区分,统一界定动物概念。

　　将动物统一规定为"饲养的动物",虽然便于执行和操作,但在理论和实践中都有无法克服的困难。一方面,致人损害的动物类别不同,其表现形式各异,危害程度轻重不一,在立法中应当有所区别。不加区分的"一刀切",不能针对具体情况作出不同的法律对策,显然不够科学,也不能公平确定责任。另一方面,对致人损害的不同动物适用统一的归责原则,关系到动物保有者负有注意义务的程度,关系到对责任确定和对个人行为自由界限的界定。因此,不能"宜粗不宜细",而应当对饲养动物损害责任的规制尽量细化,针对不同类型的动物设立不同的规定。

　　《侵权责任法》第十章规定了饲养动物损害责任,在第78条一般条款中规定的动物是一般动物,包括所有的动物。在第79条至第81条规定了特殊动物,即违反规定

　　[①]　参见王利明、杨立新:《侵权行为法》,法律出版社1996年版,第298页。

饲养的动物,禁止饲养的动物,动物园饲养的动物和遗弃、逃逸的动物。与一般的动物不同,违反管理规定饲养的动物是必须按照管理规定才能够饲养的,例如大型犬等;禁止饲养的动物,实际上就是禁止饲养的烈性动物、凶猛动物,包括饲养的野生动物;动物园的动物是在动物园管束下的,供人观赏的野生动物。这三种动物是特殊规定的动物。而第78条和第82条规定的动物是一般动物,是饲养其不违反管理规定的动物,也不是禁止饲养或者动物园饲养的动物,例如小型狗、猫,农村饲养的鸡、鸭、鹅、猪、牛、羊等家畜家禽。

因此,在理解《侵权责任法》规定的饲养动物损害责任中的动物,应当按照以下方法界定:

第一,最为严格规制的是禁止饲养的烈性犬等动物。这种动物不仅仅指烈性犬,还包括其他禁止饲养的烈性的、凶猛的动物。这些动物应当包括禁止饲养或者不宜个人饲养的野生动物,例如野猪、虎、豹、豺、狼等。不能为特定所有人或占有人适当控制的野生动物不包括在内,因为不属于饲养的动物的范畴。如果不受控制的野生动物发生致害问题,由于没有特定的所有人或占有人,不存在承担责任的主体,不属于《侵权责任法》调整的范围,应当从国家补偿的角度,对受害者进行相应的补偿。①

第二,违反管理规定饲养的动物。违反禁止饲养规定而饲养这种动物,具有严重的危险性,因此承担责任不能有任何减轻的可能。饲养某些动物必须按照国家的有关管理规定进行。按照这样的管理规定,饲养动物必须对动物采取安全措施。例如在城市饲养大型犬,必须按照国家有关管理规定饲养,每年要进行年检,要对饲养的动物发给户口,进行严格管理。违反管理规定,对动物未采取安全措施,造成损害的,就要适用无过错责任原则,确定赔偿责任。可以饲养,但违反规定饲养,造成他人损害的,应当承担绝对责任。

第三,动物园饲养的动物。动物园属于国家或者企业,动物园饲养的动物都是经过国家批准、符合国家管理规定的动物,并且均有专业的资质,符合饲养这种动物的要求。不论是城里的国家动物园,还是郊区的野生动物园,这些动物都按照国家规定饲养,动物园必须按照规定,善尽管理职责。这种责任实行过错推定原则,造成他人损害,就直接推定动物饲养人有过错;饲养人认为自己没有过错的,应当自己证明;不能证明的,应当承担侵权责任。

第四,对以下两种特殊动物应当如何对待,需要注意:(1)细菌不属于致害动物的范畴。我国台湾地区认为细菌不包括在内,"加害者须为动物,此之所谓动物非动物学上之动物,乃一般社会通念上之动物,因而细菌于动物学虽不失为动物,但于此则

---

① 参见金月蓉:《试论野生动物致人损害的救济问题》,载《广西政法管理干部学院学报》2004年第1期。

不包括在内。"①对此,我们应当采取一致立场,饲养动物损害责任的动物不包含细菌。对于那些传染性很强、危害很大的病毒、细菌等发生泄漏、传播造成损害,应当按照高度危险责任处理②,不属于饲养动物损害责任范畴。(2)实验动物致人损害,应当属于饲养动物损害责任的动物。实验动物指为教学训练,科学试验,制造生物制剂,试验商品、药物、毒物及移植器官等目的所进行的应用行为而饲养或管领的动物。实验动物具有不同于其他种类动物的特殊性,一般被管束在试验场所,但是有时实验动物也可能发生逃逸、脱离,造成损害,应当按照饲养动物损害责任予以处理,适用违反管理规定未对动物采取安全措施的规定,作为违反管理规定的动物对待。

第五,一般动物。除了上述规定的各种动物之外的动物属于一般动物,适用第78条关于饲养动物损害责任一般条款的规定。

(二)饲养动物损害责任的概念与特征

饲养动物损害责任是指动物饲养人或者管理人在饲养的动物造成他人损害时,根据致害动物的种类和性质适用无过错责任原则或者过错推定原则,应当承担赔偿责任的特殊侵权责任。

饲养动物损害责任的特征是:

1. 致害动物是饲养的动物

《侵权责任法》第78条以及其他条文规定的是"饲养的动物",并且把饲养的动物分为饲养的一般动物、违反管理规定的动物、禁止饲养的动物、动物园的动物以及逃逸、遗弃的动物。除此之外的其他动物损害,《侵权责任法》并不调整,不适用《侵权责任法》的规定确定侵权责任。

2. 责任形态为对物的替代责任

《侵权责任法》第78条规定的责任主体为动物的饲养人或管理人。特点是,造成损害的是饲养人或者管理人饲养的动物,而承担责任的是动物的饲养人或管理人。这种特点属于典型的对管领的物造成的损害承担赔偿责任的替代责任,简称为对物的替代责任。这种责任形态源于《法国民法典》第1384条。有人主张饲养人、管理人应当规定为饲养动物的保有人,直接以保有人称谓更为恰当,而且也符合当前对饲养动物损害责任的立法潮流,"在大陆法较早的规定中,对动物承担责任的人是所有者;近来,立法已经将这一责任规定于保有者"。③ 这种主张是有道理的,但《侵权责任法》仍然坚持《民法通则》的称谓,将其称作动物的饲养人或者管理人,尽管不如动物保有人准确,但在《民法通则》实施以来的二十多年中,也没有发生太大的问题,因此,继续使用动物饲养人或者管理人的概念也不会有问题,在司法实践中或者在理论研究中,

---

① 郑玉波:《民法债编总论》(第二版),陈荣隆修订,中国政法大学出版社2004年版,第163页。
② 参见郭明瑞、房绍坤、於向平:《民事责任论》,中国社会科学出版社1991年版,第244页。
③ 〔德〕克雷斯蒂安·冯·巴尔:《欧洲比较侵权行为法》(上卷),张新宝译,法律出版社2001年版,第438页。

将饲养人和管理人理解为保有人,大体上可以解决这个问题。

3. 一般条款下的特殊规定的立法体例

《侵权责任法》对于饲养动物损害责任的规定,既规定了一般条款,也规定了特殊责任,实行的是一般条款下的特殊责任的立法体例。一般条款是第 78 条,规定了饲养动物损害责任的一般规则;在此之下,对于五种不同的特殊责任分别加以规定。这样,对于一般的饲养动物损害责任适用一般性规定,对于特别规定的特殊责任适用特别规定,体现了实事求是的原则,既能够做到具体情况具体对待,又体现了公平和公正原则的要求。

4. 确定归责原则二元化

《侵权责任法》关于饲养动物损害责任的规定,在归责原则上改变了《民法通则》第 127 条适用单一归责原则的做法,在第 78 条至第 82 条根据实际情况确定不同的归责原则。归纳起来,其归责原则实行二元化,即基本归责原则为无过错责任,但对于个别的饲养动物损害责任例如动物园的动物致人损害实行过错推定原则。

二、饲养动物损害责任的归责原则与责任构成

确定饲养动物损害责任的归责原则是争论较大的一个问题。在制定《侵权责任法》的过程中,经过反复讨论,确定了我国饲养动物损害责任的二元化归责原则体系。

(一)我国饲养动物损害责任归责原则

根据《侵权责任法》第 78 条至第 82 条规定,我国饲养动物损害责任的归责原则体系由无过错责任原则和过错推定原则两个归责原则构成。两个不同的归责原则分别调整以下不同的范围:

1. 无过错责任原则的适用范围

无过错责任原则调整的饲养动物损害责任,首先是第 78 条规定的一般条款的适用范围。按照该条规定,对于一般的饲养动物致人损害,并不要求有过错要件存在即可构成侵权责任,因此是无过错责任;如果动物的饲养人或者管理人能够证明损害是由被侵权人的故意或者重大过失造成的,可以减轻或者免除责任。

在特别规定的饲养动物损害责任中,以下三种适用无过错责任原则:(1)违反管理规定,未对动物采取安全措施造成他人损害的;(2)《侵权责任法》第 80 条规定的禁止饲养的烈性犬等动物造成他人损害的,是最严格的无过错责任原则;(3)第 82 条规定的遗弃动物或者逃逸动物造成他人损害的责任。

2. 过错推定原则的适用范围

确定为过错推定原则的饲养动物损害责任,应当是第 81 条规定的动物园的动物造成他人损害的责任。法律明确规定"能够证明尽到管理职责的除外",就标志着适用过错推定原则。先推定加害人具有过错,加害人主张自己无过错的,就要证明自己已经尽到管理职责。能够证明已经尽到管理职责的为无过错,免除责任;不能证明者为有过错,应当承担赔偿责任。

（二）饲养动物损害责任的构成要件

按照这样的归责原则要求,我国饲养动物损害责任构成要件的一般要求是:

1. 动物加害行为

动物加害行为是动物施加于他人损害的行为。一般认为,动物不是人,即使其加害于人也不是行为,而是事件。笔者认为,动物加害与其他物件加害一样,都是人的行为,只不过动物加害行为是指人对于其所管领的动物管束不妥因而致人损害的间接行为,尽管致害的是动物而不是人,但在动物加害中包含了人的间接行为,因此动物加害仍然是行为,其性质是动物饲养人或者管理人的间接行为,而不是直接的加害行为。

动物加害行为有两个要素:一为动物,二为人对于动物的管束行为。关于动物,非一般生物学意义上的动物,借鉴我国台湾地区学者的论述,应为一般社会观念上的动物。[①] 前文已经作了界定,并对致害动物进行了类型划分。动物的加害行为,应当是动物不在人的意志支配下独立加害于他人,其饲养人或者管理人的管束不周的行为。对此,可以从是否有外力的介入确定加害行为的形态。

没有外力的介入,完全是动物自身由于其本身的危险习性导致损害,如老虎伤人、鸡啄人眼睛等,为典型的动物独立加害于他人。在这种情形下,动物的加害行为根据动物不同的种类与性质,其表现形式也有差异,但是都是缘于动物的危险习性。故而需要饲养人或者管理人对其的管束行为。

在现实生活中,许多动物由于被驯化,其危险习性已经弱化,其损害往往由于外在的因素介入导致,例如狗受人挑拨咬人、马受汽笛惊动撞伤行人等。对于这种外力因素,一为非人为因素,二为人为因素。非人为因素导致动物加害行为,如基于某些自然因素促动动物加害,对此,虽然并非动物完全自主的行为,但也是源于动物的危险习性的加害,不失其独立性,应当为动物的加害行为。人为因素导致动物加害行为,一是保有者的因素,二是第三人的因素。如果人为因素属于故意,无论是保有者还是第三人,动物的致害都不属于饲养动物损害责任的范畴。对于保有者故意利用动物为工具的致害,应当依照一般侵权责任进行处理,诚如英美法学者所言,"如果一个狗的主人故意让他的狗攻击一个很老实的人,他就是以普通方式犯了企图伤害罪和殴击罪,好像他投掷石头或用棍棒打他。因此,如果一个人教他的鹦鹉诽谤某人,那不折不扣是主人用他的舌头而不是鹦鹉的舌头的普通诽谤侵权。"[②]对于第三人故意利用他人的动物为工具加害,实际上是第三人的一般侵权加害,而非饲养动物损害

---

① 郑玉波:《民法债编总论》(第二版),陈荣隆修订,中国政法大学出版社 2004 年版,第 163 页。

② W. V. H. Rogers, M. A., *Winfield and Jolowicz on Tort*, 16th ed., London Sweet & Maxwell, 2002, p. 578.

责任。

动物加害行为应当具有违法性。或者违反法定义务,或者违反保护他人的法律,或者故意违背善良风俗加害于他人。不具有违法性,则不成立饲养动物损害责任。

2. 损害的存在

对于饲养动物损害责任构成要件中的损害事实要件,《侵权责任法》表述为"造成他人损害"。这种表述,首先意味着是对民事主体的权利损害,包括人身损害和财产损害。动物造成被侵权人的人身损害包括死亡、残疾和一般伤害,都被认为是损害事实。动物造成财产损害,例如动物致伤他人所有的动物,侵入他人土地造成庄稼的损坏等,都构成财产损害的事实。

饲养动物损害责任的损害包括妨害。有学者认为,因侵权行为导致的损害,主要有侵占、损害、伤害、妨碍等几种情形。[1] 损害与妨害在表现形式、侵害程度等方面都有不同,妨害是没有构成损害的侵害。在饲养动物损害责任中,有分歧的是动物妨害是否需要承担责任。笔者认为,动物妨害是客观存在,比如学童因恶犬常立于其赴校必经之路而不敢上学等[2],是一种对他人合法权益的侵害,对此应当通过饲养动物损害责任予以解决。

饲养动物损害责任的损害是否包括人格权损害,对此有不同意见。有的学者认为,动物独立的动作使他人人格尊严受到侵害,也产生饲养动物损害责任。如鹦鹉辱骂客人或揭露他人隐私,致受害人名誉受损,社会评价降低,受害人可依法提起侵权之诉。[3] 有的学者认为,鹦鹉辱骂客人或揭露他人隐私,实人为利用侵害他人人格权的行为,属于一般侵权行为,而非饲养动物损害责任行为;动物无人的思维可言,故不可能实施侵害他人人格权的行为。[4] 笔者认为,饲养动物损害责任的损害主要是人身损害,也包括财产损害。对于精神性人格权例如名誉权、荣誉权、隐私权等,由于动物没有人类的发达意识,不能像侵害人的人身那样有明确的认知,因此不会依靠自己的独立行为为之。鹦鹉辱骂他人或揭露他人隐私的行为,并不是动物加害造成损害,而是人在利用动物致人损害,是人的直接行为,而不是间接行为。与利用动物伤害他人一样,是直接侵权行为,属于一般侵权行为,应当适用《侵权责任法》第 6 条第 1 款规定的侵权责任一般条款确定责任,不适用关于饲养动物损害责任的规定。

3. 因果关系

饲养动物损害责任中的因果关系,是被侵权人的损害与动物加害行为之间的引起与被引起的客观关系,只有被侵权人的损害与动物加害行为之间存在因果关系,饲

---

[1] 宁金成、田土城:《民法上之损害研究》,载《中国法学》2002 年第 2 期。

[2] 王家福主编:《中国民法学·民法债权》,法律出版社 1991 年版,第 525 页。

[3] 参见潘同龙等主编:《侵权行为法》,天津人民出版社 1995 年版,第 226 页。

[4] 郭明瑞、房绍坤、唐广良:《民商法原理(三)债法·侵权行为法·继承法》,中国人民大学出版社 1999 年版,第 485—486 页。

养动物损害责任才能成立,否则不构成饲养动物损害责任。

饲养动物损害责任的因果关系在一般情况下比较容易判断,例如恶犬咬伤行人导致人身损害和财产损失、耕牛进入他人土地践踏庄稼等,因果关系非常清楚。但在某些情形下,饲养动物损害责任的因果关系应以相当因果关系为依据,即法官应当以普通人或经过训练、具有正义感的法律人的看法,依据经验之启发及事件发生的正常经过来进行判断,以确定行为与结果之间是否具有因果联系。[①] 据此,受害人损害与动物加害行为之间有直接因果关系的,自无疑问;有间接因果关系如为适当条件者,仍构成侵权责任。例如,马受惊后撞翻路旁的车辆,因车辆翻倒而砸坏他人货物,为有因果关系;动物咬伤他人,致感染而患败血症致死,亦为有因果关系。

对于饲养动物损害责任因果关系的证明,原告应当证明动物加害行为与损害结果之间的因果关系。但这并非绝对,在一些共同危险行为的饲养动物损害责任案件中,原告对因果关系证明到一定程度,并未达到高度盖然性的证明标准,但其显无能力继续证明者,实行举证责任缓和,责任转移到被告一方,由被告举证证明其管束动物的行为与受害人损害结果没有因果关系,如果证明成立,则推定因果关系不成立,如果证明不成立,则推定因果关系成立,被告应承担责任。不过,这并不是普遍的规则,在法律适用上应当谨慎。

4. 动物为饲养人或者管理人所饲养或者管理

饲养动物损害责任的责任人,应当是动物饲养人或者管理人。对此,有学者断定动物的所有者(在某些特别情形为占有者)对动物所造成的损害承担赔偿责任,我国《民法通则》第127条忽视了与所有权、占有的直接联系,因而不能从法律逻辑上正确地揭示饲养动物致人损害由义务人承担赔偿责任的法理基础。[②] 《侵权责任法》并没有接受这个意见,仍然认为饲养动物损害责任的责任主体为动物的饲养人或者管理人。笔者认为,饲养动物损害责任的理论基础虽然有所有权、占有的因素,但并不是依此确定饲养动物损害责任的。饲养动物损害责任的确定应当根据权利与义务一致的原则,根据动物危险控制的理论,由动物的保有者(实际上就是动物的利益享受者)对饲养动物损害责任负责,将动物饲养人、管理人理解为保有人就可以解决这个问题。这一理论能够较好地解决动物保有者承担责任的基础是在于享受动物的利益,在于其可以而且应当控制动物的危险。

在动物饲养人或者管理人的确定上,应当以直接保有关系存在的直接饲养人为责任主体,管理动物的人当然也是责任主体。对此,我国台湾民法学界对动物的占有人的范围,对直接占有人、间接占有人与占有辅助人何者为动物占有人,争议较大,众

---

① 参见陈聪富:《侵权行为法上之因果关系》,载台湾《台大法学论丛》第29卷第2期。
② 张新宝:《饲养动物致人损害的赔偿责任》,载《法学研究》1994年第2期。

说不一。①　在日本,关于选任代替自己保管动物者那样的间接占有者(代理占有者)的责任问题,存在尊重物权法上的占有概念,而且从受害者保护的角度予以肯定的学说,同时也有从间接占有者不是可能进行直接控制的人出发,与立法宗旨相反予以否定的学说。②　我认为,在动物的保有方面,动物饲养人的受雇人为管理人,尽管不具有保有的地位,只是辅助保有者对动物进行管束,但应当对动物致损负责。而出租人虽然对动物享有所有权,是饲养人,但其实际上并不直接对动物进行保有,其无法有效管束动物,而是动物的管理人实施管理行为,应当自己承担责任。

由于《侵权责任法》规定了动物饲养人和管理人承担责任,在现实情形中会出现饲养人与管理人不一致的情形,即动物被短期性借用于他人,如甲的耕牛借用给乙犁田,则乙仅是管理人,而甲还是饲养人。对此,有的人主张"在管理人承担民事损害赔偿责任的前提下,饲养人承担连带责任,目的在于对受害人的民事权益增加一种保护措施,以便当管理人无经济能力支付全部或一部分赔偿金时,受害人能从饲养人处得到赔偿金,从根本上预防了受害人的民事权益得不到保护,或受害人民事利益得不到足够补偿情况的发生。"③这种意见并不妥当,既然此时的饲养人已经不能对动物进行实际保有,而且管理人进行着实际占有和管理,令饲养人承担连带责任缺乏基础。况且适用连带责任必须有法律规定,而法律并无此规定,因而对此应当直接将管理人认定为动物的损害承担赔偿责任。

5. 推定过失

在实行无过错责任原则的饲养动物损害责任中,具备前述四个要件,饲养动物造成他人损害,禁止饲养的烈性犬等动物致人损害,遗弃、逃逸的动物致人损害,其侵权责任即可成立,动物饲养人或者管理人应当承担赔偿责任。

在实行过错推定原则的动物园的动物造成他人损害的饲养动物损害责任,在具备上述四个要件的基础上,还应当具备过失的要件。

推定过失,就是在饲养动物损害责任案件中,在被侵权人证明了上述四个要件之后,由法官推定动物饲养人或者管理人具有过失,如果动物饲养人或者管理人不能证明自己没有过失,其过错推定成立,即应承担赔偿责任;如果能够证明自己没有过失,则不构成侵权责任。

动物的饲养人或者管理人证明自己没有过失的内容,动物园需证明自己已经尽到管理职责。能够证明者,即为无过失,否则为有过失,即应承担侵权责任。

三、饲养动物损害责任的承担

饲养动物损害责任属于特殊侵权责任,主要表现在以下方面。

---

①　林诚二:《民法债编总论——体系化解说》,中国人民大学出版社 2003 年版,第 184 页。
②　于敏:《日本侵权行为法》,法律出版社 1998 年版,第 290 页。
③　牛德:《动物致人损害民事责任之研讨》,载《安阳师范学院学报》2002 年第 6 期。

（一）责任形态

饲养动物损害责任是典型的对物替代责任。作为广义上的替代责任，包括对人的替代责任，也包括对物的替代责任。区别对物的替代责任的意义在于，唆使、利用物侵害他人是直接行为，对物管束不当致使物造成他人损害是间接行为，在法律适用方面是不同的，前者是一般侵权责任，后者是特殊侵权责任。对此，应当明确区分，不能混淆。

对于第三人过错造成饲养动物损害责任的，《侵权责任法》第 83 条规定的是不真正连带责任，与第 68 条环境污染责任的第三人责任采取同样的规则，受害人可以请求动物饲养人赔偿，也可以请求第三人赔偿，动物饲养人承担了赔偿责任之后，可以向第三人追偿。这个规定与第三章第 28 条规定的第三人原因的规则不同，应当特别注意。

（二）饲养动物损害责任的免责事由

1. 受害人的故意或者重大过失

《侵权责任法》第 78 条有一个与众不同的规定，就是把饲养动物损害责任的免责事由和减责事由规定在一起，没有加以区分。规定的内容是：饲养的动物造成他人损害的，动物饲养人或者管理人应该承担侵权责任，但能够证明损害是因被侵权人故意或者重大过失造成的，可以不承担或者减轻责任。其中"能够证明损害是因被侵权人故意或者重大过失造成的，可以不承担或者减轻责任"的规定，是指被侵权人故意或者重大过失致使饲养的动物造成自己损害，应当根据实际情况，确定可以免除责任或者减轻责任。这个做法与其他无过错责任原则的免责或者减责的规定都不相同。在第 70 条至第 73 条规定中，明确规定被侵权人故意引起损害是免除责任的事由；被侵权人重大过失或者过失是减轻责任的事由。为什么第 78 条要将这两种情形一起规定呢？在理解上，究竟是 A 对 A、B 对 B，还是交叉相对呢？换言之，是否故意为免除责任的事由，重大过失是减轻责任事由呢？

立法者对此的解释是，饲养动物损害责任中的被侵权人的故意或者重大过失，有时候是诱发动物致人损害的直接原因，是引起损害的全部原因或者主要原因，这是可以确定责任的。有时候，并不能认定为被侵权人的故意或者过失，例如明知该宅有恶犬而经过，被咬伤，就不能认为被侵权人有过错。因此，被侵权人是否存在故意或者重大过失，具体行为在不同的案件中的认识是不相同的。被侵权人有故意或者重大过失的，动物饲养人或者管理人不承担责任或者减轻责任，也是公平的。依笔者所见，这个说明说得并不完全清楚。笔者和王利明、张新宝教授曾经一起研究过这个条文，认为这个条文的规定是有道理的，主要的问题还是受害人故意或者过失对于损害发生的原因力问题。

事实上，之所以将减轻责任和免除责任的事由规定在一起，是因为不论被侵权人的故意或者重大过失，都有一个对损害发生的原因力的问题。例如，被侵权人对损害的发生具有故意,该故意是造成损害的全部原因,那就是免除责任的问题;同样,被侵权人对于损害的发生具有重大过失,但该重大过失的行为也是损害发生的全部原因,那也是免除责任的问题,并不因为被侵权人是重大过失而只能减轻责任。反之,如果被侵权人的故意或者重大过失只是造成损害的部分原因,不是全部原因,那就应当减轻责任,而不是免除责任。因此,上述规定不是 A 对 A、B 对 B,而是交叉相对,根据被侵权人的故意或者重大过失对于损害发生的原因力而确定。

可以确定的规则是:第一,应当根据被侵权人的故意或者重大过失对损害的发生所具有的原因力确定免责或者减轻责任。被侵权人的故意或者重大过失是损害发生的全部原因的,应当免除动物饲养人的责任;被侵权人的故意或者重大过失是损害发生的共同原因的,应当减轻赔偿责任。第二,被侵权人具有过失的,不得减轻或者免除侵权人的赔偿责任。

2. 不可抗力

《侵权责任法》在饲养动物损害责任一章没有规定不可抗力是免责事由。有的学者认为应当进行区分,动物系维持动物饲养人、管理人营业或生计所必需,遇不可抗力致使动物造成他人损害,动物饲养人或管理人已尽善良管理人的管束义务,则不应承担赔偿责任;动物非系维持动物饲养人、管理人营业或生计所必需,纵然是由于不可抗力导致动物致人损害,也不得因其已尽善良管理人的管束义务或没有过错而免除其赔偿责任。① 其他学者均不将不可抗力列为免责条件。

前述关于区别对待的主张有一定道理,但我国《侵权责任法》在饲养动物损害责任中,并未规定用益性动物和奢侈性动物的区别,更没有对其规定不同的规则。对此,笔者认为应当适用《侵权责任法》第 29 条的一般性规定,即:"因不可抗力造成他人损害的,不承担责任,法律另有规定的,依照其规定。"饲养动物损害责任应当适用这一规则。发生不可抗力造成动物损害他人的,动物饲养人或者管理人已尽管束义务,实际上是损害的发生与是否尽了管束义务没有因果关系,无须承担责任。但如果动物饲养人或者管理人确有过失的,则应当根据原因力的原理和规则,根据动物饲养人或者管理人的过失程度与不可抗力的各自原因力,适当减轻动物饲养人或者管理人的赔偿责任,而不是免除责任。不过,对于禁止饲养的烈性犬等凶猛动物造成他人损害,或者违反规定饲养动物的,即使不可抗力构成因果关系,动物饲养人或者管理人也应当对其损害承担责任,不能免责,也不能减责,因为该责任是绝对责任,不允许免责。

3. 约定免责

在动物饲养人或者管理人与驯兽员、兽医等为动物提供服务的专业服务人员之间达成协议,进行驯养、医疗、服务等活动,大多数学者认为他们系存在明示或默示的

---

① 张新宝:《饲养动物致人损害的赔偿责任》,载《法学研究》1994 年第 2 期。

免责约定,在发生饲养动物损害责任时可以免责。^① 也有学者认为应当予以区分,受害者系兽医、驯兽师、掌蹄工等特殊职业者,如果其该采取防范措施未采取而自甘风险,应责任自负,而受害人为一般人时,则动物的饲养人或管理人应当承担责任。^②

对此,《侵权责任法》没有规定,应当适用《合同法》第 53 条的规定:"合同中的下列免责条款无效:(一)造成对方人身伤害的;(二)因故意或者重大过失造成对方财产损失的。"符合该规定的免责条款应当无效。造成的伤害,如果为动物提供服务的专业服务人员属于履行工作职责中造成的损害,通过工伤保险待遇或者其他保险关系进行救济,则免责的约定是合法的;如果是一般合同关系,对为动物提供服务的专业服务人员的人身伤害,应当负赔偿责任,不能免责。

四、动物饲养人的法定义务

《侵权责任法》第 84 条规定了饲养动物的人应当遵守的法定义务,即"饲养动物应当遵守法律,尊重社会公德,不得妨害他人生活"。

对于是否规定本条,有很多反对意见,因为这不是《侵权责任法》规定的范围,"责任法"无须规定动物饲养人的法定义务。笔者认为,《侵权责任法》根据实际情况适当规定动物饲养人的法定义务,并非无必要,特别是在我国对饲养动物的管理法规并不健全,有众多违规饲养动物的实际情况下,列出饲养动物的人必须遵守的法定义务是必要的。

本条规定,动物饲养人或者管理人应当遵守的义务是:

第一,遵守法律。动物饲养人或者管理人遵守法律,最主要的是遵守关于饲养动物所应当遵守的法律和法规。对于法律,包括《侵权责任法》以及相关法律。关于法规,有饲养动物规定的专门法规、行政规章,都应当遵守,不得违反。

第二,尊重社会公德。动物饲养人或者管理人在饲养动物时,应当遵守社会公德。我国法律的社会公德相当于善良风俗的概念,也就是饲养动物不得违背善良风俗。例如,将饲养的动物领进公共场所,在饭店喂养动物,在公共浴池给动物洗澡等,都属于违反社会公德或者善良风俗的行为,应当禁止。

第三,不得妨害他人生活。行为自由的界限在于不得侵害他人的权利。按照规定饲养动物,是人的自由;但饲养动物而妨害他人生活,为法律所禁止。例如,在城市居民小区饲养公鸡,公鸡啼鸣是无法禁止的,但对小区的居民影响极大,妨害他人生活,应当禁止。养狗遛狗是可以的,但不拴狗链,不带粪袋,使狗到处便溺,也严重妨害他人生活,都属于违反法定义务的行为,应当禁止。

---

① 郭明瑞、房绍坤、唐广良:《民商法原理(三)债权法·侵权行为法·继承法》,中国人民大学出版社 1999 年版,第 490 页;张新宝:《中国侵权行为法》(第二版),中国社会科学出版社 1998 年版,第 553 页;王利明、杨立新:《侵权行为法》,法律出版社 1996 年版,第 301 页。

② 马治选:《饲养动物致人损害的民事责任探析》,载《法律科学》1996 年第 3 期。

应当注意的是,本条规定的是"饲养动物应当"遵守的法定义务,是否仅仅对动物饲养人才有此约束呢? 笔者认为并非如此。凡是动物饲养人或者管理人都应遵守上述法定义务,而不是只有动物饲养人才应遵守。

五、饲养动物损害责任的类型

《侵权责任法》第 79 条至第 82 条规定了五种具体的饲养动物损害责任。

（一）未采取安全措施的饲养动物损害责任

违反管理规定未对动物采取安全措施造成他人损害的,应当适用无过错责任原则确定侵权责任。尽管从条文的含义看,"违反管理规定,未对动物采取安全措施"本身就是过错,但应当按照管理规定饲养的动物的危险性超出第 78 条规定的一般动物的危险性,按照逻辑推论,一般饲养动物损害责任尚须适用无过错责任原则,对于危险性更为严重或者更为明显的须按管理规定饲养的动物,更应当适用无过错责任原则。既然动物饲养人或者管理人违反管理规定未对动物采取安全措施造成他人损害,就无须考察动物饲养人或者管理人的过错,直接按照无过错责任原则确定侵权责任即可。

界定违反管理规定的动物,应当根据国家法律、法规和管理规章确定。某些动物明确规定需要按照法律、法规或者规章饲养的,就属于按照规定饲养的动物。对于按照规定饲养的动物,必须按照国家的有关管理规定进行,采取必要的安全措施,防止损害他人。例如在城市饲养大型犬就是应当按照规定饲养的动物,造成他人损害,适用本条规定确定责任。

可以驯养的野生动物也属于此类动物。有一些野生动物是可以进行驯养繁殖的,有关民事主体经过有关机构的批准,经过了规定的程序,可以对允许驯养范围内的野生动物进行驯养,比如对梅花鹿、野马、天鹅等野生动物的驯养。这种可以驯养的野生动物尽管也需要按照管理规定进行饲养,由于其具有野性,危险性较大,应当适用无过错责任原则。

《野生动物保护法》鼓励对野生动物进行驯养繁殖。野生动物驯养业的发展,能够丰富药材、毛皮、肉制品、工艺品等市场,满足了社会需求,有效地保护了原生野生动物资源。从事驯养繁殖野生动物的单位和个人,须具备特定的条件:一是有适宜驯养野生动物的固定场所和必需的设施;二是具备与驯养野生动物种类、数量相适应的资金人员和技术;三是驯养繁殖野生动物的饲料有保证。而且在进行野生动物驯养时,必须向有关野生动物行政主管部门提出书面申请,办理有关野生动物驯养的证件。

驯养的野生动物由进行驯养的单位或个人作为驯养野生动物的保有者,对野生动物进行管束、驯养。因此,在驯养的野生动物致人损害时,进行驯养的单位或个人应当作为责任主体对损害承担责任。在责任的具体承担上,应当根据进行驯养的是单位还是个人承担责任情形进行区分,如果是单位驯养,则责任形态应当为替代责任形态;而如果是个人驯养,在责任形态上则是直接责任。

构成未采取安全措施的饲养动物损害责任,须按照前述饲养动物损害责任构成的一般要求进行。应当注意的是,条文规定的"违反管理规定,未对动物采取安全措施"是必要的构成要件。如果动物饲养人或者管理人对该动物已经按照管理规定采取了必要的安全措施,仍然造成了他人损害,是否构成侵权责任,值得研究。按照逻辑推论,既然本条已经规定了对此责任的要求是"违反管理规定未对动物采取安全措施",那么,未违反管理规定已经对动物采取安全措施的,就不应当对该动物造成的损害承担侵权责任。如果可以这样理解,实际上就是准许动物饲养人或者管理人能够证明自己没有过错的可以免除责任。这个理解与无过错责任原则的要求相悖,因为无过错责任原则就是不问过错的归责原则,无须侵权人具有过错。对此,应当解释为,已尽采取安全措施义务的饲养动物损害责任的,就不适用《侵权责任法》第79条,而应该依78条规定,可以减轻或者免除责任。

(二)禁止饲养的饲养动物损害责任

禁止饲养的烈性犬等动物造成他人损害的,是饲养动物损害责任中最为严格的责任,适用无过错责任原则,并且没有规定免责事由。

禁止饲养动物,在《侵权责任法》第80条中规定为"禁止饲养的烈性犬等危险动物",不能仅仅理解为只包括烈性犬,而应当理解为烈性犬等凶猛动物。这种动物应当包括两个部分:第一种,属于家畜、家禽中的凶猛动物,例如藏獒、性情暴烈的其他犬类,都属于烈性犬。在家畜家禽中具有这种性情的,应当划为此类动物。第二种是禁止饲养的野生动物,属于凶猛动物,应当适用本条规定,确定侵权责任应当适用严格的无过错责任原则,不得主张被侵权人有过错而免责。例如野猪、狼、豺、虎、豹、狮等都是禁止饲养的动物。

凡是饲养禁止饲养的凶猛动物造成损害的,应当按照无过错责任承担赔偿责任。对此,《侵权责任法》没有规定免责事由。如果受害人故意引起损害,由于动物饲养人或者管理人违反禁止饲养的规定,可以构成过失相抵,不能免除责任。受害人具有过失或者重大过失,则不为免责事由也不应当减轻责任。

(三)动物园饲养动物损害责任

动物园分为两种。一种是城市市区的动物园,另一种是野生动物园,设置在郊区或者野外的森林、山野中。动物园中饲养的动物都是经过国家批准,符合国家管理规定的动物,并且动物园均有专业的资质,符合饲养这种动物的要求。不论是城里的国家动物园,还是郊区的野生动物园,这些动物都按照国家规定饲养。

动物园饲养野生动物,必须按照法律法规的规定进行管理,以善良管理人的标准,善尽管理职责。《侵权责任法》规定动物园的饲养动物损害责任,明确规定为过错推定原则。动物园的动物造成他人损害,首先推定加害人具有过错;加害人主张自己无过错的,实行举证责任倒置,必须证明自己已经尽到管理职责。能够证明已经尽到管理职责的为无过错,免除侵权赔偿责任;不能证明者为有过错,应当承担赔偿责任。

实行过错推定原则的动物园的动物造成他人损害的饲养动物损害责任,应当具备构成饲养动物损害责任的一般构成要件,除此之外,还应当具备过失的要件。过失要件的证明采取如上的推定规则。动物园证明自己没有过失的内容,是证明自己已经尽到管理职责。能够证明者即为无过失。

(四)遗弃、逃逸饲养动物损害责任

遗弃、逃逸动物,称为丧失占有的动物,是指动物饲养人或者管理人将动物遗弃或者逃逸,而使动物饲养人或者管理人失去了对该动物的占有。例如遗弃宠物猫、狗,或者进行试验的动物逃逸而丧失占有等而形成流浪猫、狗。驯养的野生动物经遗弃或者逃逸未回归野生状态,也属于这类动物。遗弃、逃逸饲养动物损害责任适用无过错责任原则。

被遗弃的动物既包括抛弃也包括遗失动物。抛弃动物,是所有人对自己的财产权的事实处分,是对自己的财产权的抛弃,因此,对动物的抛弃就等于是抛弃了动物的所有权。既然是这样,抛弃的动物就与原所有人没有财产所有关系了。被抛弃的动物无人占有,造成他人的损害,应当由其原所有人承担民事责任。这是因为,尽管原所有人已经对该动物的所有权放弃了,但是这种损害的事实正是由于这种放弃所有权的行为造成的,因此,被抛弃的动物的原所有人应当承担损害赔偿责任。被抛弃的动物已经被他人占有的,动物的占有人在事实上已经管领了该动物,是该动物的事实上的占有人,造成损害,应当由其占有人承担民事责任。

动物遗失并不是所有人放弃了自己的权利,而是暂时丧失了对该动物的占有,所有权关系并没有变化。遗失的动物造成了他人损害,应当由动物的所有人承担侵权责任。对此,条文中并未提到,但实践中确实存在。

动物逃逸的,动物的所有权关系并没有变化,仍然属于所有权人所有。因此,逃逸的动物造成他人损害的,应当由动物的所有人或者管理人承担侵权责任。

驯养的野生动物回归自然后造成他人损害的,《侵权责任法》没有规定。驯养的野生动物被抛弃,或是遗失、逃逸,驯养的野生动物可能彻底脱离驯养人回归自然,重新成为野生动物。有的学者认为应当区分处理,由于初回野生状态的动物可能难以迅速适应新的生活,而接近人类,侵害他人的财产或人身,动物的原饲养人或管理人应承担赔偿责任。如果回复野生状态的动物适应了新的生活,与其群体一样生存栖息,动物的原饲养人或管理人则不再对其所造成的侵害负赔偿责任。[①] 笔者赞同这个意见,对于没有回归野生状态的动物,适用第83条规定的规则;回归野生状态的野生动物,则动物的原饲养人或者管理人不再承担责任。

---

① 张新宝:《饲养动物致人损害的赔偿责任》,载《法学研究》1994年第2期。

（五）第三人的过错造成的饲养动物损害责任

在饲养动物损害责任中，对于第三人过错造成的损害，如果依照《侵权责任法》第28 条规定的一般规则，应当由第三人承担侵权责任，直接加害人免除责任。但饲养动物损害责任的归责原则是无过错责任原则，动物饲养人或者管理人承担赔偿责任的基础是无过错责任，不能因为第三人的过错而免除责任。因此，《侵权责任法》第83条规定采用不真正连带责任的规则，被侵权人既可以向动物饲养人请求赔偿，也可以向第三人请求赔偿。被侵权人只能选择其中一个请求权行使，该请求权实现之后，另一个请求权消灭。按照不真正连带责任的规则，如果是向动物饲养人或者管理人行使请求权的，动物饲养人或者管理人承担的赔偿责任为中间责任，并非最终责任。在其承担了赔偿责任之后，有权向第三人追偿，第三人承担的赔偿责任才是最终责任。有过错的第三人有义务承担动物饲养人或者管理人因承担赔偿责任而造成的一切损失。

第三人过错，一般表现为：虽然是动物加害行为，但与动物饲养人或者管理人没有关系，而是由于第三人的过错所致，如第三人挑逗家犬伤人、第三人将在铁笼中圈养的动物放走而致损害等。特殊的情况是：第三人饲养的动物的原因致使动物饲养人或者管理人的动物造成他人损害，是否构成第三人过错，适用第83 条规定。对此，可以借鉴我国台湾地区"民法"第190 条第2 项规定，即："动物系由第三人或他动物之挑动，致加损害于他人者，其占有人对于该第三人或该他动物之占有人，有求偿权。"其中他动物之挑动，显然是视为第三人过错，承担不真正连带责任。这个规定是有道理的。因此，可以将他动物挑动作为第三人过错，适用第83 条规定，致害动物饲养人或者管理人与他动物饲养人或者管理人承担不真正连带责任。

【案例讨论】 >>>> >

2003 年7 月11 日早晨，浙江省某县农民郎某和两个朋友骑摩托车带着猎狗到邻县港口村一带打猎。当途经该村上脚岭路段时，郎某的一只德国种猎狗突然从摩托车上跳下，追咬该村村民张某拴在田里吃草的耕牛，撕咬耕牛的前腿和颈部，耕牛挣扎着将牛绳连同钉在地上的拴牛竹桩一同拔出，窜上公路狂奔，撞倒骑摩托车正常行驶路过的村民邱某，造成损害。邱某向法院提起诉讼，请求判令两被告张某、郎某承担赔偿责任。

讨论问题：

1. 饲养动物损害责任的基本规则是什么？

2. 本案应当适用《侵权责任法》第89 条、第90 条规定，还是第83 条规定确定侵权责任？

3. 对第三人过错引起的饲养动物损害责任采用不真正连带责任，有哪些优势和问题？

【参考文献】 >>>>   >

王利明:《侵权责任法研究》(下卷),中国人民大学出版社 2011 年版。

张新宝:《侵权责任法》,中国人民大学出版社 2010 年版。

程啸:《侵权责任法》,法律出版社 2011 年版。

张新宝:《饲养动物致人损害的赔偿责任》,载《法学研究》1994 年第 2 期。

李帅锋、岳阳:《饲养动物侵权责任的法律适用探析》,载《行政与法》2011 年第 2 期。

第二十八章 建筑物等倒塌损害 责任的法理基础

《侵权责任法》第 86 条规定："建筑物、构筑物或者其他设施倒塌造成他人损害的，由建设单位与施工单位承担连带责任。建设单位、施工单位赔偿后，有其他责任人的，有权向其他责任人追偿。""因其他责任人的原因，建筑物、构筑物或者其他设施倒塌造成他人损害的，由其他责任人承担侵权责任。"《侵权责任法》为什么会对建筑物、构筑物或者其他设施倒塌损害责任专门作出规定？作出这些规定的意图是什么？本章进行具体说明。

一、《侵权责任法》缘何特别单独规定建筑物、构筑物或者其他设施倒塌损害责任

《民法通则》对于建筑物、构筑物或者其他设施倒塌损害责任规定在第 126 条，将建筑物、构筑物或者其他设施倒塌损害责任与建筑物、构筑物或者其他设施及其搁置物、悬挂物损害责任规定在一起。在制定《侵权责任法》时，原本草案也是将这些规定在一个条文之中的，最后之所以将其分为两条，作为两种不同的物件损害责任，单独规定建筑物等倒塌损害责任，原因有五个：

第一，专家学者对地震中建筑物、构筑物或者其他设施倒塌致人损害的侵权责任特别重视，有关学者多次建议应当专门规定建筑物、构筑物或者其他设施倒塌损害责任。[①] 笔者到汶川地震灾区考察过，都江堰中学、北川中学教学楼、实验楼垮塌造成大量学生死亡，绝非只是地震的不可抗力原因所致，偷工减料、"豆腐渣"工程是其中的重要原因之一，因而心中愤愤不平，就此曾经提出过意见。[②] 学者提出规定这种物件损害责任的意见之后，全国人大法工委非常重视，于 2009 年 10 月 23 日在北京人民大会堂宾馆专门召开研讨会，研究如何规定具体规则。笔者和张新宝教授在会议上都积极支持专条规定这种物件损害责任的意见，建议直接参考最高人民法院《人身损害赔偿司法解释》第 16 条规定的构筑物管理缺陷和设置缺陷损害责任规则，因而形成了现在这个条文。

---

① 《〈中华人民共和国侵权责任法〉通过研讨会实录（一）》，http://www.civillaw.com.cn/article/default.asp? id=47544，2010 年 8 月 10 日访问。

② 杨立新：《驳"司法不宜过早介入地震民事纠纷"论》，载《法制日报》2008 年 6 月 15 日。

第二，在《国家赔偿法》修订中，决定不规定国有公共设施管理缺陷、设置缺陷损害责任，《侵权责任法》不得不规定相关条文，以解决这种侵权责任的法律适用规则。恰好，规定建筑物、构筑物或者其他设施倒塌损害责任能够涵盖国有公共设施管理缺陷或者设置缺陷损害责任，将国有建筑物、构筑物或者其他设施特别是不属于建筑物的构筑物等国有建筑物、构筑物或者其他设施归之于"其他设施"之中，一并解决法律适用问题。这样做的好处是，既不用单独规定国有公共设施管理缺陷或者设置缺陷损害责任，又能够解决其法律适用问题，并且一揽子解决了所有的建筑物、构筑物或者其他设施倒塌造成损害的侵权责任问题，是一个非常简洁又非常管用的立法方法。

第三，最高人民法院在《人身损害赔偿司法解释》第16条专门规定构筑物设置缺陷或者管理缺陷损害责任分别承担连带责任和替代责任，其主要目的在于弥补《国家赔偿法》没有规定国有公共设施致人损害责任的缺陷。该条文发生法律效力之后，在司法实践中的操作效果很好，很能解决问题，有必要移植到《侵权责任法》中来，作为法律规则作出规定。

第四，在上海发生"楼倒倒"事件之后，社会各界广泛关注①，立法机关也非常重视。"豆腐渣"工程在住宅楼建设中并非罕见现象，如何追究建设单位和施工单位的责任，是《侵权责任法》必须解决的问题。

第五，从法律渊源上，自罗马法开始就有物件损害的准私犯制度。《法国民法典》第1386条专门规定："建筑物的所有人，对建筑物因维修不善，或者因建筑缺陷、塌损造成的损害，负赔偿责任。"法国司法经验认为，建筑物倒塌不仅应理解为建筑物的完全塌毁，而且应理解为整个建筑的部分毁损，或者其一部发生毁坏，或者与建筑物结成一体的动产和不动产的构件毁损。②《德国民法典》第836条规定："（1）因建筑物或者其他附着于土地的工作物倒塌，或因建筑物或工作物的部分脱落，致使某人死亡，或某人的身体或健康受到伤害，或物被损坏的，只要倒塌或脱落系因建造有瑕疵或维护不足所致，土地的占有人就有义务向受害人赔偿因此而发生的损害。占有人以避开危险为目的而尽了交易上必要的注意的，不负赔偿义务。（2）倒塌或脱落是在土地的前占有人的占有结束后一年以内发生的，土地的前占有人就损害负责任。但前占有人在其占有期间尽了交易上必要的注意，或后占有人本可因尽此注意而避开危险的除外。"这些立法经验也是《侵权责任法》规定本条的来源。

正由于上述原因，立法机关决定在《侵权责任法》第85条中，将建筑物、构筑物以及其他设施倒塌责任抽出来，第85条只保留建筑物、构筑物或者其他设施及其搁置物、悬挂物剥落、坠落的物件损害责任，专门规定第86条。据此可以看出，《侵权责任

---

① 2009年6月27日，上海"莲花河畔景苑"一幢在建的13层7号楼整体倒覆，致一名作业工人当场被压死亡。《上海倒楼7个责任人被批捕》，载家居网，http://news.fdc.com.cn/lsdt/242831.htm，2015年10月3日访问。

② 《法国民法典》（下册），罗结珍译，法律出版社2005年版，第1114—1115页。

法》第 86 条在法律规范上有三个来源：一是《民法通则》第 126 条的部分内容；二是《国家赔偿法》应当规定而没有规定的国有公共设施损害责任；三是最高人民法院《人身损害赔偿司法解释》第 16 条规定的构筑物管理缺陷与设置缺陷损害责任的规定。

在理解和适用本条规定时，应当掌握上述立法缘由和法律规范来源，保证准确适用法律，特别是对国有公共设施管理缺陷或者设置缺陷倒塌损害责任的法律适用问题，应当纳入第 86 条之中，以更好地保障社会环境的安全，保护被侵权人的合法权益。因为在现代社会，国家大力加强文化、教育、经济等方面建设，增进人民福利，建筑物、构筑物或者其他设施日益增多，但危险相随而来，公民因国有建筑物、构筑物或者其他设施的缺陷而受损害的案件不断发生。国家立法和民法理论将上述两种责任严格区分开来，将国家作为国有建筑物、构筑物或者其他设施造成损害责任的责任主体，并适用与推定过失责任不同的无过错责任原则，加重了责任主体的责任，更有利于保障公民的民事权利。同时，对于督促国家行政机关对设置和管理国有建筑物、构筑物或者其他设施恪尽职守，善尽注意义务，促进国家文化、教育等公共福利事业的不断发展，具有重要意义。我国立法没有将国有建筑物、构筑物或者其他设施管理缺陷或者设置缺陷损害责任规定为国家赔偿责任，其实对保护受害人的利益是有好处的，因为《国家赔偿法》规定的程序和赔偿标准并不利于维护受害人的利益。

二、建筑物、构筑物或者其他设施倒塌损害责任的归责原则和构成要件

（一）建筑物等倒塌损害责任的归责原则

建筑物、构筑物或者其他设施倒塌损害责任适用过错推定原则，不适用过错责任原则和无过错责任原则。有的学者认为，《侵权责任法》第 86 条没有明确规定过错的要求，因此，应当是无过错责任原则。笔者不同意这种意见。在 2009 年 10 月 23 日的专题研讨会上对此进行了讨论，主要理由是：第一，建筑物等倒塌损害责任是物件损害责任，不是高度危险责任，按照传统，它应当遵循物件损害责任的一般规则，而物件损害责任的一般规则应当是过错推定原则。第二，建筑物等倒塌损害责任也不适用产品责任，从某种意义上说，建筑物等也是产品，但通常认为建筑物、构筑物或者其他设施等不动产不认为是产品，不适用产品责任，因此，也不能适用无过错责任原则。第三，建筑物等倒塌损害责任的法律来源是《民法通则》第 126 条以及《国家赔偿法》。《民法通则》第 126 条公认为过错推定原则①，最高人民法院《关于民事诉讼证据的若干规定》第 4 条第 1 款对此有明确规定；而《国家赔偿法》规定的国家赔偿责任通常是过错推定原则。第四，《侵权责任法》第十一章规定的物件损害责任统一适用过错推定原则（只有第 87 条规定的高空抛物损害责任除外），与其最为相似的第 85 条规定的建筑物、构筑物或者其他设施及其搁置物、悬挂物损害责任，也是如此。因此，认为

---

① 张新宝：《侵权责任法原理》，中国人民大学出版社 2006 年版，第 311 页。

建筑物等倒塌损害责任适用无过错责任原则的理由并不充分。

（二）建筑物等倒塌损害责任的构成要件

构成建筑物、构筑物或者其他设施倒塌损害责任,须具备以下要件:

1. 造成损害的物件须为建筑物、构筑物或者其他设施

建筑物、构筑物或者其他设施倒塌损害责任不是侵权人直接实施的行为所致损害,而是由物件所致损害。其造成损害的物为建筑物、构筑物或者其他设施。

建筑物、构筑物或者其他设施,是指为自己、他人使用或者公共使用目的而建筑或者构筑的不动产。建筑物,是民用或者公用的房屋、写字楼、商厦等建筑物。构筑物以及其他设施,包括道路、桥梁、隧道、堤防、渠堰、上下水道、纪念碑馆、运动场馆、公园、名胜古迹等一切构筑物。设施应当包括其附属设备,例如,道路应包括护路树、路灯、涵洞等,纪念碑应包括围栏、台阶等。按照法国法的经验,简单地伫立于地,仅用支架支撑的栏栅,不是建筑物。①

2. 建筑物、构筑物或者其他设施须为建设单位或者施工单位以及其他责任人建造或管理

建筑物、构筑物或者其他设施必有其建造者,包括建设单位或者施工单位,在造成损害时,其所有人或管理人就是赔偿责任主体。按照《民法通则》第126条的规定,对建筑物、构筑物或者其他设施倒塌造成他人损害仅仅追究所有人、管理人的侵权责任,却不追究建设单位和施工单位的责任,是不公平的。因为这种损害往往是由建设单位和施工单位的设置缺陷所致,法律未规定其责任就会使其逃避法律责任追究。例如,在居民小区中,建筑物区分所有人对房屋享有所有权,是所有人;房屋倒塌造成他人损害,其实与建筑物区分所有权人即业主没有关系,他倒是受害者。因此,法律应当将建设单位和施工单位等作为侵权责任主体作出规定。

是否应当对设计单位进行责任追究? 在专题研讨会上对此有过讨论,基本的意见有两种,一是认为设计单位可以被认定为施工单位,即施工单位中包括建造单位和设计单位,也包括监理单位;二是施工单位不能包括设计单位,设计单位以及监理单位应当认定为第86条中规定的"其他责任人"。对此,笔者持后一种意见。

上述建设单位或者施工单位,以及所有人、管理人或者使用人对建筑物、构筑物或者其他设施负有设置、管理的高度注意义务。在德国法上规定的"尽了交易上必要的注意",就是说的这种注意义务。设置,是指对建筑物、构筑物或者其他设施的设计、建造、施工和装置,其对象,系指建筑物、构筑物或者其他设施的有体物本身,而不包括人。管理,是指建筑物、构筑物或者其他设施在设置后的维护、保养、修缮及保管,其管理的对象,亦专指对建筑物、构筑物或者其他设施的管理,不包括对人的管理。所有人、管理人以及建设单位、施工单位对建筑物、构筑物或者其他设施的设置

---

① 《法国民法典》(下册),罗结珍译,法律出版社2005年版,第1114页。

和管理负有的高度注意义务,应当以对建筑物、构筑物或者其他设施的设计、建造、施工和装置,对维护、保养、修缮和保管,以善良管理人的注意为标准组织进行。

3. 对建筑物、构筑物或者其他设施的设置和管理须有缺陷而倒塌

建筑物、构筑物或者其他设施倒塌造成他人损害的原因,为设置缺陷或者管理缺陷。缺陷通常指一种不完全、不完备的状态,是一种不合理的危险。设置缺陷和管理缺陷,是指建筑物、构筑物或者其他设施设置和管理上的不完全、不完备的状态,因而致该建筑物、构筑物或者其他设施缺少通常应具备的安全性。按照《德国民法典》规定,就是"建筑有瑕疵或维护不足"。[①] 设置缺陷,是指建筑物、构筑物或者其他设施在设置时,即已存在设计不良、位置不当、基础不牢、施工质量低劣等不完备的问题,致使建筑物、构筑物或者其他设施的设置存在不合理的危险和不安全性的缺陷。管理缺陷,是指建筑物、构筑物或者其他设施在设置后,存在维护不周、保护不当、疏于修缮检修等不完善的问题,使建筑物、构筑物或者其他设施不具备通常应当具备的安全性,存在不合理的危险。

确定设置和管理缺陷,通常采用客观标准,认为对设置管理缺陷应当进行客观判断,唯以不合理危险的存在、不安全状态的存在为标准,至于其产生原因如何,及设置者、管理者有无故意、过失,均不过问。根据这一标准,检验建筑物、构筑物或者其他设施是否具有缺陷,强调其是否具备通常应有的安全性。凡不具备通常应有的安全性,即可认定设置缺陷或者管理缺陷。这种标准,有利于保护受害人的合法权益,有利于区别建筑物等倒塌损害责任与建筑物、构筑物或者其他设施及其搁置物、悬挂物损害责任的区别,即第85条规定的责任不须具备缺陷的要件,而第86条规定须具备缺陷要件。

证明设置缺陷和管理缺陷,应当由请求损害赔偿的被侵权人负举证责任。由于损害事故发生后,要具体证明缺陷的存在颇为不易,而且与保护被侵权人的立场相悖,故日本学者主张采"初步推定"理论,即于损害事故发生时,先推定管理缺陷或者设置有缺陷的存在。[②] 如果设置人和管理人认为不存在设置缺陷或者管理缺陷,则须举证证明,以推翻该项推定始可免责。对此,《侵权责任法》第86条并没有规定,但根据法理是可行的,因此,在司法实践中可以根据具体情况,能够借鉴这种学说处理缺陷证明,应当谨慎。在通常情况下,建筑物等存在设置缺陷或者管理缺陷,应当进行鉴定,特别是设置缺陷,没有鉴定难以确定。前述主张其实涉及的是谁负责提出责任鉴定结论的问题。笔者认为,原则上应当由原告提供,除非有特别的必要,否则不能要求被告提供该证据。

《侵权责任法》第86条规定的物件损害责任,单指建筑物、构筑物和其他设施倒

---

① 《德国民法典》第836条第1款规定,陈卫佐译,法律出版社2006年版,第310页。
② 曹竞辉:《国家赔偿立法与案例研究》,台湾三民书局1991年版,第172、179页。

塌,并不包括其他情况,因其他情况引起的损害,应当适用第 85 条规定。倒塌,参照法国法的经验,包括全部倒塌、部分倒塌(例如建筑物的护栏倒塌)、与建筑物结成一体的动产或不动产构建毁损等,都属于建筑物等倒塌。[1]

4. 建筑物等须因设置、管理缺陷倒塌而造成他人人身或财产损害

损害事实,是一切侵权责任的必备要件,构成建筑物、构筑物或者其他设施造成损害责任,同样须具备这一要件。构成赔偿责任,应以他人的人身损害和财产损害为限;法人受到财产损害的,也应当包含其中。在一般情况下,建筑物、构筑物或者其他设施设置缺陷或者管理缺陷所造成的损害限于人身或财产的损害,不会造成其他诸如自由、名誉、姓名乃至债权、无体财产权的损害,损害事实不应扩大。如建筑物部分倒塌致使他人被压而行为受限制,即认为属于侵害人身自由权,请求适用建筑物、构筑物或者其他设施倒塌造成损害的赔偿责任,显系不当。

建筑物、构筑物或者其他设施致倒塌造成他人人身、财产损害,二者之间应有因果关系。建筑物、构筑物或者其他设施设置缺陷或管理缺陷,须是人身、财产损害发生的原因,而人身、财产损害的发生须为建筑物、构筑物或者其他设施设置、管理缺陷倒塌所引起的结果。其因果关系的链锁为:建筑物、构筑物或者其他设施的设置、管理缺陷构成建筑物、构筑物或者其他设施的危险性,该种危险性转化成现实建筑物等倒塌,进而造成了他人人身、财产的损害。所应注意的是,在这一因果关系的链锁中,缺陷可能是损害发生的唯一原因。这时,构成赔偿责任。当缺陷不为唯一的原因,缺陷与台风、地震、洪水等自然事实以及第三人的行为或被害人自己的行为相结合而发生损害的结果的,建设单位或者施工单位以及所有人、管理人或者使用人仍应负损害赔偿责任。[2] 唯有自然事实与他人或被害人行为参与因果关系的链锁之中,形成损害发生的共同原因。对此,仍构成侵权责任,但应依照过错程度和原因力规则,受害人的行为为共同原因者,应依《侵权责任法》第 26 条过失相抵原则,减轻赔偿责任;建筑物等设置缺陷或者管理缺陷与自然原因相结合而发生损害者,则应依据原因力规则确定应当承担的责任。

5. 建设单位施工单位和其他责任人须有过失

构成建筑物等倒塌损害责任,责任主体应当有过失。该种过失的判断标准,应当是建设施工中违反高度注意义务的不注意心理状态,通常不是故意所为。认定过失,应当采推定形式,参照最高人民法院《关于民事诉讼证据的若干规定》第 4 条第 1 款第 4 项关于"建筑物或者其他设施以及建筑物上的搁置物、悬挂物发生倒塌、脱落、坠落致人损害的侵权诉讼,由所有人或者管理人对其无过错承担举证责任"的规定

---

[1]　以上是法国最高法院的解释,见《法国民法典》(下册),罗结珍译,法律出版社 2005 年版,第 1114—1115 页。

[2]　刘春堂:《国家赔偿法》,台湾三民书局 2007 年版,第 55 页。

处理。

具备上述五项要件,构成建筑物、构筑物或者其他设施设置、管理缺陷倒塌造成他人损害的赔偿责任。

三、建筑物、构筑物或者其他设施倒塌损害责任的承担

(一)责任主体和责任承担

建筑物、构筑物或者其他设施倒塌损害责任的主体,包括以下问题需要研究:

1. 设置缺陷的赔偿责任主体

《侵权责任法》第86条第1款规定的责任,是建筑物等设置缺陷责任。建筑物、构筑物或者其他设施设置缺陷损害责任的责任主体,法律明确规定是建设单位和施工单位。责任形态应当由建设单位和施工单位承担连带责任,至于他们之间各自应当如何负责,应当按照《侵权责任法》第13条和第14条规定的连带责任的规则进行。

第86条第1款后段规定了"其他责任人"作为责任主体,应当包括设计单位、监理单位以及其他对设置缺陷负有责任的单位。如果造成建筑物、构筑物或者其他设施的设置缺陷引起倒塌并非建设单位、施工单位过错所致,而是由设计单位、监理单位等其他责任人的过错所致,则应当首先由建设单位、施工单位承担连带责任;建设单位、施工单位赔偿后,有权向其他责任人追偿,其责任形态是先付责任。

2. 管理缺陷的赔偿责任主体

建筑物、构筑物或者其他设施倒塌是由管理缺陷所致,《侵权责任法》第86条没有明确规定,该条第2款规定的是"因其他责任人的原因,建筑物、构筑物或者其他设施倒塌造成他人损害的,由其他责任人承担侵权责任"。"因其他责任人的原因"就是指的管理缺陷。这里的"其他责任人"与本条第1款的"其他责任人"的含义并不相同。第1款规定的"其他责任人"是指建设单位和施工单位之外的第三人,类似于《侵权责任法》第44条规定的"第三人"概念;而第2款规定的"其他责任人"是指建筑物等管理缺陷的责任人,不包括建设单位和施工单位的责任人。管理缺陷的责任主体在通常情况下应当是建筑物、构筑物或者其他设施的所有人或者管理人以及使用人,所有人、管理人或者使用人对由于自己的过错造成的管理缺陷,并因此导致建筑物等倒塌,造成他人损害后果,应当承担赔偿责任,其责任形态是不真正连带责任。

3. 有关责任主体的具体情况

在实践中,有以下两个具体问题需要确定责任主体:

第一,同一建筑物、构筑物或者其他设施的设置、管理并非由同一人进行,原则上由造成缺陷的一方或数方为赔偿责任主体。建筑物等设置缺陷造成损害而倒塌造成损害,应由设置人即建设单位和施工单位为赔偿责任主体。建筑物等因管理缺陷倒塌造成损害,则由所有人、管理人或者使用人为责任主体。在设置缺陷,依照法律规定为连带责任;在管理缺陷,第86条第2款没有规定为何种责任形式,仅仅提到"有

其他责任承担侵权责任"。究竟应当如何承担,应当借鉴第85条规定,即"所有人、管理人或者使用人承担侵权责任",有其中一方的过错引起的倒塌造成损害,实行不真正连带责任,被侵权人可以主张其中任何一方承担责任,承担了赔偿责任的一方如果是中间责任,则有权向其他责任人追偿。如果所有人、管理人或者使用人都有过错的,则应当承担连带责任,最终责任按照过错程度和原因力确定。

第二,如果无法区分建筑物等倒塌造成的损害系由管理缺陷抑或设置缺陷所致,则应视为共同缺陷所致,设置者(建设单位和施工单位)与管理者(所有人、管理人或者使用人)均为赔偿责任主体,共同连带承担赔偿责任,借鉴关于共同危险行为承担连带责任的规则确定责任。如果建筑物、构筑物或者其他设施的缺陷既可认为是设置缺陷,又可认定为管理缺陷,而设置管理人又不同者,两者均为赔偿责任主体。

第三,在因设置缺陷造成损害,过错在于其他责任人(即第三人)的,实行的是单向连带责任,即被侵权人首先只能向建设单位和施工单位请求承担连带责任,在其承担了赔偿责任之后,有权向其他责任人追偿。这种设计的指导思想在于更好地保护被侵权人的权益,使其能够尽快得到救济。但是有人认为,这样的规定反倒不利于保护被侵权人,原因在于如果建设单位和施工单位不具有赔偿能力,又不能直接向其他责任人请求赔偿,岂不是使被侵权人吃亏?这种索赔僵局的破解,是准许被侵权人对其他责任人行使请求权,以满足自己的损害赔偿权利,当然可以向其他责任人直接请求赔偿。这样的理解,同样适用于《侵权责任法》第44条规定的运输者、仓储者等第三人的产品责任。

第四,建筑物、构筑物或者其他设施倒塌造成损害后,设置人或管理人发生变更、消灭的,应由承受其业务的人为赔偿责任主体。如果责任主体是法人,发生合并、分立、撤销的情况,并不能消灭其赔偿责任和受害人的赔偿权利,对此,都应由承受该业务的人作为赔偿责任主体。如果该法人被撤销以后,没有承受其业务的人,则以其上级主管单位为赔偿责任主体。这样,可以确保受害人请求赔偿权利的实现,使其受到侵害的权利得以恢复。

(二)免责事由

《物权法》第86条没有规定建筑物、构筑物或者其他设施倒塌损害责任的免责事由,但这不意味着这种侵权责任没有免责事由。既然建筑物等倒塌损害责任是过错推定原则,它就应当适用侵权责任的一般免责事由。因此,可以适用于建筑物等倒塌损害责任的免责事由有以下几点:

1. 已尽防止损害发生的注意义务

如果建筑物、构筑物或者其他设施设置、管理纵有缺陷,但能证明防止损害的发生已尽相当注意的,则不负赔偿责任。如道路、桥梁的损坏虽未修护,但已进行适当遮拦或竖立警告标志,则对于尔后违反禁止性规定继续使用而受有损害者,不负损害赔偿责任。^① 亦有学者反对这种主张,认为该种赔偿责任采无过失赔偿主义,应当无条件地负起损害赔偿责任。负有赔偿义务之机关并不得以"曾为防止损害已善尽其注意"为借口,而推卸责任。^② 对此,我倾向于采纳前一种主张,皆因过错责任原则使然。对此,可以借鉴《德国民法典》第 836 条第 2 款的规定。

2. 不可抗力

不可抗力作为建筑物、构筑物或者其他设施倒塌损害责任的免责事由,为绝大多数学者所主张,并为司法实务所采用。因此,应当适用《侵权责任法》第 29 条规定的一般规则,当不可抗力为造成损害的全部原因时,应当免除建设单位、施工单位的责任,以及所有人、管理人和使用人的责任。当自然原因与缺陷结合而造成损害时,应当区分一般的自然原因和不可抗力。单纯由不可抗力而致损害,纵使建筑物、构筑物或者其他设施有一般缺陷,仍然可以免责;建筑物、构筑物或者其他设施有重大缺陷,又加不可抗力的原因造成损害,仍构成该种赔偿责任,如发生地震,无缺陷之建筑物、构筑物或者其他设施并未毁损造成损害,而有缺陷的建筑物、构筑物或者其他设施倒塌致人损害,则应予赔偿,不得以不可抗力为由免责。但应依不可抗力的原因力,减轻责任主体的赔偿责任。

3. 受害人故意或者过失

建筑物、构筑物或者其他设施倒塌造成损害,如果是由受害人的故意引起,应当按照《侵权责任法》第 27 条规定,免除责任。受害人具有过失而不是故意,如果该过失是建筑物、构筑物或者其他设施倒塌造成损害的全部原因,也应当免除建筑物、构筑物或者其他设施建设单位或者施工单位以及管理人的赔偿责任,例如独栋别墅没有地下室,所有权人在底下挖掘地下室,破坏了承重结构,致使房屋倒塌造成损害,则建设单位和施工单位不承担责任;如果为被侵权人过失与设置缺陷或者管理缺陷为损害发生的共同原因,则应当按照《侵权责任法》第 26 条规定,实行过失相抵。

4. 第三人原因

建筑物、构筑物或者其他设施倒塌致人损害,如果是第三人的原因引起的,建筑物、构筑物或者其他设施的建设单位或者施工单位,以及所有人、管理人或者使用人能够证明自己没有过错,或者建筑物、构筑物或者其他设施不存在设置缺陷或者管理缺陷,则应当适用《侵权责任法》第 28 条规定,由第三人承担责任。这个第三人,不包括第 86 条第 1 款的其他责任人,是指建设单位和施工单位以及所有人、管理人或者使用人以及其他责任人之外的第三人,对于第 1 款和第 2 款的范围都适用。

---

① 曾竞辉:《国家赔偿立法与案例研究》,台湾三民书局 1991 年版,第 181—182 页。
② 刁荣华主编:《最高法院判例研究》(上册),台湾汉林出版社 1983 年版,第 19 页。

四、地震中建筑物、构筑物或者其他设施倒塌损害责任的确定

(一)地震中建筑物、构筑物或者其他设施倒塌损害责任的性质

地震作为不可抗力的一般免责事由,其法律后果之一是免除造成损害的行为人的侵权责任。对此,《侵权责任法》第29条有明确规定。在地震中,大量建筑物、构筑物或者其他设施倒塌造成了遇害者严重的人身损害后果,在一般情况下,如果该损害没有其他原因介入,仅仅是因地震原因所致,应当免除建设单位和施工单位的责任。

但是,如果地震中建筑物、构筑物或者其他设施倒塌造成损害,并不是地震为唯一的原因所致,或者主要不是由于地震的原因所致,而是"豆腐渣工程"即建筑物、构筑物或者其他设施的设置缺陷所致,地震就不是或者不完全是造成损害的免责事由,建设单位和施工单位也构成侵权责任,只不过是应当减轻责任的问题。因此,建筑物、构筑物或者其他设施在地震中倒塌造成损害的侵权责任究竟应当如何适用法律,颇值得研究。

地震中建筑物、构筑物或者其他设施倒塌造成损害责任的性质是比较复杂的。地震中建筑物、构筑物或者其他设施倒塌造成损害的侵权责任,虽然不直接适用产品责任规则,但确实有借鉴产品责任性质的可能性,第86条第1款规定建设单位和施工单位应当承担连带责任,就是一个明确的证明。确定建设单位和施工单位是否承担连带责任,不是房屋倒塌的基本事实是否存在(因为即使是房屋倒塌造成损害,也会由于不可抗力而免除责任),而是倒塌的建筑物等的建造是否存在设置缺陷。如果倒塌的建筑物、构筑物或者其他设施存在设置缺陷,该建筑物等又在地震中倒塌造成损害,既存在建设单位和施工单位承担侵权责任的基础,也有适用不可抗力的可能性,形成侵权责任的共同原因。因此,在这种情况下,地震中建筑物、构筑物或者其他设施倒塌损害责任的性质,是共同原因所致的侵权责任。

(二)确定建筑物、构筑物或者其他设施倒塌责任应适用原因力规则

确定建筑物、构筑物或者其他设施倒塌致害的赔偿责任,必须依照原因力规则确定责任。原因力是在造成同一个损害结果中具有两个以上的原因,各个不同的原因对于损害的发生或者扩大所发生的作用力。在地震中建筑物、构筑物或者其他设施倒塌造成损害,地震是造成损害的一个原因,建筑物、构筑物设置缺陷是造成损害的另一个原因,就构成了损害发生的共同原因。

在共同原因造成同一个损害中,确定责任人的原因行为造成损害的赔偿责任问题,必须依据其原因的作用力,将责任分别归属于不同原因。地震是造成损害的原因,但建筑物等的设置缺陷也是致害原因之一的,应当计算各自的原因力,确定建筑物等设置缺陷造成损害的责任人承担适当的侵权责任;对于地震造成损害的原因,免除行为人的这部分责任。至于赔偿责任的分担,如果地震是损害发生的主要原因,则建筑物倒塌的责任人承担次要责任;如果原因力相当,则应当承担50%的责任;如果

地震是次要原因,则责任人应当承担主要责任。

【案例讨论】 »»»   ›

案情:

在汶川地震中,北川中学和都江堰中学都有教学楼垮塌造成数百名学生死亡的情形,并非只是地震这单一原因,主要原因是建筑物质量缺陷。受害学生家长向法院起诉,法院均不予受理。

讨论问题:

1. 建筑物、构筑物以及其他设施倒塌损害责任,为什么要分成设置缺陷和管理缺陷两种损害责任类型?

2. 设置缺陷与管理缺陷的责任承担规则有何不同?

3. 建筑物倒塌损害责任与不可抗力竞合,应当怎样确定侵权责任?

【参考文献】 »»»   ›

王利明:《侵权责任法研究》(下卷),中国人民大学出版社 2012 年版。

张新宝:《侵权责任法》(第二版),中国人民大学出版社 2010 年版。

杨立新:《侵权责任法》(第二版),法律出版社 2012 年版。

杨立新:《驳"司法不宜过早介入地震民事纠纷"论》,载《法制日报》2008 年 6 月 15 日。

程啸:《侵权责任法》,法律出版社 2011 年版。

王竹:《侵权责任法疑难问题专题研究》,中国人民大学出版社 2012 年版。

第二十九章　消费欺诈行为及侵权责任承担

在网络交易中,有一股与网络交易信用欺诈行为相似的逆流在迅速蔓延,它破坏网络交易的正常秩序,严重危害网络交易的健康发展。这股逆流就是消费欺诈行为。[①] 究竟应当怎样认定包括网络消费欺诈在内的消费欺诈行为的性质,如何对其适用法律并予以民法制裁,保护被欺诈的合法经营者,目前并无明确见解,致使消费欺诈行为肆意泛滥,被欺诈者忍气吞声,而无妥善治理办法。对此,侵权责任法应当负起责任来。本章就此进行研究,提出对消费欺诈尤其是网络消费欺诈适用法律的意见及理论依据。

一、消费欺诈与网络消费欺诈的兴起与发展

(一)传统交易中消费欺诈行为的肇兴

在传统交易中最早兴起的消费欺诈,是随着《消费者权益保护法》规定的惩罚性赔偿责任的实施而带来的一个副产品。1994年1月1日开始实施该法,陆续出现了王海、丘建东等对经营者实施的商品欺诈、服务欺诈进行知假买假的打假活动,对于净化交易市场,打击经营欺诈行为起到了一定的作用,尽管争议较大,但社会还是认可的,笔者也写过文章予以支持。[②]

随着知假买假打假活动的持续进行,另有一些人借机在消费领域故意制造商品欺诈或者服务欺诈的假象,索取惩罚性赔偿金以获利,形成了消费欺诈之风。笔者最早接触的消费欺诈行为,是在中央电视台"今日说法"栏目中点评的两个案件。一是,一名"消费者"在商场购买中国加工的法国品牌西服,要求售货员在购物发票上注明为"法国原产",随后向法院起诉该商场售假,主张双倍赔偿。二是,一名"消费者"购买一个超大的欧洲品牌、中国加工的浴盆,亦要求售货员开具欧洲原产的购物发票,随后也向法院起诉主张双倍赔偿。这两个案件均被法院判决驳回诉讼请求。

---

① 本书使用网络消费欺诈概念,是消费欺诈概念的下属概念。但由于两个概念仅在于发生环境的不同,因而在指称消费欺诈的论述中,原则上也适用于一般的消费欺诈。

② 参见杨立新:《"王海现象"的民法思考——论消费者权益保护中的惩罚性赔偿金》,载《河北法学》1997年第5期;《关于服务欺诈行为惩罚性赔偿金适用中的几个问题——兼评丘建东起诉的两起电话费赔偿案》,载《河南省政法管理干部学院学报》1998年第2期。

在《消费者权益保护法》未修订之前，"退一赔一"的惩罚性赔偿就已经对非法牟利者具有极大诱惑力。该法修订后，大幅度提高惩罚性赔偿的倍数，对违法者的诱惑力明显增大。正像欧洲侵权法禁止惩罚性赔偿的意见那样：尽管惩罚性赔偿"可以用于维护整个社会的良好状态"[1]，因为被告对原告的加害行为具有严重的暴力、压制、恶意或者欺诈性质，或者属于任意的、轻率的、恶劣的行为，法院可以判决给原告超过实际财产损失的赔偿金[2]；但是，侵权损害赔偿的原则是"等价赔偿"或"填平式赔偿"，侵权人的赔偿额应与受害人的受损程度"持平"，而赔偿超出损失的范围，就会引导人们故意造成损害而追求超出损失的赔偿。因而在立法上，坚定不移地反对惩罚性赔偿责任，有些欧洲国家的法院甚至拒绝执行国外的特别是美国的责令本国被告赔付惩罚性赔偿金的判决。[3] 在我国的交易中出现消费欺诈行为，刚好佐证了这种意见的预见性。

（二）网络消费欺诈行为的发展

在网络交易兴起之时，消费欺诈行为人"转战"到网络交易平台，大规模的网络消费欺诈行为兴起，对网络交易秩序和网络交易安全造成严重威胁。

在网络交易中，消费欺诈行为与原来的故意"制"假，逐渐转变为通过抠字眼、钻法律漏洞，进而成百上千地起诉同一类案件，以获取高额的惩罚性赔偿金。被称为"职业打假人"的消费欺诈行为人主要就重要的食品、化妆品等产品，抠出涉及"假"的因素，起诉索赔惩罚性赔偿金。例如，抓住商品宣传中的绝对化字眼，如"顶级""最佳"等，认为属于夸大、虚假宣传，依据《侵害消费者权益行为处罚办法》第 5、6、16 条规定构成欺诈，按照《消费者权益保护法》第 55 条索取 3 倍的惩罚性赔偿[4]；抓住商品的标识、标注、执行标准等错误，如普通红枣错误使用免洗红枣的标准，认为是不安全食品；部分商品未标注、少标注限用人群/限用量，认为是不安全食品，索赔 10 倍的惩罚性赔偿[5]；抓住低单价的手机壳、文具、杯具等小商品，以产品不标注厂名、厂址和合格标准等，构成三无产品为由，一次起诉百余起，要求最低赔偿 500 元，并以此对经营者进行恐吓，大多经营者会因赔偿金额不高而妥协。

以职业打假为名的消费欺诈行为越来越多，近年来提起诉讼案件的上升趋势十分明显。自 2005 年至 2013 年，这类起诉案件相对平稳，但自 2014 年以来，案件数处

---

① 参见〔奥〕赫尔穆特·考茨欧、瓦内萨·威尔科克斯主编：《惩罚性赔偿金：普通法与大陆法的视角》，窦海洋译，中国法制出版社 2012 年版，第 219 页。

② See Bryan A. Garner, *Black's Law Dictionary*, West Group Publishers, 2009, p.513.

③ 参见〔奥〕赫尔穆特·考茨欧、瓦内萨·威尔科克斯主编：《惩罚性赔偿金：普通法与大陆法的视角》，窦海洋译，中国法制出版社 2012 年版，第 87、128、129 页。

④ 见关某某向广州市越秀区法院提出的起诉状，主张商品标注"极品"，是《广告法》规定禁用词汇，属于对商品的歪曲描述，构成欺诈，对销售者索要三倍的惩罚性赔偿金。

⑤ 见邱某某向杭州市余杭区法院提出的起诉状，主张销售者出售的人参红枣茶，未标准限用人群，认定构成不安全食品，要求网络销售者和网络交易平台提供者承担十倍的惩罚性赔偿责任。

于十余倍的猛增态势。

（三）消费欺诈行为的特点

近年来的消费欺诈行为特别是网络消费欺诈行为的主要特点是：

第一，专业人员集中借机实施消费欺诈行为。低投入高产出的回报和操作的便利性，使得愈来愈多的专业人员"跨界"打假，获取高额的惩罚性赔偿。

第二，普通群众受打假高额索赔获利的影响，亦通过类似方式获取高额利益。目前全国共有职业"维权"的QQ群两千余个，每个群的人数多则上千，少则数百，相互保持信息的高度互联、互通，一旦发现某个网络店铺的交易有可乘之机，便群起而攻之。在"打假群""京东淘宝打假群""食品药品打假群"等，铺天盖地的都是"我后天干一次试试，如果可以，准备在全国找联盟者，钱途无量""本来能赢实体的，但被一些人搞砸了，只能打个程序，要求确认答复的形式违法""号外号外，刚才收到我一哥们消息，大家可以多去1号店打假，打假不成功也可以威胁1号店退货"的蛊惑性言辞。所谓的"打假"竟然成了消费欺诈行为人的狂欢，而合法经营者在此攻击之下，竟无还手之力，亦无还手之策。

第三，被打假的商家转型职业打假，进行消费欺诈。有一些被职业打假者打怕了的商家，无力或者无法继续正当经营，竟然受到诱惑，"转型"专职进行消费欺诈。更有甚者，在目前的所谓打假团体中，竟然有法律工作人员组成的团队，刻意指导规避法律，进行消费欺诈。消费欺诈的恶性循环，进一步加剧了网络交易秩序的混乱，侵害合法经营者的权益，对国家实体经济造成严重影响。

第四，借助国家机关实现消费欺诈目的。消费欺诈行为人的基本步骤，是"购买—联系商家赔偿—举报—行政复议—诉讼"，多方面对网络销售者、服务者施压，将国家机关诸如工商管理机构、食药管理机构、法院等变为自己获利的工具，威胁经营者，进而索取赔偿获利。如果处理结果不符合其期待，还会发起行政复议、行政诉讼等，甚至提起诉讼，致使国家机关耗费大量资源，而真正需要帮助的消费者则维权成本极高。

第五，行为人向网络交易平台提供者索赔，阻碍网络交易发展。有的行为人在起诉销售者、服务者时，并不存在人身、财产损害的情况下，却将网络交易平台提供者作为被告，通过向网络交易平台提供者施压，逼迫经营者妥协并予以赔偿；甚至直接向网络交易平台提供者索赔，令其承担惩罚性赔偿责任。消费欺诈行为人大面积、巨额的索赔诉讼案件，不仅增加了网络交易平台的服务成本，使消费者难以得到更优质的服务，同时也使网络交易平台提供者陷入诉讼之中，承担被欺诈的后果。

（四）消费欺诈迅猛发展的主要原因和危害

我国目前在网络交易中的消费欺诈行为迅速发展，主要有以下原因：

第一，行为人钻法律规定高额惩罚性赔偿金的空子。《消费者权益保护法》《食品安全法》等法律修订之后，都加大了对商品欺诈和服务欺诈的惩罚性赔偿力度，普通商品的欺诈由退一赔一改为退一赔三,食品欺诈高达退一赔十,几元或者几十元的商品欺诈,就可以得到 500 元甚至 1000 元的赔偿。^① 这样的巨额"经营"回报的诱惑力巨大。从《消费者权益保护法》修订后实施的这一年中,"打假"索赔案件狂升 10 倍之多的事实,可以看出修订法律与消费欺诈之间的微妙关系。

第二,投机取巧获取暴利的社会因素。经过几十年的发展,我国经济在有巨大发展的基础上,诚信道德和交易秩序却受到了严重破坏,诚实守信的交易传统被抛弃,投机钻营、非法牟利的投机心理愈演愈烈。很多人精心布局,采取多种方式实施消费欺诈行为谋取非法利益,败坏社会道德,甚至愈演愈烈。

第三,不当的执法行为和法律适用给消费欺诈提供了机会。当前,很多行为人购买有经营欠缺的商品,然后向某个法院起诉,蒙骗法官,获得胜诉判决后,成百上千地购买该商品,在很多法院同时起诉,并以先例判决为依据,请求法院判决销售者承担惩罚性赔偿责任,获取更大的不法利益。而这些不当的司法行为为消费欺诈大开绿灯,为其提供了可乘之机。

消费欺诈行为越来越多,造成的主要危害是:

1. 侵害销售者、服务者的合法权益。消费欺诈的主要危害,是通过虚构商品欺诈或者服务欺诈的事实,借用法律规定的惩罚性赔偿责任制度,获取经营者不应承担的惩罚性赔偿金,使之造成财产利益损失。毫无疑问,经营者实施商品欺诈或者服务欺诈,令其承担惩罚性赔偿责任是完全合法的,这一立法目的就是要借惩罚性赔偿之法打击实施经营欺诈的违法经营者,维护消费者权益。行为人冒充消费者或者借用消费者的名义,虚构事实进行消费欺诈,完全是为了实现非法获利的目的,坑害经营者。这与惩罚性赔偿责任的立法初衷完全相悖,是违法行为。

2. 损害网络交易平台提供者的信誉和财产利益。网络交易平台提供者本来不是交易当事人,法律规定其只有在法定或者约定的条件成就后,才对商品致害和服务致害的后果承担不真正连带责任。^②《消费者权益保护法》第 44 条规定的网络交易平台提供者的赔偿责任,只适用于网络交易中提供商品或者服务造成消费者实际损害特别是人身损害的侵权行为,不适用该法第 55 条第 1 款规定的商品欺诈和服务欺诈的违约责任。但是,消费欺诈行为人为了使获得非法利益更有保障,硬将网络交易平台提供者拉进诉讼作为被告,使其承担惩罚性赔偿责任。其恶意就在于,使网络交易平台提供者陷入消费欺诈的圈套,侵害网络交易平台提供者的合法权益。

3. 破坏交易秩序,恶化社会道德水准。任何交易都需要正常的、符合法律规范的秩序,社会需要有健康的、符合社会发展要求的道德水准保障,否则交易无法正常进

---

① 见(2015)杭余民初字第 1054 号民事判决书,打假者索赔的商品单价为 78 元,判决赔偿 500 元,赔偿金额为单价的 6.4 倍。

② 杨立新、韩煦:《网络交易平台提供者的法律地位与民事责任》,载《江汉论坛》2014 年第 5 期。

行,经济不能发展,社会不能进步。而消费欺诈行为破坏的正是正常的交易秩序,损害的是和谐的交易环境,威胁淳朴的诚信道德,阻碍社会的进步和发展。而且消费欺诈行为与社会道德水平下降互为因果,恶性循环,阻碍社会进步和发展。这种情况,更加呼唤健全征信机构,倡导诚信交易和诚信道德,提高对消费欺诈的法律制裁力度,阻止消费欺诈行为人铤而走险。

二、消费欺诈行为的概念界定与类型

（一）消费欺诈行为的概念界定

目前,在民法领域中研究消费欺诈或者网络消费欺诈行为,与本书所指代的同名事物并不相同。例如,有的学者认为,网络消费欺诈是指在网络交易中,部分经营者实施的利用虚假交易信息或者其他不正当手段骗取消费者财物的行为[1];有的认为,网络消费欺诈是指经营者利用互联网编造、隐匿关键信息,或者采取不正当的方式诱导消费者,使消费者在违背真实意思的情况下作出不恰当的选择并实施消费的行为[2];有的认为国内学界提及消费欺诈,立刻且只能指向我国《消费者权益保护法》第49条有关经营者欺诈消费者应当承担惩罚性赔偿的条款。[3]

上述关于消费欺诈或者网络消费欺诈概念的使用,实际上概括的是商品欺诈和服务欺诈的欺诈性违约行为及其责任。其含义是,在传统交易领域或者网络交易领域,经营者以商品欺诈或者服务欺诈为手段,损害消费者合法权益的行为。这是因为,《消费者权益保护法》第55条(原第49条)规定的承担惩罚性赔偿的行为,局限在违约行为之中,并不涉及侵权责任,因而将其称为欺诈性违约,或者直接称为经营欺诈,都是准确的概念。

本书使用的消费欺诈以及网络消费欺诈与上述学者使用的概念不同,是指行为人借用消费者的名义,通过欺诈行为侵害经营者或者网络交易的销售者、服务者以及网络交易平台提供者,使其财产权益受损的行为。而这种违法行为在目前并未被我国立法所规制。因此,应当申明,本书所说的消费欺诈以及网络消费欺诈,并不是其他学者界定的消费欺诈以及网络消费欺诈,而是与消费领域存在的欺诈性违约即商品欺诈、服务欺诈以及信用欺诈相对应的另一种欺诈行为。作者进一步认为,这四种欺诈行为构成目前消费者保护领域的欺诈行为体系。

因此,消费欺诈是指行为人以消费者的身份,在购买商品或者接受服务中,虚构事实,谎称经营者销售的商品或者提供的服务构成欺诈性违约,利用惩罚性赔偿责任制度获取非法利益,侵害经营者合法权益,损害市场交易秩序的欺诈行为。这种欺诈

---

① 钱玉文、刘永宝:《消费欺诈行为的法律规制》,载《法学研究》2014年第8期。
② 苏号朋、鞠晔:《论消费欺诈的法律规制》,载《法律适用》2012年第1期。
③ 苏号朋、凌学东:《法国消费欺诈行为的法律规制及借鉴》,载《法学杂志》2013年第4期。其中提到《消费者权益保护法》第49条为该法修订后的第55条。

行为发生在网络交易中,就构成网络消费欺诈,不仅侵害了合法经营者的权益,而且也侵害了网络交易平台提供者的合法权益,破坏了网络交易和管理秩序。可见,本书所说的消费欺诈与前述学者使用的消费欺诈概念完全不同:(1)行为主体不同。本书所称消费欺诈的行为主体,是所谓的"消费者"或者以消费者的名义实施欺诈行为的人;而前文所称消费欺诈的行为主体是经营者,在网络交易中是网络交易销售者、服务者。(2)所侵害的受害人不同。本书所称的消费欺诈行为所侵害的受害人是经营者,在网络交易中是销售者、服务者以及网络交易平台提供者,而非消费者;而前文所称消费欺诈的受害人是消费者,而不是经营者。(3)所保护的客体不同。制裁本书所称的消费欺诈行为,保护的是经营者的合法权益;而制裁前文所称消费欺诈行为,保护的是消费者的合法权益。(4)欺诈行为的内容不同。本书所称消费欺诈行为虚构的事实,是经营者实施欺诈性违约行为,是商品欺诈与服务欺诈,且利用惩罚性赔偿责任制度获取非法利益;前文所称消费欺诈行为,是经营者实施的欺诈性违约行为本身,即商品欺诈或者服务欺诈行为。

从以上四个方面进行比较,完全可以确定这是两种不同的欺诈行为,尽管都发生在消费领域以及网络消费领域。简言之,本书所称的消费欺诈是所谓的"消费者"欺诈经营者,前文所说的消费欺诈是经营者欺诈消费者。可见,仅仅因商品欺诈和服务欺诈发生在消费者保护领域而将其称之为消费欺诈,是不正确的,原因是:第一,商品欺诈和服务欺诈的主体是经营者而不是消费者或者与消费者身份有关;第二,进行欺诈的行为不是消费行为,而是经营行为;第三,受到商品欺诈或者服务欺诈的受害人是消费者,是消费者受欺诈的行为;第四,消费领域的欺诈行为远不止商品欺诈和服务欺诈,还存在信用欺诈和以消费者身份进行的欺诈。因此,将商品欺诈和服务欺诈界定为经营欺诈,不仅符合欺诈行为的基本特征,而且为建立完整的消费者保护领域的欺诈行为体系,留出必要的空间。因此,作者反对将商品欺诈和服务欺诈界定为消费欺诈,而应界定为经营欺诈。

按照这样的意见,笔者认为:

首先,消费者购买商品或者接受服务,销售者、服务者确实存在欺诈,符合《消费者权益保护法》《合同法》《食品安全法》规定的商品欺诈或服务欺诈的要求的,消费者提出惩罚性赔偿责任的诉讼请求,具有正当理由,法院应当依法支持其请求,保护消费者的合法权益。

其次,对于知假买假者索赔应当怎样对待,特别值得研究。一是,知假买假索赔的人不是消费者,是职业打假人,不具有消费者的身份。二是,知假买假者如果购买的确实是假货,符合商品欺诈的要求,其知假买假索赔惩罚性赔偿金,并非没有社会意义,也是应当支持的。最高人民法院《关于审理食品药品纠纷案件适用法律若干问题的规定》第 3 条关于"因食品、药品质量问题发生纠纷,购买者向生产者、销售者主张权利,生产者、销售者以购买者明知食品、药品存在质量问题而仍然购买为由进行抗辩的,人民法院不予支持"的规定,确认了这个意见。三是,问题的关键在于,知假买假的商品是否确实构成商品欺诈。只要构成商品欺诈,就不成立消费欺诈行为。

再次,如果所谓打假的商品并不构成商品欺诈,接受的服务不构成服务欺诈,或者根本就没有欺诈行为,对该商品或者服务找到某些经营欠缺就主张为经营欺诈,则构成消费欺诈行为,对其应当追究消费欺诈的侵权责任。

(二)消费欺诈在消费者保护领域欺诈行为体系中的地位

在消费者保护领域中存在四种欺诈行为,即商品欺诈、服务欺诈、信用欺诈和消费欺诈,都是在消费领域故意以虚构事实、隐瞒真相的方式,使被欺诈者陷入错误认识,因而与其进行交易,进而获取非法利益,致使对方合法权益受损的违法行为。但同时也必须看到,这四种欺诈行为各有不同。

商品欺诈和服务欺诈都是经营者欺诈消费者的行为,性质为违约行为,应当承担惩罚性赔偿的违约责任。《消费者权益保护法》第 55 条第 1 款对此作了明确规定,《合同法》第 113 条第 2 款也作了明确规定。对此,应当概括为经营欺诈。

信用欺诈的行为人主要是经营者,但也有其他行为人参与,当前网络信用欺诈甚多,行为人通过不正当手段,利用虚构交易、提高账户信用积分、提高商品销售量以及删除不利评价等虚假信用炒作方法,获得高于其实际享有的信用度、信誉度等非法利益,对消费者、同业经营者以及网络交易平台提供者的合法权益造成损害的违法行为。[1] 行为人既包括网络交易中的销售者、服务者,也包括帮助经营者炒信的其他行为人。这种欺诈行为,没有利用惩罚性赔偿责任制度,其性质属于侵权行为而非违约行为。

消费欺诈与上述三种欺诈行为都不同,其行为人是所谓的"消费者"或者利用消费者名义的人,假借消费者的身份,对经营者进行欺诈,行为的性质是侵权行为。

在消费领域的四种欺诈行为中,依照行为主体划分,商品欺诈、服务欺诈和信用欺诈的行为主体都是经营者或与经营者有关,而消费欺诈的行为主体是"消费者"或者假冒消费者身份的人。按照行为的性质划分,商品欺诈与服务欺诈属于违约行为,承担违约责任,为信用欺诈;而信用欺诈和消费欺诈属于侵权行为,应当承担侵权责任。从获取非法利益的来源划分,商品欺诈、服务欺诈和消费欺诈都是利用法律规定的惩罚性赔偿责任制度而获取超出损失部分的惩罚性赔偿金,而信用欺诈获取的非法利益是一般的财产利益,没有利用惩罚性赔偿责任制度谋取非法利益。

(三)消费欺诈的侵权行为类型化界定

认定消费欺诈是侵权行为,似乎并没有争论,但是究竟属于何种侵权行为类型,却没有明确见解,因而也使受害经营者不知道该如何保护自己,绝大多数民事法官也

---

[1] 杨立新、吴烨、杜泽夏:《网络交易信用欺诈行为及法律规制方法》,载《河南财经政法大学学报》2016 年第 1 期。

不明确,因而对该种侵权行为在法律适用上无所适从。对此,学说必须给出肯定的意见。

大陆法系侵权法适用一般条款的规定认定侵权行为,无法用来论证消费欺诈的侵权类型问题。借鉴英美法系侵权法的侵权行为类型化的理论和实践,可以将消费欺诈行为类型界定为两种,即欺诈和恶意诉讼。

1. 对未经诉讼程序的消费欺诈行为类型定性为欺诈

在消费欺诈中,有的未经过诉讼程序,行为人直接向销售者、服务者主张商品欺诈或者服务欺诈,施加舆论或者将来举报、起诉等压力,迫使其接受索赔要求。从表面上看,这种消费欺诈行为是经营者同意予以惩罚性赔偿,但实际上是在行为人的压力下而为。这种欺诈行为构成侵权行为。

关于欺诈和胁迫的同意,《美国侵权法重述第二版》第252A条规定:“通过欺诈或胁迫获得的对占有动产的同意,不具有阻止他人因侵权行为或非法占有请求赔偿的效力,除非该请求系针对该动产的善意购买人。”[1]这里要求的是,如果是通过欺诈或者胁迫而获得了对受害人享有权利的动产进行非法占有或者侵害,受害人的同意并不能阻止其提出侵权行为或者非法占有而请求赔偿的权利,只有善意购买人因构成善意取得而对其不得提出侵权损害赔偿请求。

英国侵权法也有欺诈的侵权行为类型,认为欺诈系指故意采取口头、书面或者其他方式对他人作虚假或不实的陈述,而该他人由于信赖该陈述而造成了损失的行为。其构成要件,一是存在以言辞或行为表示的不实陈述,二是该不实陈述须是基于如下意图而作出:原告或含原告在内的某类人会根据该陈述而为行为,三是原告已经依据该不实陈述而行为,四是原告已经由此遭受了损失,五是被告不实陈述时知道该陈述是虚假的或可能是虚假的。[2]

借鉴英美侵权法对欺诈行为的上述要求,对未经诉讼程序的消费欺诈行为履行,应当界定为欺诈。

(1)构成消费欺诈的本质特征是行为人的不实陈述

不实陈述是与客观事实不符的语言表述。虚构事实与隐瞒真相,都是与客观事实不符,这样的陈述就是不实陈述。行为人抓住销售者销售的商品或者服务者提供的服务中存在的某些不足,谎称构成商品欺诈或者服务欺诈,就是不实陈述。

在实际交易中,存在确有与客观事实不符的表述,但还达不到经营欺诈程度的经营欠缺。对经营欠缺究竟应当怎样界定,尚未见有成熟的意见表述。笔者认为,经营欠缺是相对于商品欺诈和服务欺诈而言的概念,含义是,商品或者服务的经营欠缺确

---

[1] 美国法律学会:《侵权法重述第二版:条文部分》,许传玺等译,法律出版社2012年版,第103—104页。

[2] 胡雪梅:《英国侵权法》(第5版),中国政法大学出版社2008年版,第302页。

实属于不实陈述,但程度较轻,尚未达到构成商品欺诈或者服务欺诈的虚构事实或者隐瞒真相的程度。其界限是,只有达到错误或者有误导性的不实陈述,才构成欺诈,须达到考虑所用沟通方式局限及周围情势,如果商业行为遗漏、掩盖,或以难以理解、模糊、有障碍的方式提供实质信息,或未指出真实商业意图,从环境中也无从得出结论,即为欺诈。[①] 这是法国法确认欺诈的三个标准。在商品或者服务中确实存在不实陈述,但并未达到造成误导结果的,就不能认定为欺诈。

借鉴这一方法,在考虑所用沟通方式局限及周围情势,有下列情形之一的,应认定为经营欠缺,不能认为构成经营欺诈:

一是有较轻的商业行为遗漏、掩盖,但未达到误导结果的商业行为。例如,在冬瓜茶中包含冬瓜皮,而冬瓜皮属于中药,尽管该冬瓜茶经营的行为中有所遗漏,但是并没有达到误导消费者的结果,因而属于经营欠缺,而不属于经营欺诈。

二是有较轻的以难以理解、模糊、有障碍的方式提供实质信息,未达到误导结果的商业行为。例如,对于使用了某些绝对化用语,如"顶级""最佳"等溢美之词用于商品宣传,属于有障碍的方式提供实质信息,但尚未达到不实陈述以至于误导消费者的程度。这样的商品宣传是不正确的,如果商品或者服务不存在其他质量问题,应当属于经营欠缺。

三是存在未指出真实商业意图的程度,从环境中也无从得出结论,但未达到误导结果的商业行为。例如,(2015)杭余民初字第 1054 号民事判决书认为,"laypoo 旗舰店"销售"女式减肥运动鞋夏季轻便跑步瘦身鞋透气网面单鞋增高健身女鞋",宣传其具有减肥、瘦身、塑形等特殊功能,为虚假宣传,但未构成经营欺诈原因是,虽然宣传商品作用有所夸大,但是商品并未有其他质量问题,且从市场环境和科技环境而言,实际上无从得出这样的结论,因而并未达到误导结果,所以属于经营欠缺,不构成经营欺诈。将其认定为经营欺诈,并责令销售者承担惩罚性赔偿金,于法不合。

对商品或者服务存在的经营欠缺夸大为商品欺诈或者服务欺诈,构成不实陈述,具备消费欺诈的这一构成要件。

(2)行为人实施不实陈述行为的主观状态是故意

《美国侵权法重述第二版》第 8A 条规定:"故意一词被用来指称行为人欲求其行为导致某种后果,或者相信其行为极有可能导致该后果。"[②]这一定义准确地概括了行为人在实施侵权行为时希望或者放任行为后果的主观心态。消费欺诈行为人进行不实陈述的目的,就是误导销售者、服务者接受该不实陈述,进而获得对方财产利益。消费欺诈行为人将销售者、服务者在经营中的经营欠缺谎称为商品欺诈或者服务欺诈,希望对方主动依照法律的规定,承担退一赔三、退一赔十或者小额商品的最低赔

---

① 苏号朋、凌学东:《法国消费欺诈行为的法律规制及借鉴》,载《法学杂志》2013 年第 4 期。
② 美国法律学会:《侵权法重述第二版:条文部分》,许传玺等译,法律出版社 2012 年版,第 5 页。

偿数额,使其获利。这是直接故意,没有间接故意,更没有过失。

(3)受害人依据行为人的不实陈述而为行为

欺诈的受害人须在行为人的欺诈行为面前,依据行为人的不实陈述而实施相应行为,只有如此,才能实现欺诈目的。如果行为人实施不实陈述,对方当事人并未按照其不实陈述实施相应的行为,就不构成欺诈。行为人对销售者、服务者实施了不实陈述,销售者、服务者担心自己的经营受到不利影响,因而花钱免灾,自愿按照行为人的要求给付惩罚性赔偿金,或者经过讨价还价,适当减少惩罚性赔偿的数额,就是依照该不实陈述而为行为。在这里,受害一方的同意,或者经过讨价还价后的同意,都不是其真实意思,而属于《美国侵权法重述第二版》所说的"通过欺诈或胁迫获得的对占有动产的同意,不具有阻止他人因侵权行为或非法占有请求赔偿的效力"的意思表示。即使受害人自愿实施行为人不实陈述所要求的行为,也不能成为阻止受害人主张行为人承担侵权损害赔偿权利的理由。

应当区别同意与信赖的界限。在消费欺诈中,绝大多数经营者依据不实陈述而实施的行为,并非存在信赖,而仅仅是同意而已。如果强调"不实陈述确实为受害人所信赖"为构成欺诈的要件①,则不符合消费欺诈的大多数情形。事实上,消费欺诈的多数受害人是基于无奈,尽管有些尚未达到胁迫的程度。基于信赖而为行为,主观心态是自愿的;而基于同意而为行为,既有自愿的心态,也有非自愿的心态。因此,对于受害人实施行为的主观心态的表述,采用"同意"而不采用"信赖"的概念,显然更为准确。

(4)受害人已经基于不实陈述而遭受了财产损失

该要件容易确定,即行为人实施了不实陈述之后,受害人基于同意而为行为,后果是其财产利益受到损失。消费欺诈的最典型财产损失,是向行为人支付本不应支付而实际支付了的惩罚性赔偿金。其含义是,受害人本不构成商品欺诈或者服务欺诈,但却基于行为人的不实陈述,而向其给付惩罚性赔偿金的行为,因而造成了财产利益的损失。这一要件,既包括财产损失的后果要件,也包括因果关系的行为与后果之间的关联性要件。其计算方法是,只要退回商品,返还价款之外的所有支出,都是受害人的财产损失。在未退回商品以及服务欺诈的消费欺诈中,所返还的价金以及承担惩罚性赔偿责任的数额,都是受害人的财产损失。

有一个重要的问题是,既然被欺诈的经营者已经同意给付惩罚性赔偿金,根据"禁反言"规则,再提出侵权主张似乎存在法律障碍,法官也似乎难以支持其自愿给付的所谓损失。笔者认为,这正是欺诈行为的特点。既然受欺诈订立的合同都可以主张其意思表示不真实而提出撤销,对受到诈骗的犯罪行为人主张国家追究其刑事责任并予以退赃,那么在受消费欺诈而遭受财产损失后,为何不能主张消费欺诈而进行

---

① 胡雪梅:《英国侵权法》(第 5 版),中国政法大学出版社 2008 年版,第 302 页。

索赔诉讼呢？确认了这个原则，就不会存在对消费欺诈追究其侵权责任的法律障碍。

2. 对经过诉讼程序的消费欺诈行为类型定性为恶意诉讼

行为人通过起诉，将其主张惩罚性赔偿责任的诉讼请求经过诉讼程序，主张法院判决支持的消费欺诈，尽管其与前述消费欺诈侵权行为相似，但是由于其欺诈行为经过法院审理，因而性质不同。该种侵权行为类型属于恶意诉讼。

在美国侵权法，"无正当理由的诉讼"是一种侵权行为类型，包括三种：一是恶意检控，即恶意提起刑事程序，引发或者促成使受害人被控针对未犯所控罪行的刑事程序的检控；二是非法利用民事诉讼程序；三是滥用诉权。消费欺诈侵权行为涉及的是后两种侵权类型，我国侵权法习惯上称之为广义的恶意诉讼。消费欺诈与恶意检控无关。

非法利用民事诉讼程序（狭义恶意诉讼），是指对民事诉讼程序的恶意提起，而意图使被告在诉讼中由于司法机关的判决而受其害。[①]《美国侵权法重述第二版》第674条规定："就以他人为被告之民事诉讼程序之倡议、进行，积极参与或促使其倡议或进行，如符合下列条件，应对该他人负非法利用民事诉讼程序之责：(1) 无可能原因而行为，其目的为民事诉讼之请求适当审理以外之其他目的；并且 (2) 除仅有一方当事人之诉讼外，诉讼程序有利于被告而终结。"[②]滥用诉权，是指行为人有诉权，但是其提起刑事诉讼或民事诉讼，所追求的诉讼目的不是正当诉权的诉讼目的，而是正当诉讼目的以外的非法目的，造成受害人损害的行为。[③]《美国侵权法重述第二版》第682条规定："利用刑事或民事诉讼程序控诉他人，如其主要目的系为达成该诉讼程序之目的以外之其他目的，行为人应就滥用诉讼程序所致之损害负责。"[④]英国侵权法承认滥用法律程序的恶意控告，但是对于恶意诉讼态度相对谨慎。英国侵权法认为，某人错误地启动民事诉讼程序要求他人承担民事责任的，即使出于恶意，启动程序之事也无任何合理或可能的根据，作为相对人的另一方也不能起诉该人要求其承担责任。即不存在一般性的恶意引发民事程序这样的侵权类型，但在特殊情况下，如捏造事实、通过申请相关法律程序使他人遭逮捕、搜查或财产受强制执行的，受害人也可能会以滥用法律程序为诉因获得救济。[⑤]

综合起来，构成非法利用民事诉讼程序应当具备的要件：一是倡议、进行以他人为被告的民事诉讼程序，或者积极参与或促使该诉讼程序倡议或进行；二是无可能原因，其目的为民事诉讼的适当审理以外的其他目的；三是诉讼程序有利于被告而终结。符合这样的要求者，构成非法利用民事诉讼程序的侵权行为。滥用诉权则须具

---

① 杨立新：《侵权法论》(上卷)，人民法院出版社 2013 年第 5 版，第 330 页。
② 《美国法律整编·侵权行为法》，刘兴善译，台湾司法周刊杂志社 1986 年版，第 569 页。
③ 杨立新：《侵权法论》(上卷)，人民法院出版社 2013 年版，第 331 页。
④ 《美国法律整编·侵权行为法》，刘兴善译，台湾司法周刊杂志社 1986 年版，第 579 页。
⑤ 胡雪梅：《英国侵权法》(第 5 版)，中国政法大学出版社 2008 年版，第 337、338 页。

备有诉权而起诉但追求的是正当诉讼目的之外的非法目的,其他要件相同。

行为人通过提起民事诉讼程序,主张网络交易的销售者、服务者承担惩罚性赔偿责任,意图通过法院判决,获得高额损害赔偿的行为,符合恶意诉讼的法律特征。我国侵权法理论确认恶意诉讼(包括非法利用民事诉讼程序和滥用诉权,即广义恶意诉讼)是侵权行为类型之一,认定其为恶意诉讼侵权行为类型是有根据的。

消费欺诈行为构成恶意诉讼,应当具备以下要件:

(1) 行为人本无民事诉权而提起民事诉讼

构成恶意诉讼的首要条件,是消费欺诈行为人本无民事诉权,但却向法院对销售者、服务者提起民事诉讼。消费欺诈行为人对销售者、服务者进行商品欺诈或者服务欺诈,但是销售者、服务者并不认可或者不屈服其施加的压力,不同意对其支付惩罚性赔偿金的要求。行为人在此情况下,向法院起诉销售者、服务者,请求法院判决支持其诉讼请求,责令销售者、服务者承担惩罚性赔偿金,因而销售者、服务者成为民事诉讼被告,接受法院的审判。符合这样的要求,就具备本要件。

对于不具有民事诉权的判断是事后判断,而不是在诉讼之初就能够确定。当在民事诉讼进行中,销售者、服务者作为被告,对行为人诉请的商品欺诈或者服务欺诈进而索取惩罚性赔偿金的主张进行抗辩,且该抗辩无论是在一审、二审或者再审,最终获得支持,法庭认为其行为不构成商品欺诈或者服务欺诈,这时即可确认行为人不具有正当的民事诉权。

滥用诉权在消费欺诈中也可能出现,即行为人利用其他诉权起诉,追求的却是受害人承担惩罚性赔偿金的非法目的。这也构成消费欺诈的恶意诉讼。

(2) 行为人意图通过民事诉讼获得本不应获得的惩罚性赔偿金的非法目的

意图通过民事诉讼获得正当审理之外的非法目的,是所有恶意诉讼行为人的追求。在消费欺诈中,行为人通过提起民事诉讼的目的,就是明知销售者、服务者的守法经营,并不存在其所主张的商品欺诈或者服务欺诈,并无承担惩罚性赔偿的可能,但却追求通过法院的判决,确认销售者、服务者构成商品欺诈或者服务欺诈,进而对其承担惩罚性赔偿责任,获得本不应当获得的数倍于价款的非法利益。前文所述打假者有关"后天干一个试试,如果可以,准备在全国找联盟者,钱途无量"的宣称,完全可以看出消费欺诈行为人的恶意心态,符合这一主观要件的要求。

恶意诉讼的主观要件就是恶意。恶意,为故意中之严重者。① 英美侵权法认为,恶意有两层含义,一是明知自己的行为违法,或会对他人的利益造成损害,但是由于对法律或他人的合法权利的漠视,仍实施该行为的心理状态;二是以损害他人的利益为目的,无合法或正当理由故意违法,或者法律在特定情况下推定行为人具有恶意的

---

① 张新宝:《侵权责任构成要件研究》,法律出版社 2007 年版,第 43 页。

心理状态。① 恶意诉讼的恶意正是如此。行为人明知销售者、服务者的经营行为并未构成欺诈,却以欺诈相威胁并予以起诉,目的就是获得其被迫支付的惩罚性赔偿金。证明该事实属实者,行为人具有恶意。

恶意诉讼与错告有原则区别。恶意诉讼需有恶意,其程度超过一般的故意,最起码要高于放任的故意,真实意图是追求受害人的损害而自己获利。错告行为人的主观要件是重大过失或者过失,即原告对销售者、服务者的经营行为是否有欺诈认识不准确,误认为已经构成欺诈而起诉。普通人都能够认识到被告的交易行为不构成欺诈,而原告竟然不能判断其不构成欺诈而起诉,为重大过失。应当注意而没有尽到善良管理人的注意,认为构成经营欺诈而判断失误者,为过失。可见,明知不构成经营欺诈而为诉讼,与误以为构成经营欺诈而为诉讼,就是恶意诉讼与错告的分水岭。错告的原告应当承担败诉结果,并以原告败诉的结果保护被告,而不适用侵权责任救济。恶意诉讼具有非法目的,构成侵权责任,并应承担赔偿责任,救济受害人的损失。这两种法律后果完全不同。

(3) 提起的民事诉讼程序最终有利于被诉的销售者或服务者而终结

诉讼程序必须以有利于被告的方式终结,是构成恶意诉讼的要件。否则,被告在诉讼终结时被判决承担的民事责任,是发生法律效力、具有强制执行力的法律后果,即使是错误判决,在没有纠正之前也不能认定行为人提起的该诉讼行为是恶意诉讼。

民事诉讼最终有利于被告而终结包括以下情形:一是,一审判决即确定原告起诉的请求不成立,原告被驳回诉讼请求;二是,一审判决确认被告构成经营欺诈,承担惩罚性赔偿责任,但经过二审诉讼,二审判决撤销原判,发回重审并被重审法院驳回诉讼请求,或者二审法院直接判决驳回原告的诉讼请求;三是,经过一审、二审均确认被告构成经营欺诈,但经过当事人申请再审,或者检察院提出抗诉,或者本级法院院长或上级法院发现原判错误,对案件提起再审,并在再审中被告胜诉,原告败诉,即认为被告不构成经营欺诈,驳回原告诉讼请求。上诉三种情况,都属于诉讼程序有利于被诉的销售者、服务者而终结。

原告在诉讼中自觉撤诉,是否为有利于被告而终结,值得研究。原告因证据不足或者良心发现以及认为起诉不适宜,因而将对被告以经营欺诈为由的起诉予以撤回的,都消除了或者证明了其追求非法诉讼目的的认定依据,因而不能对其主张恶意诉讼。即使被告在前期的诉讼中遭受了一定损失,鉴于原告已经悔悟,不应当再认定其提起诉讼的行为为恶意诉讼。

(4) 被诉的销售者或服务者在该诉讼中遭受财产损失

在恶意诉讼的消费欺诈中,受害人的财产损失不是被索赔的惩罚性赔偿金,因为由于在此诉讼中,行为人获取惩罚性赔偿金的非法意图由于民事诉讼程序最终有利

---

① 《元照英美法词典》,法律出版社 2003 年版,第 887 页。

于被告而终结,因而没有实现,故受害人并未造成这种损失。

恶意诉讼的消费欺诈所造成的财产损失,是被告本不应当参加该诉讼因被迫参加而造成的财产损失,或言之,是在消费欺诈行为提起的诉讼中,受害人因维权避免损失而造成的损失,其中包括调查费、取证费、律师费以及在恶意诉讼中的误工费,以及对经营活动造成的损害等。这些损失是恶意诉讼造成的直接损失,都在赔偿责任范围之中。

上述财产损失,应当须与恶意诉讼行为具有引起与被引起的因果关系,损害数额应当与该因果关系相对应。

(四)对网络交易平台提供者进行消费欺诈的特殊类型

行为人对网络交易平台提供者进行消费欺诈,尽管也存在未经诉讼程序的欺诈和经过诉讼程序的恶意诉讼两种类型,但认定行为人消费欺诈行为的法律依据不同。

消费欺诈行为所针对的,是《消费者权益保护法》以及《食品安全法》等法律规定的惩罚性赔偿责任制度,即寻找销售者、服务者的经营欠缺,虚构为经营欺诈,索取惩罚性赔偿金。而国家目前所有的法律都将经营欺诈锁定在销售者或服务者,并不包括网络交易平台提供者。因此,网络交易平台提供者不存在经营欺诈的法律环境。同时,网络交易平台提供者的职责是为销售者、服务者以及消费者进行网络交易活动提供平台服务,服务内容是建设好网络交易平台,更好地为网络交易服务,既不出卖商品,也不提供网络平台服务之外的其他服务,因而不存在进行消费欺诈的市场基础和客观可能。沈阳市和平区人民法院(2015)沈河民三初字第02051号民事判决书认为:"网络交易平台服务提供商,为商家及消费者提供虚拟卖场,其本身并不参与交易,不涉及具体商品的服务",因而不承担商品欺诈的责任,是正确的。故凡是主张或者起诉网络交易平台提供者因商品欺诈或者服务欺诈而索赔惩罚性赔偿金的,一律是侵权行为,应当承担侵权责任。

原告主张网络交易平台提供者依照《消费者权益保护法》第44条第2款规定,因网络交易平台提供者明知或者应知销售者、服务者利用网络平台侵害消费者权益,不采取必要措施,而主张承担承担惩罚性赔偿的连带责任的,理由也不成立。须知,《消费者权益保护法》第44条规定的责任,是须商品或者服务造成消费者或者他人的人身损害或者财产损害,方应当承担的侵权责任;而该法第55条第1款规定的惩罚性赔偿责任适用的场合是违约责任,不是侵权责任。对此,在《合同法》第113条第2款专门规定经营欺诈的惩罚性赔偿责任,就可以证明。经营欺诈无须具备致害消费者的要件,仅仅以欺诈为必要条件。由于《消费者权益保护法》第44条规定不存在经营欺诈的惩罚性赔偿责任适用的可能性,因而依照该条法律规定,不论主张销售者、服务者还是网络交易平台提供者承担经营欺诈的惩罚性赔偿责任,都不符合法律要求,因而断定这种行为是侵权行为,具有侵权故意,是有把握的。

因此,无论是行为人直接向网络交易平台提供者主张惩罚性赔偿责任,还是向法院起诉主张其承担惩罚性赔偿责任,都具有侵权故意,分别构成欺诈侵权和恶意诉讼侵权,都应当承担侵权赔偿责任。

目前,对于网络交易平台提供者实施消费欺诈行为,都属于恶意诉讼的侵权类型。在消费欺诈行为人起诉的诉讼中,对网络交易平台提供者与销售者、服务者一并起诉的,确认销售者、服务者不构成经营欺诈,网络交易平台提供者也不构成欺诈,都构成恶意诉讼侵权责任。问题是,如果诉讼结果是对销售者、服务者的行为认定为经营欺诈,而网络交易平台提供者不构成欺诈的,网络交易平台提供者是否可以主张行为人承担消费欺诈责任呢? 如前所述,在《消费者权益保护法》第 44 条规定的范围内,网络交易平台提供者不存在经营欺诈的可能性,打假者明知而故意主张网络交易平台提供者承担经营欺诈责任的,为恶意诉讼;否则为错告。因此,在一个确认销售者、服务者构成经营欺诈,而网络交易平台提供者不承担经营欺诈责任的判决中,网络交易平台提供者如果主张行为人的行为构成消费欺诈,应当证明行为人的恶意。能够证明者,应当支持其恶意诉讼责任的请求,否则不予支持。

三、消费欺诈的侵权责任认定及责任承担

(一)认定消费欺诈行为为侵权行为的法律依据

我国《侵权责任法》并未直接规定欺诈行为和恶意诉讼行为是特殊侵权行为,不能直接依照法定的侵权责任类型确定侵权责任,而应当依照《侵权责任法》第 6 条第 1 款关于一般侵权行为适用过错责任原则的规定,确认其是否构成侵权责任,是否应当承担侵权责任。

《侵权责任法》第 6 条第 1 款规定的是过错责任原则,也称为侵权行为一般条款[①],其作用是,对凡是具备这一条文规定的侵权责任构成要件的民事违法行为认定为侵权行为,对行为人予以侵权损害赔偿的制裁,对受害人受到损害的权利和利益进行救济。[②]

依照该条款规定,认定消费欺诈侵权责任,其归责原则为过错责任原则,且须故意方构成侵权责任,既不适用第 6 条第 2 款规定的过错推定原则,也不适用第 7 条规定的无过错责任。

(二)消费欺诈侵权责任的一般构成要件

构成消费欺诈责任需具备的一般侵权责任构成要件。

1. 实施了消费欺诈行为并须具有违法性

构成消费欺诈责任,需在客观上实施了消费欺诈行为。该行为的主要表现,是虚构或者借机虚构销售者、服务者及网络交易平台提供者实施经营欺诈行为,并向其索

---

① 张新宝:《侵权行为法的一般条款》,载《法学研究》2001 年第 4 期。
② 杨立新:《侵权法论》(上册)(第 5 版),人民法院出版社 2013 年版,第 127 页。

取赔惩罚性赔偿金。其索赔方式,一是直接索赔,二是通过诉讼索赔。

判断消费欺诈行为的违法性,表现为违反作为经营者财产所有权的义务人所应承担的不可侵义务。《民法通则》第5条规定:"公民、法人的合法的民事权益受法律保护,任何组织和个人不得侵犯。"目前的《民法总则(草案)》(2016年5月27日稿)第9条也规定了这个原则,即:"民事主体的民事权益受法律保护,任何组织和个人不得侵犯。"既然任何组织和个人都负有这样的不可侵义务,实施了侵害他人财产所有权的行为,就具有违法性。

确定消费欺诈行为及其违法性,应当特别区分经营欺诈、知假买假和消费欺诈之间的界限。控告经营者经营欺诈,不具有违法性;知假买假索赔惩罚性赔偿金,也不具有违法性;只有对具有经营欠缺甚至没有经营欠缺的经营者恶意追究经营欺诈的惩罚性赔偿责任,才具有违法性。

2. 受害人遭受了惩罚性赔偿金等财产损失

由于消费欺诈行为人的主观意图是获利,因而该行为所侵害的是受害人的财产权利,主要是所有权。受害人所受到的财产损失包括三个方面:

一是,被索取的惩罚性赔偿金。受害人没有实施经营欺诈行为,或者有经营欠缺尚不构成经营欺诈,行为人以此为要挟,使受害人本不应当支付而被迫支付了高达3倍或者10倍,以及小额商品索赔500元或者1000元的惩罚性赔偿金,这是造成的所有权的损失:在单位是企业所有权的损失,在个人是私人所有权的损失。

二是,为证明自己没有实施经营欺诈行为,维护自己权利所支出的费用损失。行为人提起诉讼索赔,受害人支付的应诉、提供证据证明自己清白、进行调查、聘请律师以及其他应当支付的诉讼费用,都是维权所必须,也是受害人的财产损失。

三是,其他损失。行为人实施消费欺诈行为,不仅造成了上述财产损失,而且还造成了其他损失,例如经营信誉的损失、经营利益的损失等,也属于损害事实的范围。

3. 消费欺诈行为与经营者所受财产损失之间具有因果关系

作为侵权责任构成要件的因果关系,是确认行为人的行为与受害人的损害后果之间,须具有的引起与被引起的逻辑关系。消费欺诈行为与受害人所受财产损失之间须具有这样的关系,否则不构成侵权责任。行为人已经获得了惩罚性赔偿金的,受害人的该财产损失就是消费欺诈行为所致,为有因果关系。在诉讼中,受害人为了维权而支出的费用,也是行为人为了获利而实施的滥诉行为所致,因此也具有因果关系。

消费欺诈行为的因果关系一般表现为直接因果关系,判断时,适用直接因果关系规则即可。不过,如果须用相当因果关系规则确定者,亦无不可。

4. 行为人需有追求经营者的财产损失并使自己获利的故意

消费欺诈行为人需具备故意的要件,不仅如此,尚需为直接故意的恶意。

行为人的恶意,一方面,表现在对受害人实施经营欺诈行为进行诬陷的恶意,即原本知道受害人并未实施经营欺诈行为,但却故意虚构或者夸张为经营欺诈行为,并予不实陈述。另一方面,表现在行为人对实施欺诈行为的后果即造成受害人财产损失的恶意,在主观上刻意追求受害人在自己实施了这种行为之后,能够直接造成这样的财产损害的后果。在这两个方面,都包含了行为人的恶意,使自己获得非法利益。不能达到这样故意程度的,不能认定为侵权责任,过失也不构成这种侵权责任。

行为人实施了消费欺诈行为,但是情节轻微,或者没有造成受害人的财产损害后果的,或者并未达到上述构成要件要求的,不认为是侵权责任,但由于行为人有主观恶意,仍须予以批评教育或者予以行政训诫等制裁。

(三)认定消费欺诈的关键是判断经营者是否构成经营欺诈

消费欺诈的侵权责任诉讼存在一个特别的现象,就是对欺诈行为的指控与反指控。具体表现为,行为人指控经营者实施经营欺诈行为;经营者反指控行为人实施消费欺诈行为。故消费欺诈侵权责任的主张,是对经营欺诈行为指控的反指控。行为人指控的是经营者实施经营欺诈,经营者反指控的是行为人实施消费欺诈。由于这个特点,对于消费欺诈侵权责任的判断,关键在于认定被指控经营欺诈的经营者是否实施了经营欺诈行为。

1. 经营欺诈行为的定义和定性

前文列举了两个对消费欺诈概念的定义①,这实际是对经营欺诈概念的界定。不过,这些对经营欺诈概念界定的意见也不够准确。

消费欺诈与经营欺诈不同。认定消费领域的欺诈行为类型,以行为主体的身份界定为最佳。商品欺诈和服务欺诈都是经营者的欺诈行为,因此应当称为经营欺诈,而不应称为消费欺诈。而恶意职业打假者是以消费者的身份出现,借用对消费者保护的法律规定而实施欺诈行为,这才是真正的消费欺诈。

笔者曾经在两篇文章中分别谈到商品欺诈和服务欺诈问题②,但没有对这两个概念作出定义,更没有对其上位概念即经营欺诈作出过界定。笔者认为,经营欺诈包括商品欺诈和服务欺诈,是指销售者或者服务者故意告知消费者以商品或者服务的虚假情况,或者故意隐瞒商品或者服务的真实情况,诱使消费者作出错误意思表示,购买该商品或者接受该服务,致使其财产利益受到损害的违法经营行为。

经营欺诈行为的主体是销售者或者服务者,受到欺诈的主体是消费者,其行为方式是故意告知消费者以商品或者服务的虚假情况,或者故意隐瞒商品或者服务的真

---

① 即认为"消费欺诈是指在网络交易中,部分经营者实施的利用虚假交易信息或者其他不正当手段骗取消费者财物的行为",或者认为"消费欺诈是指经营者利用互联网编造、隐匿关键信息,或者采取不正当的方式诱导消费者,使消费者在违背真实意思的情况下作出不恰当的选择并实施消费的行为"的意见。

② 杨立新:《"王海现象"的民法思考——论消费者权益保护中的惩罚性赔偿金》,载《河北法学》1997年第5期;《关于服务欺诈行为惩罚性赔偿金适用中的几个问题——兼评丘建东起诉的两起电话费赔偿案》,载《河南省政法管理干部学院学报》1998年第2期。

实情况,行为的后果是诱使消费者作出错误意思表示,购买该商品或者接受该服务,致使其财产利益受到损害。符合这些要求的行为,就是经营欺诈行为。

2. 经营欺诈行为的判断标准

究竟何种经营行为属于经营欺诈行为,只界定了该概念的内涵和外延尚不具体,还需对具体的经营欺诈行为作出描述,才便于在实践中确认。《消费者权益保护法》只规定了欺诈行为的后果,并没有规定何种经营行为为经营欺诈。1996 年 3 月 15 日施行、2015 年 3 月 15 日废止的《国家工商管理总局欺诈消费者行为处罚办法》曾经规定经营者向消费者提供商品的 13 种行为属于欺诈消费者行为;经营者向消费者提供商品有 5 种情形,不能证明自己确非欺骗、误导消费者而实施此种行为的,应当承担欺诈消费者行为的法律责任。在此期间,可以适用该标准认定经营欺诈行为。

于 2015 年 1 月 5 日颁布、2015 年 3 月 15 日施行的《国家工商行政管理总局侵害消费者权益行为处罚办法》第 5 条和第 6 条,规定了经营欺诈行为的具体情形。至目前为止,这是认定经营欺诈的权威行政规章规定。在主体上,工商行政管理总局是国务院组成部分,是主管全国工商行政管理的行政机构,对工商企业进行监管,负责全国的消费者权益保护,因而其发布的规章具有权威性。在实体上,这些规定基本上符合实际。因此,认定经营欺诈行为,应当以此为标准予以确定。

该办法共规定了 19 种经营欺诈行为,分为实质性经营欺诈和宣传性经营欺诈两种类型。

实质性经营欺诈行为,是行为人即经营者向消费者提供的商品或者服务,虚构有关商品或者服务实体方面的虚假内容,欺骗消费者的违法行为。可以认定为实体性经营欺诈的行为有 10 种:(1) 销售的商品或者提供的服务不符合保障人身、财产安全要求;(2) 销售失效、变质的商品;(3) 销售伪造产地、伪造或者冒用他人的厂名、厂址、篡改生产日期的商品;(4) 销售伪造或者冒用认证标志等质量标志的商品;(5) 销售的商品或者提供的服务侵犯他人注册商标专用权;(6) 销售伪造或者冒用知名商品特有的名称、包装、装潢的商品;(7) 在销售的商品中掺杂、掺假,以假充真,以次充好,以不合格商品冒充合格商品;(8) 销售国家明令淘汰并停止销售的商品;(9) 提供商品或者服务中故意使用不合格的计量器具或者破坏计量器具准确度;(10) 骗取消费者价款或者费用而不提供或者不按照约定提供商品或者服务。

宣传性经营欺诈行为,是行为人即经营者向消费者提供有关商品或者服务的信息违反真实、全面、准确的原则,具有虚假或者引人误解的宣传内容的提供商品或者服务的违法行为。可以认定为宣传性经营欺诈行为有 9 种:(1) 不以真实名称和标记提供商品或者服务;(2) 以虚假或者引人误解的商品说明、商品标准、实物样品等方式销售商品或者服务;(3) 作虚假或者引人误解的现场说明和演示;(4) 采用虚构交易、虚标成交量、虚假评论或者雇用他人等方式进行欺骗性销售诱导;(5) 以虚假的"清仓价""甩卖价""最低价""优惠价"或者其他欺骗性价格表示销售商品或者服务;(6) 以虚假的"有奖销售""还本销售""体验销售"等方式销售商品或者服务;(7)谎称正品销售"处理品""残次品""等外品"等商品;(8)夸大或隐瞒所提供的商品或者服务的数量、质量、性能等与消费者有重大利害关系的信息误导消费者;(9)以其他虚假或者引人误解的宣传方式误导消费者。

凡是具有上述实质性经营欺诈和宣传性经营欺诈行为之一的,销售者、服务者均构成经营欺诈,或者为商品欺诈,或者为服务欺诈。

不过,在认定经营欺诈行为时,应当特别注意《最高人民法院关于审理食品药品纠纷案件适用法律若干问题的规定》第3条的规定,其中确定可以支持的知假买假是"因食品、药品质量问题"的索赔,而不是一般的宣传性经营欺诈行为。这一规定特别重要,对于承担惩罚性赔偿责任的经营欺诈的认定,显然高于国家工商行政管理总局认为可以予以行政处罚的经营欺诈行为的认定标准。对此,民事法官应当特别注意。就此而言,宣称"顶级""最佳"的产品或者服务,即使构成欺诈性宣传,充其量也是行政处罚的问题,而不存在予以惩罚性赔偿的问题。

3. 指控经营欺诈行为不成立即构成反指控的消费欺诈

在消费欺诈诉讼中,认定是否构成侵权责任,实际上有一个最为简单的方法,就是:

首先,确认消费欺诈的受害人即经营者的经营行为是否构成经营欺诈。其标准,一是按照经营欺诈行为的概念衡量,二是依照《国家工商行政管理总局侵害消费者权益行为处罚办法》第5条和第6条规定的19种经营欺诈行为,三是最高人民法院的上述司法解释的规定,进行具体对照。如果经营者的经营行为符合上述界定和规定情形之一的,经营者的行为即构成经营欺诈,行为人对其的指控就是正确的,无论其身份是消费者还是其他打假者,其主张经营者承担惩罚性赔偿责任就是符合法律要求的,应当得到支持。

其次,如果行为人指控经营者的经营行为不符合经营欺诈行为的概念界定,也不具有《国家工商行政管理总局侵害消费者权益行为处罚办法》第5条和第6条规定的经营欺诈行为具体情形之一,且符合最高人民法院上述司法解释的,不能认定经营者构成商品欺诈或者服务欺诈行为,不应当承担惩罚性赔偿责任。

最后,行为人指控经营者实施经营欺诈行为不实,并且据此主张经营者承担惩罚性赔偿金的,构成消费欺诈,经营者反指控其构成消费欺诈的理由成立,应当承担侵权责任,赔偿经营者因此造成的财产损失。

（四）对消费欺诈责任的抗辩

对于消费欺诈侵权责任的诉讼请求,行为人一般不具有相应的抗辩事由。如果认为自己的行为不构成侵权责任,提出否定侵权指控的事实和理由即可,但这不是抗辩事由的概念,而是对指控事实的抗辩,例如否定自己的行为违法性,否定损害事实的不存在,否定因果关系,否定自己的故意。这些都是抗辩,都需行为人举证证明自己的主张成立,不能证明或者证明不足者,应当承担侵权责任。

（五）损害赔偿责任的计算

确定消费欺诈行为的赔偿责任范围,应当依照因果关系的另一个作用,即消费欺诈行为与所造成的损失之间具有引起与被引起关系的损失,才是行为人应当承担的赔偿责任范围。

关于惩罚性赔偿金的损失,自然是索赔多少就是多少损失,应予赔偿。有一个问题是,商品或者服务的本价是否为损失。对此,应当看索赔的商品是否退回。如果已经退回,支付的"退一"费用,就不是财产损失,但该商品已经损坏或者不退的,应当认定为损失的赔偿范围。服务具有复原、返还的不可能性,一旦给付被对方受领后,就不可能复原或者返还①,因而只要不是服务欺诈,所退的价金构成侵权造成的损失,应当予以赔偿。

对于维权费用的损失,应当确定确为维护权益所必须。在此原则下,凡是为恢复权利所支出的费用,都应当认定为损失数额,应予赔偿。例如调查费、取证费、公证费、聘请律师费等,都属于这种损失,都应当予以赔偿。律师费的赔偿应当依照国家规定计算,而非实际支出多少就是多少损失。

其他费用的计算,应当客观、合理,有法律依据。

四、结论

在目前的民商事交易特别是网络交易中,之所以出现比较普遍的消费欺诈行为,对该欺诈行为的法律制裁不力是一个重要原因。这表现在,无论是在法学界还是在司法界,对于消费欺诈行为,至今既没有探讨对其进行法律制裁的理论主张,也没有在司法实践中对其科以法律责任的实际措施,不能有效地阻吓其他违法者,最多是认定其请求经营者承担经营欺诈的惩罚性赔偿责任不实,驳回其诉讼请求了事。这样的消极方法,不能或者不足以使消费欺诈行为人受到法律上的谴责,最多只有道德的谴责而已。这样发展下去,将会造成更多的违法者"呼朋唤友地"进入消费欺诈的行列,利用国家法律提供的机会,敲诈合法经营者,破坏市场经营秩序,特别是破坏网络交易秩序。如果按照本书的思路,对消费欺诈行为认定为侵权行为,分别是欺诈侵权类型或者恶意诉讼侵权类型,应当依照《侵权责任法》第6条第1款的规定,对行为人科以侵权责任,并且有更多的被欺诈的经营者提起诉讼,追究欺诈行为人的侵权责任,维护自己的合法权益,将会有效地遏止消费欺诈行为,对维护诚信交易秩序、保护好诚信交易的经营者的合法权益,发挥重要的作用。

---

① 周江洪:《服务合同研究》,法律出版社2010年版,第16页。

案情：

李某向法院起诉称,T网络商城的销售者K在其网络店铺销售的商品冬瓜茶中,违法添加了中药材冬瓜皮,在食药同源目录或保健食品原料目录中未列明冬瓜皮这一重要原料,因此依据《食品安全法》第38条规定该冬瓜茶应为不安全食品,请求判令T网络商城和销售者K,依照《食品安全法》第148条承担价金10倍的连带惩罚性赔偿责任。在获得法院的判决支持后,李某又在不同的网络商城和销售者处购买两百余次该产品,向部分法院提出两百余个诉讼,以前例判决为依据,均主张销售平台和网络店铺销售者承担价金10倍的惩罚性赔偿金。

讨论问题：

1. 冬瓜茶中有少量冬瓜皮成分,是否违反《食品安全法》第38条规定构成不安全食品?

2. 法院判决冬瓜茶为不安全食品,承担惩罚性赔偿责任,是否符合法律规定?

3. 李某的上述行为是否构成消费欺诈行为?

【参考文献】 >>>> >

周江洪:《服务合同研究》,法律出版社2010年版,第16页。

张新宝:《侵权责任构成要件研究》,法律出版社2007年版,第43页。

美国法律学会:《侵权法重述第二版:条文部分》,许传玺等译,法律出版社2012年版。

胡雪梅:《英国侵权法》(第5版),中国政法大学出版社2008年版。

第三十章　网络交易信用欺诈行为及
侵权责任承担

　　随着科技进步与发展,网络交易以其跨越区域性、低廉成本、广泛受众面等众多优势而迅速发展。不过,任何事物的发展都会出现新的法律障碍,网络交易同样如此。网络交易中出现的信用欺诈,就是破坏网络交易正常秩序,侵害消费者权益,与其他经营者进行恶意竞争的一大障碍,对此必须认真研究,提出相应的法律规制方法。

　　目前,各大网络交易平台大多采用独具特色的信用评价系统。以淘宝网为代表的信用评价体系,在一定程度上引导着我国网络交易模式的发展。这种独特的信用评价体系,是基于网络交易的不可视性等虚拟空间的特点,为方便消费者更好地了解网络销售者、服务者与商品、服务的实际情况,而独创的信用评价体系,对众多的网络销售者和服务者提供了在网络交易平台守法经营、自由竞争、创新发展的空间,对消费者提高消费信心、权利得到更好地保护,提供了信用保障。

　　然而,正是由于这种信用评价系统对于网络销售者、服务者发展经营的重要作用,而被不法经营者非法利用,一种被称为"炒信"的信用欺诈"产业"也随之产生。这种炒信行为在阿里巴巴公司的《天猫规则》里被定性为"虚假交易",即通过不正当方式获得商品销量、店铺评分、信用积分等不当信用利益,侵害消费者的合法权益等虚假交易的行为。

　　就目前的情况看,各个炒信团伙组织的内部分工明确,有独立的行规、规则,在虚假交易的各个环节中,上、下游行业分工明确,产业链的规模也越来越大。正是通过虚假交易的信息,炒信各方均获得了各自所需的非法利益:网络销售者和服务者根据自身需求,自己或者通过炒信企业发布虚假交易信息,从而提高网店的信用度,扩大人气,快速叠加信誉积分,在网络交易平台的众多店铺中使自己的产品或者服务增加销售量;职业炒信者通过这种虚假交易行为,轻而易举地获取高额非法利益。

　　炒信这种信用欺诈行为损害消费者合法权益,侵害同业销售者、服务者以及网络交易平台提供者的合法权益,严重破坏了网络交易平台的交易秩序。问题是,司法实践对于网络交易信用欺诈行为缺乏必要的认识,制裁这类违法行为不力,此类诉讼案件很难得到支持,立法也没有专门规定对其进行干预。对此,应当结合网络交易的实际情况,依靠现行的法律规定,研究网络信用欺诈行为的法律属性,针对其特点,制定相应的法律,规范网络交易行为,制裁违法炒信行为,保护网络交易各方当事人的合法权益,促进网络交易的正常发展,繁荣经济,推动社会发展。

一、网络交易信用欺诈行为的产生、发展与危害

(一)滋生信用欺诈的网络交易土壤

1. 迅猛发展的网络交易

随着互联网的迅速发展以及大数据的广泛采用,网络交易在商业领域中异军突起,蓬勃发展,对传统商业经营模式形成了重大冲击,使社会各个方面不得不面对网络交易的发展,因势利导,促进其发展。

互联网已把全世界连接在一起,构成了一个崭新的社会结构,其中网络交易就是其中重要一环。一方面,互联网世界作为虚拟社会,有它自己的秩序和规则,人们在互联网结构而成的虚拟社会中,尽情享受新型的生活,获得人生的快乐;另一方面,互联网也为在现实社会生活中的人们提供了更为便捷的交流和沟通的工具,极大地缩小了现实社会的空间和距离,方便了工作、学习和其他任何方面的联系。正是由于互联网的这种既神通广大、又虚虚实实的特点,被用来作为交易平台进行交易活动,使它特别普遍地融入了当代社会的商业活动和社会生活之中,发挥着巨大作用,把世界范围内的交易活动集中在互联网上,把相距数万公里的经营者和消费者连接在一起,不必见面就可以洽谈交易、签订合同、履行合同,大大减少交易成本,获得丰厚的商业利润。

网络交易的发展给社会以及经营者和消费者带来了极大的便利,推进了社会经济的发展,但同时也带来了较多的交易风险,为民事违法行为以及刑事犯罪行为提供了土壤,使之滋生蔓延,危害健康的社会生活。

2. 网络交易的突出特点

蓬勃兴起的网络交易活动,具有自己的独特之处,因而才使其能够顺应社会生活需要,迅猛发展起来。这些特点是:

第一,网络交易范围具有跨国界的广泛性。由于网络空间的无国界性,打破了传统交易活动的地域性界限,强烈冲击着传统的建立在地域基础上的交易制度。不论甲地乙地,不问中国外国,交易信息通过网络传播,遍及世界,因而出现了只要有网络就有网络交易存在的极具广泛性的交易活动。地域不再是交易活动的障碍,再配以无处不在的物流系统,网上下单、网上交易、网上发货、货到付款,以及无理由退货的反悔权保障,几乎使网络交易无处不在,渗透了社会生活的方方面面,成为当代最有效率的交易形式,对传统交易方式形成了强烈的冲击。

第二,网络交易具有参与主体准入门槛低、范围广泛的突出特点。网络交易活动同时由交易双方、交易平台、第三方支付平台、物流、银行等多个参与主体协调完成,比传统商品交易涉及面广。较之于传统商品交易,网络交易对市场主体的要求相对

宽松,经营主体进入网络市场的成本无论在经济上还是法律上都极为低廉、极为方便。由此带来的问题是大量自然人经营主体的进入和经营主体真实身份认定困难。可以说,网络交易将无数不是交易者的人成为交易者,使无数不是经营者的人成为经营者。

第三,网络交易具有平台化、自动化、全天候、虚拟化的鲜明特色。网络交易全天候经营,不受任何时间、空间的限制,实现 24 小时的不间断运作。基于由计算机系统对订单的自动处理,实现了交易的自动化,消费者可不再受固定营业时间的限制而自主选择购物时间,经营者也可提高人力资源的工作效率,实现 24 小时办公自动化。网络交易虚拟的运营环境,在带来交易便利化的同时,也易造成交易过程信息的保存难、篡改易,以及合法权益受侵害方的举证困难,监管部门的查处困难等不利因素。网络交易一般通过网络交易平台完成。目前,国内第三方交易平台已成为电子商务主要场所和形式,典型的有 B2B,如阿里巴巴;B2C,如天猫、京东商城;C2C,如淘宝网、拍拍网。在现有技术限制以及经济利益的驱使下,有的网络交易平台对平台内的经营主体往往不能进行有效管理与审查,有的甚至出现协同经营者侵害消费者合法权益的情况。

第四,网络交易平台具有突出的自媒体特点,为交易者提供广泛的自由活动空间,使任何网络用户都可以利用网络交易平台提供的空间,发表意见,评论商品服务、经营者的信誉。因而可以使任何人都能利用网络交易平台进行交易,发表观点,也因此为用户匿名登录、假冒他人从事网上活动,实施违法行为,实现违法目的,都提供了条件。

3. 网络交易是信用欺诈行为的繁衍土壤

互联网在为当代社会提供极为便捷的服务的同时,也为在互联网上实施侵权行为和犯罪行为提供了便利,使当代社会人的民事权利更容易受到通过互联网实施的违法行为或者犯罪行为的侵害。在电子商务领域,通过网络交易活动,进行恶意欺诈、商业诽谤、商业侵权,以及实施其他侵权行为,也都变得方便易行、便捷迅速,并且造成范围更大的侵权后果。

正是由于网络交易活动的上述特点,网络交易中出现了这种新型的违法行为,即炒信活动,通过对特定的网络销售者、服务者的信用、商誉以及商品、服务的信誉进行炒作,提高其知名度和信誉度,进而进行更有效的交易活动,获取更大的商业利益。

（二）网络信用欺诈行为的发展演变

网络交易中的恶意炒信活动的规模化形成,并非一蹴而就,而是经过不断的发展而形成的。我国的网络交易恶意炒信活动的发展分为以下三个阶段:

第一阶段,炒信的初始阶段,手段粗糙,易被甄别。随着网络交易平台的信用评价体系对店铺经营的影响力越来越大,恶意经营者开始利用信用评价体系进行炒信,以获得高额回报。这个时期的炒信手法比较低劣,容易被网络交易平台的后台服务器监测到,对其进行处理。

第二阶段,炒信技术不断升级,具有一定的迷惑性。随着网络交易平台的监控技术的进步和相关信用评价规则不断完善,原始的炒信手法已经不再奏效。升级后的炒信手段具有较强的迷惑性,往往和真实交易并无二致,甚至炒信行为人联手部分不法物流公司一起进行,致使炒信符合正常交易特征与流程,给网络交易平台发现、处理炒信活动带来了更大的困难。"道高一尺,魔高一丈",也是恶意炒信活动发展的真实写照。

第三阶段,形成炒信团伙,且具备职业化、规模化、产业化特点,形成了炒信的产业链,具有较强的规模效应。目前全国范围内的炒信团伙分两种方式:一种是炒信网络平台,另一种是炒信语音平台。炒信网络平台,是网络销售者、服务者通过该平台快速积累店铺信用得分,获得商品销量,提升店铺动态评分,向消费者展示虚假的商品、服务的好评。同时,这些提供虚假信用评价的炒信者(虚假交易买家)获得交易额的3%至10%不等的佣金。高额网络销售者、服务者缴纳一定保证金,该金额冻结在炒作平台后,其便可发布炒信任务,如商品种类、炒信件数、旺旺假聊等各种要求。任务审核通过后,由炒信者接手任务并完成,炒作平台验收好评,解冻卖家的交易款与支付的佣金一并打给炒信者。根据阿里巴巴的统计,类似这样的炒作平台目前全国不少于200家。二是QQ、QT、YY等语音炒信平台。网络销售者、服务者经平台审核或者缴费,通过审核后每一位卖家会被分入对应的"房间",卖家便可根据自己身的需求发布炒信任务,产品、价格、销售数量均可以根据卖家自身需求进行定制,职业炒信者模仿正常买家的行为进行搜索、查看、交谈、拍下物品、付款、收货、好评,卖家通过各种方式返还买家支付金额,同时支付相应的佣金,完成一次虚假交易行为。据信,这样的炒信语音群大约1000个以上。

现在的网络交易平台提供者只能对自身平台上的网络销售者、服务者进行规范,对炒信团伙却没有直接有效的处理手段。伴随着网络交易的繁荣,虚假交易灰色产业的组织呈现出职业化、专业化、精细化的运作,整个虚假交易环节又催生了其关联的众多灰色产业地带,诸如账号买卖、盗号刷库、虚假认证、虚假物流单、购买正常买家收货信息、发送空包裹完成一次虚假交易等问题。虚假交易的信用欺诈不仅严重扰乱了正常网络交易秩序,同时对整个市场信用体系注入了大量虚假信用信息,造成网络交易中的信用"通胀",影响恶劣,引起大量纠纷。但目前的法律惩治手段还主要停留在依靠网络交易平台提供者的内部处理机制予以遏制,对于站外产业链的治理和打击,有待于国家法律的支持。

(三)网络交易信用欺诈行为的主要特点

网络交易信用欺诈行为的本质仍然是"欺诈",无论行为模式怎样变化,其欺诈行为的本质不会改变。我国消费领域内的欺诈行为主要有四大类,即产品欺诈、服务欺诈、消费欺诈以及信用欺诈。我国《消费者权益保护法》中对产品欺诈和服务欺诈有明确规定,但是针对信用欺诈的法律适用尚为空白。

在上述欺诈行为中,信用欺诈是具有严重危害性的欺诈行为。这是因为其基于网络交易而产生,面对具有不可视性的虚拟空间,信用成为了交易时特别重要的考量因素。所以网络交易信用欺诈是我国日益繁荣的电子商务产业的毒瘤。

与其他几种消费领域内的欺诈行为相比较,信用欺诈具有自己的特点:第一,具有跨地域、受害面广的特点。不同于传统的产品欺诈或服务欺诈,发生在较为特定的区域和人群中,网络交易信用欺诈依附于网络载体,不受地域范围的限制而呈几何式快速增长。网络交易信用欺诈一旦发生,对其控制需要大量的人力、物力和技术支持。第二,信用欺诈的举证较为困难。与网络侵权举证困难相类似的是,炒信者多为假冒他人姓名进行信用欺诈,真实身份难以确认,需要十分专业的技术支持和国家网络交易实名制度、诚信联网系统等的法律政策支持。普通消费者对信用欺诈进行举证时,可能需要付出甚至高出其所受损失的代价,从而导致消费者对信用欺诈维权并不热衷。

（四）网络交易信用欺诈行为的社会危害

在网络交易中越来越猖獗的炒信活动,对社会稳定和经济发展造成严重的损害。具体表现是:

1. 侵害消费者权益

炒信活动猖獗,受到损害最大的就是消费者。消费者进行网络交易,由于无法面对面进行交易,不能接触到真实的商品和服务,只能凭借图像和经营者的商誉和商品、服务的信誉而下决心进行交易。由于恶意炒信活动,使消费者无法获得真实的信用信息,被虚假的炒信信息所蒙蔽,作出错误的交易决定,因而造成知情权的损害,以及经济上的损失,侵害消费者的合法权益。

2. 妨害同行经营活动

炒信活动不仅针对消费者,更重要的是针对同业经营者。经营活动的要点,就是要把更多的商品和服务推销给消费者,在消费者需求量确定的前提下,同业竞争是决定的因素。炒信活动就是要把自己的信用通过恶意炒作而超过同业经营者,使自己的商品或者服务推销出去,而使同业经营者的商品或者服务推销不出去,因而恶意炒信必然损害同业经营者的经营活动。

3. 损害网络交易平台提供者的信誉和财产利益

网络交易平台提供者是独立的民事主体,享有自己的民事权利。在网络交易平台上进行恶意炒信活动,是在损害网络交易的信誉、网络交易平台提供者的信誉。一个消费者受到炒信活动的损害,他记恨的是整个网络交易平台,使整个网络交易的信誉受到损害。就像淘宝网一样,淘宝网上销售假货,损害的不仅是淘宝网的信誉,同时也使整个网络交易平台提供者的信誉受到损害,使其财产利益受到损害。

4. 破坏网络交易秩序

网络交易活动的发展，最需要的是网络交易环境的安全，这就需要网络交易有正常的、符合法律规范的交易秩序。恶意炒信活动破坏的恰恰是网络正常的交易秩序，损害网络交易的安全环境，阻碍网络交易活动的正常开展。

5. 恶化社会道德水准

中国社会经历了近一百年的变革，社会道德水平越来越低，这既是恶意炒信活动兴起的原因之一，也是炒信活动的后果，加剧了社会道德水平的滑坡。社会道德水平败坏致使网络交易中的恶意炒信活动猖獗，猖獗的恶意炒信活动进一步败坏社会道德风气。这种互为因果的恶性循环，是我国社会的真实写照。可见，信用欺诈与我国社会的诚信系统成反相关关系。在发达国家中，信用欺诈并不像我国网络交易中如此严重，究其原因主要还是因为我国社会的诚信系统联网尚未建成与完善，公民的诚信记录仍然不够透明公开，信用欺诈的违法成本仍然过低，因而才有大量炒信者愿意铤而走险。随着我国社会诚信系统的不断完善和进步，相应地，信用欺诈也会随之减少。

二、恶意炒信行为及其法律规制的比较研究

网络交易信用欺诈并非中国独有，国外亦有发生，只是程度有所区别。下面就美国、欧洲和韩国对网络信用欺诈行为的法律规制情况进行比较说明。

（一）美国

美国的电子商务历经三十余年的发展，已经建立起成熟的社会信用体系，但也面临着炒信带给互联网交易市场的诸多问题，滋生了部分针对亚马逊公司等网络交易平台提供者的炒信网站。亚马逊公司于 2015 年开始对四家炒信网站[①]正式提起诉讼，指控炒信网站运营方涉嫌虚假广告、侵犯商标权以及违反《反网络域名抢注消费者保护法》和《华盛顿州消费者保护法》。不过，亚马逊公司同时表示，虚假的四星或五星评论并不多见，大部分评论还是可信的。除亚马逊外，美国网站 Yelp 今年较早时间也曾起诉过炒信者。美国针对炒信行为，更多的是从源头抓起，因为第三方信用评价机构所起的作用显得尤为重要。

1. 第三方信用评价机构

在美国的网络交易中，大部分信用评价系统是与网络交易平台提供者相分离的，由独立的第三方专业信用评级机构主导和管理，并且美国在线网购绝大多数以信用卡方式结算，为双方的信用评级建立了依靠第三方的、独立且公正的流程和体系。第三方中介机构一般为私营或半官方的专业信用评级公司，例如，美国最大的信用评级

---

① 分别为 buyamazonreviews.com、buyazonreviews.com、bayreviews.net、buyreviewsnow.com 四家网站。

公司邓白氏与平台网络交易平台提供者通过签订委托合同,检测各经营者与消费者的交易情况,进行信用评价与记录。美国网购多以信用卡支付,并不依赖诸如支付宝之类的网络第三方支付平台,每张信用卡都记录了持卡人的社会安全号码,与个人的信用库直接相连,网络交易通过信用卡来结算,所有的交易都会被信用局记录,极大地提高信用评价机构对于虚假交易的识别和监测。

2. 第三方信用评价系统采用的独特算法

以淘宝网为例,国内网络交易平台提供者的信用评级系统一般为网络交易平台提供者自行设计,分好、中、差三个等级,以数量为基数累进计算,较为简易,这与美国的信用评级算法有较大差距。美国的在线经营者信用评价,并不以好评数量的简单叠加为基数,而是结合消费者的信用等级、网购历史记录以及评价的详细程度(按照是否包含实物图片展示、评价字数等指标分级计算)为采分依据进行换算[①],即一个信用记录较高的消费者所作的包含图片展示、详细使用心得的评价对于商品信用的累积将产生较强的影响,缺乏网购历史记录且信用等级较低的消费者所作出的简短的评价,对商品信用的变化产生较小影响。显然,此种信用等级的算法更为科学,将增加炒信者的犯罪成本,有利于遏制虚假信用的炒作。

(二)欧洲

在电子商务立法方面,欧盟以其独特的超国家组织形式,为整个欧洲国家制定了政策和法律规范,其中最重要的是 2000 年颁布的《电子商务指令》。欧盟成员国自2000 年 5 月起,在 18 个月内,将该指令制定成为本国法律。[②] 但目前欧盟法院尚无网络销售者、服务者炒信的相关判例,但"商业信息传播"和"消费者合理期待原则"两个概念对本文的研究具有一定的借鉴意义。

1. 商业信息传播与误导性广告

欧盟《电子商务指令》中的"商业信息传播"(commercial communications),首次作为法律概念被提出,并定义为"一切旨在直接或间接地为从事商业、工业、手工业或规范性行业的企业、组织或个人进行产品、服务或形象促销的信息传播"。[③]

"商业信息传播"在网络交易中针对的是特定商品的交易记录、使用评价等商业信息,该信息对潜在消费者知晓并作出购买决定产生重要影响,构成商业信息传播,其属性具有广告性质,在欧盟法中误导性广告是明令禁止的。误导性广告是指任何广告以任何方式欺骗或意欲欺骗其受众或传播对象,并且由于其欺骗的性质可能影

---

① Xiaotang Li: Dynamic Weighted Trust Evaluation Model for C2C Electronic Commerce Based on Bidirectional Authentication Mechanism, http://www.sersc.org/journals/IJUNESST/vol7_no4/30.pdf

② 郑思成、薛虹:《各国电子商务立法状况》,载《法学》2000 年第 12 期。

③ Directive on electronic commerce, Article 2 (f), contains a technology neutral definition of commercial communication which is defined as: "any form of commercial communication designed to promote, directly or indirectly, the goods, services or image of a company, organisation or person pursuing a commercial, industrial or craft activity or exercising a regulated profession".

响这些人的经济行为,进而损害或可能损害其竞争对手的任何行为。由此可见,欧盟法中误导性广告几乎涵盖了通过各种媒介所可能作出的各类性质的误导性商业广告行为,这种广义定义使该指令成为有效打击误导性广告、保护消费者权益的法律武器。

2. 消费者合理期待原则

欧盟法中消费者权益保护制度的出发点是"消费者合理期待原则",这是判定商业广告是否欺诈或误导的标准。① 如夸张的广告不一定比以事例宣传的广告更对消费者有说服力,后者来自消费者的"误导性广告"投诉反而更多,原因在于其使消费者产生了"合理期待"。② 以合理期待原则为基准,被炒作的信用度使消费者产生了该商品被广泛使用和受好评的合理期待,即使该商品无质量瑕疵,也不影响消费者使用,但基于"合理期待原则"属于误导性广告应该承担相应的法律责任。

(三) 韩国《电子商务消费者保护法》关于网络交易虚假评价的有关规定

韩国早在 20 世纪 90 年代,便颁布了《电子商务法》《电子签名法》和《电子商务消费者保护法》。韩国网络交易一直在规范的法律框架内快速发展,其电子商务消费者保护相关的立法经验值得借鉴。

韩国将网络销售独立于传统销售之外,对其进行单独规范。2002 年韩国通过《电子交易消费者保护法》,统一归韩国公正交易委员会监管。由于韩国网络交易有直接、明确的政府机构监管,电子商务监管工作的职责划分明确,业务便于操作。2015年 2 月 23 日,韩国该委员会颁布了最新修订的《电子商务交易保护指南》③,旨在防止日新月异的电子商务交易中不断滋生的新型违法行为,进一步细化、贯彻韩国《电子商务消费者保护法》的相关法律。指南的添加内容之一是,对韩国《电子商务消费者保护法》第 21 条④有关虚假评价禁止行为的细则规范,《指南》以下列方式予以列举细化炒信行为:第一,作出有利于电子商务经营者的虚假评价行为;第二,收受广告费后在不了解事实情况下,对商品使用包含"推荐、最好、期待"等诱导消费者的虚假评价;第三,网络销售者、服务者通过雇用他人大量购买其商品后再取消交易的方式,以达到完成虚假交易。该列举使得对炒信行为的认定更加易于操作。可见,炒信行为的核心要素为"虚假评价""虚假交易和获得非法利益"。根据韩国《电子商务消费者保护法》第 45 条、《电子商务消费者保护法施行令》第 42 条,对炒信行为人处以 1000 万

---

① Gersant G. Howells and Thomas Wilhelmsson, EC consumer law, Dartmouth Publishing c. s. 1997, p. 18—19.

② See C-210/96 (Gut Springenheide and Rudolf Tusky v. Amt für Lebensmittelüberwachung): "In order to determine whether a statement (…) is liable to mislead the purchaser, the national Court must take into account the presumed expectations which it evokes in an average consumer (…)".

③ 即"전자상거래보호지침",以下简称"指南"。

④ 韩国《电子商务消费者保护法》第 21 条经营者"禁止行为"第 1 款,禁止经营者"虚假或夸大事实,或通过欺骗性手段诱导消费者的行为"。

韩币,约合人民币 6 万元以下的罚款。

（四）小结

通过对美国、欧盟与韩国关于信用欺诈行为进行法律规制方法进行比较,不难发现,虽然炒信行为在他国也时有发生,但并不像我国这般已然形成了整条产业链,并衍生出多种寄生的违法产业。究其原因,是我国尚未建立全国范围内的、统一的第三方信用评价机构,面对来势汹汹的炒信大军,仅仅期待政府快速建立联网信用库是远远不能解决燃眉之急的,市场终究需要通过市场"无形的手"进行有效调节,故鼓励建立如美国的半官方或营利性的第三方信用评价平台,为网络交易平台提供者平台减负的同时,也可以通过对第三方信用评价机构的监管,做到权责统一,使其发挥更大的作用。

我国民法受以德国法为代表的大陆法系民法影响,在《民法通则》《合同法》等法律中只有"欺诈"概念,而无美国侵权法上的"虚假陈述"的规定。[①] 美国侵权法的虚假陈述行为中的欺诈性虚假陈述,与本书讨论的炒信行为在法律性质上十分类似。我国证券法中借鉴并产生了"证券虚假陈述"这一概念,体现在 1993 年国务院证券委颁布的《禁止证券欺诈行为暂行办法》第 2 条对"虚假陈述"行为的规定。实际上,"虚假陈述"这一概念是以侵权法为依托的民法概念,并用以调整各种各样的民商事法律行为,并不仅仅局限于金融证券领域。商业交易欺诈性虚假陈述包括在商业交易中,误导并通过欺诈性虚假陈述方式侵害他人的侵权行为。网络交易所衍生出的炒信等信用欺诈行为,与美国的欺诈性虚假陈述行为非常类似,具有重要的借鉴意义。

韩国立法机构介于网络交易的特殊性考虑,早在 2002 年便出台了《电子交易消费者保护法》,用来保护网络交易中消费者的权益。虽然韩国网络交易亦存在类似我国的炒信行为,但是由于韩国网络交易采用实名制并且身份审核都是由政府联网系统完成的,所以不会发展成类似我国的大规模炒信产业链,所以对类似炒信行为的惩罚力度并不高。因此,我国的联网身份查询系统制度亦显得越来越重要。

三、网络交易信用欺诈行为的概念及法律性质

（一）网络交易信用欺诈行为的概念界定

1. 应当使用网络交易信用欺诈行为的概念

在目前的社会生活中,这种网络交易中的违法行为就叫作炒信。这个概念比较形象,但并非一个专业的法律概念。

我们认为,对于恶意炒信违法行为,应当有一个符合法律要求的概念命名,这个概念应当叫作网络交易信用欺诈行为,简称为信用欺诈,最为恰当。它能够概括炒信行为的全部特点。

---

① 美国法学会:《侵权法重述第二版:条文部分》,法律出版社 2012 年版,第 229 页。

2. 对网络交易信用欺诈行为的概念定义

目前对网络交易信用欺诈行为没有具体的界定，只有淘宝网站对炒信的定义。这个定义认为："炒信是通过不正当方式提高账户信用积分或商品销量，妨害买家权益的行为。其中不正当方式是指卖家通过非常规方式获得虚假的信用积分、商品销量、店铺评分、商品评论等不当利益。"①

国家工商总局 2015 年出台的《网络交易管理办法》对炒信的规定是："以虚构交易、删除不利评价等形式为自己或他人提升商业信誉的行为属于不正当竞争行为，应按照《反不正当竞争法》关于虚假宣传的规定进行处罚。"其中关于"以虚构交易、删除不利评价等形式为自己或他人提升商业信誉的行为"的规定，相当于官方对炒信行为概念的界定。

参考淘宝网对炒信行为的界定，以及国家工商总局的上述规定，应当将网络交易信用欺诈行为界定为：在网络交易活动中，行为人通过不正当手段，利用虚构交易、提高账户信用积分、提高商品销售量以及删除不利评价等虚假信用炒作方法，获得高于其实际享有的信用度、信誉度等非法利益，对消费者、同业经营者以及网络交易平台提供者的合法权益造成损害的违法行为。

(二) 网络交易信用欺诈行为的特点

欺诈，指以使他人陷于错误原因而为意思表示为目的，故意陈述虚伪事实或者隐瞒真实情况的行为。其构成，一是要求有欺诈行为，二是欺诈人有欺诈故意，三是受欺诈人因欺诈而陷于错误，并因错误而为意思表示，四是行为欺诈违反法律和诚实信用原则。② 正如美国侵权法重述第二版第 525 条对欺诈性不当表示的界定那样，"为诱使他人根据己方的表述采取行为或者不行为，而对事实、意见、意愿或法律作出不当表述的人，应对该他人因合理依赖该不当表述而遭受的金钱损失承担欺诈责任"。③

1. 网络交易信用欺诈的行为人是个人或团伙

网络交易信用欺诈行为的行为主体，一定是与网络交易相关的个人或团伙。这种行为人，可以是网络交易的经营者本人，也可能是专职进行炒信的个人和团伙，有的甚至是法人或者其他组织。无论是网络交易销售者、服务者本人，还是专职进行炒信的法人、其他组织或者个人，其行为都是在网络交易中进行。离开网络交易，不存在网络交易信用欺诈行为，即使构成欺诈，也不属于网络交易信用欺诈行为。

值得研究的是，如果网络交易平台提供者疏于管理，对恶意信用炒作行为未尽注意义务，具有过失，是否也作为网络交易信用欺诈行为的共同行为人呢？对此，应当依照《侵权责任法》第 9 条规定确定：如果网络交易平台提供者出于故意，为信用炒作

---

① 《虚假交易的认定和处罚的规则与实施细则》(《淘宝网规则》)，载淘宝网，https://rule.taobao.com/detail-533.htm? spm＝a2177.7231205.0.0.q8Q61V&tag＝self，2015 年 9 月 30 日访问。
② 崔建远：《合同法学》，法律出版社 2015 年版，第 74 页。
③ 美国法学会：《侵权法重述第二版·条文部分》，法律出版社 2012 年版，第 229 页。

行为提供了支持和帮助,构成帮助行为人的,应当成为网络交易信用欺诈行为的共同侵权人;如果仅仅是存在过失,则应当依照《消费者权益保护法》第44条规定,承担附条件的不真正连带责任;如果没有过失,则不应当承担责任。

2. 网络交易信用欺诈行为的基本行为特征是欺诈

网络交易信用欺诈行为以欺诈为其行为的基本特征,因而具备欺诈的一切特点。欺诈,指以使他人陷于错误并因而为意思表示为目的,故意陈述虚伪事实或者隐瞒真实情况的行为。[①] 网络交易信用欺诈行为的基本行为特征正是如此,炒信行为人为了提高被炒作的经营者的信用、信誉,虚构事实,进行虚伪陈述,或者隐瞒真实情况,其目的就是使消费者陷于错误,因而与该经营者进行交易。因此,网络交易信用欺诈行为的本质仍然是欺诈行为,而不是其他违法行为。

3. 欺诈的基本内容是信用利益

网络交易信用欺诈行为侵害的是网络交易中的销售者、服务者的信用利益。所谓信用乃个人在经济上的评价,信誉系长期累积的成果,与人格发展有密切关系。企业名誉或商业信用攸关市场竞争秩序及消费者权益。[②] 网络交易信用欺诈行为的行为人所恶意炒作的,就是网络销售者、服务者的经济上的评价,增加信誉的累积,欺骗消费者,进而发展自己的经营活动。这是信用欺诈与其他欺诈行为的根本区别,如果不是对信用的欺诈,无法成为网络交易信用欺诈行为。

4. 网络交易信用欺诈行为的基本行为方式是反复作夸大宣传

所谓炒作,原意是指频繁买进卖出,制造声势,从中牟利;也指为扩大人或事物的影响而通过媒体反复做夸大的宣传。[③] 炒作是一个贬义词,而不是中性词,更不是褒义词。其基本定性,就是夸大宣传。网络交易信用欺诈行为正是如此,通过网络的媒体作用,为扩大特定的网络销售者、服务者信用的影响,而反复作夸大的宣传。信用炒作,就是利用虚构交易、提高账户信用积分、提高商品销售量以及删除不利评价等行为,对网络销售者、服务者的信用反复进行夸大宣传,为网络销售者、服务者恶意增加信誉度,借以欺骗消费者,进行不正当竞争。

5. 受信用欺诈损害的是网络消费者、同业竞争者及网络交易平台提供者

受到网络交易信用欺诈损害的人群,一是网络交易的消费者,网络交易信用欺诈行为通过对网络销售者、服务者的信用炒作,使其具有不真实的信用外观,使网络交易消费者受到欺诈,对销售者、服务者的信用或者商品信誉产生错误印象,不仅知情权受到侵害,而且参加交易后使其财产利益受到损害。二是同业经营者,由于同业经营者存在竞争关系,恶意炒作一方经营者的信誉,就会对同业经营者的信用造成影

---

① 崔建远:《合同法学》,法律出版社2015年版,第74页。
② 王泽鉴:《人格权法》,台北三民书局2012年版,第193页。
③ 中国社会科学院语言研究所词典编辑室:《现代汉语词典》(第5版),商务印书馆2005年版,第162页。

响,使其受到不正当竞争行为的侵害,降低销售量,损害经营权,造成财产利益的损失。三是网络交易平台提供者,其信用和债权利益受到损失。

（三）网络交易信用欺诈行为的法律性质是侵权行为

怎样界定网络交易信用欺诈行为的法律性质,特别值得研究,因为这是对其进行法律适用的基础。

网络交易信用欺诈行为的法律属性是侵权行为。侵权行为是指行为人由于过错,或者在法律特别规定的场合不问过错,违反法律规定的义务,以作为或不作为的方式,侵害他人人身权利和财产权利及利益,依法应当承担损害赔偿等法律后果的违法行为。[①] 网络交易信用欺诈行为符合侵权行为上述定义的要求。

1. 网络交易信用欺诈行为是故意实施的侵权行为

依照《侵权责任法》第 6 条第 1 款规定,构成侵权行为首先要求行为人具有过错。行为人无论在主观上具有故意还是过失,都构成侵权行为的主观方面的要求。网络交易信用欺诈行为的行为人在实施违法行为时,主观状态不是过失(因为过失是不注意的心理状态),而是故意,是行为人在主观上希冀或者放任行为损害后果的发生,即故意云者,谓明知自己行为可生一定结果,并有意使其发生或信为未必发生者也。[②]在网络交易信用欺诈行为中,行为人的炒信行为是明知,且追求、希冀、有意使其损害结果发生,因而属于直接故意。恶意炒信的恶意,就是故意,就是故意之恶劣者。[③] 因而,网络交易信用欺诈行为属于故意侵权行为,确定无疑。

2. 网络交易信用欺诈行为是利用虚假陈述进行欺诈的侵权行为

美国侵权法中的"虚假陈述",就是商业领域中的欺诈行为,指的是在商业交易中误导并通过错误陈述的方式侵害他人的侵权责任。网络交易中所发生的炒信行为,本质属于欺诈性虚假陈述侵权行为。美国《侵权法重述·第二次》第 525 条至 549 条有关欺诈性虚假陈述的规定,反映了欺诈性虚假陈述的要求,即:(1) 作出了陈述;(2) 涉及现存的重要事实;(3) 事实虚假;(4) 陈述者要么知道事实虚假,要么明知对方没有足够信息来判断这一陈述而放任为之;(5) 以诱使他人为目的;(6) 对方合理相信,对虚假浑然不知;(7) 对方确实信赖;(8) 对方受诱使而行为;(9) 导致伤害和损失。[④] 将网络交易信用欺诈行为与欺诈性虚假陈述的这些特点一一对照,竟然极为相似。因而网络交易信用欺诈行为就是利用虚假陈述进行信用欺诈的侵权行为。

3. 网络交易信用欺诈行为是在网络交易中侵害消费者权益的侵权行为

网络交易信用欺诈行为发生在网络交易活动中,炒作的是网络销售者、服务者的

---

① 杨立新:《侵权责任法》,法律出版社 2015 年增订版,第 36 页。
② 戴修瓒:《民法债编总论》,上海法学编译社 1948 年版,第 180 页。
③ 张新宝:《侵权责任构成要件研究》,法律出版社 2007 年版,第 422 页。
④ 参见〔美〕小詹姆斯·A.亨德森等著:《美国侵权法——实体与程序》(第七版),王竹等译,北京大学出版社 2014 年中文版,第 787 页。

信用和信誉,以及交易的商品或者服务的信誉。信用炒作的结果,就是为了使消费者上当受骗,误信其炒作的事实为真实事实,因而与网络销售者、服务者进行交易,最后因虚假事实的炒作并未发生,而使消费者受到损害。当然,网络交易信用欺诈行为也损害同业经营者的经营权,而使同业经营者受到不正当竞争行为的损害,以及侵害了网络交易平台提供者的合法权益。

4. 网络交易信用欺诈行为是应当承担损害赔偿等责任的侵权行为

网络交易信用欺诈行为既然是侵权行为,那么救济网络交易信用欺诈行为受害人损害的基本方式,就是以损害赔偿为主要方式的侵权责任。确定网络交易信用欺诈行为构成侵权行为,就要承担侵权责任,由进行信用欺诈的行为人承担损害赔偿、停止侵害等侵权责任。

(四)网络交易信用欺诈行为的类型

1. 侵害消费者知情权的网络交易信用欺诈行为

网络交易信用欺诈行为的基本类型,是侵害消费者的知情权的信用欺诈行为。

消费者知情权,是消费者享有知悉其购买、使用的商品或接受的服务的真实情况的权利。最早于 1962 年 3 月 15 日,美国肯尼迪总统在《关于保护消费者利益的国情咨文(Special Message to the Congress on Protecting the Consumer Interest)》中提出了消费者四大权利,分别为安全权(The right to safety)、知情权(The right to be informed)、选择权(The right to choose)和被倾听权(The right to be heard)。[①] 随后,消费者知情权受到世界瞩目。

我国 1993 年《消费者权益保护法》第二章第 8 条也将消费者知情权列为我国消费者的 9 项权利之一,2013 年修订该法后,更进一步强调对消费者知情权的保护,第 8 条规定赋予消费者知情权,第 20 条规定了经营者对消费者应尽的说明义务。这两个条文是知情权的权利和义务的规定,经营者的说明义务,就是满足消费者知情权的必要行为。经营者违反其应尽的说明义务,就具有违法性,就构成对消费者知情权的侵害。

在消费领域中,经营者与消费者双方并不处于完全对等的地位,由于信息上的不对称,消费者总是居于弱势,对消费者知情权的保护是平衡信息不对称时消费者弱势

[①] Special Message to the Congress on Protecting the Consumer Interest: "…These rights include: (1) The right to safety-to be protected against the marketing of goods which are hazardous to health or life. (2) The right to be informed-to be protected against fraudulent, deceitful, or grossly misleading information, advertising, labeling, or other practices, and to be given the facts he needs to make an informed choice. (3) The right to choose-to be assured, wherever possible, access to a variety of products and services at competitive prices; and in those industries in which competition is not workable and Government regulation is substituted, an assurance of satisfactory quality and service at fair prices. (4) The right to be heard-to be assured that consumer interests will receive full and sympathetic consideration in the formulation of Government policy, and fair and expeditious treatment in its administrative tribunals…"

地位的有效做法。上述知情权的权利与义务的法律配置,就说明了消费者与经营者在法律地位上的差别。同样,在网络交易中,消费者与经营者之间的法律关系同样如此,并未因交易场所的虚拟化而发生改变,消费者知情权的内涵、性质与经营者应当负担的对消费者的说明义务也未发生变化。

鉴于网络虚拟空间的特点考虑,较之于传统交易模式,网络交易中的销售者、服务者与消费者间的信息不对称的特点更为突出,所以网络交易中对消费者知情权的保护更为重要。《消费者权益保护法》第 28 条中规定,"采用网络、电视、电话、邮购等方式提供商品或者服务的经营者,以及提供证券、保险、银行等金融服务的经营者,应当向消费者提供经营地址、联系方式、商品或者服务的数量和质量、价款或者费用、履行期限和方式、安全注意事项和风险警示、售后服务、民事责任等信息",以保障网络消费者的知情权。

在网络交易中,消费者作出购买决定的重要因素之一便是信用度,所以,网络销售者、服务者对其信用的造假,直接导致消费者无法了解到商品的真实情况,侵犯了消费者的知情权,因此而造成消费者财产损失的,亦为侵权的损害后果,应予赔偿。

2. 侵害网络交易同业竞争者的网络交易信用欺诈行为

我国《反不正当竞争法》第 2 条第 2 款规定:"本法所称的不正当竞争,是指经营者违反本法规定,损害其他经营者的合法权益,扰乱社会经济秩序的行为。"通常认为,不正当竞争行为须有以下要件:第一,不正当竞争的行为主体是经营者;第二,造成了其他经营者合法权益的损害;第三,扰乱了社会经济秩序。与《消费者权益保护法》着重保护公共利益和弱势群体不同的是,《反不正当竞争法》着重鼓励和保护正当竞争,制止经营者间的不正当竞争行为,维持正常的社会经济秩序。《消费者权益保护法》调整的法律关系是经营者与消费者间的关系,《反不正当竞争法》维护的是经营者与经营者间的法律关系。《反不正当竞争法》是保护经营者的法律,所以主张权利的主体只能是经营者,通过保护经营者诚实的商业活动,维护市场竞争秩序,从而间接保护消费者。

正因为如此,国家工商总局《网络交易管理办法》把炒信定义为一种不正当竞争行为,以《反不正当竞争法》关于虚假宣传的规定进行处罚。网络交易中的不正当竞争行为,是传统交易不正当竞争行为在网络交易中的折射,属于同质性衍生物,其本质都违反了诚实信用原则、自由公平商业惯例,只是交易场所不同而已。网络交易不正当竞争行为也具有其独特性,如鉴于网络交易的开放性,网络交易主体身份比起传统交易更加复杂、多元等。《反不正当竞争法》关于虚假宣传的规定主要体现在第 9条,即"经营者不得利用广告或者其他方法,对商品的质量、制作成分、性能、用途、生产者、有效期限、产地等作引人误解的虚假宣传"。炒信是网络销售者、服务者对其信用评价的虚假宣传,适用第 9 条的规定。需要说明的是,不正当竞争行为只是网络交易信用欺诈行为中的一种类型,而不是全部类型。

《反不正当竞争法》适用的前提要件，是原告与被告之间存在竞争关系，并且都是经营者。竞争关系存在与否不只取决于所提供的商品或服务是否相同，只要商品或服务存在可替代性或者招揽的是相同的顾客群，抑或促进了他人的竞争，都应认定存在竞争关系。[①] 但也有判例认为《反不正当竞争法》是规范经营者行为的法律，同时保护其他经营者和消费者的合法权益，不以经营者之间是否存在竞争关系为前提。[②]《反不正当竞争法》所指的"竞争"是广义的竞争，即强调的是保护经济市场的秩序，而不是刻板地局限在狭义的竞争者关系间。德国《反不正当竞争法》第 1 条对立法目的的规定为："本法旨在保护竞争者、消费者及其他市场参与者的利益，不受不正当商业行为的损害，同时保护公众正当竞争的利益"。该条中用"商业行为"代替了"竞争行为"，强调保护范围为竞争者、消费者和其他市场参与者的利益。

3. 侵害网络交易平台提供者合法权益的侵权行为

毫无疑问，信用欺诈行为也侵害了网络交易平台提供者的合法权益。问题是，这种侵权行为究竟侵害了网络交易平台提供者的何种权益呢？经营权、财产权，还是债权？《侵权责任法》第 2 条第 2 款规定侵权责任法保护范围，没有规定经营权，在司法实践中通常也不会以经营权界定侵权行为的性质。财产权是一个权利的种类，并不是一个具体的权利，不能作为侵权行为的侵害对象。虽然网络交易平台提供者在与销售者、服务者之间构成的网络交易平台服务合同中享有债权，信用欺诈行为对网络交易平台提供者享有的该债权有所损害，但是，侵害债权须具备债权不能实现的损害后果，[③]而信用欺诈行为对于网络交易平台提供者债权的损害并非债权不能实现，而是债权利益受到损失，直接确定为侵害网络交易平台提供者债权的侵权行为，显然也不够准确。不过，《侵权责任法》第 2 条第 1 款和第 2 款都规定民事利益也是侵权行为客体，以"与债权相关的财产利益"界定这种侵权行为的侵害客体，也是成立的。因此，信用欺诈行为除了侵害消费者的知情权，侵害了其竞争对手的合法权益外，也侵害了网络交易平台提供者的与债权相关的财产利益，符合《侵权责任法》第 6 条第 1款规定的要求，构成侵权责任，网络交易平台提供者有权依据《侵权责任法》的规定，请求信用欺诈行为人承担侵权责任，救济自己的损害。

4. 网络交易平台对信用欺诈未尽必要注意义务的侵权行为

前述三种网络交易信用欺诈行为的类型的行为主体，都是实施信用欺诈行为的

---

① 李胜利:《论反不正当竞争法中的竞争关系和经营者》，载《法治研究》2013 年第 8 期。

② 参见兰州金蝶软件科技有限公司与金蝶软件中国有限公司虚假宣传纠纷一案。被告亦辩称原告作为答辩人的合资经营伙伴，负责答辩人之产品在甘肃地区的推广销售，原告系答辩人生产制造的软件产品的经销商，原告与答辩人之间系合资经营关系，不存在竞争关系，故双方之间发生的纠纷不适用《反不正当竞争法》。甘肃省高院则直接以《反不正当竞争法》是规范经营者行为的法律，同时保护其他经营者和消费者的合法权益，不以经营者之间是否存在竞争关系为前提为由否定了被告方的上诉理由（甘肃省高级人民法院(2007)甘民三终字第 00007 号民事判决书）。

③ 参见杨立新:《侵权责任法》，法律出版社 2015 年修订版，第 394 页。

行为人。网络交易信用欺诈行为还有一种类型,是网络交易平台提供者的侵权行为。

在网络交易中,网络交易平台提供者并不参与交易,但是由于交易是在其平台上进行的,因而网络交易平台提供者应当对网络交易信用欺诈行为保持高度的警惕性,防止经营者利用网络交易平台实施信用欺诈行为,以它对消费者合法权益造成侵害。网络交易平台提供者未尽此谨慎注意义务,使网络销售者、服务者实施了信用欺诈行为,造成了知情权的损害,或者使同业竞争者受到不正当竞争行为的损害,则构成网络交易信用欺诈行为的共同行为人,其作用是提供了帮助行为。不过,对于这种共同行为,法律并不认为是共同侵权行为,而认可其承担附条件的不真正连带责任,适用《消费者权益保护法》第44条的规定。

5. 与网络交易信用欺诈行为相关的侵权行为

在网络交易中,如果消费者相信了网络交易信用欺诈行为的虚假陈述,因而购买了欺诈的商品,或者接受了欺诈的服务,就形成了信用欺诈与商品欺诈或者服务欺诈的竞合。原因是,信用欺诈属于侵权行为,而商品欺诈与服务欺诈属于违约行为,当信用欺诈与商品欺诈或者服务欺诈发生竞合时,既构成侵权行为,也构成商品欺诈或者消费欺诈,应当依照《合同法》第122条规定,由受到损害的债务人选择侵权责任保护自己,或者选择违约责任保护自己。

通过信用欺诈,消费者购买欺诈商品或者接受欺诈服务并造成人身损害的,则同时构成侵害健康权或者生命权的侵权行为。不过,这种情形并不是责任竞合,而是同时构成两种侵权行为,即侵害消费者知情权的侵权行为和侵害消费者健康权或者生命权的侵权行为,受害的消费者有权提起两个诉讼请求。

四、网络交易信用欺诈行为的具体形态

侵权行为形态,是指侵权行为的不同表现形式,是对侵权行为的不同形式进行抽象和概括。区分各类侵权行为形态,对于确定各种侵权行为所应适用的归责原则、责任构成、赔偿形式、赔偿范围和免责条件等,都具有重要意义。[①] 网络交易信用欺诈行为是侵权行为,也应当区分其行为形态,为确定各类不同的网络交易信用欺诈行为形态如何适用法律打下基础。

(一) 网络销售者、服务者与炒信行为人共同实施的共同侵权行为

网络销售者、服务者与炒信行为人共同实施的网络交易信用欺诈行为,构成共同侵权行为。网络销售者、服务者与炒信行为人之间进行通谋,对网络销售者、服务者的信用进行炒作,实施信用欺诈行为,符合《侵权责任法》规定的共同侵权行为的法律特征。

《侵权责任法》第8条规定:"二人以上共同实施侵权行为,造成损害的,应当承担

---

① 杨立新:《侵权法论》(下册),人民法院出版社2013年第5版,第827页。

连带责任。"按照这一规定,共同侵权行为需具有以下法律特征:(1) 共同侵权主体为多个人,即二人以上;(2) 行为人之间具有主观的意思联络或者客观的关联共同;(3) 数个共同加害人的共同行为所致损害是同一的、不可分割的;(4) 数个共同加害人的行为与损害结果之间具有因果关系。[①] 所谓有主观意思联络,就是数人在主观上有共同故意,即数个行为人都明知且意欲追求行为所损害后果的发生。事先通谋,即各行为人事先形成了统一的致他人损害的共同故意,而后实施的侵权行为,是典型的共同侵权行为。网络销售者、服务者与炒信的个人或者团伙进行虚假交易的信用欺诈,经营者和炒信行为人及团伙都明知并希望追求信用欺诈之损害后果的发生,存在共同故意,并且基于共同的故意而共同实施侵害消费者知情权,或者其他网络销售者、服务者的正当经营行为,妨碍了网络交易市场的正常秩序,构成主观的共同侵权,应当承担连带责任。

快递公司明知经营者或者炒信团伙实施网络交易信用欺诈行为,而为其提供快递服务,参与信用欺诈行为,也构成共同侵权行为。但快递公司不知情,仅根据快递服务合同进行快递业务的,不构成侵权责任。

(二) 炒信团伙成员间的共同侵权行为

团伙一词,英文里称为"gang",指若干人结合在一起的群体,尤其指以反社会或犯罪为目的的团伙。[②] "团伙成员"这种侵权行为类型是指某些团伙组织的其他成员实施侵权行为造成他人损害,如果没有团伙的集合行为则可以避免造成损害的危险发生,若该集合行为可以归责于该团伙,则该团伙的成员应当承担连带责任的侵权行为。[③] 这是一种特殊的共同侵权行为,《荷兰民法典》对此率先作出规定。该法第6:166条规定:"如果一个团伙成员不法造成损害,如果没有其集合行为,则可以避免造成损害的危险之发生,如果该集合行为可以归责于这一团伙,则这些成员承担连带责任。"换言之,非法组织的成员执行团伙的命令而实施的行为,其成员要承担连带责任。如果进行炒信活动的信用欺诈行为的行为人是一个团伙,大多利用网络平台或者语音群落进行意思联络,实施信用欺诈的侵权行为,由于团伙本身不具有法人资格,也不是其他组织,不具有民事主体资格,所以不能作为一个独立的行为主体承担侵权责任。适用团伙成员的行为为共同侵权行为的规则,就可以确认炒信团伙实施的信用欺诈行为是网络交易信用欺诈共同侵权行为,团伙成员应承担连带责任。

这是因为,炒信团伙是数个成员的集合,在实施炒信行为时,具有共同故意,不论有无分工,都是共同实施信用欺诈的侵权行为,并造成他人损害,团伙成员当然构成共同侵权人,不仅整个团伙的成员都应当承担侵权责任,而且每一个团伙成员都应当

[①] 参见杨立新:《侵权责任法》(第2版),法律出版社2013年版,第110页。
[②] 参见《元照英美法词典》,北京大学出版社2013年缩印版,第594页。
[③] 杨立新:《侵权责任法》,北京大学出版社2014年版,第114—115页。

对整个团伙的侵权行为后果承担连带责任。换言之,炒信团伙中一人炒信,所有成员承担连带责任。

团伙成员共同侵权是一种特殊的共同侵权行为,该共同侵权行为的关键点在于对团伙集合行为的确定。因为只有确定了团伙的行为是其共同意志的表现,才能认定团伙成员之间承担连带责任。团伙的集合行为,是指这些组织的集体行为或者惯常行为,不论其行为是整个团伙实施,还是团伙组织成员的个人、数人实施,也不论其他成员是否知晓。① 符合这个要求的,都可以认定为团伙的集合行为,该团伙的其他成员都有责任为该集合行为承担连带责任。

(三)炒信行为人单独实施的网络交易信用欺诈行为

在网络交易信用欺诈行为中,还存在单独侵权行为的形态。单独侵权行为,是一个人实施的侵权行为,由自己承担侵权责任。不论销售者、服务者是自然人,还是法人,以及能够作为一个独立个体的其他组织,在侵权法上都能够成为单独侵权行为的行为人。当网络销售者、服务者作为单独的自然人或者单独的法人或者单独的其他组织,依照自己的意志为自己进行炒信,或者为其他经营者进行炒信,都构成单独的网络交易信用欺诈行为的侵权行为人,应当承担侵权责任。

(四)网络交易平台提供者参与的信用欺诈竞合侵权行为

作为网络交易平台提供者的网络公司,对防范和制止网络交易信用欺诈行为负有义务,对于发现的网络交易信用欺诈行为应当进行制止、惩戒,消除网络交易信用欺诈行为对消费者的侵害,保护消费者的合法权益和其他同业经营者的正当经营活动。当网络交易平台提供者不履行上述义务,任网络交易信用欺诈行为在其平台上实施而不采取必要措施时,构成竞合的信用欺诈侵权行为。

竞合侵权行为是指两个以上的民事主体作为侵权人,有的实施直接侵权行为,与损害结果具有直接因果关系,有的实施间接侵权行为,与损害结果的发生具有间接因果关系,行为人承担不真正连带责任的侵权行为类型。② 网络交易信用欺诈行为的炒信行为人在网络公司提供的网络交易平台上实施信用欺诈行为,网络交易平台提供者未能尽到防范、制止炒信行为的义务,就使其网络交易平台为网络交易信用欺诈行为提供了条件,成为直接实施的网络交易信用欺诈行为造成消费者权益损害或者同业经营者经营活动损害的间接原因,构成造成损害的间接行为,与网络交易信用欺诈行为的行为人的直接行为发生竞合,造成了同一个损害的发生,因而构成网络交易信用欺诈行为的竞合侵权行为。

认定网络交易信用欺诈行为的竞合侵权行为,应当与其他两种类型的网络交易信用欺诈行为相区别:

---

① 张新宝:《侵权责任法》,中国人民大学出版社2010年版,第51页。
② 杨立新:《论竞合侵权行为》,载《清华法学》2013年第1期。

第一,与单独实施的网络交易信用欺诈行为相区别。由于通常责任人多为网络销售者、服务者自身,一般情况下网络交易平台提供者是不承担直接责任的。如果网络交易平台提供者不能提供销售者、服务者的相关有效信息或者有先行赔付承诺的,则应当承担不真正连带责任。不真正连带责任,是多数行为人违反法定义务,对同一个受害人实施加害行为,或者不同的行为人基于不同的行为而致使同一个受害人的民事权益受到损害,各个行为人产生的同一内容的侵权责任,各负全部赔偿责任,并因行为人之一的责任履行而使全体责任人的责任归于消灭,或者依照特别规定多数责任人均应当承担部分或者全部责任的侵权责任形态。[①] 这种才属于网络交易信用欺诈行为的竞合侵权行为。

第二,网络交易平台提供者明知而为网络交易信用欺诈行为的行为人提供帮助,则不构成竞合侵权行为,而是共同侵权行为。即网络交易平台提供者知道网络销售者、服务者的违法行为不制止的,属于知情后,不仅不予制止或者采取必要措施,反而继续为其提供条件,属于《侵权责任法》第9条规定的帮助人,构成共同侵权行为人,应当依照《消费者权益保护法》第44条规定承担连带责任。

五、网络交易信用欺诈行为的责任认定

(一) 网络交易信用欺诈行为的归责原则

网络交易信用欺诈行为的责任认定,应当适用《侵权责任法》第6条第1款规定的过错责任原则。这是因为,不论网络交易信用欺诈行为是何种形态,都属于过错责任,既不能适用过错推定原则,也不能适用无过错责任原则。

首先,对网络销售者、服务者实施的网络交易信用欺诈行为,应当适用过错责任原则。网络销售者、服务者实施网络交易信用欺诈行为,是为了自己的信誉提高而实施侵权行为,在主观上具有明显的恶意。最起码是具备过失,即不知道自己实施的行为可能会造成信用欺诈的后果,但疏于注意而实施了这样的行为,当然也构成信用欺诈行为。不过,这样的行为较为少见,主要的还是故意实施信用欺诈行为。

其次,炒信的直接实施者是炒信团伙,其注册虚假或匿名 ID 对商品信用进行炒作,网络销售者、服务者是间接实施者,网络销售者、服务者和炒信团伙共同对消费者进行信用欺诈。所以,炒信团伙是直接行为人,网络销售者、服务者是炒信的间接行为人,两者承担连带责任。侵权连带责任的确定有一个特点,即损害赔偿的范围不是基于连带责任人的数量决定,而是由侵权行为所造成的损害结果的大小决定,其举证责任在于原告,而不在于被告。信用欺诈的前提是具有欺诈故意,故应当适用过错责任。要想使网络销售者、服务者对信用欺诈负损害赔偿责任,则必须证明行为人具有

---

① 杨立新:《论不真正连带责任类型体系及规则》,载《当代法学》2012 年第 3 期。

主观过错,适用过错原则。

再次,确定炒信团伙和快递公司的责任,适用过错责任原则。炒信团伙,联合快递公司等其他主体一起合伙侵害消费者权益,进行网络虚假交易信用欺诈,属于与网络销售者、服务者的共谋,具有共同的欺诈故意,所以炒信团伙、快递公司等主体与网络销售者、服务者一同为共同侵权人,承当连带责任。消费者可以对其中任意一主体或全部主体主张损害赔偿请求。

最后,网络交易平台提供者的归责原则,根据《消费者权益保护法》第 44 条规定和对网络交易平台行为形态的论述,信用欺诈的责任人多为网络销售者、服务者自身,网络交易平台提供者通常不承担直接责任。但是,如果交易平台提供者不能提供销售者、服务者的相关有效信息或者有先行赔付承诺的,则应当承担不真正连带责任。如果网络交易平台提供者知道网络销售者、服务者的违法行为不制止的,属于共同侵权行为人,应当承担连带责任。对此适用过错责任是没有争议的。尤其在当下鼓励互联网创新与新兴产业发展的当今时代,过错责任更加有利于互联网事业的繁荣与发展。

(二) 网络交易信用欺诈行为的责任构成

依照《侵权责任法》第 6 条第 1 款规定,构成网络交易欺诈侵权责任,须具备损害事实、违法行为、因果关系及过错四个要件。

1. 网络交易信用欺诈行为的损害事实

一般意义上的损害,是指就财产或其他法益所受之不利益,这包括财产上及非财产上之积极损害、履行利益及信赖利益的损失。[①] 侵权责任法的损害事实,是指一定的作为或者不作为致使民事主体的人身权利、财产权利及利益减少或灭失的客观事实。所以,纵然有违反法定义务情事,如果没有发生损害,仍然无法产生损害赔偿请求权,[②]不构成侵权责任。

网络交易信用欺诈的损害事实是指在网络交易平台中通过大量虚假交易量等炒信行为哄抬信用度,对消费者权益和网络市场交易秩序等造成损害事实。网络交易信用欺诈的行为主体是网络销售者、服务者以及炒信团伙,他们通过虚假交易快速获得"好评"并取得较高的店铺信用度,该哄抬、炒作信用度的行为把销售者、服务者包装成为带有一定欺骗性的高信用度优良店家。

这种损害事实在两种不同的法律关系中,有不同的表现形式:

第一种法律关系,是网络销售者、服务者以及炒信团伙侵害消费者的合法权益,发生的损害事实。网店通过炒信以达到对商品、服务的虚假宣传并提高销售量。网络销售者、服务者与消费者间的法律事实包括两种:一是只有单纯的炒信并未售假,

---

① 史尚宽:《债法总论》,中国政法大学出版社 2000 年版,第 287 页。

② 黄立:《民法摘编总论》,中国政法大学出版社 2002 年版,第 256 页。

换言之,只是通过虚假交易来增加交易量获得更高的信用度。此种炒信行为侵害了消费者的知情权。知情权是精神性人格权,当其受到侵害时,损害的是受害人的精神利益,造成其精神损害。二是既炒信又售假,此种情况最为常见,通过炒信对商品的交易量、店铺信用度、商品质量等进行虚假描述,迷惑欺骗消费者使其陷入对商品的错误认识,侵犯消费者的知情权、财产权甚至健康权等。此种炒信行为实际上是两种欺诈行为,信用欺诈行为和产品(或服务)欺诈行为,侵害了消费者的知情权和财产权、人身权等合法权益,既造成了受害人的精神损害,也造成了财产损害。

第二种法律关系,是网络销售者、服务者与炒信团伙等进行不正当竞争,破坏网络交易同业经营者相互间的关系,损害交易秩序,造成同业竞争者的经营利益的损害。这种不正当竞争行为,侵害了其他竞争对手的合法权益,破坏了网络交易市场的经济秩序。这是财产利益损失的表现形态,应当承担的是财产损害赔偿。

2. 网络交易信用欺诈行为的违法性

侵权责任构成要件中的违法行为,是指自然人或者法人违反法律而实施的作为或者不作为。对违法性的要求是,行为人实施的行为在客观上与法律规定相悖,主要表现为违反法定义务、违法保护他人的法律和故意违背善良风俗致人以损害。[①] 网络交易信用欺诈行为构成侵权责任,既要求行为人实施了造成损害的作为与不作为,也要求实施的该行为在客观上违反法定义务,或者违反保护他人的法律,或者故意违背善良风俗,具有违法性。

网络交易信用欺诈行为主要是作为的行为方式。作为是指行为人违反不作为义务而行为,行为人违反不可侵义务而侵害之。[②] 网络交易信用欺诈行为的侵权行为方式,就是行为人作为民事主体,负有不得侵害他人的知情权、健康权、生命权或者正当经营利益的法定义务,却违反该义务,而侵害他人的知情权等权益,这是网络交易信用欺诈行为的基本行为方式。但是,也存在不作为的行为方式,即行为人违反特定的作为法定义务而没有作为,也构成侵权责任的违法行为的要件。例如,应当披露真实的信用信息,却故意违反而不披露,就是不作为的侵权行为。

网络交易信用欺诈行为的行为内容,主要是欺诈。由于网络交易的特殊性,消费者不能直接接触到商品本身,只能通过网络网络销售者、服务者所提供的各种商品信息和其他消费者的购买量、评价信用度等对商品进行综合判断,并最终作出购买决定。所以,网络销售者、服务者故意对交易量、评价信用等重要信息的虚假陈述,就能够诱使消费者作出错误意思表示,接受网络销售者、服务者提供的不符合其信用陈述的商品或者服务。

网络交易信用欺诈行为的违法性,是炒信行为人的行为在客观上违反法定义务,

---

① 杨立新:《侵权责任法》,法律出版社 2015 年增订版,第 105 页。
② 同上书,第 106 页。

包括不作为义务和作为义务,或者违反保护他人的法律,或者违反公序良俗致人以损害。事实上,违反保护他人的法律、违反公序良俗致人以损害,在网络交易信用欺诈行为中比较少见,主要还是违反法定义务的违法性。认定网络交易信用欺诈行为的违法性,可从以下三个层面剖析:首先,行为人是否威胁到法律保护范围之内的权利或者利益;其次,更为具体地检讨行为人的行为是否违反了客观注意义务;最后,是否可以责难具体行为人,即一定程度上的主观过错。[①]

目前我国尚未制定专门针对电子商务或者网络交易的消费者保护法。《消费者权益保护法》第 20 条关于"经营者向消费者提供有关商品或者服务的质量、性能、用途、有效期限等信息,应当真实、全面,不得作虚假或者引人误解的宣传"的规定,应当是网络销售者、服务者法定告知义务的法源。这种义务是法定义务,是作为经营者包括网络销售者、服务者应当履行的法定义务。国家工商总局为实施该规定,于 2015 年 3 月 15 日实施的《侵害消费者权益行为处罚办法》第 6 条作出了更为详细的规定,即"经营者向消费者提供有关商品或者服务的信息应当真实、全面、准确,不得有下列虚假或者引人误解的宣传行为:……(四)采用虚构交易、虚标成交量、虚假评论或者雇佣他人等方式进行欺骗性销售诱导……",明确认定虚假交易信用欺诈是违法行为,具有违法性。网络交易信用欺诈行为违反了交易的公平、公正性与经营者的诚实信用原则,严重扰乱了市场交易秩序,侵犯了消费者的知情权、人身权和财产权等合法权益。违反了法律所保护范围之内的利益。任何人对法律保护的法益违反不可侵义务,侵害他人享有的法益,均构成违法性。

同样,正当的竞争行为是法律所允许的,并且对保障消费者的合法权益具有重要价值。因此,任何经营者都负有在竞争中保护竞争对手的经营权的义务。恶意炒信行为违反这样的法定义务,同样具有违法性。

3. 网络交易欺诈行为与损害事实的因果关系

侵权行为损害赔偿请求权以实际损害为成立要件,若无损害亦无赔偿可言。[②] 损害后果的确定,只是使侵权责任具备了前提条件,但责任自负原则要求任何人仅对自己行为所造成的损害后果负责。要使信用欺诈行为人承担侵权责任,则需要证明炒信行为与消费者知情权或者同业经营者经营权益的损害之间具有引起与被引起的客观联系,就构成了侵权责任因果关系构成要件。故网络交易信用欺诈行为的因果关系要求,就是信用欺诈行为造成了实际的损害后果。

侵权法学认定因果关系,有"必然因果说"与"相当因果说"两种主要的规则,都有适用的可能。前者要求条件较高,认为行为人只对其行为所产生的与之有必然的本

---

① 参见〔奥地利〕海尔穆特·库奇奥:《损害赔偿法的重新构建:欧洲经验与欧洲趋势》,载《法学家》2009 年第 3 期。
② 参见王泽鉴:《侵权行为法》(第 1 册),中国政法大学出版社 2000 年版,第 182—183 页。

质的联系之结果承担责任,严格区别原因与条件。后者要求的要件稍低,认为行为和损害之间不必具有直接的因果关系,只要行为对结果构成适当条件,行为人应当负责。[①] 网络交易信用欺诈行为与损害后果之间的因果关系,实际上是必然因果关系,但是在证明上,适用相当因果关系规则,能够更好地保护受害人一方的权益,因为适当降低受害人证明因果关系的证明标准,就减轻了受害人的诉讼负担,增大了获得胜诉的几率,对制裁网络交易信用欺诈行为更加有力。因而,网络交易信用欺诈行为的受害人在证明因果关系意见中,需能够证明:按照一般的社会智识经验,这种炒信行为能够引起消费者或者同业经营者的权益损害事实的发生,而在实际上确实在炒信行为发生之后发生了这样的损害结果,那么,该炒信行为就是消费者或者同业经营者损害事实发生的适当条件,二者之间具有相当因果关系。

4. 网络交易信用欺诈行为人的过错

网络交易信用欺诈行为是过错责任,行为人需具有过错,才应当对其行为引起的损害后果承担侵权责任。

网络交易信用欺诈行为人的主要过错形式,是故意。这主要表现在网络销售者、服务者为自己炒信,以及专职炒信人在实施信用欺诈行为时的主观心理状态。这是因为,欺诈行为成立的前提,就是具有使接受表意人陷入错误认识的故意。恶意、欺诈、威胁等属于故意的特殊形态,即故意之恶劣者。[②] 在网络交易活动中,网络销售者、服务者与专职炒信行为人,不论是个人行为还是通谋后共同行为,制造虚假交易,迅速提升网店信誉度,使消费者陷入对特定网络销售者、服务者的经营行为的信誉度的错误认识,就成立主观上的故意,符合过错要件的要求。

网络交易平台提供者构成网络交易信用欺诈行为,过错的表现比较特殊。如果网络交易平台提供者对于网络交易信用欺诈行为缺乏正确的判断,未能善尽防范制止的注意义务,致使损害发生的,存在的过错就是过失,而不是故意,因而在网络交易平台提供者具有过失的情形下,构成侵权责任时,属于竞合侵权行为,而非共同侵权行为。若网络交易平台提供者对于网络交易信用欺诈行为已经明知或者应知,却没有采取必要措施,仍然提供平台支持,则构成帮助行为,具有侵权的间接故意,与网络交易信用欺诈行为人形成意思联络,因而构成共同侵权行为。

六、救济网络交易信用欺诈损害后果的侵权法律关系

《侵权责任法》第 3 条规定:"被侵权人有权请求侵权人承担侵权责任。"这是规定的侵权救济的侵权请求权法律关系。同样,网络交易信用欺诈行为构成侵权责任,在当事人之间发生侵权法律关系。

---

① 王利明:《侵权行为法归责原则研究》,中国政法大学出版社 1992 年版,第 389—290 页。
② 参见张新宝:《侵权责任构成要件研究》,法律出版社 2007 年版,第 422 页。

（一）信用欺诈损害救济法律关系的主体

1. 权利主体

网络交易信用欺诈侵权责任法律关系的权利主体,是网络交易信用欺诈行为所侵害的受害人。受害人作为该种侵权损害赔偿法律关系的请求权人,主要包括消费者、同业经营者网络、交易平台提供者以及其他受害人。

消费者是网络交易信用欺诈行为的主要受害人,享有侵权请求权。消费者作为侵权请求权人,一是知情权受到损害的消费者,二是欺诈商品或者欺诈服务造成损害的消费者。这两种消费者可能是同一个人,也可能是不同的人。他们都享有侵权请求权,尽管请求权的内容有所不同。

同业竞争者作为网络交易信用欺诈行为的受害人,其合法经营权和经营利益受到损害,因而享有救济该损害的损害赔偿等请求权。同业竞争者受到损害的可能很多,都是受害人,都享有侵权请求权,因而属于大规模侵权行为,可以适用集团诉讼方式进行救济,受害人也可以单独提出起诉。

网络交易平台提供者等其他受到网络交易信用欺诈行为损害的受害人,也都是侵权请求权的权利人,有权请求炒信行为人承担侵权责任,救济损害。

2. 责任主体

网络交易信用欺诈侵权责任的主体,主要是炒信行为人与炒信平台提供者。

专职炒信行为人是最主要的责任主体。他们违反国家法律法规,违反不得侵害权利主体民事权益的禁止性规定,恶意为他人炒信,属于信用欺诈行为中最应当制裁的违法行为人,应当承担侵权责任。

为自己炒信的网络销售者、服务者,也是网络交易信用欺诈行为的主要责任主体。尽管他们为自己的经营进行信用欺诈,其主观恶性比专职炒信行为人要轻,但同样具有信用欺诈的恶意,也应当依照法律予以制裁。

当专职炒信行为人与网络销售者、服务者结合,并且前者为后者进行信用欺诈时,他们为共同侵权行为人,承担连带责任的,每一个人都应当对侵权请求权人的请求全部负责。

为炒信行为人提供服务的行为人,例如物流企业,明知炒信行为而与之配合进行炒信,构成网络交易信用欺诈行为的共同侵权人,应当承担连带责任。

炒信平台提供者,在其故意或者过失为炒信行为提供平台时,也为网络交易信用欺诈侵权法律关系的责任主体。故意所为者,为网络交易信用欺诈行为的共同侵权人;过失所为者,为网络交易信用欺诈行为的竞合侵权行为中的间接行为人,都应当为受害人的损害承担侵权责任。

（二）网络交易信用欺诈侵权法律关系的权利与责任

法律关系的内容,因法律关系的性质不同而不同。在原权法律关系中,权利与义务相对应;在救济权法律关系中,权利与责任相对应。网络交易信用欺诈侵权法律关系是侵权法律关系,因此,权利主体的请求权与责任主体的责任相对应。

网络交易信用欺诈侵权法律关系的内容,是损害救济的权利与责任。责任包括以下内容:

损害赔偿责任,是网络交易信用欺诈侵权责任的主要方式。对于造成的权利主体的损害,责任主体负有全部赔偿的责任,以弥补权利主体因侵权行为而受到的损失,恢复权利。

其他侵权责任,包括《侵权责任法》第15条规定的停止侵害、排除妨碍、消除危险、返还财产、恢复原状、赔礼道歉、消除影响、恢复名誉等。不过,在网络交易信用欺诈侵权法律关系中,消除危险、返还财产等方式所用不多。

（三）网络交易信用欺诈侵权法律关系的内容

1. 基于《反不正当竞争法》的损害赔偿责任

信用欺诈行为对同业经营者进行不正当竞争行为,侵害了公平交易中其他同业经营者的权益。受到损害的同业经营者有权对网络交易信用欺诈行为人主张损害赔偿。

我国《反不正当竞争法》第20条规定:"经营者违反本法规定,给被侵害的经营者造成损害的,应当承担损害赔偿责任,被侵害的经营者的损失难以计算的,赔偿额为侵权人在侵权期间因侵权所获得的利润;并应当承担被侵害的经营者因调查该经营者侵害其合法权益的不正当竞争行为所支付的合理费用。"这一赔偿数额标准的计算,更具特色。具体方法是:

第一,按照被侵害的经营者造成的实际损失承担赔偿责任。被侵害的经营者有多大损失,就应当承担多大的赔偿责任。全部损失包括直接损失和被侵权人预期应得的利益。对于炒信行为,被侵权人的实际损失和侵权人的违法所得的计算相对比较困难。网络销售者、服务者之间的炒信行为,在认定其赔偿额时,应当充分考虑到其行为对被侵权人所造成的直接损失和预期利益。对于预期利益损失,应当充分考虑到网络交易与普通市场交易相比的特殊性。预期利益本质上属于守约方的损失,不应对预期利益的范畴进行扩大解释。

第二,如果被侵害的经营者的损失难以计算,则以被侵权人在侵权期间所获得的利润作为赔偿数额,承担赔偿责任。这里的问题是,如果属于不正当竞争行为的信用欺诈行为受到损害的只有一个经营者,那么无论恶意信用欺诈行为人获取多少利润都作为赔偿数额对其赔偿;如果受到损害的经营者不是一个而是数个,则实际受到损害的各个经营者按照数额平均分配。

第三,在承担上述赔偿责任的同时,不正当竞争的经营者还应当赔偿被侵害的经营者因调查该经营者侵害其合法权益的不正当行为所支付的合理费用。这是《反不正当竞争法》计算损失赔偿的特别规定,也是为了制裁不正当竞争行为,保护不正当竞争行为的受害人合法权益的重要且有效方法。

2. 消费者知情权受到侵害的损害赔偿责任

对消费者知情权的保护,体现在《消费者权益保护法》第 8 条的规定中,但并未明确规定对消费者知情权受到侵害的救济方法。应当明确,知情权是精神型人格权,当其受到侵害时,造成的损失就是精神损害。对此,《消费者权益保护法》第 51 条和《侵权责任法》第 22 条规定了相同的规则,即侵害人身权益造成严重精神损害的,应当承担精神损害赔偿责任。据此,网络交易信用欺诈行为造成消费者知情权损害的,用精神损害赔偿方法进行救济,根据实际损害情况和侵权人的恶意程度,确定具体的精神损害赔偿责任。

3. 信用欺诈行为与商品欺诈或者服务欺诈聚合的损害赔偿责任

当炒信行为与售假行为相衔接时,则构成了信用欺诈与产品欺诈或服务欺诈两种行为的聚合。这不是侵权行为竞合,而是两个侵权行为,各个侵权行为都成立侵权责任,而不能作为一个侵权行为确定侵权责任。如果两个侵权行为的侵权人均为一人,在一个案件中起诉的,也应当分别计算赔偿数额,合并执行。

其中,对于侵害知情权的消费者的赔偿责任计算,如同前述的方法进行,没有疑问。对于商品欺诈和服务欺诈所造成的损失数额的确定,应当以价款为标准,按照《消费者权益保护法》第 55 条规定确定惩罚性赔偿责任,即以价款损失的三倍计算;如果涉及人身安全的产品是食品或者药品的,则退一赔十。如果商品欺诈或者服务欺诈造成了消费者以及其他人的健康权或者生命权损害的,即造成死亡或者伤害结果的,则除了承担人身损害赔偿责任之外,还应当承担惩罚性赔偿金。

(四)承担赔偿责任的形态

1. 自己责任

不论是网络交易信用欺诈行为的行为人是自然人还是法人,只要是一个人实施的侵权行为,就属于单独侵权行为,由行为人自己承担侵权责任。在网络交易信用欺诈行为中,炒信行为人为单独行为人的,一般只是网络销售者、服务者为自己的信用炒作进行信用欺诈。行为人是自然人的,当然是自己承担侵权责任,行为人是法人的,当然也是法人自己承担侵权责任。

2. 连带责任

网络交易信用欺诈行为构成共同侵权行为的,数个行为人应当承担连带责任。受害人有权向连带责任人中的任何一个人或数个人请求赔偿全部损失,而任何一个连带责任人都有义务向受害人负全部的赔偿责任;连带责任人中的一人或数人已全部赔偿了受害人的损失,则免除其他连带责任人向受害人应负的赔偿责任。承担了超出自己应当承担的份额的共同侵权行为人,则有权向其他没有承担侵权责任单共同行为人进行追偿。由于共同侵权行为人的经济地位有可能具有较大的差异性,导致其对损害赔偿的承担能力不同,因而网络交易信用欺诈行为的受害人可以选择最有能力承担责任的行为人来对其损害承担全部的赔偿责任。

3. 网络交易平台提供者的附条件不真正连带责任

当网络交易信用欺诈行为的炒信平台提供者的行为构成竞合侵权行为时,网络交易平台提供者应当承担《消费者权益保护法》第44条第1款规定的网络交易平台提供者对消费者的赔偿责任。

4. 网络交易平台提供者承担连带责任

网络交易平台提供者与网络交易信用欺诈行为人构成共同侵权行为的,应当适用《消费者权益保护法》第44条第2款规定,网络交易平台提供者明知或者应知销售者或者服务者利用其平台侵害消费者合法权益,未采取必要措施的,依法与该销售者或者服务者承担连带责任。

(五) 网络交易信用欺诈损害救济的主要方法

受到损害的消费者以及同业经营者主张网络交易信用欺诈行为人承担损害赔偿责任的,有五种救济途径,分别为和解、消协调解、行政申诉、依据协议仲裁和起诉。对于网络交易消费者知情权受到侵害的情形,目前大多采取的是和解或网络交易平台提供者交易平台调解。

基于网络交易市场的特殊性,还应当建立起符合网络交易特点的救济途径,如利用第三方非营利性机构进行网络在线调解或仲裁。目前第三方机构多为公益性组织或行业协会。韩国于2000年由韩国电子商务交易促进院(Korea Institute For Electronic Commerce)设立了电子交易纠纷调解委员会解决网络交易所产生的纠纷。该委员会调解委员由24名来自法律、会计、消费者保护以及金融等领域的专家委员所组成。如果调解委员会认为被申请者的行为属于违法犯罪行为,则有权直接交付检察或公安机关。整个调解、申请都是免费的。目前,由中国电子商务协会政策法律委员会和中国电子商务法律网主办的网上交易保障中心(www.315online.com.cn)正在进行类似的调解工作,网上交易保障中心管理的"电子商务欺诈信息举报中心",负责把举报信息向广大网友广泛传播,并积极向相关部门反映。但是该网站并非具有政府公益背景的网站,不具有社会广泛认知的权威性。所以,结合网络交易创设具有我国电子商务纠纷解决机制特色的权威性在线调解机构是十分必要的。同时,救济网络交易信用欺诈行为所致损害,诉讼途径也是十分必要的,可以充分利用。

【案例讨论】 >>>> >

案情:

杨某喜好计算机软件开发和编程,于2014年8月购买杭州市一处loft作为刷单工作室,实施炒信平台"傻推网"和导流网站"步街网"的建设和运营。杨某共招募3个成员从事职业刷单,其中马某负责客服咨询方面工作,另外两人负责流量推广和审核工作。从2014年9月运营至今,共计"刷出"流水资金2650万,涉及网络商家账户五千余个,刷手账户七千余个。杨某本人获利四十余万、数名刷手合计获利173.5万。2016年4月5日,在阿里巴巴集团平台治理部的协助下,杭州市西湖区市场监管局联合西湖区公安分局对该刷单窝点进行现场查处,发现该平台人员利用QQ等聊天工具组织刷手,传授刷单技巧。执法人员当场收缴有关设备、账簿及企业资金流转相关财务单据。杨某的行为严重破坏了电商交易秩序、诚信环境,剥夺了消费者对商家信誉和商品质量的知情权。行政执法部门根据《网络交易管理办法》第19条第4项关于"以虚构交易、删除不利评价等形式,为自己或他人提升商业信誉"的规定,对杨某及团伙处以罚款、责令停止违法行为,没收违法所得。①

讨论问题：

1. 杨某的炒信行为,是否构成信用欺诈行为?

2. 确认信用欺诈行为,应当怎样适用《侵权责任法》的规定认定构成侵权责任?

【参考文献】 ≫≫≫ 〉

王利明:《侵权行为法归责原则研究》,中国政法大学出版社1992年版。

张新宝:《侵权责任构成要件研究》,法律出版社2007年版。

王泽鉴:《侵权行为法》(第1册),中国政法大学出版社2000年版。

杨立新:《侵权法论》(下册)(第5版),人民法院出版社2013年版。

〔美〕小詹姆斯·A.亨德森等著:《美国侵权法——实体与程序》(第七版),王竹等译,北京大学出版社2014年中文版。

美国法学会:《侵权法重述第二版:条文部分》,法律出版社2012年版。

---

① 案情见搜狐网:《阿里协助工商破获炒信大案"傻推网"彻底傻眼》,http://mt.sohu.com/20160417/n444553521.shtml,2016年7月26日访问。